LOS LÍSPERGUER WITTEMBERG: UNA FAMILIA ALEMANA EN EL CORAZÓN DE LA CULTURA CHILENA

IDENTIDAD Y ESPLENDOR DE LA PRIMERA FAMILIA COLONIAL DE CHILE

Daniel Piedrabuena Ruiz-Tagle

ASTURIAS, ESPAÑA

Daniel Piedrabuena Ruiz-Tagle/Booksideals
Asturias, Spain/33560
https://booksideals.wordpress.com/
booksideals@gmail.com

While every precaution has been taken in the preparation of this book, the publisher assumes no responsibility for errors or omissions, or for damages resulting from the use of the information contained herein.

Foto de portada: Composición digital realizada por Daniel Piedrabuena Ruiz-Tagle a partir de la obra "Águila doble cabeza–© lambroskazan" y "Amo a chile–© baurka".

Otros libros por el autor: El conquistador alemán Pedro Lísperguer Wittemberg; Impresiones de Lucía Richard.

Los Lísperguer Wittemberg: una familia alemana en el corazón de la cultura chilena / Daniel Piedrabuena Ruiz-Tagle. -- 1st ed.
Depósito Legal: M-010285/2009
ISBN 978-84-946713-4-0

Con cariño a mi hijos herederos de esta gran
historia y a mi mujer por su paciencia y dedicación.
A mi hermano y a mi tío por todo su afecto

"No dejes apagar el entusiasmo, virtud tan valiosa como
necesaria; trabaja, aspira, tiende siempre hacia la altura"

Ruben Darío (Impresiones y sensaciones, 1925)

ÍNDICE

PREFACIO

Cuando el Dr. Isidoro Vázquez de Acuña, miembro de la Academia de la Historia, erudito de prestigiosa trayectoria reconocida internacionalmente, comentaba esta obra en el n° 55 de la Revista de Estudios Históricos, se refería al:

> *"...enjundioso ejemplar, la magna obra, el sincero y apasionado cariño de su autor por sus raíces es el amor que le impulsó a construir su obra hispanoamericana y europea..., a los elegidos en la historia de sí mismos..." (2013).*

Y no le faltaba razón, ya que a mi interés personal por comprender la idiosincrasia de esta familia, se unía el enorme interés mediático que ha despertado, producto de una respuesta cultural insólita, capaz de movilizar a todo un ávido imaginario colectivo.

Desde que a finales del siglo XIX, el célebre historiador don Benjamín Vicuña Mackenna, prohombre de Chile, desempolvara de los viejos archivos coloniales la figura de doña Catalina de los Ríos Lísperguer, apodada "la Quintrala", el mito no ha parado de crecer, convirtiéndose con el tiempo en uno de los tópicos literarios más importantes de Chile, el Quijote chileno, con amplísimas repercusiones en todas las vertientes de su cultura.

Centenares de artículos, tesis doctorales, conferencias, monografías, novelas, emisiones radiofónicas, películas, obras de teatro, óperas y toda suerte de manifestaciones culturales, han sembrado de expresiones emotivas y propuestas originales, la dramaturgia, la literatura y el academicismo de raigambre nacional e internacional, suponiendo todo ello un *"totum revolutum"* muy difícil de clasificar.

i

Signo semiótico indiscutible, la perversa historia de "la Quintrala" ha canalizado las energías de numerosos estudiosos interesados en la historia de Chile, en los fenómenos sociales de Latinoamérica, e incluso de aquellos interesados en la vida del emperador Carlos V, constituyendo un apéndice importante y de enorme significación, para comprender al coloso y su glorioso Imperio español.

Evidenciada la enorme importancia de la familia, y habiendo yo emigrado a España, pronto quedé bajo el poder de su hechizo, dedicando mi vida a ampliar lo que se sabía sobre ella, pero no para reiterar lo que ya existía sino para transformar completamente —como así ha sido— el presente, pasado y futuro del clan, aportando numerosos documentos e informaciones inéditas, que suponían un avance exponencial para su comprensión.

Tras crecer maravillado por los relatos de la familia Lísperguer, y no menos aturdido por sus muchos antagonismos, me licencié en Derecho y otras carreras, y un día me dirigí hacía la Biblioteca Nacional de España con el afán de adentrarme en uno de los grandes misterios narrativos e historiográficos del siglo XX. Fueron momentos apasionantes, en los que cayeron en mis manos las principales obras históricas de Chile.

Aquella leyenda surgida en el calor del hogar, ahora se desplegaba ante mí con una amplitud desconocida. Durante años, me sumergí como un poseso en una actividad febril de estudio. Mi necesidad de saber era casi infinita y así devoraba toda clase de bibliografías, manuales, diccionarios biográficos, artículos, etc. Comencé a estudiar la historia colonial de Chile. Todo para mí era nuevo y sorprendente.

En un ambiente erudito y plagado de posibilidades me vi confrontado con la familia Lísperguer. Era ésta una familia muy importante. No sólo por sus blasones o sus títulos nobiliarios, sino también por haber sido una de las familias más poderosas y controvertidas de la época colonial. Durante años seguí investigando en la Biblioteca Nacional, que se convirtió en una verdadera cátedra para mí. Poco a poco mi pericia fue aumentando. Empecé a investigar en la Real Academia de la Historia, en el Archivo Histórico Nacional y continué en la Real Academia Española, así como en un sinfín de archivos y bibliotecas. Hice varios viajes por España y aprendí mucho.

Por fin, después de diecisiete años de enormes esfuerzos surgió la obra, que representaba por su contenido un hito en el campo de la investigación, ya que no sólo conseguía aumentar las fuentes documentales de esta importantísima familia alemana, sino que ofrecía varias informaciones inéditas que permitían avanzar respecto a su origen, así como informaba de una importante rama establecida en España, suponiendo todo ello un giro copernicano y una revolución científica frente a cualquier planteamiento precedente de la temática.

En junio del 2011 tuve la satisfacción de ver cómo tras haber sido la obra enviada a la Academia Chilena de la Historia, ésta fue repartida entre sus académicos, estudiada con deleitación y conservada en su biblioteca. Poco después, el Secretario de la institución me agradecía en una carta de archivo el envío de la obra, reconociendo su valía y el importante avance que ésta constituía en una temática tan sensible e importante de la intelectualidad chilena. A continuación la obra fue conocida por el Instituto Chileno de Investigaciones Genealógicas donde también se conserva.

Poco después –incluso antes de ser publicada– la obra ingresó en el archivo Emilio Held, en el Archivo Municipal de Worms, así como en la Biblioteca del Congreso Nacional de Chile (incorporándose a su "Colección de Raros y Valiosos"). En España tuvo buena acogida en la Real Academia de la Historia y en la Biblioteca Hispánica, perteneciente a la Agencia de Cooperación Internacional y Desarrollo, donde también ser conserva. Asimismo, fue en su día aprobada por el Comité de expertos del Cervantes Virtual.

Igualmente la obra fue comentada en diversas publicaciones. El Dr. Isidoro Vázquez de Acuña, marqués de García de Postigo, señaló su novedad y amenidad en la *Revista de Estudios Históricos*, publicación científica perteneciente a la Sociedad Chilena de Historia y Geografía (2013). Asimismo hizo hincapié en el hecho de que esta obra aportaba nueva documentación y aumentaba las fuentes en una temática especialmente importante en la cultura nacional.

Reynaldo Lacámara, presidente de la Sociedad de Escritores de Chile la elogió en su artículo *La memoria como origen y tarea*. También la obra se anunció en la publicación alemana *Cóndor*. Asimismo, la *Revista Atenea*, publicación científica de la Universidad de Concepción, se interesó por la materia publicando un artículo mío sobre el origen de los Lísperguer que apareció en diciembre del 2015 (Piedrabuena Ruiz-Tagle, 2015).

Quisiera resaltar que esta obra trasciende el ámbito de la cultura chilena, por cuanto los Lísperguer constituyeron una poderosa familia alemana que también se estableció en Perú e incluso algunas ramas en Argentina. Asimismo, esta familia alemana protegida de Carlos V, tuvo también un floreciente desarrollo en España, descendiendo de esta rama el marqués de Valdeflores, figura capital de la Ilustración Española estudiada internacionalmente por multitud de hispanistas y dieciochistas. Por otra parte, la vinculación de esta familia con el relevante tópico literario de "la Quintrala", que es estudiado incluso en las universidades americanas, le confiere una vocación de universalidad muy apropiada a los tiempos modernos en que vivimos.

Para concluir decir que para mí en lo personal este proyecto ha sido un viaje de emociones, un renacimiento interior, un despertar de la conciencia; en definitiva, un puente que me ha permitido hermanar mis dos nacionalidades, bajo el manto de la familia Lísperguer en Chile y la familia Wittemberg en España. Espero haberles podido transmitir con estas líneas el entusiasmo que yo he sentido al abordar esta temática, así como también la cientificidad que esta importante materia merece.

Daniel Piedrabuena Ruiz-Tagle

Madrid, julio 2015

Muy pocos han sido los alemanes que en la Edad Moderna hayan participado en campañas de conquista. Bien conocidos son los destacados caballeros alemanes al servicio de los Welser: Ambrousius Dalfinger, Nikolaus Federmann, Philipp von Hutten y Jorge Hohermuth, que comisionados por los célebres banqueros de Carlos V, partieron a la conquista de Venezuela. Muchos fueron en busca de El Dorado, ostentaron cargos de gobernadores, pero acabaron encontrando una pronta muerte, ya sea por enfermedades del lugar, por las flechas emponzoñadas de los indígenas, o ejecutados por sus rivales, los españoles.

También está el caso de Ulrico Schmidl, procedente de Baviera, que acudió a la riesgosa aventura de la conquista del territorio de la Plata y que fue uno de los pocos que volvió a su tierra natal, donde murió por causas naturales. Ninguno de estos caballeros dejó descendencia, ni consiguió integrarse con la población local. Como excepción estarían 64 de los 106 compañeros de Federmann, que obtuvieron encomiendas en varias localidades de la actual Colombia, consiguiendo integrarse de forma ventajosa en la sociedad colonial, formando familias con mujeres europeas e indias.

Un caso muy especial y que sin embargo, hasta ahora ha trascendido menos en la historia universal, es el de Bartolomé Blumen procedente de Nüremberg, el cual en 1528 estaba en Santo Domingo y en 1540 formaba parte del grupo de conquistadores de Chile y sobre todo el de Pedro Lísperguer, natural de Worms, donde había nacido alrededor de 1530, el cual en 1554 obtenía permiso de salida, llegando a Chile en 1557, donde luego más tarde se casaría con la hija de su compatriota.

Sin embargo, la aproximación de Pedro Lísperguer al Imperio español, había comenzado mucho antes y en muy distintas circunstancias. Corría el año 1545 y un Emperador cansado de cismas y herejías luteranas llegaba a Worms, siendo recibido por las máximas autoridades de la urbe. Allí en Worms, Carlos V pasa la primavera y el verano, mientras se van despejando las complejas incógnitas políticas del momento. Fue un periodo de entreguerras, en el que el Emperador trabó amistad con los habitantes de la ciudad. Acompañando al César venía un gran número de cortesanos, entre ellos Pedro Fernández de Córdova, IV conde de Feria.

Pronto para partir y presumiblemente merced a la colaboración y el buen trato que recibió en la ciudad, el Emperador se aviene a llevarse consigo a Peter Lisperg, por entonces un muchacho de apenas 15 ó 16 años, hijo de Peter Birling, consejero municipal de Worms, miembro del Consejo de los Trece (Dreizehner Rat) y de Catalina Lisperg. El joven –que había tomado el nombre de la madre– parte de la ciudad el 7 de agosto, junto al Emperador y todo su séquito en dirección hacia los Países Bajos.

Tras navegar por el Rin y atravesar algunas ciudades del sur de Alemania, Lísperguer pasa por las ciudades de Maastricht, Lovaina, Bruselas, Brujas y Amberes, llegando finalmente el 1 de febrero a Utrecht. Allí el Emperador celebra un capítulo de la Orden del Toisón de Oro, concediendo el preciado collar a don Pedro Fernández de Córdoba. Ya desde muy joven, Lísperguer participa en los clásicos viajes de la nobleza, parangonable al que hizo Ercilla en su primera juventud, educándose en los grandes centros culturales del momento, al tiempo que conoce a destacadas personalidades del imperio.

A mediados de mes, el grupo se separa, Lísperguer continúa con el conde de Feria, el cual tras despedirse del Emperador, parte con todo su cortejo en dirección a España. Tras llegar a Andalucía en marzo de

1546, Lísperguer permanece durante una década en los señoríos del Conde, estando sometido a dos tipos de influencia. Una la que concierne a los ascendientes maternos del conde de Feria. Esto es, la marquesa de Priego, con su centro en Montilla, provincia de Córdoba. La otra, los ancestros paternos del Conde, es decir, los Suárez de Figueroa, con su centro natural en Zafra, perteneciente a la provincia de Badajoz.

Tras la muerte del IV conde de Feria, don Pedro Fernández de Córdoba el 27 de agosto de 1552, le sucede en la representación de la casa su hermano don Gómez Suárez de Figueroa, V conde de Feria, grande de España, con el que Lísperguer continúa como caballerizo muchos años más. El 13 de julio de 1554, Lísperguer se adhiere al séquito del príncipe Felipe, (futuro Felipe II), embarcando en el Puerto de La Coruña, integrándose en una flota de 130 naves en dirección a Inglaterra, acudiendo el 25 de julio de 1554 con lo más granado de la nobleza española al matrimonio del príncipe Felipe con María Tudor.

En la isla permanece Lísperguer por espacio de siete meses, junto al príncipe Felipe y su mentor, el conde de Feria, que era por entonces su embajador en Inglaterra, luego miembro de su Consejo de Estado y uno de los hombres de mayor confianza en el entorno filipino. A mediados de enero de 1555 Jerónimo de Alderete, lugarteniente del conquistador Pedro de Valdivia, llega a Londres, para hacer llegar al Príncipe varias peticiones de su jefe.

En el ínterin de sus gestiones palaciegas se desborda en relatos sobre la conquista austral y uno a uno los cortesanos de Felipe caen embobados bajo su embrujo, pidiendo permisos de salida hacia la nueva empresa. Pedro Lísperguer obtiene cédula para viajar a la conquista de Chile y Perú, la cual es cursada directamente por el Emperador desde Bruselas el 14 de enero de 1554. Posteriormente, está fue secundada por el príncipe Felipe en Londres, el 5 de noviembre de 1554. Tras las correspondientes licencias, Jerónimo de Alderete, Alonso de Ercilla –célebre autor de la Araucana–, Francisco de Irarrázaval, Pedro Lísperguer y otros cortesanos abandonan Inglaterra con dirección a España.

Tras realizar algunas probanzas en España, el grupo se integra en el convoy del recién designado virrey del Perú, don Andrés Hurtado de Mendoza, partiendo de Sanlúcar de Barrameda, Cádiz, el 15 de octubre de 1555, llegando a Panamá el 4 de marzo de 1556 y haciendo posteriormente una entrada triunfal en Lima el 29 de julio de 1556.

Tras permanecer durante seis meses en Lima empleándose como maestresala del Virrey, se une al séquito de su hijo, don García Hurtado de Mendoza, designado por su padre por nuevo gobernador de Chile tras la muerte de Alderete, siendo uno de los cuatro consejeros que don García se llevaría a la guerra austral. Junto a un buen número de capitanes y soldados, embarca en el Callao el 2 de febrero de 1557, participando en las principales operaciones militares de su tiempo.

Resulta interesante destacar, que a diferencia de las concesiones de derechos para la explotación de Venezuela, que Carlos V tuvo que hacer agobiado por las deudas de sus banqueros alemanes –los célebres Welser– Pedro Lísperguer obtenía un permiso directo del Emperador, como favor personal, permitiendo su entrada en Perú y Chile, *"no embargante que es alemán y cualquier provisión que haya en contrario"*, siguiendo las propias palabras del César (De Hoyo, 1555).

Por lo tanto, Lísperguer entró en América con feudo imperial, con el prestigio de haber convivido durante diez años con las personalidades de mayor rango en el imperio. Por si fuera poco, un miembro del cortejo del conde de Feria, que estuvo en Worms en 1545, aseguró que había tenido noticia certificada de que Pedro Lísperguer era deudo del duque de Sajonia. Como también lo aseguraron después muchos de sus descendientes.

Naturalmente, esto creó una fuerte conmoción entre sus descendientes y fue la génesis de una potente idea motriz, que heredada por su progenie, constituyó el pórtico para la posterior expansión social de

la familia. En el siglo XVII la familia Lísperguer, gracias a la notoriedad de su linaje, de su fortuna, sus tierras, sus prosperas relaciones,
llegó a convertirse en la familia más poderosa e influyente de Chile.
Los Lísperguer se habían convertido en la primera estirpe del reino y
sus conexiones les habían hecho dueños de la justicia, de los claustros
y del prestigio militar.

Siguiendo las ideas de Vicuña Mackenna en su obra *Los Lísperguer y la Quintrala* (1944), en el siglo XVII, la familia Lísperguer
había llegado a constituir uno de los cinco pilares aristocráticos más
destacados de la sociedad chilena –quizás el más importante– junto a
los Machado Torres, los Irarrázaval, los Bravo de Saravia y los Hurtado de Mendoza. Por lo tanto, de esta familia alemana descienden las
grandes familias de Chile, que han ostentado numerosos títulos nobiliarios, de los que provienen varios presidentes de la nación y en
definitiva, lo más acrecentado y pulido de la colonia.

Por otra parte, sería demasiado simple venerar a los Lísperguer solamente por su alcurnia y su encumbramiento. Hay también otros
elementos que sitúan a los Lísperguer en el centro de la polémica,
como una de las familias más controvertidas de Hispanoamérica. Alrededor de 1570, Pedro Lísperguer contrajo matrimonio con una
heredera inmensamente rica: Águeda Flores. La novia era hija de Bartolomé Blumen o Blumenthal y de Elvira, la cacica de Talagante.

El eco de esta unión hasta el día de hoy ha dejado perplejos a historiadores y sociólogos. ¿Cómo es posible que Lísperguer, que se
presupone descendiente de los duques de Sajonia, haya podido entregar su principesca mano al dulce aunque exótico fruto de la tierra
americana? Entre sonrisas socarronas algunos genealogistas e historiadores se han burlado abiertamente de la estirpe lispergueriana,
posicionándose peyorativamente frente al indigenismo de Águeda y
aún peor, aludiendo al origen hebreo del padre, Bartolomé Blumen.

En el siglo XVII, los descendientes del primer Lísperguer, mantuvieron una feroz pugna por controlar los resortes del poder en la

capital santiaguina. Mientras unos alababan y reconocían el estatus alcanzado por la familia, un sólido núcleo castellano les profesaba una profunda animadversión, calificándolos –en palabras de Mackenna– como:

> *"...una casta tan avasalladora como insolente, que no era castellana, ni cristiana vieja, sino mixtura de bárbaros, gentiles y de alemanes excomulgados" (1944).*

Las hembras de esta rama, probablemente desdeñadas por su mestizaje, fueron especialmente tortuosas, tildadas de verdaderas "mesalinas". María Lísperguer es tenida por bruja y practicante de toda suerte de supercherías idolátricas, la cual junto a su hermana Catalina, fue acusada por el obispo Salcedo de haber intentado asesinar al gobernador Alonso de Rivera. Pero la que peor fama se ha llevado ha sido la nieta de Pedro Lísperguer, doña Catalina de los Ríos Lísperguer, llamada comúnmente "la Quintrala", apodada por Mackenna como la Lucrecia Borgia americana.

Según las acusaciones del respetable prelado, "la Quintrala" habría comenzado su siniestra carrera con la negra tacha de parricida, para continuar con la de haber asesinado a un hombre pío, a un amante y a la hija natural de su marido. Después, en la soledad de su Encomienda de La Ligua, cometió los más atroces asesinatos, arrebatando la vida a más de cuarenta indígenas, de las maneras más sádicas que se puedan imaginar, en una verdadera hecatombe humana. Por si fuera poco, la mácula se ha vertido por el obispo Salcedo sobre María de Encío, madre de Gonzalo de los Ríos, marido de Catalina, acusada de haber matado a su marido.

La leyenda negra de "la Quintrala", aún resuena entre el pueblo chileno, que vocea su nombre con estupor, como un icono emblemático de la lucha racial y social en Chile. Así pues, el mito de los Lísperguer está jalonado por innumerables paradojas, claroscuros de un enigma inescrutable, que aún sigue sujeto a infinitas interpretaciones. De un lado está el prestigio de su abolengo milenario, de su casta blasonada, de otro su soberbia, su indigenismo, su mezcla con razas sujetas a tribulación, según los cánones estamentales de la época.

Este es el escozor de una estirpe maldita, amada y odiada, centro neurálgico de una llaga muy profunda en la sociedad chilena: la de su ancestral clasismo. Por ello, la figura de "la Quintrala" ha sido instrumentalizada por multitud de dramaturgos hispanoamericanos, que han visto en su perfil el adalid de sus reivindicaciones de clase, de sus denuncias a los desmanes de la sociedad colonial, trasladadas en expresiones plagadas de metáforas, a nuestro mundo contemporáneo.

La Quintrala, una mujer perversa que no podía ser bella por mucho que haya sido descrita como una esbelta pelirroja de ojos verdes, se ha erigido en el segundo tópico literario de Chile, después de *La Araucana* de Ercilla, el gran hito nacional. Si en palabras de Neruda, *"Ercilla inventó Chile"*, don Benjamín Vicuña Mackenna, prohombre de Chile, inventó a "la Quintrala".

Otros autores como Ivonne Cuadra, en su libro *La Quintrala en la Literatura Chilena* (1999), han juzgado que la construcción de don Benjamín se asienta bajo un andamiaje arribista, que alimenta bajo el velo de la ironía, profundos prejuicios de clase, estigmatizando al pueblo mapuche, que languidece en su eterna condena a la opresión.

Bajo esta perspectiva, la connotación negativa de la Quintrala habría que buscarla en su indigenismo, lo que se apareja en don Benjamín a lo diabólico, lo esotérico. Lo que indigna a Ivonne, es que se insinúe que es la sangre indígena, la mixtura de razas, lo que lleva a la Quintrala a cometer sus crímenes. Estos son los retruécanos de la historia, las anfibologías de la razón, utilizados por quienes han querido descifrar las más hondas contradicciones de la idiosincrasia chilena. Cientos de artículos en revistas especializadas, novelas, libros históricos, obras de teatro, series televisivas, incluso óperas... han explotado hasta la saciedad el tópico, sin conseguir decodificar por completo el enigma.

No cabe duda de que la atracción fatal hacia la familia Lísperguer, está plenamente justificada como una realidad poliédrica, que atrapa en todas sus vertientes a sus muchos admiradores. Ahora bien, dejando disquisiciones ideológicas aparte, si bien la leyenda lispergueriana es un episodio eminentemente chileno, también pertenece en cierto grado a Perú donde se han encontrado muchos de sus miembros, como nos ha ilustrado Zevallos Quiñones, miembro del Instituto Peruano de Investigaciones Genealógicas, que en su obra *Los Lísperguer en el Perú* (1954) nos ha mostrado los destacados linajes esparcidos en esta nación; e incluso pertenece a Argentina, donde se han hallado escasas, pero importantes ramas de sus miembros. Pero además es una historia alemana, por el origen de Pedro Lísperguer, es una historia española, como muy pronto veremos, es decir, es una historia universal.

Esta seducción irresistible hacia la familia Lísperguer ha generado un deseo irrefrenable en multitud de historiadores, genealogistas y público en general, por conocer su origen. ¿De dónde proviene semejante éxito? ¿Si el poderío de la familia es tan evidente, por qué no se ha podido concretar su origen? Esta es la pregunta pendular que de manera incesante golpeaba las sienes de muchos eruditos. Pedro Lísperguer apenas trajo a la Conquista las transcripciones de las cédulas de entrada y otras probanzas realizadas en Andalucía. Apenas existen algunas escuetas declaraciones efectuadas ante los escribanos chilenos. El desfase temporal, las barreras geográficas, las dificultades lingüísticas, un inmenso océano cortando el desplazamiento entre América y Europa, han hecho de esa labor una misión casi imposible de acometer.

Esta situación comenzó a cambiar cuando el distinguido investigador y genealogista, don Juan Mújica de la Fuente, miembro de honor del Instituto Peruano de Investigaciones Genealógicas, encontró en la Biblioteca Nacional de España una certificación nobiliaria realizada alrededor de 1740, por el rey de armas don Juan Alfonso Guerra y

Sandoval, a petición de don Jorge Carlos de Wittemberg, destacado miembro de la oligarquía malagueña.

En ese documento se afirmaba la vinculación de Pedro Lísperguer con la familia Wittemberg y su descendencia del duque de Sajonia. Ahora se podía entender por qué la familia en Hispanoamérica a finales del siglo XVII había vuelto a utilizar el apellido Wittemberg. Inmediatamente, quien subscribe estas líneas cayó hipnotizado bajo estas nuevas informaciones y se propuso un objetivo: dedicaría el tiempo que fuese necesario para resolver el misterio del origen de los Lísperguer.

Durante más de una década esta obsesión ilusionante ha sido la causa de una ingente labor investigadora. Merced a esa curiosidad pude pronto descubrir que los Lísperguer no eran una familia autóctona de Hispanoamérica, sino que en España sus primos los Wittemberg, habían formado una importantísima familia. En un primer proyecto, tuve la intención de aunar en un manual a los Lísperguer de Chile, a los de Perú, a los de Argentina, a los alemanes y a los españoles. Pronto comprendí lo quijotesco de tal pretensión.

En primer lugar, ya había abundante bibliografía que se había encargado de divulgar las proezas de estas familias criollas. En segundo término las fuentes documentales se encontraban en Sudamérica, fuera de mi alcance y nunca podría competir en iguales condiciones con los investigadores locales. En otro orden de cosas, yo era chileno de origen, lo que me abría la puerta para la comprensión de la temática. De otro lado, yo era también español y llevaba residiendo en España durante más de treinta años, lo que me situaba en una posición geográfica ideal para poder realizar esta difícil investigación. En conclusión, la cuestión estaba clara, aunque la investigación iba a prevalerse de elementos americanos, se centraría en mi orbe de influencia, en Europa y sobre todo, España.

Por lo tanto, es pos de esta noble causa he realizado un inmenso esfuerzo, investigando en múltiples jornadas en la Biblioteca Nacional de España, en la Real Academia de la Historia, en el Archivo Histórico Nacional, en los archivos del Ejército, los de la Marina, en la Biblioteca Hispánica, en la Fundación Tavera, en la Fundación alemana Göerres y otros muchos archivos y bibliotecas. He realizado seis viajes por España: tres a Málaga, donde he investigado en el Archivo Histórico Provincial, en el Archivo Municipal y en el Archivo Catedralicio; dos a Sevilla, donde he investigado en el Archivo General de Indias y en la Casa de Pilatos; uno a Granada, donde he investigado en la Real Chancillería.

Además he mantenido comunicación epistolar con toda clase de instituciones culturales a lo largo y ancho del mundo, que me han proporcionado multitud de documentos. Cientos de catálogos han pasado ante mis ojos, manuales biográficos, bases de datos, artículos, instrumentos de descripción, bibliografías de todo tipo, manuscritos, códices, libros maravillosos con mucha antigüedad. Si mi incursión en la historia fue la de un diletante, casi sin darme cuenta me convertí en un gran conocedor de la archivística, de la bibliofilia, del documentalismo y otras muchas ciencias afines.

Junto al título *Los protegidos del César*, el contenido del libro describe la idea de "escalada" o "encumbramiento", de una familia foránea que injertada en una monarquía extranjera, no sólo consigue adaptarse, sino que en una carrera llena de obstáculos, logra merced a su pujanza y destreza, alcanzar los primeros puestos de la nación. Además se da a conocer, *ab initio*, como un proyecto transnacional.

En primer lugar, su importancia radica en que revela nuevos aspectos del mundo carolino y filipino, por tanto despliega su fuerza en la edad de oro de nuestra cultura, su glorioso Imperio español. En segundo término, el libro abarca el siglo XVIII, mostrando nuevas realidades de la Ilustración Española. Así pues mi trabajo como un trípode se ha basado en tres áreas.

En la primera, he tratado de reconstruir el pasado de Pedro Lísperguer en Alemania y su posterior aprendizaje y vivencias en España,

Países Bajos e Inglaterra, bajo el influjo de los Austrias y los condes de Feria (1545-1555). La segunda, es un bien documentado estudio sobre el origen de la familia Lísperguer Wittemberg. La tercera, es la exposición del desarrollo de la familia Wittemberg en España.

Respecto a la primera área o capítulo, es un hecho que Pedro Lísperguer al llegar a América, sólo portaba las licencias y demás probanzas y documentos efectuados ante la Casa de Contratación de Sevilla. Gracias a estos documentos se ha podido establecer una cronología y un itinerario del conquistador, algo que nunca se había hecho antes con precisión. Merced a estas informaciones se sabe que Lísperguer fue paje de Pedro Fernández de Córdova, IV conde de Feria, hasta su muerte en 1552 y luego caballerizo de su hermano Gómez Suárez, V conde de Feria, con el que marchó a Inglaterra el año siguiente.

También se sabe que viajó con el Emperador por los Países Bajos. Pero aparte de estas informaciones y otros ejes cronológicos que se desprenden de sus probanzas andaluzas, no se saben cuáles fueron las realizaciones concretas del personaje durante la década que pasó en España e Inglaterra. Por eso me ha parecido más prudente concebir a este primer capítulo como un "ensayo", aunque en realidad es un género híbrido, donde se da el relato histórico documentado, la biografía, el ensayo y en lo emotivo, podría tener alguna similitud con la novela.

Partiendo de esta premisa, ha sido necesario recrear el contexto del personaje para llegar a su personalidad, la de un hombre del Renacimiento. Dentro de este contexto se ha expuesto hasta donde las fuentes permiten su pasado en Alemania. Además se han mostrado las declaraciones efectuadas por los miembros del séquito del conde de Feria, los cuales estuvieron en Worms en 1545 y conocieron al padre de Lísperguer, su casa y su forma de vivir. Asimismo, se ahonda en el momento fulgurante en el que el Emperador hace su entrada en

Worms y cuáles eran los acontecimientos más relevantes que en ese momento estaban ocurriendo en el imperio.

También se ha tratado de penetrar en la psicología y personalidad del César y como ésta pudo afectar a nuestro personaje. A continuación se ha recreado el viaje del Emperador a través de los Países Bajos, en el que se sabe que iba Lísperguer y el conde de Feria y se han descrito las maravillas y bellezas de sus principales ciudades. Para establecer este itinerario han sido fundamentales obras como las de Manuel Foronda y Aguilera, *Estancias y viajes del emperador Carlos V* (1914).

Otro aspecto vertebral de esta primera parte ha sido profundizar en la identidad de don Pedro Fernández de Córdova, IV conde de Feria, grande de España y conocer cuáles eran sus orígenes familiares, su carácter, su posición en el imperio y como todo ello debió dejar una honda huella en la personalidad del adolescente Lísperguer. Otro eje importante será la llegada del Conde a Andalucía, donde nos adentramos en otras figuras femeninas del clan, como la marquesa de Priego, doña Catalina Fernández de Córdova y doña Ana Ponce de León, madre y mujer respectivamente de don Pedro Fernández.

Conoceremos a los hermanos del Conde, muchos de ellos debió conocer Lísperguer, así como a los grandes místicos de su tiempo: Juan de Ávila y fray Luis de Granada, ambos asiduos en la casa de la Marquesa. Además se dará vida a la villa cordobesa de Montilla, centro geopolítico del marquesado de Priego, y a su otrora poderoso castillo, del que Lísperguer sólo conocerá sus restos, así como se darán retazos sobre pasajes costumbristas de la vida en el Quinientos.

Otras cuestiones de gran trascendencia será conocer los orígenes y principales hazañas de la casa Córdova [sic], antepasados inmediatos de los marqueses de Priego. Aquí aflorarán vívidos relatos de historias que sin duda escuchó Lísperguer, otorgando especial relevancia al "el Gran Capitán", el mito legendario de los Fernández de Córdova. También en este episodio tendremos rendida noticia de la gran tragedia que se cernió sobre el marquesado de Priego, del derrumbamiento del castillo de Montilla por orden del Rey Católico, de la caída en desgracia del marqués don Pedro (padre de doña Catalina) y del ostracismo de su tío, don Gonzalo Fernández de Córdova.

También nos retrotraeremos hacia el origen del condado de Feria, los Suárez de Figueroa y todos los antecedentes históricos de la casa. Especial relevancia se dará al enclave de Zafra, plagado de curiosidades y noticias pintorescas. A continuación se hará una reseña de sus principales héroes militares, de sus embajadores, pero también se dará un interesante viraje para realizar una sugerente introspección hacia sus principales poetas: El marqués de Santillana, Jorge Manrique, y el príncipe de los poetas españoles, Garcilaso de la Vega.

Tras este placentero baño intelectual y ya en época coetánea a Pedro Lísperguer, nos sumergiremos en el difícil trance de la muerte del conde don Pedro en el verano de 1552 y el impacto que todo ello causará en sus familiares, un lance que a Lísperguer le tocó vivir muy de cerca, según está constatado en los documentos que portó a su arribó a Perú.

Tras la muerte del conde don Pedro, su hermano don Gómez Suárez de Figueroa, V conde de Feria, le sucederá en la dirección del condado. Tras permanecer durante dos años más en el condado bajo la protección de don Gómez, Lísperguer acude en julio de 1554 a la gran aventura inglesa. Seremos testigos del inmenso esfuerzo de Estado que se hizo es pos de esa empresa, en definitiva de la parafernalia y gran despliegue de medios realizado para impresionar al pueblo inglés.

Se describirá la magnificencia y el esplendor de esa gran opereta de Estado que fue la boda de Felipe II y María Tudor en 1554, en la que estará presente Lísperguer y toda la corte imperial; pero también conoceremos la angustia de los cortesanos españoles en la corte inglesa, los problemas de hospedaje, sus dificultades de comunicación, los robos y tropelías a los que eran sometidos constantemente y sobre todo, una tensión política permanente que convertía la estancia en la isla en una experiencia insoportable.

Pero las tensiones no sólo provenían del exterior sino que algunas procedían del propio entorno filipino. Así analizaremos con detalle a los grandes personajes del equipo de gobierno de Felipe: Ruy Gómez, el conde de Feria, el duque de Alba. Asistiremos al antagonismo entre sus miembros y comprobaremos el talante afable y tolerante del Conde frente a la soberbia y rudeza del Duque y de cómo en definitiva don Gómez militaba en el partido ganador en la corte y cómo pudo todo esto influir en Lísperguer.

Asimismo, estaremos al tanto del retrato físico y moral de don Gómez, realizado por los embajadores venecianos. En otro orden de cosas, nos adentraremos en el gran cosmopolitismo de Londres, sintiendo a flor de piel, como si fuéramos el mismo Lísperguer, sus principales grandezas y miserias. Acto seguido, exploraremos la personalidad de los principales compañeros de Lísperguer en la corte inglesa; entre ellos: Francisco de Irarrázaval, vástago de un legendario linaje de Guipúzcoa, don Alonso de Ercilla, célebre autor de *La Araucana* y el intrépido don García Hurtado de Mendoza, futuro gobernador de Chile.

Para finalizar, se relatará el epílogo del laberinto político inglés. Dentro del tedio de los días que se suceden sin solución de continuidad en un callejón sin salida, tendremos noticia del enamoramiento del conde de Feria y Jane Dormer, que se nos presentará como un bálsamo en un clima de convivencia insostenible. Junto a este suceso seremos partícipes de la llegada de Jerónimo de Alderete a la corte inglesa, del gran optimismo de los jóvenes españoles frente a la perspectiva de la nueva aventura americana, del trepidante frenesí de los acontecimientos que se agolpan, de las peticiones de licencias para acudir a la campaña de conquista.

Todo este entusiasmo volcado en cientos de páginas, se verá colmado con la partida del grupo con el nuevo virrey del Perú, don

Andrés Hurtado de Mendoza, los cuales embarcarán desde Sanlúcar de Barrameda, Cádiz, el 15 de octubre de 1555 con destino a las Indias. En el ínterin hacia su nuevo destino, el grupo se verá confrontado con las difíciles navegaciones transoceánicas de la época y la experiencia casi irreal de cruzar el Istmo, todo ello compensado con la entrada triunfal que hace el séquito del Virrey en Lima el 29 de julio de 1556. Por otra parte, aunque esta parte acaba aquí, si el lector curioso queda intrigado por las hazañas de Pedro Lísperguer en América, puede consultar los apéndices, donde se ha insertado una bien elaborada cronología del conquistador.

El segundo capítulo, siendo menor en extensión, tiene una importancia inmensa, ya que en un estudio bien consensuado, se tratará de dar respuesta de una forma científica al origen de la familia Lísperguer. Este será un cuerpo medular, no sólo porque constituye la bisagra que aúna a dos familias alemanas, los Lísperguer y los Wittemberg (y por tanto a dos continentes Europa y América) sino que además representa el anhelo cumplido de multitud de eruditos y admiradores del mundo lispergueriano, que han permanecido durante décadas sumidos en la ansiedad del oscurantismo, o dicho de otro modo, postrados ante el dolor que supone la pérdida de un valioso legado, que a la postre constituye uno de los cimientos más acrisolados del cono sur.

En persecución de ese objetivo casi imposible de acometer, ha resultado prioritario analizar en profundidad todo lo que la literatura docta había producido sobre la materia. Se ha escrutado con meticulosidad tanto las obras de historiadores latinoamericanos decimonónicos, como otros del siglo XX. Se han estudiado las principales obras de genealogía, heráldica e historia publicadas hasta la fecha. Se han verificado lo que sobre la temática existía en los boletines de las Academias de la Historia. He realizado cotejos exhaustivos de los asientos de la Casa de Contratación, así como de los documentos y licencias que portaba Pedro Lísperguer y que se conservan en la Biblioteca Nacional del Perú.

He leído cientos de artículos en revistas especializadas, que me han aportado una visión de la importancia global de la materia. He entrado en contacto con numerosos archivos, bibliotecas e instituciones culturales en Hispanoamérica, que me han aportado muchas noticias y material documental. He consultado toda clase de catálogos y obras que recogen informaciones sobre cuestiones Iberoamericanas, permaneciendo muchas horas en las bien acondicionadas salas de la Biblioteca Hispánica de Madrid, órgano perteneciente a la Agencia de Cooperación Internacional.

Por supuesto, de todo este material documental han aflorado noticias muy interesantes sobre la familia Lísperguer. Sin embargo, son tantas las contradicciones entre las fuentes, las omisiones, los errores, los desajustes cronológicos, que uno llega a plantearse si realmente alguna vez existió esta familia. Así pues, una de las primeras tareas ha sido recoger una serie de noticias que estaban dispersas en multitud de obras, luego corregir y ordenar las informaciones que emanan de dichas fuentes y ajustar aquellas que por improbables no tenían demasiado sentido.

Asimismo, se ha estudiado la etimología del apellido y cuál es el cognomen que se ajusta en mayor medida al primitivo idioma. También se ha analizado la procedencia regional del nombre y la descripción del escudo de armas de la familia Lisperg, según las fuentes alemanas. Igualmente, se han confrontado los testimonios que sobre esta familia han dejado grandes genealogistas e historiadores, especialmente, don Juan Luis del Espejo y don Luis de Roa y Ursúa, mejorando sus versiones y eliminando los grandes equívocos que ambos ofrecían en obras tan célebres como, el *Nobiliario de la antigua capitanía general de Chile* (Espejo, 1967) y el *Reyno de Chile* (Roa & Instituto de Historia Jerónimo Zurita, 1945).

Hasta ahora, artículos como el de Wunder Gerd, "Peter Lisperguer, ein deutscher Konquistador" (1991), o su libro *Die Familie Lisperguer in Chile* (1934), o también el artículo de Hans Reuss, "Don Pedro Lisperguer aus Worms" (1936), o por supuesto el trascendental libro de Benjamín Vicuña Mackenna, *Los Lísperguer y la Quintrala* (1944), habían evidenciado con gran luminosidad y profusión de datos sobre el éxito de Lísperguer y su descendencia en Chile, pero apenas habían sido capaces de ofrecer un atisbo respecto del origen del conquistador en Alemania.

Por tanto, queriendo superar ese vacío, este ha sido un trabajo de campo, empírico, de clasificación y recogida de datos, en el que ha tratado de eliminar toda subjetividad en la percepción que tradicionalmente se ha tenido de esta familia, suprimiendo o minusvalorando informaciones sesgadas de personas que abrumadas por su éxito posterior, habían abultado el verdadero origen de la misma. En esta labor, la acreditación de noticias mediante una estricta constatación de fuentes, ha sido un elemento esencial.

Asimismo, ha sido fundamental el contacto reiterado con los responsables del Archivo Municipal de Worms, en Alemania, los cuales me han proporcionado valiosos documentos, que junto a otros trabajos, me han permitido corregir los grandes errores que Roa y Ursúa publicó en *El reyno de Chile*, pudiendo ampliar considerablemente las informaciones sobre el pasado de Pedro Lísperguer en Alemania.

Por otra parte, uno de los grandes retos de esta parte ha sido dar respuestas coherentes a las muchas dicotomías e inconsistencias que se han vertido en las fuentes estudiadas. Entre ellas el hecho de que según los asientos de la Casa de Contratación, el padre de Pedro Lísperguer se llamara Pedro Bilinger (por lo que se entiende que el conquistador antepuso el apellido de la madre frente al del padre) frente al documento encontrado por Juan Mújica en la Biblioteca Nacional de España, en el que se afirma que el padre de Lísperguer, se llamaba Pedro Wittemberg.

Este documento, es de suma importancia, ya que por primera vez se evidencia la vinculación de los Lísperguer con los Wittemberg españoles y se constata que el hecho de que la rama hispanoamericana portara el apellido Lísperguer en lugar del de Wittemberg fue un hecho meramente accidental. Por supuesto, se señala además el origen común de la familia Lísperguer y Wittemberg en Alemania, los cuales tuvieron entronques reiterados en varias de sus ramas.

Gracias a este documento se han podido encontrar otros de incluso mayor antigüedad, que han aportado informaciones de gran valor, para poder acercarnos al origen de la familia. Especialmente relevante es el hecho de que se afirme la descendencia de Pedro Lísperguer del duque de Sajonia, lo cual junto con otras informaciones periféricas, han sido estudiadas con gran escrupulosidad.

También en este trabajo se ofrecerá una reseña sobre el rey de armas, don Juan Alfonso Guerra y Sandoval, autor de la certificación nobiliaria sobre la familia Wittemberg, para poder conocer cuál era el reconocimiento y prestigio de este nobilarista y por tanto saber qué grado de credibilidad pueden ofrecernos esta clase de documentos.

En consecución de ese objetivo, se han examinado según el juicio de expertos, cuál es el valor que se puede otorgar a esas certificaciones y cuánto puede haber de fantasía o de exageración. Para poder despejar esas dudas se ha verificado exhaustivamente la genealogía de los duques de Sajonia en su línea Sachsen-Wittenberg, como también se ha escrito a los archivos regionales de Sajonia, donde se ha elevado consulta sobre el particular y se han recogido sugerentes opiniones.

También se ha dedicado un espacio preferente a averiguar el posible origen sefardí de la familia y tras un estudio pormenorizado de su forma de vida, su origen, sus conexiones, sus asentamientos, se han aportado pruebas categóricas que permiten con fundamento descartar completamente esta idea.

En adición a lo anterior, se ha intentado penetrar en la idiosincrasia de la rama americana, entender su evolución en el tiempo, el porqué de su pujanza, las consecuencias de su indigenismo. Todo ello me ha permitido comprender el orbe mental y social de estas familias singulares y su paralelismo a otros grandes linajes americanos, que no obstante su hibridismo han ocupado los primeros puestos de aquellas sociedades.

Si todo ello ha sido una aventura apasionante, nada puede compararse con el revolucionario aporte que supone el estudio de la familia Wittemberg en España. Aquí interesará tan sólo el aspecto nobiliario de la familia, como una vía para llegar al origen de la misma. En consecuencia, se ha realizado un seguimiento de todos los protocolos nobiliarios que sobre esta familia se han encontrado en España (especialmente en Andalucía), ofreciendo al público por primera vez en cuatro siglos, numerosos documentos inéditos que serán de suma importancia y que sin duda serán estudiados con deleitación por toda suerte de eruditos y universidades.

En pos de esa labor de recogida de documentos nobiliarios, se han rastreado expedientes en archivos eclesiásticos, ejecutorias de hidalguía en Reales Chancillerías, nuevas certificaciones armeras, declaraciones efectuadas por la familia ante autoridades castrenses. Merced a estas informaciones se ha podido ahondar en los contactos que la familia tenía en Hamburgo, que es el enclave primigenio del que procede la rama española, también se ha podido reconocer a todos los personajes implicados en esas probanzas y calibrar su estatus y aún más importante, saber de qué ducados y condados procedía la familia en Alemania.

Tras el cotejo minucioso de los ducados, se ha podido comprobar cómo éstos coincidían con las representaciones heráldicas efectuadas por los reyes de armas españoles en el siglo XVII y XVIII y por tanto, ha permitido ubicar regionalmente a la familia en el territorio de Württemberg, de cuyos duques señalan las fuentes que procede. Por otra parte los nuevos descubrimientos han abierto una brecha sobre la concepción tradicional de que la familia descendía del ducado de Sajonia. Esta disparidad de elementos probatorios nos mantiene en una situación de vértigo hasta el último momento, en el que se intentará dar respuesta a cuestiones de muy difícil intelección.

Pero como la fiabilidad de un teoría depende de la veracidad de las informaciones sobre las que se sustenta, también ha sido imprescindible dedicar algunos párrafos a examinar las contradicciones en las declaraciones de los Wittemberg, las inconsistencias de algunas fuentes, el cotejo de la genealogía de los duques de Württemberg, intentando llegar a la verdadera naturaleza de esta importantísima familia, eliminando por tanto toda suposición espuria que nos aparte de ese propósito.

No obstante algunos contratiempos en ese camino hacia la absoluta certeza, la investigación culmina con la enumeración de los numerosos títulos nobiliarios con los que ha enlazado esta familia, tanto en América, como en España, y que en última instancia, la nobleza y grandeza de la casa ha quedado evidenciada como una realidad fáctica incuestionable.

El tercer capítulo trata sobre el desarrollo de la familia Wittemberg en España, especialmente en Málaga. El relato comienza con la llegada de Johannes Wittemberg Dreyers en 1668 a las costas malacitanas, el primer alemán de este apellido que llega a aquella tierra andaluza. Veremos cómo se establece como un factor de sus socios comerciales en Hamburgo, fundando poco después su propia compañía marítima, una compañía de comercio al por mayor, que resultará una de las más prósperas de la ciudad, manteniéndose operativa durante ciento treinta años a través de sus hijos y nietos. A continuación analizaremos su primer matrimonio con María Arizón, del que provendrá la primera generación de esta familia nacidos en Málaga.

Siguiendo el consagrado tópico de que el recién llegado se establece, la segunda generación se integra y la tercera se consolida, asistiremos a la evolución de un clan inteligente, que consigue ser capaz de establecer buenas relaciones con su entorno, logra casar a sus hijas con los regidores de la ciudad, siendo aceptado en el exclusivo grupo de la nobleza local. Todo ello le llevará a asimilar sin dificultad las costumbres foráneas, definiéndose como una familia católica, no obstante que sigue manteniendo buenas relaciones con sus compatriotas protestantes y que sigue cultivando contactos con su enclave primigenio en Hamburgo.

Por lo tanto, durante varias páginas se examinarán las operaciones comerciales de la familia Wittemberg, cuáles eran las rutas que seguían sus barcos, qué clase de negocios y transacciones jurídicas realizaban en la ciudad y quiénes eran sus socios comerciales. Asimismo, entre estos socios, será interesante conocer quiénes eran los cónsules extranjeros que formaban parte de su compañía, a qué comunidad estaban vinculados en Málaga, en definitiva saber a qué grupos e intereses estaban adheridos.

Igualmente cautivante resultará recrearnos con su lujoso estilo de vida, que conoceremos a través de alguno de sus inventarios, lo que nos permitirá adentrarnos en los objetos suntuosos que tenían en sus casas, su forma de vivir, el número de calesas que poseían, y otros objetos tales como instrumentos musicales, lo que denota el gran grado de refinamiento alcanzado por esta familia.

Asimismo, los Wittemberg serán grandes hacendistas de Málaga. Verificando el Catastro del marqués de la Ensenada, particiones de bienes, otros protocolos notariales y numerosos testamentos, conoceremos cuáles eran sus cuantiosas propiedades y cuál era su medio de vida y cómo emulando las virtudes de la nobleza crearon también mayorazgos o bienes vinculados.

También comprobaremos como en tercera generación la integración de la familia será completa. Uno de sus miembros consigue llegar a ser deán de la Catedral de Málaga y otros ingresan sin dificultad en diversas congregaciones religiosas. Muchos hacen próspera carrera dentro del Ejército, optando muchos otros por la Marina. Especialmente diestras serán las mujeres del clan, que contraerán en esta etapa, sustanciosos matrimonios, permitiendo a la familia Wittemberg enlazarse con la nobleza y aún incluso con varios títulos nobiliarios.

Descendiente de esta familia por parte de madre será don Luis José Velázquez de Velasco, marqués de Valdeflores (1722-1772), uno de los personajes más representativos de la primera Ilustración Española, personaje que se encuentra en la base fundacional de la Real Academia de la Historia, que participó en sus primeros proyectos, donde se conserva un gran acopio documental, que ha sido estudiado por quien subscribe estas líneas.

A través del entramado de relaciones de esta familia extranjera en Málaga, podremos ahora comprender el porqué del cosmopolitismo de Valdeflores, de sus inquietudes, de su espíritu, lo que sin duda será de gran interés para multitud de dieciochistas e hispanistas de todos los países, que tendrán un nuevo motivo para asomarse a su figura. Al final de su evolución la familia Wittemberg consigue enlazarse con grandes de España, lo que representa la culminación de un esfuerzo continuado para aunar riqueza y consideración social, integrándose en los grandes estamentos de la época.

En síntesis, este es un libro que trata sobre la evolución de una familia alemana, que consigue integrarse sin dificultad dentro de la monarquía española y en tan sólo tres siglos alcanza el pináculo de una sociedad profundamente estamental. Es por otra parte una obra innovadora, puesto que a través de numerosos documentos inéditos, aporta valiosas informaciones sobre el pasado de esta importante familia en Alemania, así como informa sobre establecimiento de una próspera rama en España, desconocida hasta ahora.

Esta obra además ofrece una serie de apéndices, que engloban la genealogía extensa de los Wittemberg en España, los goces de hidalguía del clan, una cronología completa de Pedro Lísperguer, la exposición de sus numerosos pases y licencias para embarcar hacia América y una genealogía de la familia Lísperguer en Hispanoamérica, comprendiendo los linajes chilenos, peruanos y argentinos. Soy consciente que estas nuevas noticias sobre la familia Lísperguer Wittemberg serán la génesis de una revolución cultural, que estremecerá los cimientos de la historiografía española e hispanoamericana, dando pábulo a un sinfín de interpretaciones.

Dada la extensión de la obra cuya serie lleva el título *Los protegidos del César,* se ha dividido en dos volúmenes: el primero titulado *El conquistador alemán Pedro Lísperguer Wittemberg*, donde se describen sus vivencias europeas; y el segundo titulado *Los Lísperguer Wittemberg: una familia alemana en el corazón de la cultura chilena*, donde se analiza su polémico origen en Alemania (con muchos referentes americanistas) y su posterior florecimiento en España.

No cabe duda que para realizar esta compleja investigación que se ha prolongado durante más de una década, los nuevos avances tecnológicos han sido fundamentales. Aquí consigno mi respeto para todos aquellos historiadores que a principios de siglo no disponían de estos avances. A pesar del increíble esfuerzo y del giro copernicano que implican sus noticias, dista mucho de ser una obra perfecta. Aún faltan muchas cosas por estudiar y mi mayor deseo es que algún día una nueva generación de investigadores alemanes, chilenos y españoles, se involucren en esta apasionante investigación aún perfectible.

Queda mucho por hacer en los archivos malagueños, donde existen todavía documentos de la familia Wittemberg que no han sido investigados. También falta por hacer una exploración profunda en los archivos, religiosos o civiles, de Worms, Hesse-Darmstadt, Württemberg, donde existen indicios de la existencia de muchos parientes de los Lísperguer. Asimismo, es necesario explorar en profundidad las operaciones comerciales de los Wittemberg, especialmente en Hamburgo, así como por ejemplo, en Ámsterdam, donde también existen indicios de su presencia. No hay que olvidar que Juan Wittemberg Dreyers, menciona en sus protocolos a un sobrino, Alberto Rucke y también a las tías de sus hijos que vivían en Hamburgo, lo que indica que allí existían conexiones familiares que aún no han sido exploradas.

Con todas sus posibles limitaciones, esta obra representa el mayor esfuerzo hecho hasta la fecha para esclarecer el origen y desarrollo de esta ilustre familia alemana. Sin embargo, no será completa mientras no se consiga una plena implicación de los historiadores alemanes. A todos estos nuevos investigadores y amantes del mundo lisperguriano, les lego esta apasionante historia, como un referente de ilusión y optimismo, que como la buena semilla brotará nuevamente en el futuro.

Daniel Piedrabuena Ruiz-Tagle

Madrid, 1 de octubre 2009

PARTE PRIMERA

ESTUDIO SOBRE EL ORIGEN DE LA FAMILIA LÍSPERGUER WITTEMBERG

El origen del célebre conquistador alemán Pedro Lísperguer Wittemberg. Su tratamiento por la historiografía chilena

Pocas familias en la historia de Hispanoamérica han despertado tanto interés, curiosidad y fascinación como la familia Lísperguer. Habiendo su fundador, Pedro Lísperguer, radicado en Chile, de él hoy descienden las familias más influyentes y poderosas del bello país andino. No hay familia chilena que en la intimidad del hogar, ante el calor de una agradable lumbre no haya sacado a relucir el tema de los Lísperguer. De forma recurrente ha aparecido en la conciencia aristocrática chilena el mito de Peter Lissperg, aquel joven alemán, que abandonando su ciudad natal en Worms, siguió el cortejo del emperador Carlos V.

Pero si la figura del César ha dotado de un aura de grandiosidad a nuestro personaje, la tantas veces aludida descendencia de Pedro Lísperguer de la casa de los duques de Sajonia, ha generado una enorme seducción entre sus descendientes, que han visto brotar en su interior –

para bien o para mal– el orgullo de casta, alimentando así la leyenda lispergueriana. Esa atracción fatal hacia la familia Lísperguer, no ha surgido solamente desde encumbradas atalayas aristocráticas, sino por muy distintos motivos, desde el corazón del pueblo y de la tierra. Nieta de Pedro Lísperguer fue la célebre Catalina de los Ríos Lísperguer, recordada como "la Quintrala".

Doña Catalina fue una mujer terrible, encomendera despiadada, asesina de incautos, parricida, mujer abominable, un verdadero monstruo, producto no de la mezcla de razas como se ha dicho, sino de la fusión de fuerzas, del poder desmedido, de la opulencia, del desenfreno. Las horribles atrocidades cometidas por "la Quintrala", especialmente contra los indígenas, ha hecho que la sola mención de su nombre, estremezca de pavor al pueblo chileno, constituyendo un claro referente de los desmanes llevados a cabo en la época colonial. Por ello, multitud de dramaturgos han instrumentalizado la funesta historia de "la Quintrala" como un icono emblemático de la lucha social y racial en Chile.

Así pues, hay algo enigmático, exótico, contradictorio que rodea a la familia Lísperguer, situándola en el primer plano de la polémica, del debate nacional, no sólo de países como Chile, sino de otros como Perú y Argentina donde también se han hallado alguno de sus descendientes. El primer gran estudioso de esta familia fue don Benjamín Vicuña Mackenna. Hijo de uno de los fundadores de *El Mercurio de Valparaíso* en 1827, uno de los periódicos más prestigiosos de América, don Benjamín fue uno de los personajes más notables de la historia de Chile: historiador, abogado, periodista, político liberal, diputado, intendente de Santiago, candidato a la Presidencia de la República, representante diplomático del gobierno chileno, senador.

Este fue el perfil del prohombre de Chile, excelente y vívido escritor, el primero que inventó a "la Quintrala". Propulsados por su estímulo otros después le siguieron. Después de Vicuña Mackenna, en tratados históricos, tesis doctorales, novelas, artículos, conferencias, obras de teatro, películas, se ha analizado profusamente la temática. La gran ascensión social de la familia, su notoria celebridad, unida a su fatalidad, ha hecho que innumerables historiadores, genealogistas, literatos y público en general, hayan intentado hasta la saciedad establecer su origen.

El desfase temporal, las barreras geográficas, las dificultades lingüísticas, un inmenso océano cortando el desplazamiento entre América y Europa, han hecho de esa labor una misión casi imposible de acometer. A pesar de esta ola de entusiasmo y de los novedosos descubrimientos que aquí se van a revelar, no cabe duda, como veremos al final de esta exposición, de que tratándose de una familia tan compleja como la de los Lísperguer, cualquier tentativa razonable de llegar a su origen sólo podrá acabar en verdades matizables, eso sí, nacidas de un comprometido y titánico esfuerzo por resolver tan difícil dilema.

Uno de los intentos más logrados para esclarecer la cuestión del origen de Pedro Lísperguer fue el de Juan Luis Espejo, prestigioso historiador y genealogista, cuya perseverante labor de recuperación del pasado colonial, fue reconocida por la Academia Chilena de la Historia, que en 1968 le otorgó la Medalla de Honor. Don Juan Luis del Espejo había nacido el 21 de febrero de 1887, cultivando desde la más tierna infancia su dedicación hacia la historia. Entre sus primeros profesores tuvo al renombrado historiador don Diego Barros Arana que le enseñó la cosmografía y la historia literaria, llegando a conocer a hombres como Manuel Antonio Matta, patriarca del radicalismo; Adolfo Valderrama, historiador literario; Isidoro Errázuriz, orador parlamentario; Valentín Letelier, filósofo de la enseñanza; José Toribio Medina, prestigioso bibliógrafo.

En marzo de 1911 se creó por don Enrique Matta Vial la *Revista Chilena de Historia y Geografía* y en septiembre la Sociedad del mismo nombre. En el recién creado cenáculo y junto a Matta, participaron hombres como don Miguel A. Varas, don Carlos Tomás Vicuña

Mackenna, don Ramón Laval y don Tomás Thayer Ojeda. A ellos se unió Espejo participando en las actividades de la nueva institución. Don Enrique Matta, que era el motor incansable de la nueva sociedad, pronto se percató de las cualidades sobresalientes del investigador Juan Luis Espejo, concibiendo la idea de llevarlo a Europa a trabajar en sus grandes depósitos documentales.

Juan Luis Espejo,
ilustre genealogista chileno

Así pues por petición oficial de la Sociedad Chilena de Historia y Geografía, Espejo partió en 1914 hacía Londres donde estudió los archivos del Public Record Office. De Londres continuó a España, donde consultó el Archivo de las Órdenes Militares de Madrid, repleto de informaciones genealógicas, continuando su labor en el Archivo General de Indias de Sevilla, donde pudo revisar un número apreciable de informaciones de servicios de personajes de relieve, que arrojaban nueva luz sobre el pasado colonial chileno (Eyzaguirre, Elogio de don Juan Luis Espejo, 1969).

A principios de 1915, Espejo se encontraba de regreso en Chile y en un informe pormenorizado rendía cuenta a la Sociedad Chilena de Historia y Geografía, relación detallada de sus trabajos. Posteriormente, en 1917, fruto de todas esas valiosas experiencias europeas publicaba su célebre obra el *Nobiliario de la antigua capitanía general de Chile*, cuya última revisión es de 1967. En dicha obra, el Sr. Espejo, tras minuciosas búsquedas en los archivos de España y Chile, logró reconstruir los orígenes hispánicos de las familias chilenas, ligándolas así a sus solares primitivos, recibiendo por dicha labor, el

honroso título de miembro correspondiente de la Real Academia de la
Historia de Madrid.

No cabe duda, de que la investigación llevada a cabo por el Sr. Espejo fue brillante, aunque en lo que se refiere al origen de la familia
Lísperguer, se encontró ante un escollo de muy difícil superación. No
era aquel un trabajo monográfico sobre el origen de la familia Lísperguer, lo que unido a las aludidas dificultades espacio-temporales, hizo
que a pesar de haberle dedicado a esta familia alemana una atención
preferente, no pudiera en dicha obra establecer de forma categórica
una teoría sensata respecto a la cuestión del origen.

Partiendo de una labor de síntesis y recogiendo las fuentes documentales de la tradición historiográfica chilena, el Sr. Espejo ofrece
tres versiones respecto a la cuestión del origen, que sólo parcialmente
coinciden entre sí, pero que difieren completamente en lo sustancial.
Por un lado nos revela el documento encontrado por el Sr. don Juan
Múgica de la Fuente en la Biblioteca Nacional de España. Por otro,
nos muestra las informaciones publicadas por Luis de Roa y Ursúa en
su obra el *Reyno de Chile*. Por último, en vista de las discrepancias
entre ambas fuentes, hace prevalecer las propias declaraciones que
Pedro Lísperguer consigna en su pasaporte a Indias.

Por tanto, una de las opciones que el Sr. Espejo plasma en su *Nobiliario de la antigua capitanía general de Chile,* es el documento
encontrado por el distinguido investigador y genealogista, don Juan
Mújica de la Fuente, Miembro de Honor del Instituto Peruano de Investigaciones Genealógicas, en la sección de manuscritos de la
Biblioteca Nacional de Madrid. Literalmente el Sr. Espejo publicó lo
siguiente:

> De acuerdo con una I.N. rendida en Hamburgo en 16-V-1730 y de
> otra ante Pedro Muñoz, alcalde y Diego García, escribano, Málaga, 2-
> III-1735 a petición de Jorge Carlos de Wittemberg, vecino de Málaga
> y 5° nieto de Amadeo de Wittemberg y de Carlota Lísperguer, existente en la Biblioteca Nacional de Madrid, Sección Ms. n° 11801,
> cuaderno 48, fol.1532, la filiación de esta familia sería la siguiente: I-
> Patricio de Wittemberg, n. en Wittemberg, Sajonia, alrededor de 1410;

5

de la casa de los duques de Sajonia c.m. con María Dosiel. II- Carlotto de Wittemberg, n. en Wittemberg. Hijos: a) Jorge Miguel que sigue; b) Amadeo; c.m. con Carlotta Lísperguer, cs. en España.III- Jorge Miguel Wittemberg; c.m. con Catalina Lísperguer, vecinos de Coestfeld. IV-Pedro Lísperguer Wittemberg, Cónsul de Worms, 1540; c.m. Isabel Lísperguer y ambos padres de Pedro Lísperguer, fundador de la familia en Chile (Espejo, 1967, pág. 526).

Comprendiendo la dificultad que entraña aglutinar tantos expedientes en una obra tan densa como la del Sr. Espejo, debemos siempre elogiar la obra, pero también resulta obligado señalar sus defectos. En primer lugar, la referida Institución de Nobleza rendida en Hamburgo, es dudoso que llegara a las manos del Sr. Espejo, por la enorme dificultad que entraña su obtención. Llegada ésta a las manos de quien subscribe estas líneas, en ella no se halla ninguna referencia a la supuesta descendencia de Pedro Lísperguer de los duques de Sajonia. En segundo lugar, la segunda probanza de nobleza efectuada ante el alcalde de Málaga, nadie la ha encontrado.

Por lo tanto el Sr. Espejo utilizó dos expedientes que no tuvo en su poder, uno que nadie ha visto, el otro cuyo contenido no hace ninguna alusión a la mencionada descendencia, basándose en ambos para justificar el origen de Pedro Lísperguer. En segundo lugar, revisado el documento con exhaustividad, se comprueba como el cónyuge del miembro fundador del linaje, Patricio Wittemberg, fue María Dorfel y no Dosiel. Además el cónyuge de Jorge Miguel Wittemberg no fue, según el expediente, Catalina Lísperguer, sino Amelina Lísperguer. Asimismo, afirma el Sr. Espejo que Pedro Lísperguer Wittemberg, cónsul de Worms en 1540, estuvo casado con Isabel Lísperguer, lo cual ni siquiera aparece en el expediente y que hoy sabemos por los asientos de la Casa de Contratación que su nombre fue el de Catalina Lísperguer (Casa de Contratación, 1555).

Aunque tampoco en este punto hay mucho consenso, pues según Thayer Ojeda en su obra *Formación de la sociedad chilena*, Pedro Lísperguer en uno de sus testimonios declaró ser hijo de Isabel Lísperguer (Thayer Ojeda, 1939-1943, pág. 211), lo que reforzaría la tesis del Sr. Espejo, aunque ello no figura en el expediente encontrado por el Sr. Mújica. A pesar de todo, debemos agradecer al Sr. Espejo el habernos mostrado este expediente de nobleza, creado por el rey de armas, Juan de Guerra y Sandoval en 1740, a petición de Jorge Carlos Wittemberg, un documento fascinante que aporta prolijas informaciones sobre la supuesta descendencia de la familia Lísperguer de los duques de Sajonia.

La segunda posibilidad que nos revela el Sr. Espejo la extrae del trabajo realizado por don Luis de Roa y Ursúa, miembro de la Academia Chilena de la Historia y que es la siguiente:

> Peter Birlinguer, n. Worms, en 1503; c.m. 1532 con Catalina Lísperguer, h. de Rodolf Lisperg, Consejero Municipal de Worms, 1511, padres de Pedro Lísperguer, fundador de la familia en Chile y de Peter, n. en Worms, en 1538 (Roa & Instituto de Historia Jerónimo Zurita, 1945, pág. 316).

Finalmente, viendo las discrepancias entre ambas informaciones hace prevalecer sobre ellas, las informaciones consignadas por el propio Lísperguer en su pasaporte a Indias y que son las siguientes:

> Pedro Bislemberg y Catalina Lísperguer "de los nobles de Alemania, vecinos de Worms".

> Hijo del anterior sería Pedro Lísperguer, n. en Worms, 1517, criado de la casa de los duques de Sajonia... (Espejo, 1967, pág. 526).

Por tanto, analizando el conjunto, podemos observar que a pesar del esfuerzo y de la gran importancia de la familia, el Sr. Espejo no plasmó de forma clara cuál es el origen de la familia Lísperguer. Los datos biográficos son muy escasos y no explica de qué duque de Sajonia en concreto desciende Pedro Lísperguer. Es decir, falta el eslabón que une a Lísperguer con tan distinguida casa. Por otra parte, los datos procedentes del ámbito municipal de Worms tampoco son suficientemente ilustrativos.

En cuanto a los datos expuestos en el pasaporte a Indias de Pedro Lísperguer, empezando por el apellido paterno "Bislemberg", hay que decir que no hay ninguna fuente alternativa que refuerce la idea de que éste fue el verdadero nombre de su padre. Es más, cualquier apellido suele dejar rastros en la historia, ya sea en su portador o en otros colaterales. Sin embargo, el apellido "Bislemberg" simplemente no existe. Obsérvese que los apellidos alemanes no suelen empezar por "B" sino por "W" por lo que se aprecia aquí una clara latinización del mismo. Pero aun buscándolo en su forma germanizada "Wislemberg" el resultado es infructuoso.

Piénsese que los apellidos se distorsionan enormemente en el tiempo, y que un apellido presentado en un papel no siempre es una prueba categórica de su autenticidad. Téngase en cuenta que para Claudio Gay el verdadero apellido de los Lísperguer era Leisperberg, que según él era lo que más se aproximaba a la etimología del antiguo idioma (García Carraffa, 1953). Suárez de Figueroa en su obra *Hechos de don García* denominó a Pedro Lísperguer, Luis Perguer (1613, pág. 29). Roa y Ursúa en una carta dirigida al Archivo municipal de Worms alude a la familia como los Liesperger, Liesberg, Liesperg (Illert & Städtische Kulturinstitute, ca 1950).

La documentación procedente de Worms atinente a esta familia habla de los Lisberg, Lissperg, Lissberge (Illert & Städtische Kulturinstitute, ca 1950). En la crónica de Worms (*Wormser chronik*) las dos eses de Lissperg son sustituidas por la beta alemana. En esta misma crónica en la que los Lísperguer son varias veces citados, aparecen entre otras menciones la de Hamman Rebstock, diputado de Worms, representante ante la corte imperial, en la que es conocido como Lisspergk y a veces aparece como Dispergers (Zorn, 1857, pág. 200).

Asimismo, apoyándose en los asientos que figuran en la Casa de Contratación, Roa y Ursúa asegura que el padre de Lísperguer se llamaba Pedro Birlinger (1945, pág. 316). Thayer Ojeda en su *Formación de la sociedad chilena* afirma que el padre de Lísperguer se llamaba Pedro Bizlenguer (1939-1943, pág. 211). Guillermo de la Cuadra Gormaz, en su trabajo *Familias Chilenas* nos dice que el padre del conquistador alemán Pedro Lísperguer de Wittenberg se llamaba

Pedro Birlinguer (1982, pág. 258). Para mayor embrollo Pedro Lísperguer antepuso el apellido materno al paterno, no obstante que sus descendientes en Perú y chile volvieron a utilizar el apellido de Wittemberg o el latinizado de Bittemberg a finales del siglo XVII. ¿Qué grado de objetividad podemos obtener ante tal dispersión al nombrar los apellidos del conquistador?

Por otra parte, se halla constatado en multitud de documentos como el padre de Pedro Lísperguer se llamaba Pedro Wittemberg. El apellido Wittemberg en España se ha deformado también hasta la saciedad. Así se ha escrito Witemberg, Wittemberg, Witemberge, Wittenberg, Watemberg, Bittenberg, Bitemberg, Vitenberg, etc... Téngase en cuenta que en la España del siglo XVI, ni siquiera Felipe II, por ejemplo, dominaba las lenguas extranjeras. Apenas tres personajes en la corte sabían hablar inglés. Era usual que las mujeres no supieran escribir. Además es bien conocido como los escribanos de aquella época eran incultos e iletrados.

Imaginemos a un funcionario de la Casa de Contratación, sobrecargado de trabajo, registrando a todas las personas de una flota, así como los abastos y diversas circunstancias relacionadas con la nave y el trayecto. A este funcionario presionado para acabar cuanto antes su trabajo, ¿no le sonara un apellido alemán como a nosotros en la actualidad podría sonarnos, por ejemplo, un apellido polaco? Entonces, ¿Qué valor podemos darle a la afirmación de que el padre de Pedro Lísperguer se llamaba Pedro Bislemberg? En mi opinión muy escasa.

Razónese que si pudiéramos superponer todos los apellidos de la familia Wittemberg y verlos como una película en movimiento, a fuerza de repeticiones nos llegaría una imagen parecida a esta: Witemberg. ¿No se parece este apellido a aquel otro consignado en el pasaporte de Pedro Lísperguer? Creo que hay razones suficientes para pensar que Wi-t-emberg y W-i-sl-emberg son en realidad el mismo apellido transcrito por diferentes personas. En cuanto a que la madre de Pedro Lísperguer se llamaba Catalina Lísperguer, es algo que está corroborado por multitud de fuentes, por lo que, en principio, no cabe ninguna duda al respecto.

Si bien el nombre de la madre está bien asentado, salvo alguna declaración aislada en la que don Pedro dice ser hijo de Isabel Lísperguer, el fallo sí que es patente en la transcripción del apellido paterno. Así pues, por todo lo expuesto, a mi modo de ver no podemos elevar a una categoría axiomática el hecho de que el padre de Lísperguer se llamara Pedro Bislemberg simplemente porque así figure en un documento.

Como hemos visto, otra de las cosas que publica el Sr. Espejo, es que Pedro Lísperguer, nació en 1517, siendo "criado de la casa de los duques de Sajonia". Respecto a lo primero, el ilustre investigador está constatando la fecha más improbable de nacimiento del conquistador. Según Tomás Thayer Ojeda, también destacado historiador, en su obra *Formación de la Sociedad Chilena*, Pedro Lísperguer había declarado en marzo de 1603 ser de sesenta y dos años poco más o menos, pero en otras declaraciones dijo ser de sesenta años en 1590 y de setenta y seis en 1593, las que retrotraen su nacimiento a 1541, 1530, 1517 respectivamente.

Respecto a estas fechas el Sr. Thayer se decanta por la de 1530 ya que piensa que no es probable que don García confiara la custodia de los gobernadores Villagra y Aguirre a un mozo de 17 años (1939-1943, pág. 211). Además, se puede colegir fácilmente que si hubiera nacido en 1541 habría tenido cuatro años cuando el Emperador pasó por Worms y es impensable que el César se haya llevado en su séquito a un niño de esa edad. Si hubiera nacido en 1517 al morir en 1604 ó 1605 habría tenido 87 ó 88 años lo que parece bastante improbable para la época. Por lo tanto la única fecha racional de nacimiento que nos queda es la aproximada de 1530, que es la única que cuadra con todas las variables.

El joven tenía 15 años cuando se lo llevó el César de Worms, 27 cuando apresó a los gobernadores Villagra y Aguirre y alrededor de

74 cuando murió. Por si fuera poco, esto se corrobora con la declaración que hizo Lísperguer ante la Casa de Contratación el 1 de agosto de 1555 que dijo ser de unos 25 años (De Hoyo, 1555, pág. 526), lo que nos retrotrae a la fecha de nacimiento de 1530. El porqué de estas disparidades habría que buscarlas en errores de escribanos y copistas y dado el analfabetismo existente en la época no ha sido el único caso.

Respecto a lo segundo, el Sr. Espejo constata que Pedro Lísperguer fue "criado de los duques de Sajonia". A la palabra "criado" se le pueden buscar dos acepciones, la de "educado" o la de "servidor" de tal casa. Ni lo uno, ni lo otro, consta en ningún documento. Lo que sí consta en varios documentos, como se verá a lo largo de esta exposición, es que Pedro Lísperguer fue "descendiente" o "deudo", de los duques de Sajonia. Como puede comprobarse la diferencia terminológica es notable.

Si por criado quiso referirse a "servidor" que es lo más probable, no parece creíble que un muchacho de apenas 15 años, que es la edad que tenía cuando se marchó de Worms, haya tenido tiempo de desempeñar ese rol, aparte de que Sajonia, incluso la Baja Sajonia, estaba mucho más al norte de su ciudad natal, por lo que esta idea no parece muy congruente. Al margen de lo que sus descendientes dijeron de él, lo único que Pedro Lísperguer dijo de sí mismo –como es el caso de su declaración ante la justicia del Gobernador Rodrigo Quiroga con motivo de la información de sus méritos y servicios– fue que era "caballero notorio de los nobles del imperio de Alemania" (Medina, 1956-1963)1.

Sin embargo, un caso especial, por ser un testimonio que no procede de sus descendientes, es el de García Méndez y Juan de Vera, miembros del séquito del conde de Feria, que estuvieron en Worms en

---

[1] *También puede consultarse en Archivo General de Indias, cartas y expedientes de personas seculares, información de méritos y servicios del Capitán Pedro Lísperguer, Chile, 33.*

1545, los cuales aseguraron que estuvieron en la casa del padre de Pedro Lísperguer y dijo que éste era:

"...caballero principal Alemán a uso de Alemania y tenía sus escudos, armas y criados conforme a la costumbre de caballero de Alemania y de las personas principales de la ciudad de Bormes... uno de los trece que gobiernan la ciudad de Bormes... y que se informó certificadamente que el dicho Pedro de Lísperguer era y es deudo del duque de Sajonia" (De Hoyo, 1555, pág. 580)2.

Al igual que el Sr. Espejo, don Luis de Roa y Ursúa se interesó vivamente en el estudio de la familia Lísperguer. Como su correligionario desde muy joven sintió una marcada predilección hacia las bellas cosas del pasado, forjándose en los estudios históricos y en las investigaciones genealógicas. Ya en la madurez, el presbítero Roa fue uno de los entusiastas fundadores de la Academia Chilena de la Historia. El Gobierno de Chile lo distinguió con el nombramiento de agregado de la embajada ante la Santa Sede. Fue miembro de la Sociedad Chilena de Historia y Geografía, publicando interesantes trabajos en la revista que dicha institución edita.

Fue investido con el honroso título de caballero de honor y devoción de la soberana orden hospitalaria militar de San Juan de Jerusalén. El Papa reinante le había otorgado la cruz "pro ecclesia et pontifice" y hasta el Real Cuerpo de Caballeros Hijosdalgo de Madrid lo había acogido en su seno. Como su compañero el Sr. Espejo, también don Roa y Ursúa se encaminó al viejo mundo, donde se dedicó al estudio de antiguos legajos y certificaciones genealógicas, en busca de datos útiles para reconstruir el pasado colonial de Chile.

Obra cumbre de toda una vida dedicada a los estudios históricos fue su libro *El Reyno de Chile*, publicado en Valladolid, por el Conse-

---

2 *Es posible que Juan Luis Espejo con la palabra "criado" haya querido referirse a "nacido de", o "procedente de" los duques de Sajonia, idea que tiene su fundamento en una realidad textual sugerente, incluso plausible, pero no suficientemente contrastada.*

jo Superior de Investigaciones Científicas, establecido en el Instituto Jerónimo Zurita. Al igual que su compañero el Sr. Espejo, en dicha obra se concentró en establecer los orígenes hispánicos de los primeros conquistadores, finalidad que cumplió de forma notable, labor que sólo pudo acometerse tras una ardua y paciente investigación. En su prólogo, el marqués de Ciadoncha, muy versado en estas materias, calificó el libro como "obra perfecta", añadiendo que era tan exacta que no había nombre ni cita que no estuviera avalada por el documento que sirvió para establecerlo, considerando el libro como la mejor obra de Hispanoamérica en materia genealógica hasta la fecha.

Meritorio aserto para un importante libro que no podía ignorar el reto fundamental de determinar el origen de la familia Lísperguer. No cumplir con el desafío de determinar la procedencia de la familia Lísperguer –uno de los linajes más destacados de la época colonial– hubiera dejado tocado el prestigio de la obra. Por último, reseñar que el libro consiguió publicarse en 1945, muriendo su autor don Luis Roa y Ursúa en Roma, escaso tiempo después en 1947 (Mújica, 1947).

Bajo estos precedentes, resulta sumamente interesante seguir el proceso de investigación llevado a cabo por don Luis de Roa y Ursúa, miembro de la Academia Chilena de la Historia y poder comprobar como a partir de una serie datos fragmentarios, logró conformar una razón histórica justificativa de la nobleza de la casa, publicándola en su mencionada obra *El Reyno de Chile*. Gracias a la información suministrada por el Archivo Municipal de Worms (que es la misma que recibió en su día el Sr. Roa y Ursúa), hoy podemos rastrear cual fue el proceso mental que el prestigioso historiador siguió en su investigación.

En la primavera de 1940 Roa y Ursúa estaba fascinado con la idea de llegar al origen de la familia Lísperguer y como si fuera una especie de Champollion intentando desvelar los secretos de la Piedra de Roseta, se puede apreciar en sus apasionadas cartas, un gran interés en desentramar este misterio, tratando de ser el primero en establecer una teoría sólida respecto al origen de la insigne familia. En consecuencia, el 12 de marzo de 1940, Roa y Ursúa cursó una petición diplomática desde la Embajada de Roma, sita en la Villa San Francesco, de la que era agregado, dirigida a la embajada Alemana también en Roma, solicitando información sobre los ascendientes de Pedro Lísperguer. Dicha petición fue a su vez redirigida por ésta al Archivo Municipal de Worms. En concordancia con la consabida diligencia y eficacia germánica, el director del Archivo Municipal de Worms, contestó el 24 de abril de 1940 en los siguientes términos:

> En el año 1689 la ciudad fue invadida por los franceses, resultando destruido el archivo municipal, provocando, además, la total ruina de la ciudad, no existiendo ningún ciudadano o persona de renombre de la cual se pudiera extraer información sobre la familia Lisberg. Sin embargo, junto a la gran importancia que ha caracterizado la actuación pública de esta familia, han trascendido algunas noticias en la crónica y otras escasas conservadas en la literatura oficial. Igualmente se han conservado algunos documentos con noticias sobre los Lisberg. De estos documentos se derivan las siguientes informaciones que sobre el apellido Lisberg se han averiguado:
>
> **1415 Johannes Rebstock** alias **Lisberg** y **Elizabeth** su mujer, fueron nombrados como bienhechores del monasterio de " Kirschgarten" en Worms.
>
> **1425,1426, 1439** fue nombrado este **Johannes Rebstock** alias **Lisberg** como burgomaestre de la ciudad de Worms.
>
> **1473** es **Peter Bayer** nombrado como **Lissperg**, burgomaestre.
>
> **1483 Johann Lissperg** como ciudadano o burgues.
>
> **1483-1509** el más conocido de los Lissberge: Hamman Rebstock nombrado como Lissperg, consejero, burgomaestre, diputado de la ciudad de Worms en muchos importantes debates políticos. Fue uno de los líderes de la ciudad en una época muy trascendental de su historia, realizando diversos pactos en favor de la ciudad ante la corte o palacio del Emperador. Este Hamman Lisspberg podría ser el abuelo de Peter L. nacido en 1532, lo cual ciertamente en nuestra documenta-

ción no consta. Solamente en el año 1511 se nombra un consejero llamado **Rudolf L.**

Con posterioridad a ese tiempo no se tiene más conocimiento sobre los **Lissbergs**, por lo tanto tampoco en el momento que debería haber tenido lugar el encuentro con Carlos V. Este encuentro mismo, el solemne e imponente recibimiento del Emperador y la entrega de llaves es historia documentada, aunque sin mención de nombres. Realmente es imaginable la escena descrita en la historia de **Peter Lisperg**. Se puede dar por seguro el parentesco con la influyente familia **Lissberg** de Worms.

El apellido de la familia Birling aparece en Worms en el siguiente orden:

1468 Hans Birling
1475 Jakob Birling
1503 Peter Birling
1533 Peter Birling (+ 1567)
1570 Hans Birling (+ 1597)
1588 Stefan Birling

Los años marcados revelan la entrada del nominado en el consejo de la ciudad. Hacia el año 1540 era demostrable la existencia de un **Peter Birling**. Una relación con los **Lissbergs** no es ciertamente conocida. (Illert & Städtische Kulturinstitute, ca 1950)[3].

En esta respuesta el Archivo Municipal de Worms se muestra muy analítico, moderado, basculando entre el escepticismo y el optimismo. Por un lado apoya la idea de que existen elementos para pensar que la historia de Pedro Lísperguer sea cierta y, por tanto, "imaginable" que tenga algún parentesco con la influyente familia de Worms. Por otro habla de que existe la posibilidad de que Hamman Lissberg fuera el abuelo (de serlo sería su bisabuelo) de Pedro Lísperguer, para más tarde negarlo, añadiendo que ciertamente ello no les consta.

---

[3] *Carta enviada por el Dr. Illert, Director del Archivo Municipal de Worms, a don Luis Roa y Ursúa. Stadtarchiv Worms. Abt. 20 Nr. 645/2.*

En parecida sintonía, afirma que es demostrable que en 1540 existiera un Peter Birling como cónsul o consejero de Worms (el supuesto padre de Pedro Lísperguer), pero que no es demostrable la relación entre los Lissberg y los Birling.

Es lógico pensar, que cualquier país, región o ciudad pueda estar, en principio, interesado en construir mitos, alzar ídolos, que potencien la imagen de la ciudad, aumenten su fama, conllevando todo ello, un mayor reclamo turístico para la urbe. Sin embargo, en mi opinión, el Archivo Municipal de Worms en su respuesta fue muy cauteloso, respondiendo con gran objetividad, sin que se pueda verificar una parcialización en la información que suministra. De hecho, el protagonismo de Pedro Lísperguer, sólo es conocido por un grupo de eruditos, sin que haya trascendido al gran público.

A pesar de lo atractivo que pudiera ser para una ciudad resaltar la figura de un conquistador alemán como oriundo de la misma, parece que no se han mostrado demasiado interesados en ello, sino más bien se han aferrado a sus propias tradiciones. Por ejemplo, uno de los reclamos más célebres de Worms es el ser la ciudad de los Nibelungos. Así se divulga la idea de que las principales escenas del cantar de los Nibelungos tuvieron lugar en Worms o sus alrededores y que los principales héroes de dicho canto, están indisociablemente unidos a la historia de la ciudad.

Tras leer estas noticias procedentes de Worms, un Roa y Ursúa entusiasmado, respondía en mayo de 1940 a los responsables de su archivo municipal:

EMBAJADA DE CHILE ANTE LA SANTA SEDE

Roma, 8 de mayo de 1940
Señor archivista municipal de Worms, Alemania.

Muy distinguido señor mío:

He recibido con gran reconocimiento el prolijo estudio que Ud. ha enviado a la embajada alemana cerca de la Santa Sede. La Academia Chilena de la Historia y yo personalmente damos a Ud. profundo agradecimiento.

Me permito anotar el resultado del estudio, viéndolo gráficamente, puede ser que Ud. descubra algo nuevo de interés. Como es un hecho histórico comprobado en el Archivo de las Indias, en Sevilla, que en 1554 se embarcó para Chile **Peter Liesperger y Birlinger**, hijo de **Peter Birling** y de **Catherina Liesberg**, podemos afirmar lo siguiente:

1° **Peter   Birling**, nacido en **1533**, consejero municipal en 1567 en Worms.

2° **Peter Liesperg y Birlinger**, nacido en **1535-1538**. Pasa a Chile en **1554**. Casó **Águeda Blumenthal**, padres de **Peter, Johannes, Rudolf.**

Peter Birlinger, nacido en 1503 casó en 1532 con Catherina Liesberg, nacida en 1510-1512. Como posibles antepasados de Peter Birlinger se mencionan Jacob Birlinger, nacido en 1475 y Hans Birlinger, nacido en 1468. El padre de Catherina Liesberg se llamaba Rudolf Liesberg, consejero municipal en 1511. Su abuelo sería Hamman Rebstock, llamado Liesperg, nacido en 1483, consejero municipal, burgomaestre.

Así nuestro Pedro sería nieto de Rudolf, consejero municipal, y bisnieto de Hamman, burgomaestre y tendría razón la tradición chilena que descendía de un burgomaestre de Worms. Además el dio el nombre de Rudolf a un hijo, para conservar el nombre del abuelo.

Era usual en el siglo XVI y XV, dar dos veces el nombre paterno (Peter) a los hijos, así como también, el que uno de ellos llevase el cognomen materno.

En el caso de poder Ud. darnos algún nuevo dato se lo agradeceré inmensamente. Su agradecido servidor;

Luis de Roa y Ursúa

De la Academia de la Historia (Illert & Städtische Kulturinstitute, ca 1950).

Poco después el académico daba forma definitiva a su pensamiento, publicando lo siguiente:

Lísperguer, Pedro, ndo. 1535 en Worms sobre el Rhin, Alemania y su hermano **Birling Peter**, ndo. en 1538,consejero municipal en 1567, hijo de Peter Birling, ndo. en Worms en 1503, que casó allí matrimonialmente con Catalina Lissperg, hija de **Rudolf Lissperg**, consejero municipal de Worms en 1511. Nieto de **Jacob Birling**, nacido en 1475.

Rudolf Lissperg, su abuelo materno, es consejero municipal en 1511. Hamman Lissperg es consejero municipal, burgomaestre de Worms, diputado de Worms para asuntos políticos, dirigente de la ciudad libre en periodos importantes de su historia, representante varias veces cerca de la corte imperial por los años de 1483 a 1509. **Peter Lissperg**, burgomaestre de Worms en 1473. **Johan Lissperg** fue asimismo burgomaestre en los años 1425, 1426,1439. **Johan Lissperg** y su mujer **Elizabeth** fueron insignes benefactores del Convento de Kirchgarten, vecinos de Worms en el año de 1415 (Roa & Instituto de Historia Jerónimo Zurita, 1945, pág. 316).

Si analizamos este texto y lo comparamos con los datos enviados por el Archivo Municipal de Worms y a ello añadimos datos procedentes de otras fuentes, podremos sacar varias conclusiones. En primer lugar, quizás debido a su desconocimiento de la lengua alemana, Ursúa malinterpretó los datos suministrados por el Archivo Municipal de Worms, por lo que *"ab initio"*, toda su teoría se derrumba como un castillo de naipes. Efectivamente, si verificamos con minuciosidad lo que se expresa más arriba, se puede comprobar que el Archivo Municipal de Worms envío a Roa y Ursúa dos listados de personas: uno sobre la familia Lísperguer y otro sobre la familia Birlinguer.

En el primero podemos observar que al haber sido el archivo destruido en 1689, sólo habían sobrevivido algunas noticias en la crónica de Worms, escasas en la literatura oficial y otras en algunos documentos, donde esos miembros de la familia Lísperguer habían sido "nom- "nombrados", por lo tanto en ningún momento habla de fechas de nacimiento. En el segundo listado, se puede comprobar que hay una serie de nombres de familia Birlinguer, con una serie de años al margen, que es el momento en que se constata que la persona en cuestión entró en el Consejo y no su fecha de nacimiento.

El símbolo "más" significa la fecha de fallecimiento de la persona y no la fecha en que hubiera sido designado como cónsul de Worms. Por lo tanto, Ursúa, en su carta enviada al Archivo Municipal de Worms desde la embajada de Chile ante la Santa Sede, fechada en Roma el 8 de mayo de 1940, consignó todos los datos erróneamente, como también lo hizo en su publicación posterior *El Reyno de Chile*[4].

Es decir, esta dislocación de fechas, condujo al Sr. Roa y Ursúa, a una cadena sucesiva de desaciertos, confundiendo al abuelo con el padre, y al padre con el hermano. Así lo primero que reseña el Sr. Roa y Ursúa es que Pedro Lísperguer nació en 1535 en Worms, Alemania. Tras verificar pormenorizadamente los datos procedentes de Worms, se comprueba que lo único útil que aparece en ese documento es que

---

[4] *Aunque quien subscribe estas líneas tiene conocimientos de la lengua alemana, para mayor seguridad hizo traducir todos los documentos proporcionados por el archivo de Worms por un ciudadano alemán. Además para que no quedase ninguna duda, verificó este dato con el archivo de Worms, que lo confirmó. El texto original reza así: "Die Jahreszahlen bezeichnen jeweils den Eintritt der Genannten in den Rat der Stadt", por lo que no cabe ninguna duda de que se trata de las fechas de entrada en el Consejo y no de fechas de nacimiento. Por lo tanto, aunque Roa y Ursúa, acertó en lo substancial que es la conexión de Pedro Lísperguer con los burgomaestres de Worms –algo que ya se conocía desde hace mucho tiempo– no consiguió dar una descripción concreta de los entronques familiares de Lísperguer, que ante la falta de cronologías precisas y certificaciones de filiación, sólo pudo construir a base de conjeturas. Por otra parte, aunque el Sr. Espejo recelaba de las filiaciones del Sr. Roa (prueba de ello es que las coloca en tercer y último lugar en su célebre obra "Nobiliario de la antigua Capitanía General de Chile"), lo cierto es que también se vio arrastrado por los errores de su colega, plasmando unos datos equivocados respecto a una de las familias coloniales más importantes de la historia de Chile.* 19

existió un personaje llamado Peter Birling que Ursúa cree que nació en 1503 que fue consejero municipal de Worms.

También se afirma que existió un segundo Peter Birling, que Ursúa supone nacido en 1533, que cree que en 1567 (fecha de defunción) era también miembro del consejo municipal. En base a esa creencia, especula que el primer Peter Birling fue padre del segundo Peter Birling, atribuyendo la fecha de 1532 como posible de matrimonio entre Peter Birling y Catalina Liesberg, de lo cual no existen referentes ni del matrimonio, ni de la fecha del mismo, ni de la supuesta filiación.

Teniendo ya un matrimonio y un hijo, dedujo también que **Pedro Lísperguer** debió de ser hermano de **Peter Birling,** que cree nacido en 1533, atribuyéndole una fecha de nacimiento en 1535, lo cual tampoco consta. En mi opinión la fecha más probable del nacimiento de **Pedro Lísperguer,** la podemos obtener de sus propias declaraciones ante la Casa de Contratación, que el 1 de agosto de 1555 afirmaba tener unos veinticinco años, lo que nos retrotrae aproximadamente al año 1530 como fecha posible de nacimiento (De Hoyo, 1555, pág. 576), lo que coincide con la idea plasmada en algunos textos de que Pedro Lísperguer tenía unos quince años cuando se unió al cortejo del Emperador en 1545.

Aun admitiendo la filiación y reconociendo que existió un **Peter Birling** que Roa y Ursúa cree nacido en 1533, resulta curioso verificar como en su publicación definitiva en *El Reyno de Chile* y contradiciendo lo que había dejado plasmado en su carta enviada a Worms desde Roma, concede a **Pedro Lísperguer** la fecha de nacimiento de 1535 y retrasa la de su supuesto hermano al año 1538, quizás con la idea de otorgar al conquistador la primogenitura familiar, lo cual tampoco existe un registro de ello.

Lo más lógico es pensar que si hubiera existido tal hermano, **Pedro Lísperguer** hubiera sido un segundón. Si así fuera tendría sentido que el joven alemán hubiera salido del núcleo familiar siguiendo el cortejo del Emperador, con la idea de labrarse un porvenir. Como es muy conocido, en aquella época, el hijo mayor heredaba todo, regentando la representación de la casa solariega, mientras el segundón tenía que demostrar su valía en la vida cortesana, en el ejército, u optar por la vida religiosa[5].

Por otra parte, el Sr. Roa considera que su abuelo paterno debió ser **Jacob Birling** que cree nacido en 1475, de lo cual no existe constancia fehaciente. De hecho, su abuelo podría haber sido igualmente **Hans Birling**, que cree nacido en 1468, posibilidad que el historiador omite. En su carta de 8 de mayo de 1940 duda claramente de cuál puede ser el abuelo de **Pedro Lísperguer**, calificando a **Hans y Jakob** como "antepasados" y **Hamman** como el "bisabuelo".

En su publicación definitiva *El Reyno de Chile*, invierte las situaciones y menciona a **Jacob** como su abuelo, a **Hamman** como su antepasado y a **Hans** ni tan siquiera lo menciona, lo que denota que Roa y Ursúa fue poco exhaustivo en la elección de todos sus personajes: padre, abuelo y antepasados, o que simplemente erró. Sabiendo que las fechas referidas son las de entrada en el consejo y no las de nacimiento y si damos crédito a esa suposición, entonces tanto **Jakob** o **Hans Birling,** por la línea paterna, como **Hamman, Peter Bayer,** o **Johann Lissperg,** por la línea materna, podrían haber sido bisabuelos de **Pedro Lísperguer**[6].

---

[5] *Respecto al debate de la primogenitura familiar que Roa y Ursúa concede a Pedro Lísperguer, hay que señalar que ésta no se justificaba por los documentos de que disponía el historiador en su época, y que sin él saberlo en ese momento resultó ser verdad a la luz de los documentos que luego se han encontrado, pero no con los personajes que él proponía. Por otra parte, Roa y Ursúa, en su carta enviada a Worms desde la Embajada de Roma en 1940, considera una práctica normal que en aquella época un padre designe con el mismo nombre a dos de sus hijos, Peter, lo que aparte de ser un hecho inusual, es una prueba más de que realmente no eran hermanos, sino padre e hijo.*

[6] *Aunque nadie duda de la buena intención de Roa y Ursúa en su ánimo de potenciar a la primera familia colonial de Chile, resulta necesario informar acerca de la falta de consistencia en los datos suministrados por éste. Esto se manifiesta de forma palmaria al observar la diversa documentación que se conserva en el Archivo Municipal de Worms, donde existen copias de las*

Piénsese que si el primer **Peter Birling** entró en el Consejo municipal en 1503 y si en ese momento hubiera tenido por lo menos 35 años o más, eso significa que en 1545 que es cuando el Emperador llega a Worms, este personaje habría tenido 82 ó más años, y parece improbable que haya podido recibir al Emperador en una época en que la esperanza de vida no pasaba de los 50 ó 60 años. De haberlo analizado debidamente, seguramente Roa y Ursúa habría deducido que el primer **Peter Birling** ("el viejo") podría haber sido el abuelo de **Pedro Lísperguer**, aunque ello no consta.

En cuanto al segundo **Peter Birling** ("el joven"), si éste hubiera nacido en 1533 como cree Ursúa (según detalla en la carta que envía a Worms), entonces entramos en el absurdo de que en 1545 –momento en que el consejero hace la entrega de llaves al Emperador– habría tenido 12 años (ó 7 si nos atenemos a la fecha de nacimiento de 1538 que publicó en *El Reyno de Chile*), lo que no dudo hubiera sido cuanto menos una escena un tanto inusual.

Por lo tanto, con el rigor histórico que requiere la materia, hay que decir que Roa de haberlo pensado con más calma, se habría dado cuenta de que al menos el segundo **Peter Birling** mencionado por las autoridades de Worms, no pudo ser su hermano. Si el segundo **Peter Birling** entró en el Consejo en 1533 y murió en 1567, entonces podría haber nacido alrededor de 1500, podría haberse casado antes de 1530

---

cartas que recibió del Dr. Illert, y por tanto, se sabe que los listados de nombres de la familia Birling o Lisperg que llegaron a sus manos, no contenían ningún dato adicional que permitiera establecer una conexión entre ellos; por lo que, no existiendo en su época ninguna partida bautismal, de matrimonios, de testamentos o certificaciones de filiación sobre los antepasados de Pedro Lísperguer y habiendo sido el Archivo Municipal, además, destruido por los franceses en 1689, no pudo disponer de ningún elemento fidedigno con que construir su andamiaje genealógico, aparte de algunas presunciones no concluyentes. Por otra parte, si bien en el presente trabajo también existen algunas presunciones, éstas se amparan en una documentación mucho más elaborada de la que dispuso Roa y Ursúa y en cualquier caso, siempre se advertirá al lector de ello.

y podría haber sido el padre de **Pedro Lísperguer**, aunque ello ciertamente no consta en la documentación procedente de Worms.

Continuando con nuestro análisis, podemos verificar en los datos procedentes del Archivo Municipal de Worms, que existió en 1511 un consejero llamado **Rudolf Lisperg.** Siguiendo con las suposiciones, el Sr. Roa, considera que **Rudolf Lisperg** fue el padre de **Catalina Liesberg** o **Lisperg**, lo cual ciertamente no se certifica en ningún lugar. Como broche de oro, justificativo de la tradición lisspergueriana que hay en Chile y en el Perú, acerca de la nobleza de la casa, ensalza la figura de **Hamman Lissperg**, como consejero, burgomaestre, diputado, etc, que como sabemos se llamaba **Hamman Rebstock** nombrado como **Lissperg**, el cual creen los archivistas que podría ser el abuelo de **Pedro Lísperguer**, pero subrayan el hecho de que ello no les consta.

Con la nueva traslación de fechas sabemos que esto no es posible. Si **Hamman** tuviera algún parentesco con **Pedro Lísperguer** entonces sería su bisabuelo, ya que se constata su entrada en el Consejo entre 1483-1509, por lo que hay una coincidencia temporal con **Hans** y con **Jakob Birling,** que entraron en 1468 y 1475 respectivamente, lo que ya parece un poco alejado de nuestro personaje[7].

Del resto de personajes de la familia Lissperg o Birling que menciona, no se conoce ninguna vinculación con la familia Lísperguer, según refieren los propios archivistas de Worms[8].

---

[7]   *Realizando un cálculo aproximado de 30 ó 35 años entre generación y generación, y añadiendo las fechas de defunción que conocemos se verifica lo siguiente: Pedro Lísperguer + 1604, 2° Peter Birling + 1567, 1° Peter Birling + alrededor de 1537, Hamman Lisperg + alrededor de 1509. Por lo tanto, aunque no existe prueba documental de ello, Hamman podría haber sido su bisabuelo y justamente se constata su presencia en el Consejo entre 1483-1509, siendo seguramente la segunda de estas fechas la de su fallecimiento.*

[8]   *En el Palausmuseum de Worms se conserva una piedra conmemorativa de la construcción del antiguo Tanzhaus, datada en 1498 en el que se menciona a Hamman Lisberg. Según Füchs, Hamman Lisberg además de consejero y burgomaestre fue Baumeister, es decir, arquitecto o responsable de cons-*

No cabe duda de que esta exposición es sumamente interesante, pero aún cabe hacerse las siguientes preguntas: ¿Quién envió a Roa y Ursúa esas informaciones de la familia Lísperguer? ¿En qué fuentes se basó? Gracias a las documentaciones que se conservan en el Archivo Municipal de Worms hoy podemos afirmar con seguridad que el autor de esas informaciones fue el Dr. Friedrich María Illert (1892-1966). Este hombre activo y emprendedor, que promovió multitud de iniciativas culturales en pos del progreso de Worms, nació allí el 3 de junio de 1892.

En 1906 siendo muy joven creo una revista mensual llamada *Blumen-Garten* y otra quincenal titulada *Vergissmeinnicht.* Se sabe igualmente que en 1910/1911 escribió poemas románticos y un oratorio llamado *Psyche.* En octubre de 1914 participó como recluta de reemplazo en el Regimiento de Infantería 117. Había estallado la I Guerra Mundial y el joven Illert fue enviado al frente oeste, siendo testigo de las masacres del Somme, Aisne y Verdun. En 1916 siendo subsargento cayó prisionero de guerra de los franceses, siendo liberado en enero de 1920.

Illert fue un hombre estudioso, que en su juventud quiso ser periodista. Sus inquietudes intelectuales se plasmaron en un primer libro que data de 1913, el cual apareció bajo el título *Geschichte der Wormser Presse mit Kulturhistorischen Fragmenten* (Historia de la prensa de Worms con fragmentos de cultura histórica). Más tarde se decantó por la filosofía, especializado en la alemana y francesa, graduándose con el título de Dr. el 24 de julio de 1920 por la Universidad de Munich, tras el envío de la disertación *Skizze über die Entwicklung der literarischen Auffassung über die Welt* (Bosquejo sobre el desarrollo de la comprensión literaria en el mundo).

Ya desde entonces quería ser bibliotecario. Gracias a sus muchos méritos intelectuales fue promovido el 17 de noviembre de 1921 a director de la biblioteca y archivo de la ciudad. Durante el ejercicio de

---

trucciones (1991, pág. 243).

su cargo, llevó a cabo y supervisó multitud de exposiciones culturales, celebró innumerables conferencias y presentó una gran variedad de publicaciones. Entre ellas impulsó la revista *Der Wormsgau*, en la que se difundían todas las novedades culturales de la ciudad. Además, el Dr. Illert que ya desde hacía mucho tiempo había propuesto aunar las instituciones culturales de la ciudad bajo una misma dirección, fue elegido director del Instituto de Cultura (1934-1957), el cual agrupaba el archivo, la biblioteca, la pinacoteca y el museo.

Asimismo, fue designado el 1 de febrero de 1948 vicepresidente de una sociedad llamada *"Gesellschaft Für Mittelrheinische Kirchengeschichte"*, (Sociedad Renana para la Historia Eclesiástica). Por lo tanto, el Dr. Illert, fue un escritor e historiador, que se implicó en asuntos de investigación en archivos, se volcó en cuestiones de protección documental a través de labores de foto documentación y en general promovió toda clase de eventos relacionados con la cultura de su ciudad. El Dr. Friedrich María Illert –que por otra parte era católico– murió el 26 de junio de 1966 (Reuter, 1992-1995).

Este fue el perfil del hombre que el 24 de abril de 1940, en pleno estallido de la II Guerra Mundial, enviaba a don Luis de Roa y Ursúa, miembro de la Academia Chilena de Historia, sus datos sobre la familia Lísperguer. En el Archivo de Worms se conserva no sólo la carta definitiva que envió a Ursúa y la contestación de éste el 8 de mayo de ese año, sino también los bocetos preliminares del Dr. Illert sobre la familia Lísperguer. A través de la observación atenta de esta previa recopilación de datos, se puede saber de donde obtuvo Illert esas informaciones.

Cuando en la carta que envió a Roa y Ursúa mencionaba *"...que habían trascendido algunas noticias en la crónica, otras escasas conservadas en la literatura oficial y algunos documentos..."* (Illert & Städtische Kulturinstitute, ca 1950), se refería exactamente a las siguientes obras: *Tagebuch des Bürgermeisters Reinhard Noltz (1493-1509)* citado por Soldan bajo el título *Beitrage zur Geschichte der*

25

Stadt Worms (Soldan, 1896); *Wormser Urkundenbuch Bd. III*, de Boos (Boos, 1890); *Wormser Chronik* de Zorn (Zorn, 1857) y *Der Wormser Stadtgeschichte Bd. III* tambien de Boss (Boss, 1899)[9] (Geyer, 2009).

Naturalmente, estos datos enviados por el Dr. Illert fueron de gran importancia para los historiadores chilenos, ya que por primera vez se disponía de un entronque con el solar primitivo, al tiempo que quedaba evidenciada la importancia de esta familia alemana. Ahora bien, Illert cuando repasó estos manuales se encontró con demasiadas noticias y quizás porque quiso hacerlo más comprensible o porque enencontró algunas divergencias, resumió el asunto tal y como hoy lo conocemos. Por ejemplo, no mencionó las muchas comisiones del miembro más importante de esta familia, Hamman Lißpurger (tal y como es mencionado por Hans Soldan) y que son las siguientes:

En 1494 fue enviado como representante de la ciudad de Worms a la Corte de Autorf; siendo consejero fue enviado a un palacio en Hanegasse, llamado Dirolf, para visitar después al arzobispo de Maguncia; el 10 de octubre de 1495 es citado como burgomaestre; el 7 de abril de 1499 fue enviado ante la Majestad Imperial en Maguncia; el 18 de octubre de 1499 fue enviado a Heidelberg; el 1 de mayo de 1500 fue enviado a la Dieta de Augsburgo; el 10 de noviembre de 1501 transmite a Heinrich Silberbrenner la Alcaldía o cargo de Shultheissen; come junto al rey un domingo junto a Luciae; interviene en la elección de cargos.

---

[9] *Carta enviada por el Dr. Geyer Martin, director del Archivo Municipal de Worms, a Daniel Piedrabuena Ruiz-Tagle, (4.11 –GY-202/ 09), informaciones que se confirman en los bocetos preliminares del Dr. Illert (Stadtarchiv Worms, Abteilung, 20 Nr 645).*

Es enviado por el príncipe para resolver disputas entre el clero y la
ciudad; el 12 de junio de 1504 fue enviado a Maguncia para resolver
controversias; también en 1504 entrega al Obispo en nombre del Consejo, una prescripción de las obli-
gaciones contraídas, conciliación
que servirá para establecer la paz;
el 11 de noviembre de 1504 forma parte de los nuevos miembros
de la Alcaldía del antiguo Consejo, siendo nombrado por Ludwig
Bohel ; en 1507 proclamó al recién elegido burgomaestre; el 13
de febrero de 1507 reclamó a Stift
zu Oppenheim un dinero que éste
adeudaba. Esta misma fuente
además de citar a Hamman Liss-

Catedral de Worms,
por Ludwig Lange

purg menciona a Ludwig Lisspurger, el cual vivió en el palacio de
Hanegasse, junto al monasterio agustino[10].

Estas informaciones del Dr. Illert, aun siendo de gran ayuda para la
historiografía hispanoamericana, no dejan de ser una aproximación
improvisada. En primer lugar, aunque no cabe duda de que esas obras
que consultó Illert son representativas de la historia de la ciudad, hay
muchas otras que no consultó, según dan fe sus notas preliminares.
También es verdad que algunas de estas obras no existían en su época.
Sirva de breve muestra, la obra de Erich Schwan, *Wormser Urkunden
(1401-1525)* (Schwann, 1895) o la de Friedrich Battenberg, *Dalberger
Urkunden (1165-1843)* (Battenberg, 1981).

---

[10] *Ibídem, abt. 20 Nr 645. La difícil caligrafía de las notas preliminares del
Dr. Illert ha podido ser transcrita gracias a la colaboración del Sr. Jochen
Schlechtriem y sus compañeros Anne Auditor, Matthias Kirchhoff, Rebekka
Nöcker, medievalistas de la Universidad de Tübingen. (Mediävistische Ab-
teilung des Deutschen Seminars der Universität Tübingen).*

En la primera obra, respecto a los Lísperguer, existen numerosos protocolos de Hamman Liesberg (1485-1489); uno de Lenhart Lies-berg (1452); y otro de Rudolf Liesberg (1492). En la segunda obra se menciona a nuestro famoso Hamman Lisberg, consejero de Worms (1509); a Heinrich von Lissberg (o Lissberger) burgomaestre de Worms en (1508); Merkel Lissberg, burgomaestre de Mommenheim (1414); a Ritter Werner Lissberg (1315) y también a la familia Ro-denstein-Lissberg.

Asimismo, hay varios protocolos en los que se mencionan caballe-ros que portan el apellido von Württemberg o von Wirttemberg. Piénsese que si el archivo de la ciudad se destruyó en 1689 como re-sultado de un ataque francés en la Guerra de los Treinta Años –como reiteradamente arguyen los archivistas de Worms– entonces, ¿Cuáles fueron las fuentes primarias en las que se basaron los autores consul-tados por Illert, si esas obras se publicaron en el siglo XIX? Evidentemente no todo se perdió.

Aún falta un estudio pormenorizado de las actas de Worms y tam-bién de los libros eclesiásticos de arzobispados de las zonas vecinales ya sean luteranos o católicos, donde se recogen toda clase de noticias referentes a nacimientos, matrimonios, testamentos y entierros. Estas son unas búsquedas que sólo pueden realizarse pueblo a pueblo, por lo que puede comprenderse perfectamente la dificultad de estas investi-gaciones. Razónese que el hecho de que se haya destruido el archivo de la ciudad de Worms en 1689, no significa que se hayan destruido los de otras importantes ciudades limítrofes como, Darmstadt, Hesse, o Germersheim, donde de hecho está constatado que existen varios protocolos notariales de los Birling y los Lissberg o Lissperg.

Entre ellos existe nada menos que un protocolo de la hermana del conquistador Peter Lisperg (Hilger Hoheneck, 1576). Sin embargo, dada la antigüedad de esas grafías, para una perfecta interpretación de todas ellas, se requiere la intervención de un medievalista, que sea alemán y si es posible que viva en la zona. Sólo así, se podría conseguir una investigación profunda y bien construida, que nos lleve a un conocimiento exhaustivo de la familia Lissperg o Birling.

Por otra parte, los datos proporcionados por el Dr. Illert a Roa y Ursúa acerca de la entrada en el Consejo de los miembros de la familia Birling o Lisperg, tampoco fueron completos. Gracias a las listas publicadas por Johannes Kraus en la revista *Der Wormsgau,* hoy podemos saber que en realidad habían dos consejos: Der Dreizehner Rat y el Gemeinen Rat, que venían a ser dos cámaras de representación en el ámbito del poder municipal.

Por lo tanto, Kraus, bajo el título de "Neue Quellen zur Wormser Ratsgeschichte", publicó dos listas que además contenían interesantes notas marginales: *I-Liste der Mitglieder des Dreizehner Rates in den Jahren 1557-1609(Lista de los miembros del Consejo de los Trece en los años 1557-1609)* (1926a, págs. 89-92) y *II- Liste der Mitglieder des Gemeinen Rats von 1440-1609 (Lista de los miembros del Consejo Comunitario de 1140-1609)* (1926b, págs. 122-130).

La fuente originaria en la que se basó Kraus fue un libro manuscrito encontrado en la Biblioteca Agustina del Seminario de Maguncia, que junto a la temática del *"Rachtung"* o tratado entre el clero y los ciudadanos de Worms, ofrecía dos listas detalladas de sus consejeros. Así pues, en la primera y segunda lista, respecto a los Birling o Lisperg, se mencionaban los siguientes nombres:

I-Liste der Mitglieder des Dreizehner Rates in den Jahren 1557-1609

Fecha de designación	Nombre	Fecha de defunción
12 de mayo de 1541	Peter Birling	24 de julio de 1567
18 de abril de 1588	Hans Birling	29 de diciembre 1597
02 de febrero de 1598	Stephan Birling	

II-Liste der Mitglieder des Gemeinen Rats von 1440-1609

Fecha de designación	Nombre	Fecha de defunción
Año 1468	Hans Birling	
Año 1475	Jacob Birling	
Año 1503	Peter Birling	
Año 1533	Peter Birling	24 de julio de 1567
Año 1570	Hans Birling	29 de diciembre 1597
Año 1588	Steffan Birling	
Año 1474	Hamman Liesberg	
Año 1504	Hans Lisperg	
Año 1511	Rudolph Liesperg	

Así pues, como se puede observar, la primera lista era hasta ahora completamente desconocida en la literatura hispanoamericana, además contiene unas fechas mucho más exactas. En la segunda, que ya conocíamos en parte, son ahora las fechas de defunción más exactas y además se incluyen los miembros de la familia Lisperg. Por primera vez tenemos noticia de la entrada en el consejo de Hamman Liesberg en 1474, frente a la idea tradicional que se albergaba de que había sido consejero, burgomaestre y diputado de la ciudad de Worms entre 1483 y 1509. Por último se menciona la entrada en el consejo de Hans Lisperg en 1504, dato hasta ahora desconocido, que abre nuevas posibilidades sobre el nombre del abuelo materno de Pedro Lísperguer.

Gracias a estas listas y sobre todo a sus ricas notas marginales, podemos conocer no sólo a los distintos miembros de la familia Birling o Lísperguer que entraron en estos consejos, como máximos representantes de estos selectos cuerpos gubernativos de la ciudad, sino también cuáles eran sus principales actividades de profesión, así como cuáles eran sus familiares y qué parentesco mantenían entre ellos.

En adición a lo anterior, el artículo publicado por Albert Schwarz
para la Pfälzisch-Rheinische Familiekunde, titulado "Die Wormser
Familie Birling" (1999), así como algunos datos de esta familia obtenidos gracias a ciertos tratados genealógicos de la zona y otras
informaciones periféricas, suponen un giro copernicano sobre la concepción que se tenía hasta ahora de esta familia, ofreciendo un aporte
revolucionario para nuestra comprensión del pasado del conquistador
Pedro Lísperguer en Alemania.

En su artículo Albert Schwarz parte de la idea sobradamente cons-
tatada de que hubo dos asentamientos de la familia Birling, el primero
en Worms y el segundo en Germersheim, manteniendo entronques
familiares reiterados. La vinculación de Worms con Germersheim,
ciudad que se encuentra un poco más al sur, resulta también bastante
evidente, ya que ambas ciudades estaban situadas en las riberas del
Rin y por tanto conectadas por un río navegable que facilitaba todo
tipo de intercambios –ya fueran humanísticos o comerciales– entre
esos dos enclaves.

En Germersheim la presencia de esta familia es perfectamente de-
tectable desde la segunda mitad del siglo XV. El libro de la renta de la
ciudad de 1455 recoge a cuatro propietarios según sus bases imponi-
bles: Heintze, Peter, Erhard y Hans Birling "los viejos". Sus casas y
bienes raíces estaban situados principalmente en zonas suburbanas, en
el Rin. La proximidad al río les permitía que pudieran vivir de los
ingresos que le proporcionaba la pesca. Junto al Rin estaba también el
mercado de madera, cuyos productos eran enviados por el río desem-
bocando en el río Kinzig o Murgtal en Württemberg, donde es muy
posible que se hayan establecido algunas ramas de la familia Birling
como tratantes de madera.

Vista de la ciudad de Worms, Alemania

Las entradas del libro de la renta de 1480, mencionan solamente a Michel y Hänsel Birling, mientras que el libro de 1494 menciona a Ana, Erhard, Hänsel, Michels y Nikolaus. Los nombres de Peter, Hans y Stephan eran preferidos tanto por los Birling de Worms como por los de Germersheim, lo que sugiere que hubo una unión parental entre ellos. Hänsel Birling "el joven" adquirió antes de 1494 una casa en Heringwaag y en 1494 Peter Burlin aparecía como responsable de la salud (Kurppfälzischer) de una zona en Landau, población vecina de Germersheim.

La sucesión en la propiedad de una casa permitía entrever la presunción de que Michel Borling (1480) era hijo de Hans Birling "el viejo" (1455) y Peter Birling (1455) era el padre de Hans Borling (1480), que tenía una mujer o hermana llamada Ana (1494). En 1515 aparece mencionado Niclaus Berlinger como propietario de una casa. Erhard Bierlinger desempeñó en 1521 el oficio de burgomaestre. Flor Berlina poseyó en 1526 una casa en el Rin en el Boleywasen, cerca de Stuttgart. En 1534 se certifica que Stephan Birling recibe la parte de un pago.

Un año después adquirieron los cónyuges Hans y Otilia Birling la parte de una deuda anual y crearon un jardín en una propiedad, bajo la promesa de que en su lindero sería mencionado Stephan. También se sabe que un Nikolaus Birling procedente de Germersheim se matriculó en la Universidad de Freiburg en 1537. En 1603 Melchior Birling tenía bienes raíces en Germersheim. Philipp Bürling fue maestro pescador y en tal calidad estuvo al frente de la custodia o vigilancia de las aguas señoriales. Durante la Guerra de los Treinta Años es nombrado un hijo de Lorenz Bürlinger (Schwarz, 1999, pág. 154).

Todos estos referentes son de gran importancia para aproximarnos a la realidad de esta familia, pero nada comparable a los Birling de Worms. Peter Birling, el padre de Pedro Lísperguer, como sabemos fue designado miembro del Consejo Municipal (Gemeinen Rat) en 1533. En las notas marginales de las listas de ese Consejo, figura que ejercía la profesión de *"panni tonsor"*, es decir, que era tundidor, mercader de telas, poseedor de algún tipo de industria textil y posteriormente fue *"Holzmenger"* o sea, tratante o comerciante de maderas, actividad en la que debió acumular una gran fortuna (Kraus, 1926b, pág. 125). Eso se demuestra con su ingreso poco después el 12 de mayo de 1541 en el Consejo de los Trece (Dreizehener Rat). Además las notas informan que Peter Birling falleció el 24 de julio de 1567 (Kraus, 1926a, pág. 90).

La historia y funcionamiento del Consejo de los Trece, también llamado *"Dreizehner Kollegium"* es indicativo en muchos aspectos, de la posición social y política que Peter Birling ejercía en la ciudad de Worms. Los miembros del Consejo de los Trece tras las reglamentaciones o Constitución del año 1526 (*Rachtung*), sólo podían ser elegidos si pertenecían a la nobleza o a la burguesía respetable. Según su especial posición social, se requería al futuro candidato, no sólo la lógica exigencia de la respetabilidad y el nacimiento de matrimonio legítimo, sino también una especial consideración y estima social y económica.

A diferencia de los miembros del Consejo Mudable (Gemeinen Rat) los miembros del Consejo de los Trece eran elegidos de por vida. En la mayoría de los casos los miembros del Consejo de los Trece, tenían que haber pertenecido al Consejo Mudable, a no ser que el postulante fuera elegido directamente por el obispo, en tal caso se preferiría a las personas juristas o peritas en ciertas materias y dotadas de especiales propiedades de moral y grandes propiedades intelectuales que le hicieran apto para el puesto de funcionario.

Cualquier motivo de deshonra o deshonestidad podía conllevar la expulsión del Consejo a petición de los miembros del Consejo Mudable. En el Consejo de los Trece el burgomaestre ostentaba la presidencia, por lo que puede entreverse que muchos miembros de la familia Birling o Lissperg lo presidieron. El 7 de enero de cada año, día de los Reyes Magos, el colegio presentaba al obispo o a su apoderado, a dos de sus más antiguos consejeros para la elección de Stadtmeister para el año corriente.

En el Consejo se trataban cuestiones como las ordenanzas municipales correspondientes a la estación con escasas variaciones, nuevas ordenanzas policiales, disposiciones de apreciación o tasación y otras importantes normas administrativas. Las normas económicas se mantuvieron prácticamente invariables desde el Medievo hasta el siglo XVIII, siendo respetadas salvo en escasas ocasiones. Por lo tanto, se trataba de una institución conservadora, que bloqueaba toda innovación, en la que los magistrados estaban volcados a proteger a ultranza sus derechos tradicionales, pretendiendo asegurarlos con obligatoriedad corporativa (Müller, 1937).

Por otra parte, el 25 de septiembre de 1555, se proclamaba por el emperador Carlos V, la Dieta del Sacro Imperio Romano Germánico, donde se anunciaba la Paz de Augsburgo. Esta paz venía a suavizar las disensiones ideológicas en Alemania, permitiendo la concordia entre luteranos y católicos. La paz reconocía la división religiosa en Alemania, legalizando por primera vez el luteranismo. Aunque la paz no satisfizo por completo a nadie, si condujo a cincuenta años de convivencia religiosa en el país germano. A pesar de que el Emperador proclamó la Dieta, no asistió a ella, acudiendo su hermano Fernando en su nombre.

Lo importante ahora a nuestro asunto es señalar que a la firma de ese trascendente documento acudieron diputados o representantes de todas partes del imperio. A esa congregación de magnates y como único representante de la ciudad de Worms, acudió a signar el magno documento Peter Birling, padre de Pedro Lísperguer, el cual es calificado de *"alter Stattmeister"*, siendo acompañado de Hans Melchior Seyther, escribano y síndico (Schmaussens, 1774, pág. 208). Por lo tanto, todo apunta a que no sólo Peter Birling, alcanzó la presidencia del *"Dreizehner Kollegium"*, sino que además por aquel tiempo, sin duda era una de las personalidades políticas de mayor autoridad en la ciudad de Worms.

En su artículo, Albert Schwarz menciona a varios hijos y primos de Peter Birling, sin embargo, no dedica ni una sola palabra al conquistador Pedro Lísperguer. Hay que pensar que ello es normal, ya que Pedro Lísperguer se marchó de Worms con tan sólo 15 años, por lo tanto, no tuvo tiempo de desempeñar ningún rol en Alemania. Lo más que podría existir, es su certificado de bautismo, si algún día consiguiera encontrarse. Sin embargo, hay pruebas categóricas que evidencian que Pedro Lísperguer "el conquistador de Chile" fue hijo de Peter Birling.

Esto es así ya que es un hecho histórico comprobado que Pedro Lísperguer, dejó constancia ante la Casa de Contratación de Sevilla, hoy Archivo General de Indias, que era oriundo de Worms, e hijo de **Pedro Birlinguer** y de **Catalina Lísperguer** (Casa de Contratación, 1555). Por tanto la conexión con la familia de los burgomaestres de Worms, aún como un referente genérico, está probada. También es un hecho probado que el padre de Pedro Lísperguer fue un cónsul, consejero o burgomaestre de la ciudad de Worms.

Ciñéndonos sólo a los documentos más antiguos podemos verificar como en la probanza que Lísperguer efectuó en Antequera el 30 de marzo de 1555, Gonzalo de Santiesteban, miembro del séquito del conde de Feria que estuvo en Worms en la primavera y verano de 1545, declaró haber conocido al padre de Pedro Lísperguer, el cual, dijo:

> *"...era caballero principal dotado de escudos, armas y criados, uno de los trece que gobernaban la ciudad de Worms y además deudo del duque de Sajonia" (De Hoyo, 1555, pág. 480).*

En una adición efectuada en 1650 al libro de *Linajes de España* de Pedro de Azcárraga, rey de armas de Navarra, se expresa que el padre del conquistador se llamaba **Pedro Wittemberg Lísperguer**, cónsul de Worms al tiempo de la prisión de Juan Federico, siendo descendiente del duque de Sajonia (Azcárraga, 1579). Asimismo Juan Alfonso Guerra y Sandoval, rey de armas principal de Felipe V, recalcaba el hecho de que el padre del conquistador era cónsul de Worms hacia el año 1540 y se llamaba **Pedro Lísperguer Wittemberg** (Guerra y Sandoval, ca.1740).

En definitiva, está probada la relación del padre del conquistador con el Consejo de la ciudad en torno a esa fecha, por lo que como sus mismos historiadores arguyen, la historia de Pedro Lísperguer "el conquistador" es imaginable.

No sólo está probado por multitud de protocolos y declaraciones que Pedro Lísperguer procedía de Worms, sino que además que procedía de esa ciudad en ese periodo. La declaración de Gonzalo de Santiesteban diciendo que el padre de Lísperguer: *"era uno de los trece que gobernaban la ciudad de Worms"*, es de grandísima importancia, ya que justamente se constata el ingreso de Peter Birling en el Dreizehener Rat el 12 de mayo de 1541, lo que casa a la perfección

36

con el hecho de que el Emperador pasara por la ciudad en mayo de 1545.

Mientras que el Gemeinen Rat entre 1440 y 1609 alcanzó el número de 309 miembros, el Dreizehner Kollegium entre 1557 y 1609 llegó a tener 61 miembros. Aun siendo el periodo de comparación distinto, los datos demuestran que el Dreizehner Rat era un cuerpo mucho más exclusivo y hermético que el Gemeinen Rat, por lo tanto su acceso estaba reservado a las grandes familias aristocráticas de la ciudad, a las altas oligarquías, lo que hace que sea perfectamente comprensible que Peter Birling siendo *"alter Stattmeister"*, fuera a recibir al Emperador en su entrada a la ciudad de Worms, como asegura la historia tradicional que así ocurrió.

Esta vinculación de Worms al imperio es una idea ancestral, como muy bien quedó plasmado en la dieta imperial de 1495, cuyo programa político se grabó en letras doradas en la fachada del ayuntamiento de la ciudad, en un texto de una belleza sobrecogedora:

Carlos V pintado por Pantoja de la Cruz, inspirado por Tiziano Vecellio

"Astra deo nihil maius habent, nil caesare terra.
Sic terram caesar, sic deus astra regit.
Libertatem quam mayores perperere digne studeat
Fovere posteritas.
Turpe enim esset parta non posse tueri.
Quamobrem vangiones quondam cum julio
conflictati iam tibi caesar perpetua fide cohaerent".

Lo que viene a significar:

"Las estrellas no tienen nada más grande que Dios y
la tierra nada más grande que el Emperador.
Así gobierna Dios las estrellas y el César la tierra.

La libertad ganada por los antepasados,
preserva cuidadosamente la posteridad,
pues la infamia sería incapaz de conservar la herencia,
es por eso César, que Worms está ligado a ti en eterna lealtad" (Illert
F. M., 1934-43).

Por lo tanto, es necesario subrayar que Worms fue una ciudad libre
imperial, ciudad próxima a la frontera, destacado enclave, entrecruce
de transacciones mercantiles e intercambios ideológicos, sede episcopal, asiento de importantes dietas imperiales. Es por ello que ser
cónsul de worms, no implicaba solamente poseer un poder en el ámbito municipal, sino que adquiría una importante dimensión política, al
estar la función consagrada a fines de mucho mayor calado y envergadura.

Así no es de extrañar que tanto peso y trascendencia hayan quedado inmortalizados en la historia, que no ha podido ignorar la
importancia y nobleza de la familia Birling en la ciudad de Worms,
como lo demuestra el hecho de que sus armas esculpidas en piedra en
sus lápidas se exhiban hoy con orgullo tanto en el Museo de Worms,
como en la Iglesia de Magnus (Magnuskirche).

Continuando con lealtades y adhesiones tenemos el testimonio de
Schwarz, que en su artículo sobre los Birling, asegura que la madre de
Verónica, hija ésta de Peter Birling (y por tanto hermana de Pedro
Lísperguer), procedía de la familia concejil de los Lisberg (o Lisperg
como es indistintamente mencionado), lo que implica la identificación
de los padres del conquistador en la literatura alemana (1999). Tam-
bién tenemos el propio testimonio del Dr. Illert el cual en su
contestación a Roa y Ursúa y en referencia a Peter Lisperg dijo que:
*"Se puede dar por seguro el parentesco con la influyente familia
Lissberg de Worms"* (ca 1950).

Por si fuera poco Pedro Lísperguer, portó el nombre de Pedro como su padre (Peter). Pero además él mismo en Chile puso a sus
propios hijos los nombres de Juan Rudolfo, Pedro, Catalina. Estos
nombres hacen una clara alusión a Johann (Hans)/Rudolph, en refe-

rencia a su abuelo Hans Lissperg y a su bisabuelo Rudolph Lissperg, que además lo escribe en Chile con "u" Rudolfo y no Rodolfo como hubiera sido normal en el mundo hispano; Pedro en clara alusión al nombre de su padre Peter Birling y Catalina en referencia al nombre de su madre Catharina Liesperg (Roa & Instituto de Historia Jerónimo Zurita, 1945).

Ahora bien, piénsese por otra parte que en la época existía una enorme presión para acceder a esos consejos municipales. Esos cuerpos gubernativos eran por supuesto el reflejo de una realidad socioeconómica externa que condicionaba su ingreso. Si uno estudia con detenimiento las listas del Gemeinen Rat y del Dreizehner Rat, puede percibir claramente las luchas de poder y darse cuenta como la sucesión de padres a hijos, hermanos y primos en los consejos no fue un fenómeno aislado de la familia Birling o Lísperguer, sino que era un hecho común a todas las familias que allí ingresaron, a pesar de todas las reglamentaciones que pretendían evitar las afinidades y colusiones.

En consecuencia, en el Medievo o al principio de la Edad Moderna, había una gran impermeabilidad entre estratos, existiendo una tendencia a heredar los cargos y en definitiva el estatus social de los antepasados. Todo ello refuerza la idea de la "saga" de burgomaestres, como un conjunto de personas que acreedores del poder municipal, hubieran mantenido invariable su posición en el consistorio, transmitiendo su representación a sus herederos. Por lo tanto, si bien es improbable que todos los personajes mencionados por Roa y Ursúa fueran familiares de Lísperguer, sí que es posible que al menos algunos lo fueran. Algunos quizás fueron tíos, primos, colaterales en suma, pero seguramente otros fueron auténticos antepasados de Lísperguer.

Por tanto, si bien Roa y Ursúa cometió graves errores cronológicos, también es verdad que iba bien encaminado. Siguiendo esa lógica, podemos observar respecto a la familia Lísperguer que su entrada en el Gemeinen Rat se produce siguiendo el siguiente orden:

1474, Hamman Liesberg; 1504 Hans Lisperg; 1511 Rudolf Liesperg. Estos por tanto serían los antepasados de Lísperguer, pero hay pruebas que indican que no en el orden que Roa y Ursúa pensó. El nombre de Hans Lisperg hasta ahora era desconocido por la historiografía hispanoamericana, sin embargo todo apunta a que nos encontramos con el abuelo materno de Pedro Lísperguer.

Efectivamente, esta constatado que Johannes Lísperguer (o Hans que viene a ser lo mismo), estudió en la Universidad de Heidelberg, una de las universidades más antiguas, prestigiosas e importantes de Alemania, localidad que se encuentra un poco más al sur de la ciudad de Worms, pero desde luego dentro del área regional. Johannes Lísperguer, *Wormatiensis* (es decir procedente de Worms), se matriculó en la ilustre universidad el 9 de mayo 1493 (Toepke, 1884, pág. 405). Antes que él, Rudolphus Lispurg, *Wormatiensis*, a todas luces padre del anterior, se matriculó en la Universidad de Heidelberg el 5 de noviembre de 1464. Además se sabe que la edad de ingreso de los estudiantes en esta universidad oscilaba entre los 18 y los 21 años de edad (Toepke, 1884, pág. 312).

Tomando la edad de 18 años como referencia, podemos observar que si Johannes Lísperguer hubiera nacido 18 años antes de su matriculación en 1493, habría nacido en 1475, por lo que en 1504 que es cuando entra en el Gemeinen Rat, habría tenido 29 años de edad. En cuanto a Rudolphus Lispurg, si nació alrededor de 18 años antes de su matriculación en 1464, eso quiere decir que habría nacido en 1446 y en 1511 que es cuando ingresa en el Gemeinen Rat habría tenido unos 65 años y resulta improbable que sea el abuelo de Lísperguer ya que entonces en 1530, fecha de nacimiento de Pedro Lísperguer, habría tenido 84 años.

En consecuencia, es muy probable que Johannes sea el abuelo de Pedro Lísperguer. Así se comprueba que cuando nació Pedro Lísperguer en 1530, Johannes habría tenido 55 y justamente se cumple la regla de los 30 ó 35 años entre generación y generación. Así pues el

40

orden más lógico sería el de Catherina, n. alrededor de 1500 (madre de Pedro Lísperguer); Johannes n. en 1475 (abuelo); Rudolphus n. en 1446 (bisabuelo) y por último Hamman (bisabuelo o tatarabuelo).

También refuerza la idea del clan lispergueriano el hecho de que Ventura Lísperguer, un capitán de infantería española, que nunca viajó a Chile, en una relación de méritos y servicios dirigida al Consejo de Indias y signada en Madrid el 16 de diciembre de 1684, dejó constancia de que: *"ha probado ya con testigos y documentos, su origen en la casa ducal de Sajonia y su entroncamiento con Pedro Lísperguer, el conquistador de Chile"* (Eyzaguirre, 1945, pág. 8).Ventura Lísperguer, fue natural de Worms, Rheinland, Alemania, donde nació en 1657, cadete de infantería en Orán, 1672, al servicio de España, gentilhombre de armas, 1674; alférez en 1677, capitán de infantería 1679.

Fue hijo de Jorge Lísperguer, nacido en 1627 en Oberhessen, Hesse-Darmstadt, Alemania y de Elena Filinguer[11], vecinos nobles de Worms. Ventura Lísperguer casó con Juana García de Herrera y Montenegro. De este matrimonio procede Juan Lísperguer, el cual había sido bautizado en la parroquia de Santa Olalla en Burgos, el 12 de julio de 1690. Juan emigró a Chile en 1725 casándose allí con doña Juana Varas y Corbalán, descendiente de Pedro Lísperguer (Roa & Instituto de Historia Jerónimo Zurita, 1945, pág. 823).

También es interesante señalar que los Lisperg (en todas sus escrituras posibles: Lisberg, Lissperg, Lisberge, Liesberg, etc) pertenecían a una antigua familia de Hessen y Franconia, la cual se extinguió incorporándose en el noble cantón de Steigerwald (Kneschke, 1973). Dada la proximidad con Worms, es muy explicable que alguna rama de esta familia se vinculara con algún miembro del consejo municipal de dicha ciudad, como seguramente ocurrió. La nobleza de la familia

---

[11] *Adviértase que el apellido Fhilinger ha sido latinizado por la historiografía hispana y no se corresponde con la etimología del antiguo idioma. Todo apunta a que el verdadero apellido era Vilinger o Vilingen, un apellido muy frecuente en esa región.*

Lisperg está fuera de toda duda, ya que su escudo de armas ha sido descrito y catalogado (Christoff, 1657).

Otras fuentes como el *Grosses vollständiges Universallexicon alles Wissenschafften und Künste,* hace referencia al término Lisberg, mencionado también como Lisbsberg, Liebesberg, Liebesperg, Liesperg, Lisburg, Lisperg, Lysperg, Liebsperg, Lyssberg, Lyssberge; que era un antiguo castillo, villa y señor, del mismo nombre, no lejos de la ciudad de Schotten y Ridda en la región de Wetterau, cuyo señorío hoy estaría situado en la zona de Hessen, mencionándose varios caballeros de esta familia a los cuales en sus armas les correspondía llevar un león.

Por otra parte menciona el nombre Lisberg o Lissperg, como una noble estirpe en Franconia, que tiene en el escudo plateado un compás rojo dentado hacia afuera, cogido por abajo con una cinta y en el vado un hombre con barba, vestido de rojo sin brazos, con un sombrero en punta, adornado con plumas de ave, sobre el cual hay un ornamento de plata (Zedler, 1732-1754).

En cuanto a la familia Birling, se puede argumentar aún con más fundamento si cabe, lo dicho respecto a los Lissperg en cuanto a la sucesión en los consejos y el estrecho parentesco que mantenían sus miembros. De hecho Karl Heinz Armknecht en un artículo publicado en la revista "Der Wormsgau", asegura que la familia Birling, comerciantes de madera, tienen su origen en Hans Birling, miembro del Gemeinen Rat en 1468, del cual proceden seis generaciones de esta importante familia (1951-1958 , pág. 51).

Así pues, está constatado en las entradas del Gemeinen Rat, que a este órgano se incorporaron sucesivamente: 1468 Hans Birling; 1475 Jacob Birling; 1503 Peter Birling (también en 1513 según Schwarz); 1533 Peter Birling, primero *"pani tonsor"* y luego tratante de maderas, fallecido el 24 de julio de 1567; 1570 Hans Birling, tratante de maderas, *"Petri filius"*, es decir hijo de Peter Birling, muerto a la edad de 57 años, el 29 de diciembre de 1597 y finalmente el 1588 Steffan (o Stephan) Birling, procedente de Gemersheim, tratante de maderas (Kraus, 1926b).

Respecto al Consejo de los Trece las listas y sus preciosas notas marginales recogen que Peter Birling (padre de Pedro Lísperguer) entró en el Consejo el 12 de mayo de 1541 y que falleció el 24 de julio de 1567. El 18 de abril de 1588, entra en la augusta corporación Hans Birling, *"Petri filius"* (hijo de Peter Birling), en lugar de Hans Kegels y muere el 29 de diciembre de 1597, *"aetatis anno 57, 2 M.D. "masculus suae familiae ultimus"*. Es decir, Hans Birling, hermano de Pedro Lísperguer, murió a la edad de 57 años y 2 meses, siendo el último varón de su familia. El 2 de febrero de 1598, le sucede Stephan Birling, procedente de Germersheim, por un estrecho parentesco que le unía (Kraus, 1926a), siendo seguramente su primo.

Como se evidencia en esta concatenación de nombres, los ancestros de Pedro Lísperguer según su entrada en el consejo serían: 1533 Peter Birling m. 1567 (padre); 1503 y 1513 Peter Birling (abuelo); 1475 Jacob Birling (bisabuelo); 1468 Hans Birling (bisabuelo o tatarabuelo). Por otra parte, por primera vez se sabe que Lísperguer tuvo varias hermanas (como muy pronto veremos) y un único hermano Hans Birling. Si con anterioridad la lógica de los datos nos llevaba a establecer que Lísperguer debía haber sido un segundón y sólo así se explicaba su salida del núcleo familiar, la aparición ahora de Hans y extinción de su familia por varonía en 1597 abre nuevas perspectivas de interpretación.

Obsérvese que todas las pruebas indican que Pedro Lísperguer nació en 1530 y su único hermano varón Hans, nació en 1540 por lo que frente a lo que hasta ahora se había asumido, Pedro Lísperguer debió ser el primogénito. Pero si así fue, entonces ¿por qué el conquistador tomó el cognomen materno? y sobre todo, si estaba destinado a la representación de la casa, ¿por qué abandonó el núcleo familiar?

En el siglo XVI e incluso antes era muy usual que las casas solariegas quisieran perpetuar el nombre gentilicio de los antepasados, es decir, aquellos que estaban representados en los cuarteles del escudo heráldico y que traían su origen en los abuelos paternos y maternos. Por lo tanto, un uso muy común en esta época era el trastrocamiento de apellidos dando a cada uno de los hijos el nombre de la casa de alguno de los antepasados.

Un caso paradigmático sería el de Francisco de Yrarrázaval, nacido en Deva en 1536, señor de las casas de Andía y de Yrarrázaval y además compañero de Pedro Lísperguer en Londres. Don Francisco casa en 1584 con doña Lorenza de Zárate con la que tiene siete hijos. Al primogénito lo llaman Carlos de Yrarrázaval, al siguiente Francisco de Yrarrázaval y Andía, el que viene a continuación recibe el nombre de Diego de Zarate y la sexta de sus hijas es llamada Leonor de Recalde. Así se entiende como Pedro Lísperguer, antepuso el cognomen materno al paterno, como puede entenderse que su padre pudiera haber sido conocido por unos como Pedro Birlinguer y por otros como Pedro Wittemberg.

Si se examinan los nombres de la familia Lissperg en el Consejo (Gemeinen Rat) se puede entrever que la familia concejil Lisberg o Lisperg, estaba destinada a la extinción. Es fácil conjeturar que cuando nace Pedro Lísperguer en 1530 éste representa la esperanza para evitar la desaparición del linaje y sobre todo sus prosperas influencias en el Consejo. Ante estos presupuestos, todo apunta que el futuro conquistador recibió el cognomen materno "Lísperguer" como un intento desesperado de mantener el estatus familiar dentro del Consejo.

Si bien las razones de por qué sus padres actuaron así no están claras, cabe pensar que el prestigio de la familia Lissperg pudiera haber sido incluso mayor que el de los Birling, o que habían algunos importantes intereses que aconsejaban la supervivencia de la estirpe en el consistorio. Sin embargo, es un misterio el hecho de que el padre aceptara de buen grado pasar por la humillación de ver relegado su linaje (con grandes tradiciones en la historia de los Consejos) frente al de su mujer, en una época intensamente patriarcal.

Otra hipótesis muy interesante es que según la certificación de Guerra y Sandoval, el padre del conquistador alemán se llamaba Pedro Lísperguer Wittemberg y según la certificación de Mendoza, se llamaba Pedro Wittemberg Lísperguer, por lo tanto, al ponerle al joven el apellido Lísperguer ambos cónyuges estarían honrando a antepasados comunes de ambas casas, ya que el padre también era hijo de una Lísperguer. Fuere como fuere, resulta irónico pensar que al final, por paradojas del destino, la marcha de Pedro Lísperguer de Worms, conllevó la desaparición de las dos familias por vía masculina: Los Birling y los Lisperg.

Si como parece el futuro conquistador fue el primogénito, entonces resulta muy comprensible que recibiera el nombre del padre "Peter" como una vía inequívoca de perpetuar la memoria familiar. Pero aquí asistimos a un cruzamiento extraño. Pedro Lísperguer recibe el nombre del padre y el apellido de la madre, mientras su hermano menor, "Hans", recibe el nombre del abuelo materno y el apellido paterno. Cabe preguntarse por qué Pedro Lísperguer abandonó su hogar en Worms si allí le esperaba un futuro prometedor.

En mi opinión, está partida con el Emperador en agosto de 1545 no pretendía ser una despedida permanente, sino que estaba animada por motivos educacionales, o dicho de otro modo, se trataba de los clásicos viajes de la nobleza por distintos países de Europa, que tantos jóvenes emprendían en aquella época. Sólo las circunstancias llevaron después a Lísperguer a radicar de un modo permanente en el mundo hispano. Respecto a este punto también tenemos las palabras del propio Lísperguer, el cual dijo:

"...que no le compelía salir de su casa y reino, necesidad ni otra causa, sino deseo de venir a España y saber la lengua de ella" (De Hoyo, 1555, pág. 578).

Afortunadamente, no todo se perdió tras la muerte de Hans, sino que los intereses de la familia aún pudieron ser preservados en el Con-

sejo a través de Stephan Birling. Gracias al artículo de Albert Schwarz, "Der Wormser Familie Birling", basado en parte en infor-
informaciones plasmadas en los listados del Consejo, así como otras
procedentes de las actas de Germersheim, se han conservado copiosas
noticias sobre Stephan. Comienza Schwarz su artículo mencionando
que Stephan Birling murió en 1618 siendo burgomaestre y maestro de
obras (*Baumeister*), según rezaba el título de "responsable de cons-
trucciones" (*Bauwesen*), que portaba como miembro del Consejo.

Antes que él murieron sus dos esposas: María Pöttiger y Ana Rosenstil. Después de haberse casado dos veces, ordenó en 1601 para sí
y sus dos mujeres la construcción de un sepulcro, que debía estar situado en el Cementerio Luterano, en el cual, junto a las armas de
alianza Birling-Rosenstil y las armas de los cuatro antepasados, se
colocaba una larga inscripción en latín. Según Schwarz esto lo mostraba como un hombre preeminente y sabio, que tenía gran influencia
tanto en la ciudad de Worms como en la de Germersheim.

Desde el principio de su carrera, Stephan, es acreedor de grandes
cargos. En 1568 fue designado por el Elector Federico III como alcalde o presidente del Consejo (Schultheissen) y en el mismo año era
designado como agente de aduanas en la zona del Rin (Rheinzoller).
En tal cargo ostentaba la más alta magistratura, controlando junto al
escribano de la aduana, los ingresos o recaudación de la aduana del
Rin. En algún momento del año 1570 Stephan compró unos pedazos
de tierra en Germersheim y en 1575 debió haberse dirigido a Worms,
ya que ese año se verifica su cese como antiguo consejero de comercio
(Schultheiss) de Germersheim, siendo relevado por Wendel Pfletzer.

En los listados del Gemeinen Rat, consta como en 1588 Stephan
Birling, procedente de Germersheim accedía a la augusta corporación,
calificándolo como "*Holtzmenger*", es decir, tratante o comerciante de
maderas. El 2 de febrero de 1598 ascendió incluso al Consejo de los
Trece en lugar de Hans Birling, probablemente su primo. A Schwarz
le sorprende que un recién llegado a Worms, ciudad libre imperial,

cargada de tradiciones, haya conseguido infiltrarse sin mayor dificultad, siendo elegido para el ilustre colegio.

Continúa arguyendo que la composición del Consejo de los Trece, se había constituido en 1522 siguiendo las directrices de la Constitución de Estrasburgo, según la cual sólo la nobleza o la gente acaudalada y desde antiguo provista de especiales privilegios o prerrogativas políticas podían acceder a dicho órgano gubernativo, estando restringido a la descendencia burguesa o civil de la ciudad. Asimismo añade que el Consejo de los Trece constituía un elemento conservador en la gobernación de la urbe y que al contrario de los miembros del Consejo Mudable (Gemeinen Rat), la elección era vitalicia.

Continúa Schwarz con la verificación de las actas de Germersheim, en las que se puede leer que: Stephan es ascendido (en 1598 al Dreizehner Rat) en el lugar del tratante de maderas Hans Birling, muerto el año pasado y desde 1588 miembro del Consejo de los Trece, por un estrecho parentesco con el antiguo presidente del Consejo de Germersheim. Concluye que desde hacía mucho tiempo los parientes de la familia Birling de Germersheim habían ocupado puestos en el Consejo de Worms. Durante generaciones fueron acaudalados tratantes de telas y maderas, actividad esta última a la que también se dedicó Stephan. Por lo tanto, Stephan comenzó su carrera en Germersheim y luego la continuó en Worms, ocupándose allí en complejas y delicadas materias.

Esta consanguinidad y proximidad en las relaciones entre las familias de Germersheim y Worms también se verifica en un protocolo notarial en el que se expresa que:

"Los burgomaestres y el Consejo de la ciudad de Germersheim hacen saber, que Hans Birling, sus hijos, y el marido de su hija de Germersheim, renuncian a la herencia de su primo por ambas partes,

47

Hans Sitze[12] de Gemersheim, en favor de Johann Burris, hermano del convento de Closter de Eberbach" (Germersheim Rathaus, 1564).

Ello ocurría el 3 de mayo de 1564. Dos años antes, el 1 de noviembre de 1596, moría la primera mujer de Stephan, María Pöttiger, con la cual tuvo dos hijos, de los que no han trascendido más noticias. De su segundo matrimonio con Anna Rosenstil, fallecida en 1605, tuvo una hija llamada Anna María, la cual se casó con Philipp Schmitz. Todo sugiere que Stephan se casó una tercera vez con una tal Helena, que es mencionada en 1605 y 1611.

Schmitz procedía de una familia de funcionarios de Pfälz. Su padre fue alcalde o presidente del Consejo (Schultheiss) en la ciudad de Leiningisch-westerburgischen Grünstadt. Igual que su padre, él también se comprometió con la política del Estado: en 1604 perteneció al "Vierern" y en 1606 al Gemeinen Rat de Worms. En sus listas se puede leer como éste era, "yerno de Stephan Birling" y además "*Grundstadiensis*", es decir, procedente de Grunstadt. En el momento de la muerte de Schmitz en 1617 tenía su mujer un sepulcro construido, que antiguamente se encontraba en el Cementerio Luterano y que hoy se halla en el museo de la ciudad. La inscripción recuerda también su muerte, así como la de su hija conjunta Anna Katharina, cuya suerte es desconocida (Schwarz, 1999, pág. 155).

Junto a lo anterior, Füchs en su estudio de las lápidas e inscripciones de Worms, nos informa que Philipp Schmitz nació el 11 de octubre de 1571, que fue primo de Balthasar Schmitz, alcalde palatino de Barach y de los cónyuges Caspar Schmitz y Ana, procedente de la familia noble de Wachburger. Finalmente Philipp murió exactamente el 20 de junio de 1617, siendo enterrado junto a su hermano menor Johann Jakob, fallecido en 1607, en el Cementerio Luterano (1991, pág. 462).

---

[12] *Nótese como la familia Birling estaba también emparentada con la familia Sitze.*

En cuanto a las hermanas de Pedro Lísperguer y Hans Birling, Schwarz menciona en primer lugar a Verónica, la cual se casó con el presidente del Consejo de Worms (Schultheissen) y consejero, Bernhard Schlatt, el cual al igual que su suegro se dedicó inicialmente al comercio textil y luego al negocio de la madera. Gracias al artículo de Karl Heinz Armknecht, "Wormser Familienwappen, Ratsherren", se sabe que el iniciador de esta familia de farmacéuticos o boticarios fue Christoph Schlatt, el cual formó parte en 1521 del Gemeinen Rat y que como él otros cinco miembros de esta familia formaron parte del ilustre Consejo. Tras la muerte de Bernhard Schlatt en 1592 sus armas esculpidas en piedra se encontraban en el Cementerio Luterano y hoy pueden contemplarse en el Museo de Worms (1951-1958).

Christoph Schlatt, consejero en 1521 y dedicado a la *pharmacopola* tuvo un hermano llamado Matthías Schlatt, dedicado a la misma actividad, según atestiguan las notas marginales de las listas del Consejo, que estuvo casado con Margareta Guldenschaf de Speyer, el cual entró como su hermano en 1555 en el Gemeinen Rat y murió el 17 de julio de 1570. Asimismo consta que tanto Matthías como Bernhard se matricularon en 1531 en la Universidad de Marburg (Falkenheiner, 1904). Igualmente se verifica como el mismo Matthías Schlatt, procedente de Worms, se matriculó poco después en la Universidad de Heidelberg, el 20 de abril de 1533 y en 1537 en la de Wittenberg. Este hecho de pertenecer a varias universidades o *"peregrinatio academica"* era un fenómeno totalmente habitual en la época (Toepke, 1884, pág. 554).

Bernhard Schlatt, hijo de Christoph, marido de Veronica Birling y cuñado de Pedro Lísperguer, entró en el Gemeinen Rat en 1563, constando que fue primero *"Leinenkremer"*, tratante de telas y luego, *"Holtzmenger"*, comerciante de maderas. Posteriormente, el 11 de marzo de 1573 entró en el Consejo de los Trece, en lugar de Haug Peuschels, constando en sus notas marginales que fue "gener *Petri Birling*", es decir, yerno de Peter Birling. En una escritura notarial protocolizada ante el corregidor de Grafenstein, Hans Hilger, fechada el 23 de abril de 1576, Bernhard, según se expresa, ciudadano y miembro del Consejo de los Trece de Worms y su mujer Verónica, aparecían vendiendo unos terrenos en Gerolsheim, localidad próxima a Worms, por el total de 900 florines (Hilger Hoheneck, 1576).

Bernhard murió el 19 de septiembre de 1592 a la edad de 52 años y su mujer, cuatro años más tarde el 17 de julio de 1596. Un fragmento de su sepulcro, que una vez estuvo en el Cementerio Luterano, hoy se encuentra como se ha dicho en el Museo de Worms. En el fragmento, junto a sus padres se encuentran de rodillas en postura de oración ocho niños: seis hijos, una niña llamada Margretha y un niño envuelto en paños, todos ellos sobrinos de Lísperguer (Schwarz, 1999).

Respecto a esta escena, Füchs, nos describe que sobre sus personas y por encima de sus cabezas son visibles las abreviaturas de sus nombres o iniciales y opcionalmente una cruz. Aunque la interpretación de estas abreviaturas no es indubitada se cree que corresponde a los siguientes nombres: Bernhard, Bartholomäus, Johann Georg, Andreas, Johann Jakob, Johann Cristoph y Margaretha. A su vez, la representación está flanqueada por los escudos de armas de la Casa: cuatro armas y dos inscripciones. Entre las armas se reconocen claramente las de Meiel (o Mejel), Lisberg y Marchand, lo que indica un estrecho parentesco con estas destacadas familias de consejeros de Worms (1991, pág. 395). Además, la aparición de las armas de Lisberg, refuerza la descendencia de este clan de Peter Birling y Catherina Lisberg, padres también del conquistador de Chile.

De los sobrinos varones de Lísperguer (hijos de Bernhard y Verónica) se conocen varios de sus nombres. El más importante sería Bernhard Christoph Schlatt, educado en la Universidad de Heidelberg, donde consta que Bernhardus Christophorus Schlat, *Wormatiensis*, se matriculó el 23 de mayo de 1581 (Toepke, 1889, pág. 95). En el año 1590 se incorporó en el Gemeinen Rat, figurando que fue *"Friescheimer"*. El 9 de octubre de 1592 ingresó en el Consejo de los Trece en lugar de su padre. Se casó con Anna María Weber, hija del prestigioso Doctor jurista Weber de Worms. Otras fuentes señalan que Bernhard Christoph fue consejero en 1600 y Schultheiss o presidente del Consejo de Worms en 1607. No obstante que su carrera era prometedora, murió el 6 de mayo de 1608, *"vespere anno aetatis 44 ipsa hora mortis complete quae fuit octava"* (Kraus, 1926a, pág. 92).

Tras su muerte, su viuda se casó en Worms el 22 de febrero de 1611 con Johan Steffan von Cronstetten, nacido en Frankfurt el 16 de agosto de 1575, ocupando en Worms los cargos de consejero en 1605, Stättmeister y luego Ratssenior, muriendo en dicha ciudad el 16 de agosto de 1624, estando enterrado en la Iglesia de St. Magnus. Tras la muerte de éste, Anna concierta un tercer matrimonio en Worms el 19 de septiembre de 1636 con Michael Stromer, que en 1609 ingresó en el Gemeinen Rat, y luego fue miembro del Consejo de los Trece en 1618 y 1621, Shultheiss en 1627 y Stättmeister de Worms en 1631, muriendo el 21 de julio de 1637 (Körner, 1971).

Hermano de Bernhard Christoph fue Andreas Schlatt, el cual en 1591 ingresó en el Gemeinen Rat, teniendo noticias también de su primo, Johann Philippus Matthaei Schlatt, hijo de Mattías, que asimismo se incorporó al Gemeinen Rat en 1599, donde figura en notas marginales que su profesión fue la de *"pharmacopola"* y que falleció el 31 de enero de 1607 a la edad de 58 años (Kraus, 1926b, pág. 129).

Por otra parte, como se ha podido observar la familia Birling también se vinculó con la destacada familia Weber. Tenemos la evidencia ya referida del matrimonio Bernhard Christoph con Anna Weber, así como la de Bárbara Birling, probablemente hermana o prima de Hans Birling, que fue mujer de Michael Weber, matrimonio del que se conoce un hijo, Johann Caspar Weber (Reichskammergericht, 1587), y la presencia de otro miembro de esta familia, Baltasar Weber (Fürstentum Nassau-Oranien: Akten (Altes Dillenburger Archiv), 1589), de Worms, probablemente hermano del anterior.

Así pues, el iniciador de este linaje en Worms fue Stephan Weber, el cual entra el Gemeinen Rat en 1550 y muere el 2 de diciembre de 1569. En cuanto a su profesión las listas dicen que fue *"primo müller in der Stifftmühl zu Neuhaufen, postea Becker zum Affen";* es decir, molinero en Neuhaufen y hornero o panadero en Affen (en las anotaciones marginales portadas por sus descendientes aparece designado como notario). Posteriormente, entró en el Consejo de los Trece el 19 de abril de 1560, en lugar de Marx Dudenhofers.

Hijos de Stephan fueron: Michael y Philips Stephan Weber. Respecto al segundo, Philips Stephan, hijo del notario Stephan, magistrado, entra en el Gemeinen Rat en 1570 y falleció el 4 de mayo de 1576. Este podría ser el padre de Anna Weber, mujer de Bernhard Schlatt. Hijo de Philips Stephan fue Philippus o Johan Philippus (en latín), notario, nieto de Stephan, ingresó en el Gemeinen Rat en 1593 y posteriormente en el Consejo de los Trece el 29 de julio de 1601 en lugar de Hans Caspar Mejels, donde es calificado de *"hommo ambitiosissimus"* (Kraus, 1926a) (Kraus, 1926b).

Igualmente, fue hijo de Stephan, iniciador del linaje en Worms, Michael Weber, casado con Barbara Birling, el cual se incorporó al Gemeinen Rat en 1566 y murió a la edad de 55 años el 5 de octubre de 1598, figurando como su profesión la de *"Pistor en Stengen"*, o sea hornero o panadero (Kraus, 1926b). A continuación ingresó en el Dreizehner Rat, el 19 de mayo de 1573 en lugar de Hans Frisch, en cuyas listas figura que murió el 6 de octubre de 1598 a la edad de 55 años, 7 meses y 16 días (Kraus, 1926a).

Sus hijos tuvieron brillante carrera. Entre ellos, Johan Christoph Weber, educado en la Universidad de Marburg, en la que se matriculó en 1593 (Falkenheiner, 1904, pág. 171) y posteriormente en la de Heidelberg, donde figura su procedencia, *"Wormatiensis"* y su fecha de ingreso el 21 de enero de 1595 (Toepke, 1889, pág. 177). En 1598 entra en el Gemeinen Rat, donde figura como *"studiosus iuris"* (Kraus, 1926b, pág. 129) y el 12 de agosto de 1603 ingresa en el Consejo de los Trece *"in locum S. Rauschij, admodum iuvenis"* (Kraus, 1926a).

En 1633 junto a su madre Barbara Birling, como viuda de Michael Weber, encabeza una demanda contra Ludwig Emich conde de zu Leiningen-Westerburg, Oberbronn, por una pensión pendiente de 40 florines al año, según una deuda que había contraído en 1587 el abuelo de éste, Philipp I. conde de Leiningen-Westerburg de 800 florines, con el difunto Michael Weber (Reichskammergericht, 1587).

Hermanos de Johan Christoph Weber, fueron Johan Georg, el cual entró en 1605 en el Gemeinen Rat, donde consta que fue hijo de Michael, y de profesión *"Lignarius"*, o sea, carpintero y Johan Caspar Weber que también ingresó en el mismo Consejo en 1606, donde figura que fue hijo de Michael. Otras fuentes señalan que por aquel tiempo existió Baltasar Weber, procedente de Worms, probablemente hermano de los anteriores o cuanto menos perteneciente a este clan, el cual según un escrito de 1593 efectuado en Nassau-Diez, estaba incurso en una reclamación judicial como descendiente propietario de Hans Birling, de Worms (Fürstentum Nassau-Oranien: Akten (Altes Dillenburger Archiv), 1589).

Su lápida y armas se encuentran en el Museo de Worms, donde aparece como licenciado y luterano y fallecido en 1614 (Schrecker, 2007). Igualmente consta como otro Baltasar Weber, procedente de Worms, estudió en la Universidad de Heidelberg, donde se matriculó el 8 de mayo de 1615 (Toepke, 1889, pág. 273). Asimismo, figura que Georgius Balthasar Weber, *Wormatiensis* –posiblemente hijo del anterior– estudió Teología en la Universidad de Estrasburgo, donde se matriculó el 27 de mayo de 1653 (Knod, 1902).

Otra hermana de Pedro Lísperguer cuyo nombre aún se desconoce, se sabe que se casó con Jacob Schaaf, el cual entró en el Gemeinen Rat en 1572, donde figura como *"profectus Heidelbergam"*, es decir, que ostentó algún tipo de magistratura o cargo gubernativo en Heildelberg, figurando en las listas del consejo como *"Wullenkremer"* o tratante de lanas, y además *"gener Petri Birling"*, o sea yerno de Peter Birling.

Fue Jacob hijo de Eberhartt Schaaf, el cual ingresó en el Consejo del Gemeinen Rat en 1534, el cual fue *"sepultus ad S. Lampertum"* el 10 de mayo de 1566. Igual que su hijo está registrado que fue, *"Wollenkremer tandem: antea enim fuit hospes im Kaufthaus"*. Además perteneció al Consejo de los Trece en el que entró el 31 de diciembre de 1544 y donde está registrado igualmente que falleció el 10 de mayo de 1566. Es muy probable que padre de Eberhartt y abuelo de Jacob, haya sido Wilhelm Schäfer, el cual se unió al Gemeinen Rat en 1498 y murió en 1534 (Kraus, 1926b).

Volviendo al artículo de Schwarz, éste asegura que Verónica Birling tuvo otra hermana, que debió enlazarse con alguna familia, cuya descendencia masculina al menos desde la segunda mitad del siglo XV había ingresado en el Gemeinen Rat. Esta familia se llamaba Marchand, Marckchart o Marckort. Su hijo Johann Christoph Marchard, sería elegido en 1612 para el Consejo municipal. En la matrícula de la Universidad de Marburg esta constatado que en sus ilustres aposentadurías curso estudios en 1596 Johan Christoph Marckardt (Falkenheiner, 1904, pág. 103), como está igualmente evidenciado que Johannes Christoph Marckhard, procedente de Worms, se matrículo en la Universidad de Heidelberg el 22 de julio de 1599 (Toepke, 1889, pág. 198) y antes que él un Christoph Marquarth, también procedente de Worms, lo había hecho el 10 de diciembre de 1553 (Toepke, 1884, pág. 556).

En 1617 murió como el último de su linaje. Su sepulcro se encuentra en la Iglesia Magnuskirche de Worms (Schwarz, 1999, pág. 155). Tanto de las listas del Consejo como por el artículo del Sr. Armknecht (1951-1958, pág. 122), se evidencia que Johan Christoph tuvo un hermano llamado Hans Caspar Marchart o Marchard, el cual fue también miembro del Gemeinen Rat en 1608, siendo ambos hijos del Dr. Caspar Marchard. Asimismo, es posible que Hans Marckhartt, miembro del Gemeinen Rat en 1487, guarde alguna relación con los anteriores.

Añade Schwarz que también en Germersheim habían personas que portaban ese nombre. Así menciona a Martín Marquart/Marckhart el cual entró al servicio del príncipe electoral como caballerizo, siendo nombrado por primera vez en 1529 y constando en 1555 su jubilación. En 1543 se menciona al escribano Jorg Marckhart. Jakob Marckharttus estudió en la Universidad de Heidelberg y Johannes Melchior Marckhartt fue notario del Emperador en 1566, en sustitución del decano Andreas von Weickersheim (1999).

Respecto al consejero Johann Christoph Marchard, mencionado más arriba, nuevamente resulta muy interesante el estudio de Füchs sobre las lápidas e inscripciones de Worms, ya que viene a suplir las faltas de certificaciones de filiación existentes sobre la familia Lísperguer. Así pues, Füchs, tras señalar que Johann Christoph fue el último de su antiguo linaje, nos informa de las armas e inscripciones existentes en su sepulcro y que son las de: Marchard (Marchardt), Kraft, Birling y Lisperg. Es decir, ello evidencia sin lugar a dudas de que su madre era una Birling Lisperg y sus abuelos con toda probabilidad eran Peter Birling y Catherina Lisperg, los padres de Pedro Lísperguer, célebre conquistador de Chile.

Otra cuestión interesante es que en la lápida se encuentra grabada una típica bendición ritual alemana bajo la siguiente fórmula: *"dem Gott eine fröhliche Auferstehung verleihen wolle"* y que corresponde a la práctica luterana de Worms. Por lo tanto, esta clase de placa con inscripciones para protestantes sólo estaba en uso en la Iglesia de Magnuskirche (Füchs, 1991, pág. 463).

En síntesis, esto es lo que hasta el momento presente se conoce sobre el pasado y los vínculos familiares de Pedro Lísperguer en su ciudad natal, una historia abierta que arrojará muchos frutos en el futuro. Como ha podido observarse se trata de una familia industriosa, blasonada, perteneciente a las grandes oligarquías locales, la cual mantenía importantes intereses económicos en la zona. Sus miembros ocuparon importantes puestos gubernativos, dominaron la industria textil, construyeron casas, proveyeron de madera a la población y controlaron el Rin a través de la actividad pesquera.

Además como sabemos, varios de sus miembros estudiaron en las universidades más prestigiosas de la región, los que nos ofrece un buen retrato sobre la idiosincrasia del clan, de su estatus, de sus relaciones y de sus ámbitos de influencia. Por lo tanto, después del estudio pormenorizado de todas estas informaciones, ya no pueden sustentarse los datos expuestos por el Sr. Roa y Ursúa en su obra *El Reyno de Chile* por contener manifiestos errores cronológicos que los invalidan. Sin embargo, se revela necesario reconocer que no obstante el infortunio técnico del ilustre historiador, éste iba por muy buena senda para averiguar el pasado de Lísperguer.

En consecuencia, puesto que lo nuevos datos no sólo son lógicos, sino que además bastante probables, es necesario establecer un nuevo sistema de filiación más ajustado a la realidad, pero siempre con la advertencia de que aun siendo una construcción que se apoya sobre coherentes elementos probatorios, sería deseable encontrar mayores certificaciones para conseguir el grado de perfección que merece esta importante familia alemana. Así pues existe suficiente fundamento para establecer lo siguiente:

Pedro Lísperguer n. en Worms, Alemania, alrededor de 1530, m. según se cree en Panamá hacia 1604 ó 1605, conquistador de Chile, maestresala del virrey del Perú, Andrés Hurtado de Mendoza en 1556, c. con Agueda Flores en 1583, con sucesión en Chile. Hijo de Peter Birling, n. alrededor de 1500, m. el 24 de julio 1567, consejero municipal de Worms en 1533, miembro del Consejo de los Trece el 12 de mayo de 1541, luego Stattmeister y de Catalina Lissperg, casados antes de 1530.

Nieto de Padre de Peter Birling, consejero municipal de Worms en 1503 y 1513. Posibles bisabuelos por la parte paterna serían Hans

Birling, consejero en 1468 ó Jacob Birling, consejero en 1475. Nieto de madre de Hans Lisperg, n. alrededor de 1475, estudiante de la Universidad de Heidelberg en 1493, consejero municipal de Worms en 1504. Bisnieto de madre de Rudolph Liesperg, n. alrededor de 1446, matriculado en la Universidad de Heidelberg en 1464, consejero municipal de Worms en 1511.

Hermano de Pedro Lísperguer fue Hans Birling, n. en 1540, m. 29 de diciembre de 1597, miembro del Consejo Municipal de Worms en 1570 y del Consejo de los Trece el 18 de abril de 1588. Su primo sería Stephan Birling, procedente de Germersheim, el cual ingresa en el Consejo Municipal de Worms en 1588 y luego en el de los Trece el 2 de febrero de 1598, el cual muere en 1618.

Otros miembros de esta familia serían Peter Bayer nombrado como Lissperg, burgomaestre en 1473, Johann Lissperg, ciudadano de Worms en 1483; Hamman Rebstock nombrado como Lissperg, consejero municipal en 1474, burgomaestre de Worms, diputado de Worms para asuntos políticos, dirigente de la ciudad libre en periodos importantes de su historia, representante varias veces cerca de la corte imperial por los años 1483 a 1509. Johannes Rebstock alias Lissperg, burgomaestre de la ciudad de Worms en 1425, 1426, 1439. Este junto a su mujer Elizabeth fueron nombrados como bienhechores del monasterio de Kirschgarten de Worms en 1415.

Es indudable que para proceder a la reconstrucción de esta genealogía, las comunicaciones que en su día mantuvo Roa y Ursúa con el Archivo de Worms han sido de gran utilidad. Por esto mismo es justo elogio reseñar que el Dr. Illert fue un gran apasionado de la familia Lísperguer y que desde 1934 hasta 1956 mantuvo copiosa correspondencia no sólo con Ursúa, sino también con varios caballeros alemanes, interesados como él en la temática.

En una de sus comunicaciones con el embajador alemán en Madrid, fechada el 12 de febrero de 1935, reconoce que:

"...lleva interesándose varios años por la materia de los Lísperguer y que ha estado carteándose asiduamente con Otto Hawerkamp, residente de Argentina y muy involucrado en las historia de los Lísperguer en Chile".

Gracias a estas comunicaciones, así como la que mantuvo a través de la Embajada Alemana en Santiago con Karl Guggeinheim, oriundo de Worms, sabemos que Illert tuvo acceso a la obra de Wunder Gerd *Die Familie Lísperguer in Chile* publicada por la Deutschen wissenschaftlichen vereins zu Santiago (la Sociedad Científica Alemana en Santiago), así como que leyó el ya clásico libro de Vicuña Mackenna, *Los Lísperguer y la Quintrala.*

En alguna de estas cartas afloran noticias pintorescas, como la escrita por Guggeinheim desde Santiago, el 30 de enero de 1953, en la que nos revela que el presidente de la República, Pedro Montt, descendía de Pedro Lísperguer, o la escrita el 19 de agosto del mismo año, en la que comunica a Illert que ha estado haciendo todo lo posible para que Rafael Maluenda, director del periódico *"El Mercurio"* y por entonces de viaje por Alemania, visitase Worms. Por comunicaciones posteriores sabemos que a pesar de todos los esfuerzos de Guggeinheim arguyendo que Worms era una ciudad que poseía un interesante pasado en la historia de Alemania, además de sus orígenes celta, romano y burgundio, tal visita no llegó a producirse (Illert & Städtische Kulturinstitute, ca 1950).

En todas estas comunicaciones afloran muchas noticias que ya sabemos, cuya procedencia hay que buscarla en la historiografía chilena y sería ocioso repetirlas aquí. En otros pasajes se puede vislumbrar la gran disparidad de pareceres de sus distintos autores, lo que denota el gran desconocimiento y por tanto la subjetividad que ha habido sobre el origen de esta familia, así como también el vivo interés que suscita. Sin embargo, algunos puntos de vista no dejan de estremecer a quien los lee.

Interesante es la comunicación de Ricardo Kuthe, desde Valparaíso, fechada el 28 de junio de 1938, en la cual define a la familia Lísperguer como:

*"La más rica, famosa y poderosa estirpe de la época colonial...
cuyas hazañas resuenan en dichos y legendas".*

Añadiendo en otros pasajes que respecto al oscuro origen de los Lísperguer en Chile se tiene la creencia, consagrada por la tradición e incluso las primeras obras historiográficas, de que los Lísperguer descienden de una dinastía real, de los emperadores alemanes o incluso de los duques de Sajonia, pero que ciertamente, los documentos que existen no permiten probar tal cosa.

En parecida sintonía Otto Hawerkamp, en carta escrita desde Buenos Aires, fechada el 8 de mayo de 1934, resalta el hecho de que Pedro Lísperguer fue paje en el palacio del emperador Carlos V y que la familia Lísperguer tenía un estrecho parentesco con los emperadores alemanes, así como con los duques de Sajonia. Piensa Hawerkamp que lo último tiene un grado de probabilidad ya que los descendientes de Lísperguer en el siglo XVII y principios del XVIII portaron el nombre de Bitemberg, que él cree una deformación de Wittenberg.

En su contestación de 9 de junio del mismo año, el Dr. Ilert asegura que ha escuchado o leído (aunque la fuente originaria le es desconocida) que el joven Lísperguer era muy despierto y que le causó grata impresión al emperador Carlos V, que se avino a llevárselo para su servicio en su palacio y de ahí partía en definitiva todo el éxito de Lísperguer. Sin embargo, a línea seguida añade que le parece improbable que Pedro Lísperguer haya sido paje de Carlos V, ya que en la historia de Worms no hay fundamento para una entrega de llaves (al Emperador), ni tampoco le resulta evidente que haya existido tal puesto de paje.

A continuación tras resaltar la gran actuación pública que tuvo la familia Lísperguer en la época humanística y la Reforma, señala que respecto al parentesco con el Emperador o con una dinastía principesca, ello le es desconocido (ca 1950). Por otra parte, respecto a que si fue paje o no, ya hemos visto que convivió durante tres meses con el Emperador en Worms y luego otros seis en los Países Bajos, por lo que habría que argumentar que si no tuvo el cargo oficial de paje, lo fue de facto y es más que comprensible que formando parte de su séquito durante tanto tiempo, debió de rendir más de un servicio al Emperador.

Una prueba más de las muchas ambigüedades que se han vertido sobre esta familia, son las noticias que se propagan en la obra de *Trelles Villademoros*, publicada en 1735, intitulada *Asturias Ilustrada*, el cual basándose en cédulas de méritos y servicios de la familia Lísperguer, afirmó que el padre del conquistador, que para más confusión llama Pedro Lísperguer, era descendiente del duque de Sajonia, y cónsul de Sajonia en Worms y que tuvo un hijo llamado Pedro Lísperguer Wittemberg (1980, pág. 36).

Todo ello, corrobora algunos aspectos contemplados, aunque también pudiera ser una prueba de cómo se distorsionan las informaciones cuando se manipulan en el tiempo. La primera, el atribuir al padre el apellido de la madre, la segunda, decir que el padre fue cónsul de Sajonia en Worms, que podría ser cierto, pero resulta contradictorio con lo generalmente admitido de que fue simplemente cónsul (burgomaestre, consejero) de Worms.

Continuando con las curiosidades históricas, es necesario subrayar nuevamente la mucha creatividad que han tenido diversas personalidades a la hora de mencionar los apellidos del conquistador. Así Otto Haverkamp desde Buenos Aires, en escrito dirigido al Dr. Illert, director del Archivo Municipal de Worms, el 8 de mayo de 1934, considera que el apellido de Lisperger (que los españoles escriben Lísperguer) debió ser en realidad Leisperberg o Leipersberg. El embajador de Alemania en Madrid, en carta dirigida también al Dr. Illert, fechada el 11 de enero de 1935, dice que el apellido en los documentos españoles aparece como Lisperguen, pero el que más se acomoda al idioma alemán es el de Peter von Lisperger.

Sus padres según la documentación española serían Peter von Wislemberg y Wittenberg y su madre Catharina Lisperger. Asegura asimismo que las más antiguas familias de Chile, que descienden de Lisperger albergan la creencia tradicional de que éste desciende de los duques de Sajonia. Reseñando a continuación que los apellidos en los antiguos pergaminos están escritos de una forma muy imprecisa y que utilizan la B y no la W.

El mismo embajador en carta posterior fechada el 14 de enero del mismo año, cree que el verdadero apellido del conquistador era el de Leiperberg. Roa y Ursúa en su carta dirigida a través de la Embajada Alemana en Roma al Dr. Illert, fechada el 12 de marzo de 1940, quizás con buen acierto intentó hermanar los apellidos del conquistador, considerando que el padre de Peter Lísperguer se llamaba Peter Birlenguer o Wirlenguer (Wislemberg), siendo descendiente de los duques de Sajonia (Illert & Städtische Kulturinstitute, ca 1950).

Ahora bien, reconduciendo la temática a los datos publicados por Roa y Ursúa, es necesario argüir que efectivamente como ya como ya comentaba don Benjamín Vicuña Mackenna en su célebre obra *Los Lispeguer y la Quintrala*, casi un siglo después de la desaparición del primer Lísperguer, sus descendientes habían utilizado tanto en Chile como en el Perú el apellido originario, ahora latinizado de Bittamberg que ninguno de sus mayores había usado (1944, pág. 20). Despreciando este dato, el Sr. Roa cambió los libros de historia, haciendo que en su libro *El Reyno de Chile*, los descendientes de Lísperguer se apellidaran, desde su descubrimiento, Lísperguer Birlinguer, lo cual carecía de tradición histórica.

¿No sabría mejor la propia familia a principios del siglo XVII cuál era su apellido originario, que no un investigador que obtiene a distancia unos datos tres siglos más tarde? ¿Es legítimo que don Roa y Ursúa haya relegado el apellido de Wittemberg frente al de Birlinguer? Don Benjamín Vicuña Mackenna nos cuenta en otro pasaje del mismo libro como un clérigo de esta familia llamado Pedro Felipe, no había olvidado la fiereza de su raza, firmando con orgullo de casta, con buena letra y a tres reglones seguidos: don Pedro Felipe Lísperguer y Bittamber (pág. 246).

Por otra parte, se aprecia cierta porfía profesional entre el Sr. Espejo y el Sr. Roa y Ursúa. Parece que los dos anhelaban cumplir el desafío de dar forma a una teoría cabal con respecto al origen de la familia Lísperguer. Así, mientras el Sr. Espejo reseñaba en su nobiliario que los descendientes de Lísperguer se apellidaban Lísperguer Wittemberg, con una clara alusión a su augusta procedencia de los duques de Sajonia, y en definitiva a su fe en el expediente de Juan Alfonso Guerra y Sandoval; el Sr. Roa y Ursúa subrayaba en su obra *El Reyno de Chile* que los descendientes de Lísperguer se apellidaban Lísperguer Birlinguer, y por lo tanto, creyendo que la procedencia de los Lísperguer había que buscarla en el ámbito del poder municipal de los burgomaestres de Worms y en las informaciones contenidas en los asientos de la Casa de Contratación. ¿Cuál de los dos tenía razón? Interesante pregunta.

Incluso se podría argumentar que el hecho de que Pedro Lísperguer haya llamado a su hijo primogénito Juan Rudolfo, podría ser una evocación a su descendencia de los duques de Sajonia, en su línea Sachsen-Wittenberg, ya que tres duques se llamaron así: Rudolf I, Rudolf II y Rudolf III. Como hemos ido viendo hay tres apellidos que sobresalen a la hora de conformar la identidad del conquistador alemán: Birling, Wittemberg y Lísperguer.

El apellido de la madre Lísperguer, con las variantes que se quieran está bastante asentado y respecto al apellido paterno hay una gran probabilidad de que los Wittemberg y los Birlinguer fueran miembros de una misma familia, descendientes en algún grado de una casa ducal y miembros destacados de la organización municipal de la ciudad de Worms. Ahora bien, ¿Eran descendientes de los duques de Sajonia o miembros de un clan en el ámbito del poder municipal? ¿Era el apellido Wittemberg un patronímico o un toponímico? ¿Cómo hermanar estas disparidades enmarcándolas dentro de un mismo proyecto existencial?

Cuando más arriba hablábamos del Sr. Espejo, vimos como éste hizo un denodado esfuerzo de síntesis para conseguir establecer una teoría razonable sobre la cuestión del origen de Pedro Lísperguer. En ese intento, nos mostraba "en extracto" el documento encontrado por el Sr. Mújica de la Fuente en la Biblioteca Nacional de España, referente a un expediente elaborado en 1740 por el Sr. Juan Alfonso Guerra y Sandoval, rey de armas de Felipe V. En esa sinóptica y excesivamente objetiva obra, no podía recibir más que ese reducido tratamiento. Sin embargo, ese manuscrito es uno de los documentos más importantes de la historia de Chile, nexo de importantes relaciones e informaciones y que por tanto merece toda nuestra atención, siendo necesario contemplarlo en todo su esplendor, "en extenso".

JUAN ALFONSO GUERRA Y SANDOVAL
REY DE ARMAS DE FELIPE V

EXPEDIENTE DE NOBLEZA EFECTUADO EN 1740
A PETICIÓNDE JORGE CARLOS WITTEMBERG,
VECINO DE MÁLAGA.

(Introducción retórica)

Es tan copioso el asunto que hayamos expuesto en el real y esclarecido apellido de **Witemberg**, cuyos atributos uniformes vocean los más clásicos y verídicos cronistas y genealogistas, alemanes, franceses y españoles y los instrumentos originales que hemos reconocido para asunto de dar esta certificación genealógica de armas de este apellido de Witemberg. Sobre el cual siguiendo el sentir del cronista **Azcárraga** en la ilustración de familias de Alemania, Flandes y Francia, en su **tomo original número 38** de nuestro archivo, al **folio 366**, hablando de esta expresada familia dice ser descendientes legítimos de los duques de Sajonia y que dieron el nombre a la populosa y noble villa de Witemberg, nominando primero a **Patricio de Witemberg** que en **María Dorfel** tuvo a **Carloto** y este a **Amadeo** (como adelante veremos en la genealogía), prosigue diciendo que **Jorge Miguel de Witemberg**, avecindado en la ciudad de **Coesfeld**, tuvo por hermano a **Amadeo de Witemberg** que casó con **Amelina Lísperguer** y tuvieron por hijo a **Pedro Lísperguer Witemberg**, y a éste hallamos que fue cónsul en Bormes por los años de 1540 y que antes de la prisión de Juan Federico, duque de Sajonia en la batalla de Alvis y que por conservar la religión católica, se vino a servir al emperador Carlos Quinto con su hijo Pedro Lísperguer Witemberg, a quien el Emperador envió a la conquista de Chile y que fue casado con **Angela Flores Westfelt**, hija de **Bartolome Flores**, patricio que fue en Nüremberga de Alemania y tuvieron por hijo a **Bartolome Witemberg Wesfel** general que en la entrada de Arauco, que **Don Pedro** que casó con **Doña Florencia Solorzano y Velasco**. **Doña Catalina Witemberg** su hermana que casó con **Gonzalo de los Rios** y esta es la rama de Jorge Miguel de Witemberg que radicó y lo está en los reinos de Indias, ciudades de Arauco, y en Chile con gran estimación y nobleza, con varios vínculos y mayorazgos por casamientos hechos con casas tituladas.

La rama de **Amadeo de Witemberg**, que pasó por conservar la religión católica, así de la invasión ya expresada, como de la de Gustavo Adolfo y que pasó a avecindarse a la ciudad de **Hamburgo** y casó con **Carlota Lísperguer**, de quienes fue hijo **Carloto** que nació en **Cosfeld** y este tuvo por hijo a **Patricio de Witemberg**, que nació en la misma ciudad de **Cosfeld** en Alemania donde casó con la familia **Cloctel** y tuvo por hijo a **Alberto de Witemberg** que conservando la religión católica como sus mayores y por más seguridad pasó en comercio a la ciudad de Málaga donde casó con **Catalina Dreyers** y tuvieron por hijo a **Juan Witemberg Dreyer** casado con **María Arizón y Cardona** que cuando esto escrito tienen por hijo a **Juan de Witemberg Arizón, Aragón y Cardona** sin tomar estado y estas son las dos ramas que pasaron a estos reinos de Castilla de la venerable familia de Witemberg caballeros sajones hanseáticos y de sus primeras casas, siendo la primitiva de este apellido la misma ciudad de Witemberg, donde hoy se mantiene .

Hasta aquí nos enuncia con estas mismas voces el autor citado a quien en la misma conformidad y haciendo expresión de sus armas y solar nos lo previene en sus dos tomos originales intitulados *"Los Becerros de España"*, el cronista don **Juan Baños de Velasco**, y el nobiliario 25 de don **Miguel de Salazar**, capellán de honor y cronista de su majestad Felipe IV, en su original **folio 63** y don **Lázaro Díaz del Valle y de la Puerta** en las anotaciones al tomo 45 de Gracia Dey venerando todos y elogiando esta ilustre y venerable casa de Witemberg por una de las más principales e ilustres de Sajonia y unida repe-repetidas veces por casamientos, así con sus soberanos duques, así como con los primeros de aquellos reinos y en el de Alemania y Francia; donde también se hallan ramas de ellos.

Previenen los ya enunciados autores, que las primitivas armas y de que siempre han usado los héroes de esta familia se componen y organizan de un <u>escudo en campo de oro y en el tres púas o cuernos de ciervo en primer cuartel y el segundo lisonjeado de oro y negro y sobre la celada una cabeza y cuello de leopardo y delante de él una corneta de caza roja con las bocas de oro y las cintas azules y sobre el cañón o boquete tres plumas, dos rojas y una azul</u> como se ven expuestas en los dos primeros cuarteles altos del escudo que da principio a esta certificación y blasones.

Corrobora y amplía, atesta y justifica lo enunciado los ya descritos autores sobre la notoriedad nobleza de esta precitada familia de Witemberg la probanza hecha instancia y pedimento de **Alberto de Witemberg** y **Catalina Dreyers**, su mujer, católicos apostólicos romanos y constituidos como de ella consta en empleo de la mayor dignidad probando en ella las glorias de esta ilustre familia por una tradición continuada e inmaculada que tiene fuerza de ley y que los libros, papeles de bautismos, velatorios, y demás instrumentos por las frecuentes persecuciones que los católicos padecieron en aquella parte, fueron quemados, destruidos, y asolados por los herejes, a cuya causa son modernos los libros que hoy hay, como el que en **los años de 1599, los padres de la Compañía de Jesús,** administraban los bautismos y casamientos en dicha ciudad de Hamburgo, como actualmente se administran hoy en la Capilla Cesárea.

Y para suplir esta falta es costumbre hacer semejantes probanzas y sacar tales testimoniales de ilustres hombres y nobles padres, que testifican lo que les consta y es que **Alberto de Witemberg** y **Catalina Dreyer** fueron según manda la Santa Madre Iglesia, marido y mujer y de su matrimonio tuvieron por hijo a **Juan Witemberg Dreyer** que <u>a la edad de 14 años de Hamburgo pasó a la ciudad de Málaga,</u> donde casó con **María Arizón Aragón y Cardona** y que tuvo por hijo a **Juan de Witemberg** y a **Joseph** y a quienes algunos de los testigos trataron en Málaga exponiendo que les note a los expresados testigos que en esta familia de Witemberg de preclara voz y fama, no ha habido judío, moro, ni penitenciado por ningún tribunal y que son legítimos descendientes de la familia Witemberg en Sajonia, de donde salió el expresado Alberto <u>cuando Gustavo Adolfo asoló la Germania</u> y entonces <u>pasó Alberto y su familia a Hamburgo</u> y en ella allí así lo deponen, juran y testifican firmándolo con sus nombres el **16 de abril de 1730** y sellándolo con el sello de sus armas, David Doorman, Juan Perguienz, Juan Bautista Doorman, Jorge Schroder, Hans Picheterer, Juan Antonio Peibere Hagmon, Pedro Hensen, Enrique Sensen, Jorge Rodem, Antonio Casado y Velasco, todos estantes en esta ciudad .

Corrobora asimismo lo que llevamos expresado la declaración bajo juramento, que hizo el honesto barón **Herml Hotog** de la edad de setenta años de la misma ciudad de Hamburgo, ante el notario **Vicente Bohme**, quien dice que Juan de Witemberg residente en Málaga es hijo legítimo del barón Alberto de Witemberg y de su mujer Catalina Dreyers, que fue bautizado y educado dicho Juan de Witemberg según nuestra Iglesia Católica, que sus padres vivieron como casados hasta que murieron, lo cual sabe el testigo, por haber comunicado al dicho caballero de Witemberg y lo afirma y su deposición testifica dicho firmándolo de su nombre, y <u>sellándolo con el sello del Senado de dicha ciudad de Hamburgo en el **año de 1699 a 17 de febrero.**</u>

Y para más ampliación y aseveración de dichos instrumentos hallamos que en la ciudad de <u>Málaga en dos de Marzo de 1735</u> ante el **Licenciado Luis Muñoz** mayor en dicha ciudad y por ante **Diego García de Calderón**, escribano de ella, presente previsión de Jorge Carlos Witemberg Aguilar de la Cuesta y Calizano presentando su fe de bautismo y como era descendiente legítimo de la ilustre familia de Witemberg y presentando los instrumentos que van referidos suplicaba se le recibiera información de esta probanza, en la entidad de su persona, sus hermanos, como del reconocimiento del reverendísimo **padre Elfen** que ejerce en **Hamburgo** la jurisdicción espiritual y que reconozcan y digan de las firmas y sellos de los que en dichos instrumentos deponen y de la del padre **Antonio Casado y Velasco**, <u>embajador de su Majestad Católica</u> y residente en dicha ciudad de Hamburgo.

Y que los dichos instrumentos vienen según derecho y forma en que se despachan en aquellas partes y reinos y que todo ello se deponga y haga citando al procurador síndico personero en la dicha ciudad de Málaga. En vista de lo cual dicho mando se recibiera dicha información, para lo cual presento por testigo, a **don Cristóbal Antonio de Lara**, alguacil mayor del Santo Oficio de la Inquisición de ella. (Otros testigos comerciantes de Málaga)… deponen en la entidad de la persona don Jorge Carlos de Witemberg y en la de su padre, en su nobleza y la de la casa de Witemberg de donde proceden.

(datos jurídicos)... hallamos justificado la gran notoriedad y nobleza de esta familia de la que expresamos la rama de Alberto, y Pedro su hermano este que paso al reino de las indias, donde está la rama y la que hace a nuestro asunto radicó en Málaga que proviene de;

Amadeo de Witemberg que en **Carlota Lísperguer** tuvo por hijo a;

Gil Carloto Witemberg Lísperguer natural de Coesfeld que tuvo por hijo a;

Patricio de Witemberg natural de Coesfeld en Alemania que en **María Dolphelt** tuvo por hijo a;

Alberto de Witemberg que casó con **Catalina Dreyers** y que tuvo por hijo a;

Don Juan de Witemberg Dreyers que casó y sentó en Málaga con **María Arizón Aragón y Cardona** de cuyo matrimonio tuvieron por hijo a... (Amplia y estimada descendencia en Málaga, España) (Guerra y Sandoval, ca.1740)[13].

Esta información del rey de armas Juan Alfonso Guerra y Sandoval es un documento fascinante. En ella se declara abiertamente que los Wittemberg descienden de los duques de Sajonia. También se deja claramente establecido como los Wittemberg y los Lísperguer son una misma familia, con entronques reiterados. Por lo tanto, debemos entender que el hecho de que Pedro Lísperguer antepusiera el apellido materno al paterno, es meramente circunstancial, de lo cual se deduce que toda la rama chilena de la familia, se podría perfectamente haber llamado Wittemberg en lugar de Lísperguer.

A pesar del trastrocamiento, muchos de sus antepasados recordaron el apellido originario de Wittemberg, lo que refuerza la hipótesis de que ambos apellidos tuvieron un origen común. Asimismo, resulta

---

[13] *Respecto a la fecha de esta importante certificación, no consta en el documento y la Biblioteca Nacional calcula para todo el cuerpo de documentos en el que está insertado la de 1750. Sin embargo, en base a las fechas de los instrumentos que incorpora, así como los demás expedientes nobiliarios de la familia Wittemberg que no se mencionan en él, es más correcto fijar la fecha aproximada de 1740.*

necesario comprender la inmensa trascendencia que supone establecer la descendencia de los Lísperguer de los duques de Sajonia. Ello significa, que en la base más antigua de la nacionalidad chilena, como acto constitutivo o fundacional, se encuentra un personaje que procede de la alta aristocracia, un linaje noble que deriva de los duques de Sajonia, emparentados con toda la nobleza europea.

Es decir, de ese documento se puede extraer implícitamente, que Chile no se construyó a partir de la acción desordenada de un puñado de atrabiliarios conquistadores, sino que es el producto de la más asentada urbanidad, en definitiva, de los mejores fundamentos de la vieja Europa. Desde ese punto de vista a Lísperguer se lo puede considerar como un agente civilizador, que prestigia la ciudadanía chilena.

Ahora bien, vayamos con calma, paso a paso. Contemplando el texto con detenimiento, podemos observar como Guerra y Sandoval se auxilia de una serie de probanzas para legitimar su expediente. La primera de ellas es la referencia a los nobiliarios efectuados por diversos cronistas del reino. Estos son: **don Pedro de Azcárraga, don Juan Baños de Velasco, don Miguel de Salazar y don Lázaro Díaz del Valle y de la Puerta**, todos ellos con multitud de manuscritos genealógicos escritos de su pluma. También hace una descripción del escudo heráldico de la familia (sólo de los paternos) que más adelante en esta exposición tendremos ocasión de descifrar.

Asimismo, se ampara en dos informaciones de nobleza efectuadas en Alemania, concretamente en Hamburgo, la primera el 17 de febrero de 1699, rubricada con el sello de los procónsules y senadores de dicha ciudad y la segunda efectuada por la Compañía de Jesús el 16 de abril de 1730. También estas informaciones podremos analizarlas pormenorizadamente más adelante. Lamentablemente el instrumento efectuado en Málaga el 2 de marzo de 1735, ante el licenciado Luis Muñoz, alcalde y Diego García Calderón, escribano, no ha podido ser encontrado pese a todos los esfuerzos realizados en el archivo municipal de la antedicha ciudad.

Por otro lado, resulta interesante inferir tras una lectura atenta del documento, las razones que una familia tan honorable pudo tener para emigrar. Todo parece indicar que se trataba de una familia católica que estaba empezando a ser hostigada ante la rápida propagación del luteranismo en Alemania. El nieto de Jorge Miguel, e hijo de Pedro Lísperguer Wittemberg, cónsul de Worms en 1540, llamado también Pedro Lísperguer, pasó a servir a Carlos V en el año 1545. Junto al Emperador atravesó los Países Bajos, pasando finalmente a España, permaneciendo durante diez años en la casa de Feria. De ahí pasó en julio de 1554 a Inglaterra, para finalmente regresar a España en enero de 1555, embarcando después hacia el Perú, para establecerse definitivamente en Chile, con prolija descendencia.

La rama de Amadeo, debió de sufrir toda la convulsa época de la Guerra de los Treinta Años. Alemania se encontraba inmersa en una profunda guerra civil, donde católicos y luteranos luchaban encarnizadamente para lograr el control de su territorio, tratando de imponer sus creencias por la fuerza de las armas. Fue un tiempo en el que se llevaron a cabo multitud de atropellos, se cometieron actos vandálicos, hubo persecución de católicos, matanzas arbitrarias, se quemaron archivos, etc. En torno a 1630 Gustavo Adolfo, rey de Suecia y protestante invadió Alemania.

Era un momento en que la convulsión en el país germano llegaba a su cenit. Alrededor de esta fecha, la rama de Amadeo Wittemberg emigró a Hamburgo, de allí pasó más tarde a Coesfeld, ducado de Münster, donde se afincó durante dos generaciones. En Hamburgo nació Alberto Wittemberg que casado con Catalina Dreyers, tuvo por hijo a Juan Wittemberg Dreyers. Siendo Juan un adolescente de catorce años pasó por más seguridad a Málaga, donde se dedicó al comercio, casándose allí con María Arizón, dejando una nutrida descendencia.

Sin embargo, a pesar de la fascinación que sentimos ante estas deslumbrantes informaciones, hay una pregunta que surge inmediatamente: ¿Qué valor podemos concederle a estos expedientes de nobleza efectuadas por los reyes de armas? Los especialistas nos dicen que la eficacia de estas informaciones, es muy relativa. En primer lugar, porque no incluyen padrones de estado, ni nóminas de alistamientos. Tampoco equivalen a una declaración oficial como la que hacía la Real Chancillería, que era la única que producía estos efectos.

En segundo lugar, tampoco, por sí solas, acreditan la cualidad de hijosdalgo en las personas que titulan por tales, porque sus filiaciones y entronques no vienen avalados por partidas sacramentales, padrones o alistamientos compulsados, ni por fehacientes reconocimientos de casas, escudos, capillas, bancos o laudas sepulcrales. Por lo tanto, por sí solas, estas informaciones no comportan actos positivos de hidalguía (Taboada Roca, 1991, pág. 135).

Además, los eruditos en la materia señalan que estos entronques y filiaciones, especialmente los más remotos, suelen ser el producto de la más complaciente fantasía de los autores de las informaciones, que tienden a congraciarse con lo que le han pedido. Defecto común de este tipo de expedientes efectuados por los cronistas de armas, es pretender encabezar sus estudios históricos y genealógicos con noticias pomposas, que la mayoría de las veces se inspiran en la fábula y la leyenda.

Con esa apelación a héroes antiguos y de reconocida memoria, pretenden impulsar un apellido o linaje, dotándolo de un arranque temporal lo más distinguido y remoto. Sin embargo, la mayor falta de la que adolecen, es que no remontan la prueba documental por arriba del siglo XVI, centuria tope con la que tropiezan, ya que normalmente todos los archivos de índole genealógica –como las parroquias, chancillerías y órdenes militares– comienzan en dicho siglo y no antes.

Pensemos que estas informaciones no eran gratuitas. Había que pagarlas y eran caras. Se conoce, por ejemplo, como Alfonso Guerra y Sandoval cobraba por sus informaciones una cantidad que oscilaba entre los quinientos y los mil reales, según la extensión del documento. Es decir, en su elaboración se aprecia un interés de parte. Sabemos también que Jorge Carlos Wittemberg era un señor acaudalado de Málaga, un próspero comerciante, que bien podría haber pretendido fabricarse una identidad, o aspirar a un estado nobiliario del que carecía.

Además, en el documento se aprecian multitud de errores de transcripción y en general falta de exhaustividad en la exposición. Por ejemplo, al cónsul Pedro Lísperguer Wittemberg no se le atribuye ningún cónyuge. Después a Ángela Flores Westfelt se la adorna con un segundo apellido que tiene una reminiscencia germánica, cuando en realidad Ángela fue hija de la cacica de Talagante, una india perteneciente a la nobleza incaica. Luego, al final del expediente se menciona que Pedro y Alberto son hermanos, lo cual según el propio expediente es falso.

Pero el fallo más grave es la forma en que trata la supuesta descendencia de los duques de Sajonia. Lo primero que resulta chocante y que nos deja a las puertas de un abismo, es que <u>no se expresa de qué duque de Sajonia en concreto desciende Patricio Wittemberg.</u> Es decir, no se alude a lo más importante, que es el eslabón que le une a tan ilustre casa. Tampoco se dice en qué fecha exactamente nació Patricio Wittemberg, que sólo podemos calcular a base conjeturas. Se señala un supuesto cónyuge, María Dorfel, pero no se menciona ni su fecha de nacimiento, ni la de su matrimonio.

De Carloto Wittemberg, su hijo, sólo sabemos su nombre y nada más. Las cédulas alemanas a las que alude para legitimar la descendencia, no contienen —como veremos— ninguna referencia a la supuesta descendencia de los duques de Sajonia. Asimismo, se comprueba como Juan Guerra y Sandoval intenta compensar la falta de elementos probatorios, tales como la ausencia de partidas sacramentales (que no se incluyen), incorporando la precaria fórmula de que debido a la persecución de los católicos, los archivos fueron quemados, destruidos, siendo imposible la recuperación de documentos que prueben la ascendencia de la familia.

En cuanto al escudo heráldico, que más adelante analizaremos en profundidad, por ahora adelantar, que en el expediente tras realizar una descripción de los dos primeros cuarteles del escudo, se compara dicha relación –a modo de ilustración– con la imagen del mismo que da principio a la certificación y blasones. Consultada la microfilmación, así como el manuscrito, no aparece ninguna imagen del escudo heráldico, por lo que todo apunta a que se trata de una transcripción del documento y no su original.

Por otra parte, las armas o representaciones que se describen en los cuarteles, no sólo omiten los maternos, sino que no tienen ninguna relación con las armas de Sajonia. Por lo demás, en el expediente se dice que la familia dio el nombre a la ciudad de Wittemberg, de donde ésta tomó el nombre. Aunque no hay una, sino muchas Sajonias, podemos entender por Wittenberg la famosa ciudad sajona, en cuya catedral, Lutero clavó sus célebres noventa y cinco tesis. Si es así, no cuadra que el apellido de la familia se escriba con **"m"** Wittemberg, cuando el nombre de la ciudad se encribe con **"n"** Wittenberg. Si bien, tampoco se puede descartar completamente la idea, ya que antiguamente el nombre de la ciudad se escribía indistintamente, Wittemberg y Wittenberg, aunque la segunda forma es finalmente la que ha prevalecido.

Otro dato a considerar, es que si realizamos un seguimiento de las campañas militares de Gustavo Adolfo de Suecia en Alemania en 1632, podemos observar que efectivamente hizo una serie de incursiones en Sajonia, lo que podría justificar la necesidad de emigración de dicha región, aunque también tuvo victorias militares en otros lugares, lo que podría desvirtuar la certeza de ese dato. Por otra parte, aunque podemos dudar sobre la ascendencia primigenia de la familia, considero que los datos históricos, sus migraciones, sus entronques con la familia Lísperguer, son verídicos.

En cuanto a la descendencia de los duques de Sajonia, hay que esgrimir a favor de Guerra y Sandoval, que éste no es el único documento en el que se alude a la descendencia de esta ilustre casa. De hecho, un siglo antes en 1650, se afirmaba en el nobiliario de Pedro de Azcárraga exactamente lo mismo (1579). Asimismo asombra que dos siglos antes se declare idéntica ascendencia, en las probanzas que efectuó Lísperguer en Andalucía. Efectivamente, estando Pedro Lísperguer en Andalucía, éste tuvo que hacer una información de las llamadas "de limpieza de sangre".

Es decir, tenía que justificar que era "cristiano viejo", demostrando que por ninguno de los cuatro abuelos tenía mezcla de judío o moro. Estas comprobaciones se realizaban normalmente verificando las partidas sacramentales y preguntando a los más viejos del lugar de residencia del cuestionado. Al ser Pedro Lísperguer alemán resultaba muy difícil poder realizar esas comprobaciones. Por ello se recurrió a preguntar a los miembros del séquito del conde de Feria que estuvieron en Worms y conocieron a Lísperguer y a sus padres.

Pues bien, Gonzalo Santiesteban declaró en Antequera el 30 de marzo de 1555, que el padre de Lísperguer era un caballero notorio, "hijodalgo" de la ciudad de Worms y lo más importante, que se había informado "certificadamente", que pedro Lísperguer era "deudo", o sea pariente, del duque de Sajonia (De Hoyo, 1555, pág. 580). Lo que significa que dos siglos antes de que se creara el expediente de Guerra y Sandoval, y sin que Lísperguer pudiera prever que un colateral suyo fuera a hacer esa afirmación, ya se declaraba la relación de la familia Lísperguer (que como sabemos es la misma que la de los Wittemberg) con los duques de Sajonia. Ahora bien, siempre tenemos que tener la cautela de contemplar esa afirmación como lo que es: una declaración retórica que no se apoya en sólidos elementos probatorios.

Otra cuestión, es que los versados en materias atinentes a las probanzas de hidalguía, aseguran que aunque las afirmaciones que se hacen en las informaciones de los reyes de armas, respecto a entronques y filiaciones, nunca pueden sustituir a los compulsorios fehacientes de las partidas sacramentales, padrones de estado o nóminas de alistamiento, "la credibilidad" de estos autores depende de la categoría y autoridad de quienes las suscriben, así como, de la benevolencia del organismo ante quien se exhiben o se invocan. Por lo tanto, enseguida hay una pregunta que aflora a nuestras mentes: ¿Quién era don Juan Alfonso Guerra y Sandoval? ¿Qué grado de credibilidad podía tener este autor? ¿Pudo éste comprometer su prestigio profesional avalando una información falsa?

Descendencia de los duques de Sajonia según el expediente del rey de armas Juan Alfonso Guerra y Sandoval. Entronque de la familia Wittemberg con la familia Lísperguer

Patricio Wittemberg, nacido alrededor de 1410, de la casa de los duques de Sajonia, casado con **María Dorfel**. Tuvo por hijo:	
Carloto Wittemberg, de cónyuge desconocido. Tuvo por hijos:	
Jorge Miguel Wittemberg, casado con **Amelina Lísperguer**, vecinos en Coesfeld. Tuvo por hijo:	**Amadeo Wittemberg** (hermano de **Jorge Miguel**), casado con **Carlota Lísperguer**, residentes en Hamburgo. Tuvo por hijo:
Pedro Lísperguer Wittemberg, cónsul de Worms en torno a 1540, casado con Catalina Lísperguer. Tuvo por hijo:	**Gil Carloto Wittemberg Lísperguer**, natural de Coesfeld. Tuvo por hijo:

Pedro Lísperguer, (conquistador alemán) casado con **Águeda Flores**, con sucesión destacada en Chile y Perú.	**Patricio Wittemberg**, natural de Coesfeld, casado con **María Cloctel**. Tuvo por hijo:
	Alberto Wittemberg, casado con **Catalina Dreyers**, residentes en Hamburgo. Tuvo por hijo:
	Juan Wittemberg Dreyers, casado con **María Arizón**, con sucesión destacada en Málaga.

Antes de responder a esta pregunta y de conocer el perfil humano y profesional de Juan Alfonso Guerra y Sandoval, se revela necesario explicar brevemente cuál es la trascendencia y honorabilidad del oficio de rey de armas, así como su desarrollo en el tiempo. Respecto a lo que afecta a nuestro asunto, tras la desaparición de los Austrias, en el primer tercio del siglo XVII se consolidó un cuerpo de oficiales de armas netamente español. Los oficiales de origen flamenco que hasta ese momento venían sirviendo en el oficio van cediendo paulatinamente su puesto a los oriundos españoles.

Generalmente eran criados o hijos y familiares de criados del rey los que alcanzan este puesto. Era frecuente la sucesión de padres a hijos, mediante la cual el rey quería premiar los hechos del padre, dándole al hijo una digna colocación. Poco a poco la función va adquiriendo un rango social que va aumentando a lo largo del siglo. Como señala Esteban de Garibay el oficio de rey de armas suponía poseer amplios y sólidos conocimientos.

Al rey de armas se le exigía ser noble en linaje, sabio y prudente, muy dado a la lectura, versado en crónicas antiguas, especialmente de su príncipe y reino. También debía dominar la lengua latina, las matemáticas, saber organizar y ordenar los escudos de armas, entendiendo de este arte, así como de la manera en que se daban los títulos, dignidades y oficios a condestables, almirantes, duques, marqueses, condes y demás dignidades y oficios que el rey proponía, además de armar caballeros y cosas de esta índole (Garibay, 1571).

En general, los reyes de armas tenían que estar muy bien preparados en materia de ceremonial palatino, siendo uno de sus cometidos más solemnes el declarar las paces y las guerras. Asimismo, gozaban de un protagonismo destacado en la celebración de torneos y justas, en cuyos eventos ostentaban un relevante papel como organizadores, jueces y notarios. También intervenían en cuestiones relativas a los sacramentos regios, como los bautizos, las bodas y los entierros (De Ceballos Escalera y Gila, 1993).

El interés en adquirir estas plazas palatinas, radicaba en la posibilidad de vivir cerca de la real persona, con el prestigio social que ello comportaba, consiguiendo un sueldo fijo del monarca, a lo que se añadía los emolumentos obtenidos por la elaboración de "cartas de armas" y certificaciones genealógicas y nobiliarias, que cobraban en buenos dineros. A partir del siglo XVII se separan y diferencian las obligaciones palatinas, establecidas por la etiqueta de la Real Casa, de los servicios prestados a particulares.

Por lo tanto, los reyes de armas, respecto del monarca ejercían únicamente funciones ceremoniales y respecto de los particulares, sólo atendían peticiones heráldicas y nobiliarias. Con el transcurrir del siglo, las funciones ceremoniales de los reyes de armas en la corte, no sólo se vieron conservadas, sino aumentadas y potenciadas. Así por ejemplo, participaran activamente en las proclamaciones regias. Asimismo, empezó a haber una enorme demanda social de patentes de hidalguía, de limpieza de sangre y de antigüedad genealógica, que los reyes de armas cada vez expedían con mayor prolijidad y brillantez.

Prueba del nivel competencial alcanzado por los reyes de armas, fue una práctica que durante el siglo se consolidó, llamada "visitas de armas". Ésta consistía en realizar inspecciones a las provincias para examinar *in situ* cualquier escudo de armas que hubiera sido denunciado por su incorrección o ilegalidad. En ese cometido, los reyes de armas no podían ser estorbados por ningún tribunal, ni justicia del Reino podía interferir o menoscabar sus actuaciones, excepto el Supremo y Real Consejo de Castilla, a quien tocaba privativamente entender de estas materias, y ante quien luego debían acudir las partes enfrentadas a defender su derecho.

Asimismo, adquirió arraigo el uso del uniforme corporativo, consistente éste en un brandís de barragán azul marino, la chupa de grana y el calzón azul. Además, mediante la Real Orden de 17 de noviembre de 1749 se regulan las funciones y prerrogativas de los reyes de armas, así como la organización del cuerpo. En su virtud, se prohibía que, salvo ellos, ninguna persona pudiera emplearse en las funciones que eran peculiares de esos destinos, ni hacer instrumentos, certificaciones de genealogías, o entronques, que sólo a ellos pertenecían. En adelante, el Cuerpo de Reyes de Armas, quedaba compuesto por el número de cuatro oficiales, más dos supernumerarios sin gajes, pero con opción a plaza de número y facultad de expedir también certificaciones.

Por otra parte, para poder construir una semblanza del que fuera uno de los más carismáticos reyes de armas del siglo XVIII, don Juan Alfonso Guerra y Sandoval, resulta imperativo narrar las proezas de su padre, al que está indisociablemente unido. Don José Alfonso de Guerra y Villegas, rey de armas desde 1668 hasta 1706, y padre de Guerra y Sandoval, fue una de las grandes figuras del noble oficio de las armas, que marcó toda una época. Nació en Madrid el 17 de octubre de 1646, hijo de don Francisco Alfonso de Guerra y de doña Mariana de Villegas Romero y Nieto de Valdés.

Se casó tres veces. La primera en Madrid, el 11 de marzo de 1661, con doña María de Sandoval Barros y Molina, de cuyo matrimonio desciende el autor de nuestra polémica información. Contrajo segundas nupcias con doña María Teresa Dávalos de Santa María y Salazar, con la que no tuvo prole. Se casó por tercera vez con doña María Méndez Coronel y Barragán, que luego fue su viuda. Comenzó a servir en la Real Casa en 1668, con el cargo de escritor mayor de la Real Capilla y ya por entonces cobraba un sueldo de 400 ducados anuales.

En tal cargo realizó iluminaciones muy notables para España y el extranjero, puesto al que renunció en 1708 en su hijo Juan, por estar corto de vista. Ese mismo año fue agregado como mozo de oficio a la furriera de la Reina; viajando a continuación a Roma para pretender. Hacía 1684 obtuvo la plaza de rey de armas, puesto que ejerció brillantemente, tanto reinando Carlos II, como Felipe V, salvo un breve periodo en 1705, en que la dejó en tenencia de su hermano don Bernardo.

Don José Alfonso de Guerra y Villegas fue un verdadero erudito en materia heráldica y genealógica, casi tan grande como don Luis de Salazar y Castro, príncipe de los genealogistas españoles. Compiló y copió muchísimos nobiliarios, pero siempre para su uso particular, ya que no los dio a la imprenta. Una obra que sí salió a las prensas, fue la publicada en 1693, titulada *Discurso histórico y político, sobre el origen, y preeminencias del oficio de heraldos, reyes de armas, feciales y caduceadores,* obra que dedicó al bailío don Manuel Arias y Porres, presidente del Consejo de Castilla (De Ceballos Escalera y Gila, 1993, pág. 223).

El momento cumbre de su carrera, tuvo lugar cuando en noviembre de 1700, junto con otros tres reyes de armas, proclamaron en Madrid, con la acostumbrada ceremonia de alzar pendones, al nuevo rey Felipe V. Alfonso de Guerra y Villegas, el más antiguo de los cuatro, fue quien dio las voces rituales. En contraposición, el momento más peligroso acaeció a comienzo de la Guerra de Sucesión.

En julio de 1706, el archiduque Carlos, pretendiente austriaco, entraba en Madrid, obligando por la fuerza a cuatro oficiales de armas, entre ellos el propio hermano de Guerra y Villegas, a que efectuaran pública proclamación a Carlos III en la corte, con el mismo ceremonial con que pocos años antes habían proclamado a Felipe V. Don José Alfonso de Guerra y Villegas, rey de armas titular, con buen juicio, se marchó a Toledo, no participando en el acto de proclamación, y negándose a acatar la orden que se le dio de retornar a Madrid.

En cuando el austriaco abandonó la villa y corte, ya en el mes de octubre, las autoridades municipales quisieron anular su proclamación y todos sus actos de gobierno. Consultado el rey de armas don José Alfonso de Guerra y Villegas, ya vuelto a Madrid, propuso que se llevase una innovadora ceremonia de desproclamación. Ésta se celebró inmediatamente con el mismo aparato que la tradicional proclamación, pero en contrario sentido. La comitiva salió de las Casas Consistoriales; los reyes de armas vestidos con sus cotas, llevaban el pendón del archiduque, su retrato, un fajo de documentos de su gobierno, y todo su papel sellado.

Llegada la comitiva a la plaza Mayor, Alfonso de Guerra explicó al pueblo, en emotivo discurso, que Madrid daba de nuevo la obediencia al legítimo Rey, y mandaba quemar los atributos del usurpador. En consecuencia, se encendió una hoguera al pie del cadalso y en ella se quemaron retrato, documento y papel sellado. Por último, dicho oficial de armas arrastró y pisó tres veces el estandarte del austriaco, y una vez así ultrajado, terminó por echarlo también al fuego.

Luego hizo dos reverencias a las armas reales que adornan la Casa de la Panadería y se dirigió de nuevo al pueblo, alabando su lealtad y fidelidad a Felipe V, su rey legítimo y señor natural. La comitiva retornó enseguida a las Casas de Ayuntamiento, donde el mismo don José Alfonso de Guerra y Villegas sacó al balcón un retrato a caballo del Borbón, al que el pueblo ovacionó y vitoreó, concluyendo así esta curiosa ceremonia (De Ceballos Escalera y Gila, 1993, pág. 144).

Cuando el monarca borbónico entró en la capital, el 27 de octubre de 1706, procedió inmediatamente a privar de sus oficios a los reyes de armas que habían participado en aquella turbia opereta de Estado. Éstos a su vez, no se resignaron y acudieron a los tribunales para defender su buen nombre. En un extenso memorial al rey insistían que la acción no fue voluntaria, sino obligada por la violencia del enemigo, recordando su probada lealtad y fidelidad a Felipe V. No debieron convencer al nieto del Rey Sol esos buenos argumentos, ya que a ninguno de los cuatro oficiales se le repuso en su antiguo puesto.

El que sí salió reforzado de aquella purga de corte fue don José Alfonso de Guerra y Villegas, desde entonces líder indiscutible del Cuerpo Real de Reyes de Armas. Siendo ya cronista rey de armas principal, renunció al oficio en la persona de su hijo Juan el 15 de junio de 1706. Sus méritos y acopios fueron innumerables. Se llegó a titular cronista general de los reinos (1689), cronista mayor de la Orden de San Juan, de las militares de Santiago, Calatrava y Alcántara (1691), ayuda de la furriera de cámara (el más antiguo) y teniente de aposentador mayor de la Reina (1688), alcanzando a vestir el Hábito de Santiago en 1712. Murió en Madrid el 12 de noviembre de 1722, siendo enterrado en la parroquia de la Almudena.

Así pues, el autor de nuestra apreciada información de nobleza de la familia Wittemberg, don Juan Alfonso Guerra y Sandoval, heredó la función y el enorme prestigio de su padre mucho antes de que éste muriera, ejerciendo el cargo de rey de armas desde 1706 hasta su muerte en 1756. Nació en Madrid el 17 de julio de 1672, hijo del aludido rey de armas don José Alfonso Guerra y Villegas y de doña María de Sandoval. A los veintitrés años de edad obtuvo el hábito de la Orden Militar de Santiago por cédula de Carlos II, fechada el 24 de abril de 1695 y vistiéndole el 3 de octubre del mismo año con la aprobación del Consejo Real de las Órdenes.

Casó con doña María Francisca de Valladolid, hija de don Bernar-
dino de Valladolid, regidor de la ciudad de Toledo en banco de
caballeros y de doña Teresa de Zúñiga. Por este casamiento, don Alfonso heredó en dote el cargo de regidor perpetuo de aquella ciudad,
llegando a ser decano, la cual en el año 1701 le nombró su procurador
de Cortes para la jura de Felipe V. Se incorporó posteriormente al
ejército en el bando de este Rey, llegando a comisario extraordinario
de artillería cerca del monarca, quien le premió con el nombramiento
de caballerizo de Su Majestad.

El reconocimiento de don Alfonso es enorme. Hereda de su padre
el oficio de rey de armas y cronista de todos los Reinos de España.
Asimismo, sucede a su padre como cronista mayor de la Orden de
San Juan en Castilla y León, y las militares españolas, es decir, las de
Santiago, Calatrava y Alcántara. Fue nombrado por el Rey, rey de
armas supernumerario el 7 de junio de 1707, ascendiendo a numerario
el 15 de junio de 1722, por la renuncia y dejación que hizo de su plaza
y sueldo su padre, entonces rey de armas principal.

Guerra y Sandoval fue un excelente calígrafo, extendiendo una
cantidad enorme de certificaciones y ejecutorias de nobleza y otros
muchos papeles de genealogía y heráldica. Don Alfonso fue un personaje influyente en la corte, gozando de magnífica posición social,
rodeado de cierta riqueza, criados, muy dado a ostentar su originaria
nobleza, llegando a ser caballerizo de la reina Mariana. En la época en
que don Alfonso Guerra y Sandoval ejerce su cargo, se está produciendo una verdadera revolución en el ceremonial de la corte.

Mediante la Real Orden de 18 de marzo de 1749, se reorganiza
profundamente toda la Real Casa. La etiqueta tradicional de la casa de
Austria, compilada en 1651 por Felipe IV, es mantenida en grandísima
medida, pero por voluntad de Fernando VI se refunden las diferentes
dependencias o casas antiguas que antes coexistían. Como producto de
esta transformación desaparecen multitud de oficios palatinos, la casa

del rey y de la reina se unifica, desapareciendo los últimos vestigios medievales de la corte española.

Así pues, don Alfonso está en el ojo del huracán de una importante renovación palatina. En aquel momento, el Cuerpo de Reyes de Armas lo forman don Francisco de Zazo y Rosillo, don Sebastián del Castillo y Ruiz de Molina, don Juan Alfonso de Guerra y Sandoval, doña Antonia de Sagebien y dos supernumerarios, Manuel Antonio Brochero y José Justo de Aguirre. Una prueba del gran prestigio social alcanzado por Guerra y Sandoval es que él era el líder de los cuatro reyes de armas, no obstante los méritos de alguno de sus compañeros.

Pensemos, por ejemplo, que don Sebastián del Castillo, fue consejero de S.M. en la Cámara de Castilla, cronista de los reinos y secretario de la Real Academia de la Historia. Guerra y Sandoval se encuentra en su cenit. Llega a ser escritor mayor de privilegios y cronista de Su Majestad en cuyo cargo sucedió al gran Salazar y Castro. Obsérvese que don Luis de Salazar y Castro, fue caballero del Hábito de Calatrava, autor de una obra de acopio documental inverosímilmente extensa y acuciosa, respetadísima en su tiempo con toda justicia, y admirado por todos quienes con posterioridad a él se han dedicado a la investigación genealógica.

Don Luis de Salazar y Castro fue el príncipe de los genealogistas españoles, siendo su vasta biblioteca nobiliaria guardada celosamente por la Real Academia de la Historia. A este gran hombre sucedió don Alfonso en el puesto de cronista de Su Majestad (Álvarez de Baena, 1790, pág. 306). Sabiendo ya el prestigio del hombre objeto de nuestro estudio, debemos hacer la obligada pregunta siguiente:

¿Pudo don Alfonso Guerra y Sandoval falsear la información de nobleza de la familia Wittemberg? Dejemos que nuestros agudos lectores sean los que respondan a esa inquietante pregunta. En cualquier caso, en una época en que los roles sociales estaban muy codificados, el mismo hecho de que Jorge Carlos Wittemberg osara solicitar una entrevista con un personaje de la preeminencia de Juan Alfonso Guerra y Sandoval, es de por sí indicativo de la posesión de cierta nobleza, o al menos, una reconocida posición social.

Entrando en otro orden de cosas, cuando más arriba estudiábamos el expediente de Juan Alfonso Guerra y Sandoval, veíamos como éste se basaba para acreditar su información en cuatro genealogistas: **don Pedro de Azcárraga, don Juan Baños de Velasco, don Miguel de Salazar y don Lázaro Díaz del Valle y de la Puerta.** Téngase en cuenta, que en esa centuria florecen multitud de genealogistas y heraldistas particulares que, sin ostentar la categoría de oficiales de armas, escribieron tratados, nobiliarios y blasonarios que, en muchos casos, dieron a la estampa.

Por lo tanto, en primer término, se revela necesario diferenciar lo que es un rey de armas de lo que es un cronista del reino. El rey de armas es el cronista, heraldista o genealogista oficial de la corte, por lo tanto el que más autoridad y legitimidad tiene a la hora de avalar sus informaciones de nobleza, que poseen así el sello de autenticidad que proporciona la sólida presencia del Estado. Por tanto, desde ese punto de vista, las informaciones de Juan Alfonso Guerra y Sandoval, siendo rey de armas, gozaron de todo el crédito que podía ofrecer la potestad soberana.

En cambio, la eficacia de los nobiliarios y memoriales efectuada por cronistas de diversa procedencia dependía del prestigio alcanzado por éstos. De los cuatro arriba mencionados sólo **don Pedro de Azcárraga** ostentaba la calidad de rey de armas, siendo los demás cronistas o genealogistas, de variable reputación o nombradía. Dejando por ahora al margen la información de Azcárraga, debemos preguntarnos cuál era el valor de estos nobiliarios. Como ya habíamos aproximado, un nobilarista era la persona que, sin ser rey de armas, se consagraba al cultivo de la ciencia nobiliaria, estudiando genealogías de familias nobles.

Estas genealogías podían conformar dos clases de libros, los que estudiaban las familias nobles de una comarca, región o Estado y los que se referían al estudio de una determinada familia, linaje o casa. Estos memoriales o nobiliarios, solían ser confeccionados por algún antiguo descendiente aficionado a la genealogía, que removiendo los viejos documentos de la casa, hacía una breve historia del linaje. La pasión humana de estos autores hacía que en su búsqueda del origen de la familia en épocas remotas, encontraran siempre a algún bizarro héroe de la Reconquista, como miembro fundador del linaje.

No está de más decir, que estos autores agregaban en estos nobiliarios todo aquello que le suministraba su fantasía, predicando de sus antepasados cuanto creyeran oportuno. Los nobiliarios cuando eran familiares, se los consideraba verdaderas reliquias, a los que se les rendía culto casi idolátrico. En cuanto a la eficacia de tales nobiliarios o memoriales, esta dependía de la credibilidad y nombradía que ofrecieran sus autores y de la fehaciencia de los datos que recogían.

Cuando no contenían copia de las partidas sacramentales y de los padrones de estado y alistamientos, las filiaciones y entronques que predicaban, así como las hidalguías que pregonaban, no pasaban de ser simples asertos, carentes de toda eficacia probatoria. Respecto a este punto, causa asombro la Pragmática promulgada por Felipe IV, el 10 de febrero de 1623. En síntesis, en ella se alude a los grandes daños que habían provocado estos nobiliarios, ordenando que ningún Consejo, Tribunal, Iglesia, Colegio o Comunidad, les diera crédito, ni consintieran que hicieran fe.

Es más la Pragmática llega a mandar que ninguna persona, de cualquier calidad que fuera, pudiera poseer estos nobiliarios, llegando a ordenar que se quemaran los que alguno tuviere, bajo pena de fuertes sanciones pecuniarias e incluso la pena de destierro. No cabe duda que ésta dura Pragmática fue burlada, extendiéndose en la segunda mitad del siglo XVII y a lo largo del XVIII, la práctica de confeccionar informaciones de nobleza a cargo de cronistas no pertenecientes al Cuerpo de Reyes de Armas, cuyo valor dependió de la celebridad y prestigio de su autor (Taboada Roca, 1991, pág. 149).

Independientemente del valor que se pueda atribuir a esos nobiliarios, ciertamente, son prácticamente los únicos y más antiguos testimonios que existen sobre el origen de la familia Wittemberg, razón por la cual quien subscribe estas líneas los ha buscado con tesón durante años con escaso éxito. ¿Por qué? ¿Cuál es la razón de que después de centenares de horas de azarosa investigación sólo se haya podido encontrar el nobiliario de Azcárraga y no lo demás?

En primer lugar habría que pensar que Guerra y Sandoval en su certificación nobiliaria de la familia Wittemberg, establece una diferenciación entre los nobiliarios pertenecientes *"a nuestro archivo"* frente a los que no lo son y a su vez estas dos últimos categorías se subdividen –y no necesariamente de manera excluyente– entre *"originales"* y los que tampoco lo son, lo que podría significar que probablemente la mayoría de sus volúmenes eran copias y que implícitamente se remitía respecto a los originales a la Biblioteca Real o quién sabe que biblioteca privada del reino.

Ahora bien, si todos o la gran mayoría de los nobiliarios manuscritos de Guerra hubiesen pertenecido a su archivo –lo cual es muy probable ya que la Real Biblioteca se creó en marzo de 1716 y la certificación de la familia Wittemberg es de 1740– entonces Gregorio de Andrés nos ofrece una solución racional a este dilema. Efectivamente, bajo esta óptica cuando Juan Alfonso Guerra y Sandoval se remitía a los nobiliarios de otros genealogistas para legitimar su información de nobleza de la familia Wittemberg, no se estaba refiriendo a la Biblioteca Nacional (que no existía), ni tampoco a la Biblioteca Real, sino a su propia biblioteca.

Era ésta una biblioteca heredada de su padre en la que había muchos nobiliarios del siglo XVII. Por eso, cuando se refería a **Pedro de Azcárraga** aludía al **tomo 38** de su archivo, dando incluso la página, 366. En iguales términos señalaba el **nobiliario 25** (de su biblioteca) de **don Miguel de Salazar**, o mencionando a **Lázaro Díaz** (también conocido como Díez) **del Valle y de la Puerta** se refería a las anotaciones al **tomo 45** de Gracia Dei. Téngase en cuenta que la biblioteca de un rey de armas, era absolutamente imprescindible para que éste pudiera ejercer su oficio.

De ahí que los reyes de armas, tuvieran valiosas colecciones de Nobiliarios, piezas en las que basaban sus informaciones y que conformaban preciosas bibliotecas privadas que transmitían de padres a hijos. Es bien conocido, como los minutarios o protocolos donde las informaciones de nobleza quedaban registradas, fueron propiedad particular de cada oficial de armas (lo que ocasionó muchas pérdidas), y aunque éstos insistían que se trataba de un real archivo, sin embargo, nunca los entregaron en palacio ni a ninguna autoridad del reino.

Gregorio de Andrés nos explica como don José Alfonso Guerra y Villegas murió a los 77 años de edad, el 12 de noviembre de 1722. No teniendo bienes gananciales con su última esposa, dejó como heredero universal de su patrimonio a su único hijo Juan. Como sabemos, don José fue un célebre rey de armas, muy entendido en la ciencia heráldica, que en el ejercicio de su profesión redactó numerosos despachos y minutas genealógicas, además de poseer multitud de libros nobiliarios, que sin lugar a dudas, a la muerte de éste pasaron a integrar la colección libraria de su hijo Juan.

A su vez, don Juan Alfonso Guerra y Sandoval murió en Madrid, el 27 de octubre de 1753. Poco antes de morir, hizo testamento ante el escribano Juan Vicente Fernández, el cual se conserva en el Archivo de Protocolos de Madrid. Por lo que toca a nuestro asunto, causa perplejidad que en ese testamento no dejara ni una sola mención a su valiosa biblioteca. Aparte de varias disposiciones, quedan nombrados como herederos universales Josefa Martínez Hernández y María Francisca Martínez de Arroyo, dos mujeres que se habían criado en su casa desde niñas, como si fueran sus hijas, en substitución de los hijos legítimos que no logró procrear. Así pues, fueron estas dos mujeres las que heredaron la valiosa biblioteca del famoso rey de armas (De Andrés, 1990).

Como era de esperar, la biblioteca y archivo de Guerra se puso
pronto a la venta, entregándose para su tasación al célebre librero madrileño Francisco Manuel de Mena, que ya había proporcionado otras
colecciones de manuscritos a la Biblioteca Real. Existe un índice fechado el 12 de noviembre de 1753, quince días antes de la muerte de
su poseedor, de la pluma del Bibliotecario Real, el catalogador Juan
de Iriarte. Al final va un índice de 144 libros impresos con esta nota
preliminar: *"Testamentaría de don Juan Alfonso Guerra"* (Iriarte,
1753).

Sigue el índice de libros de mano, al parecer de Mena, con el siguiente título: *Tasación hecha por Francisco Manuel de Mena,
librero del Rey nuestro Señor, tasador del Real Consejo, vive calle de
las Carretas, casa de Juan de Flores, de edad 43 años* (Manuel de
Mena, 1753). En definitiva, merced a esta operación, la Biblioteca
Real adquirió 211 volúmenes de manuscritos que pertenecieron a la
biblioteca de Guerra, y que hoy constituyen el cincuenta por ciento de
toda la colección genealógica y nobiliaria que se conserva en la Biblioteca Nacional, ciertamente una cantidad asombrosa.

Además de este índice de manuscritos de Guerra que adquirió la
Biblioteca por entonces aún Real, existe otro inventario de la librería
manuscrita que tenía en 1738 con el siguiente título: *Libros originales
y manuscritos que tiene en este año de 1738 el archivo y librería de
D. Juan Alfonso Guerra y Sandoval, Caballero de la Orden de Santiago, Decano de la ciudad de Toledo, Rey de Armas principal y más
antiguo de su Majestad y su Cronista Mayor en todos sus reinos y
señoríos, originales y manuscritos los siguientes* (Anónimo, 1738).

Este inventario de 1738 contiene 696 volúmenes. Ahora bien, si
confrontamos el inventario de 1738 con el de 1753, podemos comprobar que muchos libros que aparecen en el índice del primer inventario
no se encuentran en la lista del segundo, que son los que ingresaron
por compra en la Biblioteca Real, comprendiendo gran cantidad de
volúmenes de minutas, despachos genealógicos sobre apellidos y gran

cantidad de ejecutorias. Por lo tanto, en el primer inventario de 1738 hay valiosos nobiliarios que no se encuentran en el segundo. Todo hace pensar que no se vendió toda su rica librería a su muerte.

Quizás Guerra se desprendió de parte de sus códices por venta o donación. Sea como fuere, lo que importa a nuestro asunto es que tras la muerte de Guerra 485 de sus obras se perdieron, sin que se haya podido averiguar dónde se encuentran esos excelentes nobiliarios. Por otra parte, es interesante destacar que el inventario de 1738 comprendía un centenar de cartas ejecutorias de diferentes familias, multitud de libros nobiliarios, crónicas y libros de historia, algunas escritas por el propio Juan Alfonso y por último, innumerables manuscritos que no tienen relación con su empleo de cronista y rey de armas.

Afortunadamente no todo se perdió. Un nobiliario que sí fue comprado por la Biblioteca Real fue el de Pedro de Azcárraga *Recopilación general de linajes de España* (1579). Lo curioso es que este nobiliario estaba incluido en el inventario de 1738, pero no figuró en el de 1753, por lo que no pudo ser comprado con ocasión de la muerte de Guerra, sino que tuvo que ser adquirido por otra vía. Como Juan Alfonso Guerra había dejado constatado en su expediente de nobleza de la familia Wittemberg, ese nobiliario conformaba el número 38 de su archivo. Consultado el nobiliario de Azcárraga, aún se puede ver en su lomo impreso el número 38, que es la catalogación original realizada por Guerra.

Consultados todos los lomos de la colección de Guerra en la Biblioteca Nacional, el número 25 y el 45 no existen, aunque algunos han sido reencuadernados y por supuesto hoy en día tienen una catalogación diferente. En definitiva, aunque la investigación es farragosa y nunca es descartable una nueva revisión de la temática, todos los indicios apuntan a que los nobiliarios de Juan Baños de Velasco, Miguel de Salazar y Lázaro Díaz del Valle y de la Puerta han desaparecido, siempre refiriéndonos a las obras de estos autores que estaban dentro de la biblioteca de Juan Alfonso Guerra y Sandoval.

Es interesante destacar, que Guerra poseía multitud de copias de
nobiliarios de diferentes épocas y autores a los que les había hecho
añadiduras en el siglo XVII. Por ejemplo, cuando refiriéndose a Lázaro Díaz del Valle y de la Puerta, aludía a las anotaciones al tomo 45 de
Gracia Dei. Es decir, Gracia Dei fue un célebre rey de armas de la
época de los Reyes Católicos. Guerra poseía este nobiliario de Gracia
Dei catalogado con el número 45 y en él, Lázaro Díaz del Valle había
hecho unas anotaciones en el siglo XVII. Hoy, como hemos dicho,
dicho nobiliario parece haber desaparecido.

También es importante señalar, que estos autores tienen multitud
de obras autónomas que no pertenecían a la biblioteca de Guerra, sino
que ingresaron en la Biblioteca Real por otros medios. En esas obras
autónomas podrían estar las referencias a la familia Wittemberg que
buscamos, sin embargo, la empresa es faraónica, ya que se trata de
nobiliarios muy antiguos, con grafías ininteligibles, muy enrevesados
y poco sistemáticos y además, algunos están enormemente deteriora-
dos. Por otra parte, aun tratándose del mismo autor, no tiene porqué
reunir en un nobiliario, los linajes que aparecían en otro de su colección.

Los dos tomos intitulados *Los Becerros de España* era una obra
original que aparecía en el inventario de Guerra de 1738, por lo que es
de suponer que pertenecía a su archivo. La obra no fue incluida en el
inventario de 1753, por lo que no se sabe dónde se encuentra. El nobiliario de Miguel de Salazar se trata de una obra original y que parece
haber estado incluida en el inventario de 1738, pero no lo está en el de
1753. Iguales circunstancias se dan en la obra de Gracia Dei, en la que
Lázaro Díaz del Valle, insertó sus anotaciones.

El nobiliario de Azcárraga reúne la condición de ser "original" y
"haber pertenecido al archivo de Guerra", por lo que unido a su antigüedad y al hecho de proceder de un rey de armas, lo hace doblemente
atractivo. Es un hecho que todos los nobiliarios mencionados figura-
ban en el inventario de 1738, por lo que cuando se realizó la

certificación en 1740, debieron pertenecer a la Biblioteca de Guerra. Pero esto no es completamente seguro, porque si bien los nombres de los autores son los mismos en la certificación y el inventario, la denominación de sus obras no siempre coincide.

En conclusión, habría que establecer una clasificación entre los nobiliarios de Guerra, diferenciando los originales respecto de los que no lo son, los pertenecientes a su archivo frente a los que no pertenecen al mismo, y por último dentro de estas categorías habría que fijar cuales fueron vendidos a la Biblioteca Real y cuales desaparecieron o se encuentran diseminados en bibliotecas privadas. En cualquier caso, en mi opinión si la información contenida en estos nobiliarios hubiese sido extremadamente relevante, habría sido incluida por Guerra en su expediente. Al no hacerlo, todo hace pensar que la información comprendida en esos nobiliarios era reiterativa.

Así alude Guerra en su certificación a *"las mismas voces"* o *"en la misma conformidad"*. Por otra parte, aunque los nobiliarios de estos autores hayan desaparecido, sabemos que en su día –al menos algunos– formaban parte de la biblioteca de Guerra o en cualquier caso fueron autores que se interesaron por esta ilustre familia alemana. Por lo tanto, siempre es interesante saber quiénes eran estas personas, dentro de lo poco que se ha podido averiguar. Del que más información poseemos es de **Juan Baños de Velasco**.

Nació don Juan en Madrid en los primeros años del siglo XVIII, según afirma don Juan de Vera Tasis, en la *Vida de don Pedro Calderón*, donde dice que fueron compatriotas. En su mocedad se consagró al ejercicio de las armas, siendo herido, según su propio testimonio, en los sitios de Barcelona y Orán. Más tarde se dedicó al estudio, llegando a ser cronista general de los Reinos de Castilla y León, cargo en el que a partir de 1679 sustituyó a don José Pellicer de Tovar.

Fue un hombre de gran erudición que perteneció a la corriente doctrinal del estoicismo, siendo uno de los más destacados senequistas de su tiempo. Así en su obra *L. Anneo Séneca ilustrado en blasones polí-*

ticos y morales, y su impugnador impugnado, defiende al filósofo cordobés de la acusación de inconsecuencia doctrinal de que había sido objeto por parte de Alonso Núñez de Castro, médico y cronista de Felipe IV. Don Juan Baños de Velasco y Acevedo murió en Madrid el 7 de agosto de 1682. En la Biblioteca Nacional se conservan multitud de sus prolijas obras (Álvarez de Baena, 1790, pág. 245).

Escasas son las noticias de **don Miguel de Salazar**. De éste apenas sabemos que fue capellán de honor y cronista de S.M. Felipe IV. También de Salazar –que es mencionado como doctor o licenciado– han quedado innumerables obras manuscritas en la Biblioteca Nacional. Por último, don **Lázaro Díaz del Valle y de la Puerta**, nació en León en los primeros días de abril de 1606, siendo bautizado el día 3 en la parroquia de San Martin, hijo de Bartolomé del Valle y María de la Puerta.

Siendo muy joven pasó a la corte, bajo el amparo y protección de dos de sus tíos, que desempeñaban cargos de gran relevancia en ella. Uno de ellos era don Cristóbal Gómez de la Puerta, ujier de saleta de la infanta María Teresa después reina de Francia, que otros califican de "sumiller de la cava "o "gentil hombre de boca" y el otro Francisco Gómez de Oliveira, tesorero general de Felipe IV, ejerciendo el cargo de contador de resultas y pagador de consejos.

Gracias a estas influencias y la excelente voz con la que había sido dotado por la naturaleza, fue admitido como alumno del Colegio de la Real Capilla, donde estudió música y obtuvo plaza de cantor, siendo promovido después al magisterio de la Real Capilla. En su juventud sirvió de paje de don Diego de Guzmán, y después de familiar, de don Alonso Pérez de Guzmán el Bueno, ambos patriarcas de Indias, debiendo a éste último especial protección, considerándose don Lázaro hechura de este alto dignatario eclesiástico.

Gerardo Ernesto de Franckenau en su *Biblioteca Hispánica*, lo define como clérigo y capellán de las Descalzas Reales de Madrid. En el Libro de Acuerdos del monasterio de Carvajal de León, se le da el título de licenciado que en aquella época era sinónimo de clérigo. En su edad viril se consagró con ardor a las lecturas históricas, atesorando rico caudal de noticias de toda especie. Las Cortes de Castilla y León, que se celebraron desde el 15 de febrero de 1655 hasta el 23 de diciembre de 1658, proveyeron a don Lázaro con el cargo de "cronista general de estos reinos".

Merced a este cargo escribió para el rey y otras personas, prolijas obras genealógicas, políticas e históricas de gran erudición, adornadas de dibujos y bellas poesías en romance y latín. Don Luis de Salazar y Castro, hizo uso de sus obras genealógicas y en su *Historia Genealógica de la Casa de Lara* realizó un juicio meritorio de Díaz del Valle, diciendo que sus obras estaban escritas con exactitud e inspiradas en el amor a la verdad. Don Gaspar Melchor de Jovellanos, en carta a D. Juan Agustín Cean Bermúdez, fechada el 2 de Agosto de 1795, lo llama "decente poeta" y que con afecto cantó en regulares sonetos la pericia de algunos pintores españoles. Don Lázaro trató a muchos de esos pintores en la corte, sintiendo una gran inclinación por este bello arte.

Gran apasionado y observador de este arte escribió un tratado de pintura titulado: *El origen e ylustración del nobilisimo y real arte de la pintura y dibuxo* entre 1656 y 1659, donde dio a conocer a multitud de artistas españoles y extranjeros. Don Juan Agustín de Cean Bermudez, en el prólogo de su *Diccionario de los profesores de las bellas artes en España* dice de él que fue cronista de los Reinos de Castilla y León, de muy extendidos conocimientos, gran dibujante, pues se conservan de él muchos y buenos escudos de armas y adornos que hacía para sus empresas y árboles genealógicos; decente poeta pues componía sonetos en loor de los artistas y amigos de los que vivían entonces en el reino.

Don Lázaro Díaz del Valle y de la Puerta, criado de Felipe IV en su Real Capilla y cronista general de los Reinos de España, otorgó testamento el 26 de febrero de 1669, muriendo al día siguiente (Riello

Velasco, 2004). Téngase en cuenta que el año aproximado de la llegada de Johannes Wittemberg Dreyers a Málaga fue el de 1667 ó 1668,
por lo que de encontrarse estas anotaciones de don Lázaro en un nobiliario de Gracia Dei (con toda probabilidad una copia del siglo XVII
de alguna de sus obras) constituiría el testimonio más antiguo que se
conserva sobre el origen de la familia Wittemberg en España. Obsérvese por otra parte, que las referencias de Guerra y Sandoval a otros
nobilaristas que hablaron de esta familia, presentan una gran concordancia cronológica.

Por lo tanto, como veíamos, el nobiliario de don **Pedro de Azcárraga,** es el único que se ha podido rescatar de todos los códices
mencionados en el expediente de Juan Alfonso Guerra y Sandoval. Se
trata de un nobiliario que nos aporta informaciones sobre la familia
Wittemberg que son absolutamente inéditas en la historia de Chile,
que tienen el gran valor de ser de las más antiguas que conocemos, si
exceptuamos las declaraciones efectuadas en Andalucía, por los
miembros del séquito del conde de Feria que estuvieron en Worms.

Sin embargo, nada más aproximarnos a la figura del autor del nobiliario tropezamos con un problema. Don Pedro de Azcárraga fue rey
de armas de Navarra, siendo nombrado para el cargo el 4 de febrero de
1577. Fue autor de un compendió titulado *Recopilación general de
linajes de España*. Renunció al ejercicio del cargo hacia 1593, aunque
parece que siguió desempeñándolo durante algún tiempo más. Aunque
no sabemos la fecha exacta de su muerte, se conoce como Juan de
Landa, pintor y escultor de retablos, fue nombrado el 28 de noviembre
de 1595, como sucesor en el oficio de rey de armas, ante la muerte de
Azcárraga.

Por tanto, surge un nuevo interrogante. Si Azcárraga murió alrededor de 1595, y la presencia de Juan Wittemberg Dreyers no se
constata en Andalucía hasta aproximadamente 1668, ¿Cómo pudo don
Pedro efectuar la información de nobleza de la familia Wittemberg?
Afortunadamente para el buen rumbo de nuestra investigación, esa

pregunta tiene fácil respuesta. Como sabemos, este nobiliario era parte de la biblioteca de Juan Alfonso Guerra y Sandoval, volumen que no fue vendido a la Biblioteca Real en 1756 tras la muerte de éste, sino que ingresó por otros medios.

Como veíamos se trataba de un original comprado o heredado por Guerra y por tanto pertenecía a su archivo, sin embargo, la obra no se encuentra estructurada en su formato primitivo, sino que se le han incorporado una serie de adiciones en el siglo XVII. Efectivamente, hacia el final de la obra, posee un capítulo añadido referido a linajes de Inglaterra y otros países europeos. Esa añadidura, fue efectuada por Juan de Mendoza, rey de armas de Felipe IV y Carlos II (1654-1690).

Por lo tanto, sabiendo esta información, ahora sí podemos hermanar las fechas y situaciones. Todo parece muy claro. Juan Wittemberg llegó a Andalucía en torno al año de 1668, contando con apenas 14 años cuando llegó a España. En el expediente de Mendoza se expresa –como enseguida veremos– *"que al momento de esta nota existe otro Juan"*. Es decir, Juan Wittemberg ya se había casado con María Arizón, lo que ocurrió el 12 de enero de 1670. Su segundo hijo se llamó Juan. Así pues, todo hace suponer que en torno al año aproximado de 1675 Juan Wittemberg se dirigió a la corte y concertó una entrevista con Juan de Mendoza para realizar una información de nobleza.

Por otra parte, es necesario recalcar que siendo Juan de Mendoza un rey de armas, es decir, el cronista oficial de la corte, es quien poseía mayor autoridad y legitimidad para poder realizar ese tipo de informaciones. Juan de Mendoza y Girón, nació en 1628, siendo descendiente por ambas líneas de familias de antiguos criados de la Real Casa.

Fue hijo de don Juan de Mendoza Dicastillo, (que durante veinte años fue mayordomo de los caballerizos del Rey, alguacil mayor de la Inquisición de Mallorca y Valencia, y desde 1615 ujier de saleta de Su Majestad por merced dotal, fallecido el 27 de diciembre de 1629, dejando cuatro hijos) y de doña Ana Girón (hija de don Juan Girón, que sirvió a lo largo de cuarenta y nueve años como ayuda de la furriera y aposentador de palacio, muerto en 1628), casada en segundas nupcias con don Francisco Suárez Patiño, ujier de cámara. Hacía 1632, don Juan de Mendoza obtuvo la plaza de mayordomo del Cardenal Infante, pese a su menor edad. Hizo trueque de ella con Geraldo-Jacobo Coning, que servía la plaza como rey de armas, el 19 de febrero de 1633.

Resulta curioso reseñar que cuando don Juan de Mendoza accedió a la plaza apenas era un niño de cinco años de edad. En casos como este, en que el agraciado era menor de edad e inhábil para ejercer por sí el oficio, servía la tenencia por él un sustituto, corrientemente un familiar. En aquella ocasión lo hicieron primero don Francisco Suárez Patiño, segundo marido de su madre; y luego su tío don Pedro de Salazar y Girón, quien más tarde también obtuvo una plaza de rey de armas en propiedad.

Pasada la minoría de edad, en 1654 don Juan de Mendoza pasó a ejercer de pleno derecho el cargo en su propia persona. En 1671 se titulaba cronista general de los reinos; en 1682 solicitó sin éxito ser alcaide del Buen Retiro, para allegar medios de fortuna para su familia. En enero de 1687 se le separó del cargo por haber faltado a las honras de la emperatriz Leonor, pero un mes después se le repuso en su puesto por bastar la excusa que dio.

Durante su larga carrera, realizó por orden regia dos informes sobre escudos y coroneles, y publicó una sobre los Pineda (*Blasón ilustre y genealógico de la casa y familia de Pineda y otras que a ella se entrelazaron*). Nos ha legado multitud de minutarios y papeles, encontrándose certificaciones suyas en Zamora, Santander y Peralta. Murió en 1690 (De Ceballos Escalera y Gila, 1993, pág. 246).

Así pues, don Juan de Mendoza, rey de armas de la corte, constató en una adición efectuada en el siglo XVII en un nobiliario de Azcárraga, lo siguiente:

Wittemberg

Pedro de Azcarraga. Rey de armas de Navarra desde 1 de febrero de 1577 hasta 1593 y cronista de Felipe II, año 1579.

Jorge Miguel de Wittemberg, de ilustre familia alemana, que proviene de los duques de Sajonia, fue natural de la ciudad de Coesfeld. Fue su hermano **Amadeo de Wittemberg**; que casó con **Amelia Lísperguer** y tuvieron por su hijo a **Pedro Wittemberg Lísperguer**, cónsul de Bormes (Worms), que sus hijos al tiempo de la prisión de Juan Federico duque de Sajonia, en la batalla de "Albis", por conservarse en la religión católica, les ampararon ellos y todos sus parientes, sus legítimas casas y haciendas y pasaron a servir al emperador Carlos Quinto, que los amparó y honró.

Hubo por hijo a otro **Pedro**, a quien el Emperador envió a la conquista de Chile; éste casó con **Ángela Flores**, hija de **Bartolomé Flores**, patricio en Nüremberg de Alemania. Tuvo por hijo a **Bartolomé Wittemberg Wesel**, general en la conquista de Arauco y a **Pedro** que casó con **Florencia Solorzano y Velasco** y a doña **Catalina** su hermana que casó con **Gonzalo de los Rios**, esta rama es la de Chile. La de **Amadeo** hermano de **Jorge**, que se ocultó por católica en Hamburgo, que casó con **Carlota Lísperguer**, hubo por hijo a **Carlotto Wittemberg** en Coesfeld; éste hubo por hijo a **Patricio** que en **María Colckel** tuvieron a **Alberto**, que por seguir la religión católica pasó al comercio a España y sentó en la ciudad de Málaga, donde casó con **Catalina Dreyer**, tuvieron por hijo a **Juan** que casó con **María Arizón Aragón y Cardona**, que cuando esta nota, tiene sucesión que es otro **Juan**.

Son sus armas primitivas, **escudo en pal, en primero en oro dos cuernos sables de ciervo, en segundo en negro lisonjas en banda de oro y negro y por timbre cabeza de tigre lisonjeado de oro y negro, traenlas unidas con otras de sus familias materna, según un escudo que (he visto que haya) el dicho Juan de Wittemberg, en el que hay otros dos cuarteles, el primero Bleú, con bandera imperial de oro y en ella águila negra y en el segundo en rojo dos peces de oro curvos mirándose sus cabezas afuera, con sus timbres uno de una corneta roja de caza y otro una mujer coronada, que tiene por brazos los mismos dos peces y el vestido es rojo y el pelo suelto de oro y sobre la celada su corona de mitra**; los primeros troncos de Witemberg (Azcárraga, 1579).

Un relato, sin duda, estremecedor. La importancia del documento es enorme, por su antigüedad y la nombradía de su autor. Nuevamente se constata que los Lísperguer y los Wittemberg son una misma familia. También aquí se subraya el hecho de que fue una familia católica que pasó al servicio de Carlos V, siendo descendientes de los duques de Sajonia. Pero lo más importante de todo el documento, es que hace una descripción detallada del escudo heráldico, no sólo de sus cuarteles paternos, sino también de los maternos.

Es fundamental resaltar, que Juan de Mendoza, dice en su información que está observando directamente el escudo heráldico que poseía Juan *("Según un escudo que he visto que halla el dicho Juan Wittemberg")*. Téngase en cuenta que la descripción de este precioso escudo heráldico no guarda ninguna relación con las armas de Sajonia. Por ahora, retengamos en nuestra memoria esta descripción, que será absolutamente capital para poder establecer al final de esta exposición una teoría sensata sobre la cuestión del origen de la familia Wittemberg.

Ya fuera de las referencias recogidas en el expediente de Guerra y Sandoval, otra remota obra en la que se deja testimonio del origen de la familia Lísperguer fue *Asturias ilustrada* de don José Manuel Trelles Villademoros, asegurando éste en notas marginales haberse basado en informaciones de méritos y servicios aportadas por la familia Lísperguer.

Trelles Villademoros, Jose Manuel,
***"Asturias ilustrada"*, Tomo III, parte 2ª.**

Pedro Lísperguer natural de la ciudad de Bormes en Alemania y descendiente de los duques de Sajonia, era cónsul de Sajonia en Bormes cuando su duque Juan Federico fue preso por el emperador don Carlos V el año de 1546 de resulta de la batalla del río Alvis, en cuya ocasión Pedro Lísperguer entregó al Emperador las llaves de la ciudad de Bormes y teniendo un hijo llamado también **Pedro Lísperguer de Wittemberg**, le dio al Emperador para su servicio, retirándole con maduro acuerdo y sano consejo de la pestilencial secta de Lutero, que iba infectando la Alemania.

Siguió Pedro Lísperguer el mozo la corte y servicio de el emperador Carlos V y habiendo este monarca renunciado los reinos a favor de su hijo el prudente Felipe II, nombró a Pedro Lísperguer de Witemberg por capitán de uno de los navíos de el cargo de don García de Mendoza, para pasar a la conquista de las Indias, donde sirvió con gran valor en la pacificación de Chile y Arauco, hallándose en repetidas funciones con los empleos de capitán de caballos, capitán de cien hombres de armas y capitán de lanzas de D.Luis de Velasco; virrey y capitán general de aquellas provincias.

Casó este Pedro Lísperguer con doña **Águeda Flores Welfer**, hija de Bartolomé Flores Welfer, patricio de la ciudad de Nüremberga en Alemania. Hijo de éste fue don Juan Rodolfo Flores Lísperguer gobernador y capitán general en la entrada de las provincias de Arauco, Tucapel y Catinan, gobernador de la Imperial, donde fue muerto en la defensa del fuerte de San Ignacio (Trelles Villademoros, 1980).

Como vemos en todas estas obras, ya sean manuscritas o impresas, hay una referencia constante a la descendencia de Pedro Lísperguer de los duques de Sajonia. No teniendo el enlace concreto que le une a tan ilustre casa y dada la trascendencia de tan importante vínculo, resultaba obligada la consulta a los archivos regionales de Sajonia, intentando obtener alguna información sobre los Lísperguer o los Wittemberg, que permitiera establecer el origen de la familia. Realizada la consulta, un eminente doctor del *Sachsisches Hauptstaatsarchiv Dresden,* el Dr. Jörg Ludwig, responde de una manera asombrosa.

En primer lugar, en su exposición se centra en la genealogía de los duques de Sajonia. Así menciona el hecho de que no se ha podido establecer el vínculo genealógico entre los duques de Sajonia-Wittenberg y la familia Lísperguer. La familia de Sajonia-Wittenberg (que deriva de la genealogía de los Askanier) se extinguió con la muerte de Albrecht III en el año 1422. Su hermano Rudolf III ya había muerto en 1419, y aunque tuvo tres hijos, ellos también habían fallecido entre 1406 y 1407. Por lo tanto, hacia el año 1422 no existió más descendencia masculina de la familia.

Es más, subraya claramente el hecho de que un Patricio von Wittenberg como Askanier no es conocido. A partir de ese momento –añade– el electorado quedó vacante pasando en 1423 de la familia Askanier a la familia Wettiner. Después de esta descripción genealógica de la familia emite unos juicios de valor que aunque entran dentro de la lógica nobiliaria, son sumamente interesantes. Así pues, explica que debido a la extinción de los Askanier por descendencia masculina, no es posible establecer un vínculo entre la familia de Sajonia-Wittenberg y la familia Lísperguer.

Aún es más contundente al decir que ciertamente la teórica existencia de una posible progenie ilegítima de los Askanier no es mencionada en la literatura científica. En adición a lo anterior, resalta el hecho de que la investigación historiográfica alemana meramente se ha ocupado de la historia de la familia del último Askanier. Concretando, declara sin tapujos que parecen dudosos los tratados genealógicos del siglo XVIII que tratan sobre la descendencia de los Lísperguer. Continúa esgrimiendo que cualquier investigador que se afane en buscar esa relación con los duques de Sajonia, le faltará el coraje ante la falta de fuerza probatoria.

Desde su punto de vista, parecen haber claros indicios de que se trata de una leyenda de la familia, que debió servir para aumentar el prestigio social de la misma. Sigue argumentando que, la amplia difusión posterior de la leyenda demuestra el éxito de la tentativa. Al final de su misiva aún se muestra más incisivo, al decir que si ha existido un vínculo de la familia Lísperguer con los Wittenberg, posiblemente lo sea a través del origen geográfico de Patricio de Wittenberg. Por último, opina que sobre un tiempo tan remoto resulta muy difícil poder justificar esa procedencia (Ludwig, 1998).

Resumiendo, de esta intrigante comunicación se pueden extraer tres ideas principales:

1. En la genealogía de los Sachsen-Wittenberg no se puede establecer ninguna relación entre los Wittenberg y los Lísperguer.
   Si Patricio von Wittenberg procedía de los duques de Sajonia
   por vía ilegítima, es decir si fue un bastardo, no hay ninguna
   literatura científica que vaya a tratar la materia.

2. Existe la creencia, de que la aludida descendencia de los duques de Sajonia, es en realidad una trama de la familia para
   fabricarse una identidad con la que aumentar su prestigio social.

3. Si existe una relación entre los Sachsen-Wittenberg y los Lísperguer es el origen locativo del nombre tomado de la ciudad.
   Es decir, evoca claramente el origen judío de la familia. Bajo
   esta óptica, la familia no dio el nombre a la ciudad, –como se
   dice en algún manuscrito– sino que tomó el nombre de la ciudad.

Respecto al primer punto, en el año 961 el título ducal de Sajonia
fue transferido a la familia Billung que lo retuvo hasta el año 1106. A
partir de ese momento el ducado pasó a Enrique III "el león de la casa
de Welf" que lo poseyó hasta el año 1142. Más tarde, cuando Enrique
"el León" fue deslegitimado por el sacro emperador Federico I Barba-
rrosa en 1180, el ducado fue dividido y sólo dos pequeños territorios
mantuvieron el nombre de Sajonia. Sajonia-Lauenburg al sur de Hols-
tein y Sajonia Wittenberg, a lo largo del Elba, hoy al norte de Leipzig.

Los dos territorios fueron unidos bajo la familia Ascanier hasta el
año 1260, cuando emergieron dos brazos de la dinastía. A partir de la
mitad del siglo XIII, el duque de Sajonia fue reconocido como elector
imperial y por tanto con derecho a elegir soberano. Aunque una disputa sobre dicha cuestión se entabló entre las dos ramas, finalmente fue
ganada tras una larga contienda por la rama Sajonia-Wittenbeng, en

virtud de la Bula de oro del año 1356. La línea Lauenburg sobrevivió hasta el año 1689, momento en el que sus tierras fueron absorbidas por la casa de Hanover.

Respecto a la familia Wittenberg, cuando la línea se extinguió en 1422, el ducado y electorado de Sajonia fue otorgado a Federico I "el Pendenciero" Markgrafen de Meissen y miembro de la casa de los Wettin. La casa de los Ascanier, duques de Sajonia, se dividió en cuatro ramas: Anhalt, Brandenburgo, Lauenburgo y Sajonia-Wittenberg. Tras quedar extinta ésta última en 1422, el título ducal pasó a la casa Wettiner. A su vez, la casa Wettiner se acabó dividiendo en la línea ernestina y albertina.

Consultadas minuciosamente la genealogía de todas estas ramas, no hay ningún Patricio Wittemberg o Patricius von Wittenberg que descienda de ellas. Existe la posibilidad de que los Lísperguer desciendan por vía ilegítima de alguna de estas ramas, pero de ello no existe ninguna constancia, ni tratado genealógico, ni información familiar que lo recoja. Como ya se expresaba en la información de Guerra y Sandoval, todos los papeles bautismales de la familia se perdieron tras los expolios de la Guerra de los Treinta Años, por lo que probar tal descendencia en un tiempo tan remoto va ser ciertamente una tarea imposible de conseguir.

El segundo y el tercer punto se hallan en realidad entrelazados. ¿Pudo existir una trama de la familia para fabricarse una identidad nobiliaria? Así llegamos a la teoría del complot, de la maquinación, del ardid de la familia para construirse una apariencia externa, un encumbrado estatus dentro de la sociedad. ¿Pero si así lo hicieron, como pudieron los Lísperguer y los Wittemberg, decir las mismas cosas, mediando un océano de por medio y distando entre ambas ramas más de un siglo de separación cronológica?

Sabemos que las comunicaciones con América eran lentas y difíciles. ¿Cómo pudieron tantos miembros de la familia declarar la misma ascendencia, sin contradecirse entre ellos? No parece verosímil. ¿Pero, y si estuviéramos equivocados? ¿Pudieron los Lísperguer y los Wittemberg ser en realidad una familia de judíos o conversos que se infiltraron en la nobleza española? Hoy en día, apelando a la ley natural, o a los más modernos códigos de Derecho, es claro que no hay nada que diferencie a los seres humanos de la tierra.

Sin embargo, si contemplamos la temática desde una perspectiva histórica, es evidente que ello marcaba grandes diferencias. Por otra parte, cuando se debate el posible origen hebraico de una familia, ello siempre es motivo de ignominia, una brasa que nadie quiere coger y que habitualmente aviva una encendida polémica. Asimismo, tratándose de cuestiones de judíos, sabida la capacidad de éstos para simular una identidad, trasladarse a otros lugares, borrar su rastro, es muy difícil poder probar cualquier pronunciamiento.

En América y en España: la enigmática identidad de una pujante familia

Pensemos que nos encontramos en una época, en que el linaje, la cuna, los estratos sociales, pesaban demasiado. Desde el nacimiento se aprendía cómo comportarse, como vestir, como ejercer el rol que a cada uno le correspondía. Los matrimonios, las relaciones sociales, los cargos oficiales, todo estaba muy limitado por la condición nobiliaria que cada uno poseía. Pensar que Lísperguer pudiera haber sido un impostor resulta, ciertamente, muy difícil de creer. Consideremos que es un hecho probado que Lísperguer fue hijo de un burgomaestre de Worms y posiblemente descendiente de una saga de representantes ante el consistorio municipal.

De otro lado, sabemos que en Worms residía una de las comunidades judías más florecientes de toda Europa. En el año 1034 se había inaugurado su primera sinagoga. Después en el año 1077 se construyó el primer cementerio. Sobre el año 1090 el rey les había otorgado una carta de privilegios, respondiendo sólo ante la jurisdicción real. Durante este periodo medraron en Worms una cohorte de intelectuales, de gran autoridad y sabiduría. Posteriormente, todo este florecimiento se derrumbó con una serie de persecuciones sucesivas: la Primera Cruzada (mayo de 1096), la Segunda Cruzada (1146) y las persecuciones en la época de la peste negra (1349) (Skolnic, 2007).

Por lo tanto, los judíos fueron una comunidad altamente hostigada. Resumiendo la temática a sus puntos esenciales, hay que decir que el Cuarto Sínodo de Letrán (1215) prohibió a los judíos ejercer profesiones cristianas, decretado su aislamiento de la sociedad. Además les obligó a distinguirse del resto de la población con un especial vestuario, considerando un delito la relación sexual entre judíos y cristianos. Sólo se les permitió ejercer el negocio de usurero o prestamista, considerado pecaminoso y despreciable. A los judíos se los consideraba hipócritas sin sentimientos, sacrílegos y enemigos del cristianismo.

Además estaba prohibido a los cristianos recibir como huésped a un judío, o comer en su casa.

En ningún sitio se trató con tanta crueldad a los judíos como en Alemania. Marginados fiscalmente, confinados en un gueto, forzados a vivir a extramuros de las ciudades, por si fuera poco, se les acusó de matanzas rituales de niños cristianos, de profanación de hostias, y en el tiempo de la peste negra, se les culpó de haber envenenados pozos contribuyendo al exterminio de la población cristiana. Todo ello, provocó hacia 1350 terribles matanzas de judíos en Alemania, de las cuales Worms no fue una excepción.

Pequeños grupos volvieron hacia 1370, pero es claro que la población judía de Alemania quedó muy maltrecha, reducida y debilitada. Hasta el propio Lutero los atacó después con su libro *De los judíos y sus mentiras*. En definitiva, es totalmente impensable que un judío pudiera haberse hecho fuerte en el consistorio municipal en 1540. Resulta pues un absurdo, el siquiera pensar que Pedro Lísperguer pudiera haber sido hijo de un judío alemán.

Reflexionemos que Lísperguer convivió con el Emperador en Worms, siguiendo su séquito por los Países Bajos, estando junto al César durante siete meses. Tras la expulsión de los judíos de España en 1492 muchos huyeron a Portugal. Cuando la Corona de Portugal fue absorbida por Felipe II, los judíos también huyeron de allí. Muchos se establecieron en los Holanda, potencia que luchaba contra España, donde los judíos desarrollaron sus prosperas relaciones comerciales, en contra de la nación que tan mal los había tratado.

Otros judíos portugueses se las ingeniaron para burlar las duras reglamentaciones, consiguiendo entrar en América. Carlos V, personalmente había ordenado la persecución de judíos, moros, luteranos, impidiendo su entrada en América. En aras de la preservación lingüística, cultural e ideológica, también había prohibido expresamente la entrada de extranjeros a América. A pesar de ello con Lísperguer hizo una notable excepción, algo que sólo puede entender-

se pensando que entre el César y Lísperguer, existió una relación continuada, que sin duda conoció a sus padres, que le profesaba amistad,
y desde luego se había forjado una idea muy cabal de su identidad.

Así pues, en el pase de la Casa de Contratación de Sevilla, con fecha 1 de agosto de 1555, se puede leer:

> *"...dásele licencia por virtud de la cédula de Su Majestad de es-
> to otra parte contenida, no embargante que es alemán, porque
> así lo manda Su Majestad" (De Hoyo, 1555, pág. 576).*

Su Majestad, era el poderoso Emperador y la cédula de licencia la
había otorgado el mismo desde Flandes. Secundando la Real Cédula
de Licencia dada por su padre, el Rey Príncipe, es decir el futuro Felipe II (Rey de Nápoles, pero aún príncipe del Imperio), daba la
siguiente orden:

> *"El Rey Príncipe: nuestros oficiales que residís en la ciudad de
> Sevilla en la Casa de Contratación de las Indias, yo os mando
> que dejéis y consintáis pasar a las provincias del Perú y Chile a
> Pedro Lísperguer, no embargante que es alemán y cualquier
> provisión que haya en contrario" (De Hoyo, 1555, pág. 576).*

La orden dada desde Londres el 4 de noviembre de 1554 por el
Príncipe, era ejecutada en Valladolid el 14 de enero de 1555. Por lo
tanto, Pedro Lísperguer pasó a América con feudo imperial, gozando
de la plena confianza del Emperador y de su hijo, Felipe.

En adición a lo anterior, hay que considerar que en 1545 España se
encontraba en el cenit de su poder. Había expulsado a los judíos de su
territorio, el motor de la inquisición estaba en pleno funcionamiento,
persiguiendo con gran eficacia a todos los heréticos, así como a los
conversos que se desviaban de las buenas costumbres religiosas. Ante
esa coyuntura, ¿cómo se podría creer que Lísperguer hubiera podido
entrar en el Imperio español con una identidad fraudulenta, infiltrán-

dose en la casa de Feria durante una década? Es totalmente impensable.

Lo lógico es pensar que el conde de Feria conoció personalmente a los padres de Lísperguer, teniendo una buena idea de su identidad y sus ascendientes, por lo que a tenor de esos referentes se avino a traerlo a España, dándole su plena confianza, educándolo como a un hijo en su propia casa durante diez años. Es más, según los documentos que Pedro Lísperguer portaba al llegar a América, el conde de Feria lo apoyó personalmente, recomendándolo a Felipe II (por entonces aún príncipe), para que éste permitiese su entrada a las Indias, cosa que de buen grado hizo, a tenor seguramente de la propia opinión que de él tenía después de haber convivido con el joven alemán en Inglaterra por espacio de siete meses.

A pesar de estos poderosos antecedentes que avalan por sí solos el pasado, y la idiosincrasia de la familia Lísperguer, antes de que declinara el siglo XVI ocurrió en Chile un hecho sorprendente. Pero sus precedentes hay que situarlos en España. Los judíos estaban siendo gravemente hostigados en España, de donde fueron expulsados. Los que se convirtieron al cristianismo, aun ocupando altos cargos en el Estado o en la Iglesia, siguieron a ojos de muchos, sujetos a sospecha.

Altamente vejados, muchos emigraron a Portugal. Con la conquista de nuevas tierras por Colón, los marranos (judíos que se habían convertido al cristianismo pero que en secreto seguían con sus prácticas hebraicas) se hallaban llenos de esperanza. Por fin tenían noticia de un lugar al que podrían emigrar. Embarcándose a escondidas, con licencias falsas, sorteando toda clase de obstáculos y los rigurosos controles, lograron muchos empezar una nueva vida al otro lado del océano.

Al comienzo de la conquista, los judíos prosperaron exitosamente, fundando notables empresas comerciales. Sus grandes habilidades para el comercio, así como sus poderosas redes internacionales, hicieron que en los primeros años de la conquista, las colonias recién allegadas a la Corona de España florecieran de forma inusitada. Ellos fueron el impulso, el nervio de la empresa americana. Sin embargo, pronto llegaron a la corte noticias de la entrada en el Nuevo Mundo de numerosos núcleos de judíos y herejes, especialmente portugueses.

La reacción no se hizo esperar. Felipe II ordenó inmediatamente la creación de tribunales inquisitoriales independientes en sus nuevos dominios. En 1570 se establecía la Inquisición en Lima y al año siguiente en México. Pronto empezaron terribles campañas de limpieza, que sembraron el pánico entre las –hasta entonces– seguras y prosperas comunidades de conversos. En todas partes las hogueras ardían profusamente, en una terrible purga, sin precedentes en la joven historia de América.

Mucho antes de que se establecieran los tribunales inquisitoriales en América, ya la Infanta doña Juana, princesa de Portugal, y gobernadora de España en ausencia del rey, había ordenado al arzobispo de la Ciudad de los Reyes, mediante Real cédula despachada en Valladolid, en fecha 13 de julio de 1559, *"que si hubiesen pasado a las nuevas tierras algunos hombres luteranos o de castas de moros o judíos se procediera a castigarlos"*. Años más tarde será el propio Felipe II el que se dirigirá al obispo de Concepción, haciéndole presente que su voluntad era *"que dicha cédula se guardase y cumpliese"*, encargando personalmente al prelado que hiciese cumplir dicha cédula en su obispado.

Ni el obispo de Concepción ni el de Santiago, al que también se le hizo la recomendación, habían tenido motivo para ejecutarla en sus respectivas diócesis, pero no por ello dejaron de surgir algunos casos que acapararon su atención. Fue precisamente Pedro Lísperguer el que aunque parezca increíble se fue a topar con la Inquisición. No sabemos si la causa de este desencuentro con la Iglesia fue quizás la obsesión por la herejía de Lutero, la condición de alemán de Lísperguer, o un desplante del joven ante la malicia de algunas rancias familias castellanas.

Sea como fuere, Lísperguer fue encausado por el provisor del obispado de Santiago por haber dicho que: *"Nuestra Señora no había parido por el vaso natural, sino por el ombligo"*. Lísperguer no negó el hecho, pero afirmó que había pronunciado tales palabras loando a la Virgen María y en vista de habérselas oído a una persona que nombró, que afirmaba que cierto Santo lo decía así. Para contrarrestar los efectos de sus palabras, el mismo corrió a denunciarse ante un juez eclesiástico que le dio por libre. Sin embargo, ello no obstó para que en octubre de 1566 fuese penitenciado en abjuración *de vehementi*, a que oyese una misa en forma de penitente y a que pagase dos arrobas de aceite, todo lo cual cumplió fielmente el reo.

En noviembre de 1566, Pedro Lísperguer, conspicuo ciudadano de Santiago, había sido elegido para el cargo de regidor de la ciudad. Sin embargo, antes de jurar para el cargo tuvo que probar mediante un testimonio, el haber cumplido la penitencia eclesiástica y por tanto estar libre de cualquier impedimento para ejercer un oficio. A su vez, también la corporación municipal comisionó a un teniente gobernador para que verificase la relación de Lísperguer. Así pues, el 14 de diciembre del mismo año, éste confirmó lo aseverado por aquel, reseñando que el alemán no había sido condenado por hereje, ni ateo y que había hecho penitencia pública.

En septiembre de 1568, Lísperguer apeló la sentencia eclesiástica ante el arzobispado de los Reyes, debiendo justificar el retardo y teniendo que realizar cierta probanza, trasladándose a aquella ciudad. Allí estaba siguiendo su apelación, cuando por la llegada del Santo Oficio pasó su causa a conocimiento del Tribunal, la que, después de sustanciada, se votó que se revocase la sentencia del provisor y la abjuración *de vehementi* que en su virtud había hecho el reo:

"...y que fuese restituído en su honra y fama, según que lo estaba antes de la dicha sentencia y abjuración, y que ésta y los méritos de ella se lean en la Iglesia de Santiago de Chile".

Es de imaginar, que las poderosas amistades que Lísperguer tenía en el virreinato, debieron de pesar considerablemente en la voluntad de los miembros del Tribunal, que se avinieron con presteza a revocar la anterior sentencia. Posteriormente, con la intención de dejar por zanjado el asunto, el mismo Lísperguer se denunció ante el comisario del Tribunal de Santiago: *"de cosas impertinentes y que no tocan al Santo Oficio, ni contienen delito"*.

Paradójicamente, unos años más tarde, Pedro Lísperguer fue nombrado Juez de hechicerías, por el presidente Bravo de Saravia, en reemplazo del historiador Alonso Góngora Marmolejo. El cargo consistía en perseguir a los hechiceros indígenas, *los machis*, acabando con ellos en el poste de la hoguera, quemándolos como brujos (Medina J. T., 1890).

Algún tiempo antes de 1570 Pedro Lísperguer se casó con Águeda Flores. Un matrimonio no tiene por qué tener nada fuera de lo común, sin embargo, este enlace era muy especial. La novia era hija de Bartolomé Blumen o Blumenthal (hijo de Juan Blumen y de Águeda Jubert) y de Elvira, cacica de Talagante (hija de Bartolomé, Cacique de Talagente e Ilabe). Así pues hay dos hechos que concurren aquí. El primero, el supuesto origen judío de Bartolomé Blumenthal al que han hecho alusión algunos historiadores. El segundo, el mestizaje de la familia Lísperguer, un hecho extraordinario que nos permite entender la idiosincrasia de esta estirpe en América.

Bartolomé Blumen, suegro de Lísperguer y su compatriota, nació alrededor de 1504 en Nuremberg, siendo uno de los primeros conquistadores alemanes que acudieron a la empresa americana. Blumen fue un hombre intrépido que ya en Europa había luchado en los ejércitos de Carlos V. En 1528 pasa a América, hallándose primeramente en la Isla Española y en Santo Domingo. De ahí siguió a la conquista de Nicaragua. Finalizada ésta, en 1536 marchó a Lima, donde estaba en plena ebullición el alzamiento del Inca. Allí sirvió con esmero al marqués Pizarro hasta que cayó en manos de los secuaces del adelantado Almagro en Guaitara.

Posteriormente pasó con Pedro de Candía a la célebre expedición de los Chunchos, llevando dos caballos y dos esclavos negros. La empresa acabó en derrota, y Blumen se refugió en Auricama, pasando el invierno hasta poder continuar la marcha. Hasta allí llegaron los restos de la dispersa y malograda expedición. Perdidos y muertos de hambre, fueron recibidos por Blumen que sin su ayuda habrían perecido. Con los capitanes Candía y Rojas, se fue a poblar el valle de Tarifa, permaneciendo allí durante un año. Desbaratado el ataque lanzado contra los chiriguanes, cada cual marchó por su cuenta.

Con restos de varias expediciones se unió a Pedro de Valdivia en Tarapacá, para participar en la conquista de Chile. Fue un personaje de gran valía, importante impulso de la naciente colonia, que no dudó en prestar a Valdivia 12.000 pesos de oro, 30 indios yanaconas para su servicio, dos esclavos negros y valiosos caballos. Iniciada la conquista, participó heroicamente en la defensa de Santiago, cuando la naciente ciudad fue atacada por un número ingente de iracundos indígenas liderados por Michimalonko, en la jornada del 11 de septiembre de 1541. Allí luchó con gallardía, batiéndose espada en mano, recibiendo tres heridas.

Bartolomé Blumen fue un hombre emprendedor, carpintero de profesión, que construyó el primer molino sobre las aguas del Mapocho. También hizo la primera carreta, enseñando la carpintería a sus indios. Fue un conquistador afortunado, dotado de un talento natural para la hacienda. Al poco de llegar sembró la tierra y obtuvo fértiles cosechas de trigo, cebada, maíz y frísoles. Obtuvo importantes encomiendas, poseyendo la primera plantación de viñedos, eligiendo para ello un paraje costero que se llamaba la Cuesta del Alemán, que el propio Blumen rebautizaría con el nombre de Viña del Mar. Fue un gran poblador, dedicándose a la cría caballar, a la de aves y puercos, que proliferaron en gran número, sustentando a muchos habitantes de su territorio y proveyendo buenos equinos para la guerra.

Como buen germano, Blumen era muy ordenado para las cuentas, por lo que al año siguiente de llegar a Santiago del Nuevo Extremo se hizo cargo de los asuntos económicos del territorio. De hecho, era uno de los pocos en el reino que sabía leer y escribir. Hombre metódico, ordenado, respetado por sus congéneres. Prueba de ello es que al morir en la horca Antonio Pastrana, primer procurador de la ciudad, Blumen fue designado por sus camaradas para reemplazarle, *"por solícito y por ser persona de experiencia"*, dice el acta de nombramiento y *"por ser grandísimo republicano"*, añade otro documento de la época (Medina J., 1956-1963)[14].

Sin embargo, a pesar de todos estos valiosos precedentes, muchos genealogistas entre sonrisas socarronas, se han mofado de la estirpe Lispergueriana, aludiendo al posible judaísmo de Blumen, pronunciándose de paso peyorativamente sobre el indigenismo de la madre de Águeda Flores, asombrándose de cómo un descendiente de los duques de Sajonia, pudiera dar su mano al dulce aunque exótico fruto de la tierra americana. Atendiendo a la primera cuestión, ¿Pudo realmente Blumen tener un origen hebreo?

Una de las primeras cosas que llaman la atención es el baile de apellidos con que se denomina al conquistador y sus ascendientes. Así pues, algunos refieren que el nombre del bávaro, nacido en Nuremberg, era Bartolomaüs Blumen. Otros lo mencionan con el nombre de Blumenthal (como hace Roa y Ursúa cuando se dirige al Archivo Municipal de Worms), un apellido que para muchos tiene una clara resonancia judía. Más adelante, el alemán castellanizó su nombre, empezando a ser llamado por sus compañeros Bartolomé Flores.

---

[14] *También puede consultarse en: Archivo General de Indias, Audiencia de Chile, cartas y expedientes de personas seculares, Información de méritos y servicios de Bartolomé Flores, dada el 24 de abril de 1550, Chile-33.*

En cuanto a sus padres, en algunos documentos se lee como Bartolomé era hijo de Juan Blumen y de Águeda Weltzer. En el testamento de Blumen, el apellido materno se escribe como "Jubert", que otros quizás han transcrito erróneamente como Juberí. Guerra y Sandoval menciona este apellido materno como "Westfelt" y Juan de Mendoza alude a él como "Wesel". ¿Pudo existir un intento de conferir a este apellido la augusta resonancia que tenía la familia Welser, célebres banqueros alemanes de Carlos V? No lo podríamos asegurar.

Vicuña Mackenna en su célebre obra *Los Lísperguer y la Quintrala* se refiere a Blumen como hombre de estado llano, soldado, pechero (1950). El término "pechero", literalmente significa: "hombre que está obligado a contribuir con pecho o tributo". Como segunda acepción es simplemente un plebeyo, alguien que no es noble. Así por tanto, bajo un plano jurídico, el noble estaba exento de tributos, mientras el pechero o por extensión el converso, si tenía que pagarlos. Asimismo, el hecho de que Blumen fuera carpintero denota que al menos en sus orígenes ejercía una profesión artesana, menestral, oficio mecánico repudiado por la nobleza, propia de los considerados estratos menores como los judíos y los moros.

Incluso la gran habilidad de Blumen para los negocios, pudiera ser contemplada con cierto aire de sospecha, dado el gran talento connatural que los hebreos han desarrollado siempre en estas cuestiones. Pero aun constatando que Blumen fuera un hombre de baja condición, que tuviera éxito en los negocios, o en la producción de la tierra, ello no puede ser nunca un motivo categórico que le tache de tener un origen hebreo.

Por otra parte, desde un punto de vista técnico, es sabido como todo judío español o portugués al convertirse al cristianismo tenía que tomar un apellido nuevo, sustituyendo su nombre propio hebreo por un nombre del santoral católico, un nombre que aludiera a animales o a agentes naturales, o bien el nombre tomado del lugar. Así en España han surgido apellidos como Santa María, Santa Fe, Santángel, Iglesias, Santa Clara, Cabra, Espina, Vaca, Cordero, De las Montañas, Arroyo, Madrid, Toledo, Salamanca, etc… Siguiendo este pensamiento, pudiera tener sentido que Blumenthal, judío converso, hubiera tomado el apellido de Blumen, que en alemán significa "flores", de ahí el agente natural que transformó el apellido judío "Blumenthal" por el castellano de "Flores". Sin embargo, hay importantes indicios que desbaratan esta hipótesis.

Es bien conocido como en España los judíos, superado el escollo de la conversión, prosperaron extraordinariamente, ocupando importantes cargos dentro de la Administración o la Iglesia. De hecho, es sabido como la sangre del veinticinco por ciento de la nobleza española estaba mezclada con conversos. Así se hablaba del "tizón de la nobleza". Hasta el mismísimo Fernando el Católico, o el inquisidor general, Torquemada, tenía una abuela judía. No obstante, a pesar de la prolija propagación de los conversos en España, eso jamás ocurrió en Alemania.

La nobleza alemana jamás mezcló su sangre con la hebrea. Es constatable como en Worms existió una importante comunidad judía. Es muy probable que Pedro Lísperguer haya tenido conocimiento de esta comunidad, o haya conocido sus decimados restos después de las terribles purgas de la era precedente. Ahora bien, según el *Schwabenspiegel*, uno de los principales códigos de derecho alemanes, la relación sexual entre cristianos y judíos estaba castigada con la muerte en la hoguera.

Bajo estos presupuestos, ¿pudo Lísperguer mezclar su sangre con la supuesta estirpe hebrea de Flores? No parece probable. Por otra parte, analizando la historia del pueblo judío, es verificable como la comunidad judía de Nuremberg fue expulsada de la ciudad en 1499. ¿Cómo pudo entonces Bartolomé Flores (si hubiera sido judío) nacer en esa ciudad en 1504, tan sólo cinco años después de la expulsión? Parece bastante difícil. Pero aún disponemos de una prueba más concluyente.

Según un artículo publicado por Gunther Böhm, (gran especialista en este tipo de materias), en el Boletín de la Academia Chilena de la Historia, descarta éste de plano el aludido judaísmo de Bartolomé Blumenthal. Así pues, esgrime Böhm que en el siglo XVI los judíos de Alemania no poseían todavía apellidos alemanes, sino hebreos, ya que la legislación alemana que posibilitaba conceder nombres germanos a la población judía del país data de finales del siglo XVIII. Efectivamente, sólo a partir de 1780 con un edicto de José II, se permite a los judíos alemanes adoptar nombres de familia germanos.

Antes de esa fecha estaban obligados a adoptar nombres de procedencia, coger el nombre del lugar o el santoral de turno. Por tanto, si una persona se llamaba antes de 1780 Blumenthal, sólo podía ser una cosa, alemán, a pesar de la gran resonancia hebrea que ese apellido pueda tener en nuestros días. Añade Böhm que no conoce de un solo caso en que un judío de Alemania haya participado en la Edad Media, en el descubrimiento o conquista de nuevas tierras. Ese espíritu aventurero y de hombre de mundo, como lo tuvo el judío español, es completamente desconocido en los judíos de Alemania, que siempre se destacaron por su afán de estudio o investigación. Para finalizar, agrega Böhm que puede descartarse la opinión de que Blumenthal haya sido de origen judío (Böhm, 1948).

Por su parte, Jorge Zevallos Quiñones, en su trabajo *Los Lísperguer en el Perú*, se muestra mucho más efusivo, casi indignado. Así pues respecto al estigma de judío que algunos genealogistas han vertido sobre Bartolomé Blumen por la castellanización de su apellido a "Flores", Zevallos lo califica de actuación frívola por parte de aquellos que no han meditado serenamente en la biografía del conquistador. Así pues, saca a relucir que Blumen fue de los primeros en la conquista americana, que ya en 1528 estaba en la Isla Española y que en 1537 acompañaba al marqués Francisco Pizarro en Lima.

En cuanto a lo que hizo en Chile, señala Zevallos que todos los historiadores resaltaron la actuación heroica del alemán, subrayando que su figura histórica es tan gigante como la de los mejores fundadores del Perú. Si hubiera sido judío, señala el peruano, cómo es posible que una persona bajo tan fea y en aquel tiempo peligrosa tacha, se le designara en 1541, al poco de fundarse Santiago, procurador del Cabildo por espontánea elección entre los soldados hijosdalgos y los cristianos viejos que componían aquella vecindad, calificándole en documentos coetáneos de *"grandísimo republicano"* y de *"persona de honra"*.

Bajo su parecer, ¿cómo iba el hijo de un cónsul de Worms, que no quiso ser luterano aceptar casarse con la hija de un judío en pleno siglo XVI? Asimismo, refiere a los múltiples descendientes de Lísperguer que vistieron con decoro los hábitos eclesiásticos. Igualmente, hace mención del obispo Salcedo, conocido enemigo de los Lísperguer, que en todas las denuncias y acusaciones que lanzó sobre las nietas de Bartolomé Flores o Blumen, nunca hizo alusión a la pretendida sospecha hebrea (1954, pág. 98).

Al margen de estas controversias que por muchos hoy se consideran superadas, es claro, que Bartolomé flores fue un buen ciudadano, un gran patriota y un hombre emprendedor. Tan bien le fue en su empresa colonizadora que a los pocos años de su establecimiento en la naciente colonia, le concedieron las encomiendas de Talagante y Putagan. El sistema de encomiendas consistía en la repartición de las tierras conquistadas entre los conquistadores y criollos. Esa repartición no sólo incluía las riquezas del lugar sino también los indígenas que habitaban aquellas tierras, los cuales eran obligados a trabajar y pagar un tributo al encomendero y éste a su vez debía protegerlos, instruirlos en la fe cristiana, y en definitiva darles a cambio de su servicio personal, abrigo y un pago en especie.

El cacique del territorio recién concedido a Flores fue Bartolomé de Talagante, el cual según Vicuña Mackenna: *"ya usaba el 'don' antes de que Pedro de Valdivia recelase llevarlo en su apellido"* (1944, pág. 29). Bartolomé era un cacique de importancia, que se hacía llamar señor de Ilabe, parece ser que fue un factor de los incas, que gozaba de gran respetabilidad en la comarca. Todo indica que Talagante fue la avanzadilla de un asentamiento de mitimaes, territorio que había sido elegido por los incas para propagar la dominación hacia el sur de Chile.

Se trataba de un paraje fértil, regado por abundantes acequias, muy apto para la agricultura. La hija de Bartolomé de Talagante, llamada "Elvira" era según un biógrafo de su raza, heredera de las tierras y valles que se extendían desde su heredad patrimonial hasta Cauquenes y que según la mensura efectuada por el agrimensor Ginés Lillo en 1604, comprendía territorios que llegaban por el valle de Llollehue hasta el mismo mar. En la visión de Vicuña Mackenna, doña Elvira era la señora feudal por título del inca. Más exactamente su padre Tala Cante Llabe, cacique de Talagante, fue un aliado de los españoles en su lucha contra el inca Tupac Yupanqui, de cuyo linaje participaba.

Con la implantación del sistema de encomiendas todo el sistema patrimonial anterior cambió, los caciques y los indígenas a su cargo tuvieron que someterse a la autoridad del encomendero, siendo obligados a trabajar para él. Humanistas y religiosos como Bartolomé de las Casas alzaron sus voces contra este sistema considerado por muchos como "esclavista". Sin embargo, mientras muchos encomenderos trataban rudamente a sus indios, Bartolomé Flores no sólo respetó a Bartolomé de Talagante, desposeído de su sangre y su heredad, sino que le dejó ocho indios de encomienda para su servicio.

Estas continuas demandas impulsaron frecuentemente a la Corona a promulgar leyes que protegían a los indígenas. Entre ellas se encuentra la cédula real dictada en 1546, en la cual se decía que: *"el Rey manda que los encomenderos no puedan suceder en las tierras que hubieren quedado vacantes por haber muertos los indios de sus encomiendas sin herederos"* (Lipschütz, 1967). Además, las encomiendas se concedían únicamente por dos vidas, es decir, duraba ésta mientras durase la vida del encomendero y la de su hijo.

116

Posiblemente, fueron éstas las razones que impulsaron a Flores a pedir la mano de Elvira, dulce princesa americana, vínculo que le ayudaría a consolidar la posesión de sus tierras. De esta unión nació la mestiza Águeda Flores, hija única, parece que bastarda y según palabras de Mackenna, heredera de un cacicazgo que parecía un reino (Vicuña Mackenna, 1944, pág. 28). Una década después del establecimiento de Flores en la recién inaugurada colonia, llegó a Santiago otro alemán, Pedro Lísperguer Wittemberg, que andando los años no dudaría en entregar su mano principesca a la hija del pechero de Nüremberg y de la cacica de Talagante.

Los ecos de esta increíble unión aún sorprenden a historiadores y sociólogos. ¿En un tiempo profundamente bloqueado a la permeabilidad estamental, como pudo Lísperguer, que se presupone descendiente de los duques de Sajonia, casarse con una mestiza del lugar? Téngase en cuenta que en aquella época todo el sistema nobiliario impedía la mezcla con razas consideradas entonces menores. Todo el sistema de acceso a las Órdenes religiosas, de Caballería, al Ejército, a los Colegios Mayores, a la Marina, la Administración, requerían de estatutos de limpieza de sangre, que imponían prohibiciones taxativas a la impureza racial.

El siglo XVI supuso un férreo sistema de castas, que junto a un severo código social, hicieron del estatus nobiliario el vértice de la sociedad. La antinomia hijodalgo-villano, era para muchos una barrera imposible de franquear. El indio era el vencido en la guerra de conquista, considerados por algunos como idólatras bestias sin alma. El menosprecio a la raza vencida se codifica como un medio de representación e intercambio que se infiltra en todas los estratos de la sociedad. ¿Cuáles pudieron ser entonces las razones que indujeron a Lísperguer a contraer este enlace?

Pensemos que en los primeros tiempos de la conquista había muy pocas mujeres blancas en Chile. Por otra parte, Lísperguer debió sentirse aislado frente a un sólido núcleo castellano, por lo que como extranjero, y especialmente como alemán, para él fue lógico buscar la alianza con su compatriota. Pero sin duda el móvil más importante en su manera de proceder fue el económico. Águeda era de apacible carácter, pero sobre todo, era muy rica. Lísperguer poseía una estirpe blasonada, pero carecía de una fortuna apreciable. Así pues fue un fructífero pacto de familia.

Blumen, entraba en el club de la nobleza, accediendo así a las poderosas relaciones que poseía su compatriota. Por su parte Pedro Lísperguer compartía con su mujer enormes territorios, de los que obtenía pingües beneficios. No fue ello impedimento para que Lísperguer fuese además un ciudadano meritorio, combatiendo con ardor en las campañas de Arauco, bajo los gobiernos de García de Mendoza, Francisco y Pedro Villagra y Rodrigo de Quiroga, en cuya recompensa se le nombró capitán y se le concedieron dos repartimientos de indígenas: uno al sur del Maule y otro de Puelches o Patagones septentrionales. Así pues, ya desde su fundación el poder de esta familia fue inmenso.

Fue aquel un momento complejo, de transición, en un mundo exótico y extraño. Zevallos en su obra *Los Lísperguer en el Perú*, nos transmite la idea de que tan nobles en su naturaleza eran éstos señores indianos como los más rancios hidalgo de solar conocido que pasaron de España, con amplios privilegios de calidad aristocrática (uso del don, excepciones de pechos y de cárcel por deudas, informaciones de filiación, etc) con los que estaban equiparados a ellos por las Leyes de Indias. Añade Zevallos que, nada tiene de extraño, ya que de enlaces de esta clase provienen las casas más ilustres de América (1954, pág. 100).

Efectivamente, no fue el caso de Lísperguer el único en aquellas apartadas tierras. Es bien conocido como Hernán Cortés y Francisco Pizarro tuvieron hijos mestizos. Por ejemplo, Cortés se une a una india mejicana llamada doña Mariana, gran señora y cacica de pueblos y vasallos. De ese enlace nace Martín Cortés, que aun siendo mestizo, recibe el Hábito de Santiago. Así pues los descendientes de los reyes de México y Perú, se casan con españoles, incorporándose a la nobleza española. Varias hijas de Moctezuma se casan con españoles dando origen a notables estirpes americanas.

Uno de los descendientes de Luis Diego Moctezuma, llegó a ser regidor de Toledo, pretendiendo un Hábito de Santiago alegando que era biznieto del último rey azteca. Otro caso es el de Carlos Inca, nieto de Huaina Capac, emperador del Cuzco, que casó con doña María de Esquivel, gozando de grandes favores por parte del rey de España. Más próximo a la realidad de Arauco fue el caso de Gonzalo Martínez de Vergara, hijo de Francisco Martínez, hombre de gran caudal y valía y el de Mariana Pichunlien (Pico de Plata), india picunche de Chacabuco.

Asimismo, está el caso de Diego Martínez de Prado que se unió a Petronila de Medina, cuya bisabuela fue Barbola Díaz "la Coya", princesa real, hija de Hayna Capac de Yupanqui y Oxilo, XI Inca, emperador incaico. En el Nuevo Mundo, los aristócratas españoles construyeron un sistema social que se apoyaba en las diferencias sociales entre los genuinamente españoles, los criollos y los indígenas. Pero este sistema no fue un obstáculo para los mestizos destacados, hijos de uniones entre conquistadores con indias de cierto rango que detentaban posesiones territoriales hereditarias. La progenie de sangre mixta nacida de estas uniones, dotada de una sólida base económica, por efecto de la dinámica social incorporó su sangre a la clase dominante.

La capacidad de estos mestizos de asumir el orbe mental del padre, así como el prestigio de su abolengo, unido a la agilidad con que asimilaban a través de su instrucción los fundamentos de la cultura europea, abrazando sin reparos la nueva fe, propiciaron su rápida movilidad social. Las frutos de estas uniones en tercera generación por efecto del mestizaje ascendente se emblanquecían, constituyendo grupos dinámicos, amparados por un notable poderío económico, estatus señorial e influencia política (Medina & Téllez, 1988).

En este sentido, la familia Lísperguer resulta arquetípica de este proceso. Ahora bien, si bajo el prisma de la época, el mestizaje pudo haber sido un motivo de desprestigio para este linaje, entonces, ¿cuál fue el motivo del prestigio de la familia? ¿Por qué a la postre éste a resultado superior a aquel? Toda la grandeza de esta familia alemana parte de la notoriedad que alcanzó el primer Lísperguer. Pedro Lísperguer nació hacia 1530 en Worms, Alemania, hijo de Peter Birling, nacido alrededor de 1500, consejero municipal de Worms en 1533, alcalde, miembro del Consejo de los Trece en 1541 y de Catalina Lisperg.

Mestizaje en América

En 1545 pasa por Worms el emperador Carlos V con su ejército internacional, siendo recibido por las máximas autoridades gubernativas de la urbe. Allí permanece el Emperador durante la primavera y el verano tomando contacto con los consejeros y demás personalidades

120

de la ciudad. Merced a estas relaciones el Emperador se aviene a llevarse en su séquito a Peter Lissperg, por entonces un muchacho de apenas 15 ó 16 años de edad. El cortejo imperial, en el que va don Pedro Fernández de Córdoba, IV conde de Feria, Lísperguer y otros muchos cortesanos, parte de Worms el 7 de agosto en dirección hacia los Países Bajos.

El grupo embarca en el Rin en dirección a Colonia, pasan por Maastricht, Lovaina –que albergaba su célebre universidad, centro de difusión humanística– luego llegan a Bruselas, donde conocen el palacio del Emperador, su cuartel general y centro geopolítico de sus estados. Allí se encuentran con el duque de Alba y otros muchos señores. Posteriormente viajan hacia Brujas apodada por Erasmo la "Nueva Atenas", siguiendo a continuación en dirección a Amberes, uno de los mayores emporios comerciales de Europa, llegando después a Utrecht el 1 de febrero.

Los primeros días de febrero de 1546 el Emperador celebra en Utrecht un capítulo de la Toisón de Oro, concediendo el preciado collar al conde de Feria. A mediados de mes el grupo se separa, el Emperador se dirige con su ejército a la batalla de Mühlberg, mientras el conde de Feria, Lísperguer y otros cortesanos se dirigen a España, llegando a Montilla, localidad de Córdoba el 12 de marzo de 1546. Allí durante casi una década Lísperguer se encuentra bajo dos tipos de influencia.

Una la que concierne a los ascendientes maternos del conde de Feria. Esto es, el marquesado de Priego, con su centro en Montilla, provincia de Córdoba. La otra, los ancestros paternos del Conde, es decir, los Suárez de Figueroa, con su centro natural en Zafra, perteneciente a la provincia de Badajoz. Tras la muerte del IV conde de Feria, don Pedro Fernández de Córdoba el 27 de agosto de 1552, le sucede en la representación de la casa su hermano don Gómez Suarez de Figueroa, V conde de Feria, Grande de España, posteriormente miembro del Consejo de Estado de Felipe II, uno de los hombres de mayor confianza en el entorno filipino, con el que Lísperguer permanece un año más.

Posteriormente viajaría con éste a Inglaterra como su caballerizo al casamiento del príncipe Felipe con María Tudor, conviviendo en Londres por un espacio de siete meses con el Príncipe y lo más granado de la nobleza española. El 13 de julio de 1554, Lísperguer embarca en el Puerto de la Coruña, integrándose en una flota de 130 naves que se dirige a Inglaterra para estar presentes en el casamiento del Príncipe. Pedro Lísperguer forma parte del séquito del V conde de Feria, embajador del Príncipe en Inglaterra, con el que asiste al singular casamiento el 25 de julio de 1554, estando presente toda la corte española e inglesa, así como muchos embajadores y caballeros del Imperio.

Tras obtener una cédula del Emperador en Bruselas, Lísperguer abandona Londres con dirección a España, siguiendo la comitiva de Alderete, viajando junto a don Alonso Ercilla, célebre autor de la Araucana; Francisco de Irarrázaval y otros cortesanos. Tras permanecer cerca de un año en España realizando ciertos trámites y probanzas para poder embarcar, zarpa hacia América, en Sanlúcar de Barrameda, Cádiz, el 15 de octubre de 1555, en la flota del recién designado virrey don Andrés Hurtado de Mendoza. Después de tres meses de navegación el grupo llega Nombre de Dios, atravesando desde ese punto el Istmo, llegando el 4 de marzo de 1556 a Panamá, embarcando de nuevo desde su puerto junto al virrey, llegando a Lima donde la comitiva hace su entrada triunfal el 29 de junio de 1556.

Allí, durante alrededor de medio año, Lísperguer ejerce la función de Maestresala al servicio del virrey. Posteriormente, se une al hijo del virrey, don García Hurtado de Mendoza, designado por su padre por nuevo gobernador de Chile tras la muerte de Alderete, siendo uno de los cuatro consejeros que don García se llevaría a la guerra austral. Junto a un buen número de capitanes y soldados, embarca en el Callao el 2 de febrero de 1557, participando en las principales operaciones militares de su tiempo.

Por lo tanto, ya no se trataba de atrabiliarios conquistadores, que huyendo de la miseria o la ignominia, habían abandonado España sembrando el caos en las nuevas tierras conquistadas. Frente aquellos primeros conquistadores, necesarios pero rudos, que habían provocado numerosas disensiones políticas y se habían sublevado a la Corona, viéndose envueltos en encarnizadas luchas intestinas, guiadas por la mera finalidad del rápido enriquecimiento, ahora llegaban cortesanos de pluma, educados en las mejores cortes europeas, que iban a imprimir un nuevo aire a la conquista.

Naturalmente, el caso de Pedro Lísperguer que había entrado en las Indias con feudo imperial, causó una gran conmoción entre sus descendientes. El prestigio de don Pedro fue desde el principio enorme, lo que facilitó el gran éxito posterior que tuvo la familia. En el siglo XVII la familia Lísperguer, gracias a la notoriedad de su linaje, de su fortuna, sus tierras, sus prosperas relaciones, llegó a convertirse en la familia más poderosa e influyente de Chile. En su célebre obra *Los Lísperguer y la Quintrala* cuya primera edición es de 1877, Benjamín Vicuña Mackenna retrata con gran acierto a esta egregia familia:

> *Los Lísperguer habían logrado ser la primera estirpe de Chile, no sólo por sus blasones y sus escudos, sino porque se adueñaron con el tiempo de las tres grandes fuerzas que gobernaban aquella sociedad enérgica pero sin culto, devota y bravía. Eran dueños de la justicia por sus alianzas de sangre con oidores. Eran dueños de los claustros por sus fundaciones y la cogulla que hacían vestir estudiosos a los suyos. Eran dueños, en fin, del poder y del prestigio militar por su bravura, sus servicios y la leyenda de su heroísmo (1944, pág. 43).*

Efectivamente, varias hijas de Pedro Lísperguer contraen sustanciosos matrimonios con jueces de la Real Audiencia. Otros miembros de la familia entran en los claustros, ejercen allí su influencia, fundan conventos, mantienen estrechas relaciones con la orden de San Agustín. El primogénito, Juan Rodolfo Lísperguer fue un capitán valeroso y experimentado, que destacó en todas las comisiones que se le encomendaron, muriendo a la temprana edad de cuarenta años en la célebre batalla de Boroa. Al Jesuita Rosales no le faltaron parabienes para el abnegado general:

> *"Fue don Juan Rodolfo –dice– de gallarda disposición, discreto, cortés, liberal, de ánimo generoso, intrépido en las batallas, prudente en las disposiciones, noble de condición, por serlo tanto en linaje" (1877-78).*

Estas pulcras palabras de Rosales, llenas de laurel y de gloria, han generado un afecto histórico hacia el personaje. Tanto es así que su nombre se haya asociado a la fundación de Pitrufquén. Esta localidad situada en la ribera del sur del curso medio del río Toltén, está rodeada de fértiles terrenos, la cual se formó sobre la base de un fuerte construido en 1882, llamado San Martín de Pitrufquén, avanzada para la pacificación indígena. El 2 de enero de 1898 se aprobó el plano de distribución de sitios de esta población que se denominó Lísperguer.

Ese nombre se le dio a la ciudad de Pitrufquén, el 2 de enero de 1897, para honrar la memoria de Don Juan Rudolfo Lísperguer, muerto por los araucanos en el fuerte de Boroa, el 29 de septiembre de 1606. El 3 de mayo de 1902, se instaló la primera municipalidad de la comuna de Pitrufquén, siendo elegido su primer alcalde el Sr. Federico Altamirano. El 25 de agosto de 1910, siendo presidente de la República, don Pedro Montt, se creó el departamento de Villarrica con su capital Lísperguer, que comprendía en ese entonces cinco comunas: Pitrufquén, Gorbea, Toltén, Villarrica y Loncoche (Illert & Städtische Kulturinstitute, ca 1950).

Si el desprendimiento y el heroísmo fueron los rasgos definitorios de los primeros Lísperguer, también la acumulación de tanto poder forjo la naturaleza soberbia de su carácter. Tras la muerte de Juan Rodolfo, su hermano Pedro Lísperguer Flores, asume la representación de la casa. Don Pedro llegó a ser el primer patricio de Santiago, el potentado más altivo y arrogante. Los Lísperguer fueron una familia éxotica, dotada de una impronta singular, atrapada entre dos mundos, que establecieron poderosos entronques de familia, y se vanagloriaban de estar emparentados con príncipes y emperadores. Como era de esperar, muchos grupos en Santiago crean un núcleo de resistencia y hostilidad frente a una casta tan avasalladora como insolente, que no era (en su parecer) castellana, ni cristiana vieja, sino mixtura de bárbaros, gentiles y de alemanes excomulgados (Vicuña Mackenna, 1944).

Tal vez la presunción no iba tan mal encaminada, ya que aunque los compañeros del primer Lísperguer testificaron en su relación de méritos y servicios que éste era de: *"cualidad, costumbres y vida cristiana"* (Medina J. , 1956-1963) y Gonzalo de Santiesteban, miembro del séquito del conde de Feria, que estuvo en Worms en 1545, declaró posteriormente en Antequera el 30 de marzo de 1555, que no tenía *"raza de villano, ni de confeso"* (De Hoyo, 1555, pág. 580), lo cierto es que todos sus hermanos y familiares fueron enterrados en el Cementerio Luterano de Worms (Schwarz, 1999).

Por lo tanto, aunque Lisperquer se adaptó al mundo español, –ya sea por necesidad o convicción– adoptando sus modos de vida y sus prácticas religiosas, todo apunta a que en su origen su familia era de origen luterano, o lo que es más probable, adoptó el luteranismo después de que Pedro Lísperguer se hubiera marchado de su ciudad natal, ya que en 1545 aún no estaban claras las posiciones confesionales, ni eran unánimes. No olvidemos que el propio padre de Pedro Lísperguer fue uno de los firmantes de la Paz de Augsburgo, que reconocía el luteranismo en Alemania, pero también ofrecía la concordia en materia religiosa. Es así, en medio de estas contradicciones, como la efigie de esta familia, entra en el pórtico de la fábula y la leyenda, dando origen a rocambolescas historias que aún estremecen los cimientos de aquella oscura época.

Don Pedro llegó a ser el encomendero más pudiente del país, acumulando en su mano los repartimientos de su padre y de su abuelo, es decir, los de Talagante, Putagan, Cauquenes y Puelches. Además disfrutaba de las rentas que los virreyes del Perú le habían concedido en las encomiendas de Chuquiavo y de Tacna. Los cargos que el hijo del primer Lísperguer atesoró en su persona fueron increíbles: capitán de infantería, capitán de caballos ligeros lanzas, lugarteniente de capitán general, cabo y gobernador de las fuerzas militares de Santiago, procurador síndico general y mayordomo de la ciudad, durante algún tiempo corregidor de la misma, así como su alcalde ordinario en el Cabildo.

En su juventud don Pedro, gozando de un poder omnímodo, protagoniza historias asombrosas en la capital, como la intrépida y apasionada escalada por las paredes de la casa del oidor Solórzano raptando a su hija para casarse con ella en secreto, contraviniendo las leyes de Indias que prohibían tales uniones. En otro momento vemos a Pedro "el Pendenciero" y sus numerosos deudos de familia, batirse en duelo, espada en mano, enfrente de la catedral de Santiago contra aquel grupo de castellanos que tanta animadversión sentían por los Lísperguer, representando un acto teatral digno de Quevedo o Calderón, y que pareciera haber sido sacado de alguna escena del mejor vodevil del Barroco español.

Personajes exaltados, que alardean de un orgullo de clase, cuyas polémicas vidas discurrieron jalonadas de escándalos, combinados con generosos servicios a la patria, todo ello conformó el espacio de una familia insólita, que produjo una saga de héroes militares, hijos virtuosos, hombres altaneros, mujeres depravadas, madres piadosas, honrosos cultivadores del bienestar público. Las mujeres Lísperguer, mitad europeas, mitad indias, se desenvuelven con soltura en los círculos aristocráticos de la capital, pero también se prevalen de sus raíces indígenas cuando persiguen sus fines perversos y viceversa.

Dos hijas del primer Lísperguer, llamadas María y Catalina, guiadas probablemente por el despecho y la venganza ante algún desaire amoroso, intentan envenenar al gobernador Alonso de Ribera. El mismo gobernador y el obispo Salcedo denuncian la trama de las hermanas, que valiéndose de un indio perito en yerbas, introdujeron veneno en la tinaja en la que bebía el ilustre capitán. Durante algún tiempo toda la familia Lísperguer sufrió la terrible ira del gobernador, pero pronto el incidente pasó, los Lísperguer remontaron el obstáculo, volviendo a ocupar los primeros puestos en el gobierno de la colonia.

Pero la que peor fama se ha labrado para la posteridad es la nieta de Pedro Lísperguer, hija de la envenenadora Catalina Lísperguer, llamada Catalina de los Ríos Lísperguer, apodada "la Quintrala". En una carta dirigida al Consejo de Indias el obispo Salcedo vierte terribles acusaciones sobre "la Quintrala". Así refiere como su abuela María de Encío –a la que tacha de concubina del conquistador Pedro de Valdivia– había sido procesada por la Inquisición por practicar la brujería, la superchería y otros ritos idolátricos.

Aún peor, la acusa de haber asesinado a su marido mientras éste dormía la siesta y de practicar la crueldad con los indios. A la misma Catalina la acusa de haber matado a su padre dándole un pollo envenenado, estando éste enfermo. La familia Lísperguer fue una estirpe criolla que respondía con vigor a estos ataques, asentándose con fuerza en el suelo americano, acudiendo a sus poderosos entronques familiares, haciendo frente a cualquier afrenta que proviniera del poderío español.

Engendro de toda esa época fue "la Quintrala". Por sus venas corría la sangre alemana, indígena y española. Ya sea por éste hibridismo o por confusión cultural, por cualquier otra causa, o por ninguna, el caso es que doña Catalina nació mal inclinada, predispuesta al mal, con una personalidad desordenada y extravagante y una de las mentes criminales más tortuosas y sádicas que haya generado la historia humana. Tras la acusación de parricidio, la siniestra "Quintrala" fue hallada culpable ante los tribunales de haber sido la inductora del asesinato de don Enrique Enríquez de Guzmán, caballero de San Juan.

Mesalina, "viuda negra de la colonia", "la Quintrala" dotada de un aterrador instinto depredador, impasible dio cita a su amante en su casa. Allí acudió confiado el pobre infortunado tentado por la placentera cita amorosa. Lo que jamás pudo imaginar es que en lugar del plato deleitoso, iba hallar una pérfida muerte. Allí esperaban al desdichado los criados de la mujer despiadada, que se abalanzaron traidoramente sobre él, apaleándolo hasta darle muerte, mientras ésta contemplaba plácidamente la escena desde la ventana de su alcoba. Las poderosas relaciones de Catalina, sus vínculos con la justicia, el cohecho de jueces, hicieron posible que la perversa mujer resultara impune, siendo condenada a una mera pena pecuniaria.

Doña Catalina de los Ríos, fue una de las encomenderas más ricas de su tiempo. Aparte de sus joyas y esclavos, poseía tres propiedades de gran valor: la casa de la calle Rey, una inmensa hacienda en la Ligua y la chacra de Tobalaba, en los alrededores de Santiago. Además, a la muerte de su hermana Águeda, consiguió que las encomiendas pertenecientes a su padre Gonzalo, le fueran otorgadas a su marido don Alonso Campofrío. La época de las encomiendas fue una era oscura, en la que la amenaza de la guerra, así como el desgobierno de la naciente colonia, provocaron grandes abusos.

Muchos indígenas malvivían esclavizados en esos territorios, siendo víctima de la crueldad de las personas que los regentaban. Allí en la Ligua vivía "la Quintrala", apartada de la capital, amparada por el hermetismo de aquellos valles desolados. La tradición nos ha legado la imagen de una mujer elegante, de cabellera roja, penetrantes ojos verdes y fama de chamánica. Allí bajo la impunidad de esos parajes solitarios, el monstruo abominable desplegaba todo el poder de su tiranía.

No podemos en este estudio sobre el origen de los Lísperguer, dar grandes detalles sobre la Quintrala. Baste por ahora saber brevemente que allí en la Ligua cometió está mujer las más grandes atrocidades que se pueden imaginar. Entre ellas se encuentran el intento de asesinato de un cura llamado Luis Venegas (delito que nunca se pudo probar), pero sobre todo terribles desmanes sobre su servidumbre, que acabó en una verdadera hecatombe humana.

Esta terrible señora tenía la costumbre de separar a las mujeres de sus maridos, obligaba a sus indios a aceptar matrimonios arbitrarios, forzándoles a ir por la encomienda desnudos, viviendo en un total abandono, sin ninguna instrucción religiosa. Le gustaba fustigarlos día y noche, hasta desollarles la piel, para luego lavarlos en agua fría o en orines y ají, continuando después con más latigazos. Era su práctica habitual propinar a sus indígenas horribles golpes, varazos, pedradas, quemarles la piel o la boca, obligándoles a dormir desnudos en pleno invierno, constantemente encadenados de grillos, cepos; atados a un palo, colgados de un árbol boca abajo.

Los niños pequeños tenían los mismos tratos despiadados, y uno de los casos más espeluznantes fue el haber mandado fustigar a una mujer embarazada de ocho meses hasta que perdió el hijo que llevaba en su seno. A "la Quintrala" se le pudieron probar más de cuarenta asesinatos. Sin embargo, una vez más el oro, el peso social de sus parentelas, hizo que esta mujer atroz muriera impune, tranquilamente en su cama, libre del peso de la justicia (Amunátegui Solar, 1909, págs. 121-160).

Desde todas las vertientes se han difundido aspectos controvertidos sobre su figura: la criminalista, la sociológica, la psicológica, la indigenista, la feminista, la liberal. Muchas de esas vertientes han propagado sus ecos en la literaria, que en ocasiones ha deformado o magnificado su perfil ante la historia. La legendaria y siniestra "Quintrala" es, sin lugar a dudas, la figura más indescifrable de la historia de Chile, la Lucrecia Borja americana. El pueblo aterrorizado aún vocea su nombre con estupor. Después de *"La Araucana"* de Alonso de Ercilla, "la Quintrala" constituye el segundo tópico literario más importante de Chile.

Si la crueldad de "la Quintrala" manchó el buen nombre de la familia, otro nieto de Pedro Lísperguer iba a recuperar su lustre. Al contrario que Pedro Lísperguer Flores, que había sido el perfecto caballero feudatario, atrevido y arrogante, su hijo Juan Rodolfo Lísperguer Solórzano, fue el prototipo de hidalgo de buena sociedad, amable y educado, amigo de oidores y presidentes, bien conceptuado por clérigos y soldados.

Prueba de ello son la cantidad de cargos y títulos que le fueron concedidos durante su vida: capitán de infantería de la ciudad de Santiago, capitán de caballos lanzas, maestre de campo, regidor, alcalde, teniente de corregidor, alférez real, alcalde de la Santa Hermandad, procurador general de la ciudad, corregidor, procurador ante el virrey del Perú, almirante, cabo y gobernador; cargos que en muchas ocasiones ejerció en periodos distintos. Juan Rodolfo tuvo una larga y prospera existencia de más de ochenta años en la que se casó tres veces con ilustres esposas, con las que tuvo veintidós hijos.

Aunque sus numerosos vástagos hicieron que pasara por dificultades económicas al final de su vida, tuvo la gran satisfacción de contemplar como en Santiago no había familia distinguida, que no estuviera emparentada con los Lísperguer ya sea por línea recta o colateral (Amunátegui Solar, 1909, pág. 112). La contrafigura de "la Quintrala" fue Catalina Iturgoyen, descendiente de Juan Rodolfo Lísperguer y Solórzano, tenida por santa, y cuya virtuosa vida mereció ser narrada por un canónigo de la catedral de la Ciudad de los Reyes (Bermúdez, 1821).

Resulta igualmente interesante consultar los *Beneméritos del reino de Chile*, en su repertorio del siglo XVII, índice publicado por Luis

Lira Montt, miembro de la Academia Chilena de la Historia, donde se pueden comprobar los innumerables miembros de la familia Lísperguer que llegaron a ser beneméritos del reino, los que nos da una buena idea del éxito social de la familia. Así por ejemplo se cita a Juan Rodolfo Lísperguer y Flores, sargento mayor del reino, benemérito en 1609; Pedro Lísperguer y Flores, corregidor de Santiago, 1621, teniente de capitán general, benemerito del reino en en 1621 y 1623;

Juan Flores Lísperguer, corregidor de Melipilla, benemérito en 1626; Juan Rodolfo Lísperguer y Solórzano, capitán de infantería, alférez real, teniente de capitán general, benemérito del reino en 1632, 1642 y 1648; Nicolás Lísperguer y Solórzano, maestre de campo del batallón de Santiago, procurador general del Reino de Lima, benemérito en 1644; Alonso de Covarrubias y Lísperguer, capitán de infantería española del número de Santiago, benemérito en 1644; Juan Rodolfo Lísperguer y Andía Irarrázaval, capitán de la compañía de infantería española "de la nobleza de este reino", corregidor de Chapapoyas, benemérito en 1666; Pedro Covarrubias y Lísperguer, capitán de infantería del número del batallón de Santiago, alcalde de Santiago en 1696, benemérito en 1668 (Lira Montt, 1995).

No sólo la familia troncal, sino muchos de sus colaterales acumularon grandes honores, asignaciones políticas de todo tipo, así como fueron distinguidos con cargos de gran altura dentro del ejército. Uno de ellos fue don Juan José Velásquez de Covarrubias (hijo del maestre de campo don Alonso Antonio Velásquez de Covarrubias y Lísperguer y de doña Clara Ginebra Montero del Águila) el cual nació en Santiago de Chile el 26 de mayo de 1680. Comenzó a figurar como comisario general de la caballería del reino. En 1711 fue nombrado gobernador militar de Valparaíso y en 1717 de Valdivia.

En 1719 se dirigió a Europa pasando primero por España, donde sirvió como brigadier en los ejércitos de Felipe V. Con tanto celo sirvió al soberano que en 1727 se trasladó a Francia a servir a Luis XV, donde fue el 16 de marzo confirmado en el grado de brigadier. En octubre de 1728 fue distinguido con el grado de mariscal de campo. Posteriormente el 1 de agosto de 1734 le fue otorgada la Gran Cruz Honoraria de San Luis. En el mismo periodo le fue concedido el título de marqués de Peñablanca (Pegna Blanca). Finalmente fue ascendido a lugarteniente-general de los ejércitos del rey en enero de 1739. Murió en diciembre de ese año en Versalles, donde está enterrado (Hozier, 1817-1818, pág. 245) (Figueroa, 1974).

Asimismo resulta interesante comprobar como descendientes de la familia Lísperguer ingresaron en órdenes nobiliarias. Sirva de ejemplo don Antonio Boza y González, caballero supernumerario de la Orden de Carlos III, nacido en Ica, bautizado el 16 de octubre de 1760, graduado en Bachiller en Cánones en 1780, Licenciado y doctorado por la Universidad de San Marcos en 1782, recibido como abogado por la Audiencia de Lima, capitán del Regimiento de Lima en 1779.

Su abuelo paterno fue el maestre de campo don Antonio de Boza y Solís, corregidor de Santiago, el cual casó en 1721 con doña Ana Garcés y Lísperguer, nacida en Santiago de Chile, bautizada en su catedral en 1694. Hija ésta del general don Antonio Garcés de Mancilla y de doña Ana Lísperguer de Irarrázaval, nacida en Santiago, casado en la catedral de esta ciudad en 1683.

Otro caso es el de don Felipe Lizarazu y López, nacido en la Plata, bautizado en su catedral el 24 de agosto de 1763, capitán de granaderos de infantería de los reales ejércitos, II conde de Casa Real de Moneda de Potosí, caballero supernumerario de la Real Orden de Carlos III, nieto por la parte materna del doctor don José López Lísperguer, nacido en Santiago de Chile, bautizado en su catedral el 4 de febrero de 1706, consejero de S.M. y oidor de la Audiencia de la Plata. Hijo éste del maestre de campo don Millán López Martínez y de doña María Lísperguer y Aguirre, nacida en Santiago de Chile, bautizada en su catedral el 23 de marzo de 1670 (Lohman Villena, 1947).

En el siglo XVIII los Lísperguer enlazaron con varios títulos de Castilla, sobre todo en Perú y Chile y también uno en Argentina, esparciendo su sangre por toda la sociedad. Pero inexorablemente, todo muta con el paso del tiempo, los grandes imperios caen y las grandes familias desaparecen. En el declinar del siglo la familia Lísperguer se perdió en la bruma de los tiempos. Sus últimos descendientes, empobrecidos, ya no eran ni la sombra de lo que fueron en el siglo precedente. Sin más recuerdo que su preciado abolengo, acabaron extinguiéndose por varonía, quedando eso sí, el abrumador peso de su leyenda.

A pesar de su extinción, el prestigio de su espíritu siguió difundiéndose por sus líneas femeninas, llegando su fama hasta nuestros días. Recurriendo a fuentes más contemporáneas, resulta asombroso verificar los artículos escritos en *"El Mercurio"* de Santiago, de 21 de mayo y 7 de junio de 1945, donde se mencionan la gran cantidad de destacadas familias, que en ese momento estaban emparentadas con los Lísperguer. Algunos descendientes de esas familias han llegado a ser presidentes de la República ("Los Lisperguer y la Quintrala", 1945) ("Los Lisperguer y la Quintrala; adición a una crítica", 1945).

Cinco siglos después de la aparición del primer Lísperguer en Chile, aún es difícil poder llegar a calibrar la intensidad, la dimensión, las enormes implicaciones sociales, políticas y culturales que se derivan de esta familia. Los Lísperguer en su origen fueron una familia mestiza. Las mismas contradicciones que envolvieron la vida de sus miembros, sacuden nuestra naturaleza hoy en día. Chile es una sociedad híbrida. Los numerosos estudios científicos que se han abordado sobre la materia no dejan lugar a dudas. Los tambores de Arauco ya no invocan su canto guerrero. Sin embargo, después de tanto tiempo transcurrido aún seguimos negando nuestra parte indígena.

Manuel Astorga en una ocasión exclamó: *"En Santiago el que no es Lísperguer es mulato"* (Vicuña Mackenna, 1944, pág. 19). Lo que viene a significar que en Chile el que no tiene en su ascendencia a la familia Lísperguer, posee "sangre negra". Lo que también evoca que a pesar de la carga peyorativa que para muchos supone el aporte de sangre mestiza de los Lísperguer, esta familia se mezcló con las familias más encumbradas de Chile. En el fondo, con este –en apariencia– inocente pensamiento, el Sr. Astorga está estableciendo un sistema de gradaciones entre el negro absoluto y el blanco absoluto, y puesto que éste último es dudoso que exista, la familia Lísperguer a pesar de su mestizaje inicial vendría a ocupar ese máximo absoluto que muchos veneran.

Esta frase se ha propagado en muchos manuales de historia, pero en mi opinión es un pensamiento discriminatorio y exagerado que debería desterrarse de nuestro discurso historiográfico. Creo que son mucho más apropiadas las palabras del jesuita Rosales refiriéndose a Juan Rodolfo Lísperguer Flores: *"Fue... noble de condición, por serlo tanto en linaje"* (Rosales & Vicuña Mackenna, 1877-78, pág. 464). Hoy en día, en Chile se exhibe con orgullo la ascendencia lispergueriana como un signo de hidalguía. Precisamente por ello, con el renacer de los tiempos, la palabra "orgullo" debería adquirir en todos nosotros una nueva connotación.

En los últimos párrafos hemos descartado la ascendencia hebrea de la familia Lísperguer, así como de la familia Flores. Asimismo hemos conocido la idiosincrasia de estas familias alemanas, su descendencia y su protagonismo principalmente en Chile. No debemos olvidar que cuando nos sumergíamos en estas disquisiciones, lo hacíamos con una finalidad que era intentar llegar al origen de la familia Lísperguer /Wittemberg. Ese era y es nuestro gran objetivo. Ahora pues, cambiando de continente y de contenido, debemos hablar de la familia Wittemberg. De nuevo, por tanto, nos asaltan las dudas. ¿Pudo tratarse de una trama familiar orquestada desde ambas partes del océano? ¿Por qué no se ha podido probar la supuesta ascendencia de los duques de Sajonia? ¿Pudo la familia Wittemberg poseer un origen judío?

La familia Wittemberg emigró a Coestfeld, después a Hamburgo, pasando de ahí a España. En los nobiliarios se aduce que lo hicieron huyendo de las persecuciones de los luteranos, ya que eran católicos y por tanto buscaban refugio en un lugar seguro donde poder practicar su religión. Es más, se incide en la idea de que algunos miembros pasaron al servicio de Carlos V, adalid del catolicismo en Europa. Pero no debemos olvidar que los luteranos no sólo persiguieron a los católicos sino también a los judíos.

Salvo algunas resonantes excepciones, la familia Witemberg fue una familia de comerciantes. Este mismo hecho y su predilección por los grandes centros del comercio mundial como Hamburgo o Málaga, podrían ser contemplados bajo un halo de sospecha, conocida la preferencia de los judíos por ese tipo de asentamientos. Por otra parte, es sabido como, por ejemplo, en Estados Unidos, hay miles de personas que portan el apellido "Wittenberg" que son de origen judío. Sus antepasados fueron judíos que vivieron en algún lugar del este de Europa como: Rusia, Polonia, Lituania, Ukrania, etc… Antes de que las legislaciones alemanas les impusieran tomar nombres de familias alemanas, muchos de ellos al convertirse transformaron su antiguo nombre en Yiddish por nombres del lugar.

Los nombres de las augustas ciudades alemanas eran mucho más prestigiosos y por tanto preferibles, a los ridículos nombres que les asignaban las autoridades zaristas. Por lo tanto, es claro que muchos judíos alemanes que vivían antes del siglo XVIII en la ciudad de Wittenberg o sus proximidades tomaron el nombre de esa ciudad. En conclusión, ¿pudo la familia objeto de nuestro estudio tratarse de una familia judía, que tomó ese nombre de la ciudad de Wittenberg, en Sajonia? ¿Podría por tanto tener razón el responsable del archivo de Sajonia cuando dice que lo único que une a la familia Wittemberg con Sajonia es el origen locativo del apellido, desconfiando por tanto de la alusión a la descendencia de los duques de Sajonia?

Es en este punto donde se produce el gran giro de nuestra investigación, sin cuya comprensión no podemos seguir adelante. La familia Wittemberg no proviene de la ciudad sajona de Wittenberg. Es pronto, para explicar porqué. Por ahora, es necesario que el lector retenga que

el apellido que escrutamos es "Wittemberg" con "**m**" y no Wittenberg, con "**n**". Es decir, el apellido Wittemberg etimológicamente no
posee ningún parentesco con el de esos otros Wittenberg, dignos ciudadanos que viven en Norte América.

Ahora bien, se sabe que el primer Wittemberg que de Hamburgo
llegó a Málaga, se llamaba Juan Wittemberg, el cual vino a la edad de
catorce años al cuidado de Rodrigo Elers, cónsul en Málaga por S.M.
de las ciudades hanseáticas y provincias obedientes de Flandes. Se
sabe asimismo, que su padre Alberto Wittemberg murió en Hamburgo
o sus vecindades en 1662. También se conoce como su hijo Juan se
casó en Málaga con María Arizón, el 12 de enero de 1670.

Es decir, probablemente antes de que muriera su padre y en cualquier caso antes de su matrimonio, Juan Wittemberg llegó a Málaga.
Téngase en cuenta que en la certificación de Guerra y Sandoval se
relata que Juan Wittemberg vino a Málaga en compañía de su padre,
lo que entra en contradicción con numerosos documentos procedentes
del Archivo Histórico Provincial de Málaga, que atestiguan que Juan
Wittemberg vino en compañía de Rodrigo Elers, el cual parece que
fue durante algún tiempo su tutor o curador.

Sin embargo, alrededor de quince años antes de que llegara Juan
Wittemberg a Málaga, existe noticia de hechos sorprendentes. Así es
evidenciable como dos listas de compañías judeo-holandesas que comerciaban con España, completa con sus seudónimos y el nombre de
sus correspondientes, la primera conteniendo dieciocho firmas y la
segunda quince, procurada por Manuel Laville en Ámsterdam a Jac-
ques Richard, fueron enviadas por Richard a la Embajada Española en
la Haya y redirigida por Embajador Gamarra con sus despachos a
Madrid el 16 de octubre y 16 de noviembre de 1655.

Hoy en día referencias de ambas listas se encuentran en los regis-
tros del Consejo de Estado en el Archivo de Simancas. Según estos, el
Consejo habría aconsejado al rey que enviara la primera lista a la
Inquisición, como así se hizo acompañando una carta de Felipe IV

dirigida al Inquisidor General fechada 30 de diciembre de 1655. La
segunda lista, vista por el Consejo fue enviada en cambio al Consejo
de Hacienda, archivándose allí.

De ésta última se desprende que Rodrigo Elers y su hermano Bernardo, habrían sido a finales de la década de 1650 correspondientes en
Málaga del mercader de Ámsterdam Juan González, conocido también
con el nombre de Albert Wighman, que utilizaban el alias de Jacob o
Abraham van Gruenendal, de origen judío sefardí. También es constatable como los hermanos Elers comerciaban en 1668 con Gerardo
Raard, al cual aparece asociado a Abraham la Fontaine y Eduardo Van
Hull, los cuales mantienen tratos comerciales con Antonio Hendriksen, según se cree pariente de Francisco Hendriksen, seudónimo
del mercader sefardí de Ámsterdam Simón Rodríguez Nuñez (Sánchez
Belén J. , 1996)[15].

Por otra parte, también es verificable como Juan Witemberg y Augusto Paulsen, socios comerciales de la compañía marítima
Wittemberg, otorgaron en 1700 un poder a Abraham Beck y Enrique
Van Wesel, Compañía de hombres de negocios de Ámsterdam, para
que cobraran a Juan Spyquet, hombre de negocios de la ciudad de
Dunquerque, las cantidades de dinero que importaban diferentes letras
y que el susodicho había aceptado pagar en Ámsterdam y habiendo
asignado el pago a Willem van Nes (Henríquez de Medrano, 1700).
En adición a lo anterior, es notoriamente conocido que al menos
Abraham Beck, miembro de la Compañía de las Indias Orientales, fue
un destacado miembro de la comunidad sefardí de Ámsterdam.

Lógicamente estos presupuestos son alarmantes y sugieren que tanto los hermanos Elers, como Juan Wittemberg, hayan podido ser
judíos y pertenecientes a una gran red internacional de comercio sefardí. Sin embargo, hay muchos argumentos que destruyen

---

[15] *Los documentos originales de estos hechos se encuentran respectivamente en: AGS, Haya, xxxviii, fol. 143, 150; AGS, Estado, 2085, consulta, 26 de
diciembre de 1655, Adler, loc.cit; AGS, Estado, 2089, consulta 18 enero,
1656.*

completamente esta hipótesis. Así pues es necesario decir, que tanto los hermanos Elers como Juan Wittemberg, fueron extranjeros, comerciantes, gente sin los escrúpulos confesionales que existían en la intolerante España de entonces. Rodrigo Elers como buen especulador buscaba el beneficio allí donde se encontraba. Aceptaba tratos con toda clase de comerciantes y en este caso no dudó en entablar relaciones comerciales con un próspero hombre de negocios de Ámsterdam, aunque fuera sefardí.

En la compañía Wittemberg, no se constatan correspondencias con otros judíos, salvo este caso puntual en el que la compañía utilizó los más convenientes mecanismos internacionales de giro, para realizar un pago concreto. Es bien cierto que en aquella época la comunidad judeoconversa malagueña de ascendencia portuguesa era bastante numerosa, con contactos en Granada, lo que hace suponer que el abastecimiento de esta ciudad dependería estrechamente del comercio con Málaga (Sánchez Belén J., 1996, pág. 303).

Por su privilegiada situación geográfica, junto al paso del Estrecho de Gibraltar, Málaga va a experimentar un auge mercantil de gran importancia a lo largo de la Edad Moderna, convirtiéndose su puerto en polo de atracción dentro de las rutas del comercio internacional. No es de extrañar pues que los judíos, tan dados siempre a las actividades económicas y financieras, eligiesen la capital malacitana como lugar de residencia, máxime si se tiene en cuenta la facilidad de desplazamiento que les daba su tráfico naval, de gran interés para los conversos en el caso de verse obligados a una precipitada fuga ante el acoso inquisitorial (Pérez de Colosía Rodríguez, 1984).

Esta nutrida comunidad criptojudía procedente de Portugal había conseguido emigrar al amparo de las medidas liberalizadoras de Olivares. En muchas ocasiones sus finanzas estaban asociadas con las de los súbditos rebeldes de los Países Bajos, haciendo en Málaga de testaferros de los banqueros holandeses. Lógicamente esto causó gran alarma social entre las autoridades malacitanas, que veían en los lusitanos un grupo que pretendía apoderarse de España, o al menos conspirar contra ella. Pronto llegaron a oídos del Tribunal de la Fe estas preocupantes noticias, poniéndose inmediatamente en marcha los mecanismos represores de la Inquisición.

A partir del año 1664 se producen detenciones masivas de "marranos", que irán intensificándose hasta llegar a su apogeo en 1668. En el Auto de Fe celebrado en 1670, en acto solemne, se leyeron 90 sentencias, a las que se añadieron otras de 8 relajados arrepentidos a última hora. Tres malagueños fueron quemados en la hoguera, por lo que quedó erradicada la comunidad judía de Málaga (Pérez de Colosía Rodríguez, 1984, págs. 90-96). Todos sus nombres están registrados. Por lo tanto, en todo este proceso de inquirimientos, detenciones, confiscaciones y procesamientos, la familia Wittemberg jamás fue molestada, ni lo fue su progenie en más de doscientos años, como tampoco lo fue Rodrigo Elers, su hermano Bernardo, o sus descendientes.

La familia Wittemberg poseyó una de las compañías marítimas más prósperas de Málaga. Era una compañía de comercio mayor, cuyas rutas más comunes eran los Países Bajos españoles, las Provincias Unidas, las ciudades hanseáticas, y los territorios bálticos. Aunque una investigación profunda sobre las actividades comerciales de la familia Wittemberg aún está por realizar, los documentos hasta ahora hallados sugieren que la relación con Ámsterdam debió ser intensa, independientemente de las rutas hanseáticas y bálticas.

A finales del siglo XVII, los Países Bajos, especialmente Ámsterdam, eran el mayor emporio comercial del mundo, con colonias, plazas fortificadas, y asentamientos comerciales en América, Asia, África, India, Indonesia, etc. En lo que respecta a Europa la República estaba situada en una conjunción de las vías de agua del norte, conectando el Atlántico, el Báltico y el Rin. Los puertos holandeses se liberaban antes del hielo que aquellos del Báltico, lo que permitía a los barcos holandeses dirigirse al sudoeste de Europa con sal y luego al

Báltico, donde cargaban nuevamente de mercancías como grano, volviendo a Holanda, antes de que se helara el agua.

El éxito holandés radicaba en muchos factores. Entre ellos uno de los más importantes era la intervención política de los Estados Generales, así como la eficiencia empresarial. Además existía una gran innovación técnica y tecnológica y tripulaciones reducidas, lo que permitía abaratar costes. El emporio comercial de Holanda resultaba muy atractivo para los comerciantes ya que era una base potencial para viajes muy largos y costosos. Ámsterdam, por ejemplo, era un gran centro de almacenaje de mercancías, pero además poseía una industria muy desarrollada, que le permitía convertir materias primas en productos manufacturados. Muy destacada era la industria textil, el refinamiento de azúcar, las fábricas tabaqueras, etc.

Además Holanda ofrecía un amplio abanico de servicios financieros y seguros. La lentitud e impredecibilidad de la comunicación favorecía la concentración de servicios financieros en un solo punto. Especialmente Ámsterdam era una central o depósito de mercancías, que requería una serie de mecanismos de pago, clasificación de productos, seguros. Además brindaban unas tasas de interés muy bajas comparadas con los países del entorno, así como fletes económicos. Ofrecía un centro sin parangón como mecanismo de pago facturas y balances, tráfico financiero, inversión de mercancías, o como centro de almacenaje. Agilidad en las operaciones bancarias, bajas comisiones, rápido cambio y pago de facturas, eran sus rasgos distintivos (Israel, 1989).

La evolución de los Países Bajos hasta convertirse en un gran emporio mundial, no fue fácil y atravesó diversas fases. En 1585 Felipe II decreta un embargo general de mercancías desde Holanda hacia España y Portugal. Existía por entonces una devastadora guerra entre España y Holanda, teniendo ésta gran parte de su territorio ocupado, y cerrados sus canales fluviales con Amberes y otras ciudades de la Holanda española. En esta época los Países Bajos fueron hostigados

continuamente y su comercio sufrió muchas limitaciones. En 1598
Felipe III impone un nuevo embargo, por lo que continúa la tensión
con Holanda.

El período siguiente es el de la Tregua de los Doce Años 1609-
1621, que supone un resurgimiento de los holandeses en su tránsito
hacia la hegemonía mundial en materia de comercio. Nuevamente
entre 1621-1647 se produce una crisis en la economía mundial y Felipe V reintroduce el embargo en 1621, provocando una recesión en el
desarrollo comercial holandés. A continuación el Tratado de Münster
de 1647-1648 supone un vuelco decisivo en las relaciones holandesa-
españolas, conllevando el final del conflicto entre ambas naciones.
Las Provincias Unidas alcanzaron un espectacular auge en este período, llegando a su cenit en su dominio del comercio mundial.

Esto supuso una caída general de los costes de fletes y seguros marítimos. Los costes por viajes desde la Península Ibérica hacia el
Mediterráneo bajaron drásticamente y también los hicieron los costes
de viajes hacia el Mar del Norte y el Báltico. Nuevamente se abrieron
los puertos del sur de Italia, o de la Italia española a los barcos holandeses. Se reabrió el tráfico entre los puertos flamencos y las
Provincias Unidas y en general el flujo comercial entre Holanda y
España, así como el resto del Mediterráneo aumentó espectacularmen-
te.

El factor clave que produjo el gran aperturismo de España hacia su
archienemigo holandés fue la dura guerra que estalló entre España y
Francia (1635-59). Tras el tratado marítimo de 1650 entre Holanda y
España, los barcos holandeses se aseguraron en favorables términos,
el acceso comercial hacia los mercados europeos bajo la corona española. La República además consiguió atraer a Dinamarca a su lado,
que se alió con los holandeses en febrero de 1653, momento en el que
el estuario danés fue cerrado a los británicos y la navegación inglesa
en el Báltico se paró completamente.

La política de la corona española, hostil hacia Francia y sospechosa de Inglaterra fue un factor clave en el éxito holandés, que creció aceleradamente a pesar de su guerra con los ingleses y que pudo mantener el apogeo de su estatus comercial hasta el final de la época de los Ausburgo en 1700. Gracias a esta coyuntura internacional, Andalucía estaba plagada de barcos hamburgueses y sobre todo holandeses. Por otra parte, esta fuerte interdependencia entre las Provincias Unidas y el Mediterráneo coincide con el auge y consolidación de la comunidad sefardí, especialmente en Ámsterdam.

Emigrados éstos fundamentalmente de Portugal y España, constituían 10.000 almas, lo que representaba el 7 por ciento de población de la prospera ciudad. Es bien conocido que estos estaban especializados en las rutas hacia Portugal, España y Marruecos. Era un grupo poderoso, con una indudable influencia política, muchos de ellos con lazos en la Compañía de Indias Orientales y cuyo número de depositantes en el Ámsterdam Exchange Bank llegaba al 13 por ciento del total.

En términos generales, se sabe que la actividad de este grupo durante ese periodo en relación a su comercio con la Península Ibérica y en particular con Málaga fue intensa, pero los expertos señalan que aunque fue importante sólo constituyó una pequeña fracción de todo el comerció holandés. Además, es precisamente en este periodo cuando no obstante los tratados liberalizadores con las Provincias Unidas, resurge una antipatía hacia la comunidad sefardí de Ámsterdam, y la Inquisición española retoma con especial fervor su cruzada contra los criptojudíos en la Península Ibérica.

Por otra parte los judíos tenían vedadas las rutas del Báltico y las ciudades hanseáticas, así como los puertos de Francia (Israel, 1989, págs. 417-447). Es en este momento cenital, de auge y expansión del emporio holandés cuando Rodrigo Elers llega a España, constatándose su presencia en Málaga a partir de 1646. En este sentido, es interesante desmenuzar la figura de Elers y su familia, para saber si realmente era un judío proveniente de Hamburgo o si por el contrario era un comerciante oportunista, que no dudo en aprovechar en un momento dado, la coyuntura más favorable para sus negocios.

Algunas fuentes mencionan a Albert Elers, ciudadano de Hamburgo, el cual figura en algunas actas de procesos como apoderado de sus hermanos Rodrigo y Bernardo Elers, comerciantes y ciudadanos de Málaga. También se menciona a Dietrich Elers, que habría sido cónsul de las ciudades hanseáticas y Holanda, así como ciudadano de Málaga (Stegemann & Konrad, 1995). A su vez, el Staatarchiv de Hamburgo informa que las personas que fueron enviadas por la ciudad para ejercer el cargo de cónsules en Málaga, fueron las siguientes: 1675 Roderigo Elers; 1678 Dietrich Elers; 1678-1684 Nicolaus Elers (padre); 1684-1700 Nicolaus Elers (hijo del anterior).

El *Zeitschrift des Vereins für harburgische Geschichte*, obra que enumera específicamente a los cónsules de Hamburgo enviados a diversas ciudades de Europa, en el caso de los enviados a Málaga menciona a Nicolaus Elers, cónsul hanseático, desde 1678 hasta 1684 y a Nicolaus Elers, hijo del anterior, el cual recibió la calificación de adjunto al consulado desde 1678, pero que fue verdadero cónsul hanseático, desde la muerte de su progenitor en 1684 hasta 1701 (Meissner, 1851). Como puede observarse hay cierta duplicidad de nombres y fechas, lo que sugiere que es posible que algunas de estas personas hayan sido registradas bajo diferentes nombres siendo en realidad las mismas personas.

Por otra parte, también puede comprobarse como se trata de una saga familiar importante, que fue enviada sucesivamente a Málaga a ejercer la delicada misión de cónsul hanseático. La certificación de Guerra y Villegas, señala claramente que Rodrigo Elers fue el padre de Nicolás Elers (muerto en 1701), por lo que todo parece indicar que el verdadero nombre del padre debió ser Rodrigo Nicolás Elers. Por tanto, Rodrigo Elers, el hombre que de Hamburgo trajo a Málaga a

Johannes Wittemberg Dreyers alrededor de 1668 era un hombre bien enraizado en la ciudad malacitana.

Rodrigo Elers, cuya presencia en Málaga se detecta, como se ha dicho, desde 1646, aparece en abril de 1660 como representante de las naciones hanseáticas, flamencas y holandesas, negociando y posteriormente firmando con los monjes del Convento de Santo Domingo de los Predicadores, la creación de una capilla de enterramiento, donde pudieran reposar los hombres de negocios de dichas naciones que fallecieran en Málaga, capilla que sería añadida e incorporada al Convento de Santo Domingo, que recibiría la protección y asistencia de los monjes y que sería financiada con contribuciones de los hombres de negocios de las mencionadas tres naciones.

En abril de 1662 Rodrigo Elers al frente de la misma representación, sería apoderado por los comerciantes de dichas naciones para nombrar un juez especial que defendiera sus causas civiles y criminales en el distrito de Málaga (Reder Gadow, 2000). Rodrigo Elers fue un hombre influyente en la comunidad de extranjeros, referido en varios documentos como cónsul en Málaga de las naciones hanseáticas y provincias obedientes de Flandes (Domínguez, 1669). Otras certificaciones hacen alusión a que Rodrigo Elers fue designado el 8 de agosto de 1675, cónsul de las naciones flamencas y ciudades hanseáticas ejerciendo el cargo hasta 1684.

En la misma relación se señala que fue además pagador de las guardas del mar y soldados de las villas de Málaga, Mijas y Benalmádena desde junio de 1650 hasta enero de 1684 (Guerra y Villegas, ca. 1682-1720). Además, es nombrado en 1666 depositario del dinero para la fabricación del muelle malagueño, lo cual implica, cuanto menos, una cierta liquidez y el apoyo de la oligarquía municipal malagueña (Sánchez Belén J., 1996, pág. 305).

Se conocen de él algunos textos que se dieron a las prensas, como el pleito que mantuvo con Simón de Fonseca Piña, tesorero y administrador general por Su Majestad de las rentas reales de las lanas, editado por Baltasar de Bolívar y Francisco Sánchez, fechado en 1646 y sus apuntamientos en el pleito que mantuvo con doña Leonor María de Acevedo y Guzmán, editado por la Imprenta Real de Nicolás Antonio Sánchez y fechado en 1675. Rodrigo, lejos de retornar a Hamburgo, se asentó y casó en Málaga donde dejó nutrida descendencia.

Hijo de don Rodrigo fue don Nicolás Elers y Torres, natural de Málaga. Capitán de caballos. En 1661 es alférez de unas de las cuatro compañías de caballos de la milicia de Málaga. Continuó en este puesto hasta 1676 en que ascendió a capitán, por muerte de don Agustín de Melgarejo, reteniendo dicha compañía hasta marzo de 1678, en que S.M. le dio licencia para partir a Flandes, con retención de su compañía, gobernándola su alférez, en su ausencia. El 27 de agosto 1680 el duque de Villahermosa –gobernador de los Estados de Flandes– le nombró agente de S.M. en la ciudad de Hamburgo.

El 20 de agosto de 1684 hizo dejación de la compañía de caballos que tenía en Málaga. En diciembre de 1690 S.M. aprueba el nombramiento de Nicolás Elers como comisario y cónsul de las naciones flamencas y demás ciudades hanseáticas en Málaga. Desde 1684 es – al igual que su padre– pagador de las guardas del mar del partido de Málaga, y soldados de la villa de Mijas y Benalmádena, sin sueldo. El 10 de noviembre de 1673 se halló en el encuentro que tuvieron cuatro navíos españoles con otros cuatro de Francia en el Puerto de Málaga, donde hubo gran número de heridos y muertos.

Demostró gran valor y experiencia militar, asistiendo con su caballo en la cabeza del muelle, habiendo actuado en muchas acciones militares semejantes, como certifica el marqués de Villa-Fiel, gobernador de Málaga y otros cabos. Fue su hermano el licenciado Joseph Elers y Torres, que fue durante siete años corregidor de la villa de Utiel, y que tras la muerte de su hermano Nicolás, le dejó éste en testamento muchos de sus cargos. Nicolás Elers y Torres murió en 1700 ó 1701 siendo cónsul de las nobles ciudades hanseáticas del Sacro

Romano Imperio y provincias de Flandes (Guerra y Villegas, ca. 1682-1720).

Gracias a un expediente de Caballero de Santiago de uno de sus descendientes, se conocen además varios datos de la progenie de don Nicolás, expediente en el que testificó acreditando su persona e identidad, don Jorge Carlos Wittemberg Aguilar. Don Nicolás Elers y Torres tuvo un primer matrimonio con Salvadora Linero y casó en segundas nupcias el 18 de febrero de 1688, con doña Catalina Gertrudis de Erazo. Según el testamento de ésta tuvieron los siguientes hijos:

1) Alberto Elers, alférez de caballería en el real servicio.
2) Joseph Elers, que vivía en la ciudad de Córdoba.
3) Fray Baltasar Elers de la Orden de Señor San Juan de Dios.
4) Doña Catalina Elers, religiosa del Convento de San Bernardo.
5) Doña Juana Elers viuda de don Juan Bravo.

Doña Juana Elers, nacida en Málaga el 21 de noviembre de 1694 muere el 1 noviembre 1741, siendo enterrada en el Convento de la Merced de Málaga. En el expediente se prueba la notoria hidalguía de sangre de doña Juana, la cual casó en Málaga el 2 julio de 1708 con don Juan Bravo, nacido en Málaga el 10 de octubre de 1684, muerto el 8 marzo 1729. De este matrimonio procede doña Isabel Bravo y Elers, bautizada en Málaga el 2 de noviembre de 1713, la cual casó el 15 de agosto de 1738, con Dionisio Cabello y Fernández, ambos naturales de Málaga, coronel de los Reales Ejércitos, comandante del Escuadrón de Caballería de Granada.

De este matrimonio fue hijo don Martín María Cabello y Bravo, bautizado en Málaga el 30 de noviembre de 1739, ayudante mayor del Regimiento de Caballería de la Costa de Granada, el cual probó su nobleza para ingresar en la Orden de Caballeros de Santiago en 1773 (Consejo de Órdenes, 1773). Como puede verificarse, tal nivel de adaptación de una familia extranjera no puede lograrse sino existen unas sólidas bases que permitan su integración.

La familia Elers posee amplias conexiones con los comerciantes extranjeros más influyentes. Poseen un alto grado de aceptación dentro del cabildo malagueño. Sus descendientes se introducen en la Iglesia, en el Ejército, así como obtienen estatutos nobiliarios. Después de lo que hemos visto, ¿Puede creerse que la familia Elers, con semejante currículo, enviada con toda la confianza del Senado de Hamburgo a la ciudad de Málaga, haya podido ser de origen judío o judeoconverso? Parece bastante difícil.

¿Y qué puede decirse de la familia Wittemberg? ¿Pudieron ser éstos correspondientes o factores de judíos? Para ello es necesario analizar la estructura comercial y los destinos de la compañía. La compañía Wittemberg y cía, fue una de las empresas más prósperas de Málaga, que consiguió sobrevivir alrededor de 130 años, desde 1668 hasta su quiebra en 1796. Habíamos visto, páginas más arriba como el emporio mundial holandés había alcanzado su cenit desde 1672 hasta 1700. Sin embargo, desde 1700 a 1713 se desencadena la Guerra de Sucesión Española, un vasto conflicto mundial que iba a perjudicar los intereses de los holandeses.

Carlos II, el último Habsburgo, deja en su testamento los territorios hispánicos a Felipe de Anjou, nieto de Luis XIV de Francia. Viendo las potencias europeas el peligro de la unión de las coronas de Francia y España bajo un mando único, se unen para bloquear a Francia. Las Provincias Unidas, junto a Inglaterra y Austria declararon la guerra a España y Francia en mayo de 1702, derivándose una dura y sangrienta contienda. Tras la Paz de Utrecht en 1713 se pone fin a la guerra. Aunque la paz marcó el fin del auge holandés, no supuso la extinción de su comercio en términos absolutos. En las décadas siguientes, las Provincias Unidas, aunque en declive, lograron mejorar y mantener su posición comercial.

Hay autores que incluso llegar a decir que nunca existió tal declive y que Holanda siguió manteniendo su estatus de gran centro comercial mundial hasta finales de siglo. Al menos hasta 1790 Ámsterdam seguía siendo el emporio comercial de Europa por excelencia, proveyendo sin competencia, almacenaje de mercancías navieras y servicios comerciales y financieros. Adam Smith escribía en 1770 que los holandeses habían sido y todavía eran los mayores transportadores de Europa y eso explicaba suficientemente su éxito (Israel, 1989, pág. 401). La referencia a Holanda no es en absoluto gratuita, ya que como en seguida veremos, parece que la compañía Wittemberg estuvo estrechamente vinculada en materia de comercio a la prospera República. Dado el nutrido contingente sefardí que en la época existía en Ámsterdam, esta es una cuestión que debe analizarse.

En cuanto a la compañía Wittemberg y cía, empezando por su estructura interna –aunque todo se verá en mayor detalle en la parte segunda– es necesario decir que hasta donde se conoce, muchos de sus socios fueron alemanes: Paul Paulsen (burgomaestre de Hamburgo), Augusto Paulsen (probablemente pariente del anterior), Enrique Zentren. Quizás algunos holandeses: Juan de Groot, Bartolomé van Ordelen (éste último calificado de hanseático). Otros fueron cónsules, uno dinamarqués y tres holandeses: Vicente Harms, Guillermo Nagel, Juan Esteban Lamair y Nicolás Koops. Vicente Harms fue enviado directamente por el rey de Dinamarca y el resto por los Estados Generales de las Provincias Unidas.

Esto nos da una idea de las rutas preferenciales de la compañía, pero también el hecho de que la compañía tuviera como socios a cónsules, denota que estaban utilizando influencia política, para allanar obstáculos mercantiles, a la vez que conseguían negocios comerciales en condiciones altamente beneficiosas. Por muy bien establecidos que estuvieran los judíos de Ámsterdam, es impensable que los Estados Generales hubieran enviado a Málaga a un cónsul sefardí. Por otra parte, de lo que se conoce de los empleados de la compañía, salvo algún español, la gran mayoría eran hanseáticos, sobre todo de Hamburgo y uno procedía de Bremen.

En cuanto a las rutas, es manifiesto que los sefardíes se habían especializado en itinerarios que partían desde las Provincias Unidas y se dirigían hacia Portugal, Marruecos y España y viceversa. Por el contrario la compañía Wittemberg tenía como destino a las ciudades hanseáticas, las rutas bálticas, las Provincias Unidas, Flandes (dependiendo del periodo) y alguna vez Francia e Inglaterra. Es decir, son rutas totalmente diferentes. Además, los sefardíes tenían vedado el acceso a las rutas bálticas por la presión que ejercían en aquellas aguas, holandeses, alemanes y británicos.

En Málaga, la compañía Wittemberg hizo muchas veces causa jurídica común con hanseáticos, holandeses y flamencos, ya sea para obtener tratos preferentes, u obtener determinados derechos, lo que nos permite saber cuáles eran sus orbes de influencia. Entre sus rutas está constatado en diversos protocolos notariales que los destinos de sus barcos fueron: Dunkerque, Brujas, Amberes, Ámsterdam, Hamburgo, Lübeck, Polonia, Suecia, etc. Durante la Guerra de Sucesión la compañía pudo sobrevivir realizando las rutas bálticas con barcos neutrales. Después, a partir de la década de 1720-30, la situación internacional mejoró considerablemente, por lo que la compañía medró enormemente a lo largo del siglo, manteniendo el record de haber podido permanecer activa durante 130 años hasta 1796, año en que se produce su disolución.

Los miembros de la familia Wittemberg jamás emigraron. Se establecieron en Málaga y se integraron con las oligarquías locales. Las hijas de los primeros Wittemberg se casaron con regidores municipales, superando el estricto estatuto nobiliario, necesario para acceder a esos grupos. No sólo formaron parte del clan de la nobleza, sino que muchos en tercera generación hicieron carrera en el Ejército, en la Marina o ingresaron en órdenes religiosas. El nieto del primer Wittemberg que llegó a Málaga, llego a ser deán de su catedral.

La familia Wittemberg declaró ante todos su catolicidad en muchos protocolos. En la certificación de Guerra y Sandoval, testificaron tanto, don Antonio Cristóbal de Lara, alguacil mayor del Santo Oficio de la Inquisición, como gran parte de la comunidad protestante de Málaga, los cuales aseguraron que la familia Wittemberg era una familia católica (Guerra y Sandoval, ca.1740). Después de lo visto, queda ya muy poca base para suponer que la familia Wittemberg haya podido tener un origen sefardí, no obstante sus tratos con el mayor emporio comercial de su tiempo: Las Provincias Unidas. Pero aún hay más.

Según Guerra y Sandoval tres generaciones de la familia Wittemberg se asentaron en Coestfeld. Sin embargo, a pesar de todos los esfuerzos realizados en esa ciudad, así como en todos los pueblos de alrededor, que conforman el área aproximada del antiguo ducado de Münster, ha sido imposible obtener información sobre la familia. Lo que sí es constatable es el afincamiento de la familia en Hamburgo antes de pasar a España. Hamburgo fue una ciudad situada en una importante ruta comercial, cuya conexión marítima facilitaba el intercambio de mercancías con otras naciones.

Allí en Hamburgo, en los mismos años en que vivieron allí los Wittemberg, radicó una colonia de prósperos judíos portugueses provenientes de Ámsterdam, que en su día habían emigrado del país Luso. Eran comerciantes pudientes, algunos con títulos aristocráticos, representantes de casas extranjeras, que trajeron a Hamburgo un considerable capital, y que disponían de amplias relaciones comerciales: con Ámsterdam, con Portugal, con España, con los puertos de Levante e incluso con ultramar. Su influencia en el comercio exterior era enorme. Gracias a su actividad el prestigio de Hamburgo crecía continuamente. En 1619, entre los fundadores del "Banco para Comercio e Industria" se encontraban treinta comerciantes judíos.

Aún se conservan los nombres de doce "portugueses ricos" que habían participado con un capital muy considerable. En 1645 llegó a Hamburgo Diego Abraham Texeira de Mattos, fundador de un importante Banco, que se establecía en la ciudad nada menos que como ministro de la reina Cristina de Suecia. Curiosamente, también es verificable como los Wittemberg o sus socios se dedicaron al comercio marítimo y llevaron sus productos a Holanda, España, etc. Así pues, inmediatamente surge un interrogante, ¿Fueron los Wittemberg en realidad parte de esta colonia radicada en Hamburgo? En principio no, porque eran alemanes y no portugueses. Pero disponemos de pruebas muchos más concluyentes.

Está constatado en la historia del pueblo judío como esta floreciente comunidad de judíos fue atacada en varios frentes. En distintas ocasiones (en 1648 y 1663) la Cámara Imperial, a través de sus emperadores respectivos, Fernando III y Leopoldo I, presionó bajo diversos pretextos para erradicar a la comunidad judía de Hamburgo. En esos momentos el Senado de Hamburgo no cedió, e incluso esta comunidad de judíos recibió el apoyo de la reina Cristina, el Consejo de Estado de Suecia y de otros príncipes europeos. El Senado de Hamburgo resistió porque sabía que sus judíos eran los que habían proporcionado el éxito a la ciudad en competencia con Ámsterdam, la potencia comercial y marítima más grande de entonces.

Más adelante hubo una pequeña comunidad de judíos alemanes que se estableció en Hamburgo. Pero ellos nunca tuvieron el protagonismo de sus correligionarios portugueses. En realidad fueron la servidumbre de éstos. Al contrario de los ricos sefardíes, fabricantes y exportadores, los judíos alemanes eran pobres y sólo se ocuparon del pequeño comercio. En 1697 el Senado de Hamburgo, recrudeció sus medidas contra los hebreos. Ante la petición de sus ciudadanos promulgó nuevas leyes contra los judíos, que les aumentaban los impuestos y les prohibían tener oratorios mayores. La gran mayoría decidió emigrar a Ámsterdam, extinguiéndose prácticamente la comunidad judía de Hamburgo (Keller, 2004).

Como habíamos visto anteriormente, se sabe que el primer Wittemberg que de Hamburgo llegó a Málaga, se llamaba Juan

Wittemberg, el cual vino a la edad de catorce años al cuidado de Rodrigo Elers, cónsul en Málaga por S.M. de las ciudades hanseáticas y provincias obedientes de Flandes. Por las informaciones transmitidas por el archivo del arzobispado de Málaga se conoce como Juan se casó en Málaga con María Arizón, el 12/01/1670. El primer protocolo notarial de Juan Wittemberg encontrado en Málaga está fechado en 1669, que es la fecha aproximada en la que el alemán llegó a España.

Los indicios sugieren que Juan Wittemberg, estuvo por aquellos años entre Hamburgo y Málaga, ya sea por razones comerciales o por motivos familiares. Quizás no viajó de nuevo a Hamburgo, pero los documentos sugieren que el contacto se mantuvo por lo menos durante cuarenta años o quizás más. Juan Wittemberg, el fundador del linaje en Andalucía, murió en 1715. Sin embargo, dieciséis años antes de morir parece que estuvo en Hamburgo. Si no estuvo personalmente, entonces sus socios actuaron por él. Allí le fue concedida una información "ad perpetuam" el 13 de febrero de 1699, refrendada y sellada por los procónsules y senadores de la ciudad.

En esta información se daba plena noticia sobre la identidad de la familia, asegurando según la fórmula de entonces de que se trataba de una familia católica, libre de toda mácula. Es más, para mayor garantía, uno de sus sucesores, probablemente Juan Wittemberg Arizón, promovió otra información ante los padres jesuitas de Hamburgo el 16 de abril de 1730, refrendada por Antonio Casado y Velasco, marqués de Monteleón y embajador de S.M. Católica en la misma ciudad (lo que prueba que esta tardía fecha los Wittemberg todavía tenían contacto con su emplazamiento primigenio en Alemania).

Como ya sabemos, por esas fechas el Senado de Hamburgo había sido altamente hostigado por la Cámara Imperial para que expulsara a los judíos de su territorio. No sólo eso, sino que además había promulgado tan sólo dos años antes de la información dada a los Wittemberg, en 1697, severas regulaciones contra los judíos. Entonces, ¿si la familia Wittemberg hubiese sido judía, cómo es posible que el Senado de Hamburgo le haya dado su apoyo, respondiendo de su identidad en una certificación nobiliaria? Todavía más, ¿Cómo pudieron los padres jesuitas elaborar una certificación en parecidos términos? Sólo por una razón, porque los Wittemberg, con "m", eran una familia alemana. Pero aún hay una prueba si cabe, mucho más aclaratoria.

En el año 1669 Leopoldo I, emperador de Alemania (1640-1705), ya de si piadoso discípulo de los jesuitas y estimulado todavía más en su ardor religioso por su matrimonio con la infanta española Margarita Teresa, estableció una "Comisión de la Inquisición" para examinar la cuestión de los judíos. Siguiendo el ejemplar proceder de los españoles contra los "enemigos mortales del cristianismo" y valiéndose de las más ignominiosas calumnias, decidió proceder a la expulsión de los judíos de su territorio. El 28 de febrero de 1670 Leopoldo I firmó el decreto de expulsión de los judíos de Austria.

Así pues, en ese año se produjo un éxodo masivo de la población judía de Viena. Seguidamente se expulsaron los judíos de la baja y alta Austria. Por lo tanto, ha quedado bien definida la personalidad del Emperador y como su fanatismo y celo religioso le llevó a expulsar a los judíos de su país. En cuanto a lo que interesa a nuestro asunto, el 16 de febrero 1701 Juan Wittemberg realizó un protocolo notarial en Málaga. En concreto se trataba de una entrega de bienes para emancipar a su hijo Juan Wittemberg Arizón.

En ese documento jurídico se expresa lo siguiente:

"Juan Bitemberg, de nación hanseatica, natural de hamburgo, que se encuentra bajo la protección del emperador de Alemania..." (De Espinosa, 1701).

El emperador de Alemania en esos momentos era Leopoldo I, precisamente el que había expulsado a los judíos de su imperio. En consecuencia, si Juan Wittemberg estaba bajo la protección de Leopoldo I, no podía ser judío sino alemán.

Resulta interesante dar a conocer lo poco que se sabe sobre el pasado de Juan Wittemberg en Alemania. Aun siendo escasas las noticias y aunque no aclaren el origen de la familia, son fundamentales para hacernos una idea de las elevadas relaciones que tenían estos personajes en el país germano. En 1670 Juan Wittemberg necesitaba cobrar una cantidad a Gabriel López de Medina, comerciante de Málaga, la cual debía éste a sus socios comerciales en Hamburgo. Para poder cancelar esta deuda, los socios de Juan Wittemberg le otorgaron un poder en Hamburgo para que operara en Málaga. En extracto es el siguiente:

"Sepan cuantos este instrumento vean, corriendo el año de **mil seiscientos y sesenta y nueve**, reinante invictissimo, romanorisimo, imperatore domino **LEOPOLDO** eius nominis primo emperator augustus domino nostro clementissimo imperi... Romani, duodécimo, hungaries decimocuarto, et bohemíes decimotertio. **Miércoles a veintiocho días del mes de julio estilo viejo**, en la noble ciudad de **Hamburgo**, delante de mi **Rodrigo Moller**, notario y escribano público por la autoridad de su Majestad imperial y los testigos abajo nombrados parecieron personalmente los señores **Bartolomé Van Ordelen** y **Paulo Paulsen** hermanos y compañeros, vecinos y mercaderes en esta dicha ciudad, de mi notario bien conocidos declararon que dieron como dan en rigor de este instrumento su poder cumplido y cuan bastante de derecho se requiere y es necesario al señor **Juan Wittenberg**, mercader natural de la ciudad de Hamburgo y vecino de la ciudad de Málaga para que en su nombre y representando sus personas pueda ajustar y liquidar sus cuentas que tienen con Gabriel López de Medina ... etc.Y así otorgaron y mandaron ser hecho este instrumento que yo notario anote en mí protocolo donde lo firmaron. **Bartolomé Van Ordelen, Paulo Paulsen**. Hecho en la ciudad de Hamburgo, año, mes y día arriba indicado, en presencia de Daniel Moller y Paulo Jacobsen vecinos de esta dicha ciudad de que con presente notarial signaturas doy fe".

Firmado Rodrigo Moller

Hamburgo, 28 de julio de 1669 (Domínguez, 1669).

Este poder evidencia que Juan Wittemberg no operaba (al principio) de forma autónoma en Málaga, sino que era parte de un entramado comercial cuya casa matriz estaba en Hamburgo. Por lo tanto, Juan Wittemberg fue un factor que operaba de parte de sus socios alemanes. Los documentos hallados en Málaga indican que se dedicaba fundamentalmente a la exportación e importación, fletando barcos que cargaba de diversos géneros, sobre todo los apreciados vinos, pasas, aceites, frutos secos, y otros productos de la tierra que enviaba principalmente a Francia, Flandes, Holanda, ciudades Hanseáticas y naciones bálticas para volver luego con el rico hierro de Suecia, los textiles holandeses, objetos de lujo, etc.

Más tarde fundó su propia compañía llamada Wittemberg y cía, que aparte de exportar productos, realizaba varias operaciones comerciales en Málaga, actuando también como una aseguradora marítima. Uno de sus socios **Bartolomé van Ordelen**, parece que de origen holandés, desafortunadamente no ha podido ser identificado. El otro socio de Juan Wittemberg llamado **Paulo Paulsen**, fue un personaje bien conocido en Hamburgo.

Paul Paulsen nació en Hamburgo el 25 de marzo de 1639, hijo del comerciante Matthías Paulsen y de su esposa Catharina Jussen. En 1658 realizó un viaje a Portugal y a España, con objeto de perfeccionarse en cuestiones de comercio. En 1660 emprendió otro viaje a Málaga, desde donde hizo varios viajes de negocios a Lisboa, Vizcaya, Francia, Inglaterra y Holanda durante una estancia de cuatro años. En el año 1665 regresó a Hamburgo y al año siguiente se casó con Margaretha Bramfelt.

En el año 1678 fue elegido diputado de comercio (*Commerzdeputirten*) y en 1688 tuvo un cargo en el almirantazgo (*Admiralität Bürger*). El 8 de diciembre de 1696 fue elegido senador. En 1702 y 1703 fue elegido prator, un cargo en el ámbito de la Justicia, manteniendo el orden en su ciudad y gozando el respeto de sus conciudadanos. Desde el 04 de abril de 1704 hasta el final de sus días

Paulsen fue alcalde, es decir, burgomaestre o *"Bürgermeister"* de la ciudad de Hamburgo. Paul Pausen murió el 30 de junio de 1712 y en su funeral pronunció un elocuente discurso el profesor Johan Müller.

La prueba de que la posición social de la familia Paulsen no fue en absoluto accidental, se evidencia en el grado de notoriedad que tuvieron sus descendientes. Paul Paulsen perdió a su esposa en 1701. De sus cinco hijos tres murieron jóvenes: Cecilia, Ana Margaretha y Paul. Catharina casó con Franz Garbers. **Matthías** nacido en 1670 casó con Elisabeth Johanna hija del alcalde Johann Dietrich Schaffhausen y murió el 17 de abril de 1707. Tuvo cinco hijos de los cuales Margaretha se casó con el Dr. en Derecho Gerhard Lutfens y Agatha con su primo el Dr. en Derecho Gerhard Garbers.

Uno de los hijos **Paul**, que había nacido el 19 de febrero de 1704 fue elegido en 1739 diputado de comercio, en 1743 adjunto de la parroquia de Nicolás, provisor del orfanato (*Meisen Hausprovisor*) y ciudadano del Almirantazgo (*Admiralitätbürger*), en 1745 ciudadano de fortificaciones (*Fortificationbürger*) y camerarius. El 12 de marzo de 1757 fue elegido senador, muriendo el 11 de septiembre de 1767. El 22 de mayo de 1742 se había casado con Ana Catharina hija del alcalde Hinrich Dietrich Wiefe con la que tuvo siete hijos.

Hijos del anterior fueron **Mathías Paulsen**, nacido el 27 de agosto de 1750. Estudió Derecho y se promovió como Dr. el 14 de marzo de 1775. Un año antes, el 17 de enero de 1774 ya había sido promovido a *"Domherr"* (señor de la Catedral), la segunda más importante prebenda eclesiástica. Murió el 16 de abril de 1824 como Domcapitel (señor del capitel). El hermano más joven de esta familia se llamó **Martin Johan Paulsen**, nacido el 16 de octubre de 1753.

Se casó el 16 de junio de 1784 con Dorotea Juliana Suter. Fue elegido en 1785 como adjunto en Petri y en 1788 fue miembro de un Tribunal inferior. En 1789 fue comisario de guerra y provisor del orfanato. En 1791 fue designado ciudadano de fortificaciones y diputado de comercio y el 23 de abril de 1795 *"Kamereibürger"*. El 9 de julio

de 1800 fue elegido *"Sechssiger"* y en 1807 provisor del hospital.
Murió el 16 de abril de 1808 (Buek, 1840)[16].

Como puede observarse los Paulsen fueron una familia poderosa.
Se constatan por lo menos cuatros generaciones de esta importante
familia alemana, cuyos miembros ocuparon puestos clave en la ciudad
de Hamburgo, estando vinculados al Senado y al poder municipal. Los
enlaces que contrajeron los Paulsen con hijas de sucesivos alcaldes de
la ciudad, así como sus parentescos con familias de juristas, dan testimonio del elevado cúmulo de relaciones que esta familia mantenía en
Hamburgo. Los primeros viajes de Paul Paulsen a España y en concreto a Málaga, prueban su deseo de establecer allí una sede comercial.

El hecho de que Juan Witemberg fuera socio comercial de Paul
Paulsen, denota que el espectro de relaciones de los Witemberg en
Alemania era de un gran nivel. Eso explica que Juan Witemberg fuera
un protegido del emperador de Alemania, Leopoldo I. Asimismo, el
hecho de que Paul Paulsen fuera senador, explica que en 1669, Juan
Wittemberg recibiera una certificación nobiliaria de esa destacada
institución. Todos los senadores en masa pusieron sus sellos para apoyar la identidad de Wittemberg. Descendientes de algunas de estas
ramas de la familia Paulsen se establecieron en Málaga, dedicándose
al comercio, como lo atestiguan los numerosos documentos encontra-
dos con sus nombres, casándose posteriormente con mujeres de dicha

---

[16] *Es posible que el socio de Juan Wittemberg, Paul Paulsen, se haya casado por segunda vez ya que en el Archivo Diocesano de Málaga consta que el
16 de julio de 1684, contrajeron matrimonio Bernardo Paulsen, natural de
Hamburgo, hijo de Paolo Paulsen y de María Magdalena Meztermit, su
mujer; con doña Isabel Harison (o Arizón), natural de Málaga, hija de Jorge
Harison y de Juana Cardona, su mujer. Al matrimonio acudieron como padrinos Juan Wittemberg y su mujer María Harison. Todo ello demuestra que
los Wittemberg y los Paulsen no sólo tenían relaciones comerciales, sino que
además estaban emparentados, ya que la hermana de María Harison (Isabel
Harison) se había casado con un miembro de la familia Paulsen (Parroquia
del Sagrario, Libro de matrimonios, caja 101, libro II, año 1674-1694, folio
74).*

ciudad portuaria y por tanto mezclándose como los Wittemberg con la población local.

Así pues, tras estudiar detenidamente en las últimas páginas a la familia Lísperguer, Blumen y Wittemberg hemos podido deducir, que ciertamente no hay elementos de peso que puedan hacer suponer que estas familias alemanas hayan tenido un origen judío. Lo que si hemos podido observar es que hay algo poderoso que las alienta y las impulsa, ya sea en Hamburgo, en Málaga o en Chile. Mediando un océano, estando separados por un siglo de distancia, los Lísperguer y los Wittemberg alcanzan notoriedad, ocupan puestos claves, progresan en la sociedad. Pero a pesar de todo aún no sabemos cuál es su origen.

¿Pudieron realmente los Wittemberg tener necesidad de fabricarse una identidad? Después de todo lo que sabemos, ¿pudo existir una trama de la familia para hacernos creer que eran descendientes de los duques de Sajonia? ¿Si tal maquinación existió cómo pudieron sincronizarse tantos miembros de esta familia para decir lo mismo? ¿Si tan evidente es la ascendencia por qué no ha podido concretarse? Son muchas preguntas que no tienen fácil respuesta. Lo que sí es claro es que hay grandes evidencias que señalan la descendencia de los duques de Sajonia, testimonios importantes que se deben exponer.

La evidencia más antigua (como ya sabemos) donde se menciona la descendencia de esta familia de los duques de Sajonia, es el expediente de limpieza de sangre que Lísperguer efectuó en Andalucía. Estos expedientes eran necesarios para poder pasar a las Indias. Normalmente se examinaba a los abuelos del que pretendía la información. En el caso de Lísperguer, como era alemán y no poseía familiares en España, se recurrió a una fórmula anómala o inhabitual. Varios miembros del séquito del conde de Feria, que estuvieron el Worms en 1545 y conocieron a los padres de Lísperguer testificaron a su favor en Andalucía.

Uno de ellos llamado Gonzalo de Santiesteban, testificó a favor de Pedro Lísperguer en la ciudad de Antequera, el 30 de marzo de 1555.

En su testimonio dijo que estando en Worms: *"supo y se informó certificadamente que Pedro Lísperguer era y es deudo del duque de Sajonia"* (De Hoyo, 1555). El significado que el diccionario de la Real Academia de la Lengua da a la palabra "deudo" es el siguiente: *"pariente (ascendiente, descendiente, o colateral) de su familia"*.

Juan de Mendoza, rey de armas de Felipe IV y Carlos II (1654-1690), elaboró en el siglo XVII una información de nobleza sobre la familia Wittemberg. Esta información se hizo como una añadidura bajo el título de *"Familias de Inglaterra y otros países europeos"*, que se intercaló al final de un nobiliario de Pedro de Azcárraga, que pertenecía al célebre rey de armas, don Alfonso Guerra y Sandoval. En él se expresa lo siguiente:

> "Jorge Miguel de Wittemberg, de Ilustre familia alemana, que proviene de los duques de Sajonia, fue natural de la ciudad de Coesfeld. Fue su hermano Amadeo de Wittemberg; que casó con Amelia Lísperguer y tuvieron por su hijo a Pedro Wittemberg Lísperguer, Cónsul de Worms..." (Azcárraga, 1579).

Otro testimonio interesante es el de Juan Rodolfo Liperguer y Solorzado, el cual en una petición efectuada al Consejo de Indias, respecto a la confirmación de la encomienda de Peñaflor, cuya primera consulta es de fecha 30 de enero de 1655, y que se le acabó concediendo en 1662, se expresa lo siguiente:

> "El general don Juan Rodulfo Lísperguer natural de la ciudad de Santiago de Chile y emparentado con la casa de los duques de Sajonia en Alemania, hijo legítimo del general don Pedro Lísperguer y Doña Florencia de Solorzano y Velasco...".

Sin duda, es una declaración extraordinaria que hasta la fecha ha pasado desapercibida y que tiene gran valor por haber sido efectuada por Juan Roldolfo, nieto de Pedro Lísperguer Wittemberg. Es cierto que Pedro Lísperguer murió en 1604 y que Juan Rodolfo nació en 1615, pero es seguro que su propio padre, Pedro Lísperguer Flores, le debió transmitir la ascendencia familiar de los duques de Sajonia, ya que éste la oiría sin duda del primer Lísperguer. Es decir, Juan Rodolfo Lísperguer Solórzano, nieto del primer Lísperguer dejó constancia ante el Consejo de Indias de su descendencia de los duques de Sajonia, algo que sólo pudo aprender en el calor del hogar (Archivo General de Indias [AGI], 1972).

Otra manifestación sugerente es la: *"Relación de méritos y servicios del capitán retirado y veedor del ejército, don Ventura Lísperguer y demás sus ascendientes y los de su legítima mujer doña Juana García de Herrera"*, encontrada por el célebre historiador y genealogista don Juan Luis Espejo en el Archivo General de Indias de Sevilla. Ese documento signado en Madrid el 16 de diciembre de 1684, es un resumen de diversas piezas originales oportunamente presentadas por la parte para solicitar una merced real y en él se lee lo siguiente:

> "Por una información de doce testigos contestes, partidas de bautismos y de matrimonios y otros recaudos y documentos, ha hecho constar don Ventura Lísperguer ser natural de Worms en el Imperio de Alemania, hijo legítimo de don Jorge Lísperguer y de doña Elena Filingher, personas de calidad y nobleza y <u>descendientes ambos de la casa ducal de Sajonia y de otras ilustres familias de dicho imperio...</u>". Más adelante se dice en el mismo documento que: "Don Ventura Lísperguer ha hecho valer los méritos contraídos por el capitán Pedro Lísperguer en la conquista de Chile, cuyo entroncamiento plenamente probó" (Eyzaguirre, 1945).

No está de más decir que Ventura Lísperguer fue cadete de infantería en Orán en 1672, estando al servicio de España, gentilhombre de armas en 1674 y capitán de infantería en 1679. Casó con Juana García de Herrera y Montenegro, de la que obtuvo un hijo llamado Juan Lísperguer, que nació en Burgos el 12 de julio de 1690. Este Juan emigró a Chile en 1725, casándose allí con doña Juana Varas y Corbalán, descendiente de Pedro Lísperguer.

Otro documento de gran importancia es el encontrado Juan Múgica de la Fuente en la Biblioteca Nacional de España. Se trata de la información de Nobleza llevada a cabo por don Juan Alfonso Guerra y Sandoval, rey de armas de Felipe V, efectuada en 1740 a petición de Jorge Carlos Wittemberg, vecino de Málaga. Allí se expresa lo siguiente:

> "Es tan copioso el asunto que hallamos expuesto en el real y esclarecido apellido de **Witemberg**..., cuyos atributos uniformes vocean los más clásicos y verídicos cronistas y genealogistas, alemanes, franceses y españoles y los instrumentos originales que hemos reconocido para asunto de dar esta certificación genealógica de armas de este apellido de Witemberg. Sobre el cual siguiendo el sentir del cronista **Azcarraga** en la ilustración de familias de Alemania, Flandes y Francia, en su **tomo original número 38** de nuestro archivo al **folio 366** hablando de esta expresada familia <u>dice ser descendientes legítimos de los duques de Sajonia</u>" (Guerra y Sandoval, ca.1740).

Este es un documento de enorme valor, que merece ser leído con detenimiento. En realidad la certificación es un compendio de informes de diversas fuentes. Aquí parece claro que Guerra y Sandoval se deja arrastrar por el testimonio contenido en el nobiliario de Azcárraga, si bien, Jorge Carlos fue testigo de su confección, o más seguramente, cooperó en su elaboración aportando a Guerra numerosos documentos. Por tanto, Jorge Carlos Wittemberg implícitamente, también está dando su conformidad a su descendencia de los duques de Sajonia.

Por otra parte, este cautivador documento se publicó íntegramente en un *Boletín de la Academia Chilena de la Historia* del año 1947. El documento se exhibió con mucho esplendor, transcribiéndolo con gran minuciosidad. Sin embargo, ese trabajo realizado con tanta exhaustividad no alcanzó al apellido. Así pues se transcribió por todas partes el apellido escrito como "Wittenberg", con "n", con la clara intención de hacer descender a Pedro Lísperguer de los duques de Sajonia, en su línea Sachsen-Wittenberg. El intento es comprensible pero inexacto.

Consultado el manuscrito original por quien suscribe estas líneas, resulta que allí el apellido está escrito treinta y nueve veces con "**m**" y ninguna con "**n**". ¿Si se hubiere tratado de un error de Guerra, no habría recaído Jorge Carlos Wittemberg en el aspecto más importante de su encargo? Habiendo realizado igual comprobación en las añadiduras que Juan de Mendoza hizo en el nobiliario de Azcárraga un siglo antes, allí el apellido se puede contemplar escrito ocho veces con "**m**" y ninguna con "**n**". También es verdad que no siempre podemos fiarnos de las transcripciones. Una buena dosis de intuición siempre es necesaria (Academia Chilena de la Historia [AChH], 1947).

El también afamado genealogista José Manuel Trelles Villademoros en su obra *Asturias ilustrada*, cuya primera edición es del año 1736, expresa respecto a este enigmático asunto lo siguiente:

> "**Pedro Lísperguer** natural de la ciudad de Bormes en Alemania y <u>descendiente de los duques de Sajonia,</u> era cónsul de Sajonia en Bormes cuando su duque Juan Federico fue preso por el emperador don Carlos V el año de 1546 de resulta de la batalla del río Alvís, en cuya ocasión Pedro Lísperguer entregó al Emperador las llaves de la ciudad de Bormes y teniendo un hijo llamado también **Pedro Lísperguer de Wittemberg**, le dio al Emperador para su servicio, retirándole con maduro acuerdo y sano consejo de la pestilencial secta de Lutero, que iba infectando la Alemania..."

En notas marginales el autor señala que para conformar estas informaciones se había basado en:

> "Papeles de servicio que conservan sus descendientes... Todo consta de papeles de servicio que hemos visto" (Trelles Villademoros, 1980).

Otra revelación a destacar es la expresada por don José Manuel Bermúdez, canónigo magistral de la Santa Iglesia Metropolitana de los Reyes, en su obra *Breve noticia de la vida y virtudes de la señora doña Catalina de Yturgoyen Amasa y Lísperguer, condesa de la vega Ren*. En esta biografía menciona lo siguiente:

"Desde principios del siglo diez y seis descollaba entre los nobles hijos de la antiquísima ciudad de Wormes en Alemania, **Pedro Lísperguer**, su cuarto abuelo, descendiente de los duques de Saxonia" (Bermúdez, 1821, pág. 8).

Existen multitud de citas atribuidas a historiadores más próximos a nuestro tiempo que inciden en la misma idea. Claudio Gay dice que fue natural de Worms –Alemania, dónde nació en 1529 descendiente del duque de Sajonia e hijo de Pedro Wislemberg, preboste de la ciudad de Worms y de Catalina Lísperguer, por lo que se advierte que antepuso el apellido materno al paterno (García Carraffa, 1953). Jorge Zevallos, miembro del Instituto Peruano de Investigaciones Genealógicas, escribe en su obra *Los Lísperguer en el Perú* que Pedro Lísperguer fue en su adolescencia paje del emperador Carlos V y siguiendo el expediente encontrado por Múgica dice que descendía de los duques de Sajonia (1954, pág. 98). No está de más recordar aquí que Pedro Lísperguer entró en Lima con feudo del Emperador, es decir, fue un protegido del César.

José Toribio Medina, americanista de inmenso prestigio, escritor de infinitud de libros valiosísimos, dice en su *Diccionario biográfico colonial* publicado en 1906, lo siguiente:

"**Pedro Lísperguer** fue natural de Worms en Alemania, donde nació en 1529, y era descendiente del duque de Sajonia; el de Soria le llevó a España cuando el viaje del Emperador. Sirvió como caballerizo del conde de Feria y del marqués de Pliego" (Medina J. T., 1906).

Obviamente, por muy autorizados que sean estos autores, están recogiendo lo que ha plasmado la comunidad historiográfica precedente. Tanto Toribio Medina en esta obra, como Jaime Eyzaguirre en su versión revisada de la obra de Vicuña Mackenna *Los Lísperguer y la Quintrala* (1944), inciden en la idea de que Pedro Lísperguer se crió en España en la casa del duque de Soria (Vicuña Mackenna, 1944). Sin embargo, si nos atenemos a la declaraciones que Lísperguer hizo en Andalucía y que presentó ante la Casa de Contratación y que considero muy fidedignas, éste declaró que pasó a España al servicio de los condes de Feria (don Pedro Fernández de Córdoba, IV conde de Feria y tras la muerte de éste permaneció con su hermano, Gómez Suárez de Figueroa, V conde de Feria) (De Hoyo, 1555).

Es decir, no hay ninguna alusión al duque de Soria. Desde un punto de vista geográfico es ilógico e incongruente que se criara en Soria y en Zafra. Todo señala que en todo tiempo estuvo con los condes de Feria, sin que en ningún sitio se registre la existencia de periodos intermitentes en los que hubiera podido estar con el duque de Soria. Por otra parte, el duque de Soria no existe ni ha existido en el elenco de la nobleza (títulos que existen o han existido en España). Recientemente se ha otorgado un título de duque de Soria, pero éste no arranca del siglo XVI.

Considero que probablemente se trate de un error de transcripción. Seguramente algún cronista antiguo transcribió erróneamente la palabra Feria por Soria y de ahí se fue filtrando a varios tratados históricos. En cuanto al marqués de Pliego a que se refiere Medina, no existe tal marqués. Existió sí el marqués de Priego. Don Pedro Fernández de Córdoba era heredero del marquesado de Priego, pero no llegó a disfrutarlo porque murió antes que su madre, la marquesa de Priego. Por tanto, sólo por extensión puede decirse que Lísperguer se crio en la casa del marqués de Priego.

Otra anécdota curiosa es la proporcionada por algunos historiadores chilenos, que han comentado a nivel informal que en algunas de sus largas series de investigaciones archivísticas, han visto inventarios de Pedro Lísperguer de los más antiguos, en los que se afirmaba que en la casa de Lísperguer se colgaban los cuadros de los duques de Sajonia, por lo que piensan que aunque el entronque de Pedro Lísperguer con los duques de Sajonia no se ha probado categóricamente, tal relación debió existir. ¿Por qué otra razón Pedro Lísperguer iba tener en su casa una galería de retratos de los duques de Sajonia?

Esta curiosa noticia está bien documentada. Efectivamente, cuando el conquistador Pedro Lísperguer llegó a América traía en su equipaje una serie de telas religiosas y otras profanas que luego conservaron sus descendientes en su patrimonio. El conjunto de todos los cuadros inventariados pertenecientes a Pedro de Lísperguer Flores, su hijo, entre 1618 y 1627 repartidos en la vivienda de Santiago, sus casas, torre y capilla de la heredad de Peñaflor arrojó la suma de *139 lienzos y retablos*, de los cuales 80 eran profanos.

De éstos 76 piezas eran de origen europeo y 4 americano, pintados en el virreinato del Perú. Se trata de lo siguiente: 30 lienzos de montería de florestas de Francia; **15 lienzos de historia de los reyes de Francia y <u>duques de Sajonia</u>, provenientes del equipaje de Pedro Lísperguer;** 27 cuadros de retratos de reyes, que se encontraban en la torre de las casas de Peñaflor; 4 efigies de los virreyes de Lima; 4 cuadros de diferentes figuras (Real Audiencia, ca 1627).

Otra fuente quizá tan importante como las anteriores es la "tradición oral". En Chile desde el comienzo de la conquista se sabe que pedro Lísperguer era descendiente de los duques de Sajonia. Es algo que circula por las calles, que se palpa, que se encuentra grabado en la memoria popular y en numerosos dichos y leyendas.

A pesar de todos estos destellos de luz, no siempre ha habido consenso en la comunidad historiográfica, sino que también la aludida descendencia de los duques de Sajonia ha tenido sus detractores. Jaime Eyzaguirre fue un apasionado de la familia Lísperguer. Eso se comprueba en la cantidad de artículos, libros y citas que dedicó a esta familia. Puede percibirse en sus escritos un gran interés en averiguar el verdadero pasado de los Lísperguer. Jaime Eyzaguirre nacido en 1908 y muerto en un inoportuno accidente en 1968 fue un historiador de nota. En breves líneas podemos decir que Eyzaguirre estudió en la Facultad de Derecho de la Universidad Católica de Chile, titulándose como abogado.

Durante algún tiempo trabajó en el Ministerio de Relaciones Exteriores. El 11 de mayo de 1933 participó en la creación de la Academia Chilena de la Historia. En 1942 intervino en la fundación del Departamento de Historia y Geografía de la Escuela de Pedagogía de la Pontificia Universidad Católica de Chile. Fue redactor y director de la revista *Estudios*, participando también en la revista *Finis Terrae*, perteneciente al Departamento de Extensión Cultural de la Universidad Católica. Fue fundador de la revista *Historia*, de la misma universidad

Jaime Eyzaguirre, dibujo al carbón de Jorge Delano Fréderick

y del *Boletín de la Academia Chilena de la Historia*.

Fue además miembro del número de la Academia Chilena de la Lengua, de la que recibió numerosos homenajes (Montes, 1985). Este es el perfil del hombre que le dedicara tantas páginas a la familia Lísperguer. En 1945 escribió un artículo en el *Boletín de la Academia Chilena de la Historia*, titulado "La Quintrala en su lucha con la Iglesia". En él, no sólo trata una interesante temática relacionada con la Quintrala, sino que en notas marginales plasma todo lo que se sabía sobre el origen de los Lísperguer. Unas citas que ocupan dos páginas y que evidencian un intento desesperado por esclarecer dicho origen.

En el texto de dicho artículo habla de la "presunta descendencia de Pedro Lísperguer de los duques de Sajonia". En notas marginales escribía que Vicuña Mackenna en su obra *Los Lísperguer y la Quintrala* afirmaba que la familia Lísperguer presumía descender de los duques de Sajonia, pero que no obstante esa declaración, Tomás Thayer Ojeda (otro destacado historiador), sostenía en el prólogo de uno de sus libros llamado *Los conquistadores de Chile*, lo siguiente:

> "...a este respecto no hay nada positivo excepto la propia declaración del capitán Lísperguer, quien en una de las preguntas del interrogatorio que presentó para rendir información de méritos y servicios, dijo que era de los nobles del Imperio alemán".

A continuación Jaime Eyzaguirre continúa con las citas en dicho Boletín iniciando una encendida polémica. Así pues, Eyzaguirre dice que:

> "Aparte de que no vemos, por qué la frase transcrita deba necesariamente excluir algún parentesco con los duques de Sajonia, creemos necesario traer a la consideración otros antecedentes para formarse un criterio exacto sobre la materia.
>
> En la Biblioteca Nacional de Madrid, Sección de manuscritos, códice 11801, pieza Nº 1532, se encuentra un expediente de la genealogía y blasones de la familia Lísperguer establecida en Málaga, en que se afirma expresamente que ella desciende de la casa Sajonia-Wittenberg, cuyas armas se describen. En ese expediente se menciona a Pedro Lísperguer, fundador de la familia en Chile, como hijo de Pedro Lísperguer de Wittenberg, cónsul de Worms en 1540 y se nombran varios antepasados por varonía, todos los cuales llevaron ese último apellido.
>
> Publicados los principales datos de este documento –gracias a la gentileza de su descubridor don Juan Múgica– en una edición crítica de *Los Lísperguer y la Quintrala*, de Vicuña Mackenna, nuestro inteligente amigo don Carlos J. Larraín, ha objetado el valor del mismo en una nota sobre la indicada obra que se incluye en la sección bibliográfica del presente Boletín. El señor Larraín observa que existe disparidad entre la filiación del expediente de Madrid y la que estampa la licencia para pasar a Indias de Pedro Lísperguer, que ha consultado en una copia que se custodia en el Fondo Morla Vicuña, y que en su parte sustantiva dice textualmente: "Pedro Lísperguer, vecino y natural de Bornel, hijo de Pedro Bizlenguer y de Catalina Lísperguer".

Nos sorprende, desde luego, que el señor Larraín haya aceptado sin mayor examen este traslado del documento original que se guarda en el Archivo de Indias de Sevilla, pues en él se comprueban a la simple vista notorios errores de interpretación paleográfica. En efecto, la ciudad de Bornel, que allí se da como cuna de los Lísperguer, no existe en parte alguna de Alemania y es indudable que el copista vertió aquí erróneamente el nombre de Worms, lugar de origen de la familia según otros fehacientes documentos. Esto que escapó a la aguda perspicacia del señor Larraín fue en cambio visto por don Tomás Thayer Ojeda, a quien el primero acepta como "nuestra indiscutida primera autoridad en la materia". El señor Thayer, tanto en *Los conquistadores de Chile* como en la *Formación de la sociedad chilena*, al citar la imaginaria ciudad de Bornel pone de inmediato entre paréntesis un signo de interrogación y la palabra Worms.

Después de esto parece que a nuestro turno nos asiste el derecho de dudar de la auténtica transcripción del apellido Bizlenguer que la misma copia del Fondo Morla Vicuña adjudica al padre de Pedro Lísperguer. El señor Larraín que no imaginó un posible error de traslado en la citada copia, esgrime este apellido de Bizlenguer como poderoso argumento en contra de la validez del expediente genealógico del Archivo Nacional de Madrid –que nunca ha tenido en sus manos– en donde se denomina al padre del conquistador alemán, Lísperguer de Wittenberg.

Pero si nuestro amigo hubiera estudiado con más calma el asunto, habría reparado en que mientras los descendientes chilenos del linaje jamás resucitaron para su uso ese apellido de Bizlenguer, agregaron en cambio por varias generaciones al de Lísperguer de Wittenberg. ¿No parece verosímil suponer que este aditamento era un recuerdo españolizado del apellido Wittenberg, que les correspondía por varonía y que los entroncaba, al decir del expediente madrileño, con la casa de Sajonia? Que esta interpretación no es antojadiza lo prueba la perfecta congruencia que se advierte entre ella y los demás documentos conocidos a que nos referimos enseguida" (Eyzaguirre, 1945, pág. 6 y 7).

A continuación, Jaime Eyzaguirre para mayor aseveración de su punto de vista, saca a colación la probanza de Ventura Lísperguer ante el Consejo de Indias, así como el relato de José María Trelles en su *Asturias ilustrada*, que ya conocemos. En primer lugar, discrepo de Jaime Ezaguirre respecto a que Pedro Lísperguer descendiera de los duques de Sajonia en su línea Sachsen-Wittenberg. El apellido que en el documento madrileño se constata (documento que he analizado en su original pormenorizadamente) se escribe numerosas veces con "m", así "Wittemberg".

Además, las armas que allí se describen no tienen ninguna relación con los duques de Sajonia Wittenberg, algo que también escapó al señor Eyzaguirre. Por supuesto, que esta compleja materia siempre está abierta a revisión y la teoría que muy pronto vamos a conocer, tampoco ofrece una fiabilidad absoluta. Al contrario que Thayer Ojeda que abiertamente desconfía de la ascendencia de los duques de Sajonia, resulta paradójico contemplar como el criterio de Eyzaguirre bascula entre la "supuesta descendencia" y la "afirmación ardorosa" de tal descendencia.

En segundo lugar, estoy de acuerdo con el señor Jaime Eyzaguirre en que no podemos fiarnos "siempre" a pie juntillas, de todo lo que vemos, y por tanto existen en todos los documentos multitud de errores paleográficos. Analizados los asientos de la Casa de Contratación, en una moderna copia facsímile que ha llegado a mis manos, creo que no es claro que allí se mencione la ciudad de Bornel. Parece que pone Borme, o Bormes (Casa de Contratación, 1555). Hay que recordar que en todos los documentos antiguos de la época de Carlos V, la ciudad se conoce como Bormes. Si se consulta por ejemplo el *Corpus Documental de Carlos V* o el *Nobiliario de Azcárraga*, en ambos textos podemos leer Bormes o a veces Vormes. Evidentemente, es claro que se trata de la moderna ciudad de Worms.

En cuanto al tema del apellido, parece que ni el señor Carlos Larraín, ni Jaime Eyzaguirre analizaron detenidamente el documento, pues de haber extremado la atención habrían recaído en que el copista no sólo escribe el apellido Bizlenguer con "z", sino también otras palabras como: Lispezguez, natuzal, soltezo, Beznal... Es decir, el escribano utiliza al uso de la época una "r" "zeteada" que se asemeja a una "z". Evidentemente, no cabe la menor duda de que se trata del apellido Birlenguer. Ahora bien, hay otro detalle que ha pasado desa-

169

percibido por la comunidad historiográfica y es que también este apellido difiere del transmitido por las autoridades de Worms, que se escribe con "i" "Birlinguer". Obviamente, todos ellos son errores paleográficos, o simplemente mutaciones que el paso del tiempo produce en apellidos o lugares.

Otra cuestión distinta es saber si la existencia del apellido Birlenger es compatible o no, con la descendencia del apellido Witemberg. En mi opinión, esta división dicotómica de apellidos no debe plantear dificultades para creer que Pedro Lísperguer pueda descender de una gran casa ducal. El hecho de que un miembro o miembros de una única familia aparezcan en distintos textos bajo diferentes denominaciones se explica sencillamente por el hecho del "trastrocamiento" de apellidos, una práctica muy extendida en el siglo XVI, como una vía para perpetuar los diversos linajes de los antepasados de una misma familia.

Otro testimonio muy interesante es el expresado por Diego Barros Arana, grandísimo historiador, autor de una preciada colección de tomos sobre la historia general de Chile. En el tomo tercero de la mencionada obra, bajo el epígrafe titulado *La familia de Lísperguer burla la autoridad del gobernador*, escribe cosas sorprendentes. Así en el texto principal narra lo siguiente:

"Existía en Chile una opulenta y numerosa familia, que por sus riquezas y sus relaciones, ejercía una gran influencia social y debía llenar más de una página de la historia del siglo XVII con sus hechos heroicos, sus pendencias y hasta con sus crímenes. El fundador de ella había sido un alemán de Worms, que vino a Chile en 1557 con don García Hurtado de Mendoza, y cuyo nombre habían amoldado los españoles a la pronunciación castellana, llamándolo Pedro de Lísperguer. Casado en Santiago con la hija de uno de los más ricos vecinos de esta ciudad, otro alemán que vino a Chile con Pedro de Valdivia y que había españolizado su nombre llamándose Bartolomé Flores, Lísperguer había reunido en su familia una gran fortuna. A principios del siglo XVII sus hijos gozaron de las comodidades y del prestigio que siempre da la posesión de bienes considerables".

Después de enaltecer a la familia Lísperguer hasta niveles increíbles, la desmitifica totalmente en sus notas marginales:

"La vanidad nobiliaria de sus descendientes hizo que estos pretendiesen que Pedro de Lísperguer había sido paje de Carlos V, que sus mayores eran personajes de mucha consideración en Alemania y hasta emparentados con príncipes. En las informaciones que sus herederos levantaron más tarde, todos estos hechos quedaban más o menos comprobados; pero el conocimiento que tenemos acerca de las informaciones de ese género, nos hace mirarlos con la mayor desconfianza. En ellas, cada cual conseguía probar todo cuanto se le ocurría y todo cuanto halagaba su vanidad. En América, como en Europa, sobraban los genealogistas, o 'reyes de armas', como se decía, que sabían arreglar los entroncamientos más fantásticos" (2000).

Llegado a este punto es necesario manifestar que a pesar de todas las evidencias que tenemos sobre la supuesta descendencia de la familia Lísperguer/Wittemberg de los duques de Sajonia y no obstante sus detractores, no podemos afirmar categóricamente dicha relación. Considero que el término filosófico de "plausibilidad" es muy apropiado para definir la presente situación. Según el *Oxford companion to philosophy*, la plausibilidad es igual a la más débil contraparte de la verdad, o el eslabón más frágil de la verdad, cuya credibilidad depende de la autoridad que apoye esa verdad.

Ante un conjunto dado de preposiciones, la plausibilidad es una cadena que es tan fuerte como su más débil eslabón. Así pues, trasladando a la filosofía a nuestro dilema, dadas una serie de premisas (la afirmación y la negación de la descendencia de los duques de Sajonia), no se puede ni por deducción, ni por inducción, llegar a establecer una síntesis, de la que podamos obtener una verdad que se presente ante nosotros como un axioma irrefutable e inatacable.

Valiosos documentos encontrados en España revolucionan el conocimiento de esta importante familia colonial

Por fortuna para nuestra investigación, nuevos indicios esclarecen nuestro campo de búsqueda, pero para poder continuar es fundamental desligarse de las ataduras del pasado, estando abierto a nuevas interpretaciones. De los muchos descendientes que Juan Wittemberg tuvo en Málaga, varios fueron clérigos, especialmente hermanos de la caridad. Entre ellos estaba un nieto del primer Wittemberg que se llamaba Juan Joseph Wittembeg Aguilar. Fue este presbítero, natural de la villa de Alhaurín del Grande, donde nació el 12 de abril de 1705, muriendo en Málaga en 1756. A los veinticinco años de edad, Juan Joseph opositó a una canonjía en la catedral de Málaga.

En concreto tras el ascenso de don Carlos Ruvira Osorio a ración entera, él pretendió obtener la media ración vacante de esa santa Iglesia de Málaga. En aquella época para tener acceso a ese tipo de instituciones eran necesarios ese tipo de expedientes que podrían entran en la categoría de "limpieza de sangre" o más exactamente "pruebas de cristiandad". Obsérvese que el constante enfrentamiento bélico con las naciones protestantes fue tiñendo toda la política española de una profunda ortodoxia religiosa. Paralelamente a ello se fue extendiendo la necesidad de demostrar que se era un fiel miembro de la Iglesia, practicante regular de la religión católica y de buenas costumbres morales.

Piénsese que de 1700 a 1712 estalla en España la Guerra de Sucesión que como sabemos enfrentó entre otras potencias a franceses y alemanes. Encontrándonos ante una triunfante España borbónica y afrancesada, es lógico pensar que una familia alemana, aún prestigiosa, haya atravesado por ciertas dificultades, viéndose en la necesidad de demostrar su origen. Es muy posible que cualquier alemán fuera mirado con sospecha por proceder de un país luterano. En cualquier caso estas pruebas eran exigidas a todos por igual. El expediente de Juan Joseph Wittemberg Aguilar se tramitó el 17 de julio de 1730 en la catedral de Málaga.

Allí presentó dos informaciones *"ad perpetuam"*, una elaborada en Hamburgo el 13 de febrero de 1699, información que sólo pudo realizar Juan Witemberg o su socio Paul Paulsen, ya que Juan Joseph nació más tarde en 1705. La segunda información fue realizada ante la Sociedad de Misioneros Jesuitas de la Capilla Cesárea en Hamburgo, y lleva la fecha de 16 de abril de 1730. Habiendo Juan Wittemberg muerto en 1715, es muy posible que su nieto Juan Joseph haya viajado personalmente a Hamburgo para confeccionar este instrumento, lo que prueba que en esas tardías fechas aún existía una relación con el asentamiento primigenio (Obispado de Málaga, 1730).

En el expediente se califica a Juan Joseph Wittemberg Aguilar de honesto, honrado, concurriendo en él todas las calidades necesarias para optar a la prebenda de la catedral de Málaga. En su apoyo acuden diversas autoridades de Málaga que actúan como testigos: Francisco Chinchilla Jurado, regidor perpetuo de Málaga; don Pedro Berdugo Ruiz de Alarcón (que no se menciona su identidad); don Juan Trujillo, sargento mayor de Málaga; don Clemente Chinchilla Paramo, prebendado de la Iglesia de Córdoba; don Joseph de Ordóñez Gamboa, regidor perpetuo de Málaga, entre otros.

Finalmente, tras superar el trámite del expediente, la prebenda le fue concedida por el ilustrísimo obispo de Málaga. Así pues, sin más preámbulos vamos a analizar estos interesantes documentos, redactados en latín, el idioma de la Iglesia y de la diplomacia de la época, que aunque no resuelven la cuestión de la ascendencia, si nos dan una idea del orbe de relaciones que poseía esta familia en Alemania. No está de más hacer hincapié en que se trata de documentos absolutamente inéditos, que se contemplan por primera vez y que prueban que el contacto con Hamburgo, ya sea comercial o por otros motivos, se mantuvo muchos años.

Primera información:

In Dei nomine Amen. Notum ac manifestum sit omnibus , ac singulis per literas hasce publicas, quod anno ab incarnatione Domini, et salvatori nostri Jesu Christi millesimo sexcentesimus nonagesimo nono indictione septima, reinante Illmo potentisimo, ac invictissimo Divo Leopoldo Germania, Ungarie, Bohemie, Dalmatie, Croatie, Slavonie, et Rege, Archiduce Austrie, Duce Burgundie, Bravantie, Tirie, Carintie, Carniole, Tharitione, Moravie, Duce Luxemburgie Superioris et inferioris, Silesie, Witembergie, et Thece, Principe Suavie, Comte Habsburgi, Tirolis, Kiburgie, Goritzie, Langravie, Alsatie, Marchione S.R.Imperis,(Burguie) superioris, ac inferioris Lusatie, Domino Moravie, Slavonie, (Portus Maonis), et salinarum Domino, ac Imperatore Nostro clementissimo, Imperi, ac regiminis eius Romani quadragessimo primo, Hungarie quadragessimo quarto, et Bohemie tertio, anno, die vero decimo quinto mensis februaris stilo veteri coram me,

Vicentio Bohme Imp. auth. Notario Publico ac iurato in presentia infradictorum testium comparuevit vir honestus hermanus Hotog anno etatis sue septuagesimo civis urbis qui constanter deposuit et loco iuramenti declaravit Dominum Joanem Witemberg havitantem ac residentem in Malaga esse filium legitimum defunti Domini Alberti Witemberg et Catharine Dreier natum que, baptizatum et educatum in Eclesia Catholica, dictum que Albertum Witemberg fuisse civem orbis bone vite ac fame dicte catholica religioni romane adictum, cuius etiam fuit minister, neque iudens, nec heretiens ,aut alius incredulus in ipsius familia fuit quod que dicti coniuges parentes ante nominati domini Joanis Witemberg decet honeste uxermunt, donec tandem materanse patre, pater dero anno 1662 pie et placide in Christo ab dormierunt, et more catholico in Eclesia Catholica sepulti sunt.

Causam scientie addidit, quod prefatus Albertus Witemberg et hermanus Hotog vicini fuerintet alter cum altero bonam coluirunt amicitiam. Idem afirmavit vir honestus Henrricus Bluhme sexaquinta sexannos natur cuius omnibus circumstantis ut supra oferens omnia se iurato confirmaturum addens causam notitie, quod uxor sua fuerit cognata Alberti Witemberg. Actum Hamburgi ut supra presentibus testibus Jacob Reivis, et Joachin Rudolff Gerschov.Quod atestor ego Böhme.

Síguese un sello con armas y sus inscripciones universis et singulis cuius cumque eminentia dignitatis status aut conditionis fuerint patentes has literas nostras visuris lecturis seu legi auditoris nos Proconsules, Senatores civitatis Hamburgensis notum facimus et significamus, quod prescriptus honestus et doctus Vicentius Bohme civis noster cesareus publicus Notarius sit, oficium que summo hic loci palam exerceat in fidem premissorum nos Proconsules et Senatores supradicti patentes has literas consueto civitatis nostre secreto communiti fecimus.Actum die 11 mensis februaris anno 1699. Speciali commisione spectavilis senatus civitatis Hamburgensis. Julens Hens Schaffhausen seius denique rei publice secretarius subcripsit. Siguese el sello con las armas de Hamburgo con su inscripción (Obispado de Málaga, 1730).

Traducción:

En nombre de Dios amén. Sepan todos cuantos vieren estas letras públicas que en el año de la Encarnación de Nuestro Salvador Jesucristo de 1699, dicción séptima, reinando el ilustrísimo, potentísimo e invictísimo sacro emperador Leopoldo sobre la Germania, Hungría, Bohemia, Dalmacia, Croacia, Eslovenia, Archiduque de Austria (continúa con una larga relación de títulos y posesiones)

...en el día quince del mes de febrero estilo viejo, ante mí Vicente Böhme Auditor Imperial y Notario Público, con juramento en presencia de los infrascritos testigos, compareció, el honesto varón hermano Hotog de setenta años de edad, vecino de esta ciudad, que firme y bajo juramento declara que el señor don Juan Witemberg habitante y residente en Málaga, era hijo legítimo del difunto señor Alberto Witemberg y la señora Catalina Dreyer, nacido, bautizado y educado en la Iglesia Católica, y dijo que Alberto Witemberg fue un buen ciudadano de completa buena fama y vida, inclinado a la religión católica romana, de la que fue profeso, y en su familia no hubo ni judíos, ni herejes, u otro incrédulo, y en la cual los dichos cónyuges, progenitores antes nominados, Juan Wittemberg casó con decente y honesta mujer, hasta que la madre antes que el padre, en el año del señor de 1662, píos y plácidos en Cristo murieron, y con rito católico y en Iglesia Católica fueron sepultados. Añadiendo en razón de conocimiento, que el dicho Alberto Witemberg y el hermano Hotog fueron vecinos y el uno con el otro cultivaron una buena amistad.

Igualmente afirma que el honesto varón Enrique Bluhme nacido hace
sesenta y cinco años, ha jurado y confirmado todas las circunstancias
que se señalan más arriba, añadiendo conocimiento sobre su mujer
que fue casada con Alberto Witemberg. Actuado en Hamburgo ante
los presentes testigos; Jacobs Reivis y Joaquin Rudulff Gerschov. Lo
cual lo atestiguo yo Böhme.

Síguese un sello con armas y suscripción *"universis et singulis"*, cuya
eminencia, dignidad, status, u otra condición han sido patentes por estas cartas, nosotros que comprendemos, leemos e interpretamos la ley,
procónsules senadores de la ciudad de Hamburgo notorio hacemos y
significamos como el presente honesto y docto Vicente Böhme es
nuestro ciudadano cesáreo y notario público, oficio que él aquí abiertamente ejerce, en fidelidad y lealtad ganada de nosotros procónsules
y senadores por las antedichas misivas, que como es habitual general
lo hacemos. Actuado el día 11 del mes de febrero de 1699. Especial
Comisión actuante del Senado de la ciudad de Hamburgo. Julens Hens
Schaffhausen su secretario público lo subscribe. Síguese el sello con
las armas de Hamburgo y su inscripción[17].

Este documento es interesante no por su contenido, ya que ciertamente no nos permite averiguar el pasado de los Wittemberg, sino
porque nos da una idea del entramado de relaciones que poseía la familia Wittemberg en Hamburgo. Es seguro que su socio Paul Paulsen
debió de entrar en contacto con sus compañeros en el Senado de
Hamburgo para proporcionar a Juan Wittemberg esta información,
para que le abriera las puertas en España. No fue un gesto gratuito, es
muy posible que detrás de esta certificación existiera la intención de
eliminar trabas, para poder desplegar sin obstáculos su actividad comercial.

De todos los personajes que aparecen en esta información *"ad perpetuam"*, ha sido posible identificar a Julius Hinrich Schaffshausen,
que es el secretario público que suscribe el documento. Los Schaffshausen fueron una próspera familia de Hamburgo, cuyos miembros
fueron juristas, burgomaestres, diputados, concejales, gozando de gran

---

[17] *Traducción realizada por el Servicio de Traducciones del obispado de
Málaga.*

protagonismo en la ciudad. El abuelo de Julius Hinrich llamado Conrad Johanns Schaffshausen fue *"Bürgermeister"* de Arensburg y murió en 1647. Su padre Nicolás nacido en 1599, ejerció varios cargos: *"comes palatinus"*, diputado por Sachsen-Lauenburschen, canci-canciller de palacio, presidente en Lauenburg y murió en Hamburgo en 1657, siendo enterrado en la iglesia de Petri.

Nicolás se casó en segundas nupcias con Elisabeth, hija del licenciado Erasmus Wetken, de cuyo enlace nació el 18 de abril de 1647, Julius Hinrich Schaffshausen, el firmante de nuestro documento. Para estudiar Derecho se fue en la Semana Santa de 1667 a Helmstädt para terminar la preparación de sus estudios y de allí partió hacia Leiden, donde consiguió el 14 de diciembre de 1671 el honor de ser Licenciado en ambos derechos. En octubre de 1673 volvió a su ciudad paterna y fue elegido en agosto de 1683 secretario del Senado.

En el año de 1686 se fue dos veces como representante de Hamburgo al campamento del rey de Dinamarca. En 1692 marchó como embajador a Glückstädt y en 1699 a Stade en visita al Gobierno real de Suecia. El 23 de agosto de 1699 fue elegido diputado y en 1700 fue comisionado ante el campamento del regente de Hannover y del duque de Selle. También en el año de 1703 se encontró como representante en el convento en Lüneburg, celebrado por los directores de las regiones a través de sus ministerios. Murió el 5 de mayo de 1715. Estaba casado con Úrsula la hija del senador Mathías Bartels que murió el 11 de diciembre de 1741.Tuvo nueve hijos, tres murieron jóvenes.

De sus hijos Johan Wilhelm fue comerciante y murió soltero en 1754. Otro hijo suyo llamado Matthias Dietrich fue elegido concejal en 1711, síndico el 19 de julio de 1713 y en los dos años siguientes fue diplomático ante la corte del Friedrich IV. Se casó con Elisabeth hija del senador Johann von Gom. Murió el 18 de septiembre de 1719. Otra hija suya, Elisabeth, se casó el 20 de julio de 1705 con el Dr. en Derecho Albert Heinrich Tho Bühren; una segunda Agatha, se casó el 20 de noviembre de 1713 con el Dr. y Secretario Johann Joach Koch;

una tercera llamada Helena Ursula se casó con el Concejal Johan Ulrich Pauli (Schröder, 1873).

El hecho de que Julius Hinrich Schafshausen firmara el documento
acreditando la identidad de Juan Wittemberg no es en absoluto un
suceso accidental. Obsérvese que como sabemos, el socio de Juan
Wittemberg en Haburgo fue Paul Paulsen. Este fue una figura prominente en la ciudad llegando a ser senador y burgomaestre, entre
muchos otros cargos. El hijo de Paul, llamado Mathías Paulsen, casó
con Elizabeth, hija del también burgomaestre Dr. Johann Diedrich
Schaffshausen. Julius Hinrich y Johann Diedrich Schaffshausen eran
hermanos, por lo que se entiende perfectamente la relación.

Johann Diedrich Schaffshausen fue una figura desbordante en
Hamburgo. Nació en dicha ciudad el 26 de marzo de 1643. En su juventud realizó varios viajes por Alemania, graduándose como Dr. en
Derecho en 1667 en Basel. Posteriormente realizó un periplo de dos
años en los que viajó por Italia, Francia y los Países Bajos. Vuelto a su
tierra natal fue designado senador el 17 de marzo de 1677. Más tarde
ocupó el cargo de corregidor en Ribebuttel. En 1678 fue enviado como embajador al Congreso de Paz de Nimwegen.

En el año 1685 fue enviado como representante de Hamburgo a
Viena, siendo recibido en la corte del emperador Leopoldo. Antes de
1690 fue acreditado como ministro plenipotenciario ante el rey de
Dinamarca y el conde de Braunschweig- Luneburg, siendo finalmente
elegido el 22 de Julio de 1690 burgomaestre de Hamburgo, hasta su
muerte el 10 de noviembre de 1697 (Buek, 1840, pág. 138). Por lo
tanto la relación es clara. La familia Pausen y los Schaffshausen estaban emparentados.

Tanto Paul Paulsen como Johann Diedrich Schaffshausen eran brillantes personalidades en Hamburgo. Es decir, fueron senadores,
diplomáticos y burgomaestres, ostentando la más alta representación
municipal. Johann diedrich había fallecido un año y medio antes de la
elaboración del documento, por lo que es muy lógico pensar que Paul

Paulsen debió ponerse en contacto con el hermano de éste, el no menos destacado Julius Hinrich, secretario en el Senado, para la confección del documento *"ad perpetuam"* acreditando la identidad de Johann Wittemberg, siendo signado el 11 de febrero de 1699.

El segundo documento presentado ante la catedral de Málaga, por el presbítero Juan Joseph Wittemberg Aguilar, para poder optar a la media ración vacante en esa santa Iglesia, fue otra información, esta vez realizada ante la Sociedad de Misioneros Jesuitas de la Capilla Cesárea de Hamburgo. Téngase en cuenta que el instrumento que don Juan Joseph Wittemberg Aguilar tramita en la catedral para poder opositar a la canonjía vacante, se cursa el 17 de julio de 1730, y esta segunda información se realizó apenas tres meses antes, el 16 de abril de 1730. Todo hace pensar que fue el mismo Juan Joseph el que viajó a Hamburgo para ponerse en contacto con la comunidad jesuita. El documento que se elaboró allí dando fe sobre la identidad de su familia, es el siguiente:

<u>Segunda información:</u>

In nomine Domini amen. Atestatum. De pronobili amplissima ac per antiqua familia de Wittenberg. Posset multo perfectius et longe plenius atestatum de prenobili ac per antiqua hac familia publico exhiberi nisi libris baptisatorum et coniugatorum in quibus absque dubio omnia ex acte fuerunt notata iniuria temporum ac ab frequentes quas chatolici sacerdotes fassi sunt, persecutiones interiissent. Qua de causa moderni qui in manibus nostris sunt libri suum habent exordium ab anno 1649 quanquam certum sit anno 1599, modo hamburgi fuisse ac sacramento administrasse catholicos sacerdotes ex societate Jesu.

Post tempus reformationis nula fuit Hamburgi constans parochialis eclesia sed tantum patres in Sacelo Cesareo gallio quandoque et hispanico ritu catholico sacramento administrarunt sacerdotis qui presenti hoc tempore in Sacello Cesareo sacra administrant sunt nomine tenus Reverendus Pater D.Petrus Helfen, Missionarius Superior, Reverendus Pater D. Henricus Zentren, et Reverendus Pater D.Godefridus Roelen. Nec ullus hic fuit episcopus, sed sacerdotes catholice subiectis fuerunt in spiritualibus vicario apostolico qui de facto est Reverendissimus ac illustrisimus Dominus Joannes Adolphus de Höerde, episcopus hario politanus serenissimi Principis Osnabrugensis sufraganeus.

Ut autem defectus amissorum ecclesia librorum aliquo modo refarciatur adjunt ad huc testimonia prenobilium clarissimorum que Dominorum ac civium de facto viventium qui iurato testari posunt, constare sibi, quod prenobilis Dominus Albertus de Witemberg cum sua Domina Coniuge Catharina Dreyers moratus sit Hamburgi ambo que religioni catholici apostolici fuerint addictissimi, verique conyuges in magna dignitate constituti exstiterint.jisdem infra memorandis prenobilitus omni exceptione maioribus testibus etiam consta, prefactos coniuges progenuisse filium Joannem de Witemberg nominatum, qui circiter decimo quarto etatis sue anno, Hamburgo Malagam in Hispania profectus est, ibidem que matrimonio iunctus duos filios Joannem de Witenberg Harizon et Josephum de Witenberg genuit, quos ex infrascriptis testibus aliqui Malaga in edibus paternis viderunt ac cum illis locuti sunt.Notarium quoque ipsis est in prenobili amplissima ac per antiqua Witenberg familia nullum unquam judeum, aut maurum extitisse, nec quenquam coram ullo tribunali apostassie a religione accusatum , minus condemnatum. Est etiam valde propabili prenobilem et per antiquam hanc familiam primam trarisse originem ex urbe Witenberg, sita in Saxonia Superiore unde et nomen sum fit.

Certum autem est supra memoratum prenobilem Dominum Albertum de Witenberg tempore belli suecidi, dum arme Gustavi Adolphi totam fere vastabam Germaniam , Cosfeldia urbe in Ducatu Monasteriensi sita, cum tota familia migrasse Hamburgum.Hec omnia veritati esse consentanea, infrascripti testes manu propia et sigillo attestantur. David Doorman.Joan Gerguenz. Juan Baptista Doorman. Georg Schroden. Hans Richteri, Johan Antonis Ghegutere. Atamm.Y al margen siete sellos de lacre.

Prenobiles clarissimos que has testes esse fide dignissimos et omni exceptione maiores testantur tres e societate Missionaris Sacellani Cesarei Hamburgi 16 april 1730.Petrus Hilffen S.J. Missionum superior mss.Henriens Zentren S.J.mss.Godefridus Roelen S.J. mss. Síguese debajo un sello de lacre con armas de la Compañía de Jesús.

Certifico ser cierto quanto aquí esta expresado, como así mesmo serme mui conocidos los infrascritos testimonios. Hamburgo a 16 de abril de 1730. Antonio Casado y Velasco. Síguese otro sello de lacre con sus armas (Obispado de Málaga, 1730).

Traducción:

En el nombre del señor, amén. Atestado de la nobleza muy antigua y extensa de la familia Wittenberg. Poseyendo por mucho, completos, amplios, y plenos atestados de nobleza de esta antigua familia, sucede que los libros de bautismos y matrimonios, donde había datos abundantes, por azar de los tiempos y las persecuciones que sufrieron los sacerdotes católicos se han perdido. Por cuya causa, los más modernos libros que obran en nuestro poder comienzan a partir del año 1649 aunque es cierto que en el año 1599 en Hamburgo al menos, los sacerdotes de la Compañía de Jesús administraron los sacramentos, después de la Reforma Protestante no quedó en Hamburgo ni una sola iglesia parroquial, sino que tan sólo los padres de la Capilla Cesárea administraban católicos sacramentos en rito hispánico y galo.

Sacerdotes que presentes en dicho tiempo en la Capilla Cesárea, administraban sagrados sacramentos y cuyos nombres eran: reverendo padre señor Pedro Helfen, misionario superior padre señor Enrique Zentren y reverendo padre señor Godofredo Roelen. No siendo ninguno de ellos obispos, sino sacerdotes católicos, que en materia espiritual estaban sujetos al vicario apostólico que de hecho es el reverendísimo e ilustrísimo señor Juan Adolfo de Hörde, obispo del serenísimo príncipe de Osnabruck. Debido a la perdida de los libros eclesiásticos, se ha pretendido de alguna manera suplir dicha falta, adjuntando testimonio de la nobleza ilustre que posee dicha familia, por lo que dichos sacerdotes que habitan de hecho en esta ciudad, han jurado y depuesto evidencia, de que les consta, que el noble señor Alberto de Witemberg con su mujer Catharina Dreyers se vinieron a vivir a Hamburgo, los cuales ambos fueron adictísimos a la religión católica apostólica, verdaderos cónyuges, que en magno y digno vínculo fenecieron.

Para mayor aseveración de la nobleza de sus ancestros, consta como los dichos cónyuges procrearon a un hijo llamado Juan de Witemberg, que alrededor de los catorce años de Hamburgo partió hacía Málaga en España, y a su vez del matrimonio de éste proceden dos hijos llamados Juan de Witenberg Harizón y José de Witenberg, de los cuales, los testigos infrascritos declaran como los vieron en Málaga en la casa paterna donde allí radican. Asimismo es notorio que respecto a la nobleza dignísima de esta antigua familia, no ha habido judío ni moro, ni han sido acusados por apostasía ante ningún tribunal, ni menos condenados. Parece muy probable que la nobleza de esta antigua familia traiga su origen de la ciudad de Wittenberg sita en Sajonia Superior de donde procede el nombre.

También es cierto con respecto a la nobleza del mencionado más arriba, señor Alberto de Witemberg, que en torno al tiempo de la guerra de Suecia, cuando las armas de Gustavo Adolfo devastaban toda la Alemania, desde la ciudad de Coestfeld sita en el ducado de Münster, emigró con toda la familia hacia Hamburgo. Esa es toda la verdad y así lo firman los testigos de su propia mano. David Doorman, Joan Gerguenz, Juan Bautista Doorman, Georg Schroden, Hans Richter y Johan Antonis Gheguere. Atamml.Y al margen siete sellos de lacre.

Por lo que de la nobleza clarísima y dignísima, sin excepción de sus ancestros, así lo atestiguan la Sociedad de Misionarios de la Capilla Cesárea en Hamburgo el 16 de abril de 1730. Pedro Helfen, misionario superior, Henrique Zentren, Godofredo Roelen. Síguese debajo un sello de lacre con armas de la Compañía de Jesus.

Certifico ser cierto cuanto aquí está expresado, como así mismo serme muy conocidos los infrascritos testimonios. Hamburgo 16 de abril de 1730. Antonio Casado y Velasco. Síguese otro sello de lacre con sus armas.

Doctor Cozan. Don Pedro Montero de Espinosa[18].

Respecto al contenido del documento, no aporta nada esencial que no sepamos, pues en su mayor parte ha sido revelado en el manuscrito de Guerra y Sandoval, lo que indica que estos documentos estuvieron en su poder cuando confeccionó su certificación nobiliaria de la familia Wittemberg. Eso sí hay algunos detalles que merece la pena comentar. En el documento anterior aparecía la información inédita para nosotros de que Alberto Witemberg había muerto en 1662 en Hamburgo o sus proximidades. Un pequeño dato que nos sirve para fijar los límites cronológicos de nuestra investigación.

En el segundo documento se declara algo más controvertido: *"Parece muy probable que la nobleza de esta antigua familia traiga su*

---

[18] *Traducción realizada por el Servicio de Traducciones del obispado de Málaga.*

origen de la ciudad de Wittenberg sita en Sajonia Superior de donde procede el nombre". ¿Qué significa parece probable...? ¿Es que la familia no sabía exactamente cuál era su origen? ¿Fue este dato un desliz del redactor? En otro lugar de este mismo instrumento se refuerza la misma idea de que: *"la familia tiene su origen en Alemania la alta"*. Más adelante es aún más explícito al decir que: "su *padre proviene de la casa Wittemberg de Alemania la alta"*.

En otro párrafo el presbítero Joan Joseph Witemberg Aguilar matiza que: *"su abuelo, Joan Witemberg, fue natural de la ciudad de Hamburgo, en la Baja Sajonia"*. Finalmente expresa que: *"su abuelo Juan Witemberg vino de Hamburgo y de las demás ciudades de Alemania la alta, donde es reputado..."*. Es decir, estas notas nos ofrecen un referente del origen de la familia en Alemania la alta, probablemente en Sajonia, pero ciertamente no describen con precisión cual es el origen. Todo parece indicar que la familia perdió su conexión con su solar primitivo y que no conocía con exactitud cuál era su origen.

Después de seis generaciones y tras las guerras de religión en Alemania, la familia se veía imposibilitada a construir de forma fidedigna su pasado. En otro caso lo habrían expresado claramente. Por otra parte, sabemos por el expediente de Guerra y Sandoval, que al menos tres generaciones de la familia Wittemberg radicaron en Coesfeld: Jorge Miguel, Gil Carloto y Patricio. Estos dos últimos, según el citado expediente, nacieron en Coesfeld. Ahora en esta segunda información realizada por la comunidad jesuita, se añade que debido a que Gustavo Adolfo de Suecia estaba invadiendo Alemania, Alberto Wittemberg abandonó Coesfeld, ducado de Münster, para dirigirse a Hamburgo, por entonces un lugar más seguro donde afincarse.

Otros documentos de los que muy pronto haremos acopio, señalan que en realidad el viaje fue de dos direcciones. Alberto Wittemberg nació en Hamburgo. Después debido a las persecuciones emigró a Coesfeld, para posteriormente retornar a Hamburgo. A pesar de todos estos referentes y tras haber realizado una intensa búsqueda tanto en

Coesfeld, Münster, así como en todos los pueblos de alrededor, hasta la fecha no ha surgido ninguna evidencia de la presencia de la familia en dicha área.

En cuanto a las personas intervinientes en la información han podido ser identificados: el reverendo padre Pedro Helfen, el reverendo padre Godofredo Roelen y el reverendísimo Juan Adolfo de Hörde, obispo del serenísimo príncipe de Osnabruck. Respecto a los abajo firmantes se ha identificado a: David Doorman, Johann Baptista Doorman, Joan Guerguenz y el embajador Antonio Casado y Velasco. La existencia de todos estos personajes evidencia que se trató de un documento auténtico avalado por personajes reales, algunos de gran notoriedad. El padre Petrus Helfen fue básicamente un sacerdote, que llegó a ser misionario superior de la Sociedad de Misionarios de la Capilla Cesárea.

Está constatado como nació en Trier, el 9 de junio de 1665 en la provincia de la Rhenania inferior, tomó los votos el 10 de junio de 1697, obtuvo los grados el 2 de febrero de 1710, muriendo el 25 de marzo de 1736 en Köln. Igualmente, aparece constatado por los datos suministrados tanto por el obispado de Osnabruck, como los del arzobispado de Hamburgo, que el padre Petrus Helfen estuvo ejerciendo su ministerio en Altona desde 1710 hasta 1735. Altona es una localidad muy próxima a Hamburgo. Téngase en cuenta que el documento que estamos analizando fue elaborado en abril de 1730 en la Compañía de Jesús de Hamburgo, por lo que la participación del padre Helfen, tanto geográfica como cronológicamente está probada.

El padre Gottfried Roelen, fue un sacerdote que ejerció su ministerio en Glückstadt (1728-1729), en Hamburgo (1729-1737) y en Friedrichstadt (1737-1747), muriendo el 22 de septiembre de 1767 en Trier. Como se percibe su presencia en Hamburgo en 1730 está plenamente evidenciada. También el obispo de Osnabruck, Johann Friedrich Adolf von Hörde fue un personaje muy conocido cuya vida se puede rastrear en cualquier Enciclopedia Católica. Nació el 5 de febrero de 1688, en Schönholthausen. Realizó en su juventud estudios humanísticos en la escuela jesuita de Münster y también estudios filosóficos en Trier.

Posteriormente estudió teología en el Collegium Germanicum de Roma desde el 30 de agosto de 1709 a marzo de 1712. Desde 1719 hasta su muerte en 1761 acumuló varios cargos como: vicario metropolitano, administrador o agregado de las misiones del norte, obispo de Flaviopolis, vicario apostólico del norte, nuevamente vicario metropolitano, vicario general y vicario capitular[19]. Respecto de los abajo firmantes, se sabe gracias a la información suministrada por el Staatarchiv de Hamburgo, que David Doorman era una figura prominente en dicha ciudad. Nació el 15 de abril de 1676 y murió el 30 de junio de 1750. El 6 de octubre de 1729 ejerció el cargo de *"Kammereibürger"*.

Se sabe igualmente que ejerció algún tipo de autoridad pública en Hamburgo y en concreto ejerció el cargo de *"Oberalter"* en la parroquia de Santa Catharina desde 1729 hasta 1750. El colegio de los Oberalten consistía en una asamblea o comité de ciudadanos, que en su origen resolvía cuestiones de tipo eclesiástico, procurando el bienestar y la estabilidad social de la ciudad, convirtiéndose a partir de 1603 en un órgano político. A partir de ese momento se transformó en una institución que se encargaba fundamentalmente de vigilar el cumplimiento de la Constitución, la observancia de la ley y la defensa de los derechos de los ciudadanos frente al gobierno del Senado.

En un primer matrimonio David se casó el 23 de abril de 1708 con Elizabeth, hija del *Oberalter* Franz Bostelmann. El hijo mayor de este matrimonio, también llamado David nacido el 14 de abril de 1715, fue también *Obertalter* hasta abril de 1781 y luego burgomaestre, casó con Elisabeth, hija del Senador Hieronimus Hinrich de Drufina. Asimismo, el David Doorman signante de nuestro documento, se casó en

---

[19] *Informaciones suministradas por el Archivo del arzobispado de Hamburgo.*

segundas nupcias el 17 de diciembre de 1719 con Cristiana Spiening. De este matrimonio nació el 14 de febrero de 1709 Franz Doorman, el cual fue una personalidad de gran relevancia en Hamburgo, acumulando multitud de cargos y títulos en la urbe.

Junto a su padre viajó por Alemania y Holanda desde 1736 hasta 1738 por motivos de comercio. El 15 de octubre de 1739 es designado *"Brodtordnung"* que venía a ser una especie de veedor. El 6 de octubre de 1740 *"Borhoferei"*. En 1741 *"Niedergericht"*. En 1742 es *"Buchhausprovisor"*; en 1743 *"FortificationsBürger"* (encargado de las fortificaciones) y Adjunto de Santa Catharina; en 1744 es designado *"Kriegscommissair"* (Comisario de Guerra); en 1747 *"Ratshof"* del Almirantazgo y de la Diputación de Comercio; el 3 de octubre de 1754 fue *"Kammereibürger"*; el 7 de enero de 1760 fue *"Sechgziger"*, el 5 de mayo de 1761 fue senador y el 28 de abril de 1780 fue burgomaestre (Buek, 1840, pág. 252).

Como puede observarse la familia de David Doorman era muy influyente en Hamburgo y ello denota que en la fecha tardía de 1730 la familia Wittemberg aún conservaba importantes conexiones políticas en la ciudad hanseática. Otros signantes del documento fueron, Johan Baptista Doorman, el cual aparece registrado en los libros de la ciudad como ciudadano de Hamburgo el 21 de junio de 1724. A Joan Guerguenz se le relaciona con el comerciante Johan Gerkens, que el 22 de noviembre de 1715, había obtenido en Hamburgo el derecho de ciudadanía. Si destacada fue la familia Doorman, no lo era menos el abajo firmante don Antonio Casado y Velasco, marqués de Monteleón o Monteleone ya que el título tiene una procedencia italiana.

Don Antonio nació en 1703, hijo de Isidro Casado (1667-1739) vizconde de Alzazar y marqués de Monteleón desde 1701 y de María Francisca de Velasco. Don Isidro Casado fue uno de los principales representantes de Felipe V en el extranjero, actuando en delicadas cuestiones de política internacional. Especialmente se destacó como embajador en Londres de 1712-1713, luego de 1714 a 1718 y durante algún tiempo en 1724. Además, el 13 de julio de 1713, junto al duque de Osuna, negoció el Tratado de Utrecht, por el que se cedía el Peñón de Gibraltar a Inglaterra.

Su hijo y firmante de nuestro documento, don Antonio Casado y Velasco, marqués de Monteleón fue designado en 1724 por el rey español Luis I, enviado extraordinario en los Círculos de la Baja Sajonia, en la ciudad de Hamburgo y ante el rey de Dinamarca. A la muerte del joven monarca español, Felipe V mantuvo la designación de Casado y el 26 de septiembre de 1724 firmó las cartas credenciales. Al año siguiente Casado residía ya en Hamburgo yendo poco después a Copenhague para entregar al monarca danés Federico IV las cartas credenciales.

Posteriormente de Madrid le ordenaron volver a la ciudad alemana y fijar allí su residencia. Ante la petición del duque de Liria, que escribió el 23 de enero de 1730 al marqués de la Paz señalándole la necesidad de enviar un embajador a Copenhague, el rey español dio órdenes a Casado para que se fuera residir a Copenhague, firmando el 2 de junio las credenciales de Casado como enviado extraordinario en dicha ciudad, a la vez que le mantenía sus antiguas funciones en los Círculos de la Baja Sajonia y en la ciudad de Hamburgo.

De 1729 a 1732 se conserva su correspondencia fechada en Hamburgo dando noticias de la ciudad hanseática. Aunque Casado fue nombrado dos veces enviado extraordinario en la corte danesa, se sabe que no residió en Copenhague sino en Hamburgo. Más adelante residió algún tiempo en Bruselas y luego en París (Alegre, 1978)[20].

Por lo tanto, está demostrado que don Antonio Casado y Velasco fue un eminente embajador español en Hamburgo y Círculos de Baja de Baja Sajonia o lo que los alemanes llaman la región del Niedersachsen desde 1724 hasta 1734. Este importante personaje es el que

---

[20] *También existe abundante información sobre don Antonio Casado y Velasco en el Archivo General de Simancas, legajos: 7453, 7454 y 6720; así como el Archivo Histórico Nacional, leg. 4814.*

acreditó la nobleza y catolicidad de la familia Wittemberg. Esto nos da una buena idea de la trascendencia de esta relación y las numerosas puertas que debió abrir en España este documento. Por otra parte, en otro lugar del documento se menciona que Alberto Witemberg fue fiscal de la reverenda Cámara Apostólica. Parece que Alberto Witemberg tenía algún tipo de conexión con la Capilla Cesárea de Hamburgo.

Otro dato curioso es que don Antonio Casado y Velasco era descendiente del famoso pintor de Felipe IV, don Diego Velázquez autor de las célebres *"Meninas"*. Efectivamente, Francisca, hija de Velázquez y de su esposa doña Juana Pacheco, apadrinada por Felipe IV casó con el también pintor real y ayudante de su suegro, don Juan Bautista Martínez del Mazo. De este matrimonio procede doña María Teresa Martínez del Mazo, nacida en 1648 y que en 1666 casó con el hidalgo don Pedro Casado y Acevedo.

Hijo de los anteriores fue don Isidro Casado (1667-1739) vizconde de Alzázar y marqués de Monteleón desde 1701 y que como sabemos representó los intereses de España en las negociaciones de Utrecht. Casó éste en 1698 con doña María Francisca de Velasco. Hijo de los anteriores es el signante de nuestro documento don Antonio Casado Velasco, marqués de Monteleón (1703-1740), embajador de España, el cual contrajo matrimonio en 1721 con doña Enriqueta Margarita Huguetau, condesa de Gildenstyn.

A su vez, de este matrimonio procede Enriqueta Susana Casado, nacida en 1725 en la embajada española en La Haya, la cual casó en 1746 con el conde Enrique de Reuss-Köstriz, señor de Reichenfels. Hija de los anteriores fue Federica Luisa de Reuss-Köstritz, nacida en 1748 la cual contrajo matrimonio en 1767 con Juan Christian, conde de Solms-Baruth. De este último enlace procede Amelia de Solms-Baruth (1768-1847) la cual casó en 1789 con el príncipe Carlos Luis de Hohenlohe-Lagenburg. De aquí derivan otros cinco príncipes y princesas alemanas hasta llegar hasta la mismísima Casa Real Española, reinante en la actualidad (Mestas, 1960).

Aparte de esta curiosidad histórica, es claro que hasta ese momento la familia Wittemberg se había desenvuelto con éxito dentro del tráfico social, jurídico y económico. Desde que llegaron a España se habían afanado en demostrar su nobleza, posiblemente empujados por la necesidad de facilitar ese intercambio social. Siendo extranjeros, esa necesidad de justificar su nobleza debió ser aún mayor.

Hasta ahora con las cinco certificaciones armeras de Baños de Velasco, Juan de Mendoza en las adiciones de Azcárraga, Lázaro Díaz del Valle, Jesús de Salazar y Alfonso Guerra y Sandoval, además del instrumento elaborado ante el alcalde de Málaga, así como las certificaciones ante el Senado y la Compañía de Jesús de Hamburgo, la familia había conseguido sus propósitos. Sin embargo, el notable éxito de la familia pronto le acarrearía problemas. Los Wittemberg eran grandes hacendados en Málaga, pero cuando compraron terrenos en Vélez, una localidad próxima a Málaga, el Concejo de la ciudad se negó a reconocer la nobleza de la familia, lo que conllevaba consecuencias a nivel fiscal.

Básicamente, cuando un hidalgo, de solar conocido cambiaba de residencia, lo primero que hacía era dirigirse al Concejo para solicitar ser empadronado en el padrón de nobles. Por su parte, el Concejo, a no ser que la hidalguía fuera muy notoria, era renuente a empadronar al recién llegado como hidalgo. Había una razón muy sencilla para ello y era que el nuevo vecino si era empadronado como noble no pagaba impuestos; es decir, no contribuía a ninguna de las cargas que gravaban la comunidad, que se verían incrementadas por su sola presencia.

Así pues, una vez que al recién llegado se le empadronaba en el "censo de pecheros", éste reaccionaba nombrando procurador y demandando al Concejo, el cual a su vez nombraba un fiscal para que le representara y además "tomaba prendas" al hidalgo, embargando sus bienes para sufragar los gastos del pleito. En el caso que nos ocupa, el proceso se ventilaba ante la Real Chancillería de Granada, que operaba como Tribunal Superior de Justicia de la Corona de Castilla, con competencia en materia civil y criminal, que además poseía una Sala de los Hijosdalgo, con competencia exclusiva sobre las causas relacionadas con los privilegios y derechos relacionados de la nobleza y sobre los pleitos por la sucesión de los mayorazgos.

En resumidas cuentas, el hidalgo que había sido lesionado en el reconocimiento de su nobleza, demandaba ante la Sala de Alcaldes de los Hijosdalgo. Después comenzaba una fase en la que las partes hacían sus alegaciones, se abría un periodo de pruebas, con el testimonio de hombres muy ancianos, que hacían sus declaraciones *"ad perpetuam rei memoriam"*; es decir, testificaban a favor del litigante confirmando que habían conocido a sus padres y abuelos y que habían gozado de reputación de nobles. Posteriormente se producía la llamada "vista de ojos" que consistía en visitar la morada del litigante para verificar los indicios de su nobleza, diligencia que era completada con la visita a los archivos parroquiales.

Finalmente, la Sala de Alcaldes pronunciaba una sentencia reconociendo la nobleza del litigante o desestimando sus razones. Esta sentencia era apelable ante la Sala de Oidores en vista. Esta sentencia a su vez podía ser objeto de súplica o revisión ante la Sala de Oidores en revista, que tras revisar nuevamente el proceso, dictaban una sentencia definitiva e irrevocable. Esta última sentencia, implicaba que en nombre del rey se despachaba al demandante una real carta ejecutoria de hidalguía, que reconocía *"erga omnes"* la nobleza del litigante, prohibiendo que se le obligara a pagar pechos o gravámenes, bajo pena de fuertes sanciones al Concejo (Márquez de la Plata & Valero de Bernabé, 1995).

Aunque con algunas variantes respecto a este patrón judicial que hemos descrito, el proceso que enseguida vamos a analizar tiene una importancia extraordinaria, ya que aun tratándose de un extracto jurídico, que no refleja todo lo relatado en el juicio, en él se vertieron interesantes argumentos para defender la hidalguía de la familia Witemberg, explicaciones que permiten adentrarnos en el verdadero origen del clan. En resumen, tratando de evitar todo lo que de farragoso tiene el proceso, reduciéndolo a sus términos esenciales, los hechos contenidos en él sucedieron de la siguiente forma:

En algún momento del año 1743 (que no se cita en el expediente) Jorge y/o Joseph Witemberg Aguilar, acaudalados terratenientes de Málaga, compraron nuevas haciendas en Benamocarra, villa que pertenece al partido de Vélez, en las cercanías de Málaga. Con toda seguridad los hermanos Witemberg acudieron al Concejo de la villa de Benamocarra, para que los empadronara en el "censo de nobles". El Concejo se negó a reconocerlos por tales, y los inscribió en el de "pecheros".

Eso originó que los hermanos Witemberg, interpusieran demanda ante la Real Chancillería de Granada en defensa de sus derechos. La Sala de Alcaldes de Hijosdalgo de la Real Chancillería emitió una Real Provisión fechada el 16 de noviembre de 1743, por la que ordenaba al Concejo de Justicia y Regimiento de la villa de Benamocarra, para que practicara cierta diligencia llamada "vista de ojos". En virtud de la misma se nombraron comisarios para averiguar la nobleza de Jorge y Joseph Wittemberg, los cuales se designaron por el Cabildo el 7 de diciembre de 1743.

Así pues, los comisarios designados se desplazaron a Málaga y visitaron las casas de la familia Witemberg, sus enterramientos, verificando si traían escudo sobre sus puertas, si tenían prerrogativas de hidalguía, sus armas y asientos preeminentes en las Iglesias, si poseían casa-solar, si habían contribuido o no sus ascendientes con "pechos de pecheros", complementado todo ello con las habituales visitas a los archivos parroquiales. De todo lo obrado se informó al Cabildo de Benamocarra, el cual el 15 de febrero de 1744 convocó sesión para tratar sobre las diligencias practicadas.

Por lo tanto, en dicha fecha se realizó ayuntamiento en la escribanía principal de la villa de Benamocarra, a la que acudieron el escribano de Vélez, el corregidor y superintendente de rentas reales de la ciudad de Vélez, sus alcaldes y regidores. Como resultado de dicho ayuntamiento, el Cabildo de Benamocarra, acordó conceder a Jorge y Joseph Witemberg el "estado de hijodalgo", dejando de todo ello constancia en el libro capitular de la villa (hoy desaparecido), suspendiendo darles "la posesión", pasando copia testimoniada del acuerdo y de los autos y diligencias practicadas al fiscal de la Sala de Hijosdalgo.

Por lo tanto, el día 10 de marzo de 1744, el Concejo de la villa de Benamocarra, envió a la Sala de Alcaldes de Hijodalgo de la Real Chancillería de Granada, copia de los autos de recibimiento de hijodalgo, con testimonio de lo actuado el 15 de febrero de 1744, insertando los papeles e instrumentos que los hermanos Witemberg habían presentado para justificar su hidalguía. Piénsese que asistimos a un momento fulgurante, ya que primeramente, el Concejo se niega a reconocer la nobleza de los Witemberg.

Posteriormente los hermanos demandan al Concejo, y finalmente éste, acatando una Real Provisión de la Chancillería, realiza una diligencia y como resultado de la misma, reconoce la nobleza de la familia. Desde este momento, el Concejo se aparta del pleito y el mismo continúa por medio del fiscal de la Chancillería que representa los intereses del Real Patrimonio. El Fiscal Tomás Maldonado solicita a la Sala de Alcaldes de Hijosdalgo, que los hermanos Witemberg presenten los instrumentos que justifican su descendencia legítima de la casa Witemberg en Alemania.

En respuesta a esta solicitud, el 26 de junio de 1744, don Jorge y don Joseph Witemberg se dirigen a los jueces de la Sala de Hijosdalgo y les dicen que ya se han hecho todas las diligencias requeridas por la Sala, que el Cabildo de Benamocarra ya les ha concedido el estado de hijosdalgo, pero que no podían cumplir con lo que les pedía el fiscal;

es decir, la justificación de su descendencia de la casa Witemberg que habían tenido su abuelo y segundo abuelo, debido a las continuas guerras que asolaban en ese momento a toda Europa, pidiendo se les despache Real Provisión de nobleza para que constase en la villa de Benamocarra.

La sala del Alcaldes de Hijosdalgo el 20 de julio de 1744 ordena a los hermanos Witemberg que:

> "Estas partes justifiquen en la forma conveniente con citación del procurador síndico de Benamocarra el estado y posesión de hijosdalgo en que estuvieron sus ascendientes en la ciudad de Coesfeld, ducado de Munster, o en los lugares de sus vecindades antes de que se hubiesen venido a vivir a la República de Hamburgo o justifiquen con dicha citación en debida forma ser descendientes por línea recta de varón de la casa Witemberg en Alemania la Baja y presentada dicha justificación en esta corte se lleve todo al fiscal de su Majestad y para que se ejecute lo referido y se les dé el despacho necesario".

Los hermanos Witemberg se dirigieron nuevamente al Tribunal argumentando en síntesis que su antepasado el barón Alberto Witemberg, descendiente de la casa Witemberg en Alemania la Baja, se había pasado con su familia a la ciudad de Coesfeld a principios del siglo XVII, debido a la guerra y persecución contra los católicos que en Alemania estaba llevando a cabo Gustavo Adolfo, rey de Suecia. Por lo tanto, debido a que estaban en inminente peligro fue necesario que se quemaran y destruyeran archivos, papeles e instrumentos, no habiendo en Hamburgo ninguna Iglesia parroquial que conservara auténticos papeles y que por estos motivos, hasta el año 1649 no tuvo principio el archivo de la capilla de dicha ciudad.

En torno a esa fecha, Alberto volvió a Hamburgo, donde vivió con el crédito y la reputación de descender de varón por línea recta de la casa ilustrísima de Witemberg, tratándolo como tal, y con el respeto y cortesía de "señor Alberto". Continuaban explicando los hermanos Witemberg, que su segundo abuelo Alberto Witemberg, poco antes de morir (en 1662) dejó encomendado a un correspondiente (un embajador de Felipe V), el cuidado de su único hijo de apenas catorce años, Juan Witemberg Dreyers, el cual pasó a la ciudad de Málaga bajo la protección de este personaje.

Por estas razones no se habían podido guardar ni conservar papeles, si acaso hubiera quedado alguno después de las terribles persecuciones, los incendios de archivos y expulsión de los católicos, viéndose forzados a refugiarse en países muy distantes, no pudiendo adelantar ninguna justificación y mucho menos con testigos, debido a que los hechos excedían de la memoria de los vivos, siendo además, muy difícil cualquier desplazamiento debido a las guerras existentes en la época.

Finalmente, alegaban que la única vía que habían tenido para demostrar la nobleza y antigüedad del apellido Witemberg procedía de los relatos recogidos por el cronista Azcárraga en la *Ilustración de las familias de Alemania, Flandes y Francia*, en su tomo original, donde se narraban los sucesos de la familia y se mostraban sus progenitores hasta el barón Alberto Witemberg, el cual se había establecido en Hamburgo.

Asimismo, afirmaban que coincidían con esos mismos hechos don Juan Baños de Velasco en los *Becerros de España* y el *nobiliario veinticinco* de don Miguel de Salazar, capellán de honor y cronista de don Felipe IV y don Lázaro Díaz del Valle y de la Puerta en las anotaciones al tomo cuarenta y cinco de Gracia Dei, testimonios todos ellos recogidos por don Juan Alfonso Guerra y Sandoval, Caballero de la Orden de Santiago, cronista y rey de armas de Felipe V, que en una certificación original y con el juramento necesario, afirmaba la descendencia de varón de Alberto Witemberg de la ilustre y noble familia de ese apellido en Alemania la Baja, por lo que en consonancia con lo ya pedido el 26 de junio de 1744, los hermanos Witemberg solicitaban que se les despachara Real Provisión de nobleza.

Por otra parte, obsérvese que si los hermanos Wittemberg presentaron como prueba todos estos nobiliarios, eso quiere decir que esas referencias sobre la familia Wittemberg existieron y fueron reales, ya que podían ser fácilmente requeridas por el fiscal para su comprobación. Pero, ciertamente, no se sabe si fueron verificadas.

Así pues, tras esta respuesta de los hermanos Witemberg, el 26 de agosto de 1744 la Sala de Alcaldes de los Hijosdalgo dicta un auto mandando se dé traslado de todo lo actuado al fiscal. A su vez, los hermanos Witemberg presentan el 11 de septiembre de 1744, toda la información que habían podido recabar para justificar su descendencia de la casa Wittemberg. En consonancia, ese mismo día la Sala de Alcaldes de Hijosdalgo da nuevamente traslado al fiscal para que conteste a las alegaciones e instrumentos presentados.

Incrementándose el cariz de la confrontación el 28 de septiembre de 1744 el fiscal alega que los hermanos Witemberg no han cumplido con el tenor de lo ordenado en el auto de 20 de julio de 1744, en consecuencia declaraba nulo y revocaba el acuerdo de la villa de Benamocarra de 15 de febrero de 1744, por el que se había concedido a los hermanos Witemberg el "estado de hijodalgo". Por lo tanto, en una contestación despiadada el fiscal no se avenía a reconocer la nobleza de la familia Witemberg, basándose en nueve puntos para desestimarla, en una respuesta terrible y cáustica, que a la postre convenció al Tribunal y que merece toda nuestra atención en una exposición literal:

1) **"Porque no habían justificado en sus personas ni la de su padre y abuelo la posesión que de necesidad establecían las leyes del reino y auto acordado del consistorio del año de setecientos cuarenta y tres".**

2) **"Porque las dos declaraciones voluntarias hechas por ante el notario Vicente Bohme, nada expresaban de hidalguía y distinción que por ella hubiese tenido Alberto Witemberg, sino que habían de hombre general, y cristiano apostólico romano, sin dar el origen de la casa y familia de este apellido, ni cosa alguna porque después estuviese distinguido entre los demás vecinos de Hamburgo".**

196

3)"Porque tampoco probaban el intento los siete testigos que decía haber depuesto para suplir la falta de los libros de bautismo y matrimonios de la ciudad de Hamburgo, porque decían que solamente el dicho Alberto Witemberg había sido fidelísimo profesor de religión católica y también su mujer Catalina Dreyers y que por su nobleza habían sido estimados, pero no referían en qué consistía dicha nobleza, que a lo más que se extendían era a decir que esta familia traía su primer origen de la ciudad de Witemberg de donde había tomado el apellido y siendo así se convenía el que no de la familia de Witemberg sino oriundos de aquella ciudad habían basado los dichos don Jorge y don Joseph su ascendencia del citado apellido".

4) "Porque la falta de libros de bautismos y desposorios de Hamburgo, no justificaba sucediese lo mismo en la ciudad de Witemberg, ni en la de Coesfeld, en donde había estado avecindado el dicho Alberto".

5) "Porque al ser de una como de otra ciudad se podían muy bien sacar los instrumentos justificativos de la descendencia del referido Alberto Witemberg de la antigua e ilustre Casa de este apellido y el no haberlo hecho así, había sido por que no sería cierta su filiación".

6) "Porque no había otro medio de haberles suplido la posesión que haciendo la causada y comprobada por los medios ordinarios y regulares, lo que no habían practicado como quedaba notado sobre lo que resultaba de las deposiciones de los testigos, siendo desatendible el tratamiento de señor porque de este usaban muchas naciones y aún entre comerciantes".

7) "Porque la certificación del rey de armas no merecía fe, ni criterio para estos juicios por lo que debía despreciarse mayormente, no constando como no constaba de las aserciones de los historiadores a que se refería y para que constase en ellas, tampoco probaban para la determinación del juicio sumarísimo el estado".

8)"Porque tampoco merecía fe ni crédito alguno la anotación y origen de la casa Witemberg porque no tenía legítima autorización y en su relación se oponía a la del rey de armas".

9) "Porque no se había producido la más remota justificación de que los referidos don Jorge y don Joseph fuesen descendientes le-

gítimos de esta casa, que era en lo que consistía todo el fundamento de su intención, por lo que ni habían causado la posesión, ni ellos la habían querido, siendo voluntaria la imposibilidad que proponían para hacer la justificación que debían porque habían tenido embarazo de ejecutarla, ni le había, y concluyó pidiendo a la sala se sirviese determinar cómo en dicha respuesta se contenía".

Tras el sofoco de semejante respuesta, el 9 de octubre de 1744 los hermanos Witemberg se dirigen nuevamente al Tribunal y arguyen que aunque la certificación del rey de armas no probaba la descendencia de la familia Witemberg, si la justificaban los auténticos instrumentos que para elaborarla se habían tenido presentes, de los que no se debía dudar pues eran los originales y estaban autorizados con el sello de la Majestad Imperial, en los que se contenía que su segundo abuelo era descendientes de la casa Witemberg, y que los reinos extranjeros estaban conmovidos y alterados por las guerras de la época, por lo que les era imposible dar otra justificación, rogando al Tribunal que reconociera los instrumentos presentados, y no obstante la oposición hecha por el Fiscal, dictase Real Provisión concediendo el estado de hijosdalgo.

La Sala de Hijosdalgo de la Chancillería de Granada no se dejó convencer con estas buenas razones, dictando el 12 de octubre de 1744 un auto del siguiente tenor:

> "No ha lugar a lo pedido por don Jorge y don Joseph Witemberg en sus pedimentos de veinte y seis de agosto y nueve de octubre de este año, cúmplase lo proveído por auto de la Sala del día veinte de julio de este año, proveído por los señores Alcaldes de los Hijosdalgo de la Audiencia de S.M".

Don Jorge y don Joseph Witemberg apelaron el referido auto ante la Sala de Presidentes y Oidores, que era una instancia superior dentro de la propia Chancillería, pidiendo su revocación. En síntesis, continuaron insistiendo en la alta estima y reputación de su notoria nobleza, del crédito de las personas que así lo habían testificado, que lo ordenado en el auto de la Sala de Alcaldes de Hijosdalgo de fecha 20 de julio de 1744 quedaba cumplido con los nuevos instrumentos que se habían presentado, que lo propuesto por el fiscal el 28 de septiembre de 1744 carecía de sentido, ya que ellos traían la nobleza de sus antepasados, y aunque no la hubieran plasmado en actos positivos mientras vivían en Málaga, la habían disfrutado de derecho, reiterando la imposibilidad de practicar la diligencia con el procurador síndico de Benamocarra, ya que no podían adelantar nada más respecto a los instrumentos ya presentados, pidiendo en definitiva que se dictara sentencia.

El 10 de noviembre de 1744 los presidentes y oidores evacuaron traslado de todo lo actuado al fiscal, el cual tres días más tarde, esgrimió que lo proveído por los Alcaldes de Hijosdalgo el día 12 de octubre de 1744 era justo, no obstante lo alegado por los hermanos Witemberg el 10 de noviembre, reiterando que él actuaba en defensa del Real Patrimonio y reafirmándose en los puntos esenciales de su alegación principal, para desbaratar la pretensión de los hermanos Witemberg, pidiendo en consonancia que se dictara sentencia acorde con lo ya dictaminado por la Sala de Alcaldes de Hijosdalgo.

El 17 de noviembre se dio el pleito por concluso dictándose el siguiente auto:

> **"En la ciudad de Granada en cuatro días del mes de febrero de mil setecientos y cuarenta y cinco años los señores oidores de la Audiencia de S.M. habiendo visto los autos del recibimiento de Hijosdalgo hecho por el Concejo de la Villa de Benamocarra a don Joseph y don Jorge de Witemberg, vecinos de la ciudad de Málaga y hacendados en dicha villa, y los autos en dicho negocio proveídos por los Alcaldes de Hijosdalgo de esta Corte y la apelación interpuesta por parte de los dichos don Joseph y don Jorge del día doce de octubre del año próximo pasado de setecientos cuarenta y cuatro y lo por sus partes pedido y visto asimismo lo contra ello dicho y alegado por el Fiscal de Su Majestad que de todo fue hecha relación a dichos señores.**

Dijeron que revocaban y revocaron el referido auto del citado día doce de octubre de dicho año de setecientos cuarenta y cuatro y mandaron que los autos del referido recibimiento se pongan en el oficio del escribano mayor de los hijosdalgo a quien tocan para que se enlegasen y a los dichos don Joseph y don Jorge Witemberg se les despache provisión de Su Majestad para que el Concejo, Justicia y Regimiento de la villa de Benamocarra en conformidad del referido recibimiento de hijosdalgo que les tiene hecho a los susodichos, **les guarde y haga guardar todas las exenciones, preeminencias, y franquezas que fuere estado, uso y costumbre en dicha villa, y en estos reinos guardar a los demás hijosdalgo de sangre,** exceptuándoles de cargar con serviles de pechos y repartimientos de pecheros **anotándoles en ellos con la nota de hijosdalgo** y para que el presente conste haga dicho consejo poner y que se ponga traslado de dicha Real Provisión en el libro capitular y les vuelva la original a don Joseph y don Jorge con testimonio de su cumplimiento para guarda de su derecho y mandaron que este auto se despache sin embargo de suplicación y así lo proveyeron y rubricaron".

Habiéndose notificado dicho auto al fiscal el 6 de febrero, el día 10 presentó la referida suplicación ante la Sala de Presidentes y Oidores, reafirmándose en que actuaba a favor del Real Patrimonio, y que don Jorge y don Joseph no habían probado la posesión de hijosdalgo de padre y abuelo por espacio de veinte años según estaba prevenido en el auto de 1743.

Téngase en cuenta que la concreción terminológica es importante pues según las leyes de Novísima Recopilación, la "hidalguía en posesión" la obtenían aquellos hidalgos, que aunque no hubieran logrado un privilegio de concesión, probasen haber estado en posesión de hidalguía, ellos, sus padres y abuelos, por espacio de veinte años. En todo ese tiempo no debían de haber contribuido con pechos, ni cargas personales y concejiles. Nótese que esta suplicación o sentencia en revista, se sustanciaba en una Sala distinta de la anterior, dotada de jueces diferentes a los anteriores y ubicada en la misma Chancillería.

El 13 de febrero los presidentes y oidores dieron traslado de lo aducido por el fiscal a los hermanos Witemberg, los cuales tras negar todo lo alegado por éste, pidieron a los presidentes y oidores se diera el pleito por concluso, lo que se llevó a cabo el 16 de febrero. Así pues el 15 de marzo de 1745, los oidores en suplicación confirmaron el auto proveído el cuatro de febrero, reiterando todo lo expuesto en dicha resolución y advirtiendo al Concejo de Benamocarra que sino acataban dicho dictamen, serían castigados con la pena de 20.000 maravedíes (Real Chancillería de Granada, 1745).

Obsérvese que en muchas ocasiones este tipo de juicios acababa otorgando al demandante una "real carta ejecutoria de hidalguía" que contenía la descripción de la nobleza otorgada y suponía su reconocimiento "erga omnes" frente al resto de la comunidad. Ahora bien, en el caso que nos ocupa se concedió una Real Provisión de nobleza, o más exactamente una "Real Provisión de estado y posesión de hijodalgo", que comportaba las mismas consecuencias que una Real Ejecutoria en cuanto al reconocimiento de la nobleza, y sin duda los mismos efectos a nivel fiscal.

En realidad, el *"usus fori"* ideó un proceso extralegal, que omitía ciertas prescripciones procesales, y que se utilizaba cuando se despachaba una "Real Provisión de dar estado conocido" al postulante, en virtud del expediente que se había formado como consecuencia de las pruebas presentadas, examinadas y cotejadas, aunque sin que el Concejo se hubiera mostrado parte en el mismo. Es decir, se trataba de una Real Provisión, válida para todos los efectos de inscripción en los padrones, pero que carecía de sentencia alguna.

En definitiva, la Real Provisión venía a ser una simplificación de la pomposa "real carta ejecutoria de hidalguía", un proceso más ágil, que comprendía en esencia, los mismos efectos que ésta (Taboada Roca, 1991, pág. 57). De hecho, en el caso que acabamos de ver, los oidores que dictaminaron en súplica, se referían en varias ocasiones a "esta nuestra carta".

En cuanto al contenido de este pleito, es sin duda de un valor extraordinario. Aun no recogiendo de manera explícita cual es el origen de la familia Witemberg, por primera vez se establece de manera irrebatible, mediante sentencia avalada por la más alta instancia judicial, la nobleza de la familia. Ya no se trata de divagaciones o conjeturas expresadas con mayor o menor acierto por diferentes tratadistas, sino que es el más alto eslabón de la Justicia el que se pronuncia sobre la nobleza de la familia de manera irrevocable, reconociendo ante todos esa nobleza.

Por primera vez, disponemos de un soporte válido, para descartar la teoría de la trama, y creer con optimismo en la verdadera realidad de esta familia. Por fin conocemos cuáles son los límites de nuestra búsqueda, y sabemos por qué no se ha podido llegar más allá. Claramente se señala el hecho de que la familia perdió el contacto con su solar primitivo. Hubo un desfase generacional. Alberto Witemberg se llevó todo su saber a la tumba, situación que aún empeora con la destrucción de archivos y la desaparición de aquellas personas que podían recordar algo.

Cuando su hijo Juan, de apenas catorce años llega España, es incapaz de reconstruir de forma fidedigna su pasado, no obstante que conserva algunas referencias del mismo. Por otra parte, es interesante resaltar que si ni siquiera la familia podía precisar de forma suficientemente ilustrativa su nobleza, ningún investigador (al menos de la familia hispana) podrá jamás concretar con plena fiabilidad las propiedades de esa nobleza, ni mucho menos probarla con completa certitud.

Los reparos del fiscal y la sentencia adversa de la Sala de Alcaldes de Hijosdalgo, nos hacen dudar hasta el mismísimo final de la veracidad de todo lo contenido, pero al mismo tiempo nos preparan para adentrarnos en el conocimiento de una familia extraordinaria, que aun siendo extranjera se labró un próspero porvenir a ambos lado del océano. Lo más excitante, es que aunque todo el basamento de la historia de los Witemberg se asienta sobre datos fragmentarios, la instancia superior, compuesta por los letrados más antiguos, los más experimentados, creen a pesar de todo en su relato.

Después de llevar décadas evaluando la nobleza, palpan *"in situ"*, la realidad objetiva que se deja traslucir, tras el comportamiento, los ademanes, el espíritu, la idiosincrasia, la verdadera identidad, de quien la reclama. Desde ese punto de vista se puede decir que los miembros de la Sala de Oidores y Presidentes de la Real Chancillería olfatearon la verdad tras los indicios, más allá de lo que los elementos probatorios podían demostrar. Ahora bien, si se quiere ser pragmático y se desea admitir que la politización de la Justicia es un hecho inherente a su propia esencia, entonces los oidores de la Real Chancillería, se limitaron a regular las relaciones de poder de los agentes en la sociedad.

Es decir, es indudable que Jorge Witemberg y su hermano Joseph, eran grandes hacendados en Málaga, que además regentaban una de las compañías marítimas más destacadas de la zona. Los Witemberg desde que llegaron a Málaga en el siglo XVII se habían enlazado con las mejores familias del lugar. Las hijas de Johann Witemberg se habían casado con corregidos y regidores, y sus descendientes ellos mismos, ocuparon el más alto rango dentro de la estructura de poder municipal. Esos cargos como el que ocupaba, Juan Cruzado Witemberg, regidor perpetuo de Málaga, primo de Jorge Witemberg, sólo podían ejercerlos las personas pertenecientes al estamento nobiliario.

No reconocer la nobleza de Jorge Witemberg hubiera significado, derrumbar toda la estructura de poder existente en Málaga, la cual era sustentada por vigorosos pactos de familia. Por otra parte, es muy interesante que hayan sido los propios hermanos los que aseguren descender de la "casa Witemberg en Alemania la Baja". En atención a otras pruebas exhibidas en el juicio, todo apunta a que hicieron un uso impropio del término "la Baja" refiriéndose en realidad al sur. Si es así esa aseveración es de gran importancia y abre una óptica completamente distinta a nuestra investigación.

Hasta ahora habíamos visto en algunos documentos como se expresaba la idea de que la familia provenía del norte, en concreto que descendía de los duques de Sajonia, lo que a primera vista hacía pensar que la familia procedía de la ciudad de Wittenberg, en Sajonia. Esta falta de aproximación ha podido llevar a grandes errores en la interpretación del origen. Razónese, que el norte de Alemania era mucho más nacionalista y por tanto, es una realidad que aquellas regiones como precisamente Sajonia, se adhirieron mucho más rápidamente al luteranismo.

Aunque persecuciones hubieron en muchos lugares, el sur no fue ajena a ellas. En el sur hubo comunidades católicas que fueron hostigadas por fanáticas facciones reformistas. Además, era en el sur donde se localizaban un buen número de ciudades libres imperiales que, por supuesto, profesaban la religión católica. Es decir, los Witemberg eran una familia católica, adherida al partido imperial, que vivía en alguna región del sur de Alemania, próxima a la frontera con Francia y que debido a las violentas persecuciones del partido protestante, se vio obligada a emigrar a un lugar seguro. Y que mejor lugar que España, cuna del catolicismo y que además ofrecía estupendas oportunidades para el comercio.

A partir de la Real Provisión de nobleza otorgada por la Real Chancillería de Granada, los Witemberg aumentaron considerablemente su posición social en Málaga, mejorando sus expectativas y afirmándose con solidez en el estamento nobiliario. Prueba de la ascensión social de la familia, es que tres décadas más tarde, el 31 de diciembre de 1773, Jorge Witemberg era recibido como Diputado del Común. Este era un importante cargo, insertado dentro de la gobernación municipal y del cual se derivaban un gran espectro de relaciones. Estos cargos normalmente se heredaban o compraban y no eran accesibles a los extranjeros.

Lo que quiere decir, que la familia Witemberg se había españolizado, siendo aceptada por las familias lugareñas, con las que se mezcló a través de importantes enlaces familiares. Uno de esos prominentes enlaces fue el que llevó a cabo una de las hijas de don Jorge nacida en

1732, llamada doña Ana Dominga Witemberg Mendieta. Casó doña Ana el 17 de junio de 1755 con don Juan Pedro Coronado y Tello de Guzmán y Navas, miembro del Consejo de S.M. Carlos III, oidor de la Real Chancillería de Granada, regidor perpetuo de la ciudad de Vélez, corregidor, justicia mayor, capitán de guerra y superintendente general de las rentas reales en la ciudad de Huete.

En su juventud había sido, además, alcalde mayor de Valencia. Respecto a su evolución en la carrera judicial en la Real Chancillería de Granada, fue alcalde de Sala de Hijosdalgo desde junio de 1743, pasando en 1769 a ser alcalde del crimen, y en 1775 oidor, hasta 1778 en que fue sucedido por el Dr. Iglesia. Don Juan Pedro, que había nacido el 21 de junio de 1698, acudía a este matrimonio con 57 años, tras haber quedado viudo de una primera relación, lo que contrasta con la edad de Ana Dominga, que apenas contaba con 22 años, lo que revela el carácter claramente político de este enlace.

En la ceremonia oficio su tío, don Juan Josef Witemberg Aguilar, prebendado de la catedral de Málaga. De esta prolija unión nacieron nueve hijos, de los cuales dos de ellos (Josef y Juan Pedro Coronado Witemberg) quisieron entrar en la Marina al llegar a la adolescencia. Como es muy sabido, en aquella época se exigían pruebas de nobleza para el ingreso en la Administración, la Marina, el Ejército, así como para ingresar en las Academias Militares, Seminarios de nobles y Colegios Mayores.

Así pues en 1776, los dos hermanos de 14 y 16 años tuvieron que presentar un denso expediente, en el que se mostraron partidas de nacimiento, certificados de bautismo, matrimonio, etc. Por supuesto, el padre, Juan Pedro Coronado, de 78 años y el abuelo, Jorge Witemberg de 71, acudieron con todo el peso de su prestigio, en apoyo de sus hijos y nietos. En este momento, lo más relevante para nosotros de ese instrumento, son los documentos y valiosos testimonios que se depusieron en defensa de la hidalguía de los Witemberg.

Como era de esperar, se presentó un extracto de la Real Provisión de nobleza otorgada por la Real Chancillería de Granada. Además testificaron importantes personalidades. En defensa de Juan Pedro Coronado Witemberg testificaron: Don Diego Ramírez de la Piscina, secretario del Santo Oficio de la Inquisición; don Juan Francisco Castillejo, "miembro de la Real Maestranza de la Caballería de Vélez"; don Francisco Luis de Mora y Salazar, marqués de Lugros, "miembro del Real Cuerpo de la Maestranza de Vélez"; don Bernardo de Valdivia, perteneciente al Consejo de S.M., alcalde honorífico en la Real Chancillería de la ciudad de Badajoz; don Juan Beltrán, veinticuatro de la ciudad de Granada; don Simón de Victoria y Ahumada, Caballero veinticuatro, decano de la ciudad de Granada, e "Individuo de la Real Maestranza de la Caballería de la misma".

En apoyo del otro hermano, don Josef Francisco de Paula Coronado Witemberg, testificaron: don Luis de Molina, presbítero licenciado, el más antiguo capellán de S.M. en la Santa Iglesia Metropolitana de Granada; don Francisco de Fuentes, "Individuo del Real Cuerpo de la Maestranza"; el marqués de Villa Alegres; don Mathías García, caballero veinticuatro de la ciudad de Granada y don Manuel de Herrera, canónico de la Santa Iglesia Metropolitana de la ciudad de Granada.

Todos estas personas testificaron en los términos habituales, asegurando que en los chicos concurrían las mejores calidades, genio apacible, buenas facciones; jóvenes virtuosos que habían estudiado gramática y aritmética, que los hacía muy aptos para el ingreso en dicho cuerpo, etc. De modo acostumbrado en este tipo de expedientes, afirmaban que la familia era cristiana vieja, libre y exenta de toda mácula de judíos, moros, herejes, nuevos conversos, etc. Asimismo, añadían que siempre habían utilizado "escudo de armas" en sus coches, armas, casas y capillas de enterramiento. Sin embargo, de todos estos testimonios, tres son increíblemente interesantes, ya que vienen a cerrar el círculo a una intrigante búsqueda por saber cuál es el verdadero origen de la familia Witemberg.

Así pues, don Francisco Luis de Mora y Salazar, marqués de Lugros, "Individuo de Real Cuerpo de Maestranza de Vélez" aseguró que respecto a los Witemberg:

"...ha visto papeles e instrumentos auténticos de su descendencia de los duques de Mecxin y Mumpelgard, añadiendo que por todas líneas tienen varios enlaces con casas tituladas de estos reinos y con caballeros hijosdalgo notorios de sangre y solar conocidos..." (Herrainz Ibáñez, 1776).

Aún más explícito se muestra don Simón de Victoria y Ahumada, caballero veinticuatro, decano, e individuo de la Real Maestranza de caballería de la ciudad de Granada, el cual bajo juramento asegura que:

"...los Witemberg descienden de los duques de Wittemberg, Mecxin y Mumpelgard y de los condes de Aurach y Tux en el reino de Alemania de cuyo soberano conservan un privilegio muy honrroso que da una cabal idea del lustre de esta familia que ha visto el testigo por cuya causa han tenido a bien enlazar con ella varios títulos de Castilla" (Herrainz Ibáñez, 1776, pág. 32).

En igual sintonía, don Francisco Fuentes, individuo del Real Cuerpo de Maestranza de Granada, testifica que:

"don Jorge Carlos Wittemberg fué hijo de don Juan Wittemberg y por esta línea ha visto los instrumentos, papeles, privilegios y Real Ejecutoria que acreditan la descendencia de los duques de Witemberg, Mecxin, Mumpelgard, condados de Aurach y Tux en el Reino de Alemania" (Herrainz Ibáñez, 1776, pág. 58).

Estas declaraciones poseen un valor inmenso, ya que por primera vez disponemos de pruebas externas, que nos posibilitan situar el origen de la familia. Téngase en cuenta que estas denominaciones de los ducados y condados, proceden de la España del siglo XVIII, es decir, se han latinizado, y no todas ellas han conservado una correlación con su nomenclatura actual.

En el caso del ducado de Witemberg, su alusión hace una clara referencia al ducado de Württemberg, que históricamente se ha denominado indistintamente: Württemberg, Wirttemberg, Wittemberg. En cuanto, a la grafía de de Mecxin, todo apunta a que se trata de Metzingen. En cuanto a Mumpelgard, no cabe la menor duda de que se refiere al ducado de Mömpelgard, hoy conocido como Montbeliard. Aurach es patente que se trata de la actual Urach. Por último, Tux se sigue conociendo de la misma manera, Tux.

Parece sorprendente que después de todo, el singular intelecto de Vicuña Mackenna, hombre de mundo y prolijo escritor, intuyera que la familia procedía de la casa Württemberg. Así lo expresaba en las primeras páginas de su célebre obra *Los Lísperguer y la Quintrala*:

> "Ese apellido era evidentemente el nombre de Württemberg, españolizado o más bien barbarizado, porque los que lo usaron escribíanlo con minúscula y dos tt, Bittamberg". Añadiendo en el pasaje siguiente: "Mas, si ésa era su natural procedencia, porque los alemanes pronuncian de esa manera el nombre de aquel Estado (Virtemberg), no podemos darnos cabal razón del motivo por qué lo llevaron unos y lo desdeñaron otros" (1944, pág. 20).

En parecidos términos, Domingo Amunátegui Solar en su célebre obra *Las encomiendas de indígenas en Chile*, escribía en notas marginales en su capítulo dedicado a la Quintrala lo siguiente: *"El apellido paterno de este personaje era Würtemberg o Bittambergue, como se llamaron algunos de sus descendientes"* (1909, pág. 90). Ahora se entiende porque los Witemberg insistían tanto en su descendencia de la "casa Witemberg en Alemania la Baja". También se comprende como los Witemberg en Málaga designaron a su compañía marítima "Witemberg y Lamair", figurando en muchos documentos como "Württemberg y Lamair". El apellido se latinizó, perdió una t, transformó la u, eliminó la diéresis, pero siempre conservó la "m".

Antes de seguir adelante con la resolución de este enorme rompecabezas, el lector tiene que comprender que antes de que Alemania consiguiera su unidad nacional, ésta era un mosaico variopinto de ducados, condados, señoríos, etc... Ha habido estados que han sido absorbidos por otros, o se han escindido, o han cambiado su fisonomía. Ha habido guerras, movimientos de fronteras, treguas de paz que todo lo han modificado. En Württemberg coexistían áreas católicas atrapadas entre otras luteranas, ciudades libres imperiales diseminadas por todo el mapa. Entender con exactitud los pactos de familia, las alianzas de poder, las concentraciones geográficas, es algo que entraña una gran complejidad.

Hechas estas advertencias, resulta interesante constatar que Württemberg, no obstante sus evoluciones, se encontraba en el corazón de Europa; un Estado fronterizo que lindaba con países como: Los Paises Bajos, Francia, Suiza, y la actual Austria. Desde Stuttgart, capital de los estados de Württemberg, se puede trazar un triángulo, que abarca la antigua Mömpelgard, hoy Montbeliard territorio que en la actualidad forma parte de Francia, que en su día pertenecía al Franco Condado, próximo a Alsacia; Urach que se encuentra dentro área de Württemberg; Metzingen, territorio integrado dentro del antiguo círculo de Suabia, fronterizo al Lago Constanza en Suiza, y por último Tux, un pequeño puntito en las montañas que hoy se encuentra en el partido de Zillertal, cerca de Innsbruck, comarca que pertenece al Tirol, que a su vez es una región que ahora pertenece a la actual Austria.

Es decir, se aprecia claramente un pacto de familia de orden regional. Todas las localidades se hallan relativamente próximas unas a las otras. Incluso Worms, en el Palatinado se encuentra cerca de allí. Desde un punto de vista geográfico, si observamos la cohesión de estos territorios, la proximidad con Worms, el hecho de tratarse de áreas cercanas a la frontera que facilitan la emigración; entonces, las piezas encajan a la perfección.

Württemberg, región de Alemania situada en el corazón de Europa

Así pues, partiendo de estas claras evidencias, la supuesta descendencia de la familia del ducado de Sajonia, mucho más al norte, como se asegura en varios documentos, no tiene demasiado sentido. Por otra parte, si un español hubiera pretendido construir una identidad falsa acerca de los Wittemberg, habría tenido que poseer grandes nociones de heráldica internacional, además de sólidos conocimientos de geografía e historia. Incluso hoy en día, localizar una localidad como Tux, es enormemente difícil si no se dispone de mapas a escala, de gran precisión. Este es un dato que sólo podía conocer la familia, algo que se transmitió de forma generacional.

Por lo tanto, para que todas estas declaraciones tengan validez, es necesario que haya un nivel de concordancia entre todas ellas. Lo establecido ahora en los documentos de la Marina, no puede contradecir lo referido en las certificaciones de los "reyes de armas". Así pues, disponiendo del nombre de los ducados y condados de los que procede la familia, el escudo heráldico descrito con anterioridad por Juan de Mendoza en sus adiciones al nobiliario de Azcarraga, y el señalado por Guerra y Sandoval, han de coincidir mayormente.

Téngase en cuenta que cada icono representado en los cuarteles del escudo heráldico, es un pictograma, una representación gráfica de las armas de una casa titulada y que a su vez conlleva la localización geográfica de ésta. Como sabemos, Juan de Mendoza describió los cuarteles paternos y maternos, mientras que Guerra y Sandoval sólo hizo referencia a los paternos. El primer paso, pues, será comprobar la similitud de los cuarteles paternos referidos por ambos autores. Antes de hacerlo es necesario explicar algunos conceptos de heráldica.

En los escudos heráldicos que vamos a describir destacan los esmaltes o colores, el dibujo o representación gráfica de cada escudo, y sus timbres. Los cuarteles altos hacen referencia a los antepasados paternos y los bajos a los maternos. El pal, es el palo o partición o mueble del escudo. El timbre es toda insignia o adorno que se coloca encima del escudo heráldico. El timbre es igual a la celada, casco, yelmo, corona.

En la heráldica alemana se utiliza profusamente la cimera que sale del casco o corona. Todas las familias que tienen un título, timbran sus armas con la corona del mismo, aunque no sean el titular. Las que tienen varias armas, timbran su escudo con todas ellas. Fijadas estas aclaraciones, recordemos las descripciones heráldicas de los reyes de armas que inmortalizaron las armas de la familia Wittemberg:

JUAN DE MENDOZA (1675, siglo XVII)

"**Son sus armas primitivas, escudo en pal, en primero en oro dos cuernos sables de ciervo, en segundo en negro lisonjas en banda de oro y negro y por timbre cabeza de tigre lisonjeado de oro y negro, traenlas unidas con otras de su familia materna, según un**

211

escudo que (he visto que haya) el dicho Juan de Wittemberg, en el que hay otros dos cuarteles, el primero Bleú, con bandera imperial de oro y en ella águila negra y en el segundo en rojo dos peces de oro curvos mirándose sus cabezas afuera, con sus timbres uno de una corneta roja de caza y otro una mujer coronada, que tiene por brazos los mismos dos peces y el vestido es rojo y el pelo suelto de oro y sobre la celada su corona de mitra; los primeros troncos de Witemberg" (Azcárraga, 1579).

ALFONSO GUERRA Y SANDOVAL (1740, siglo XVIII)

"Las primitivas armas que siempre han usado los héroes de esta familia se componen y organizan de un escudo en campo de oro y en el tres púas o cuernos de ciervo en primer cuartel y el segundo lisonjeado de oro y negro y sobre la celada una cabeza y cuello de leopardo y delante de él una corneta de caza roja con las bocas de oro y las cintas azules y sobre el cañón o boquete tres plumas, dos rojas y una azul" (Guerra y Sandoval, ca.1740)[21].

---

[21] *Resulta interesante señalar que don Alfonso Guerra y Sandoval en las últimas páginas del expediente realiza una descripción global de las armas de la familia Wittemberg, interpretando los cuarteles paternos y maternos y otros elementos del escudo. Así expresa lo siguiente "Escudo partido en pal, en primero en azul, león rampante de oro y en segundo en rojo, dos peces curvos con las cabezas mirando a la parte de afuera, como se ven en el cuarto y último cuartel del escudo". "El oro que es el metal más noble y que corresponde el color amarillo, representa luz, poder, constancia, industria y nobleza. La plata, que corresponde al blanco, manifiesta limpieza de linaje, integridad y vencimiento. El color rojo significa fuego y reputa atrevimiento, ardidez, fortaleza, guerra y vencimiento con sangre. El color azul denota celo, justicia, hermosura y lealtad. El color negro alude a la prudencia, firmeza, gravedad y honestidad en la familia". "Las púas de ciervo señalan progresos en la serie de los años". "Las lisonjas significan alabanza de los hechos y haber expuesto la vida al tablero y al riesgo". "El águila señala valentía con presteza y es insignia de imperio y dominio". "El león, insignia real, significa bravura y valentía". "La celada que corona dicho escudo, que en los caballeroso hijosdalgo de sangre es de acero bruñido perfilada, descubriendo tres rejillas de la visera, que es el ornamento más principal de las armerías, como la cabeza lo es del cuerpo humano; siendo su situación el estar de frente terciada y de perfil, mirando al lado diestro, porque de estar al lado siniestro, es señal de bastardía, representa los generosos pensamientos que la cabeza proyecta y la mano ejecuta y la distinción de los nobles de los plebeyos".*

Concordancia de los escudos heráldicos paternos de ambos autores:

-1º Cuartel:

-MENDOZA/GUERRA: "Escudo en pal, en primero en oro dos cuernos sables de ciervo"/ "Escudo en campo de oro y en él tres púas o cuernos de ciervo".

-2º Cuartel:

- MENDOZA/GUERRA: "En segundo en negro lisonjas en banda de oro y negro"/ "y el segundo lisonjeado de oro y negro".

- Timbre:

-MENDOZA/GUERRA: "Por timbre cabeza de tigre lisonjeado de oro y negro"/ "sobre la celada una cabeza y cuello de leopardo y delante de él una corneta de caza roja con las bocas de oro y las cintas azules y sobre el cañón o boquete tres plumas, dos rojas y una azul".
- MENDOZA: Por timbre materno describe: "una corneta de caza roja".

Como puede verse, las descripciones de los cuarteles paternos y timbres hechos por ambos autores son prácticamente idénticas, por lo que se tendrán por iguales. La concordancia es total, no obstante que han pasado casi setenta años entre ambos relatos. Téngase en cuenta que Juan de Mendoza dice que está viendo directamente el escudo heráldico que está describiendo.

EXPLICACIÓN DE LOS CUARTELES

Los colores o esmaltes de los escudos son respectivamente: oro, negro, azul y rojo. Todos estos colores, como en seguida veremos,

213

presentan una concordancia total con los esmaltes de la casa Württemberg. Siguiendo el sentido de las agujas de un reloj, y describiéndolos como acuartelados en cruz, podemos observar los siguientes cuarteles:

-1° cuartel:

- Escudo en campo de oro, dos cuernos sables de ciervo o en el relato de Guerra, tres púas o cuernos de ciervo.

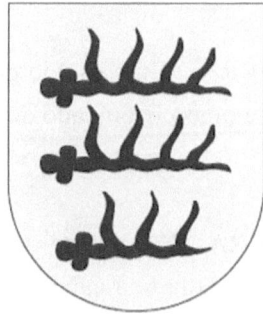

Cuernos de ciervo, imagen que forma parte
del escudo heráldico de la casa Württemberg

Los tres cuernos de ciervo, sobrepuestos en campo de oro forman parte de las armas originarias de la casa Württemberg. Fueron por primera vez mencionadas en las armas del conde Konrad von Württemberg y su padre Hartman, manteniéndose invariable hasta el siglo XV.

-2° cuartel:

-El fondo en negro, lisonjas en banda de oro y negro.

Bandas de oro y negro, imagen integrada
en el escudo heráldico de la casa Württemberg

Procede del condado de Teck que en 1386 se incorporó por compra al condado de Württemberg.

-Timbres o celada: cabeza y cuello de leopardo o tigre y delante de él una corneta de caza roja con las bocas de oro y las cintas azules y sobre el cañón o boquete tres plumas, dos rojas y una azul.

El crecimiento del condado de Württemberg desde su centro en Stuttgard, tuvo lugar a partir de la extinción del ducado de Suabia, cuyos príncipes formaron parte de una de las más importantes dinastías alemanas de la Edad Media. Muchos emperadores del Sacro Imperio Romano Germánico, procedían de la dinastía Staufen, que era la familia gobernante en Suabia. Los tres leones o leopardos fueron el símbolo tradicional de Suabia, sin embargo estas armas no se incorporaron a la casa Württemberg hasta 1817.

Al principio, las armas de Württemberg fueron cubiertas con un casco o corona y un penacho de plumas, como una cresta. Es conocido desde 1279. Al comienzo del siglo XIV la cresta fue remplazada por un cuerno. En el siglo XV, tres plumas fueron puestas en la boca del cuerno, dos rojas y una azul, armas que traen su origen en el Condado de Urach, comprado por Ulrich I.

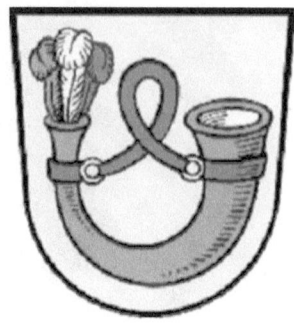

Cuerno con un penacho de plumas

Casco o corona con un
cuerno con plumas

La corneta de caza roja sobre la celada es una antigua representación de la casa Württemberg. También se ha representado con sus
plumas de tres colores, roja, blanca y azul.

-3º cuartel

Hace referencia a las armas maternas. En fondo azul, bandera imperial de oro y en ella águila negra. Estas armas traen su origen en el territorio de Ludwigsburg, territorio absorbido por el ducado de Württemberg. La bandera o portaestandarte imperial era usado por los duques de Suabia desde 1495. Era el símbolo de varias prerrogativas imperiales que poseían los duques.

Portaestandarte de
Ludwigsburg

- 4° cuartel:

En fondo rojo, "dos peces rojos curvos mirándose sus cabezas afuera". Procede del condado de Mömpelgard o Montbeliard.

Peces curvos mirando hacia
afuera, escudo heráldico
del condado de Montbeliard

Tras el matrimonio en 1407 de Eberhard IV, conde de Wuerttemberg o Wirtemberg, nacido el 23 de agosto de 1388 en Stuttgart y muerto el 2 de julio de 1419 en Waiblingen, con Henriette von Moempelgard, el condado pasa a manos de la casa Württemberg. Henriette von Moempelgard, era heredera de Mömpelgard, Porrentruye, Granges, hija de Henri II de Montfaucon, señor de Orbe, Echallens, Bottensen y María de Chatillon, vizcondesa de Blaigny. El condado de Montbeliard era conocido desde el siglo X como uno de los más poderosos del reino de Borgoña, descendiente de los mismos reyes de Francia. Por lo tanto, tras esta adquisición por matrimonio, el condado de Württemberg, luego elevado a ducado, daba un importante paso en su política de expansión.

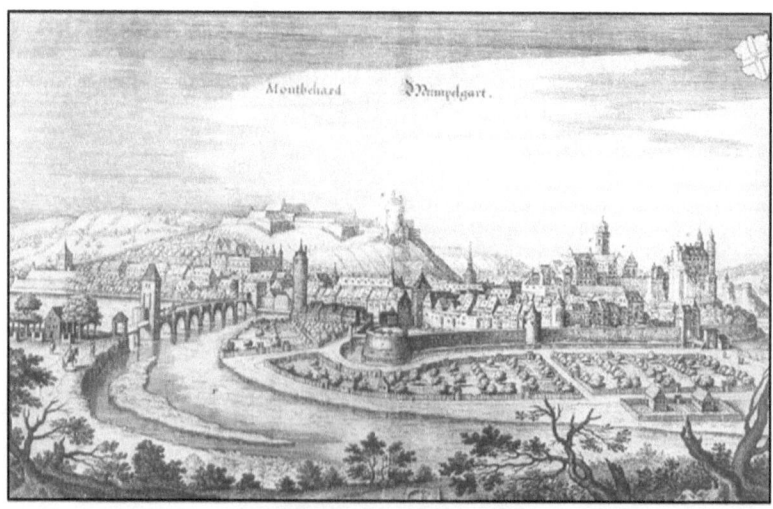

La ciudad de Mömpelgard alrededor del año 1600, antes
territorio alemán y ahora, Montebeliard, territorio francés

En síntesis, los cuernos de ciervo, el lisonjeado de oro y negro, la bandera imperial de oro con una águila negra y los dos peces curvos con sus cabezas afuera, con sus esmaltes o colores respectivos en oro, negro, azul y rojo, cuarteles en cruz, todos ellos descritos por los reyes de armas españoles, forman parte de las representaciones gráficas tradicionales del escudo heráldico del ducado de Württemberg.

Escudo heráldico de la
casa Württemberg

-Timbres maternos del 3º y 4º cuartel:

Estos son respectivamente: "una corneta de caza roja y una mujer coronada, que tiene por brazos los mismos dos peces y el vestido es rojo y el pelo sueldo de oro y sobre la celada su corona de mitra". Como veíamos, la corneta de caza roja es un símbolo tradicional del condado de Urach. En cuanto a la mujer coronada con peces por brazos... procede de Mömpelgard. Por tanto, tras la promoción en 1495, las nuevas armas ducales fueron cuarteladas por Württemberg, Teck, la bandera imperial y Mömpelgard. Consecuentemente cuatro cascos y crestas fueron usadas: un águila como estandarte (procedente de Ludwigsburg), el viejo cuerno de caza (Urach), el busto de mujer con sus peces por brazos (Mömpelgard) y una cabeza de perro (Teck).

Diversos atributos que
coronan el escudo heráldico de
la casa Württemberg (1)

219

Diversos atributos que coronan
el escudo heráldico de la
casa Württemberg (2)

Las crestas encima de cascos o yelmos fueron un elemento clásico en la iconografía del ducado de Württemberg. A partir de 1817, las armas de Suabia, el tradicional león o leopardo, fue incorporado a las armas de Württemberg:

Armas de Württemberg

Como se ha podido comprobar las armas de la familia Wittemberg, presentan una gran concordancia con las del ducado de Württemberg. Sin embargo, hay un elemento diferenciador. Los Wittemberg utilizaron por timbre en su escudo heráldico, ese felino un tanto mitológico que los reyes de armas califican de tigre o leopardo. Los leones han sido profusamente utilizados en los escudos heráldicos de muchos territorios alemanes. Sería un grave error suponer que este león que los Witemberg describen por timbre, pudiera pertenecer, por ejemplo,

220

al condado de Meissen, que es parte del ducado de Sajonia, y que también tiene por armas a un león.

Como sabemos, la expansión del ducado de Württemberg tuvo lugar a partir de los restos del otrora poderoso ducado de Suabia. A pesar de ello, tradicionalmente los duques de Württemberg no usaron el león como símbolo identificador de sus armas. Por otra parte, hemos visto como los ducados y condados de Wittemberg, Mömpelgard y Urach (mencionados en los documentos de la Marina) traen su representación gráfica en las armas de Württemberg. Ahora bien; ¿Qué ocurre con las armas de Metzingen y Tux?

Esos dos territorios formaban parte del antiguo ducado de Suabia, que utilizaba el león rampante o los tres leones recostados, como sus armas identificadoras. Aunque las armas de Metzingen fueron los cuernos de ciervo más una col, y las de tux, un carnero, el símbolo del Tirol fueron dos leones apoyados sobre una columna, e incluso el símbolo de Urach, aparte del cuerno de caza, también fue el león rampante. El timbre puede contener un elemento personal o hereditario.

Como elemento personal el león es un símbolo de vigilancia, de dominio, de monarquía y soberanía, de magnanimidad, de majestad y de bravura. Como símbolo hereditario, puede evocar a una armería de alianza, que son todas aquellas que toman las familias ilustres en sus casamientos, añadiendo a sus propias armas las de otras familias con quienes se han emparentado. Téngase en cuenta que en 1376 se forma la Liga de Suabia, una asociación de 14 ciudades de Suabia y otros poderes del sur de Alemania, para la protección del comercio y la paz regional.

Se trataba de un tratado económico y militar, para garantizar el desarrollo de la zona, que posteriormente se amplió a 32 ciudades. En 1487, el Kaiser Friedrich III impulsó una nueva liga de ciudadades, formada por el duque Eberhard V de Württemberg, una sociedad de caballeros llamada St-Georgs-Schild y el archiduque Sigmundo de Tirol. Ya por entonces esos territorios se extendían desde Basle en el oeste, hasta Regensburg en el este, y desde el Lago Constanza en el sur, hasta Nuremberg en el norte. A partir del siglo XVI, a toda esta zona se la denominó "El Círculo de Suabia".

Es decir, se aprecia un gran pacto regional, en el que las alianzas de poder giraban en torno a esta área. Se puede trazar un eje axial entre Stuttgart, Urach, Metzingen y Tux. Por tanto, todo hace pensar que es muy posible que algún descendiente de la casa Württemberg se emparentara con alguien que traía en herencia estos territorios que entraban dentro del "Círculo de Suabia".

Así pues, eso explica por qué esta familia utilizaba por timbre el león o leopardo, junto a las armas tradicionales del ducado de Würtemberg. Asimismo, estas alianzas de poder regionales, podrían muy bien explicar porque otro miembro de la familia, Pedro Wittemberg, se casó con Catalina Lissperg, ya que Worms se encontraba relativamente cerca de Stuttgart, y discurría un tiempo en que el protagonismo imperial ejercía su influencia, imponiendo su dominio sobre toda la zona.

Pero si se quiere ser más exacto, hay que recurrir a obras como la de Manuel Trincado que en 1772 escribía su *Compendio histórico geográfico y genealógico de los soberanos de la Europa,* en el cual daba muchas noticias político-administrativas y jurisdiccionales de Alemania. Así aludía como Carlo Magno la había dividido en Alta y Baja. La Alta comprendía las provincias de Suiza, Alsacia, Suabia, Baviera, Moravia, Austria, Estiria y demás países del sur. La Baja comprendía las Provincias Unidas, los Electorados Eclesiásticos y otras provincias que correspondían al norte. Posteriormente, en 1512 Maximiliano I, hizo su famosa división de Alemania en diez círculos: Austria, Baviera, Franconia, Suabia, Alto Rin, Bajo Rin, Westfalia, Baja Sajonia y Alta Sajonia. Respecto al ducado Württemberg escribe Trincado literalmente lo siguiente:

"El Ducado de Witemberg en la Suavia es muy ameno y poblado, tiene 22 leguas de largo y ancho. Esta casa está dividida en las dos ramas de Stutgard, que tiene baxo de sí a la Neustad y a la Juliana, que ha producido las de Oels, y Brenstat. Los países que posee el duque de Stutgard son, además del ducado propio, el principado de Montbeliard, condados de ese nombre de Aurach, Groeningen, Achalmen, Kalbe, con sus territorios, parte del de Eberstein, el castillo y jurisdicción de Teck, el señorío de Tubingen, donde hay una famosa universidad y en Borgoña los de Blamont, Hericourt, Chatelet. Los católicos tienen una Iglesia y los luteranos tres. La casa de Neustadt compone sus Estados de la ciudad de su nombre y de sus dependencias en las fronteras de la Franconia de Weinsberg, Mockmuhle".

"Oels. Tiene el principado de Oles en la Baja Silesia, y los señoríos de Medzibor y Stembergen en la Moravia, los posee por vía de alimentos, juntamente con los duques de Bernstad. Todos son luteranos, menos la rama ducal que es católica ahora y residen en los lugares de que se intitulan. Las fuerzas de la casa de Wirtemberg, cuyos Estados son los más considerables de la Suavia, son muy grandes y contribuye casi tanto como los Electores al Imperio. Tiene muchas plazas fuertes y el duque de Stutgard es director del Círculo de Suavia" (Trincado, 1772).

Como puede observarse estos territorios no tienen nada que ver con los de Sajonia. Por otra parte Trincado nos habla de las ciudades imperiales de Alemania, las cuales nos dice que se llaman así porque dependen directamente del emperador. Tienen su gobierno particular y en tal calidad concurren a todas las dietas y contratan sus negocios. También se llaman libres porque no dependen de soberano alguno. Otras tienen el nombre de hanseáticas, es decir asociadas por razones de comercio, que al momento de la publicación de su obra son Lübeck, Hamburgo y Bremen (Trincado, 1772, pág. 207).

Por tanto, se evidencian muchas coincidencias. El ducado de Württemberg (Wirttemberg, Wittemberg) estaba situado entre el Palatinado, Franconia, Suabia, etc. Worms, ciudad libre imperial, era una ciudad que estaba situada en el Bajo Palatinado. Algunos autores sitúan la procedencia de la familia Lísperguer en Franconia, aunque en 1540 estaban afincados en Worms. La mayoría de los miembros de la familia Lísperguer y Wittemberg que estudiamos se establecieron en ciudades libres imperiales.

Gracias a toda la información suministrada por los Wittemberg, hemos llegado muy lejos en nuestra comprensión de cuál puede ser el origen de la familia. En la Real Chancillería de Granada se debatió ese origen y se mostraron documentos. Tras haber sido su nobleza evaluada por jueces, se resolvió reconociendo esa filiación de la casa Witemberg en Alemania la Baja. No obstante, a pesar de ese éxito de los Wittemberg, aún subsisten problemas irresolubles. Repasada toda la línea genealógica de los duques de Württemberg, no existe ningún Patricio Wittemberg casado con María Dorfel. Existen pocos entroncamientos de la casa Württemberg con la de Sajonia y los que hay no presentan una concordancia cronológica, ni tampoco se reconocen esos nombres.

Si la familia proviene de una línea bastarda, lo que es muy posible, va a ser muy difícil encontrar una literatura científica que trate la materia. A pesar de ello, hay algunas líneas ilegítimas que sí han sido constatadas por la historia. Por ejemplo, Eberhard IV, conde de Württemberg, tuvo una hija ilegítima llamada Elisabeth Antonia von Dagersheim, que tuvo descendencia. También, Ludwig I, conde de Württemberg-Urach, nacido en 1412 en Urach tuvo un hijo ilegítimo llamado Hans Johann Wirttemberger (1450-1503), asimismo con sucesión, pero en una primera apreciación no parece que los Witemberg descendieran de estas líneas. En el siglo XV hubo varios descendientes de los duques de Württemberg que fueron conocidos como Wirttemberg. Aun así, va ser muy difícil determinar por qué línea, ya sea legítima o ilegítima, proceden los Wittemberg.

Pero aún hay otras contradicciones, si cabe, mucho más perturbadoras. Éstas surgen de la manera en que los hermanos Wittemberg utilizaron el término "Alemania la Alta" y "Alemania la Baja". Cabe distinguir entre una utilización propia o impropia. Si el término fue utilizado de forma impropia, es decir, de manera espontánea e informal (como yo también he hecho en páginas más atrás siguiendo la que considero verdadera intención de la familia), es muy posible que los hermanos Wittemberg hayan confundido "lo alto" con el norte y "lo bajo" con el sur.

Así lo hace el prebendado Juan Joseph Wittemberg Aguilar en su expediente tramitado en 1730 ante la catedral de Málaga, dónde se refiere a que la familia procedía de Sajonia en Alemania la Alta. También esta forma de interpretar el término puede haber conducido a don Jorge y don Joseph Wittemberg Aguilar a tener en mente el sur cuando se referían a su descendencia de la Casa Wittemberg en Alemania la Baja, lo que tendría sentido, ya que coincidiría con los ducados y condados de la casa Württemberg que aludieron para situar su procedencia y también describieron en sus escudos heráldicos. Pero esta forma de interpretar el término "alto" y "bajo" nos lleva a una serie de incoherencias.

Téngase en cuenta, que todos los documentos invocados hasta ahora forman un sistema y que en principio, si la historia de los Witemberg es verdadera, no deberían haber incompatibilidades entre ellos. Es decir, don Juan Alfonso de Guerra y Sandoval, se basó en una serie de testimonios relatados por reyes de armas y cronistas reales, añadiendo a su certificación varios instrumentos suministrados por don Jorge Witemberg Aguilar. Esta certificación, fue invocada ante la Real Chancillería para justificar la procedencia. A su vez, la Real Provisión de la Chancillería fue exhibida con esplendor en el documento de la Marina, por tanto, todos estos documentos forman un sistema.

Si es así, ¿Por qué hay indicios tan fuertes que señalan la procedencia de los duques de Württemberg, mientras otros refieren al origen en el ducado de Sajonia? ¿Por qué en un mismo documento (tanto en Guerra y Sandoval, como en Mendoza) se describen las armas de Württemberg y al mismo tiempo se dice que descienden de los duques de Sajonia? ¿Por qué en el instrumento elaborado ante la catedral de Málaga se afirma en reiteradas ocasiones que la familia proviene de Sajonia Superior y luego en los documentos de la Marina, se asevera recurrentemente que la familia procede de una serie de ducados y condados situados en el sur de Alemania?

Ahora bien, si los hermanos Wittemberg Aguilar utilizaron el término "Alemania la Baja" y "Alemania la Alta" en sentido propio, es decir, con una intención técnico-geográfica, entonces un purista diría que los hermanos Wittemberg incurrieron en una contradicción constitutiva y radical, pero esta vez de signo contrario. Ya habíamos visto la descripción que hacía Manuel Trincado al referirse a la división de Alemania en la Alta (el Sur) y la Baja (el Norte). Bernabé Cobo, en su *Historia del Nuevo Mundo*, publicada por primera vez en el siglo XVII, nos informa sobre lo siguiente:

> "Alemania es la mayor y más populosa provincia de Europa, divídese en Alemania la Alta y la Baja; en esta segunda se contienen los estados de Flandes que son diecisiete; cuatro ducados que son Bramante, Limburg, Luxemburgo, y Geltres; siete condados que son Flandes, Artoes, Henao, Holanda, Zelanda, Namur y Zufrén; cinco señoríos, Groeningen, Malinas, Utrecht, Overrisel y Frisia, y el marquesado del Sacro Imperio. Las demás provincias de Alemania la Baja son Frisa, Wesphalia, Cléves, Juliers, Lieja, Hesse, Bucavia, Turingia, Misnia, Sajonia, Madeburg, Mastfeld, Lusasia, Silesia, Tréveris y Olsacia.
>
> Alemania la Alta incluye las provincias de Alsacia, Wittemberg, Franconia, Suabia, Bohemia, Moravia, Baviera, Austria, Tirol, Estiria, Corintia, Carnolia y Helvecia" (Cobo, 1943).

Calvete de la Estrella, en su obra *El felicísimo viaje del muy alto y muy poderoso príncipe don Felipe*, realiza la división de Alemania entre Germania Inferior y Germania Superior, diciendo que la Inferior (o Alemania la Alta), comprendía las localidades situadas en la Ribera del Rin hasta el río Mosele. Todo el territorio comprendido más allá de este río fue llamado Germania Superior. Es decir, bajo esta clasificación Württemberg estaría situada en Germania Inferior.

Lo más complejo de todo este asunto es que si los hermanos don Joseph y don Jorge Wittemberg hubieran hecho un uso propio del

término "Alemania la Baja", se estarían refiriendo a una serie de localidades en el norte de Alemania, entre las que se encuentra Sajonia, lo
que reavivaría la idea de la descendencia de esta casa ducal.

Eso significaría que la afirmación vertida ante los padres Jesuitas
de Hamburgo en 1730, diciendo que la familia provenía de la ciudad
de Wittenberg en Sajonia Superior coincidiría perfectamente con la
afirmación realizada por los hermanos Wittemberg ante la Real Chancillería asegurando que descendían de Alemania la Baja y también
coincidiría con la alusión que hicieron los reyes de armas españoles de
que la familia procedía de los duques de Sajonia, por no decir, con
todos las manifestaciones de otros testigos que aseguraron esa descendencia.

Esta exposición así pensada tiene su lógica, pero nos conduce a
una solución diametralmente opuesta a lo declarado por los hermanos
Wittemberg, ya que entra en colisión directa con los ducados y condados declarados por los hermanos Wittemberg en el mismo juicio que
situaban su procedencia en Württemberg, en el sur de Alemania, los
cuales además fueron fielmente descritos por los reyes de armas españoles en el siglo XVII y XVIII. Quizás la procedencia de Alberto
Witemberg de Hamburgo, Baja Sajonia, podría explicar en parte esta
confusión. Pero aun creyendo que la familia pudiera descender de los
duques de Sajonia, lo que parece bastante inverosímil, ¿A qué Sajonia
se referían los reyes de Armas? Existe la Alta y la Baja Sajonia. Es
decir, existe Sajonia Altenburgo, Sajonia-Coburgo-Gotha, Sajonia-
Weimar. Por ahora, estas contradicciones no tienen una fácil respuesta.

No está de más decir respecto de la importante certificación de
Juan Alfonso Guerra y Sandoval, que aun dándose el caso de que hubiera habido exageración o abultamiento respecto al pasado más
remoto de la familia Wittemberg, esa construcción tiene que poseer
una coherencia interna, ya que al ser don Juan Alfonso un experto en
heráldica internacional, no puede esperarse otra cosa. Algunos profe-

sores alemanes a los que se ha elevado consulta, han argumentado que en el siglo XVI no había fronteras definidas entre estados, sino solamente barreras confesionales.

También se sabe como Federico I, duque de Württemberg (1593-1608), tuvo un hijo, el duque Jorge I, Wirttemberg-Mömpelgard, que en 1581 casó con Sybilla de Anhalt (1564-1614), de la cual procede una hija llamada Sybilla Elisabeth que casó con el Elector Juan Jorge I de Sajonia. Tal vez esto, dada la época en que se realizaron las certificaciones podría explicar la dicotomía Württemberg-Sajonia, sin embargo, los Wittemberg dijeron en la certificación de Guerra que descendían de la casa de Sajonia por línea recta de varón, habiéndose calculado que Patricio nació alrededor de 1410, lo que no casa con esta información.

En cualquier caso, el escudo herálico de la familia Birlinguer está compuesto por una cornamenta de ciervo, junto a un asta de la que cuelgan tres peras, con una clara similitud con el escudo heráldico de los duques de Württemberg, lo que hace pensar que la familia Birlinguer pudo tener un origen infanzón en esta casa y quizás adoptó después el toponímico "von Württemberg" o "von Wirttemberg" del que pudo derivar sencillamente "Wittemberg". Según Albert Schwarz en su artículo sobre la familia Birling, la representación del escudo heráldico sugiere que esta familia pudo tener su origen en la familia Bierlinger de Württemberg (1999, pág. 155). De hecho Füchs menciona que Stephan Birling aparece nombrado en 1605 como padrino en una partida bautismal bajo el nombre de Birnlinger (nótese que Birne significa pera en alemán) (1991, pág. 423).

Lo que no cabe duda es que todas las evidencias sugieren que nos hallamos frente a un área regional determinada en el sur de Alemania. Así se menciona a Franconia, región situada un poco más al norte que engloba a Worms; a Germersheim, localidad que hace frontera con el ducado de Württemberg, la Universidad de Heidelberg, en este mismo ducado, por no aludir otros datos a los que se refiere Schwarz como que la actividad pesquera/maderera pudo llevar a alguno de estos miembros a establecerse en otros afluentes del Rin en la zona de Württemberg y también el hecho de que la clase concejil propiciaba la movilidad geográfica (1999). También se podría argumentar que estos ríos navegables podrían haber trasladado a alguno de sus miembros a Hamburgo, evolucionando de su actividad comercial local, al comercio al por mayor, cambiando el río por el mar.

Si la evaluación e inquirimiento de los Tribunales de la Real Chancillería (en sus distintas Salas) debió de ser rigurosa, el propio escrutinio de las familias tituladas con las que los Lísperguer se entroncaron, debió de ser aún mucho más severo. Pensemos que se trata de familias que durante centurias han gozado de preeminencias, mercedes, honores, prestigio... en una España fuertemente estamental. ¿Iban esas familias a exponerse al demérito de mezclarse con un linaje impostor? No parece creíble. Tanto en Hispanoamérica como en España los Lísperguer y los Witemberg se mezclaron con casas tituladas.

En Hispanoamérica los Lísperguer se emparentaron con destacadísimas familias. En Chile lo hicieron con los duques de Fernán Núñez, grandes de España; con los marqueses de Cañada Hermosa, con la importante familia Andía Irarrazabal, que fueron marqueses de Valparaíso, Villahermosa, Busianos y de la Pica, vizcondes de Santa Clara de Avedillo, grandes de España; en Perú con los condes de Vega Ren; con los marqueses de Casa Concha y los condes de Vista Florida; en Argentina, con los condes de la Casa Real de la Moneda. A un hijo de una Lísperguer, se le concedió en la corte de Luis XIV en Francia el título de marqués de Peña Blanca, así como la Real Orden de San Luis.

En España, una Lísperguer se unió al marquesado de Campo Real y condado de Cobatillos, con grandeza de España; los Wittemberg se entroncaron con el marquesado de Isla Hermosa, el marquesado de Velásquez de Velasco, el marquesado de Valdeflores, vizcondes de Sierra Blanca, condado de Villa Amena de Cozbijar, así como el prestigioso condado de Floridablanca, al que está asociado la grandeza de primera clase, además de un sinfín de importantísimas familias. Si los Lísperguer/Wittemberg se fabricaron una identidad, entonces no cabe duda que se trata de una de las familias más astutas de su tiempo y su propio ennoblecimiento les hace merecedores del elevado puesto que les ha otorgado la historia.

Si se quiere ser escéptico y damos validez al argumento de que la ciencia nobiliaria es una pseudo-ciencia que se rinde a los pies del "poderoso caballero don dinero", entonces los reparos del Dr. Ludwig, de Barros Arana o de Thayer Ojeda respecto a la entidad nobiliaria de los Wittemberg cobran su razón. También este argumento justifica toda la cadena contradicciones y desaciertos en los documentos estudiados. La nobleza manifiesta (los Mendoza, los Alba) no se cuestiona, es patente y reconocida. Sólo la nobleza fragmentaria se contradice en las chancillerías. Si a todo esto sumamos que los títulos con los que los Lísperguer Wittemberg se enlazaron fueron de reciente creación, entonces encontramos una explicación racional a este fenómeno, más allá de poderosos intereses que nos lleven a creer en lo contrario.

Si se quiere ser optimista, siempre habrá un margen para la especulación para creer que la descendencia aludida por los Lísperguer Wittemberg sea cierta, habida cuenta que los hermanos Wittemberg ganaron un pleito de nobleza ante la Real Chancillería de Granada y que utilizaron esa identidad en todas sus manifestaciones externas y la defendieron con mucho tesón en innumerables documentos, lo que a la postre les valió para ser aceptados en una España intensamente estamental y enlazar con varios títulos de Castilla.

Durante más de cuatro siglos esta descendencia de una importante casa ducal se ha defendido tanto en América como en España y a estas alturas, es imposible erradicar de la memoria popular el poder de la tradición. A la postre, por un medio o por otro, el propio ennoblecimiento de esta familia les ha conducido a esa élite estamental que tanto se afanaron en conquistar. Es posible que sea más correcto situar el origen de esta familia dentro del patriciado urbano, o de la mediana nobleza.

En América, desprovista de casas nobiliarias, encontraron en el siglo XVII un campo infinito a su expansión. En España, en el siglo XVIII, fue la meritocracia de los grupos emergentes la que ganó el pulso a una nobleza que comenzaba su decadencia. En cualquier caso es una historia importante porque lo es para nosotros, porque de ella se derivan innumerables relaciones y sinergias, porque está enraizada en lo más hondo de nuestra cultura y que tenemos el deber de preservar.

Benjamín Vicuña Mackenna cuando escribió su famoso libro *Los Lísperguer y la Quintrala* (1944), construyó un mito grandioso, de tradición y nobleza y por ello sentimos un profundo agradecimiento. Por otra parte, también sabemos que don Benjamín tenía un gran talento para crear libros luminosos y optimistas, pero que los escribía a vuelapluma, rellenándolos con sus grandes dotes de ingenio y fantasía, a los que añadía los conocimientos adquiridos en sus múltiples lecturas y viajes, yendo más allá de lo que los documentos podían demostrar. Hoy sabemos que ese mito, sin dejar de ser hermoso y conservar su parte de veracidad, está sujeto a matizaciones, que lo limitan, pero también lo enriquecen con nuevas e interesantes aportaciones.

Por último, no está de más reiterar que Pedro Lísperguer portó el apellido materno "Lísperguer" por un mero hecho accidental, un trastrocamiento tan común en el siglo XVI. Por lo tanto, todo el linaje hispanoamericano debió llevar el apellido Wittemberg, que era el apellido paterno. Así pues, debe quedar muy claro que los Lísperguer y los Witemberg son una misma familia. Todas las hazañas, hechos, acontecimientos que se van a narrar en el capítulo siguiente, no son más que la confirmación, de que fuere lo que fuere, había algo muy poderoso detrás de los Wittemberg.

PARTE SEGUNDA

DESARROLLO Y AUGE DE LA FAMILIA WITTEMBERG EN ESPAÑA

El establecimiento de Johannes Wittemberg Dreyers en Málaga: el talento de un gran emprendedor

Los forasteros que llegaron a Málaga por mar en las pasadas centurias, la describieron con un cierto encanto, como una ciudad enclavada en el centro de una amplia bahía, flanqueada y respaldada por altas montañas. A medida que los barcos se acercaban al puerto, se podía divisar cada vez con mayor nitidez la impetuosa catedral, el castillo de Gibralfaro de origen moro, sus numerosas iglesias que aparecían ante sus ojos como agujas que asomaban al cielo, los hermosos cortijos que como un prodigio de la naturaleza, ganaban terreno a las escarpadas montañas y donde se cultivaban los apreciados viñedos, cuyas vides maduraban generosamente bajo el intenso sol de Andalucía.

En las tierras más bajas, estaba la vega malagueña, un vergel lleno de verdor, donde crecían en abundancia los árboles frutales y donde se producían también buenos vinos (Krauel, 1988)[22].

Algo parecido a esto debió contemplar **Johannes Wittemberg Dreyers**, el primero de la familia Wittemberg que arribó en el siglo XVII a las costas malacitanas. Juan Wittemberg Dreyers era natural de Hamburgo, donde nació alrededor de 1650, hijo de Alberto Wittemberg y de Catalina Dreyers.

Su padre tenía poderosas amistades en Hamburgo, pues antes de morir en 1662 en dicha ciudad o sus vecindades, se preocupó de que su hijo Juan tuviese asegurado un porvenir, dejando todo arreglado para que el joven viniera a España con un correspondiente o agente, a establecerse como un enlace comercial. Su madre Catalina Dreyers, también había muerto unos años antes, por lo que Juan era por entonces huérfano y un adolescente de catorce años, cuando llegó a las costas malagueñas acompañado de Rodrigo Elers, cónsul en Málaga de las naciones hanseáticas y provincias obedientes de Flandes.

El 28 de julio de 1669, Paul Paulsen y Bartolomé van Ordelen, daban en Hamburgo un amplio poder a Juan Witemberg para que éste pudiera desarrollar sus actividades comerciales en Málaga (Domínguez, 1669). Por lo tanto, en torno a esta fecha Juan Witemberg se estableció en Málaga como un factor o representante de sus socios comerciales en Hamburgo. No obstante, algunos protocolos notariales de esta fecha se retrotraen a otros negocios jurídicos que tuvieron lugar en 1667, por lo que es probable que ya en este año estuviera Juan Witemberg en Málaga.

Paul Paulsen era una personalidad desbordante en Hamburgo: burgomaestre, senador, comerciante, además de ejercer un sinfín de

---

[22] *Sobre la llegada de Juan Wittemberg a Málaga véase; Pedro de Azcárraga: "Recopilación general de linajes de España". Madrid, Biblioteca Nacional. Ms 11766.Pag.366 vuelta y también; Juan Alfonso Guerra y Sandoval, Biblioteca Nacional de España, Sección Ms.Nº 11801, cuaderno 48, fol.1532.*

destacados cargos gubernativos en la urbe. Todo señala que el poderoso socio de Juan Wittemberg regentaba una importante casa comercial
en Hamburgo, que extendía sus tentáculos por las principales rutas
comerciales europeas, controlando por tanto los más importantes circuitos internacionales del comercio. Es bien conocido como Paul
Paulsen en su juventud, viajó por Portugal, Holanda, España, Francia
e Inglaterra para conocer a fondo los rudimentos de su negocio, visitando en persona los destinos más adecuados para sus productos.

Juan Wittemberg, fue al principio un agente de esta destacada
compañía radicada en Hamburgo, pero con el tiempo fundó su propia
compañía, la cual operó en Málaga bajo distintos nombres y denominaciones, a través de sus hijos y sucesores hasta 1796, es decir, desde
el último tercio del siglo XVII hasta finales del siglo XVIII, abarcando
por tanto cerca de ciento cuarenta años de intensa activad comercial,
siendo centro de destacadas relaciones políticas, sociales y económicas.

Debió impresionar al joven alemán el puerto de Málaga, donde regularmente fondeaban navíos de todas las naciones. Ingleses,
franceses, genoveses, portugueses, suecos, alemanes, todos ellos acudían a las costas malagueñas a cargar en sus embarcaciones los ricos
vinos del lugar, las apreciadas pasas, los cítricos, las almendras y otros
productos de la tierra. El puerto de Málaga estaba situado en un emplazamiento privilegiado, encrucijada entre el Mediterráneo y el
Atlántico, escala obligada en las rutas marítimas que vinculaban el
norte con el sur de Europa.

Un trasiego continuo de barcos discurría por el puerto con destino
a las ciudades del litoral sur europeo, así como a las plazas norteafri-
canas. Málaga abastecía a los presidios africanos de armas, víveres y
soldados, pero también llegaban a sus muelles naves procedentes de
Túnez, Orán, Trípoli, Alejandría, o barcos sicilianos transportando
trigo de Marsella, Venecia, Génova y otras partes de Italia (Cabrera
Pablos F. R., 1950). Los extranjeros formaban una verdadera élite

Gustav Doré, puerto de Málaga con la catedral al fondo

comercial, una reducida colonia que a pesar de su escaso número do-minaban la mayor parte de las transacciones económicas que se pro-producían en la ciudad.

Este pequeño grupo practicaba un claro oligopolio en el mercado, controlando la veintena de casas comerciales que operaban en la urbe. Ellos eran los generadores de riqueza, los impulsores de la prosperi-dad en la ciudad, los responsables de su progreso, de su adecentamiento material, de la calidad y diversidad de sus abasteci-mientos, de su florecimiento intelectual. Dentro de este grupo los alemanes y los nórdicos estaban muy bien valorados, considerados gente culta e industriosa, cuyas actividades económicas los situaron a la cabeza de la estratificación social (Villar García M. B., 1982).

Las operaciones mercantiles fueron frecuentes con estas naciones del norte de Europa, que tenían en Málaga desplazados a cónsules y representantes financieros al cuidado de sus intereses comerciales. Málaga en esa época poseía una muy mala red de comunicaciones terrestres, razón por la cual la mayor parte del flujo comercial se pro-ducía por vía marítima. Los barcos de las naciones del norte de

Europa, eran embarcaciones de gran tonelaje y envergadura, lo que les permitía abaratar los fletes, obteniendo cuantiosos beneficios.

No es un hecho casual que los hanseáticos decidieran venir a España y en concreto a Málaga a comerciar. Entre otras motivaciones, estaban los acuerdos de libre comercio de mercancías y personas que la Corona había suscrito con las ciudades del área perteneciente a la Hansa. La elaboración de estos tratados con los diputados de las ciudades hanseáticas, principalmente Lübeck, Hamburgo y Danzig, se remontaban al año 1607, si bien fueron nuevamente ratificados por la Corona Española el 3 de mayo de 1648 (Consejo de Estado, 1647) (Consejo de Estado, 1607). Estos tratados concedían a los hanseáticos un amplio espectro de beneficios económicos y facilidades administrativas, resultándoles muy atractivo elegir España como destino de comercio.

Este trato preferencial hacia los hanseáticos se manifestaba en una serie de cláusulas, entre las cuales destacaban las siguientes: facultad para elegir a un cónsul de su nación, posibilidad de establecer un agente propio, régimen fiscal privilegiado, designación de un corredor de comercio que llevara sus negocios, fuero judicial especial, no pudiendo ser detenidos, presos, ni encausados sino por un juez particular que llevaba sus causas civiles y criminales, trato privilegiado en materia de inspección de navíos, pago de derechos reales, tasación de mercaderías ante la Real Aduana, interpretación favorable de tratados en caso de controversia, total libertad para comprar y vender en el territorio nacional, etc...

Sin embargo, todas estas prerrogativas albergaban una pequeña limitación y esta era la prohibición de comerciar con Holanda, Zelanda y las demás Provincias Unidas, necesidad de registrar los cargamentos y obligación de uso de patentes. No hay que olvidar que en esta época España se encontraba en guerra con las provincias rebeldes de los Países Bajos, deduciéndose de estas medidas que la Corona tenía un interés claro en aislar económicamente a estas provincias sediciosas, a la par que pretendía ganar un poderoso aliado en el centro de Europa. No cabe duda de que antes y después de la Guerra de Sucesión estas prohibiciones se relajaron, sino se burlaron frecuentemente.

Juan Witemberg o Juan Bitembergue como escribían muchos escribanos, era natural de Hamburgo, de nación hanseática, el cual desarrollaba en Málaga sus actividades comerciales bajo la protección del emperador de Alemania, Leopoldo I, según se asegura en algún protocolo notarial (De Espinosa, 1701). En el último tercio del siglo XVII existían en Málaga las sociedades de personas y a lo largo de la próxima centuria podremos seguir la evolución de la compañía Witemberg, su origen, el fenómeno de la concentración de capitales y su extinción. Por entonces, era usual que los comerciantes extranjeros se asociasen buscando la igualdad de lengua y a veces la identidad en la confesión religiosa.

Este patrón sólo se cumplió a medias en el caso de la familia Witemberg, ya que si frecuentemente se asociaron con alemanes, no siempre hubo afinidad en las creencias religiosas, ya que si bien los Witemberg se proclamaron ante todos como católicos, muchos de sus socios fueron protestantes. Juan Witemberg llegó a Málaga hacia 1667 para integrarse en la casa comercial de su compatriota el cónsul hanseático Rodrigo Elers, quien lo estableció como comerciante. En los primeros protocolos notariales del año 1669, Juan Witemberg aparece en algunas escrituras vinculado a la sociedad de Bartolomé Van Ordelen, probablemente perteneciente a la misma compañía que el cónsul.

Como se sabe en esta época, las sociedades que poseían más de tres nombres se denominaban por el nombre de uno de sus componentes seguido de la palabra "cía". Por lo tanto, todo parece indicar que Juan Witemberg perteneció en sus primeros años de permanencia en Málaga a la compañía llamada "Bartolomé Van Ordelen y cía". Sin duda, ésta era una sociedad satélite que operaba en Málaga al beneficio de su casa matriz radicada en Hamburgo y detrás de la cual se encontraba su destacado promotor, Paul Paulsen.

En cualquier caso, Juan Witemberg, en uno de sus primeros testamentos dados en Málaga el 5 de mayo de 1677, procedió, entre otras cosas, a dar cuenta de la creación de su primera compañía en Málaga, así como a informar sobre su disolución. Así pues, en dicho protocolo se declara que:

> "**Juan Witemberg** y **Jorge Zenckel**, hombres de negocios de la nación alemana, formaron compañía general de todos sus negocios y correspondencias, así de las de dentro de este reyno, como fuera de él y partes del norte, de por mitad a pérdida y ganancia... la cual tuvo por principio el primero día del mes de octubre del año de mil y seiscientos y sesenta y nueve, concluyendo dicha compañía el fin del año pasado de seiscientos y setenta y seis ".

Por lo tanto, en su testamento de la primavera del año 1677 Juan Witemberg procedió a dar cuenta de haber finiquitado y disuelto la compañía que había tenido con su socio alemán Jorge Zenckel, resaltando en otro lugar del mismo documento que dicha disolución ocurrió en el mes de diciembre del año referido de 1676.

Es interesante señalar que Witemberg manda en una de sus cláusulas testamentarias que en caso de su muerte se proceda a realizar un inventario de todos sus bienes y mercaderías, así como se cotejen sus libros, cartas y papeles, con el objeto de que se proceda a vender dichos géneros a mayor beneficio de *"sus mayores y correspondientes del norte"*, misión que manda realizar a su mujer, **María Harizón** bajo la supervisión de **Willardo Paulensen**, personaje que él llama *"criado de su casa"* y que probablemente era un agente en Málaga de sus socios alemanes en Hamburgo.

Resulta muy evocadora, esa preocupación que tiene Juan Witemberg en su testamento de liquidar sus cuentas correctamente con sus compañeros alemanes, o los que alude en otro lugar del documento como: *"mis mayores y correspondientes de cualesquiera partes y países"*. Es decir, todo ello denota claramente que Juan Witemberg era un satélite en Málaga, de una gran red internacional de comercio (Ballesteros, 1677). Juan Witemberg, al igual que muchos otros comerciantes extranjeros que operan en la ciudad, lleva a cabo una gran

variedad de negocios jurídicos, interviniendo en todas las fases del producto que exporta (Villar García M. B., 1982).

Habitualmente, se trata de frutos de la tierra, como los cítricos, las almendras, las

Quinta de don Juan Giró en Málaga, siglo XIX, por Noguera

pasas, pero especialmente el vino, producto no perecedero, que incluso se revaloriza con el paso el tiempo, lo cual ofrece grandes posibilidades a la hora de proceder a su almacenaje y transporte. Entre las operaciones más destacadas se encuentran: las obligaciones de pago, el poder para la representación en juicio, o el poder para el cobro de cantidades, la fianza, la administración de propiedades, el crédito agrícola, el arrendamiento de casas y almacenes, compraventa de géneros, obligaciones de riesgo marítimo, ajustes y balances con otras compañías e incluso figuras dentro de la esfera del derecho privado como la emancipación o la tutela.

El crédito agrícola es muy frecuente dentro de las operaciones financieras que realiza la casa Witemberg. Gente de Málaga y de muchos pueblos de los alrededores acuden al próspero empresario en busca de crédito para financiar sus actividades. La fórmula es siempre muy parecida. Los contratantes reciben una cantidad de Juan Witemberg, obligándose a devolverla en fecha determinada, para lo cual hipotecan su heredad de viña, sus bueyes y a veces el mismo producto por obtener.

Con este dinero que reciben, los agricultores lo emplean en el pago de simientes, así como en los aparejos y personal necesario para labrar sus tierras. No siempre devuelven el montante en dinero, sino que a veces lo pagan en especie, como pueden ser "pasas al sol" según señala algún documento. Obsérvese que al controlar Juan Witemberg el crédito agrícola y al recibir muchos de esos pagos en especie, indirectamente una vez deducidos los intereses que paga el prestatario, el empresario alemán está comprando un producto abaratado, con lo que le sale doblemente rentable[23].

El reconocimiento de deuda, o las obligaciones de pago aparecen con gran regularidad dentro del tráfico comercial de la casa Witemberg, a veces para realizar faenas agrícolas, pero también muchas veces atendiendo a otras motivaciones. En varias ocasiones la compañía otorga poderes, ya sea para la representación en juicio para sustanciar causas civiles o criminales, o para el cobro de cantidades. En estos poderes podemos observar que los tentáculos de la compañía se extendían por toda Andalucía. Así aparecen en algún documento su cuñado Julián Arizón que es comisionado para el cobro de cantidades en Antequera, otros que lo son para el cobro de deudas en ciudades tan lejanas como Córdoba, u otras más próximas como Vélez.

Como se ha visto anteriormente, también la administración, la compraventa, la subrogación en contratos de alquiler de casas y almacenes, etc..., también aparecen habitualmente en la dinámica mercantil de esta floreciente casa de comercio[24]. En cualquier caso, las activida-

---

[23] *Como ejemplos de crédito agrícola otorgados por Juan Wittemberg podemos ver: Juan de la Peña pago de Juan Wittemberg (Domínguez, 1675); Obligación de Juan Wittemberg contra Cristobal Ruíz (Domínguez, 1675); Juan Leno contra Juan Wittemberg (Ballesteros, 1677); Juan Witteberg obliga a Francisco de la Torre (Ballesteros, 1678); Juan Wittemberg obliga a Juan Bautista (Ballesteros, Juan Wittemberg obliga a doña María Bautista, 1678); Juan Wittemberg contra Diego de Sevilla (Ballesteros, Juan Wittemberg contra Diego de Sevilla, 1679); Luis Gutierres de la Cueva poder de Juan Wittemberg (Ballesteros, 1680); Francisco Núñez vecino de Almachar, se obliga a pagar a Juan Wittemberg y Compañía, hombre de negocios de nación hanseática, 4000 reales de vellón que le ha prestado, 1000 para labrar sus viñas y 3000 del valor de las mercaderías que ha recibido y los devolverá a final de Agosto de este año en pasas de sol (Henríquez de Medrano, 1700).*
[24] *Otras operaciones comerciales como poderes, administraciones, alquile-*

des más interesantes de la compañía son las que tienen relación con el comercio internacional. Así por ejemplo en un documento del año 1674 y otro del año 1675 se relatan las diversas vicisitudes de la nave la "Esperanza Coronada" y de su capitán, Cristóbal Voi[25].

Lo más importante a nuestro asunto, es resaltar que se trataba de un barco que realizaba el trayecto de Málaga a Hamburgo, que en sus bodegas transportaba una cantidad importante de pipas de vino. Llegado a Hamburgo su capitán vendió el vino y con su producto compró hierro de Suecia, maderas, lienzos, quesos, jamones ahumados extranjeros, barrilillos de manteca, vidrieras, lámparas, carne salada, etc..., retornando nuevamente a Málaga. En otro documento podemos leer literalmente:

> "Juan Witemberg y Augusto Paulsen, Compañía de hombre de negocios de este comercio, dan poder a Abraham Beck y Enrique Van Wesel, Compañía de hombres de negocios de Ámsterdam, para que cobren a Juan Spyquet, hombre de negocios de la ciudad de Dunquerque las cantidades de dinero que importan diferentes letras y que el susodicho ha aceptado pagar en Ámsterdam y asignado el pago a Willem van Nes" (Henríquez de Medrano, 1700).

Es decir, de estos documentos podemos deducir que los barcos de esta compañía alcanzaban las ciudades y rutas del norte de Europa,

---

res, etc, podemos estudiarlos en: Poder de Juan Wittemberg a Francisco Zambrano de la Fuente (Domínguez, 1669); Gabriel López de Medina paga de Bartolomé van Ordelen y Cía (Domínguez, 1669); Operaciones comerciales diversas de Juan Wittemberg (título atribuido, fols. 22, 191, 228, 256, 284, 656 , 1031) (Ballesteros, 1678); Obligación de Juan Wittemberg contra Fernando García (Henríquez de Medrano A. , 1699); Santiago González, Corredor de Lonja, en su nombre y el de los demás Corredores de Longa da carta de pago a favor de Juan Wittemberg y Agusto Paulsen Compañeros y hombres de negocios de esta ciudad, de nación hanseática, que le entregan 1589 reales... (Henríquez de Medrano, 1700); Fianza que hace Diego Pausen a favor del capitán Luis Antonio de Sevilla y Zabala... (Bastardo de Godoy, 1703).

[25] *Juan Antonio Leal obligación de pago a Juan Wittemberg (Domínguez, 1674); Don Lorenzó de Jaén, Juan Wittemberg y Cía. Prima de transacción y concierto (Domínguez, 1675)*

tales como Dunquerque (Francia), Ámsterdam (Holanda) y Hamburgo (Alemania).

En ocasiones podemos ver a los cónsules de las naciones holandesas, ciudades hanseáticas y provincias obedientes de Flandes, diputados y hombres de negocios de ellas, los cuales acuden en masa ante el escribano, para constatar que de acuerdo con las "Capitulaciones de Pases" con las Provincias Unidas y Estados Generales de Holanda y en los tratados y capítulos ajustados con las ciudades hanseáticas de Alemania, así como de las Provincias obedientes de Flandes, que se remontaban al año 1674, se dispuso que podrían nombrar a un juez conservador que conociera de todas sus causas civiles y criminales.

Así pues, en Málaga, el nueve de julio del mil seiscientos y setenta y siete, haciendo valer sus privilegios y excepciones nombraron conforme a dicho derecho a don Carlos Villamayor y Vivezo, caballero de la Orden de Calatrava y presidente de la Real Chancillería de Granada, firmando todos ellos con sus nombres (Ballesteros, 1677). Otras veces estos comerciantes pertenecientes a las naciones holandesa, flamenca y hanseática acuden por razones diferentes al notario para defender sus intereses.

Así ocurrió el 3 de marzo de 1681, en el que Juan Eghoff, Pedro Wolffe, Miguel Pimienta, Valerio Van Dale, George Moller, Johan Witemberg, Willardo Paulensen y Christian Schumacg, dieron poder a Juan Enrique Flebus y en su ausencia a Van der Usaven Hambor, residentes en la ciudad de Hamburgo, para que comparecieran ante los magistrados y justicias de la ciudad de Brujas, Amberes, Lubeck y Hamburgo y presentaran un despacho suplicatorio ante el gobernador de ésta última, en el pleito que seguían los cónsules de dichas naciones contra los otorgantes sobre el pago de su salario (Ballesteros, 1681).

Aún sorprende más el poder de convocatoria, la fuerza que muestran los hombres de negocios extranjeros cuando se congregan en bloque, sin distinción de nacionalidad, para defender sus derechos. Así sucedió el 9 de abril de 1676, cuando los hombres de negocios de las naciones inglesas, holandesa, hanseática y genovesa, acudieron al escribano público para constatar su malestar por diversos incrementos de tipo impositivo. Así refieren como los otorgantes habían movido diferentes pleitos contra los administradores de las Reales Aduanas y contra los recaudadores de los derechos del cuatro y uno por ciento de la tierra y los administradores y arrendadores de los derechos de la pasa, y contra don Francisco Báez, recaudador general de los reales almojarifazgos.

El motivo de dichos pleitos era que una serie de mercaderías que se habían embarcado en el puerto en los años 1674 y 1675 siendo gravadas de forma abusiva. Así era el caso del aceite, por el que los exportadores habían tenido que pagar hasta veinticuatro reales cada arroba, en contradicción con los once que requería el arancel real. También los impuestos sobre la pasa habían sido incrementados basándose en que los barriles que los almacenaban eran de mayor talla que la ordinaria, lo cual vulneraba las ordenanzas de los barriles. Ante lo cual, los hombres de negocios extranjeros de Málaga alegaban que el comercio:

> "...estaba padeciendo muchas vejaciones y molestias de los ministros arrendadores y administradores de dichas rentas, como asimismo es haberse subido los aforos de la Aduana de esta ciudad, la de Vélez, Marbella y Estepona, alterando y enmendando los aranceles reales, acreciendo los derechos, para cuyo remedio se han juntado con los cónsules de dichas naciones que están presentes para representar a S.M. los dichos excesos y quejas del comercio...".

Por todo ello daban poder a don Martín de Corquera Landa, caballero de la Orden de Calatrava, regidor perpetuo de Málaga, para que compareciera en nombre de los comerciantes ante S.M. y señores de sus Reales Consejos de Estado y Guerra y ante los demás Consejos, Audiencias y Tribunales para que:

"...se guardara la costumbre y estilo observadas de tiempo inme-
morial a esta parte en los aforos de mercaderías y frutos, que se cargan
y descargan por los dichos puertos y no se obligue al comercio a que
pague más de aquello que puede ser obligado, ni más de lo usual conforme al arancel de la Real Aduana, según se dispone en las
Capitulaciones y Tratados de Pases, así como las costumbres y estilos
antiguos..." (Ballesteros, 1676).

Así era la manera en que la floreciente colonia de extranjeros en
Málaga solucionaba sus diferencias en el devenir del tráfico comercial. Pero no siempre esas dificultades tenían un contenido económico,
sino que a veces podían deberse a otras causas, que a la postre indirectamente también acababan influyendo sobre la actividad mercantil.
Así se produce una ruptura de esa visión idealizada que albergaron
muchos extranjeros al llegar a las costas de Málaga. En el siglo XVII
Málaga era una ciudad relativamente pequeña, en la que vivían unas
18.000 personas.

Los extranjeros nos hablan de una ciudad que tenía un clima salu-
dable, resaltando especialmente cuán agradables eran sus inviernos y
veranos, lo que en su conjunto era muy beneficioso para la salud y
propicio para la agricultura. Pero frente a esa idea de un clima be-
nigno, tenemos la versión de otros extranjeros que nos hablan de un
clima insoportable durante ocho meses al año, con temperaturas asfi-
xiantes durante todo el día, lo que obligaba a sus habitantes a
refugiarse en sus casas para evitar el sol abrasador.

Calles tortuosas, estrechas, pestilentes, edificios ruinosos con sus
paredes raídas, donde se acumulaban vertidos y basuras, esos son los
rasgos habituales que salían de la pluma de algunos extranjeros. La
ciudad no había perdido su reminiscencia moruna y en ella concurrían
los ruidos del trabajo, el repicar de las campanas, el ajetreo, en definitiva, de sus transeúntes, lo que venía a atenuarse con el suave
murmullo del oleaje del mar al atardecer y el cadente bisbiseo del

agua manando de sus múltiples fuentes. Otros foráneos refieren como Málaga estaba plagada de mendigos y holgazanes.

Los malagueños eran para éstos poco inclinados al trabajo, indolentes, relajados de moral. Pero lo peor era la cantidad de delincuentes y malhechores que había en la ciudad, cometiendo sus fechorías con total impunidad. Málaga era una ciudad insegura, donde los robos se sucedían por doquier. Al llegar la noche, el peligro aumentaba, se multiplicaban los asaltos, cometiéndose muchos asesinatos. A ello había que añadir la venalidad de la Justicia, que era habitualmente comprada por los criminales, por lo que muchos delitos quedaban sin castigar (Krauel, 1988).

Junto a la incomodidad de convivir con un clima sofocante, la incomprensión frente a un pueblo indolente, o la irritación ante la impunidad de

Calle Granada y Torre de Santiago, siglo XIX, por M. de Mesa

sus delincuentes, con frecuencia los extranjeros tenían que soportar las epidemias y desastres naturales que asolaban la ciudad, dejando sentir sus mortíferas consecuencias. Ciñéndonos al último tercio del siglo XVII, es inolvidable el horrible año de 1674, en el que Málaga sufrió una terrible epidemia de gripe que causó numerosas víctimas. También entre 1678 y 1680 la ciudad vivió una de las más atroces epidemias de peste que se hayan recordado, muriendo alrededor de 3.000 personas, padeciendo los que pudieron sobrevivir a ella, una gran carestía de pan, debido a las malas cosechas (Gómez Marín, 1994) (Sarriá Múñoz, 2004).

La proximidad de Málaga a los puertos africanos favorecía el contagio. La declaración de zona de contagio venía a darse siempre con la apertura de la vendeja, es decir, en el momento en que las autoridades daban permiso para la exportación de la uva. Al coincidir con el desarrollo de la epidemia, la implantación del cordón sanitario interrumpía las transacciones mercantiles, lo que conllevaba graves repercusiones económicas. Naturalmente, la única manera que las autoridades tenían de mantener a salvo la ciudad era aislándola del exterior.

Pero este aislamiento traía aparejado graves consecuencias comerciales. Había momentos de auténtico desabastecimiento, al no querer nadie traficar las mercancías por medio al contagio y las naves que navegaban hacia el muelle, cambiaban de rumbo nada más conocerse el suceso. El Cabildo desesperado pedía ayuda a la Corona, el pánico se apoderaba de la ciudad, que establecía rígidos controles en sus puertas, impidiendo la entrada y salida de viajeros. El reconocimiento en el puerto solía ser muy riguroso. La embarcación era detenida a la entrada a fin de someterse al examen de sanidad.

Si estaba contagiada o procedía de zonas contaminadas se prohibía de facto que atracara (Santos Arrebola, 1991). No cabe duda que estas epidemias diezmaban a la población y no favorecían en absoluto el desarrollo del comercio. El establecimiento de un cordón sanitario, con el detenimiento de naves, así como las molestas visitaciones de navíos por las autoridades sanitarias, implicaba un parón de meses en la actividad comercial hasta que remitiera la peste, factores que debieron afectar enormemente a Juan Witemberg y en general a toda la comunidad de extranjeros de Málaga.

La actitud del pueblo no favorecía la extinción del contagio. Con frecuencia, el pueblo devoto de Málaga se lanzaba a las calles inmerso en invocaciones, implorando la intercesión de santos y vírgenes, para que libraran a la ciudad de calamidades públicas. Pero éste fenómeno tan natural en el ser humano de agrupamiento ante la adversidad, lejos de alejar el mal propiciaba la expansión de la enfermedad. Así era la sociedad de entonces.

Toda un serie de invocaciones, ruegos y encomendaciones a las potencias divinas, eran practicados a menudo por la masa inculta, hechizada bajo el espejo ilusorio de un mundo fantástico de bóvedas azules, retablos dorados y ángeles de estuco, lo que contrastaba con una cruda realidad representada por mendigos, pordioseros, pícaros y marginados. Nada más acabar la epidemia, el 9 de octubre de 1680, se desató un tremendo terremoto, causando graves daños que se extendieron a las tierras jurisdiccionales de Málaga, afectando tanto a los núcleos urbanos como a los viñedos y lagares; de éstos últimos quedaron destrozados alrededor de 4.000 lo que provocó el hundimiento del comercio vitícola (Gómez Marín, 1994).

Además de lo anterior había que añadir el periódico desbordamiento del Guadalmedina, que históricamente causaba estragos en Málaga. En verano se trataba de un río cuyo lecho estaba seco, siendo inofensivo. Pero cuando llegaba el otoño a menudo las fuertes lluvias caídas en poco tiempo provocaban que el río se saliera de su cauce, causando grandes daños, anegando casas y cultivos, sin contar con las pérdidas humanas y de animales, a la vez que destrozaba puentes e inundaba caminos, por lo que la ciudad quedaba incomunicada durante semanas.

Por si fuera poco lo anterior, todavía había un temor que acechaba aún con más rigor a la expuesta población de Málaga. Enclavada en un punto neurálgico del litoral mediterráneo, la ciudad era el centro de una activa piratería norteafricana y ante conflictos internacionales, un foco de atención de las armadas enemigas. Así pues, los ataques de los berberiscos o de las armadas turcas estaban al día, que podían dejarse caer en cualquier momento, atemorizando a la población con sus crueles *"razzias"*, a la par que las escuadras francesas u angloholandesas, amedrentaban a sus habitantes con su enorme poder destructor.

Vista del Perchel desde el río Guadalmedina, siglo XIX (anónimo)

En julio de 1693, se produjo la jornada conocida como "La Batalla de Málaga". El día 20 de aquel mes, una flota francesa compuesta de nueve naves dirigida por el mariscal Tourville y comandada por el duque de Estrées, fondeo en las aguas de Málaga, adoptando en seguida la posición de bombardeo. Poco después, una lancha arribó a las playas de San Andrés con un mensaje contundente a las autoridades locales: o entregaban a Francia los barcos ingleses y holandeses anclados en el interior del puerto, o de inmediato iniciarían el ataque. La falta de respuesta del corregidor malagueño supuso el comienzo del bombardeo que se prolongó durante cinco horas.

Como resultado de tal ofensiva varios edificios resultaron seriamente dañados, y destruidas varias partes del cinturón defensivo, así como cuatro barcos ingleses y uno catalán, que poco diligente se hallaba confundido con los anteriores. Seguidamente, un bote galo llegaba nuevamente a la playa pidiendo excusas por el daño causado y solicitando un "refresco" para abastecer a las bodegas de la armada. En esta ocasión las autoridades locales se avinieron a las peticiones, entregando a la flota enemiga cien vacas, quinientos carneros y otros comestibles, con lo que finalizaron las hostilidades (Cabrera Pablos F., 2002).

Frente a todos esos ataques, catástrofes y pandemias, que tanto daño habían causado a la población malagueña y a su comercio, sobrevino la mayor conmoción del siglo: "la Guerra de Sucesión". Carlos II, el último de los Austrias españoles, había muerto el 1 de noviembre de 1700 a los 39 años, sin dejar sucesión. Sin embargo, "el Rey Hechizado" como le llamaban por entonces, en un último acto de lucidez, en pleno lecho de muerte, nombró heredero a Felipe de Anjou, segundo hijo del Gran Delfín de Francia y nieto del poderoso Rey Sol, Luis XIV.

Así pues, el hijo del delfín, se entronizó en España con el nombre de Felipe V, donde aceptó a los ministros y la política de su abuelo. Inmediatamente, Inglaterra y Holanda, se opusieron a las intenciones hegemónicas de Luis XIV, resistiéndose a la consolidación de un peligroso imperio galo en el continente, razón por la que apoyaron al archiduque Carlos de Austria, pretendiente también a la Corona española. Como consecuencia inevitable de toda esa pugna de intereses, Inglaterra y Holanda, declararon la guerra a Francia y a España (Gómez Marín, 1994).

Fueron momentos tensos y difíciles. Málaga fue durante la guerra fiel a Felipe V, razón por la que tuvo que soportar el constante asedio de las tropas enemigas. Las flotas anglo-holandesas merodeaban constantemente las costas mediterráneas buscando un punto de indefensión y en el caso de Málaga, su presencia en la zona obedecía a la necesidad de preservar sus intereses económicos, tratando de salvaguardar su comercio exterior gravemente quebrantado por la guerra. Uno de los momentos álgidos de la contienda tiene lugar cuando entre 1701 y 1703 se forma la Gran Alianza de la Haya, por la que Inglaterra, Holanda, Austria, Prusia, Portugal y Saboya unen sus fuerzas contra España y Francia.

La presión de las escuadras enemigas sobre las ciudades andaluzas, como Cádiz, era cada vez más irresistible y como resultado tuvo lugar la invasión de Gibraltar en 1704, lo que conllevó fuertes consecuencias económicas y políticas, amenazando con hundir el comercio malacitano, y generando una situación de pánico generalizado ante la posibilidad de futuros desembarcos. Málaga se encontraba en un momento crítico de su historia. Su población ya no podía soportar más el lastre de la guerra. La tensión ante los efectos nefastos de la contienda, el desabastecimiento de productos de primera necesidad, la carestía de la vida, hizo que surgieran entre el pueblo sentimientos xenofóbicos.

Desde la misma Corona se propagó la idea de que se trataba de "una guerra de religión contra herejes", en parte, con la finalidad de movilizar los grandes recursos de la Iglesia en una contienda que empezaba a adquirir tintes de "cruzada". No es de extrañar que en ese contexto, en octubre de 1702, la Hermandad de Viñeros, presentara un memorial dirigido a los diputados locales, en el que avisaba de la presencia de estos grupos de extranjeros, especialmente en esos momentos de gran beligerancia. Así acusaban a los foráneos de colaborar con las naciones enemigas comunicándoles datos de importancia estratégica y militar:

"...los extranjeros no fueran como han sido y son espías de nuestras indefensas plazas..."

Asimismo, les achacaban realizar prácticas especulativas, fijando precios muy elevados para la compra de los productos, aprovechándose del control del mercado:

"...no estuvieran como están coaligados para comprarnos los frutos a los precios más bajos y pagarlos como les da la gana..."

En definitiva, les hacían responsables de acaparar gran parte del comercio que arribaba a su puerto procedente de Europa:

"...con que no hay más manos que vender que la de dichos extranjeros..." (Hermandad de Viñeros, 1702).

Es obvio que estos brotes espontáneos de sentimientos de xenofobia, surgían no tanto por una cuestión de recelo ante la nacionalidad del denunciado, sino por la sensación de indefensión de muchos campesinos, que no podían competir con estos grupos oligopolistas, que hacían uso de su potencial económico, para fijar los precios a su antojo. Esta irritación popular tuvo cierto eco en las autoridades locales, que endurecieron las medidas administrativas contra los extranjeros, promulgando rígidas leyes que regulaban la actuación de las compañías no nacionales, obligándoles a llevar libros de cuentas en castellano, así como otras disposiciones reguladoras.

Pero el punto de ruptura más incisivo, fue las diferentes ideologías religiosas que practicaban los extranjeros, ya que muchos de ellos eran protestantes. Ello motivo la apertura de muchas causas inquisitoriales contra ingleses, holandeses y alemanes acusados de luteranismo y diversas herejías. Durante el último cuarto del siglo XVII la ciudad de Málaga atravesó una etapa regresiva, que en los postreros años llegó a ser catastrófica. Las crisis de subsistencias, las epidemias, los terremotos, los procesos inquisitoriales... habían dañado considerablemente el comercio malagueño.

Los agricultores se hallaban frente a la cruda realidad de unos precios ruinosos, y unos productos excedentes que no tenían salida. La política arancelaria de Francisco Báez, que pretendía concentrar en Cádiz todo el tráfico extranjero había mermado ostensiblemente la economía mercantil de Málaga. En 1689 los cónsules de la ciudad elevaban una queja al Consejo señalando que las medidas de Báez, habían reducido las casas comerciales extranjeras de 40 a 9 y que esas medidas iban encaminadas a provocar la total ruina de la ciudad.

Por si fuera poco, la Guerra de Sucesión acabó por expulsar a gran parte de la colonia mercantil de Málaga. Los principales exportadores de los productos locales pertenecían a países que estaban alineados con el bando austracista. La guerra apartó de la ciudad a los comerciantes ingleses y holandeses y el comercio se paralizó, según se recoge en distintos memoriales de quejas entre 1702 y 1705. En los primeros años de la guerra únicamente permanecieron en la ciudad tres casas comerciales de hamburgueses y el cónsul del rey de Francia que no tenía casa comercial reconocida. Así pues, entre aquellas, la casa hamburguesa Wittemberg fue la gran superviviente de la contienda (Villar García M. B., 1997).

La ruptura de relaciones comerciales con Holanda e Inglaterra en octubre de 1703, supone un duro golpe para los cosecheros y mercaderes que se muestran preocupados ante la pérdida de sus mercados tradicionales, cuyas transacciones comerciales eran fundamentales con ellos. Una Real Cédula de Felipe V concede una luz de esperanza entre los comerciantes de Málaga, que ahora pueden seguir extrayendo los frutos propios de la tierra, aunque en menor proporción, a través de los navíos mercantes de las potencias neutrales a la contienda.

El vacío dejado por las embarcaciones de las potencias marítimas adversarias, fue ocupado por los buques procedentes de Suecia, Dinamarca, de las ciudades pertenecientes al área de la Hansa, o de las repúblicas o principados italianos. Para la economía malacitana, fue un respiro el que se autorizase a los navíos neutrales dirigirse a puertos como Gibraltar, Lisboa o Ámsterdam. De esta manera, aún a pequeña escala, se reanudaron las transacciones comerciales con los puertos ingleses y holandeses, reduciéndose los costos y seguros de los fletes, al disminuir el riesgo derivado de las contiendas bélicas, como era el hundimiento de los navíos mercantes por las armadas enemigas (Reder Gadow, 1987).

La casa comercial Witemberg, perteneciente a la confederación de la Hansa y establecida como la gran supérstite de la contienda, pudo con algunas dificultades realizar estas rutas, con pabellón neutral, mientras duró la guerra y mucho después. Los barcos bálticos y hanseáticos hacían su aparición durante los meses de febrero a abril y de septiembre a diciembre, coincidiendo preferiblemente con "la vendeja", que era el momento propicio, por ser el tiempo de la cosecha. A pesar de la neutralidad estas embarcaciones eran continuamente acosadas por los audaces piratas berberiscos o por los corsarios franceses, siendo en ocasiones apresadas y llevadas a puertos como Dunkerque, Calais y Ave Gracia.

Esto obligaba a que estas naves fueran en grupo de tres o cuatro, bien artilladas, para posibilitar su defensa en alta mar. A su vez la tripulación iba bien pertrechada con escopetas, pistolas, con su correspondiente munición de pólvora y balas, así como diversas armas blancas, tales como chuzos, espadas, o puñales. Fueron tiempos difíciles, en los que frente a la xenofobia los extranjeros se comportaban como un grupo cerrado, exclusivo. Los extranjeros forman un estrato que vive un poco aparte del resto de la población, impermeable al pueblo que considera indolente y ajeno a sus costumbres.

Así este grupo llegó a tener una conciencia de clase que cristalizó en una asociación denominada "Comercio Marítimo" que serviría de cauce para regular sus actuaciones, y un canal donde compartir sus creencias e intereses. Muchos extranjeros se niegan a abandonar su religión protestante y sólo mantienen relaciones con sus correligionarios, ya sea en los negocios o en las relaciones de amistad. En otros yace permanentemente la idea del "regreso". Muchos piensan en Málaga como una experiencia pasajera, y por tanto nunca abandonan la idea de volver a su patria. Así pues, un alto porcentaje se mantiene soltero, o se casa con personas de su nacionalidad (Villar García M. B., 1982).

Frente a ello la familia Witemberg se muestra como un clan inteligente, que apuesta desde el principio por la integración, que se hace también receptora de las sensibilidades locales, haciendo de eslabón entre ambos grupos. Desde un primer momento se definen como católicos, y muchos de sus miembros ingresan en la Iglesia, o entran en los conventos, lo que no les impide tener como socios a sus compañeros protestantes. Además procuran desde un comienzo contraer matrimonios mixtos con españolas, lo que favorece su cohesión social, enlazándose también entre primos, formando potentes círculos de cooperación frente a cualquier ofensiva exterior.

Asimismo, se unen a miembros de la burocracia estatal, la magistratura, tales como corregidores y regidores, permitiendo aunar intereses con los grupos locales. Igualmente muchos en segunda y tercera generación entran en el Ejército o en la Marina, un gran prestigio en la época, ingresando en profesiones que les aseguraban una excelente posición entre las clases mejor consideradas de la sociedad. La gran movilidad social de la familia Witemberg les lleva a mantener buenas relaciones con las capas más altas de la sociedad. Luchan en las Chancillerías para conseguir el reconocimiento de su estatus nobiliario, lo consiguen y finalmente se enlazan con la nobleza, lo cual representa la culminación de un largo proceso emprendido para lograr riqueza y consideración social.

Efectivamente, Juan Witemberg Dreyers, el primero de esta familia que llegó a Málaga, al poco tiempo de establecerse se dirigió a la corte para que quedase constancia de su nobleza. Así pues en torno al año 1675 se reunió con Juan de Mendoza, rey de armas de Felipe IV y Carlos II (1654-1690), que le procuró su primera certificación nobiliaria. El 11 de febrero de 1699 obtiene una información *"ad perpetuam"* hecha en la ciudad de Hamburgo, y refrendada y sellada por los procónsules y senadores de dicha ciudad, lo que sin duda, le despejo el camino para poder actuar sin dificultades en España.

Unos años más tarde, su nieto, don Juan José Witemberg Aguilar, obtiene el 16 de abril de 1730, otra información de familia, elaborada por los padres Jesuitas de Hamburgo, refrendada por don Antonio Casado y Velasco, marqués de Monteleón y embajador de Felipe V en

Hamburgo. El 2 de marzo de 1735, los hermanos Joseph y Jorge Witemberg Aguilar acuden ante el alcalde de Málaga, don Luis Muñoz, del que obtienen un nuevo reconocimiento de su entidad nobiliaria.

El mismo Jorge Witemberg Aguilar, acude también en 1740 a la corte a entrevistarse con el más prestigioso rey de armas de Felipe V, llamado Juan Alfonso Guerra y Sandoval, del que obtiene una esplendorosa certificación de nobleza. Finalmente, todo este proceso de ascensión hacia la cúspide social culmina, cuando ambos hermanos – Jorge y Joseph– pleitean ante la Real Chancillería de Granada, la cual les otorga el 15 de marzo de 1745, una provisión de nobleza. Esta provisión les permite enlazarse con la nobleza, desplegando toda su potencialidad como grupo social.

Es destacable subrayar que los miembros de la familia Witemberg utilizaron el instrumento emitido por la Real Chancillería, cada vez que quisieron entrar en instituciones de prestigio en las que era necesaria la constatación de su nobleza. La casa comercial Wittemberg, junto a la casa Quilty, fueron las más antiguas y mientras otras casas se extinguieron, estas perduraron hasta finales del siglo XVIII. La familia Witemberg llegó a ser la más españolizada y paradójicamente, la que nunca abandonó sus raíces, ni sus destinos tradicionales de comercio tales como Ámsterdam o Hamburgo, manteniendo siempre estrechas relaciones con miembros de su antigua nacionalidad.

Este proceso de integración de la familia Wittemberg fue emprendido desde el primer momento en que Johannes Wittemberg Dreyers llegó a Málaga. El joven alemán apenas llevaba unos pocos años en la ciudad andaluza cuando contrajo matrimonio el 12 de enero de 1670, con **María Arizón y Cardona**, descendiente de comerciantes anglosajones, hija de don Jorge Arizón y doña Juana de Cardona y Arizón. Se trataba pues de un matrimonio mixto, con mujer española, que ya procedía a su vez de otro matrimonio mixto, enraizándose así con la sociedad malagueña de la época.

El linaje de Arizón o Harizón, era originario del Reino de Irlanda, donde sus ascendientes fueron considerados siempre como nobles. Al igual que la familia Witemberg, los Arizón, tuvieron que expatriarse de su país, debido a las persecuciones que muchos católicos sufrieron en la época del cisma de Inglaterra. Muchos buscaron refugio en Flandes, ciertos estados de Alemania y sobre todo en España, Italia y Francia. A España lo trajeron cuatro hermanos, cuyos descendientes lo extendieron por Aragón, Cataluña, Castilla, Extremadura y Andalucía. Algunos de sus miembros en el siglo XVIII llegaron a ostentar el título de marqués de Casa Arizón.

María Arizón fue hermana de Isabel Arizón, mujer del capitán Luis de Sevilla, que debió ser un destacado militar en su tiempo, en virtud de las innumerables veces en que su nombre es citado en varios documentos. Esta es una familia que no hay que olvidar, pues de este enlace "Sevilla Arizón", procede una hija que se casó con un Witemberg en segunda generación, como veremos. En su testamento del año 1677, Juan Witemberg Dreyers, menciona que en su casa vivía una doncella de catorce años llamada Mariana Martín, y asimismo residía con él su sobrino Alberto Ruque, dejando a ambos ciertos legados.

Obsérvese que ello indica que Juan Witemberg no era hijo único sino que al menos debió tener una hermana en Hamburgo. También es interesante destacar que Alberto Ruque heredó el nombre del abuelo Alberto Witemberg, lo que confirma la idea del parentesco. Doña María Arizón y Cardona, tuvo con Juan Witemberg Dreyers siete hijos entre 1671 y 1679. De estos siete hijos sólo cinco llegaron a la edad adulta y uno de ellos murió joven. Estos hijos del primer Witemberg conforman la **primera generación** de esta familia alemana nacida en Málaga y son los siguientes: **Jorge (noviembre 1671-), María (8 de junio 1674-1748), Juan (21/01/1676-1731), Josefa (marzo 1677-), José (1678- 1725) Witemberg Arizón** (Ballesteros, 1677)[26].

---

[26] *Juan Wittemberg Dreyers en este primer testamento otorgado el 5 de mayo de 1677 declara que sus hijos tienen la siguiente edad: Jorge Wittem-*

berg Arizón 5 años y medio, María Quiteria 3 años, Juan 15 meses, Josepha Catalina 2 meses, lo que nos sirve para fijar el nacimiento aproximado de sus hijos. A su quinto hijo, Joseph, no lo menciona por lo que debió nacer después de 1677. También se puede consultar el Expediente de limpieza de sangre de Joan Joseph Wittemberg donde figura la edad exacta de nacimiento Juan Wittemberg Arizón la cual se fija el 21 de enero de 1676. Obispado de Málaga, Archivo Catedralicio, leg.48, expediente número 41.

Tierra, poder y riqueza: la próspera integración de una singular familia extranjera

El mayor, **don Jorge Witemberg Arizón** se orientó hacia los claustros y marchó en 1689 a Indias, con el por entonces, recién elegido obispo de la Santa Iglesia Catedral de Panamá, don Diego Ladrón de Guevara. Desde luego, la familia Witemberg conocía el gran éxito que tenían sus primos los "Lísperguer Witemberg" en Chile y Perú y así lo expresaron en varios documentos. Es muy posible que bajo el reclamo de la fama de sus parientes o siguiendo la tradicional motivación de introducir a un miembro de la familia en la Iglesia –en aquel tiempo uno de los más grandes pilares sobre el que se asentaba el poder social– los Witemberg decidieron enviar al mayor de sus hijos a aquellas lejanas tierras.

Como era acostumbrado el séquito del obispo hubo de tramitar un expediente ante la Casa de Contratación de Sevilla, de la cual obtuvo el correspondiente pase el 19 de octubre de 1689 (Rodríguez, 1689). El hecho de que don Jorge marchara con el recién elegido obispo de Panamá era un gran honor en la época y habla por sí solo de las poderosas conexiones que tenía la familia en Málaga y del estatus alcanzado para poder conseguirlo. Según el citado expediente don Diego Ladrón de Guevara se hizo acompañar por dos pajes y un capellán sacerdote, los cuales tuvieron que presentar certificación *"moribus et vita"* para poder marchar con tan ilustre prelado.

El capellán fue el licenciado don Juan de Salvatierra, clérigo presbítero, natural de Málaga, que en el momento de la información tenía 49 años, buena estatura, moreno de rostro, ojos grandes, entrecano. De los dos pajes, a don Jorge Witemberg se le menciona como natural de la ciudad de Málaga, de dieciocho años y pelo rubio. El otro paje fue don Luis Pérez, natural de Terque, en el arzobispado de Granada, de veintiún años, bermejo. A partir de aquí poco sugieren las fuentes sobre cuál fue el protagonismo de don Jorge en Indias, por lo que resulta interesante reconstruir una breve semblanza de don Diego Ladrón de Guevara para poder hacernos una idea de cuál pudo ser la participación que don Jorge Witemberg tuvo en aquellas tierras americanas.

Don Diego Ladrón de Guevara nació en Balcagia, obispado de Siguenza, el 18 de noviembre de 1641 y murió en México el 9 de noviembre de 1718. Procedente de noble familia descendía de las casas de los condes de Oñate y de Escalante y de los duques del Infantado. En su pueblo natal estudió las primeras letras y las Humanidades. En la Universidad de Sigüenza adquirió los grados de bachiller y Licenciado en Teología. Prosiguió sus estudios en la Real Universidad de Alcalá de Henares, donde fue profesor, regentando la Cátedra de Código. Posteriormente fue canónigo doctoral por oposición de las catedrales de Sigüenza y Málaga.

En 1689 fue preconizado obispo de Panamá y en 1695 se le nombró presidente de aquella Audiencia y gobernador y comandante general de Tierra Firme. En 1699 ocupó el obispado de Guamanga y en 1705 la silla episcopal de Quito. En 1710 fue nombrado nada menos que virrey del Perú (fue virrey de Lima y Santa Fe). Simultáneamente en 1714 tomó posesión de la sede arzobispal de Lima. Tras cinco años y medio de gobierno permaneció un tiempo en Lima mientras duró su juicio de residencia del que fue absuelto, embarcándose para España en 1718, pero en México le sorprendió la muerte el 9 de noviembre del mismo año (Mendiburu, 1878).

En cuanto a su legado, en Panamá, como obispo elevó la catedral desde sus cimientos hasta dejarla terminada; edificó el seminario de San Agustín y San Diego y como gobernador, mejoró considerablemente las fortificaciones. En Guamanga, se encargó de proteger y adelantar la Universidad de San Cristóbal, fundó algunas escuelas y obsequió a la ciudad con un muy necesario puente de piedra. En Quito costeó algunas obras en los monasterios. En Lima, ordenó que se aumentase la guarnición del Callao, ante el anuncio de que una escuadra inglesa se estaba preparando en Londres para venir con tropas a invadir el territorio de Chile.

Unos años más tarde de esta disposición, cruzaron las costas del Perú dos embarcaciones armadas y con pabellón inglés, que se apresaron delante de Paíta con más de 400.000 pesos a bordo. Como balance se puede afirmar que don Diego Ladrón de Guevara apoyó a los tribunales, favoreció las letras y mantuvo el reino en completa tranquilidad. Fue creación suya la Cátedra de Anatomía de la Universidad de San Marcos. Además, sobresalió como escritor dejando una serie de memorias: en 1693 una disertación canónica sobre causas de inmunidad espiritual; más tarde un manifiesto sobre los derechos de Felipe V al trono de España; una carta pastoral al tiempo de la sucesión y, además, un opúsculo relativo a doña Josefa de Portocarrero hija del conde de Monclova, virrey que fue del Perú.

Ciertamente, no se puede asegurar cuanta de esta gloria le tocó vivir a Jorge Witemberg como asistente al servicio del obispo-virrey. Uno de sus parientes en segunda generación, Juan José Witemberg Aguilar, aseguró que don Jorge había estado al servicio de don Diego Ladrón de Guevara como capellán mayordomo, lo que podría señalar cierta evolución del que fuera paje en aquellas lejanas tierras (Obispado de Málaga, 1730). Sin embargo, otras fuentes señalan que tuvo una muerte prematura, que murió joven y en cualquier caso, por el testamento de su hermana María sabemos que murió en Indias (Consejo de Órdenes, 1752).

Al contrario que don Jorge, su hermana **María Wittemberg Arizón (8 de junio de 1674-1748)** tuvo una larga vida y se vio ampliamente beneficiada por las maniobras del clan para obtener excelencia y reconocimiento social. En aquella época, el patriarcado se ejercía en el seno de unas relaciones sociales fuertemente jerarquizadas. Las estrategias familiares a menudo utilizaban a las mujeres en los procesos de consolidación económica y movilidad social. Juan Wittemberg regentaba un próspero establecimiento mercantil, pero el

éxito en los negocios no bastaba por sí solo para lograr el afianza-
miento en la sociedad.

Era además necesario contar con una red de relaciones sociales que
consolidaran la posición del comerciante en la sociedad local y lo
insertaran en las redes de redistribución y abastecimiento de la ciudad,
que resultaban tan útiles para el desarrollo del comercio como las redes de corresponsalías internacionales (Villar García M. B., 1997). En
esa coyuntura es lógico que Juan Wittemberg Dreyer buscara el contacto con las élites de la ciudad, que tan beneficiosas le podían ser en
el plano económico y social.

Pero esa aproximación lejos de ser unilateral respondía a un interés
mutuo, ya que las élites ya consolidadas, a su vez aceptaban de buen
grado propuestas matrimoniales que ampliaran su espectro de relaciones, uniéndose así a las ventajas que les ofrecían los grupos
económicos emergentes. La familia Wittemberg desde el primer momento en que llega a Málaga proclama ante todos su nobleza, pero
ciertamente su medio de vida es el comercio, el espacio arquetípico de
la burguesía. No cabe duda de que el estamento nobiliario seguía siendo el modelo de excelencia social para el resto de la sociedad.

En él se aunaban rango, poder y riqueza, por ello las familias burguesas que se beneficiaban de la movilidad social aspiraban a formar
parte de ese círculo minoritario, que les abría las puertas a la goberna-
bilidad de la urbe. En esa carrera hacía la cúspide social, hubo avances
y retrocesos y sólo las familias más hábiles, dotadas de unas condiciones socio-económicas singulares lograron su objetivo. Normalmente,
eran necesarias varias generaciones para mantener unas relaciones
fluidas con la nobleza.

La familia Wittemberg anhelaba el reconocimiento de su nobleza –
ya fuera ésta real o exagerada– y la Ilustración con sus transformaciones sociales creo el espacio idóneo, una zona fronteriza entre estratos,
en el cual la meritocracia de los grupos emergentes ganó el pulso a
una nobleza en declive, víctima de su propio privilegio. La familia

Wittemberg se prevale del éxito de sus negocios para aunar riqueza, pero al mismo tiempo quiere desprenderse del desprecio que la sociedad de la época profesa hacia el comercio, emulando las virtudes de la nobleza. Ahora tiene sus miras puestas en el escalón superior, y no dudará en imitarlo, por ejemplo, con la creación de bienes vinculados, la perpetuación del linaje o la adquisición de una amplia cultura.

La mayoría de las mujeres eran analfabetas y solo las familias más adineradas podían permitirse una educación rudimentaria confiada a la esfera privada de las familias. Las hijas de los prósperos comerciantes extranjeros eran educadas a cargo de maestros y preceptores. Sin embargo, los límites de su enseñanza raramente rebasaban la lectura, la escritura y la más elemental aritmética. La mujer era educada para el gobierno de la casa, la crianza de los hijos y las labores propias de su sexo. Sólo a partir del siglo XVIII algunas hijas de familias burguesas comienzan a ser educadas con el grado de refinamiento necesario para congraciarse con los gustos de la nobleza.

Esa selecta educación comprende el aprendizaje de idiomas, o la enseñanza de música, como se desprende de la compra instrumentos musicales en el extranjero y la constatación de la presencia de éstos en los inventarios de la época. Así era la manera en que algunas hijas de familias burguesas de origen extranjero eran educadas para ayudar al proceso de ascensión social de sus familias. En el caso concreto de doña María se sabe que fue enviada a Hamburgo durante algún tiempo donde fue educada en casa de su abuela y sus tías (Villar García M. B., 1996).

Así pues el matrimonio tenía un gran valor social y las mujeres de estas familias pudientes se plegaban a la autoridad del patriarca a la hora de escoger marido, como un deber social por pertenecer a esos grupos, lo que a la postre redundaba en beneficio de toda la familia. La situación social de las mujeres era un reflejo de la bonanza socioeconómica de sus padres o maridos, razón por la cual los enlaces de las mujeres eran cuidados con especial esmero, para evitar el desclasamiento que podría provocar un matrimonio poco conveniente. María Wittemberg Arizón, la hija mayor y probablemente la más hermosa y mejor educada, se vio ampliamente reforzada tanto por el destino como por las estrategias familiares.

Su madre, María Arizón y Cardona, en testamento otorgado en Málaga el 17 enero de 1680 poco antes de su muerte (en el año de la peste) mejora a su hija María en un tercio de sus bienes (Ballesteros, 1680). La propia María Wittemberg nos revela en su testamento que tras la prematura muerte de su hermano Jorge en Indias heredó de él una cantidad que no precisa, y asimismo tras la muerte de su hermano José en 1725 recibió al igual que su hermano Juan una cantidad de 82.662 reales de vellón (Consejo de Órdenes, 1752). Sin embargo, el punto culminante de su ascenso social fue su matrimonio el 3 de julio de 1701 con Alonso Cruzado Zatico, perteneciente a una ilustre saga de regidores municipales[27].

Para poder conseguirlo la familia tuvo que realizar un esfuerzo considerable desembolsando una dote de más de 100.000 reales de vellón a cuenta de sus legítimas. Un gran sacrificio si se tiene en cuenta que, por ejemplo, en tiempos de Felipe III la compra del cargo de regidor costaba unos 10.000 reales. Por medio de este matrimonio los Wittemberg se integraron sin dificultad en las élites locales, especialmente en el restringido grupo de los regidores municipales, a través de los cuales podían influir en el juego de los intereses y de la política local.

Dentro de la oligarquía local, ocupaban un lugar destacado los regidores del Cabildo municipal, verdaderos dirigentes de la política socioeconómica de la ciudad. Los regidores, acaparaban los más sustanciosos puestos concejiles, como eran las diputaciones, por medio de las cuales tenían bajo su dominio las rentas de propios, los diversos

---

[27] *Véase los datos sobre el apellido Wittemberg que posee el Archivo Histórico Diocesano de Málaga, donde se conservan los nombres, fechas de nacimiento, matrimonio y defunción de muchos de sus miembros.*

arbitrios, la aduana, el tráfico mercantil, etc. Además, muchos al margen de su función municipal, por sus bienes o negocios, eran personas destacadas entre los viñedos e integrantes del órgano de gobierno de su Hermandad; otros eran labradores e incluso asociados en el comercio marítimo con las compañías que diversas firmas extranjeras habían establecido en la ciudad.

El regidor constituía un elemento esencial del Cabildo municipal, teniendo a su cargo funciones políticas y administrativas y junto con los alcaldes, formaban el gobierno municipal. Por lazos de familia o por intereses materiales, estaban relacionados con los eclesiásticos en general, con los capitulares de la catedral en particular y con los mandos de las milicias ciudadanas. Eran verdaderos oligarcas de la urbe y no cabe duda de que en el desarrollo de su actividad y relaciones como miembros del Consejo, Justicia y Regimiento de la ciudad, tomaban decisiones que redundaban en beneficio propio y del grupo restringido y dominante al que pertenecían (Ponce Ramos, 1998).

Para acceder a una reguduría malagueña, se habían de reunir ciertas condiciones, reguladas en el Estatuto de Nobleza de Sangre para los capitulares malagueños, en virtud de la cual los candidatos tenían que ser nobles de sangre y no de privilegio, naturales del reino y no naturalizados. Es decir, todo optante debía pasar un expediente de limpieza de sangre, demostrando ser cristiano viejo y que sus padres y abuelos no habían ejercido oficios mecánicos.

Era por tanto, un cargo restringido a la nobleza y para ser admitido en dicho grupo se requería ser aprobado por los más antiguos. En la época medieval el cargo de regidor se concedía por un año, más adelante por una vida. Estos oficios vitalicios podían ser traspasados a terceros por un acto "inter vivos". El final de la evolución del cargo permitió, ya entrado el siglo XVI, el traspaso por "juro de heredad", transformándose así en "perpetuos" es decir, hereditarios (Villas Tinoco, 1996).

El marido de María Wittemberg Arizón, don Alonso Cruzado Zatico fue regidor perpetuo de Málaga en virtud de título otorgado por el Felipe V, el 19 de septiembre de 1724. Don Alonso pertenecía a una ilustre dinastía de regidores municipales. Su padre, don Juan Cruzado de Figueroa fue asimismo regidor perpetuo de Málaga mediante título real concedido por Carlos II el 6 de agosto de 1674, como también lo fue su abuelo, el capitán de infantería don Alonso Cruzado de Figueroa, en virtud de título concedido por el mismo monarca en fecha 4 Noviembre de 1669 (Consejo de Órdenes, 1752) (Díez de Medina, 1734).

No sólo eso. Además el hijo de Alonso y María, don Juan Cruzado Wittemberg, obtuvo el cargo de Regidor Perpetuo por Cédula de Felipe V, el día 6 de diciembre de 1740. Ello prueba que para entonces el grado de integración y ennoblecimiento de la familia Wittemberg era considerable. A su vez, Juan Cruzado Wittemberg dejo el cargo por testamento a sus hijos menores: Alonso, Antonio, Juan José, Nicolás, Joaquín, José y María. Fernando VI, por cédula del 27 de marzo de 1753 hizo que el cargo de regidor perpetuo se otorgase a su hijo mayor don Alonso Cruzado Wittemberg, éste junto con Margarita de Sevilla, como madre tutora, vendieron el cargo a Antonio Artacho, con lo que acabó esta línea regidores (Mairal Jiménez, 1990).

Sin embargo, para muchos la figura del regidor municipal no deja de tener sus luces y sus sombras. Según esos criterios, el Cabildo municipal fue el último bastión de la nobleza provinciana y de los elementos más retrógrados del sistema estamental. Al frente del Cabildo se encontraba el corregidor, que solía acompañar el título de gobernador, ejerciendo funciones político-militares. La mayoría eran militares de alta graduación, nobles y vinculados con la Corona. Como representante de la Corona entraba en permanente conflicto con la oligarquía municipal, que muchos consideran un reducto caciquil en lucha permanente con cuanta innovación viniera impuesta desde el poder central.

Los regidores actuaban inspirados por la costumbre, que era su ley
y de la cual emanaban sus privilegios. Los oficios concejiles eran aca-
parados por el estado noble. Ello producía un orgullo intolerable, una
conciencia de casta exclusiva que imponía su voluntad a los pueblos,
prevaleciendo siempre su posición, fortuna e influencia. Este caci-
quismo acarreaba abusos, atropellos y exacciones arbitrarias,
actuaciones contra las que no había discrepancia posible (Mairal Jiménez, 1990).

Casas Consistoriales, S. XIX, por M. De Mesa y F. Pérez

Don Alonso Cruzado Zatico fue hijo de Juan Cruzado Figueroa y
de María Zatico, los cuales contrajeron matrimonio el 16 de enero de
1676, testando don Juan el 14 de septiembre de 1678. Por parte paterna fue su abuelo don Alonso Cruzado Figueroa, el cual casó con
Isabel Vélez de Rivera y Valdenegro, que testa ésta última el 13 de
abril de 1679. Mediante patente de la Reina otorgada el 16 de mayo de
1667, a don Alonso le fue concedido el grado de capitán de una com-

pañía de milicias de Málaga, el cual por entonces ya lo era de Campo-valle.

Lo interesante es que don Alonso antes de morir en 1674 creo un mayorazgo del que fue sucesor su nieto, el regidor perpetuo, don Alonso Cruzado Zatico casado con María Wittemberg. Por parte materna, fue don Alonso –el regidor– nieto de Antonio Zatico y de Beatriz de Gálvez, casados el 21 de enero de 1647, testando el primero el 21 de enero de 1647 y la segunda el 23 de marzo de 1675 (hija ésta de Juan de León Gálvez y de Clara Bazán). Por último es destacable que don Alonso fue bisnieto del capitán don Fernán Pérez Zatico, procedente de la villa de Archidona, el cual casó el 1 de julio de 1605 con María Gálvez.

Don Fernán fue teniente corregidor de la citada villa de Archidona, así como alcalde ordinario de la de Vélez. También se sabe como S.M. a través de sus Consejos de Guerra envió al capitán al socorro de Vélez donde se distinguió especialmente. Gracias a sus muchos méritos obtuvo de la Real Chancillería de Granada una Real Ejecutoria de nobleza el 1 de diciembre de 1615, tras haber pleiteado con anterioridad por el estado de hijodalgo ante la justicia ordinaria de la villa de Archidona.

En dicha Real Ejecutoria se dejó evidencia como el abuelo del capitán Fernán Pérez, llamado Diego de Zaragoza Zatico, había sido contador mayor de Baena y caballero conquistador de Andalucía. Asimismo menciona entre sus antepasados a Pedro Pérez Zatico, el cual por Real Cédula dada en la villa de Cabra el 20 de octubre de 1557, se sabe que el rey don Alonso le hizo donación de unas casas en Baeza en reconocimiento a haber servido al monarca con valentía, acudiendo a la guerra con su persona y caballo (Díez de Medina, 1734).

Alonso y María vivieron en Málaga. Aparte del cargo que ejercía Alonso de regidor, tuvieron viñas y olivares como muchas familias pudientes de su entorno. Don Alonso fue "clavero" en 1704, un cargo que procede de las Órdenes Militares, y quien lo ostentaba, había de ser un caballero de cierta dignidad, el cual estaba a cargo de las llaves y custodia de un convento. Antes de morir don Alonso en 1740 dejó previsto en testamento de 11 de mayo de 1738, que en su hacienda olivar que tenía en el partido de San Antón, próxima al mar, se construyese una ermita para que: *"el inmenso número de trabajadores de la pesquería que allí concurren puedan tener misa los días de fiesta..."*, obra que acabó María Wittemberg con parte de su propio patrimonio, fundando –como tenía previsto su marido– una capellanía o parroquia de legos.

María Wittemberg menciona en su testamento a Juanna Maxia, liberta, parece que de raza negra, ya que en aquella época habían algunos esclavos que trabajaban en las haciendas del lugar, o eran empleados para el servicio en las casas. María Wittemberg murió en 1748, siendo amortajada con el hábito de San Francisco de Asís. Fue sepultada en la bóveda del santísimo sacramento, instalada en la feligresía de la Iglesia Parroquial del Señor Santiago de Málaga (Consejo de Órdenes, 1752)[28].

Hermana de María, fue **Josefa Wittemberg Arizón (marzo 1677-)** la cual es mencionada por las fuentes con la escueta nota de que fue soltera. Quizás esta soltería fue producto de circunstancias personales. Ahora bien, téngase en cuenta que en aquellos círculos el matrimonio era una cuestión social. Las opciones del varón eran mucho más amplias. Podía dedicarse a los negocios, introducirse en la milicia, la Administración o la Iglesia. Para la mujer el camino era mucho más estrecho. Solo cabía el matrimonio, el convento o la soltería.

Bien es verdad que las dotes matrimoniales eran mucho más onerosas que las conventuales. El convento era una buena opción, una opción digna para un padre con muchas hijas. La conservación del

---

[28] *Testamento de María Wittemberg Arizón dado en Málaga el 13 de marzo de 1748 ante el escribano Joseph Díez de Medina, comprendido en el expediente de Caballero de Santiago de su nieto, don Luis josé Velázquez Cruzado, otorgado en Málaga en 1752.*

linaje exigía grandes sacrificios. Es posible que después de dotar estupendamente a María, Josefa no haya podido encontrar un partido adecuado, siendo marginada por las estrategias familiares. Ya fuera de forma intencionada o por capricho del azar, la soltería era destino cruel para una mujer bajo las convenciones sociales de aquellos siglos.

Los dos hermanos restantes, **don Juan (21/01/1676-17/08/1731) y don Joseph (1678-Septiembre 1725) Witemberg Arizón,** se integraron activamente en la compañía marítima de su padre, Juan Wittemberg Dreyer. A diferencia de su hermana María, recibieron unas legítimas más reducidas pero a cambio heredaron el negocio paterno. Como era normal en los varones y especialmente entre las burguesía de origen extranjero, los jóvenes fueron educados con esmero. No se trataba de una educación humanística, sino que estaba orientada al dominio del tráfico mercantil.

Para llevar a cabo el ejercicio del comercio era imprescindible dominar las técnicas contables que se practicaban de forma habitual en el mundo de los negocios. Una vez versados en tales materias los pupilos eran capaces de acceder a las complejas redes internacionales de corresponsalías comerciales, haciendo uso frecuente del giro y la circulación fiduciaria. El aprendizaje era de carácter práctico y comenzaba a edades muy tempranas. Los hijos de los comerciantes pronto sustituían la escuela por la asistencia al escritorio de la casa comercial. Allí un empleado enseñaba al futuro comerciante a escribir y lo adentraba por los secretos de la compleja contabilidad mercantil.

El dominio de varias lenguas era indispensable para poder mantener una comunicación fluida con agentes y comisionistas, posibilitando así la integración de la compañía en los mercados internacionales. Esta educación también se recibía en el escritorio, ya que era frecuente que las casas comerciales contrataran a su personal entre los paisanos del comerciante, a menudos llegados desde el país de origen con la intención de adherirse a la compañía de su compatriota. De ese modo se transmitía de forma oral y viva, la lengua y la cultura, del país de origen del comerciante. La costumbre de llevar libros de comercio en el idioma del comerciante permitía el aprendizaje de la escritura de la lengua extrajera, a pesar de las numerosas prohibiciones en este sentido de las autoridades españolas (Villar García M. B., 1996).

Asimismo, era habitual que los jóvenes que se preparaban para el comercio hicieran estancias en otras ciudades o en otros países, con el objeto de incorporarse a compañías de parientes o corresponsales. Ello les permitía conocer otros mercados, al tiempo que hacían valiosos contactos que le serían de gran utilidad en el futuro. Este fue el caso de Juan y José Wittemberg, que junto a su hermana María (por otras motivaciones) fueron enviados por su padre a Hamburgo y otros lugares del norte, según lo expresa en su testamento de 1708:

> "Declaro que con dichos mis tres hijos, antes de casarlos, he hecho diferentes gastos extraordinarios, enviando a don Juan y a don José a la ciudad de Hamburgo y otras partes del norte para que aprendieran lenguas extranjeras y para que adquiriesen conocimientos de las cosas del comercio. Y a la dicha doña María, mi hija, manteniéndola en la casa aparte con su abuela y sus tías para educarla con más decencia" (Villar García M. B., 1997)[29].

Ello evidencia la circunstancia paradójica de que esta primera generación de alemanes nacidos en Málaga, a la vez que realizan grandes esfuerzos por integrarse en la sociedad local, a su vez mantienen –fundamentalmente por razones de comercio– sus contactos de cultura, nacionalidad y hasta de parentesco con el país de origen. En Málaga los hanseáticos mantienen su prestigio de gente culta e industriosa, lo que les permite consolidar su posición dominante frente una población que es en un ochenta por ciento analfabeta.

Juan Wittemberg Dreyers continúa operando con su compañía denominada "Juan Wittemberg, Augusto Paulsen y cía" y aunque éste no

---

[29] *La fuente originaria del testamento de Juan Wittemberg Dreyers está en AHPM, leg.2660, Escribano López, Nicolás. Año 1708 (López, 1708).*

muere hasta 1715, hay constancia de que sus hijos Juan y José están plenamente integrados en la compañía a partir de 1700, actuando en el mismo mercado transnacional que su padre; es decir, las tradicionales rutas del norte, como Hamburgo, Ámsterdam y otras ciudades[30].

Don José Wittemberg Arizón casó en Málaga con doña Francisca del Pozo Colmenares Thello, hermana del teniente coronel don Luis del Pozo, caballero de la Orden de Santiago y de don Pedro del Pozo, regidor perpetuo de Málaga, integrándose así en las élites nobiliarias de la ciudad y en su restringido grupo de regidores. Hoy gracias al expediente de caballero de la Orden de Santiago de don Luis del Pozo, podemos rastrear cual fue el pasado de esta familia.

Así se sabe que la esposa de José Wittemberg, Francisca del Pozo, o María Francisca del Pozo Colmenares Thello, fue hija de Juan del Pozo n. en Alhaurín el Grande el 12-01- 1629, c. Coín el 15-10-1668, con Ana María Colmenares, n. en Coín el 9-12-1640; nieta paterna de Juan del Pozo n. en Málaga, el 8-12-1570, c. Málaga el 14-12- 1609, con María del Pozo, n. en Alhaurín el 4-12-1584 y nieta materna de Pedro Colmenares, n. Coín el 23-12-1590, c. 8-11-1627 con María Camargo, n. Málaga el 3-12-1615. Bisnieta paterna paterna de Juan del Pozo y de Magdalena de Ledesma. Bisnieta paterna materna de Juan de Alarcón e Isabel Navarrete. Bisnieta materna paterna de Luis de Colmenares y Águeda Veintimilla. Bisnieta materna materna de Antonio Camargo y María de Valladolid.

En lo que respecta a la línea directa se halla constatado que el padre de Francisca, don Juan del Pozo fue teniente corregidor de Málaga. Su abuelo, don Juan del Pozo fue alcalde y regidor también de Málaga. Por la parte materna, su abuelo, Pedro de Colmenares fue

---

[30] *Ejemplos de las actividades de Juan y Joseph Wittemberg Arizón las podemos encontrar en AHPM, leg.2371. Notario León Castillo, Francisco de. (De León Castillo, Embargo de bienes por La Real Aduana a Juan Wittemberg y Cía, 1714, pág. 84) (De León Castillo, Poder de Juan y Joseph Wittemberg a varios hombres de negocios de la ciudad de Málaga, 1714, pág. 175).*

en 1610 y 1619 alguacil mayor del Estado de Hijosdalgo, también fue regidor del mismo Estado de Hijosdalgo, así como alcalde. Su bisabuelo, don Luis de Colmenares Thello fue nombrado el 9 de agosto de 1587, alcalde de Estado de Hijosdalgo de la villa de Coín y regidor.

Respecto a las líneas colaterales, hermano de Francisca fue el ya aludido Luis del Pozo, n. en Alhaurín el Grande el 2-11- 1679, capitán de granaderos de 36 años en 1723, llegando a teniente coronel, el cual obtuvo la honrosa distinción de la época de caballero de la Orden de Santiago. Su hermano Pedro, también mencionado, fue regidor perpetuo de Málaga. Los hermanos del abuelo de Francisca (Juan del Pozo) también tuvieron una actuación notable.

Así se menciona a Luis del Pozo, que en su juventud sirvió a S.M. en los reales ejércitos, viniendo junto a Fernando el Católico a la conquista de Málaga. Más adelante fue miembro del Santo Oficio de la Inquisición de Granada, una gran distinción dentro del estado nobiliario y las concepciones de la época, o al menos así lo juzgan los redactores del expediente, no obstante la carga peyorativa que ostenta en nuestros días.

El otro hermano del abuelo de Francisca, llamado Manuel del Pozo, fue prebendado de la capilla de Santa Bárbara, sita en la Iglesia catedral de Málaga, llegando a ejercer el cargo de comisario del Santo Oficio de la Inquisición. El deán y Cabildo de la Santa Iglesia Catedral de Málaga, despacharon a favor de Manuel del Pozo el goce de dicha capellanía por título original otorgado el 3 de octubre de 1636.

Y en dicha capilla sita en la catedral de Málaga tiene don Manuel su enterramiento, junto a un flamante escudo de armas de la familia del Pozo. De hecho, el fundador de la capellanía fue Francisco del Pozo, canónigo de la catedral de Málaga, y hermano de Juan del Pozo (bisabuelo de Francisca) iniciador del linaje. Finalmente, el heredero de la capellanía fue un descendiente de Pedro del Pozo, primo legítimo del fundador Francisco del Pozo, un sacerdote virtuoso, universitario graduado en Artes y Filosofía.

Por la parte materna, se distinguió Pedro Colmenares, tío de Francisca, el cual fue maestre de campo en Flandes, así como capitán general de la provincia de Nicaragua, donde murió. Su otro tío, don Antonio Colmenares, sirvió como capitán de infantería en la ciudad y Reino de Nápoles. Lamentablemente, don José Wittemberg murió en torno a septiembre del año 1725 sin dejar ninguna descendencia. Sus bienes se repartieron en tres partes iguales entre su hermano Juan Wittemberg Arizón, Alonso Cruzado Zatico, en representación de su hermana María Wittemberg, y Francisca Colmenares Thello (Consejo de Órdenes, 1723).

En cuanto a su hermano Juan Wittemberg Arizón o Harizón casó éste en 1703 con Ana Agustina de Aguilar Cuesta, Calizano y Medrano, proveniente también de los estamentos nobiliarios. Gracias a la información de nobleza del rey de armas, Juan Alfonso Guerra y Sandoval realizada en 1740, se conservan algunos datos sobre el pasado de doña Agustina. Así pues, reduciéndolo a sus términos elementales, sabemos que doña Ana fue hija de Juan de Aguilar Urbano y Agustina de Aguilar Cuesta y Calizano. Su Abuelo, también llamado Juan de Aguilar ejerció el curioso oficio de "capitán requiridor y visitador de la torre de la ciudad de Motril", de donde procede esta familia.

Su madre doña Ana Agustina de la Cuesta y Calizano fue descendiente de cuatro generaciones de caballeros llamados Alonso de la Cuesta. Así el abuelo de la mujer de Juan Wittemberg, llamado don Alonso de la Cuesta, fue capitán de la guardia de las ciudades de Motril y Almuñécar, el cual casó con doña Ana Calizano y Medrano. Su bisabuelo, Alonso de la Cuesta y González de Valderrama, fue regidor de Alora, villa de Málaga, donde vino a establecerse procedente de Guelma, tenido por hijodalgo notorio.

Su tatarabuelo, Alonso de la Cuesta de Vico, fue natural de Guelma, conquistador y poblador de ella, que pasó a la ciudad de Alora, villa que en octubre de 1620 había sido saqueada por siete galeras procedentes de Argel, que sembraron el pánico entre sus habitantes, quemando casas principales y sus menajes, la iglesia mayor, etc. Don Alonso, fue capitán arcabucero de S.M. participando en 1632 en la pacificación de las Alpujarras y sometimiento de los moriscos rebelados. En una carta firmada por el rey informando a Ruiz de Contreras su Secretario, recomienda a don Alonso de la Cuesta al conde Cuque de Lúcar, para que le sean concedidos los títulos de capitán y alférez, dados sus grandes servicios y méritos al reino.

Aún más interesante es el pasado de la familia Calizano, cuyo asentamiento originario procedía de Génova y República de Venecia. Así Marco Antonio Calizano, bisabuelo de doña Ana Agustina de Aguilar, provenía de Génova, donde hizo información de nobleza ante Cesar Blanco Leine, pretor de la ciudad, antes de partir hacia España. Así se señala que esta familia tenía las más acrisolada nobleza en dicha ciudad, cuyas armas estaban esculpidas en diversas casas y edificios. El apellido Calizano era de tal renombre que ya desde 1200 se podían rastrear caballeros de esta familia que habían ostentado empleos de distinción en la urbe. Continúa el expediente aludiendo a los antepasados de Marco Antonio entre los que se encontraban:

Jacobo Calizano, en 1444 oficial reconocedor de moneda y miembro del Consejo de San jorge en 1455, juez de paz y censor en 1453 y 1458, prefecto del común en 1461 y 1464; Bernardo Calizano, consejero en 1473; Leonardo Calizano, magistrado de los provisores en 1488 y 1490 hasta 1506, elector de los ancianos y tesorero en 1498, diputado para las prevenciones de guerra en 1499; Juan Calizano, oficial de los nobles de caballería hasta 1510; Pedro Calizano, anciano y consejero y capitán principal de la ciudad en el año 1506, cargos todos ellos en Génova; Juan Bautista Calizano, magistrado de comendadores de las leyes, gran consejero de la Serenísima República de Venecia. Marco Antonio, primero de esta familia que radicó en España, se estableció en Alora donde casó con Ana Medrano y tuvo a Ana Calizano, que casó con don Alonso de la Cuesta, abuelos de Ana

Agustina de Aguilar y de la Cuesta, mujer de Juan Wittemberg (Guerra y Sandoval, ca.1740).

No obstante los muchos méritos de los familiares de doña Agustina, lo que más exhibe y con esplendor en numerosos documentos, es el hecho de ser pariente del eminente cardenal Belluga; sin embargo, este parentesco no fue consanguíneo sino político. Efectivamente, su tía Elvira Francisca de la Cuesta Calizano, estaba casada con don Antonio Belluga y Moncada, hermano éste del ilustre don Luis Belluga y Moncada, cardenal de España. Siendo éste contemporáneo de doña Agustina, es muy posible que haya utilizado su influencia para favorecer a alguno de sus hijos, habida cuenta de que el mayor de ellos – como veremos– llegó a ser una figura preeminente dentro de la Iglesia Católica.

Don Luis Belluga y Moncada, nació en Motril (Granada) en 1633. Contando sólo con 14 años recibió las órdenes en el seminario. Doctorado en Teología en 1686, fue profesor del Colegio de Santiago de Granada, así como canónigo magistral de la catedral de Zamora y lectoral de la de Córdoba. En 1702, cuando estalló la Guerra de Sucesión por el trono de España, tomó parte por Felipe V, llegando a armar y reclutar a más de 4.000 hombres a sus expensas, contribuyendo activamente a instaurar la casa real de los Borbones en España.

En premio a esta resuelta participación y a sus muchos méritos, fue nombrado por Felipe V, el 9 de abril de 1705, obispo de Cartagena. Satisfecho con la actuación del gran prelado lo designó dos años después virrey general de Valencia y Murcia. Fue un entusiasta defensor del trono, ayudando desde el púlpito a la causa del rey, publicando ardorosas pastorales y manifiestos en su favor. Desde su nombramiento al nombre de la diócesis, fue un hombre poderoso, que estuvo presente en la totalidad de asuntos políticos, ya fueran estos civiles o religiosos.

En 1718, el papa Clemente XI le nombró cardenal, publicando en 1724 la bula *"Apostolici Ministerie"* llamada la Bula Belluga. En todas sus facetas mostró una preclara inteligencia y un gran talento, destacando como teólogo, sociólogo, jurista, economista, moralista, reformador de las costumbres, así como benefactor de la sociedad de su tiempo. Su obra es inmensa. Levantó casas-hospicio y hospitales, fundó 33 montepíos, se adelantó 40 años al proceso colonizador y repoblador, saneó pantanos y creó tres nuevas poblaciones en la vega baja del Segura, mejoró notablemente los colegios, creó el Seminario de Teólogos, intentó levantar un embalse y estableció cortijos para repartir las tierras. El cardenal don Luis Belluga y Moncada, murió en Roma en 1743, arropado por la densa aureola de su grandeza.

Al margen de estos sugerentes círculos de influencia, lo que sin duda cautiva es el elevado nivel de vida alcanzado por la familia Wittemberg en Málaga. Así se dice que el recién llegado se establece, la primera generación se consolida, la segunda y subsiguientes se integra plenamente. Gracias al prolijo inventario tras la muerte de Juan Wittemberg Arizón en 1731, podemos conocer el grado bienestar, suntuosidad y refinamiento en el que vivían los miembros de esta destacada familia alemana. Aunque los bienes proceden fundamentalmente del inventario, también su patrimonio se nutre de otras aportaciones, pues ya en 1701, contando con 25 años de edad, había recibido bienes de su padre con motivo de su emancipación.

En dicho documento el escribano asegura que Juan Wittemberg Dreyers se hayaba bajo la protección del emperador de Alemania, una aseveración extremadamente evocadora (De Espinosa, 1701). Luego en 1715 con motivo de la muerte de éste, el 14 de junio de ese año tiene lugar la partición de sus bienes entre sus hijos. Asimismo, en 1725 recibirá un cortijo tras la muerte de su hermano José. Don Juan Wittemberg Arizón tan sólo sobrevivirá seis años a la muerte de su hermano. Sin embargo, su escasa longevidad será compensada con una agradecida descendencia.

Aunque la actividad fundamental de esta ilustre familia extranjera fue el comercio, no por ello desdeño interesarse por la agricultura.

Ello es debido a que la propiedad de la tierra tenía gran importancia en las sociedades el Antiguo Régimen, no sólo por su valor económico, sino porque representaba un sello de identidad imprescindible a la hora de equipararse a los usos de la nobleza, conllevando un rol importante a la hora de configurar su estatus social. Por ello los Wittemberg adquirieron fincas rústicas, tales como cortijos y heredades de viña, así como casas y solares, que llegaron a constituir una parte considerable de su fortunas.

Así pues entre los bienes raíces de Juan Wittemberg Arizón se encontraban dos hermosas heredades de viña en el partido de Simientes y Granadillas, con dos casas lagares, vasijas donde se almacenaban líquidos como el vino, molinillo de aceite y todo lo necesario para sus fines. Lindaba la una pegada a la otra, y por cabecera con viñas del marqués de Zela, divididas ambas por el Arroyo de Granadillas. La primera estaba compuesta de setenta y cuatro obradas de viña, trece de majuelo, que era una variedad de cepa, y diez y ocho de tierra manchón; que era una tierra de labor que por un año se deja para el pasto del ganado.

En ella había ciento treinta y cuatro almendros y catorce olivos. La otra heredad se llamaba "De Correa" y estaba compuesta de cuarenta y ocho obradas de viña, diez y seis de majuelo, con noventa almendros y cuarenta olivos. La primera tenía un valor de 42.130 reales y la segunda 25.709 reales. Estas heredades, como es natural, estaban provistas de toda clase de herramientas para el desarrollo de su actividad. Así destacan: azadas para labrar la tierra, escardillos para quitar las malas hierbas, arados, barras para plantar viñas, martillos, aportaderas para vendimiar, barriles, toneles, pipas, artesas.

En ellas trabajaban decenas de trabajadores y no sólo se recogía la uva, sino que también se cultivaba cebada, trigo, aceitunas, habas y otras legumbres. Además, junto a estas heredades de viña, en el mismo partido de granadillas, disponía el mencionado de dos pedazos de olivar, compuestos de 164 olivos, 122 insertos y 20 obradas de tierra.

278

Otras de las grandes propiedades de Juan Wittemberg era la finca que había heredado de su hermano José. Estaba compuesta ésta de un cortijo y olivar, limonar, huerta de riego con su casa, molino de aceite, bodegas y demás pertrechos, nombrada "San Miguel y El Nuevo Wittemberg", situado en el término de Málaga, partido de Arraifanal, cercano a Churriana.

Muy bien situada, lindaba por un lado con el camino real que iba a Torremolinos y por el otro con el camino real que iba a Benalmádena, así como con otras tierras realengas. Estaba compuesta de 1730 olivos, 432 árboles de limón y otros frutales, una fanega de tierra calma y un plantío de olivos lleno de estacas pequeñas, valorado todo ello en 82.672 reales de vellón. Asimismo disponía de otro cortijo y tierras de sembrar en la villa de Alora, compuesto de 40 fanegas con algunos olivos y acebuches, así como una choza. Además de éste, tuvo otra heredad de viña más pequeña en el partido de Granadilla (García Calderón, 1734).

En otros lugares del inventario se mencionan otros instrumentos, animales y legumbres, que se supone procedían de alguna de estas fincas. Entre ellos se mencionan: sierras, serruchos, braseros, cantimploras, tinajas, arados, carretas, 107 cabezas de ganado cabrío, mulas, bueyes, varios caballos, jumentos, etc... Entre los productos cosechados destacan: la almendra, los garbanzos, las habas, los alverjones, las habichuelas, mucho aceite, carretas de trigo y cebada, esparto y un dato curioso; disponían de 26 colmenas pobladas, o sea que también recogían alguna miel.

Tenía también don Juan Wittemberg dos solares, que lindaban el uno con el otro, los dos junto a la ribera del río Guadalmedina, el primero frente al castillo de San Lorenzo, compuesto de 116 varas y el segundo en el Hoyo de Espartero, compuesto de 144 varas. También abundan las casas. Así refiere el documento a la existencia de seis casas, cuatro de ellas situadas en el Barrio del Perchel, dos lindando con el Convento de Santo Domingo, otra lindando en la calle Angosta,

279

otra en la calle Ancha de Nuestra Señora de la Merced, otra lindando con las anteriores, y por último una casa principal en la calle y Plazuela de los Almacenes, frente a la Iglesia del Convento de Trinitarios Descalzos, todas ellas en Málaga.

Por otra parte, disponía de un censo redimero de 110 ducados, impuesto sobre un olivar en la villa de Alora. En cuanto a la dote que aportó su mujer al matrimonio, ascendía ésta a más de 25.000 reales. Además de varias joyas, formaban parte de dicha dote una solar en la ciudad de Motril, en el barrio del Cucurucho, donde doña Agustina había construido una casa. Asimismo, menciona una merced de hábito de una de las tres órdenes, que el rey había otorgado a su padre, valorada en 16.500 reales de vellón. Interesante es la regularización y balance de la compañía que en esta época había tenido don Juan Wittemberg con Juan de Groot y don Vicente Huerms, éste último, cónsul de Dinamarca en Málaga, que tras el cotejo de libros mercantiles por don Gaspar y don Agustín Vanheeswich ascendió a la asombrosa cantidad de 359.108 reales.

No cabe duda de que la familia Wittemberg disfrutaba de un alto nivel de vida. Eso se aprecia, no sólo por sus bienes inmuebles, sino también por el lujo y exquisitez con que adornaban el interior de sus casas, así como la posesión de ciertos objetos que denotan una superior cultura y una elevada posición social. Lencería de calidad, manteles finos, servilletas de bella factura, lienzos labrados o alemaniscas, ornamentan sus mesas. Ese es el caso de unas bellas telas de lino, fabricadas en Bretaña, que ellos definen como: *"unos arrimillos de damasco rosado con galón de plata y forro de morlés por el estrado".*

De sus paredes cuelgan hermosas cortinas con elaborados encajes y algunas camas están cubiertas por colgaduras de cinco cortinas y rodapiés de damasco rosado con galones de oro. También se pueden contemplar cortinas de raso de China celeste con faralaes de tafetán rosado y fundas de terciopelo rosado con faralaes de damasco y puntas de plata. Las fundas de espaldares y asientos poseen hermosas flores de oro. En los suelos se podían contemplar vistosas alfombras fabricadas en Hungría. En los baños tersas toallas y en general abundan los paños, como las mantas de seda, los colchones de algodón, las suaves almohadas de damasco, etc.

A la hora de comer también se puede distinguir el gusto que tenían por las cuberterías de plata, y otras porcelanas finas muchas de ellas de importación. Cucharas, cuchareros, tazas, vasos, platos, tenedores, vinagreras, bandejas (algunas redondas otras ovaladas cinceladas con motivos decorativos), todas ellas eran de plata. A la hora de beber lo hacían en delicados vasos de Westphalia y su exquisito paladar les exigía degustar servidos en lozas y bandejas procedentes de Holanda.

Al llegar la noche se encendían las bujías o velas encapsuladas en sus receptáculos de plata u otros metales dorados, así como también luminosos faroles de vidrio. Su padre en su testamento de 1708 mencionaba una araña de cristal (López, 1734), que solían ser de ocho o más luces e iluminaban estrados y comedores.

En cuanto a los muebles, abundan las maderas nobles, tales como el nogal, la caoba o el ébano, de cuyos materiales están hechos las mesas, escritorios, papeleras, mesillas, escaparates, taburetes. Algunos muebles son de importación y otros de delicada factura con marqueterías en limoncillo, marfil, concha o nácar y perfiles de bronce. Entre los importados podemos contemplar: escritorios barnizados en charol celeste y dorados, papeleras de nogal, espejos grandes con marcos de charol encarnados, sillas con sus brazos tallados, objetos todos procedentes de Inglaterra, o también otros taburetes extranjeros, así como sillas confeccionadas con vaqueta de Moscovia.

Ejemplos de su grado de refinamiento lo podemos encontrar en la posesión de un escritorio grande de nogal con su pie tallado con algunas molduras y gavetas embutidas con marfil y concha. Muchos de estos muebles tenían sus pies tallados con preciosos relieves. Junto a la madera había mesas de piedra y en los escritorios eran frecuentes los atriles con su gaveta para poder leer.

Otros objetos ornamentan también la casa de Juan Wittemberg como urnas de caoba, una caja de concha de caracol con tapa y cerco de plata, una caja de plata, otra de cristal, dos cornucopias también de cristal, un barómetro, bellos fruteros, una urna grande pintada de jaspe y dorada, con imagen tallada entre vidrieras, elaborada con adornos de alabastro. En la cocina toda clase de instrumentos de plata, cobre y bronce. Asimismo, de las paredes colgaban muchísimos cuadros de motivos religiosos, así como esculturas de algunos santos.

Por ejemplo, hay varios eccehomo, o cuadros de Jesucristo lacerado, representaciones del Belén, láminas que muestran el descendimiento de la cruz, pintura de San Francisco de Paula y San Francisco de Asís, un apostolado entero en una colección de trece cuadros, etc. Frente a ello se ven tallas de San Antonio, crucifijos de plata, marfil y otros objetos. Por otra parte también embellecen las paredes muchísimos cuadros que ilustran países, o llama la atención un conjunto de doce lienzos de pintura que escenifican la historia de la Casa de Austria (García Calderón, 1734).

Otros objetos registrados en el inventario hacen pensar que en casa de los Wittemberg se celebraba misa, una suposición muy factible pensando que el hijo mayor de don Juan y doña Agustina, se ordenó sacerdote. Entre éstos podemos encontrar: una caja sobredorada guarnecida de filigrana de plata redonda para ostias, otra caja de plata para ostias labrada de cincel con dos pajaritas en la tapa, manteles de altar, una mesa de altar con su frontal pintado y una pileta de plata para agua bendita. Frente a estos actos litúrgicos suscita curiosidad comprobar que en su casa fluían con profusión los sonidos.

Nada menos que seis jaulas para canarios y dos para papagayos dan prueba de ello. De sus hijos, el mayor, don Juan Joseph y dos de sus hijas, Nicolasa y Gabriela, tocaban instrumentos musicales, o eso parece desprenderse de la documentación, ya que a la postre los heredaron. Entre estos podemos vislumbrar una espineta o clavicordio importado, dos violines y una vihuela, que amenizaban la casa con sus bellas estrofas y que nos muestran el grado de cultura alcanzado por la familia Wittemberg. También les gustaban los juegos de mesa, ya que tenían varios juegos de tablas y damas.

A don Juan Wittemberg Arizón, lo podemos imaginar paseando por las calles de Málaga con un aire de hombre pudiente y semblante extranjero, con ropajes elegantes, un reluciente reloj de oro y al cinto portando un espadín con puño de plata hechura antigua. Entre las vestimentas destacan: un vestido de carro de oro de seda, otro vestido de terciopelo negro, capa de grana, casacas de basquiña de damasco negro, varias prendas de tafetán, etc.

Pero si hay algo que resulta asombroso es la cantidad y la calidad de joyas detalladas en el inventario, que sugieren que las mujeres de esta familia acudían a actos y fiestas sociales de elevada pompa y aparato, donde la oportunidad de lucimiento era un elemento esencial de magnificencia dentro del código social. Entre estos encontramos: collares de diamantes, joyas de oro y diamantes, cruces de oro y diamantes, perendengues de oro y diamantes, cintillos de oro y diamantes, collares de filigrana de oro y perlas, collares de oro y esmeraldas, cruces de oro y esmeraldas, pendientes de plata y diamantes, gargantillas de perlas, pulseras de perlas, etc.

Una mínima muestra aunque asombrosa es la siguiente:

> "un collar de diamantes y oro con veintiocho piezas eslabonadas unos de a cinco y otros de a dos, que todos componen noventa y ocho piezas medianas y pequeñas valoradas en 444 reales"; " una cruz de oro y diamantes valorada en 600 reales"; "una joya de oro y diamantes con una firma de Santa Teresa de Jesús en forma de óvalo pendiente de una coronación en triángulo valorada en 960 reales"; " una joya grande de oro y esmeraldas con una corona por remate y abajo pendiente un lazo de lo mismo con una piña de Aljófar en forma de racimo valorada en 1350 reales".

La familia Wittemberg es sin duda una familia opulenta y de gustos refinados, que gusta de exhibir su riqueza y su nobleza. En cuanto a lo segundo, ya sabíamos por otros referentes que los miembros de esta familia mostraban en la puerta de sus cortijos o en sus muros de piedra, la imagen cincelada de su escudo heráldico. Sus armas nobiliarias también aparecían en sus enterramientos, en sus coches y en el interior de sus casas, como prueba inequívoca ante todos del incuestionable linaje de la casa Wittemberg.

Prueba de esto último lo encontramos también en el inventario en el que se registra:

"un lienzo de una vara de alto en el que se representa las armas de la casa y familia Wittemberg".

Pero sin duda el máximo exponente de ostentación social eran los coches o carruajes. La familia disponía de dos coches. Uno de ellos era un faetón, que era un carruaje descubierto, alto y ligero, el cual estaba forrado en vaqueta, es decir en cuero, con almohadones de damasco verdes y cortinas de segrí pajizo, o sea de seda.

El otro era una berlina, que era un coche de caballos cerrado, la cual era verde y compuesta de sus diversos avíos. Los coches los heredó el hijo mayor don Juan Joseph que por su cultura, estudios y la adquisición de bienes vinculados, se convirtió durante algún tiempo en el mayor representante de la casa tras la desaparición de su padre (García Calderón, 1734).

Poco antes de su muerte y por testamento, don Juan Wittemberg Arizón quiso asegurarse la perpetua prolongación de su linaje y para ello creo un mayorazgo con el cortijo que había heredado de su hermano Joseph y que ascendía a 82.672 reales de vellón, una cantidad nada despreciable en la época. El cortijo, que lo había heredado en 1725, estaba situado en el partido de Arraifanal y se llamaba "San Miguel y El Nuevo Wittemberg". Estaba compuesto de olivar, huerta, tierras de riego, molino de aceite, casa tinado o cobertizo y demás necesario para su buen funcionamiento.

Situado entre caminos reales poseía nada menos que 1730 olivos, 432 árboles de limón y otros frutales, una fanega de tierra calma y un plantío de olivos lleno de estacas pequeñas. Dicho vínculo lo creaba por vía de mejora, entendiendo que cabía perfectamente en el tercio y remanente del quinto de sus bienes. Llamaba a entrar en la posesión de dicho vínculo a sus hijos y descendientes bajo un cierto orden, que es muy interesante, pues señala cuales eran los lazos de familia, que poseían los Wittemberg en ese momento.

Así nombra como primer poseedor a su hijo mayor el Dr. don Juan Joseph Wittemberg y Aguilar, prebendado de la Santa Iglesia Catedral de Málaga y abogado de la Real Chancillería de Granada; segundo, a su otro hijo don Jorge, hijos, nietos y descendientes; tercero, a su otro hijo varón don Joseph y descendientes; en cuarto lugar a su hija doña Ana y descendientes; quinto, a su otra hija Gabriela y descendientes; sexto a su hermana María Wittemberg Arizón y descendientes; séptimo a don Antonio de Sevilla y Arizón y descendientes.

En octavo lugar a Margarita de Sevilla y Arizón y descendientes, mujer legítima de don Juan Cruzado Wittemberg, su sobrino; en noveno lugar a doña Francisca de Sevilla y Arizón y descendientes; en décimo lugar a don Bernardo Paulsen y Arizón y descendientes; en undécimo lugar a don Joseph Paulsen y Arizón y descendientes; en duodécimo lugar a doña Ángela María de Aguilar y Cuesta y descendientes, la cual era hermana de su mujer; en decimotercero lugar a don Joseph Luminati y Vargas y descendientes, sobrino de su mujer.

Junto a esta dilatada lista, establecía una serie de condiciones para entrar en la sucesión, entre las que destacan: ser preferido el mayor al menor y el varón a la hembra; los hijos candidatos a la sucesión habían de ser nacidos de legítimo matrimonio o legitimados; los hijos naturales e ilegítimos sólo podrían suceder en caso de faltar todas las líneas legítimas del antecesor; no podría ser excluido ningún clérigo, de manera que siendo el mayor había de suceder y ser preferido a sus hermanos.

En caso de no haber parientes lineales, ni transversales del fundador y su esposa, por vía de regalía daba facultad a los señores deán y Cabildo de la Santa Iglesia catedral de Málaga para que eligieran a su arbitrio sucesor, prefiriendo siempre al sujeto de calidad notoria, e imponiéndole la obligación de costear y hacer todos los años perpetuamente una justa misa cantada, sermón y música, el día del glorioso arcángel San Miguel en la Iglesia del Convento de Religiosas Bernardas Recoletas del Cister.

Para dicho efecto mandaba entregar a la madre abadesa 500 reales de vellón para que los distribuyese y gastase en dicha fiesta, debiendo dedicar dicha misa a las ánimas de don Juan Wittemberg y su esposa doña Ana Agustina de Aguilar, hijos y descendientes; asimismo se imponía que el hijo de la persona elegida por el Cabildo que fuera a suceder en el mayorazgo, debía ser el mayor, y tenía que dedicarse a los estudios, la milicia u otros empleos de S.M.

Otras previsiones incidían en la idea de que la fundación del vínculo se establecía con la finalidad del mayor lustre de la familia y para su conservación se habían de poner todos los medios. Así pues, el que fuera a suceder en dicho vínculo había de contraer matrimonio con el beneplácito de sus padres, o del actual poseedor en caso de ser hermano, buscando siempre una mujer cristiana vieja y noble y si no lo ejecutase así el vínculo pasaría al siguiente grado. Por otra parte, los poseedores de dicho vínculo tenían la obligación de usar y firmar en segundo lugar con el apellido de Wittemberg y utilizar el escudo de armas correspondiente a él, y si así no lo hiciere también sería excluido pasando al siguiente grado, porque el fin de dicha medida en definitiva era perpetuar la memoria del fundador.

Además obligaba al sucesor a ser católico, cristiano, y que no hubiera cometido traición a la Corona Real, ni delito de herejía, ni ningún otro que le hiciera caer en nota de infamia, en caso contrario pasaría su posibilidad de sucesión al siguiente grado. Por último establecía una prohibición absoluta de enajenación o división de los bienes de dicho vínculo, que perpetuamente debían estar unidos, debiendo conservarlos bien labrados, cultivados y reparados en todo lo necesario y el que así no lo hiciera también perdería su capacidad de sucesor.

Don Juan Wittemberg Arizón, uno de los personajes más prominentes de esta destacada familia alemana radicada en Málaga, pasó a mejor vida, a las seis de la tarde del caluroso día 17 del mes de agosto de 1731. Su cuerpo fue sepultado en la bóveda de la capilla de "Nuestra Señora de los Reyes" sita en la Santa Iglesia catedral de Málaga, privilegio que le asistía como padre del Dr. don Juan Wittemberg Aguilar, prebendado de dicha catedral.

El séquito partió de la morada del recién difunto en la mañana del día 18, con toda la grandiosidad y pompa que cabía esperar, por la muerte de un personaje de la preeminencia de don Juan. Su cuerpo fue amortajado con el hábito de San Francisco de Asís y transportado en una caja nueva forrada en sayal. La escena debió ser altamente emotiva y de gran resonancia social.

El féretro fue llevado a hombros por su hijo don Jorge y otros familiares. Tras él acompañaban a la comitiva los señores deán y Cabildo de la catedral, el clero de las cuatro parroquias de la ciudad, las tres comunidades de los conventos de San Francisco, Nuestra Señora de la Merced y San Agustín, doce pobres portando antorchas dignamente ataviados para la ocasión; así como la Orden Tercera del Convento de San Francisco de Asís, todo lo cual se llevó a cabo bajo la supervisión de su esposa, doña Agustina de Aguilar y de la Cuesta.

Dentro de la iglesia catedral se celebró misa cantada con vigilia y otra misa en cada una de las cuatro mencionadas parroquias y conventos. Se dio poder a su mujer para que se celebraran por su alma un total de 1500 misas rezadas, repartiendo cuatro reales de plata por una vez y cien reales de vellón a cada uno de los conventos de: Los Ángeles, Capuchinos y San Pedro de Alcántara. Asimismo, por vía de limosna se entregaron a los pobres 200 reales de vellón (García Calde-Calderón, 1734).

Como hemos visto, sólo dos hermanos consiguen dejar descendencia los cuales se enlazarán con importantes familias de Málaga. Estos hermanos son el ya aludido, don Juan Wittemberg Arizón y su hermana doña María Wittemberg Arizón. De estos dos hermanos provienen **diez primos** que formaran **la segunda generación** de nacidos en Málaga, de esta familia de origen alemán. Respecto a don Juan Wittemberg Arizón, –hermano menor de María, que aquí ponemos en primer lugar por la importancia e implicaciones de la varonía y la perpetuación del linaje– tuvo éste con doña Ana Agustina de Aguilar y de la cuesta seis hijos, que fueron: **don Juan Joseph, don Jorge, don Joseph, doña Ana Nicolasa, doña Gabriela y doña Juana Wittemberg Aguilar.**

Las estrategias de un clan inteligente: el auge de la floreciente compañía marítima Wittemberg

El mayor de ellos, **don Juan Joseph Wittemberg Aguilar,** representa en ese momento el máximo exponente de la familia, desprendiéndose de su figura cuan elevado era por entonces el grado de realización e integración del clan. La familia Wittemberg ya ha alcanzado el nivel socioeconómico suficiente para ponerse a la par de los grupos más pujantes, ahora ha llegado el momento de eliminar el estigma que la sociedad del momento profesa hacia el comercio. En este tiempo lo que prima en los intereses de la familia es la adquisición de una amplia cultura, formar a sus descendientes bajo la impronta de hombres de mundo, emulando así los sofisticados usos de la nobleza.

De ese ideal de grandeza se impregna claramente don Juan Joseph, teólogo, jurista, heredero del respeto, de la dignidad y la tradición de la familia; hombre de gustos refinados, amante de la música, del arte y en general de todas las manifestaciones de la cultura. Don Juan Joseph Wittemberg Aguilar nació en Alhaurín el Grande, población de Málaga, el 12 de abril de 1705, donde fue bautizado el 21 del mismo mes, siendo sus padrinos su tío don Joseph Bernardo Wittemberg Arizón y don Francisco del Pozo. En su juventud vivió en Alhaurín junto a sus padres, hasta que se vio inclinado hacia los asuntos de religión, abrazando la carrera eclesiástica.

Modelos para Juan Joseph fueron el eminente cardenal Belluga, pariente de su madre y su tío, don Jorge Wittemberg, mayordomo mayor del obispo-virrey don Diego Ladrón de Guevara. Viendo sus padres la vocación de su hijo mayor no dudaron en poner los medios para que pudiera ordenarse sacerdote, para lo cual le cedieron una casa principal, situada en la calle y plazuela de los Almacenes, frente a la iglesia del convento de Trinitarios Descalzos; una casa valorada en

47.000 reales y que había pertenecido a su abuelo, Johann Wittemberg Dreyers.

Estudió don Juan Joseph en el Colegio Imperial de San Miguel de Granada, donde se graduó como Doctor en Derecho, prosiguiendo después sus estudios en la Universidad de Granada, donde obtuvo el título de Bachiller en Cánones. Los datos que afloran de aquella universidad, refieren que don Juan Joseph Wittemberg acudió a la Cátedra de Cánones desde el día 18 de octubre de 1719 hasta el 12 de enero de 1723, momento en el que recibe de la mano de su rector, don Joseph Murillo Velarde, el título y grado de "Bachiller en Sagrados Cánones". Una vez formado dedicará todos sus esfuerzos a la realización de una oposición a la canonjía doctoral de la catedral de Málaga.

La carrera eclesiástica era por entonces objetivo preponderante de muchas familias pertenecientes a la burguesía pudiente o la pequeña nobleza. Éstos eran muy conscientes que los altos puestos de la jerarquía eclesiástica –como el de obispo, o cardenal– estaban destinados a los hijos de la alta nobleza, de la nobleza terrateniente y titulada. Dentro de esos márgenes, el pertenecer al cabildo catedralicio representaba un gran honor, ya que después del obispo, era éste el que gozaba de mayor preeminencia dentro de la jerarquía eclesiástica. En definitiva, los que allí querían ingresar, aspiraban a disfrutar del prestigio social y de las riquezas que poseía la Iglesia.

En aquella época la Iglesia jugaba un papel muy importante en la vida ciudadana. Muchas obras ciudadanas eran fruto de la preocupación de la Iglesia por el bienestar de la población. Tan elevado era su poder que incluso llegaron a sufragar obras militares. Pero es en el terreno asistencial donde más lució el resultado de su acción. La realización de obras pías, labores de beneficencia, creación de hospitales, entrega de limosnas, fueron parte de su dinámica habitual. Para costear toda esa generosa aportación en beneficio de los más necesitados contaban con numerosas rentas, como las que les proporcionaban los diezmos eclesiásticos, los arrendamientos, y otras regalías.

El Cabildo catedralicio era una parte destacada de ese engranaje y aquellos que llegaban a obtener la dignidad canonical, se convertían en consejeros natos del obispo, participando activamente en las tareas del gobierno eclesiástico. Los componentes del Cabildo catedralicio eran: el deán, los arcedianos de Málaga, Ronda, Antequera y Vélez, el chantre, el tesorero, el maestrescuela, veinte canónigos, ocho de los cuales se correspondían con las dignidades; doce racioneros; doce medio racioneros y veinte capellanes con asiento en el coro.

A esta prestigiosa institución elevó sus miras don Juan Joseph Wittemberg Aguilar cuando se presentó a una media ración en la catedral de Málaga, al haberse creado una vacante ante el ascenso de don Carlos Rovira Osorio a ración entera. El expediente de dicha oposición se tramita el 17 de julio de 1730, y como primer requisito tuvo que presentar un instrumento *"moribus et vita"*, es decir, un expediente de limpieza de sangre. En primer lugar presentó un documento que había traído su abuelo Johannes Wittemberg Dreyers cuando llegó a Málaga.

Se trataba de una información *"ad perpetuam"* realizada el 13 de febrero de 1699 y refrendada y sellada por los procónsules y senadores de Hamburgo. En segundo lugar, presentó un nuevo instrumento para cuya elaboración tuvo que viajar a Hamburgo, donde contactó con la comunidad jesuita, la cual el 16 de abril de 1730, le hizo una nueva información, refrendada por don Antonio Casado y Velasco, marqués de Monteleón y embajador de Felipe V en dicha ciudad.

Aparte de estos expedientes de "limpieza de sangre" tan comunes en la época para acceder a todo tipo de profesiones de valía, tuvo que someterse a un concurso abierto y reñida oposición, en la que tenía que presentar testimonio de sus estudios superiores adquiridos en la Universidad de Granada, y demostrar públicamente su saber, su preparación eclesiástica, sus conocimientos teológicos, canónicos, o escriturarios, frente a sus competidores y aspirantes a la plaza, ante un tribunal que debía de valorar su capacidad y suficiencia, para otorgar, después de un riguroso examen y en votación secreta, la puntuación adecuada en los ejercicios realizados.

Sólo uno de los concursantes podía lograr la dignidad a que aspiraba y eso sólo se podía lograr tras una intensa y prolongada preparación intelectual en todas las ramas de los estudios eclesiásticos (Llordén, 2006). En el expediente tramitado ante la catedral en aquel verano de 1730, califican a Juan Joseph —de una forma un tanto programática— de honesto, virtuoso, honrado, en el cual —añaden sus examinadores— concurren todas las calidades para optar a la prebenda de la catedral.

En dicho instrumento recibió el apoyo de Francisco Chinchilla Jurado, regidor perpetuo de Málaga; también de don Pedro Verdugo Ruiz de Alarcón, regidor de Málaga y caballero de la Orden de Santiago; de don Juan Trujillo, sargento mayor de Málaga; de Clemente de Chinchilla Páramo, prebendado de la Iglesia de Córdoba y de don Joseph de Ordóñez Gamboa, también regidor perpetuo de Málaga, entre otros. Finalmente la prebenda le fue concedida por el obispo ilustrísimo de Málaga (Obispado de Málaga, 1730).

Así es como don Juan Joseph logró ingresar en el Cabildo catedralicio, una de las instituciones más prestigiosas de Málaga, que junto al Cabildo municipal, constituían dos importantes centros de gobierno y poder en la urbe. El Cabildo catedralicio era un organismo que asistía al obispo con su consejo y en caso de sede vacante, le suplía en el gobierno de la Diócesis. Aparte de esta labor conciliar respecto del obispo, funcionaba con total independencia de él, y sus acuerdos capitulares adquirían plena fuerza y eran publicados en sus actas. Tomaba numerosas resoluciones gubernativas para el mejor funcionamiento de la ciudad y a veces entraba en abierto enfrentamiento con el Cabildo municipal en estas materias.

Sus sesiones las presidía el deán, auxiliado por el resto de componentes del cabildo, incluido los racioneros. Ciertamente, la documentación no señala cual fue el destino final de Juan Joseph Wittemberg Aguilar en el Cabildo, pero sí lo hacen otros expedientes, como por ejemplo, el certificado de matrimonio de una de sus sobrinas, doña Ana Dominga Wittemberg, donde se expresa claramente que don Juan Joseph llegó a ser el deán del Cabildo catedralicio, es decir, después de dos décadas en la institución don Juan Joseph llegó al máximo cargo de dicha institución, algo que no deja de ser asombroso, para alguien que con su esfuerzo consiguió ese objetivo siendo nieto de extranjero (Ponce Ramos, 1998).

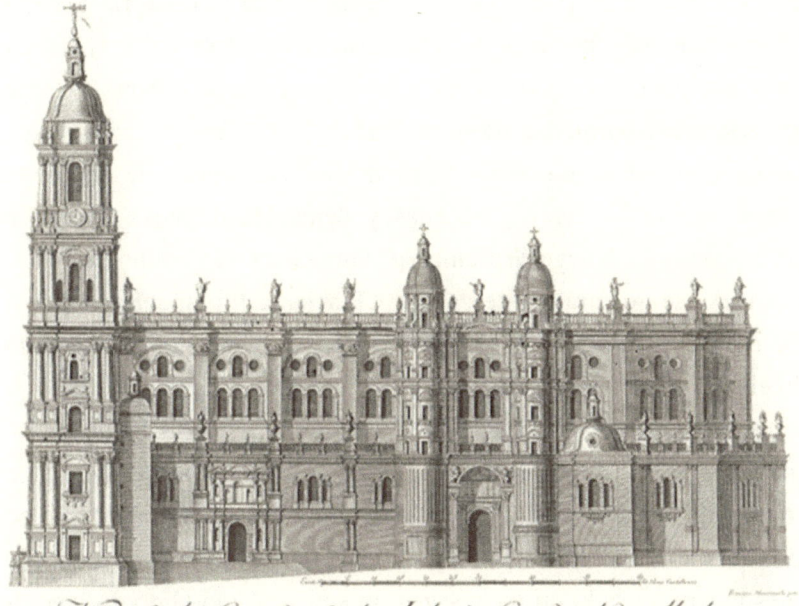

Vista de los Costados de la Iglesia Catedral de Málaga

Vista de los costados de la catedral de Málaga, s. XVIII, por Francisco Montaner

Además de sus actividades en el Cabildo catedralicio, también intervino en multitud de cuestiones jurídicas, siendo la más importante la de ejercer de abogado de la Real Chancillería de Granada. En calidad de prebendado intervino en todos los oficios religiosos de sus parientes, tales como: bautizos, matrimonios, etc. Es muy posible que celebrase a menudo misa en casa de su padre, en virtud de los muchos objetos litúrgicos que aparecieron allí tras su muerte. Las fuentes señalan que fue Hermano de la Caridad el 28 de agosto de 1748[31].

Uno de sus parientes, llamado Luis José Velázquez de Velasco, miembro de la Real Academia de la Historia, en sus *"Memorias históricas de la ciudad de Málaga"*, insertó un documento de don Juan Joseph Wittemberg Aguilar, firmado por éste el 15 de diciembre de 1753, según el cual aparece como individuo secretario de la "Muy Venerable y Santa Escuela del Corazón de Jesús, Oratorio de Nuestro Padre San Phelipe Neri de Málaga" (Velázquez de Velasco L., 1754).

Por lo demás, Juan Joseph fue el primer heredero del mayorazgo creado por su padre, aquella hacienda tantas veces citada, que fue originariamente propiedad de su tío Joseph Wittemberg Arizón, y que estaba compuesta de un cortijo y olivar, limonar, huerta de riego con su casa, molino de aceite, bodegas y demás pertrechos, nombrada "San Miguel y El Nuevo Wittemberg", situada en el término de Málaga, partido de Arraifanal, cercana a Churriana. En su interior había 1730 olivos, 432 limoneros y otros frutales, y plantaciones, valorado todo ello en 82.672 reales de vellón.

Entró en su posesión el 19 de septiembre de 1731 tras la muerte de su padre. Con ello se convirtió en el principal representante de la Casa Wittemberg. Aparte de solares y otras propiedades que heredó de su padre, también recibió un par de violines, por lo que es muy posible que estuviera versado en dichos instrumentos. Como símbolo inequívoco de su estatus en la familia recibió los dos coches, el faetón y la berlina. Don Juan Joseph Wittemberg Aguilar, fue un hombre de gustos refinados, espíritu elevado y altas concepciones de la vida. Tras su muerte en 1756 sus hermanos asumieron el protagonismo en la familia.

No fue, sin embargo, don Juan Joseph Wittemberg Aguilar, el único de su familia que sintió vocación hacia los claustros, su hermana

---

[31] *Así se señala en la documentación existente sobre la familia Wittemberg en el Archivo Díaz Escovar, o Museo de Artes Populares de Málaga.*

Juana también atendió a la fervorosa llamada de la fe. Doña Juana se
ordenó con el nombre de "Sor Juana de San Bautista" y fue religiosa
del convento de Cister de Málaga. De ella sólo se sabe que para poder
ingresar en el convento, su padre tuvo gastar una cantidad que ascendió a 1400 ducados, que fue a lo que ascendieron la profesión, el ajuar
conventual, la dote, las propinas, etc.

En compensación de todo ello doña Juana tuvo que hacer renuncia
a sus legítimas ante don Diego García Calderón el 8 de octubre de
1725 y a su vez su padre se comprometió a que su hija recibiera 50
ducados anuales, los cuales se pagarían a dicha religiosa en dos plazos
por mitad, en los días de San Juan y Pascua de Navidad, durante toda
la vida de la referida (García Calderón, 1734).

El siguiente varón de la familia fue don **Jorge Wittemberg Aguilar**, hombre poderoso, hacendista con grandes propiedades en Málaga,
comerciante de éxito, dirigente de los destinos municipales, iniciador
de una importante saga de diputados del común, el cual mantendrá
excelentes relaciones con los estamentos de la época, llegando a casar
a una de sus hijas con un corregidor. Don Jorge Carlos Nicolás Wittemberg Aguilar nació el 27 de enero de 1708 en Málaga, hijo
legítimo de don Juan Wittemberg Arizón y de doña Ana Agustina
Aguilar y de la Cuesta, siendo bautizado el 4 de febrero del mismo
año, siendo su padrino su abuelo Johannes Wittemberg Dreyers (Herrainz Ibáñez, 1776).

Si su hermano mayor vivió una cincuentena de años, don Jorge llegó a ser casi octogenario, convirtiéndose durante mucho tiempo en el
gran patriarca de la familia Wittemberg. Don Jorge se casa en la ciudad de Málaga el 24 de enero de 1732 con doña María de Mendieta
Fernández Chinchilla, hija del capitán don Joseph Mendieta y Siztos y
de doña Dominga Fernández. El suegro de don Jorge pertenecía a una
noble familia de Málaga cuyas relaciones le fueron de gran utilidad. El
padre de don Joseph había sido el capitán de caballos don Francisco

de Mendieta, regidor perpetuo de Málaga, el cual casó con doña Clara Siztos y Valderrama.

El abuelo materno fue el capitán don Esteban Siztos, caballero de la Orden de Santiago. El abuelo paterno fue el capitán don Lorenzo de Mendieta, gobernador de la gente de guerra de los lugares y villas de Jarquía, así como veedor general de la Armada y fronteras. El bisabuelo fue don Francisco de Mendieta, miembro del Consejo de S.M. y alcalde del crimen en la Real Chancillería de Granada. Sin duda este matrimonio fue de gran provecho para la familia Wittemberg y contribuyó al mantenimiento de la gran ascensión social que ya poseía don Jorge.

Con doña María tuvo cuatro hijos: don Luis, don Joseph, doña Ana Dominga y doña María Purificación; sin embargo, su mujer muere relativamente joven en 1747, permaneciendo don Jorge viudo gran parte de su vida posterior. Mantiene don Jorge buenas relaciones con su hermano Joseph, o así parecen atestiguarlo la multitud de iniciativas que emprenden juntos y que han quedado reflejados en innumerables documentos. Es muy posible que tuviese con su hermano Joseph alguna participación en la compañía marítima fundada por su abuelo, aunque las fuentes parecen señalar que al cargo de la misma se encontraba éste último.

Gracias al censo efectuado por el marqués de la Ensenada en el año 1753 con fines fiscales, podemos saber cuáles eran las propiedades que don Jorge poseía en Málaga. Sin embargo, este censo no recoge esa gran hacienda que heredó tres años más tarde en 1756, tras el fallecimiento de su hermano, entrando en la sucesión del mayorazgo por expreso deseo de su padre, que a la postre sabía que era el linaje de don Jorge el que prevalecería en la sucesión del mismo, dada la imposibilidad de un eclesiástico para dejar hijos.

Como sabemos esa propiedad estaba compuesta de un cortijo, olivar, limonar, huerta de riego con su casa, molino de aceite, bodegas y demás pertrechos llamada "San Miguel y El Nuevo Wittemberg" situada en el término de Málaga, partido de Arraifanal, cerca de Churriana. No está demás reiterar que dicha propiedad poseía miles de olivos así como centenares de frutales, y estaba valorada en 82.672 reales de vellón. Tampoco el censo refleja cual pudo ser la evolución de don Jorge desde 1753 hasta 1785 momento de su muerte, pero es de suponer que para entonces debió haber acumulado una riqueza considerable.

Así pues, en 1753, cuando don Jorge contaba con 45 años de edad ya disponía de considerable fortuna. Sólo en Málaga disponía de dos casas y media de otra, así como dos almacenes. La primera casa estaba situada en la placeta de San Bernardo el Viejo y tenía portal, dos patios, cuatro almacenes, una cava vecina, cinco cuartos altos y un terrado. Medía veintinueve varas de frente y treinta y seis de fondo y producía al año una renta de dos mil ochocientos reales de vellón.

También tenía otra casa más pequeña inmediata a los Postigos de los Abades y media casa que compartía con doña Clara Bustos, y que poseía portal, dos patios, bodega, dos almacenes, cinco cuartos altos, despensa, cocina y torre. Asimismo poseía un almacén en la calle Muro y otro en la placeta del Postigo de los Abades, cuya presencia induce a pensar que obedecía a necesidades de origen comercial (Real Junta de Única Contribución, 1753).

También poseía don Jorge cuatro casas de campo. La primera estaba situada en el partido de Totalán, distante dos leguas y media de esta ciudad. Otra casa de campo estaba situada en el partido de Granadillas, distante también dos leguas y media de la ciudad, llamada "Lagar de Wittemberg", la cual disponía de dos salas altas, cocina, lagar de pisar con su viga y demás pertrechos, bodega con ocho tinajas con cabida de cuatrocientas arrobas. En el mismo partido de Granadillas disponía don Jorge de una tercera casa, compuesta de tres salas altas, cocina, despensa, lagar de pisar, bodega con ocho tinajas de cuatrocientas arrobas de cabida.

La cuarta casa estaba situada en el partido de las Huertas, la cual disponía de cocina, salas bajas y caballeriza. Obsérvese que la familia Wittemberg ha tenido tradicional presencia en el partido de Granadillas, hasta el punto de que en la actualidad existe un "arroyo Wittemberg" que lleva el nombre de esta familia. Asimismo, en el área de "El Palo" en Málaga, hay una zona que en la actualidad los lugareños nombran coloquialmente como "Vitembé" y que sin duda se correspondía con tierras de este clan.

Además de las casas de campo propiamente, disponía don Jorge de molino de aceite, así como tierras de regadío y de secano. El molino de aceite estaba situado en el partido de Granadillas, que en tiempos de molienda funcionaba día y noche, con su piedra y bestia mular, lo que sugiere obviamente que don Jorge producía aceite. En el mismo partido de Granadillas, tenía también el referido una pieza de tierra de regadío, con agua de pie, con una hortaliza plantada en su centro, consistente en media fanega de primera calidad y que albergaba multitud de servos, naranjos agrios y dulces, limones dulces, nogales, duraznos, almendros y palmas.

En el partido de las Huertas disponía el nominado de otra tierra de regadío, con su agua de noria, alberca, la cual estaba poblada de hortalizas y constaba de cuatro fanegas de primera calidad. Lindaba esta tierra con otra de su hermano el prebendado don Juan Joseph Wittemberg y disponía de morales, limoneras, naranjos, higueras, granados y duraznos. Por otra parte el censo señala que don Jorge disponía también de cuatro tierras de secano, tres de ellas en el partido de Granadillas y una en el partido de Totalán.

La primera tenía cuatro fanegas, la segunda dieciocho, la tercera diecisiete, y la cuarta dieciséis. En ellas se producían cosechas de cebada, grano, trigo; las cuales estaban compuestas de centenares de olivos y en menor número otra arboleda como: acebuches, chaparros, morales, algarrobos, etc. También disponía don Jorge de dos viñas, una en el citado partido de Granadillas, llamada "Viña Wittemberg" y compuesta de treinta y seis obradas de segunda calidad, la cual además disponía de numerosos árboles como: olivos, chaparros, higueras, algarrobos y almendros grandes y pequeños.

También poseía el referido otra tierra de secano plantada de viña, en el mismo partido de Granadillas, compuesta de sesenta y seis obradas, que también albergaba numerosa arboleda: almendros, higueras, olivos, encinas y algarrobos. Evidentemente, don Jorge producía buen vino, ya que muchas de esas obradas eran de primera calidad. Asimismo declara la tenencia de cinco cabezas de ganado, yeguas, y cuatro de asnal. En su conjunto, el citado censo señalaba que don Jorge entre casas, almacenes, molinos, hortalizas, tierras de secano, viñas, arbolado, industrias (tráfico y comercio de frutos de la tierra) y ganado, poseía un patrimonio del que obtenía un producto anual de 460.480 reales de vellón.

Vista del convento de los Ángeles y de la Huerta, s. XIX, por F. Pérez

Otra faceta que revela su carácter de hombre opulento e influyente, son sus actividades dentro del Cabildo malagueño. Efectivamente, don Jorge Wittemberg Aguilar fue recibido como diputado del Común el 31 de diciembre de 1773. El cargo suponía que don Jorge tenía una responsabilidad específica en materia de abastecimiento de granos. Más importante aún, tenía acceso a la Junta de Propios, a través de la cual se administraba el dominio y las rentas comunales, teniendo el derecho a participar "con voz y voto", junto a los regidores, en las reuniones del Ayuntamiento.

Otra de las cuestiones que se presenta como una verdadera fijación a lo largo de su vida, es la de dejar constancia ante todos de la nobleza de la familia Wittemberg. Este anhelo convertido en prioridad, obedece a la necesidad de la familia de integrarse entre las élites locales, de obtener un reconocimiento de su estatus, que le permitiera acceder a los estratos más conspicuos de la sociedad, así como incorporarse a las profesiones de mayor prestigio como el Ejército, la Iglesia o la Administración, y que además comportaba importantes consecuencias a nivel fiscal. A menudo aparecen los dos hermanos Jorge y Joseph encabezando documentos que junto a otros testigos atestiguan sobre su identidad nobiliaria. Otras veces es Juan Joseph el que actúa por separado.

Es en el siglo XVIII cuando la familia ha alcanzado prácticamente su máximo apogeo, y es en este momento cuando surge la "obsesión nobiliaria" entre los miembros del clan. Don Jorge Wittemberg Aguilar acude a la corte en 1740 a entrevistarse con el más prestigioso rey de armas del momento, don Juan Alfonso Guerra y Sandoval, del que obtiene una flamante certificación nobiliaria. Su hermano mayor, don Juan Joseph, obtiene otra certificación de nobleza de la Comunidad Jesuita de Hamburgo el 16 de mayo de 1730. Más adelante, don Jorge junto a su otro hermano Joseph, acude al alcalde de Málaga, don Pedro Muñoz, del que obtienen otra información de nobleza, el 2 de marzo de 1735.

Todo el proceso culmina cuando los referidos dos hermanos pleitean ante la Real Chancillería de Granada, la cual les concede una provisión de nobleza el 31 de marzo de 1745. A partir de aquí la familia Wittemberg tendrá libre el acceso para vincularse con la nobleza titulada. Con la satisfacción de haber elevado el porte de la familia hasta cotas inimaginables y pudiendo contemplar el lustre de sus hijos y nietos, don Jorge Wittemberg Aguilar murió en 1785 a la edad de 77 años.

Hermano de Don Jorge fue **don Joseph Wittemberg Aguilar**, el cual nació alrededor de 1710 y murió en torno a 1791, ya que del 23 de diciembre de 1790, data la redacción de su último testamento, por lo que es muy posible que haya sido octogenario. En 1753 se relacionaron las propiedades de los vecinos de Málaga con fines fiscales, dando lugar al famoso Catastro del marqués de la Ensenada. En él aparecen reflejadas las propiedades de don Joseph, aunque pensemos que se trata de una edad muy temprana y que es seguro que desde 1753 hasta 1791, don Joseph debió haber acumulado cuantiosos bienes.

Todos ellos estaban situados en el partido Peña Oradada, distante a pocas leguas de Málaga. Entre estos bienes estaban dos casas de campo bien acondicionadas. La primera con cocina, despensa, amarradero, patio, caballeriza, lagar de pisar, vasija, viga, cuatro salas grandes y una molinera de aceite, a la cual se le calculaban 550 reales de vellón, como producto anual por recolección de frutos. La segunda, próxima a la anterior, poseía cocina, caballeriza, lagar de pisar, viga, vasija, corral y diez salas altas. A ésta casa se le atribuía un producto anual de 66 reales de vellón en concepto de recolección de frutos.

Además poseía don Joseph en el mismo partido, una presa de tierra de regadío con agua de noria, plantada de hortalizas y en la que había numerosos árboles frutales. También en el mismo lugar poseía en esa fecha una presa de tierra de secano, lindando por el sur con el arroyo de las Cañas. Próxima a la anterior tenía cien obradas de tierra de secano, lindando asimismo con el mismo arroyo, en la que tenía plantados varios frutales tales como: 226 olivos, 1231 olivos medianos, 391 almendros, 299 higueras, 8 algarrobos, 5 acebuches y 50 álamos. Igualmente poseía algún ganado mular y asnal. Así pues, como muchos otros terratenientes de la época, don Joseph se dedicó al cultivo de hortalizas, plantío de viñas y recolección de frutos (Real Junta de Única Contribución, 1753).

Pero no fue ésta la actividad principal de don Joseph, ya que había heredado la próspera compañía marítima de su padre, la cual lideraría con gran éxito hasta finales del siglo XVIII. Ya su padre, don Juan Wittemberg Arizón, le había dado a la compañía un gran impulso cuando el 30 de junio de 1730 había creado una nueva sociedad con don Juan de Groot, de origen alemán y don Vicente Harms, cónsul de Dinamarca en Málaga. Tras su muerte el 17 de agosto de 1731, su viuda Agustina de Aguilar y sus herederos proceden a la partición de sus bienes.

Con respecto a la compañía contratan los servicios de don Agustín y don Gaspar Wanheeswich que actúan como interventores, procediendo a la liquidación de la misma, por la que sus herederos recibieron 377.342 reales de vellón, una cantidad nada despreciable (García Calderón, 1734). Tras el fin de la Guerra de Sucesión y la consiguiente paz de Utrecht se crean las bases de una nueva coyuntura internacional, que propiciará una nueva era de prosperidad económica, que permitirá la proliferación de las casas de comercio.

Con la llegada de la administración borbónica y las mentes innovadoras de sus ministros ilustrados, se inicia a partir de 1714 una época de impulso de las actividades comerciales, que a la postre derivan en una etapa de florecimiento y apogeo mercantil. Superados los momentos más intensos de xenofobia, la Junta de Comercio comienza en 1716 una nueva política de atracción y asimilación de los extranjeros. La pujante y emergente colonia extranjera se benefició de la especialización creciente de los cultivos y productos malagueños, como la vid, y los frutos secos y agrios. El auge económico posibilitó que la población malagueña pasara de 24.000 habitantes en 1717 a 50.000 a finales de siglo (Villar García M. B., 1988).

Ese éxito fue posible gracias a la mentalidad emprendedora de una nueva generación de extranjeros, entre los que ocupaban una posición dominante los holandeses, los hanseáticos y los nórdicos. Pese a su reducido número, esta colonia mantiene su prestigio de gente culta e industriosa, capaz por sus conocimientos de dominar los resortes de la ciudad. Ahora es la Europa nórdica la que se encuentra en una etapa de intenso desarrollo del capitalismo comercial y Málaga logrará beneficiarse de las nuevas oportunidades que traen los nuevos circuitos internacionales. La ciudad es testigo de una nueva ola de colonización económica, con la llegada de un nutrido grupo de factores y agentes comerciales extranjeros.

La familia Wittemberg que incluso en los peores momentos de la guerra, nunca había perdido su posición de predominio en la urbe, ahora ya consolidada, y con una renovada era de entusiasmo, se afianzará con más fuerza si cabe, en sus rutas tradicionales del Báltico, el Mar del Norte, la costa atlántica de Francia y los Países Bajos. En 1719 cristaliza en la ciudad una nueva asociación llamada "El Comercio de Málaga" que aglutina a diversos comerciantes –la mayoría extranjeros– que otorgan de forma mancomunada poderes a procuradores de Madrid en defensa de sus intereses. Doce eran esos hombres y entre ellos se encontraba el padre del que nos ocupa, don Juan Wittemberg Arizón, segunda generación de extranjeros y conspicuo representante del alto comercio de Málaga (León y Castillo, 1719).

A partir de 1740 los extranjeros se agrupan en torno a una nueva corporación llamada "Comercio Marítimo". Se trataba de una asociación de casas extranjeras que controlaban el comercio exterior. De forma conjunta pretendían salvaguardar sus intereses económicos, celebraban juntas privadas y formaban un fondo común para hacer frente a eventuales gastos. Al margen de estas asociaciones resulta interesante, comprobar cuál fue el espectacular aumento de las casas comerciales extranjeras durante el transcurso del siglo XVIII. Eso se puede verificar gracias a los censos o matrículas de extranjeros que se realizaron bajo cierta periodicidad.

Efectivamente, hacia 1754, en el Catastro del marqués de la Ensenada, el "Comercio Marítimo", aparecía constituido por catorce compañías. En 1764 una nueva matrícula de comerciantes evidenciaba que las compañías que integraban el "Comercio Marítimo" eran ya 18, número que se vio notablemente potenciado por las medidas liberalizadoras del comercio con América que se iniciaron al año siguiente. En 1776, un nuevo censo elaborado en vísperas de los "decretos de libre comercio" demuestra que las casas comerciales extranjeras habían crecido hasta la cifra de 21. En 1791 y ya tocando el fin de siglo, tras una era de bonanza económica se constata que el número de compañías había crecido hasta 42, de las cuales 27 estaban formadas en exclusividad por extranjeros y 27 eran mixtas (Villar García M. B., 1997).

Tras la muerte de don Juan Wittemberg Arizón en 1731, su viuda doña Ana Agustina de Aguilar toma las riendas de la compañía. Lejos de arredrarse frente a las dificultades, sorprende la bravura de esta mujer que se pone a la altura de las circunstancias, pese a lo que cabía esperar debido el estrecho papel reservado a la mujer en su siglo. Entre 1731 y 1748 coincidiendo con la minoría de edad de sus hijos, doña Ana lidera la compañía y renueva la asociación mercantil con los antiguos socios de su marido, entre ellos don Vicente Harms, cónsul de Dinamarca en Málaga. En 1748 lleva a cabo el definitivo traspaso de la compañía a su hijo don Joseph Wittemberg Aguilar (Villar García M. B., 1996).

Ese mismo año, don Joseph Wittemberg contrae matrimonio con doña Josefa Cotrina, un excelente partido, habida cuenta que era hija de don Juan Cotrina Osorio, regidor perpetuo de Málaga y de doña Isabel Arizón, prima hermana de María Wittemberg Arizón, su tía. Resulta interesante señalar, que el abuelo de doña Josefa fue don Andrés Cotrina, también regidor perpetuo de Málaga. Asimismo existe el referente de que su tía fue doña Felisa María Cotrina Osorio, la cual casó en 1740 con don Antonio Zupide de Acuña, caballero de la Orden de Santiago y sargento Mayor de Málaga.

Así pues, como en otros casos, con este enlace don Joseph entra en el círculo minoritario de la nobleza, accediendo a las ventajas y privilegios del exclusivo grupo de los regidores. En 1750 la compañía de don Joseph adquiere cada vez más notoriedad, como se constata por algunas compras realizadas por la Junta de Granos en ese año. Don Joseph Wittemberg o Württemberg como también es referido, realizó una venta de 3.370 fanegas de trigo a dicha Junta.

Hombres como Wittemberg eran los que se encargaban del aprovisionamiento de trigo a la ciudad y en épocas de escasez general a gran parte de Andalucía. Estos comerciantes como Quilty, Menville, Wittemberg, importaban cereales, bacalao y toda clase de mercancías, muchas de las cuales vendían a crédito a los agricultores de las viñas, efectuando su cobro en pasas pasa de sol. A su vez, exportaban sobre todo pasas, vinos y otros frutos de la región (Gámez Amián, 1983).

En 1752 don Joseph Wittemberg Aguilar formaliza una nueva compañía. En ella continuaba el antiguo socio de la casa, don Vicente Harms, cónsul de Dinamarca en Málaga y se incorporaban como nuevos socios: don Guillermo Nagel, cónsul de Holanda en Málaga; don Juan Esteban Lamair, también cónsul de Holanda en Málaga tras el relevo de Nagel; y don Enrique Riecke, procedente de Bremen. En torno a 1754 con motivo de la recogida de datos para la elaboración del Catastro del marqués de la Ensenada, se formó una lista de comerciantes al por mayor, que se encuentra recogida en el "libro industrial producible de vecinos de la ciudad de Málaga".

En dicha lista aparece la compañía **Juan Esteban Lamair y cía,** que sin duda mantenía relaciones comerciales con nuestro protagonista (Villar García M., 1982). Para esa fecha, entre los miembros del "Alto Comercio" o "Comercio Marítimo de Málaga" se encontraba la compañía denominada **Wittemberg, Nagel y Cía,** integrada por don

Joseph Wittemberg y sus socios los cónsules de naciones extranjeras en Málaga (Gámez Amián, 1983).

Gracias a los expedientes que los cónsules debían seguir ante La Junta de Dependencia de Extranjeros, indispensables para poder ejercer su consulado en España, podemos hoy tener algún conocimiento de la vida de estos hombres. Así por ejemplo, **don Vicente Harms**, era natural de Althena, Dinamarca, hombre de comercio y de religión protestante. Para poder ejercer como cónsul de Dinamarca en Málaga, presenta una patente dada por su soberano el rey Cristiano VI, en el castillo de Fredensburgo el 29 de marzo de 1734.

La patente traducida al latín y por tiempo ilimitado, es presentada ante la Real Junta de Negocios Extranjeros, siendo examinada por hombres como don Sebastián de la Cuadra y don Joseph Patiño. A su vez, don Vicente Harms presenta como testigos a Nicolás Huesman y a don Pedro de la Cueva, del Consejo de Su Majestad. Finalmente, el 3 de febrero de 1738, la Junta aprueba el nombramiento de don Vicente Harms como cónsul de Dinamarca en Málaga en sustitución del cónsul don Enrique Barkhausen.

Añade el documento que don Vicente Harms es natural de Althena y se le envía por cónsul en Málaga para adelantar el comercio marítimo y terrestre y para que asista a sus compatriotas en su Consejo y adelante cosas y conveniencias. La relación de don Joseph Wittemberg Aguilar y don Vicente Harms debió ser estrecha, ya que en su testamento dado en 1790, don Joseph señala que el cónsul le vendió una viña y olivar llamado "Doña Catalina" valorada en 40.000 reales de vellón (Junta de Dependencia y Negocios de Extranjeros, 1738) (San Millán y Santiesteban, 1790).

Otro de los socios de Joseph Wittemberg Aguilar fue **don Juan Guillermo Nagel**, natural de Hamburgo, de religión protestante, vecino de las provincias de Holanda y Westfrisia, residente en Ámsterdam, donde practicaba el comercio. Se casó en Leiden el 22 de junio de 1735 con Margarita Sibilla Determeyer, la cual profesaba la misma religión que su marido. El 30 de noviembre de 1744 se le despachó patente para poder ejercer como cónsul de Holanda en Málaga, cargo en el que permaneció hasta 1750. En total en esta primera estancia residió durante doce años en Málaga, seis de ellos ejerciendo el consulado.

Las fuentes lo califican como un hombre de genio pacífico y muy cortesano, añadiendo que no tenía bienes raíces en España, ni caudal alguno, en donde no había obtenido carta de naturaleza ni ejercido oficios de concejo públicos honoríficos, ni cargas de otros géneros que solo pueden usar los naturales, lo que en su conjunto le habilitaba para el puesto. Años más tarde, se le despachó en la Haya, el 21 de noviembre de 1765, nueva patente por los Estados Generales de las Provincias Unidas, nombrándole cónsul en Cádiz (uno de los puertos más importantes de la época), Puerto de Santa María, Puerto Real y Jerez de la Frontera.

Pasó como cónsul en Cádiz ante la dimisión de don Jaime Van den Lynde. Nombrado por sus soberanos, le concedieron el correspondiente exequatur, para que pudiera llevar a cabo todas las funciones de su consulado. Entre ellas, poder para auxiliar a factores, comerciantes y marineros holandeses. Todo ello, fue despachado en la Haya, y autorizado por los Estados Generales de las Provincias Unidas, siendo rubricado por el presidente del Consejo y firmado por el secretario (Junta de Dependencia y Negocios de Extranjeros, 1766).

Otro de los destacados socios de la Casa Wittemberg fue don **Juan Esteban Lamair**, nombre importante que se verá asociado a la compañía a lo largo de todo el siglo XVIII y que debió jugar un papel preponderante en las relaciones comerciales de la misma y en sus círculos de influencia. Nacido en 1723, Lamair obtiene de los Estados Generales de las Provincias de los Países Pajos, el 23 de febrero de 1750, patente original y su traducción nombrándole cónsul en Málaga, Almería, Adrea, Marbella y Solobrena, por dejación del anterior cónsul don Juan Guillermo Nagel.

A Lamair se le califica como la persona de adecuada capacidad, lealtad y experiencia, para asistir en todo lo necesario a los comerciantes y navegantes de las provincias holandesas;

"dándole pleno poder y autoridad para que asista y ayude a los comerciantes, traficantes, y navegantes de estas provincias y sus factores, en todas las ocurrencias y servicios que fuesen justos y de derecho...".

La patente continúa expresando que en caso de que los comerciantes o factores holandeses, sufrieren algún agravio o molestia al llegar a las plazas referidas, que diere motivo de quejas, se vería obligado Lamair a solicitar la reparación que se requiera y ante donde convenga, debiendo informar a los Estados Generales de tiempo en tiempo, de todos los incidentes y materias que sean de importancia para su país. Asimismo la patente le concedía poder para nombrar personas "hábiles, inteligentes y experimentadas" por vicecónsules, para que puedan sustituirle cuando fuere preciso.

Asimismo, conceden a don Juan Estaban Lamair para su manutención y la de sus asistentes, facultad para poder exigir y cobrar de cada embarcación que dependa de las provincias holandesas y que arribare a Málaga, Almería, Vélez-Málaga, Estepota, Motril, Torremolinos, Adrea, Marbella y Solobrena, unos derechos según fuese allí estilo y de conformidad con los reglamentos de 1737 y 1738. Todo lo cual se sellaba y rubricaba en la Haya, por el presidente de la Asamblea y se firmaba por los secretarios el 23 de febrero de 1750.

Posteriormente su candidatura a cónsul fue examinada en Madrid, ante la Junta de Comercio y Dependencia de Extranjeros. Sin embargo, a pesar de que Lamair era súbdito de Holanda y Westfrisia, en un primer momento surgieron dificultades ya que las leyes consulares exigían para poder acceder al cargo, que el candidato fuera "natural" y no "naturalizado" del Estado optante. Es decir, Lamair no nació en Holanda sino que era de origen alemán.

Tanto es así, que el incidente provocó la intervención del embajador de Holanda en España, el señor **Baron de Wasenaer**, el cual aseguró que Juan Estaban Lamair había representado durante varios años a los Estados Generales de las Provincias Unidas de los Países Bajos, de cuyos embajadores había obtenido las patentes necesarias para acceder al Consulado de Málaga, por cuya razón los Estados Generales habían hecho uso de su poder absoluto y soberanía, concediéndole gracia especial para que fuera considerado como holandés, reconociéndole y admitiéndole como su súbdito, como si hubiese nacido en Holanda y Westfrisia. Todo ello fue dado y sellado en la Haya, el 3 de septiembre de 1750.

Finalmente, en Madrid el 16 de enero de 1751, la Junta señala que atendiendo a las partes y calidades del interesado, y a que las materias reservadas y negocios presentes con Holanda, merecen de una particular atención para conservar y aumentar la buena armonía, accede a considerar a Juan Esteban Lamair, como súbdito y natural de Holanda y Westfrisia, obviando por tanto el impedimento de la connaturalización y considerando a Lamair como sujeto de buena crianza y a propósito para servir el consulado.

Así pues, Lamair gozó de la protección de su persona y bienes, así como de la facultad para nombrar vicecónsules en los puertos de mar donde llegasen embarcaciones, con el objeto de auxiliar, proteger y dirigir a los patrones y a los comerciantes holandeses que allí arribaren. Don Juan Esteban Lamair, figura emblemática de toda una época, contemporáneo de don Joseph Wittemberg hasta sus últimos momentos, murió el 15 de mayo de 1794 (Junta de Dependencia y Negocios de Extranjeros, 1751).

En enero y febrero de 1764, en vísperas de las primeras medidas liberalizadoras del comercio con América, los extranjeros se vieron obligados a declarar quienes estaban relacionados con los negocios marítimos. En dicha lista aparecen los nombres de Juan Esteban Lamair, holandés y Federico Riecke, procedente de Bremen, ambos socios de la casa Wittemberg durante décadas (Villar García M. , 1982, pág. 192). En Málaga, el 6 de septiembre de 1765 se vuelve a crear una lista nominativa o matrícula, formada por don Miguel Amandi, asesor de la Capitanía General.

Esta nueva lista traía su razón en una Real Cédula de 28 de junio de 1764, la cual ordenaba la matriculación anual de los extranjeros que viviesen en España. Su objeto era establecer criterios claros para concederles fuero de transeúntes o de domiciliados, ya que el uso ambivalente de estos fueros por parte de los extranjeros era una fuente continua de conflictos, y también una manera de eludir las cargas fiscales, militares o de cualquier otro tipo derivadas del hecho de ser considerados como avecindados.

La Real Cédula –que llegó a Málaga en agosto de 1764– ordenaba que estas matrículas se formasen en todos los puertos y lugares de comercio, que los extranjeros se agrupasen por naciones, especificando su condición de transeúntes o domiciliados y firmando, que las listas se renovasen y rectificasen cada año y que en las Capitanías Generales, Intendencias u otros organismos competentes se llevara un libro registro de extranjeros, estableciéndose como organismo consultivo la Real Junta de Comercio y Moneda y Dependencia de Extranjeros (Villar García M. B., La matrícula de extranjeros en Málaga de 1765, 1978).

La matrícula –de la que se han realizado muchos estudios estadísticos– no es muy explícita en lo referente a la razón social o denominación de las compañías marítimas, pero sin embargo, contiene algunos datos muy interesantes sobre los integrantes de la casa Wittemberg. Entre ellos se encuentran los prestigiosos hamburgueses que representaban el 1.7 % del total. Así por ejemplo se menciona a **Don Juan Enrique Dreyer**, procedente de la ciudad de Hamburgo, protestante, soltero, casero de la casa Wittemberg, integrante del comercio de la ciudad de Málaga en frutos del país y que al tiempo de la elaboración de la matrícula llevaba residiendo en España durante quince años.

Otro de los hamburgueses mencionados es **don Juan Federico Hileken**, también procedente de Hamburgo, protestante, soltero, casero de la casa Wittemberg y compañía, y que en ese momento llevaba residiendo en España durante doce años. Entre los Alemanes se menciona a **don Federico Riecke,** oriundo de Bremen, protestante, soltero, comerciante en frutos del país, residente en España desde hace doce años a la conformación del documento y que como sabemos fue un destacado socio de la casa Wittemberg (Junta de Dependencia y Negocios de Extranjeros, 1764). No está demás señalar que tanto Hamburgo como Bremen habían jugado un papel preponderante en la Hansa germánica, rutas tradicionales de los barcos de la compañía Wittemberg, por lo que se entiende perfectamente que los integrantes de la casa procedieran de esas ciudades.

Como veíamos en otro lugar de este relato, nuevamente se evidencia como los extranjeros se agrupan por nacionalidades, lo que conlleva unidad de lengua, intereses comunes, y confesión religiosa. En el caso de la casa Wittemberg se produce la tolerancia, pues si bien los Wittemberg se definen como católicos, no tienen ningún escrúpulo en que muchos de sus socios o empleados sean protestantes. Para el observador latino este hecho puede resultar extraño, pero sin duda había poderosas razones para ello. Como sabemos España siempre fue históricamente intransigente e impermeable a otras confesiones, siendo reputada por sus crueles persecuciones en materia de religión. Entonces, ¿cuál fue el factor que propició el cambio de mentalidad?

Como es sabido, la inmigración de extranjeros estuvo siempre limitada por problemas de tipo religioso, ya que la ley sólo otorgaba protección para fundar fábricas o ejercer oficios útiles a aquellos que fuesen católicos. Sin embargo, la necesidad de mano de obra especializada hizo que llegaran algunos protestantes procedentes de una Europa más avanzada, no cumpliéndose en absoluto la norma. En

1793 se promulga una Real Pragmática que permite la entrada al país de artesanos no católicos, calificada por Godoy como "la primera ley de tolerancia que se daba en España después de tres siglos".

Ley que no hacía sino reconocer una práctica mucho más antigua, es decir; la infiltración de pequeños grupos de protestantes dentro de la colonia extranjera. Asimismo, resulta significativo constatar que la totalidad de estos grupos protestantes desarrollaban una actividad mercantil, bien como comerciantes, bien como factores, lo que denota que existió una tolerancia en ciertas áreas geográficas, fundamentalmente por motivaciones económicas (Villar García M. B., 1978, pág. 376).

El cinco de agosto de 1776, don Tomás Quilty y don Federico Riecke, diputados del Alto Comercio Marítimo de la ciudad de Málaga, subscriben y firman un documento en el que se recogen las casas de comercio extranjeras. El motivo de esta nueva relación o matrícula de extranjeros era que según privilegio y gracia dada por Su Majestad en el año 1771, dichas casas quedaban libres y exentas del sorteo para reemplazo de las tropas del Ejército. Así pues, obedeciendo a dicho interés, se mencionan veintiuna casas comerciales, entre ellas la que nos ocupa, que ahora pasa a denominarse: **"Wittemberg, Lamair y Riecke"**. Entre sus integrantes se mencionan como "compañeros" a: **don José Wittemberg,** católico y a **don Federico Riecke,** prostestante y transeúnte. Como "empleados" figuran: **don Diego Jurado,** católico, cajero y a **don Joaquín Wunderlich,** protestante, dependiente del despacho, transeúnte (Quilty & Riecke, 1776) (Ayuntamiento de Málaga, 1775).

Aunque existía una gran variedad organizativa, la estructura interna de estas compañías solía estar dotada de cuatro categorías: los asociados propiamente, los empleados del despacho (cajeros, comisionistas, tenedores de libros, etc.), domésticos y servidores y por último los agregados que eran comerciantes, mercaderes o tenderos integrados en la estructura de la compañía (Villar García M. B., 1996, pág. 442). En cuanto a los cajeros, no obstante la diversidad de sus funciones, se cree que en la Edad Moderna el término no abarca solamente a la persona que tenía encomendada el cuidado de una caja.

Con frecuencia se mencionaba así a los dependientes que practicaban un comercio ambulante por cuenta de mercaderes de mayor importancia y que llevaban sus mercancías en una caja (Villar García M. B., 1997, págs. 196, nota 13). Obsérvese que muchos de estos cajeros están relacionados con lazos de sangre o nacionalidad con los comerciantes a quienes sirven.

En la década precedente el asesor Amandi en su consulta a la Junta de Dependencia de Extranjeros expresaba cual era el fin que guíaba a estos hombres: formarse en las prácticas comerciales, servir de intermediarios en los negocios, negociar por cuenta de otros caudales y finalmente establecerse también ellos de forma independiente. Es decir, estos dependientes a los que se llamaba cajeros en realidad eran aprendices del oficio (Villar García M. B., 1978, pág. 372).

Estas compañías eran enormemente polifacéticas. A la función básica de exportadores e importadores se unían otras actividades no menos importantes. Así por ejemplo, suplían la ausencia de infraestructura bancaria en la mayoría de las ciudades donde actuaban, practicando múltiples operaciones financieras: créditos, depósitos, giros, letras de cambio, etc. También su dedicación a los mercados internacionales les llevó a interesarse por los fletes, por la compra de embarcaciones o por la participación, junto con otros comerciantes, en la propiedad de las mismas. De esta forma ejercían directa o indirectamente el papel de armadores, participando a su vez en los negocios de los seguros marítimos.

No menos destacado fue su papel como proveedores del Ejército y la Marina, comisionistas de compañías radicadas en otras zonas peninsulares o europeas, así como arrendatarios de impuestos o de servicios públicos (Villar García M. B., 1996, pág. 444). Por otra parte, el vínculo entre don Joseph Wittemberg, don Juan Esteban Lamair y don

Federico Riecke, debió ser sólido, a juzgar por el grado de confianza que manifiestan en sus respectivos testamentos estos dos últimos.

Así don Juan Esteban Lamair en testamento otorgado en Málaga el 12 de agosto de 1777, declara ser de nación hamburgués, cónsul de Holanda en la ciudad de Málaga, de religión protestante, natural de la ciudad de Hamburgo, hijo legítimo de Jacobo Lamair y de Ana Catalina Lamair, y que debido a ser protestante otorga a don Joseph Wittemberg facultad para que en caso de fallecimiento, se encargue de enterrar su cuerpo en el lugar que juzgue conveniente, nombrándole para ello ejecutor de dicha diligencia con capacidad para tomar los bienes que requiriera para llevar a buen término dicho fin.

Pero no sólo eso. Además, en caso de fallecimiento señala que se aparta, quita y renuncia a todos los derechos que tiene sobre sus bienes, o los que pudiera tener en el futuro, cediendo y transfiriéndoselos a don Joseph Wittemberg, dándole poder bastante para que entrara en su caudal de la forma que tenía referido en escrito aparte (Ruíz, Testamento de don Juan Esteban Lamair, 1777).

En parecidos términos se expresa don Federico Riecke, el cual en testamento firmado en Málaga el 15 de diciembre de 1772, declara ser de nación hamburgués, perteneciente al comercio de la ciudad de Málaga, de religión protestante, natural de la ciudad de Bremen, hijo legítimo de don Michael Riecke y doña María Magdalena Riecke, manifestando que en caso de llegar su fallecimiento, es de su agrado que su cuerpo sea sepultado en la parte y lugar que pareciere a don Juan Esteban Lamair, compañero suyo de comercio, nombrándole ejecutor de esta diligencia, dándole poder bastante para que llegado el caso, entrara en sus bienes y caudal, tanto de los bienes presentes como los futuros que pudieran tocarle, y los distribuyera en el modo y forma que previamente le había prevenido. Todo ello sin duda señala una gran complicidad entre estos hombres de comercio, los cuales aún vivirían dos décadas más desde la redacción de estos testamentos (Ruíz, 1772).

En 1791 se vuelven a relacionar las casas de comercio de origen extranjero, las cuales de acuerdo con la Junta de Gobierno del Consulado eran 42, de las cuales 27 estaban formadas por socios extranjeros en su totalidad y 15 eran mixtas (Consulado y Comercio de Málaga, 1794-1792). Entre ellas está relacionada la casa de **Wittemberg, Lamair y Cía**, que como se aprecia cambia ligeramente su denominación.

Como se puede observar desde 1776 se ha producido un espectacular aumento de las casas comerciales, lo que indica que se ha generado un crecimiento considerable de la colonia extranjera entre 1765 y 1791. Los negocios habían sido prósperos para la mayoría de los extranjeros radicados en Málaga, y fueron éstos los que jugaron un papel preponderante en la promoción y dirección de las compañías privilegiadas que por aquellos años operaban en Málaga. Una vez más se aprecia que fueron los elementos foráneos los que marcaron las direcciones a seguir.

En torno a 1790 se tiene constancia de la irrupción en la compañía de un nuevo personaje, llamado **Nicolás Luis Koops**, que según un documento es: *"uno de los socios de la compañía Wittemberg y Lamair, a cuyo cargo corre la dirección de la compañía"* (Ruíz de la Herrán, 1790). Si bien, este personaje actuaba en la compañía desde mucho antes. De hecho, en otros documentos se evidencia que Nicolás Luis Koops ya actuaba en Málaga desde 1761. Debido a las buenas condiciones e inteligencia de Koops se le había nombrado ya vicecónsul de Holanda en Málaga y Cádiz en 1772.

Años más tarde, los Estados Generales de las Provincias Unidas, remiten el 17 de abril de 1778 patente y traducción del nombramiento de Koops como cónsul adjunto propietario de Málaga, escrito que fue dirigido a la Junta de Comercio y Dependencias de Extranjeros. Recibido el escrito por el conde de Floridablanca en fecha 13 de enero, finalmente es designado por la Junta, la cual emite Real Cédula de nombramiento en Madrid, el 12 de mayo de 1781. Así pues, en esa fecha se le nombra cónsul adjunto con **don Juan Esteban Lamair**, el cual era de su misma nación.

A la redacción del documento, Koops se había casado hace poco tiempo con mujer natural de la Haya, y por entonces ya llevaba residiendo en Málaga dieciséis años. Cómo cónsul adjunto se dedica a apoyar a Lamair en todas las ocurrencias de su consulado debido a los múltiples achaques y crecidos años de éste. Siempre en compañía de Lamair le ayudó en todas las funciones de su consulado y le suplió en sus varias ausencias y enfermedades (Junta de Dependencia y Negocios de Extranjeros, 1784).

Años más tarde aún se manifiesta el consolidado protagonismo de **Nicolás Luis Koops**. El 20 de mayo de 1796, nuevamente los Estados Generales de las Provincias Unidas envían patente y traducción nombrando a Nicolás Luis Koops como vicecónsul de Holanda en Málaga, Almería, Vélez-Málaga, Estepota, Motril, Gordo, Malinas, Adra, Marbella, y Salobreña. Recibida por la Junta de comercio y dependencia de extranjeros, el 18 de junio del mismo año, en Madrid, emite Real Cédula nombrando a Koops como vicecónsul del puerto de Málaga, así como cónsul general de Holanda en el Reino de Granada, lo que denota que el peso e influencia de la compañía Wittemberg y Lamair debió de ser considerable en toda esa área.

A punto de declinar el siglo XVIII, la compañía Wittemberg y Lamair se encuentra altamente evolucionada. Un caso interesante que ilustra sus actividades se constata en Málaga, el 2 de abril de 1791. A su puerto llega Ole Pederssen Ugland, danés y capitán de un bergantín llamado Cupido. Procedente de Toulon-Francia con un cargamento de vino, de donde partió el 12 de enero de 1790, se dirigía a Róterdam. Sin embargo, antes de llegar a este puerto le aborda el mal tiempo, provocándole diversos daños en la nave, obligándole a atracar en Málaga el 05 de febrero de 1790 a reparar los desperfectos.

Por medio del intérprete don Enrique Beetz se peritan los daños para poder continuar a Róterdam. Se gastan 1700 ducados para reparar

el barco. Entre ellos 4220 florines los ha desembolsado la compañía
Wittemberg, Lamair y cía, a riesgo marítimo, sobre la quilla, costado,
velas, jarcias, y todo a cargo del bergantín, con un interés del 12%
sobre el capital prestado (Ruíz de la Herrán, 1791).

Al margen de este referente, el momento cenital de toda la economía malagueña lo constituía "la vendeja". Al acabar el verano, entre
los meses de septiembre y noviembre, se producía un aumento febril
de la actividad comercial en Málaga. Era el momento en que el proceso de la producción vitivinícola llegaba a su fin, encaminándose su
precioso producto, por vía marítima, hacia los lejanos consumidores
del norte de Europa. Pero antes de su venta y posterior embarque,
tenía lugar el llamado "rompimiento de frutos", que era un acto anual
que se celebraba en el Cabildo municipal, donde se fijaba el precio de
las pasas y el vino.

Vista del castillo desde la plaza de la Victoria, por M. de Mesa y F. Pérez

Un tráfago general se apoderaba de la ciudad. Los carros llegaban
hasta los hermosos cortijos enclavados en los montes, donde casas y
viñedos lucían sus mejores galas, mostrando sus preciosos jardines,
estatuas, fuentes y todos los embellecimientos que el arte podía ofre-

317

cer. Era el momento de la vendimia, una fiesta general, donde señores y criados se sentaban en la misma mesa, en un tono de alborozo y hermandad. Acabada la vendimia se producía un acarreo general de frutos y caldos y su posterior cargo a los buques que esperaban en el puerto.

Los cónsules extranjeros eran invitados a estas operaciones, los cuales tenían especiales intereses en el tráfico y comercio de estos productos y en muchas ocasiones actuaban de consignatarios e intermediarios hacia las colonias de sus conciudadanos con claros intereses económicos. Durante alrededor de 140 años la casa Wittemberg se dedicó al alto comercio marítimo con notable éxito. Sin embargo, en 1796, debido a una conjunción de factores se produce la quiebra de la hasta ahora prestigiosa compañía Wittemberg, Lamair y Cía.

No es la única, sino que serán muchas otras las que agotarán su existencia a la par de los avatares políticos. Uno de los factores principales será la muerte de sus principales protagonistas. También las guerras, los bloqueos, las epidemias, los terremotos y las malas cosechas crearon la coyuntura que propició una profunda crisis a partir de 1796. Entre los conflictos está la guerra contra Inglaterra y la liberación del comercio colonial a los países neutrales; el bloqueo continental y las guerras napoleónicas, el desastre de Trafalgar, los movimientos independentistas americanos iniciados durante la Guerra de Independencia.

Todo ello provocó el hundimiento o desaparición de buena parte de las casas comerciales extranjeras y el paulatino relevo del comercio malagueño a manos españolas (Villar García M. B., 1986, pág. 362). Ahora bien, la desaparición de la compañía no supuso la extinción de la familia Wittemberg, sino muy al contrario, ya que es en este preciso momento cuando muchas de sus ramas se aproximan al periodo culminante de su evolución.

En cuanto a las mujeres de la familia Wittemberg Aguilar, con excepción de Juana, monja, ya mencionada, fueron hermanas de don

Juan Joseph, don Jorge y don Joseph: doña Ana Nicolasa y doña Gabriela Wittemberg Aguilar. **Doña Ana Nicolasa Wittemberg Aguilar** casó en 1734 con el brigadier don Lope Mendieta Siztos, gobernador político y militar de Villafranca de Niza y posteriormente corregidor y superintendente de rentas reales de Almería, tío carnal de María Mendieta, mujer de Jorge Wittemberg. A su vez una hija de don Lope, llamada María Antonia Mendieta Wittemberg, casó con un hijo de don Jorge Wittemberg.

Además don Lope fue primo hermano de don Lorenzo Altamirano, padre de Francisco Altamirano, futuro marqués de Isla Hermosa, que también –como veremos– emparentará con la familia Wittemberg, donde se aprecia el gran reforzamiento de clanes familiares, los cuales se vinculan entre sí buscando la excelencia y la estimación social. Además de estos parentescos, la ascendencia del brigadier don Lope se encontraba entre las más nobles de Andalucía. Su padre fue el capitán don Francisco de Mendieta, regidor perpetuo de Málaga, el cual estaba casado con doña Clara Siztos y Valderrama. Su abuelo materno fue el capitán don Esteban Siztos, caballero de la Orden de Santiago.

Su abuelo paterno fue el capitán don Lorenzo Mendieta y su bisabuelo don Francisco Mendieta, alcalde del crimen de la Real Chancillería de Granada. Sin duda, en la familia del brigadier don Lope, abundaba la casta militar. Menciónese como ejemplo a su propio hermano Joseph, capitán de caballos, y suegro de don Jorge Wittemberg. También a su primo don Melchor de Mendieta, mariscal de campo de los reales ejércitos y gobernador de Peñíscola, o su tío e hijo de éste, don Lope Mendieta Ordóñez y don Lorenzo de Mendieta Ordóñez, los cuales fueron sargentos mayores.

Don Lope Mendieta Siztos fue desde su juventud un caballero aventurero que quiso servir en el real servicio de S.M. para mayor gloria de España. Así consta como don Lope partió de Málaga en el año 1718 a su costa, para unirse al navío llamado Santa Rosa, participando en el terrible combate que tuvo lugar entre la escuadra de Su

Majestad y la armada inglesa el 11 de agosto de dicho año, cayendo prisionero en la refriega, siendo posteriormente liberado junto a otros oficiales y guardia marinas de dicha escuadra.

A continuación sentó plaza de guardia marina el 13 de septiembre, en la ciudad de Palermo, en el Reino de Sicilia, que estaba bajo el mando de don Joseph Patiño, por entonces intendente general de Marina, pasando después a Cádiz, donde continuó con su instrucción, asistiendo puntualmente a la academia hasta el 24 de septiembre de 1720. A partir de este momento se le designó capitán del Regimiento de Infantería Valona de Munster y habiéndose éste reformado se le agregó como capitán vivo, al Regimiento de Infantería Española de Granada el 18 de octubre de 1721.

Con este último regimiento acudió al sitio de Gibraltar, así como a la plaza de Ceuta, donde acometió todas las funciones que le correspondieron en armas y trabajos, distinguiéndose con especial aplicación, conducta y honor en todas aquellas operaciones. Posteriormente, fue promovido a capitán del Regimiento de España, y en dicha calidad acudió a la expedición de la plaza de Orán y sus diversos castillos.

Así consta como el 21 de noviembre de 1732 participó activamente en el sitio y defensa del castillo de Santa Cruz, subiendo con un piquete de dicho regimiento al castillo sitiado por los moros, donde permaneció durante dos semanas, cubriendo por su antigüedad algunas veces la Compañía de Granaderos; hallándose, asimismo, en la salida general ordenada por el teniente general marqués de Santa Cruz, en la que fue herido de un balazo, sufriendo diversas enfermedades en dicha plaza por las que estuvo al borde de la muerte.

Ya recuperado sus jefes incidieron en el mucho valor y celo que demostró don Lope en las repetidas y peligrosas ocasiones que se le ofrecieron, señalando su conducta benemérita en todo lo acontecido. Luego, el 24 de junio de 1734, por despacho firmado en San Ildefonso por el Rey y refrendado por don Joseph Patiño, secretario del Despacho de Guerra, se nombró a don Lope Jerónimo Mendieta Siztos, coronel graduado, con retención de su compañía, a fin de que continuase sirviendo en el Regimiento de España, en cuya calidad aún se hallaba en 1740.

Al final de su evolución, cuando casa con Nicolasa Wittemberg Aguilar, era gobernador político y militar de Villafranca de Niza y de Almería. Un estupendo partido para Nicolasa, que se casa con un militar perteneciente a una de las familias más nobles de Málaga, beneficiándose del prestigio, excelencia, del reconocimiento social y las expectativas que otorga la pertenencia al cuerpo castrense[32].

Por otra parte, doña Nicolasa fue beneficiada por su madre, doña Ana Agustina Aguilar y de la Cuesta, que en codicilo signado en Málaga el 19 de marzo de 1756, confirma un testamento anterior, por el cual había creado un vínculo con el tercio y remanente del quinto de todo su caudal, señalando como primera beneficiara a doña Nicolasa y

---

[32] *Relación de los méritos y servicios del coronel graduado, don Lope de Mendieta Siztos, inserto en el expediente de concesión del título de marqués de Isla Hermosa a don Francisco Altamirano, pag.14. Madrid, Ministerio de Justicia. En dicho expediente también puede consultarse la genealogía del brigadier don Lope de Mendieta Siztos que es la siguiente: don Lope fue hijo del capitán don Francisco de Mendieta, regidor perpetuo de Málaga y de clara Siztos y Valderrama. Nieto de padre del capitán don Esteban Siztos caballero de la Orden de Santiago y de doña María Valderrama. Nieto de padre del capitán don Lorenzo de Mendieta, gobernador de la gente de guerra de Jarquía, veedor general de la armada y fronteras y de doña María Flora Ordóñez. Bisnieto de padre padre de don Francisco de Mendieta, miembro del Consejo de S.M., alcalde del crimen de la Real Chancillería de Granada casado don doña Felisa Oliveros Sotomayor. Los padres de su abuela María flora Ordóñez fueron don Francisco Ordóñez y Flores el cual caso con María Méndez de Sotomayor y Avela. Los abuelos fueron don Francisco Ordóñez y Rosales, caballero de la Orden de Calatrava y brigadier de la Real Armada, casado con doña Mariana Flores y Godínez. Bisnieta de padre de don Pedro Ordóñez de Villaquirán, el cual sirvió en el ejército en Nicaragua y Guatemala, casado con doña Inés Rosales. Bisnieto de madre de don Francisco Flores, casado con doña Mariana Godínez de la Paz, oidor de la Real Chancillería de Granada.*

segunda a su hija Gabriela, dejando varias previsiones para su nieta también llamada Gabriela.

Tras la muerte de su padre, doña Nicolasa recibió una vihuela, por lo que quizás debió tocar este instrumento; así como dinero, censos, muchas joyas, cuadros, cruces y una casa, por lo que su vida debió ser holgada. De su matrimonio con don Lope tuvo doña Nicolasa: a doña Clara n. en 1736, doña Ana n. 1748 y a doña María Antonia Mendieta Wittemberg (Díez de Medina, 1756).

Por último, cerrando esta línea, se encuentra la hermana menor de esta familia llamada **doña Gabriela María Wittemberg Aguilar**, la cual se vinculará a una de las familias más acrisoladas de toda Andalucía, portadora de méritos, prestigio, tradiciones, mayorazgos, mercedes reales, enterramientos en lugares sagrados, esplendorosos escudos de armas y portentosas relaciones con las más encumbradas familias de la zona. Así pues, doña Gabriela se unirá en matrimonio el 31 de julio de 1736 a don Fernando Tello de Eraso Auncibay y Fajardo, perteneciente como se ha dicho a una de las familias más nobles de Málaga.

Don Fernando es acreedor moral y directo de los mayorazgos creados por sus antepasados, razón por la que en los expedientes saca a relucir el parentesco con estas familias, y así une a su nombre los apellidos Tello de Eraso, Auncibay y Fajardo. Sin embargo, don Fernando Tello de Eraso fue hijo de don Agustín Tello de Eraso y de Josepha Milla y Saura (casados en 1718). Sobre el vínculo, reflejado en numerosos documentos, no cabe la menor duda y sirva de prueba la cesión hecha en Málaga por su padre el 17 de diciembre de 1737, en cuyo documento expresaba que con motivo del casamiento de su hijo en 1736 con doña Gabriela María Wittemberg, don Agustín, su padre se obligaba a pagar a su hijo 500 ducados anuales después que sucediera a entrar en la posesión del mayorazgo que gozaba don Francisco Tello, su hermano (De León Castillo, 1737).

Don Fernando Vicente Martín, hijo de don Agustín Miguel Tello de Eraso y de doña Josepha Milla y Saura nació el 23 de enero de 1720, siendo bautizado el 20 de enero de 1722. El lector avezado se dará cuenta de que el matrimonio con doña Gabriela Wittemberg se produce en 1736 cuando éste contaba tan sólo 16 años. Sin embargo, este hecho es completamente normal en la época, en la que las parejas contraen matrimonio en su primera juventud. De hecho caso similar fue el de su padre don Agustín Tello, que nacido en Málaga el 18 de diciembre de 1686, casa en la iglesia de Nuestro Señor Santiago, de la misma ciudad, el 26 de febrero de 1718 con Josepha Milla cuando ésta contaba con 17 años de edad, la cual había nacido también en Málaga el 18 de mayo de 1701.

De dicho matrimonio nacen tres hijos: Fernando, María y Vicente. Don Agustín testa en Málaga el 12 de enero de 1744 y su hijo Vicente morirá prematuramente en 1742. Su hija María se casó con don Lorenzo Milla, de cuya unión nació don Salvador Milla y Tello, que es recibido como caballero de la Orden de Santiago en 1783 (Consejo de Órdenes, 1783) —un gran honor en la época— y que además llegó a ser teniente de navío de la Armada Real, el cual era sobrino de don Fernando Tello de Eraso marido de Gabriela Wittemberg.

Don Fernando Tello de Eraso, fue descendiente directo de los conquistadores de Málaga, heredero de al menos dos mayorazgos, provenientes de las dos líneas de la familia Tello Eraso. Como heredero de la familia Tello le correspondía llevar el siguiente escudo de armas:

> "Tres cuarteles sobre una cruz de Santiago; el cuartel principal era una faja que atravesaba de una esquina a otra con tres águilas y dos estrellas a los lados, el segundo un león rampante y el tercero estaba adornado con cinco corazones. Por último, por corona poseía un flamante morrión o yelmo".

Como miembro de la familia Eraso pertenecían a su mayorazgo las siguientes armas:

"Cuatro cuarteles; en los dos primeros dos bandas con cuatro bocas de sierpe y cuatros zorras o perros todo en campo blanco, en el tercero un águila y un grifo, y en el cuarto seis roeles azules con su morrión por cabeza".

Además, don Fernando Tello de Eraso, era cofrade de la Esclavitud del Santísimo Sacramento sita en la parroquia de los Santos Mártires Ciriaco y Paula, patronos de Málaga, en cuya hermandad sólo se recibían a los caballeros notorios y personas nobles. El nombre extenso era el de la "Hermandad de los Hermanos y Esclavos de la Esclavitud del Santísimo Sacramento y de la Inmaculada Concepción" a la cual entró con veintiún votos a favor, siendo introducido por don Francisco Velázquez, también emparentado con los Wittemberg.

Vista del patio del convento de Santa Clara, siglo XIX (anónimo)

Como veíamos don Fernando Tello Eraso fue heredero del mayorazgo perteneciente a su tío, don Francisco Tello de Eraso, que a su vez lo había heredado de su abuelo y homónimo, don Fernando Tello Eraso natural de Coín y vecino de Málaga. Como poseedor del mayorazgo, a su abuelo don Fernando le correspondía tener escudo de armas y enterramiento en una de las capillas del convento de San Francisco de Málaga. Así, llegado el día de su muerte fue amortajado con el hábito de San Francisco de Asís y se le dio sepultura en la bóveda de su capilla que tenía en dicho convento, que llamaban de la Orden Tercera, acudiendo a su entierro los arciprestes y demás clero de la parroquia del Sagrario de la Santa Iglesia Catedral.

De hecho el mayorazgo transmitido de generación en generación había sido fundado en el siglo XVI por don Francisco Tello Eraso en la villa de Coín, el cual casó con Elena Padilla. Por otra parte, es interesante señalar que don Francisco fue hijo de don Juan de Eraso y doña Leonor Tello, el cual fue repostero de los Reyes Católicos y doña Leonor fue dama de la reina Germana, mujer de Fernando el Católico.

A su vez don Juan Eraso fue hijo de don Miguel de Eraso y Teresa Trujeto, el cual vino con los Reyes Católicos a la conquista de Málaga, Coín y Guaro, donde tuvo varios repartimientos, siendo también repostero de los Reyes Católicos y armado caballero por el rey don Fernando. Así pues es comprensible el peso de los Tello Eraso, como familia conquistadora de Málaga con los míticos Reyes Católicos. A esta familia nada menos unía su sangre doña Gabriela Wittemberg, lo cual indica que por entonces la integración del clan era ya considerable[33].

---

[33] *La línea genealógica exacta del marido de Gabriela Wittemberg es la siguiente: don Fernando (Vicente Martín) Tello Eraso n. 23 de enero de 1720, b. el 20 de enero 1722, hijo don Agustín Miguel Tello Eraso, n. 18 de diciembre de 1686 en Málaga, el cual testa el 12-1-1744 y de doña Josefa Milla, n.Málaga 18 de mayo de 1701. Nieto de padre de don Fernando Tello de Eraso, n. Coín, testa en Málaga el 2-6-1690 y de Constanza Gómez de Molina n.Málaga, c. en Málaga el 20-3-1682.Bisnieto de padre don Domingo Tello Eraso c. con su prima doña Francisca Auncibay y Tello (también citada como doña Francisca Tello y Fajardo). Tataranieto de padre lo fue de don Juan Tello Eraso c. con doña Genónima Vivezo. A su vez padre de éste fue don Francisco Tello Eraso fundador del mayorazgo c. con Elena padilla. Abuelo don Juan Eraso c. con Leonor Tello. Bisabuelo Miguel Eraso c. con Teresa Trujeto. Además el cónyuge de Gabriela Wittemberg descendía de la otra rama de los Tello Eraso por parte de su abuela doña Francisca Auncibay y Tello. Efectivamente ésta fue hermana de don Fernando Tello de Eraso Auncibay n. en Madrid el 7-1-1617, hijo de don Fernando Auncibay y Fajardo n. en Málaga c. con doña Luisa Tello de Eraso. Nieto de padre de don Ginés Auncibay y Fajardo n. en Málaga c. con doña Mariana de Peralta n. de Vélez-Málaga, fundadores del mayorazgo. Bisnieto de padre de Iñigo López de Auncibay c. con Luisa Fajardo, hijo éste de don Fernando Auncibay y de Isabel Peñalosa. Nieto de madre de don Luis Tello Eraso n. de Málaga c. con doña Catalina de Pineda n. de Sevilla.*

Pero no sólo eso. Además el bisabuelo de Fernando fue don Domingo Tello Eraso, el cual casó con su prima doña Francisca Auncibay y Tello y por esta línea descendía de otra importante rama de los Tello Eraso fundadores y transmisores de otro mayorazgo. Así se sabe que hermano de doña Francisca fue don Fernando Tello de Eraso Auncibay, el cual nació en la villa de Madrid, en la calle duque de Alba, el día 7 de enero de 1617, bautizado en la Iglesia de Santi Yuste.

Este otro don Fernando debió ser un personaje de nota pues no sólo fue heredero del mayorazgo creado por su abuelo, sino además paje de S.M. Felipe IV, el cual le hizo caballero de la Orden de Santiago. Estaba emparentado con importantes familias en el reino de Andalucía como son los Valenzuela, los Fajardo y los Carrillo. Por parte de la familia Fajardo era descendiente del marqués de las Beles. Por otra parte, los círculos de influencia eran considerables ya que la prima de su padre don Fernando Auncibay y Fajardo llamada doña Francisca Fajardo estaba casada con don Fernando Carrillo, nada menos que presidente del Consejo de Indias.

Abuelo del paje de Felipe IV lo fue don Ginés Auncibay y Fajardo n. de Málaga c. con Mariana de Peralta n. de Vélez-Málaga. Este don Ginés era de origen vasco y llegó a ser Alcaide de la fortaleza de Mismiliana, así como regidor de Málaga. Junto a su mujer fundó mayorazgo de las haciendas y heredamientos que había repartido de su abuelo don Fernando de Auncibay.

Pero don Ginés también había sido heredero de su tío don Hernando Auncibay. Tanto su tío Hernando como su padre don Iñigo López Auncibay fueron regidores de Málaga. Todo ese poder procedía de su abuelo, ya citado, don Fernando Auncibay que había venido junto a los Reyes Católicos a la conquista de Málaga y en compensación le había hecho alcalde de Mismiliana y regidor de Málaga entregándole varios repartimientos, casas, tierras y otras posesiones así como capilla y entierro en el convento de la Victoria. Allí en dicho convento están enterrados los Auncibay y Fajardo, donde están sus armas con la pomposa inscripción siguiente:

> *"Aquí yace el Regidor don Fernando Auncibay, vecino de la ciudad de Málaga, natural de Vizcaya, del linaje y casa de los Auncibay y que sirvió a los Reyes Católicos, de capitán en la toma de la ciudad de Málaga".*

No menos interesante fue el papel desempeñado por el abuelo del que fuera paje de Felipe IV. Este fue el doctor don Luis Tello Eraso, natural de Coín, colegial de un Colegio Mayor de Sevilla, llamado Maese Rodrigo o Santamaría de Jesús de Sevilla, el cual lo fue en varias ocasiones: en 1590, en 1594 (hasta febrero) y luego el 2 de agosto de 1596 por muerte del licenciado Calderón. Posteriormente fue oidor en Indias, concretamente en Charcas y después en Santafé, de donde con licencia del Rey pasó a España.

Así pues, como descendiente de estas familias a don Fernando marido de Gabriela Wittemberg le correspondía por casa y varonía de estas dos familias llevar el apellido Tello Eraso y Auncibay y por tanto fue heredero de ambos mayorazgos (Consejo de Órdenes, 1783). Gabriela y Fernando no tuvieron hijos. Tras enviudar de doña Gabriela, don Fernando contrajo un segundo matrimonio con doña Mª del Carmen Pizarro Despital Gómez de Molina. Don Fernando Tello de Eraso testó el 17 de diciembre de 1783.

Sin duda, los descendientes de Juan Wittemberg Arizón –segunda generación de nacidos en Málaga– fueron una familia egregia, sugerente y cautivadora. Todo lo expuesto no es más que la punta del iceberg de un cúmulo de méritos y logros que aún nos sorprenderán durante innumerables páginas cuando entremos a relatar las proezas de los hijos de éstos, en tercera y hasta cuarta generación. Pero antes de llegar a ese caluroso encuentro no podemos olvidarnos de los descendientes de **María Wittemberg Arizón**, también pertenecientes a la segunda generación de nacidos en Málaga y primos de la rama Wittemberg-Aguilar.

Esta descripción de la línea femenina de los Wittemberg será importante, no sólo por el increíble lucimiento que tendrá alguna de sus ramas, sino porque en tercera generación se unirán a sus primos de la rama masculina, formando un nuevo vínculo, probablemente el más fortalecido, prospero, opulento, interesante y enriquecedor de todos ellos. Frente a la lógica dispersión que el transcurrir del tiempo provoca en todas las familias, se da en el clan de los Wittemberg la paradoja de que en tercera generación se volverán a entrelazar, aunando fuerzas y consiguiendo llegar al pináculo de su poderío, de su ennoblecimiento, de su estimación social.

Además la exposición de la línea femenina de los Wittemberg será fundamental, ya que a través de uno de sus descendientes nos asombraremos, en plena Ilustración ante su grandeza intelectual. Por lo tanto, primos de los anteriores serán los descendientes de la hermana de don Juan, llamada María Wittemberg Arizón que en su matrimonio con el regidor don Alonso Cruzado Zatico, acaecido en 1708, engendró los siguientes hijos:

Don Juan Cruzado Wittemberg, natural y vecino de Málaga, el cual fue nieto (como todos sus hermanos) de don Juan Cruzado de Figueroa y Haro, señor de Valverde, caballero de la Orden de Santiago, regidor perpetuo de Málaga en virtud de título otorgado por Felipe V, el 19 de septiembre de 1724. Casó el hijo de don Alonso en 1728 con doña Margarita de Sevilla y Arizón, natural de Motril y vecina de Málaga, hija del capitán don Luis de Sevilla y de Isabel de Arizón, tía de María Wittemberg Arizón, su madre, con lo que nuevamente asistimos al fenómeno de las concentraciones de parentelas familiares.

Al igual que su padre y su abuelo, también don Juan fue regidor perpetuo de Málaga, cargo que obtuvo mediante cédula de Felipe V, el día 6 de diciembre de 1740. Se sabe por el testamento de María Wittemberg que recibió una viña de su madre y a juzgar por el estamento al que pertenecía debió poseer una acomodada posición en la élite malagueña. Como regidor perpetuo gozó de un gran protagonismo y las actas municipales están plagadas con sus actuaciones.

En su matrimonio con doña Margarita de Sevilla tuvo a: Ildefonso, Antonio, Juan José, Nicolás, Joaquín, José y María. La mayoría de sus hijos residieron en Málaga, con la excepción de dos de sus varones. Don Nicolás fue capitán de caballos en México y su hermano don José fue vecino de Puebla de los Ángeles, también en México, donde es probable que dejaran descendencia. También se sabe que doña María (Dolores) casó con Feliciano Gallardo Carranque, procedente de ilustre familia de militares.

El primogénito, **Don Ildefonso Cruzado Sevilla**, también citado en algunas fuentes como don Alonso, sucedió a su padre en el cargo de regidor perpetuo de Málaga, en virtud de cédula otorgada por el rey don Fernando VI, el 27 de marzo de 1753. Unos años antes, en 1750 casó con doña Micaela Molina Cruzado, natural y vecina de Málaga, hija legítima de don Claudio de Molina y Cruzado, y de doña Mariana de Molina, para lo cual precisó de dispensa por ser parientes en cuarto grado.

De sus padres heredaron diversas viñas y haciendas, incrementando además su patrimonio con otras herencias transversales. Además disponían de dos casas en Málaga. De dicho matrimonio nacieron dos hijos ambos religiosos profesos: **don Juan** de la orden de los Mercedarios Calzados y **don Claudio Cruzado Molina**, que profesó en el convento de San Juan de Dios de Málaga.

Hermana del anterior fue **doña Margarita Cruzado Wittemberg**, también citada como doña Margarita Cruzado de Figueroa, Carrillo y Vargas, bautizada en Málaga el 16 de diciembre de 1705, la cual casó el 19 de noviembre de 1721, en la misma ciudad, con don Francisco Pascual Zacarías Velázquez de Angulo y Rentero, bautizado también en Málaga el 12 de noviembre de 1703. Con esta unión doña Margarita se enlazaba a una de las familias más notables de toda Andalucía, cuyos orígenes estaban ya constatados desde el año de 1216.

Dentro de la perspectiva de la ética nobiliaria, los títulos y cargos ostentados por don Francisco fueron impresionantes. Fue capitán de milicias y regidor perpetuo de Málaga; cofrade de la Esclavitud del Santísimo Sacramento, en la que fue recibido el 18 de diciembre de 1710, ejerciendo el cargo de consiliario en 1722; patrono del convento Iglesia de San Pedro de Alcántara. Asimismo fue XI Señor de Valdeflores y Sierra Blanca en Asturias. Sería interesantísimo aunque azaroso, relatar cada una de las proezas de sus diez poseedores anteriores.

Sirva de muestra reseñar que los primeros fundadores del señorío fueron don Agustín Velázquez de Velasco, el cual pasó a España al servicio del infante don Fernando, primeramente rey de Hungría y después emperador, el cual estaba casado con Isabel Velázquez, segunda señora de Valdeflores y Sierrablanca, hija de Gutiérrez Velázquez de Guzmán, primer Señor de Valdeflores y Sierra Blanca por merced otorgada por los Reyes Católicos, don Fernando y doña Isabel, en atención a los muchos y señalados servicios que él y todos los de su casa habían hecho a la Corona.

Volviendo al undécimo Señor de Valdeflores, don Francisco Pascual Zacarías Velázquez de Angulo y Rentero, marido de doña Margarita Cruzado Wittemberg, (su prima segunda), otorgó éste el 12 de junio de 1758 su testamento en Málaga, declarando ser hermano de la venerable Orden Tercera de San Francisco, con cuyo hábito manda que le entierren en la capilla de San Pedro de Alcántara, propia de sus abuelos maternos.

Es de destacar que en dicho testamento declara los vínculos que posee y los muchos a los que tiene derecho y está llamado a la sucesión y que comprendieron casi todos los de la principal nobleza de Andalucía. Pero el punto culminante de su vida lo alcanza poco antes de su muerte, cuando el rey don Carlos III, mediante Real Decreto

fechado el 17 de mayo de 1764 le concede el título de **"marqués de
Valdeflores"**, en atención a sus múltiples méritos y servicios y los de
sus ascendientes (Mogrobejo, 1995).

Su padre fue don Luis Francisco Velázquez de Angulo y Cruzado
de Figueroa, nacido en Málaga el 23 de diciembre de 1671, el cual
también fue capitán de milicias de Málaga y más tarde regidor perpetuo, así como alférez mayor de Málaga, cuyos cargos heredó de su tío
y le fueron confirmados por Real Cédula de 23 de enero de 1701, mediante cesión que como propietaria hizo de ellos Francisca Fernández
de Córdoba, condesa de Casa-Palma en quien estaban vinculados. Fue
por tanto un militar que sirvió con valor a S.M. en sus ejércitos, hasta
el grado de teniente coronel de infantería, hasta que por sus enfermedades se retiró a su casa.

Por lo que respecta a su evolución como militar, se sabe que don
Luis fue sargento mayor de León, como también lo fue del Principado
de Asturias. Después de catorce años sirviendo como sargento mayor
fue designado gobernador de la plaza de Oran, a imitación de sus antepasados que durante más de 200 años habían ocupado en ella altos
puestos como alcaides, gobernadores, castellanos, maestres de campo,
etc. En otras palabras, don Luis fue descendiente de los conquistadores de Orán, a quienes en premio a su labor se les había dado
repartimientos en el campo de Mozarquivir.

Pasó veinticuatro años don Luis sirviendo en Oran, señalando las
fuentes que era descendiente de la casa del duque de Cardona. Más
adelante fue alcaide y gobernador de la plaza y fuerza de Melilla,
nombrándosele por Real título de S.M. el 11 de abril de 1671, maestre
de campo de infantería española *ad honorem*. Además se encargó de
la fortificación del fuerte de San Marcos, en continua lucha contra los
moros. Asimismo, durante algún tiempo fue gobernador del presidio
del Peñón.

En atención a sus muchos servicios, el rey don Felipe V, por Real
Cédula de 8 de febrero de 1704 le hizo merced del hábito de caballero

de la Orden de Calatrava. Contrajo matrimonio en Málaga con Elvira Rentero y Guerrero, natural de la misma ciudad, hija de Alonso Rentero de la Fuente, regidor perpetuo de Málaga y de Josefa Agustina Guerrero y Corbalán. Es de notar que el padre de Elvira había sido en su juventud capitán de milicias de la villa de Guaro y posteriormente teniente de la alcaldía y fortaleza de Mijas.

Además, fue heredero del mayorazgo fundado por su tío don Francisco Gómez Rentero. Interesante igualmente fue la actuación del abuelo materno de doña Elvira, llamado don Tomás Guerrero de la Fuente, el cual fue almirante de la Armada Real del mar océano, el cual falleció peleando contra la armada Holandesa en el Estrecho de Gibraltar en el año 1607, pero ya mucho antes había combatido con gran aprobación en Flandes, Bretaña, así como en el ducado de Saboya.

Su abuelo, don Francisco Velázquez de Angulo y Robles, fue bautizado en Villaviciosa (Asturias) el 19 de enero de 1642, el cual fue también caballero de la Orden de Calatrava, capitán de Milicias de Málaga, el cual sirvió durante sesenta y seis años en los ejércitos de S.M. muriendo en la célebre batalla de Almansa ocupando el grado de coronel de caballería, sirviendo también en las tropas de Carlos II y de doña María de Avellaneda Enríquez, hija de don Fernando de Avellaneda, marqués del Valle. Don Francisco contrajo matrimonio en Málaga el 21 de mayo de 1670 con Beatriz Cruzado de Figueroa y Rivera, bautizada en Málaga el 11 de abril de 1650.

Y así continúa el relato de esta brillante familia durante quince generaciones, relato que debemos acotar para no desviarnos del sentido de esta obra, pero aún es necesario traer a colación que el marido de Margarita Cruzado Wittemberg, estaba emparentado por el apellido Velázquez con el marqués de Cabriñana, y por el apellido Angulo, con el I y II marqués de Angulo, el conde de Buenavista, así como con el I y II marqués de Zela.

Y aún podríamos continuar relatando los ascendientes de las abuelas, mujeres de sus abuelos maternos y paternos, en una larga narración que se extendería durante varias páginas, asombrándonos ante la gran cantidad de señoríos, dignidades, marqueses y condes que están emparentados con esta casa, encontrándose entre sus ascendientes varios de los antepasados de Gonzalo Fernández de Córdoba, apodado "El Gran Capitán", celebre conquistador de Italia (García Carraffa, 1953)[34].

Así pues, marqueses, duques, casas infanzonas, reyes, no son la excepción sino la regla en el origen de esta casa, como dejó muy bien expresado el II marqués de Valdeflores, don Luis José Velázquez de Velasco, hijo de Margarita Cruzado Wittemberg, en un exhaustivo memorial que envió a la corte poco antes de su muerte en 1772, en el que para mayor aseveración se remitía a los escritos de don Joseph Pellicer, cronista mayor de Castilla, en el memorial que en el año 1649 imprimió relatando "la calidad y servicios de don Andrés Velázquez de Velasco, conde de Escalante y Tahalí, señor de Villaquerin y Sinova, caballero de la Orden de Santiago", perteneciente a la misma casa que don Luis (Consejo de Estado, ca 1752).

La siguiente hermana fue **Doña Josefa Cruzado Wittemberg**, la cual nunca se casó, razón por la cual ya en 1728, su madre María Wittemberg Arizón, le había dejado una serie de mejoras en su testamento. De una parte confirmaba las ya dejadas por su marido don Alonso Cruzado Zatico, regidor perpetuo de Málaga, consistente en 2000 ducados de vellón, provenientes del tercio de sus bienes y a ello añadía otros 1300 ducados de vellón también por vía de mejora a cargo de su legítima del tercio de sus bienes, cediéndole además algunos bienes muebles, como un escritorio y algunas imágenes litúrgicas.

---

[34] *Ibidem, últimas dos obras citadas. Véase también el expediente de Guardamarina de Francisco Velázquez Cruzado, hijo de Margarita Cruzado Wittemberg, en el Archivo Central de la Marina, Expediente E.699 (Madrid), tras lo cual el lector se formará una cabal idea de la grandeza de esta casa* (Díez de Medina, 1734).

Doña Josefa no se casó pero eso no le impidió ejercer cierto protagonismo, o eso al menos parece señalar la partición de sus bienes efectuada el 31 de agosto de 1781 poco después de su muerte. Esos informes señalan que doña Josefa poseía varias heredades de viña en el Arroyo de Totalán, asiento tradicional de los Wittemberg, además de otras tierras eclesiásticas que arrendaba al deán y Cabildo de la Santa Iglesia Catedral, en las cuales recolectaba uva y otros apreciados frutos de la tierra, además de producir excelentes vinos.

Vista de la Hacienda de Bellavista, Siglo XIX, por F. Pérez

Como muchas familias de su entorno, doña Josefa llevaba una vida agropecuaria. En sus heredades de viña se producían buenos vinos tintos, se elaboraba vinagre y se obtenían excelentes pasas. En sus tierras abundaba el ganado, destacando los rebaños de cabras. Los informes de gastos señalan compras de varias fanegas de cebada, aparejos para el ganado, herrajes para los caballos, así como utensilios para esquilar. En las viñas de Josefa se producía anualmente todo un ritual en torno a la recolección de las vides.

Los peones salían al campo calzados con sus alpargatas de esparto y provistos de abundante vitualla para la recolección de la uva, como las aportaderas y que en época de vendimia se han contabilizado hasta 1277 trabajadores. Otros peones portaban el agua con corambres o correas de cuero. Otras personas se dedicaban a trabajos de albañilería. El capataz era la persona que dirigía la hacienda, también abundaban los guardas y en general los mozos a cargo de la custodia del material.

A medio día todos se reunían frente a una mesa a comer pescado. Luego entraban en escena los pisadores, que en los lagares machacaban la uva con los pies de la que se obtenía el mosto que tras su fermentación se transformaba en vino. Finalmente, el vino se introducía en toneles o pipas, las cuales se computaban en arrobas, siendo éstas transportadas en mulos hasta Málaga, donde eran almacenadas en bodegas para su custodia y conservación.

El charrán de Málaga,
por Gustav Doré

Tras la muerte de Josefa acaecida en 1781 se realiza un inventario de sus bienes. En ese momento se constata que el caudal relicto se componía de varias partidas, entre las que se citan: 55 arrobas de pasas al sol, valoradas en 770 reales de vellón, 169 arrobas de vino tierno valoradas en 5950 reales de vellón y que fueron vendidas a la casa Lambret; 2580 arrobas de vino de yema seco valoradas en 28.380 reales de vellón, vendidas también a la casa Lambret, 525 arrobas de vino de agua valoradas en 4200 reales de vellón; 60 arrobas de vino tinto valoradas en 1270 reales de vellón; 28 pieles de cabra vendidas por 180 reales de vellón y por último 100 arrobas de vinagre.

Piénsese que aunque el valor de la arroba varía en cada provincia, ésta equivalía a más de 11 litros, lo que nos da una idea de la cantidad de vino que se almacenaba en las bodegas de doña Josefa. Al no casarse, ni tener hijos, Josefa lega todo su patrimonio a sus diez sobrinos; de los cuales cinco corresponden a los hijos de su hermana, Margarita Cruzado Wittemberg, los cuales se llaman: don Carlos, don Francisco Antonio, don Manuel, doña Beatriz y doña Manuela.

Don Carlos, es ahora el marqués de Valdeflores, tras la muerte en 1772 de su famoso hermano mayor Luis José y es en quien recae la representación de los hermanos Velázquez Cruzado. Los otros cinco sobrinos son los hijos de su hermano Juan Cruzado Wittemberg, los cuales se llaman: don Alonso, regidor perpetuo de la ciudad de Málaga, don Juan, don Antonio, don Nicolás (Capitán de Caballos en el Reino de México y ausente) y don Josef (vecino de Puebla de los Ángeles en México). A todos ellos les correspondió la parte alícuota del caudal relicto, la cual alcanzó los 2.280 reales de vellón (De Messa, 1780).

Hermana pequeña de todos los anteriores y última de esta línea femenina, fue **doña Beatriz Cruzado Wittemberg.** De ella apenas se sabe por el testamento de María Wittemberg Arizón, su madre, que no se casó y que murió joven, ya que en 1728 ya había fallecido. Así pues, el miembro más importante de esta rama fue doña Margarita Cruzado Wittemberg, la cual se unió –como hemos visto más arriba– a uno de los linajes más importantes de Málaga, cuyos destacados descendientes trataremos más adelante.

Por lo tanto, habiendo construido semblanzas de las vidas de todos los descendientes de la rama Wittemberg Arizón (de Juan y de María, 2ª generación de esta familia nacida en Málaga), retomamos nuevamente la línea masculina para entrar en el estudio de la descendencia de los hijos de don Juan, es decir, la progenie de la familia Wittemberg Aguilar.

Familias y patrimonios: el predominio de las hábiles élites urbanas

De la rama Wittemberg Aguilar, serán fundamentalmente dos varones, don Jorge y don Joseph, los que darán origen a importantes linajes en Málaga. Junto a ellos, una de las hijas de su hermana doña Ana Nicolasa, se vinculará a uno de los hijos de don Jorge, fomentando el fenómeno de concentración de clanes y patrimonios. Así pues, del matrimonio contraído en 1732 entre don Jorge Wittemberg Aguilar y doña María Mendieta Fernández Chinchilla, nacerán cuatro hijos: **don Luis, don Joseph, doña Ana Dominga y doña María de la Purificación Wittemberg Mendieta.**

De los descendientes del prominente don Jorge –3ª generación de esta familia nacidos en Málaga– **don Joseph** fue presbítero regular de la Compañía de Jesús y **Sor María de la Purificación** profesará en el convento de Religiosas Recoletas Agustinas, por lo que serán don Luis y doña Ana Dominga los que acapararán el mayor protagonismo de esta rama. **Don Luis Wittemberg Mendieta,** nació en 1738, y heredó de su padre el cargo de diputado del Común. Don Luis fue un hombre poderoso en la Málaga del siglo XVIII, hacendista pudiente, comerciante de éxito, ejecutor y decisor de los negocios y de la política municipal, hombre influyente, bien relacionado en los estamentos de la época.

Sin duda, don Luis fue el gran patriarca de la familia Wittemberg de la tercera generación de nacidos en Málaga y así se evidencia en todos los documentos de la época, en los que sus familiares lo designan como albacea, o ejecutor de sus negocios jurídicos y general como líder y referente inequívoco de este período. Don Luis fue un hombre acomodado, acreedor de una gran fortuna personal, ya que heredó nada menos que tres mayorazgos, los que fundaron respectivamente: don Francisco de Mendieta, don Juan Witemberg y doña Ana Agustina de Aguilar su mujer y doña Francisca del Pozo Colmenares.

Al primero pertenecían una casa en San Bernardo el Viejo, una huerta en el Humilladero, y una heredad de viña en el partido de Totalán Alto en el término de Málaga. Al segundo un estupendo olivar y limonar con su casa, enseres y herramientas de labor ubicada en el partido que llaman del Arraifanal, también en el término de la ciudad de Málaga. En cuanto al tercer mayorazgo, se trataba de una heredad de viña y olivar con un haza de tierra en el pazo de Castillejo en la villa de Alhaurín el Grande.

Pero además don Luis poseía bienes raíces por méritos propios. Estos bienes estaban libres de toda vinculación. Se trataba de una heredad de viña llamada "De Correa" con su casa lagar y vasija situada en el partido y arroyo de Granadillas; otra casa corralón ubicada en la calleja de los Abades, así como la mitad de una casa principal en el Postigo de los Abades. Asimismo, estaba la casa donde don Luis moraba habitualmente situada en la plazuela del convento de los Trinitarios Descalzos.

Por si fuera poco, don Luis tenía un pedazo de tierra en la hacienda llamada de San Miguel, en el partido de Arraifanal, compuesto de once fanegas para sembrar, dos obradas de viña y abundante arbolado, tierra que años atrás la ciudad de Málaga había donado a don Jorge Wittemberg, su padre, aunque en un documento posterior don Luis señala que esa tierra la había comprado a Francisco Falcón el 23 de enero de 1806. También declara don Luis poseer otra hacienda llamada "San Rafael", es de suponer estaba ubicada en la misma zona.

En su testamento otorgado en Málaga el 24 de septiembre de 1802, declara haber tenido algunos desencuentros con su hermano don Joseph Wittemberg Mendieta, jesuita. El motivo fue el destino de algunos bienes patrimoniales. Don Joseph era usufructuario de varios bienes. Entre ellos la mitad de una casa en el Postigo de los Abades, también un pedazo de viña en Granadillas, deslindada y amojonada, así como la tercera parte de una casa, terraza, viga y bodega, situada en la misma zona. Sin embargo, don Joseph se vio envuelto en el tor-

mentoso período de la expulsión de los jesuitas, lo que le provocó la
pérdida de sus bienes.

Tras la expulsión en 1766 regresa a Málaga en 1790 y es aquí
cuando comienzan las desavenencias con su hermano. Para intentar
recuperar sus bienes, dejó el sacerdocio. Su hermano don Luis escribe
en su testamento y son sus propias palabras:

> "...que para evitar escándalos y disensiones y deseoso de que no se
> alterase la paz y la tranquilidad con su hermano celebró escritura para
> entregarle el caudal que le pertenecía" (Ruíz de la Herranz, 1802)
> (Ruíz de la Herranz, 1820).

Pero una vez hecho esto se presentaron diversos problemas. En
primer lugar, don Joseph no presentó Bula de secularización expedida
a su favor por el papa, como era preceptivo, documento que hubiera
acreditado su exclusión del estado religioso y de todos los votos con-
traídos. Además, esta vía legal no se pudo llevar a efecto ya que una
Real Pragmática dictada en 1784 ordenaba que los ex jesuitas no pudieran vender las posesiones heredadas de sus padres y demás
parientes, debiendo recaer en el pariente más cercano. Asimismo, su
padre don Jorge Wittemberg había prevenido por testamento que en
caso de muerte de don Joseph sus bienes habrían de recaer en don
Luis.

La situación de don Joseph Wittemberg Mendieta debió ser realmente desesperada. Eso se evidencia en el hecho de que desde Italia y
a través del embajador en Génova, don Leonardo Gómez de Terán,
envió un memorial a don Pedro Ceballos, secretario de Estado de
Carlos IV, para poder vender sus bienes en Málaga:

Genova 21 de mayo de 1806
Don Leonardo Gómez de Teran
Excmo. Sr.

El sacerdote ex jesuita don José Wittemberg solicita en el adjunto memorial que incluyo a v.e., dispensa de la real cédula de 5 de diciembre de 1805 que prohíbe la enajenación de los bienes pertenecien-pertenecientes a los individuos ex jesuitas, para poder vender los que tiene en Málaga y satisfacer por este medio las deudas que aquí tiene contraídas, no habiendo percibido después de algunos años rédito alguno de ellos. Confía en la bondad de v.e. para obtener esta gracia que aliviaría su miseria y le liberaría de la vejación que pueden hacerle sus acreedores si dejara de pagarlas.

He tomado informe sobre esta exposición, y se me ha asegurado ser cierta en todas sus partes.

Renuevo a v.e. mi obsequio y ruego.
Génova, 21 de mayo de 1806 (Gómez de Terán, 1806).

A lo que contesta don Pedro Ceballos:

Aranjuez 15 de Junio de 1806
El Excmo. Sr. D. Pedro Cevallos

He pasado a manos del Sr. Secretario del Despacho de Hacienda, para la resolución que sea del agrado de S.M., incluso en el oficio de v.s. del 21 del mes próximo anterior, n° 23 en que el sacerdote ex jesuita, don Joseph Wittemberg, solicita dispensa del art. 8 de la Real Cédula de 5 de diciembre de 1803 que prohibe la enajenación de bienes pertenecientes a individuos de su instituto, para poder vender los que posee en Málaga, y satisfacer con su producto las deudas que tiene contraídas en ese país, lo que aviso a V.S. de Real Orden, para su noticia y la del interesado.

Dios guarde a v.s. muchos años. Aranjuez 15 de junio de 1806

Pedro Ceballos (Ceballos, 1806)

No se conoce con exactitud el resultado de estas peticiones, pero es de suponer que no fueron favorables al interés de don Joseph, ya que en definitiva, ya sea por la prohibición de enajenación –con todas las tensiones que esto provocó– o por la misma muerte del ex jesuita, el caso es que finalmente todo ese patrimonio fue a parar a don Luis.

340

Otro deceso inesperado aumentó su patrimonio. Esta vez fue su hija Micaela Wittemberg, que aunque casada, murió joven y sin dejar descendencia. Por dicho motivo don Luis, su padre, heredó de su hija dos casas en el "Hoyo de Esparteros".

Don Luis casó en 1764 con doña María Antonia Mendieta Wittemberg, su prima, natural del Reino de Galicia, hija de don Lope de Mendieta brigadier de los reales ejércitos y de doña Ana Nicolasa Wittemberg Aguilar, su tía, hermana de su padre don Jorge Wittemberg Aguilar. Así pues casándose con su prima una vez más asistimos al fenómeno de la concentración de capitales, unión de clanes y fuerzas, que junto a la transmisión de mayorazgos creaban linajes cada vez más poderosos. Doña María Antonia Mendieta Wittemberg trajo al matrimonio varios bienes entre los que se citan: una dote de mil ducados y varias alhajas y además heredó de su madre una casa en el Postigo de los Abades y varios almacenes.

En síntesis puede decirse que don Luis Wittemberg Mendieta era riquísimo, uno de los hacendados más acaudalados de Málaga, al que en el momento de su muerte acaecida alrededor de 1817 (su último testamento es de esta fecha) se le contabiliza un caudal valorado en cerca de 300.000 reales de vellón, una cantidad ciertamente exorbitante. De esta tasación están excluidos los mayorazgos que van a parar al primogénito, lo que nos da una idea del inmenso patrimonio que poseía don Luis. La partición de sus bienes no se efectúa hasta 1820, por existir una demanda pendiente.

Por otra parte, resulta interesante reseñar que las hermanas de María Antonia, llamadas doña María Francisca Mendieta Wittemberg nacida en 1736 y doña Ana Gabriela Mendieta Wittemberg nacida en 1748, permanecieron solteras y vivieron siempre en casa de don Luis. La unión y armonía era muy fuerte, ya que don Luis estuvo casado con su prima, y las hermanas de ésta –también sus primas– vivían en su casa. Como puede desprenderse y como el mismo don Luis dejó evidenciado, el entendimiento fue total, todas sus primas se desvivieron en la crianza de sus hijos, y cuidaron con el mayor esmero la educación de los retoños.

Arco de la plaza de Buenaventura de Málaga, siglo XIX, por F. Pérez

En todo este tiempo los bienes muebles de doña María Francisca y doña Ana Gabriela se mezclaron con los de su hermana María Antonia. Don Luis Wittemberg Mendieta, nacido en 1738 en su matrimonio en 1764 con María Antonia Mendieta Wittemberg, nacida en 1735, tuvo a: **doña María Gabriela n.1766, don Jorge n. 1770, doña Ana María n.1771, doña Luisa Antonia n.1772, doña Micaela n.1774 y don Antonio Vicente Wittemberg Mendieta**, cuarta generación de esta familia nacidos en Málaga (Ruíz de la Herranz, 1802) (Ruíz de la Herranz, 1820).

La prueba de la vinculación tan fuerte que había entre las tres primas, es que tanto María Francisca, como Ana Gabriela, (hermanas ambas de María Antonia, mujer del patriarca don Luis) dejan todo su patrimonio a sus sobrinos. Doña María Francisca en su testamento dado en Málaga el 16 de agosto de 1796 declara ser soltera, natural de Barcelona, bautizada en San Pedro de las Puellas y vecina de Málaga, la cual deja por vía de legado varios bienes muebles a su sobrino don

Jorge, 100 ducados a doña María y a doña Micaela y también algunos muebles a doña Luisa Antonia, instituyendo además a ésta última por su universal heredera de todos sus bienes raíces, con la obligación de que cada año entregue a su hermano don Antonio 50 ducados (Ruíz de la Herrán, 1796).

La otra hermana doña Ana Gabriela, en su testamento dado en Málaga el 17 de agosto de 1804, deja dos casas en el Hoyo de Espartero para doña Micaela, que como sabemos por su prematura muerte sin descendencia se acabarán integrando en el patrimonio de su padre; una casa y mesón en la calleja de Ortigosa que será para doña Ana María y finalmente un censo para don Antonio (Sánchez de Castilla, 1804).

De los hijos de don Luis Wittemberg Mendieta, (4º generación de nacidos en Málaga), **doña María Gabriela, doña Ana María y doña Luisa Antonia,** permanecieron solteras y no tuvieron hijos. La otra hermana, **doña Micaela Wittemberg Mendieta** n. en 1774 casó en 1803 con el primo de su padre, **don Francisco de Paula Wittemberg Cotrina,** n. en 1760, capitán del Regimiento de Infantería de América, cuyos méritos trataremos más adelante al examinar esa otra rama de los Wittemberg. Lamentablemente como hemos comentado anteriormente, doña Micaela murió relativamente joven y no tuvo tampoco sucesión.

De los dos varones, el mayor y primogénito fue **don Jorge Wittemberg Mendieta,** n. en Málaga 1770 m. en 1854. Don Jorge, al igual que su padre fue un hacendista de Málaga, ligado por tanto a la tierra y a los negocios mercantiles. Casó en primeras nupcias con Josefa Cruzado, con la cual tuvo los siguientes hijos: **Don Francisco de Paula, Doña Concepción, Doña Agustina, Doña María Manuela Wittemberg Cruzado.** Este matrimonio contó con la aprobación de don Luis, su padre. Tanto es así que en 1802 designa como sus albaceas a sus hijos varones don Jorge y don Antonio.

Después, alrededor de 1807 don Jorge contrae un segundo matrimonio con doña Josefa Hidalgo. De este matrimonio nacen los siguientes hijos: **doña Luisa** n.1810, **doña Ana,** n. 1811; **don Joaquín,** n1814; **don Jorge** n. 1818; **don José,** n. 1820, **Wittemberg Hidalgo,** quinta generación de esta familia nacidos en Málaga. Por las razones que fueran, el gran patriarca y acaudalado de Málaga don Luis Wittemberg se opuso a este segundo matrimonio de su hijo primogénito varón, don Jorge.

Tanto es así que en la partición de 1820 (fecha en que se ejecuta su testamento de 1817), designa solamente como su albacea a su hijo don Antonio, excluyendo a don Jorge de la sucesión de sus mayorazgos, situación que debió generar no poca tensión familiar. Sin embargo don Jorge Mendieta en su testamento de 14 de noviembre de 1843, declara que:

> "...está en posesión de los mayorazgos fundados por don Juan Witemberg Arizón, don Francisco Pozo Colmenares Téllez y don Lorenzo Mendieta y tras su muerte pasarán a su hijo don Joaquín Witemberg, su hijo primogénito".

Por lo tanto, todo ello hace pensar que entre don Jorge y su padre don Luis, tras las desavenencias iniciales tuvo que haber alguna reconciliación, ya que es don Jorge y no su hermano don Antonio, el que hereda esos importantes mayorazgos. De su hijo primogénito, don Joaquín Wittemberg Hidalgo, sólo ha trascendido que murió en 1891, y que permaneció en estado soltero. En cualquier caso, el 11 de octubre de 1820, se promulga la Ley de abolición de los mayorazgos en España, con lo que todo ese patrimonio se fue diseminando a lo largo de los tiempos.

Aparte de estos mayorazgos, don Jorge declara poseer una casa en San Bernardo el Viejo, llamada comúnmente "La Fonda de los Tres Reyes" y otra más que se encontraba situada en la placeta de los Trinitarios Descalzos, de las cuales –añade– no se hayan vinculadas, conforme a la Ley de desvinculaciones de 1836. También se sabe por el testamento de su padre que disfrutaba de un olivar en San Miguel. Otro de sus hijos varones, será el ya referido don Jorge Wittemberg

Hidalgo, del cual declara su padre haber gastado 1000 reales de vellón en su educación, dándole la carrera de abogado (Romero Fernández, 1843).

Don Jorge (5ª generación) nació en Málaga en 1818 y murió en 1899, demostrando tener mayores vocaciones intelectuales que su padre. En 1832 ingresa en el colegio de San Sebastián de Málaga donde durante tres años estudia Filosofía. Así pues, estudia Matemática, Lógica y Ontología en el primer año. En el segundo, Física general y particular. En el tercero, Metafísica y Ética. Después ingresa en la Universidad de Granada, donde le reconocen los estudios de Filosofía hechos con anterioridad. Allí estudia al menos cuatro años de Derecho, distinguiéndose en el segundo año con las Instituciones Romanas y Principios del Derecho Público, obteniendo la nota de sobresaliente.

En Granada, a treinta de mayo de 1838, se le expide título de Bachiller en Leyes, cursando ese año cuarto año de Derecho, sin que de la documentación en dicha universidad afloren más datos sobre la obtención de su título de abogado, que se supone que obtuvo, a juzgar por lo que así declara su padre en su testamento. El presidente y vocales de la Junta de Censura, antes de expedirle el título de Bachiller concluyen con la siguiente nota: *"Es de buena conducta y tiene fundada constitución de la Monarquía"* (Secretaría General de la Literaria Universidad de Granada, 1835-1838).

Otros documentos nos informan de los primeros quince años de profesión de don Jorge, sin que hasta la fecha haya aflorado cual pudo ser el final de su evolución como jurista. Esos documentos nos ilustran que efectivamente don Jorge se presentó ante la Audiencia Tribunal de Granada el 22 de julio de 1841, para solicitar su recibimiento de abogado. A continuación rindió examen en la forma acostumbrada y acto seguido entró en audiencia plena, ante el Sr. regente y ministros de ese Tribunal Superior, donde hizo lección y oposición, respondiendo a cuantas preguntas se le hicieron, considerándole hábil para ejercer.

Por lo que, después de los juramentos necesarios de defensa de la Constitución y Monarquía, y del pago de derechos correspondientes, se le otorgó el título y licencia de abogado, considerándole apto para desempeñar dicha profesión y entrar en los estrados nacionales, devolviendo en ese momento el título que hasta entonces gozaba de Bachiller en Leyes. Otros datos muestran que don Jorge fue promotor fiscal del Juzgado 2º de Málaga, y también fiscal interino de la Comandancia de Marina del Tercio Naval Málaga, que comprendía además las ciudades de Motril y Almería, donde llevó diversas causas criminales pendientes y de cuya gestión recibió el encomio de sus superiores, que alabaron su probidad, integridad y aplicación.

El 6 de noviembre de 1856, desde Málaga dirige misiva al Ministerio de Gracia y Justicia, informando haber desempeñado durante 15 años su profesión y haber ejercido como interino en las Fiscalías del Juzgado de Primera Instancia del distrito de la Merced y los del Tribunal de Marina del Tercio Naval de Málaga, solicitando la propiedad de la Promotoría Fiscal del Juzgado de Primera Instancia de la Merced que interinamente desempeño o de cualquiera de los juzgados de la provincia, si bien los documentos no revelan el resultado de esta solicitud. Otras informaciones de ese mismo cuerpo documental señalan que don Jorge fue regidor del Ayuntamiento de Málaga (Ministerio de Justicia, 1843).

El licenciado don Jorge Wittemberg Hidalgo fue incorporado al Ilustre Colegio de Abogados de Málaga el 19 de septiembre de 1841. Asimismo consta que fue diputado cuarto de la Junta de Gobierno del Colegio en 1848. Falleció el 23 de marzo de 1899[35].

Casado con doña Antonia García González, tuvo los siguientes hijos: **María** n.1845, **Ángeles** n.1847 m.1917, **Emilio** n.1849 m.1883, **Jorge** n.1852, **María de la Concepción** n.1858, **Gerónima** n.1859, **Georgina** n.1860 y **Joaquín** n.1861, **Wittemberg García.** El primo-

---

[35] *Libro 1º de la Matrícula de los Abogados del Iltre. Colegio de Málaga, fol.89.*

génito varón, **don Emilio Wittemberg García** (6ª generación) fue
como su padre abogado, obteniendo el título de licenciado por la Universidad de Granada, en octubre de 1874, donde existe copioso expe-
expediente de su buena evolución y las diversas materias que cursó en
la institución (Secretaría General de la Universidad Literaria de Granada, 1868-1873).

El siguiente hijo varón de don Luis Wittemberg Mendieta, diputado del Común, fue **don Antonio Vicente Wittemberg Mendieta**
(hermano de don Jorge y 4ª generación). Casó don Antonio en 1807
con doña Josefa de Leyba y López, n. de Sevilla, con la cual tuvo a los
siguientes hijos: **don Luis** n.1809 c. con María de Molina; **don Rafael**
n.1813, escribano de la ciudad de Málaga c. con María de la Concepción Solano Salcedo; **doña María Josefa** n. 1815, c. 1838 con
Fernando de Rozas Echegaray, el cual fue hijo de don José de Rozas,
natural y administrador de Tabacos en Zacatecas, México y de María
Josefa Echegaray.; **don Guillermo** n.1820 y m. 1851 c. 1834 con
Josefa Cearrote Terán; **doña Josefa Wittemberg Leyba** n. en 1821 c.
1839 con don Tomás Cearrote n. 1811.

De estos hijos de don Antonio, quinta generación de nacidos en
Málaga proceden las familias: **Wittemberg Molina, Wittemberg
Solano, Wittemberg Rozas, Wittemberg Cearrote y Cearrote Wit-
temberg,** con vastísima descendencia en Málaga, cuyo apellido por
varonía ha llegado hasta nuestros días (Junta de Clases Pasivas del
Ministerio de Hacienda, 1867)[36].

De las hijas hembras solteras del gran patriarca don Luis Wittemberg Mendieta, destacan **doña Ana Wittemberg Mendieta** (4ª
generación), la cual declara en su testamento de 1834 ser poseedora
del mayorazgo que fundó su tía doña Gabriela Wittemberg Aguilar,
siendo sucesora de aquel patrimonio doña Concepción Velázquez
Witemberg, ya por entonces, marquesa de Valdeflores, –de la que

---

[36] *Véanse los prolijos datos que sobre el apellido Wittemberg posee el Archivo Histórico Diocesano de Málaga.*

hablaremos en su momento extensamente– lo que confirma que existió una relación cercana entre las dos líneas de la familia Wittemberg, la masculina y la femenina; es decir, los descendientes de Juan y María Wittemberg Arizón.

También declara ser poseedora del vínculo que fundó doña Ana Agustina de Aguilar (mujer de Juan Wittemberg Arizón, aquella legendaria matriarca de la familia Wittemberg que tras la muerte de su marido tomó las riendas del clan, encargándose de los complejos negocios navieros y mercantiles de su marido), la cual nombra por sucesora del mismo a doña María Josefa Wittemberg y Leyba, su sobrina, hija de su hermano don Antonio.

Debió doña Ana tener una buena relación con su hermano don Antonio, ya que lega en general a éstos todo su patrimonio, sin mencionar a los hijos de su otro hermano don Jorge. Así a sus sobrinos don Luis, don Antonio y don Guillermo Wittemberg y Leyba, les deja varios bienes raíces, como casas, almacenes y también un censo que pagaba el cónsul de Prusia en Málaga, don Juan de Roos (De Sierra, J., 1834).

Hermana de la anterior, también soltera, fue **doña Luisa Wittemberg Mendieta** (4ª generación), la cual n.1772 y murió el 1 de enero de 1834, viviendo sólo 62 años. Doña Luisa permaneció soltera durante toda su vida y desde los treinta y ocho años estuvo enferma y al cuidado de su criada, Ana Pérez. Ya a partir de esa edad otorga varios testamentos (1810, 1817, 1820) y numerosos codicilos (1818, 1826, 1828), cambiando varias veces de parecer en cuanto al destino de su patrimonio y revelando una preocupación por el futuro de sus bienes.

Doña Luisa tenía cuatro casas en Málaga. Dos de ellas se encontraban en la calle Tomás de Cosar, otra en la Calle Granada, y otra más en la calle ancha del Perchel. Además había heredado unos bienes de su tía María Mendieta Wittemberg. En concreto se trataba de un censo sobre una casa en Málaga, la cual estaba situada frente a la capilla del Santísimo Cristo de la Salud, cuya finca servía de estanco de

tabacos de la Hacienda Nacional, siendo dicha casa propiedad del
Excmo. Sr. conde Fernán Núñez. Además heredó de su madre, María
Antonia Mendieta Wittemberg, una parte del censo que pagaba el
cónsul de Prusia en Málaga, Juan de Roos.

Doña Luisa siente una gran predilección por su sobrino don Rafael
Wittemberg y Leyba, hijo de su hermano don Antonio, la cual lo ante-
pone frente a los otros hijos de éste, o frente a los hijos de su otro
hermano don Jorge, instituyéndolo en su último testamento de 1820,
heredero universal de todos sus bienes, ya sean estos: casas, censos,
alhajas, dinero, muebles o ropa. Además le designa un curador que
administre estos bienes, Juan Aguirre Plowes, marido de Ana Coronado Wittemberg, comprobando una vez más lo estrecha que era la
relación y cooperación entre las diversas ramas de los Wittemberg.

Por si fuera poco, deja previsiones claras para evitar cualquier in-
terferencia o intromisión de su madre en los bienes y planes que ha
diseñado para don Rafael. No obstante que ésta queda como la usu-
fructuaria de los bienes, intenta evitar cualquier intrusión de la madre
hasta que el joven se case, dando poderes al curador de don Rafael en
caso de que así ocurra.

Doña Luisa se muestra muy preocupada por el futuro de su sobrino
preferido, dejando instrucciones a su tutor para que se encargue de su
educación, para que el joven elija la carrera que más le guste, añadiendo la coletilla: "y *más propia de lo ilustre de su cuna",* el cual
como sabemos acabó siendo un reputado escribano de Málaga. Con
esta frase que aparentemente pasa inadvertida, doña Luisa nos quiere
transmitir la importancia de la familia, pero aún algo más, la autocon-
ciencia de la posesión del linaje, que en una fecha tan tardía como el
primer tercio del siglo XIX, aún permanece latente como un sello
inequívoco de la identidad del clan.

Doña Luisa previene que sólo en caso de que don Rafael muriese
antes de llegar a los 25 años sin casarse ni tener hijos, entonces el
resto de sus hermanos (hijos de don Antonio) heredarían su patrimo-

nio a partes iguales. Pero si don Rafael muriese habiendo dejado hijos, éstos serían preferidos frente a sus tíos. Incluso no teniendo hijos, doña Luisa faculta a su sobrino para que retenga el tercio de sus bienes para sí o la persona que éste designe, lo que evidencia que profesó un verdadero cariño hacia su sobrino Rafael (López Bueno, 1820).

En su codicilo de 1826, declara haber tenido una variación patrimonial consistente en varios censos: Uno sobre una casa almacén situada en la calle Ronda en los Postigo de los Abades; otro sobre otra casa situada en el Hoyo de Esparteros, así como otras porciones de sus legítimas maternas y paternas, dejando todo ello en vía de legado a su sobrina doña María Josefa Wittemberg Leyba. En lo demás sigue manteniéndose invariable la institución universal de heredero en la persona de su sobrino don Rafael Wittemberg y Leyba. Doña Luisa murió el primer día de enero de 1834 (López Bueno, 1826).

Por otra parte, junto al gran protagonismo de la persona y descendencia de don Luis Wittemberg Mendieta, gran hacendado de Málaga y diputado del Común de su Ayuntamiento, destaca igualmente la persona y progenie de Ana Dominga, su hermana. **Ana Dominga (Clara) Wittemberg Mendieta,** tercera generación de esta familia engendrados en Málaga, nació el día 12 de diciembre de 1732, hija legítima de don Jorge Wittemberg Aguilar y su mujer, doña María Mendieta Fernández Chinchilla, siendo bautizada el día 14 del mismo mes y año, por su tío, don Juan Joseph Wittemberg Aguilar, prebendado de la catedral de Málaga.

Entre otras muchas posesiones, haciendas e intereses, el padre de doña Ana, don Jorge y su hermano, don Joseph Wittemberg Aguilar tenían tierras y viñas en la localidad de Vélez-Málaga. Y es allí precisamente donde doña Ana conocerá a su futuro marido, don Juan Pedro Coronado, perteneciente a una noble familia de conquistadores de Vélez, cuyos antepasados habían recibido tierras tras la conquista, quedando como pobladores, con gran arraigo en la zona.

Don Juan Pedro Coronado y Navas Tello de Guzmán, nació en dicha ciudad de Vélez el día 21 de junio de 1698, siendo bautizado el 30 del mismo mes y año, hijo de don Julián Coronado Tello de Guzmán nacido el 15 de enero de 1671 en dicha ciudad, bautizado el 2 de marzo del mismo año y de doña María de las Navas, nacida también en Vélez el 7 de marzo de 1679, siendo bautizada el 4 de junio del mismo año. Sus abuelos paternos fueron don Francisco Coronado y doña Juana Tello de Guzmán y maternos, don Pedro de las Navas y doña Antonia Artes.

No se puede llegar a dimensionar el peso de este gran pacto de clanes entre los Wittemberg y los Coronado, sin adentrarnos en las grandes tradiciones y méritos que poseía la familia de Juan Pedro Coronado, tradiciones que eran políticas, pero sobre todo militares, como sabemos, uno de los grandes estamentos sobre los que se asentaba la Monarquía. Así se sabe que el abuelo materno de Juan Pedro, llamado don Pedro de las Navas fue regidor perpetuo de la ciudad de Vélez. Su tío (hermano de su madre), don Fernando de las Navas, fue capitán de infantería de los Reales Ejércitos.

Su padre, don Julián Coronado y Tello de Guzmán atesoraba títulos de gran prestigio como, capitán de caballos de una compañía que se llamaba "Guardas Viejas de Castilla", posteriormente, fue capitán comandante de las reales armas de la ciudad de Vélez y finalmente capitán de caballos del Regimiento de Costa del Reino de Granada. El hermano de éste, llamado don Juan Coronado Tello de Guzmán, ya figuraba en 1706 como caballero hijodalgo, vecino de Vélez, alistado para salir en campaña, acudiendo a la llamada del rey en defensa del reino junto con otros muchos nobles, que también venían con caballos y armas para salvaguardar los intereses de la Monarquía.

Don Julián Coronado Tello de Guzmán en su matrimonio con doña María de las Navas, acaecido en Vélez el 6 de abril de 1695, tuvo ocho hijos y que son los siguientes: <u>don Juan Pedro</u>, <u>doña Antonia María Manuela</u> nacida en Vélez el 19 de febrero de 1701. Contrae matrimonio el 27 de febrero de 1724 con Fernando de Villanueva, alcalde de la fortaleza de Vélez, cuyo nieto don Fernando de Goyeneche y Villanueva fue caballero de la Orden de Santiago en 1770, así como cadete del Regimiento de Reales Guardias Españolas; Doña Isabel, bautizada el 3 de noviembre de 1705, casada el 9 de febrero de 1727 con don Antonio Morante y Piedrola, regidor perpetuo de la ciudad de Vélez y alguacil mayor del Santo Tribunal de la Inquisición.

Es muy interesante destacar que el hijo primogénito de éstos, llamado don Juan Antonio Morante Piedrola y Coronado Lasso de la Vega, natural de Vélez donde fue bautizado el 22 de marzo de 1735, fue regidor perpetuo de Vélez y caballero de la Orden de Carlos III desde 1790. En su matrimonio con doña Antonia Igualada tuvo a Encarnación Piedrola Igualada, la cual contrajo matrimonio en Vélez-Málaga en 1783 con Pedro Altamirano y Andrade, natural de Málaga, caballero de la Orden de Carlos III desde 1794 y II marqués de Isla Hermosa.

Es muy significativo señalar que éste fue hermano de Francisco Altamirano, I marqués de Isla Hermosa, el cual casó con doña María Wittemberg Cotrina, perteneciente a otra rama de los Wittemberg, como veremos extensamente más adelante; don Agustín, teniente del Regimiento de Caballería de Costa; doña Rosa, religiosa profesa de velo negro en el convento de Santa Clara de la ciudad de Vélez; don Francisco Javier, capitán de caballería de Calatrava y también fue alférez de caballería del Regimiento de Santiago, así como teniente de caballería del Regimiento de Granada; don Carlos, el cual fue regidor perpetuo de la ciudad de Vélez (al igual que su hermano don Juan Pedro), alcaide del castillo y fortaleza del Torre del Mar, dentro del recinto de la ciudad de Vélez, capitán de una de las compañías de caballería del Regimiento de Costa y además, comandante de las armas también en la ciudad de Vélez, así como de Almuñécar; y por último doña Francisca Coronado Navas (Consejo de Órdenes, 1770)[37].

---

[37] *En este expediente se inserta el testamento de don Julián Coronado Tello*

De todos ellos, sin duda uno de los más interesantes fue el primogénito, don Juan Pedro Coronado y Navas Tello de Guzmán, el cual a diferencia de sus hermanos se orientó hacia el Derecho, no obstante que también desempeñó algunos cargos militares. En su juventud don Juan Pedro estudió Leyes en el célebre colegio de San Miguel de Granada, para lo cual su padre le dio a cuenta de sus legítimas 2.200 reales de vellón.

Mientras se mantuvo estudiando en Granada se halló bajo la protección y morada de don Carlos Carraffa, el cual era por entonces capitán general de la costa del Reino de Granada y después vivió en las casas de don Gonzalo Seguir de Salazar, que era en ese momento teniente general de los ejércitos y comandante de armas de la ciudad de Vélez. Estuvo casado en primeras nupcias con doña María de Torres y Concha, de la que enviudó y con la que no tuvo hijos. Posteriormente, después de una larga carrera en la que acumuló importantísimos cargos políticos, militares y judiciales, conoció a Ana Dominga Wittemberg Mendieta, mucho menor que él.

El futuro enlace fue claramente concertado, como todos los de la época y con evidentes tintes políticos. Piénsese que en el momento de la boda, doña Ana Dominga apenas era una moza de 22 años y don Juan Pedro un experimentado hombre maduro de 57 años. El matrimonio de la avenida pareja tuvo lugar en Málaga el 17 de junio de 1755, oficiando el deán don Juan Joseph Wittemberg Aguilar, prebendado de la Santa Iglesia Catedral de esa ciudad y además su tío, acudiendo como testigos su padre don Jorge Wittemberg Aguilar y su mujer doña María Mendieta Fernández Chinchilla.

El número e importancia de los cargos que ostentaba por aquel entonces don Juan Pedro Coronado eran realmente asombrosos: miembro del Consejo de Su Majestad Carlos III, regidor perpetuo de la ciudad de Vélez-Málaga, corregidor, justicia mayor, capitán de guerra y superintendente general de rentas de la ciudad de Huete (en

---

de Guzmán dado en Vélez-Málaga el 2 de junio de 1739.

su juventud había sido teniente de artillería de costa), ministro togado, alcalde del crimen y alcalde ordinario de hijosdalgo de la Real Chancillería de Granada; a partir de 1760 se constata que fue alcalde mayor en lo civil de la ciudad de Valencia y además en 1765 teniente primero electo de la ciudad de Sevilla.

Respecto a su evolución en la carrera judicial en la Real Chancillería de Granada, don Juan Pedro Coronado fue alcalde de Sala de Hijosdalgo desde junio de 1743, pasando en 1769 a ser alcalde del crimen, y en 1775 oidor, hasta 1778 en que fue sucedido por el Dr. Iglesia. Obsérvese que el 31 de marzo de 1745 los hermanos Wittemberg Aguilar (don Jorge y don Joseph) obtuvieron una provisión de nobleza de la Real Chancillería, por lo que es muy posible que don Juan Pedro haya participado en la evolución de dicho instrumento o en su mismo fallo. Como se puede apreciar el poder del marido de doña Ana Dominga Wittemberg era enorme (Real Junta del Montepío de viudas y pupilos del Ministerio, 1799).

El cargo de corregidor de Huete, por ejemplo, suponía que don Juan Pedro, estaba al frente o lideraba el Cabildo municipal y su grupo de regidores, lo que implicaba además el desempeño de funciones político-militares. La mayoría de las personas designadas para este puesto eran militares de alta graduación, nobles o personas que de alguna manera estaban vinculados con la Corona, de ahí que el cargo de corregidor nunca fuese puesto en venta. Como justicia mayor, alcalde del crimen, etc., era conocedor de la Ley y le tocaba impartir justicia. Como superintendente general de rentas, era nombrado por el Consejo de Hacienda y tenía a su cargo un territorio. Estaba encargado de la supervisión global de toda la Real Hacienda en esa área.

Negociaba los encabezamientos, establecía los contratos de administración con los pueblos sin encabezar, despachaba ejecutores encargados de hacer pagar a los pueblos morosos, nombraba o proponía a los agentes de la Real Hacienda encargados de las rentas a su cargo. Dentro de su demarcación avisaba al rey de los fallos, era responsable de la ejecución de las órdenes recibidas de la corte y de la distribución adecuada de los fondos conforme a los criterios de la administración real. Formaba equipo con un tesorero, un contador, un alguacil, un escribano y varios administradores, que el mismo elegía. Además administraba la caja, donde iban a parar el conjunto de contribuciones extraídas (Sánchez Belén, 1996).

Ante este cúmulo de prominentes cargos es fácil pensar en don Juan Pedro Coronado como un hombre prepotente, vanidoso, opresor de pueblos, sin embargo, hay pruebas que lo muestran con una personalidad muy diferente. Contemporáneo suyo fue el eminentísimo valenciano don Gregorio Mayans y Siscar, abogado, polígrafo, miembro destacado de la Ilustración española, humanista de talla, erudito relacionado con los intelectuales más relevantes de la época. Entre las múltiples obras de Mayans existe una titulada: *"Cartas morales, civiles, militares y literarias de varios autores españoles"*.

De sus cinco tomos, el V recoge una carta de Juan Pedro Coronado firmada el 1 de octubre de 1763 cuando era alcalde mayor de Valencia y que lleva el siguiente título: *"Representación de la muy noble i muy leal ciudad de Valencia a la Real Junta General de Comercio para lograr la permisión de que las mujeres puedan Tejer"*. En esta carta dirigida al Rey, don Juan Pedro recoge el eco de una queja clamorosa, efectuando una exhortación apasionada y sincera, en defensa de los más necesitados frente al atropello de los más pudientes.

El precedente de la afrentosa situación estaba en la promulgación de las "Ordenanzas del Gremio de Tejedores de Lino, Cáñamo y Talaguería", aprobadas en el Real Sitio de Aranjuez, el 18 de abril de 1763, las cuales, a juicio de Coronado, violaban gravemente las leyes fundamentales del comercio. En concreto don Juan Pedro se opone radicalmente a la ordenanza cuarta, la cual imponía una pena de diez libras a los que en cualquier lugar del reino ejercitasen el arte de tejer sin ser maestros examinados. Todo ello comportaba el abuso por parte de los Gremios de Tejedores, que estaban imponiendo unas tarifas abusivas para la obtención del título de maestro tejedor.

Pero aún más, ve en ello un ataque directo a las mujeres, que desde tiempos inmemoriales se habían dedicado a hilar. Las mujeres, con menores fuerzas que los hombres no podían dedicarse a las faenas agrícolas y su labor como tejedoras de telas era muy útil, ya que aportaban un sueldo a sus maridos, a la par que proporcionaban a las poblaciones buenas telas caseras, sin grandes florituras, pero fuertes y resistentes. En otras palabras, Coronado sale en defensa de los usos tradicionales, amparando a los colectivos más débiles como las mujeres, apoyando la idea de la confección de lienzos caseros en los pueblos pequeños, que estaban sucumbiendo a la dominación comercial de las grandes poblaciones, más desarrolladas.

Con conceptos del siglo XVIII piensa que el hilar y el tejer son labores propias de mujeres y así habla de "la perfecta casada", la mujer hilandera y tejedora, de la cual hay ejemplos en todas las escenas de la historia profana y sagrada. Para apoyar sus argumentos afirma que en la Odisea y la Ilíada de Homero hay diversos pasajes que muestran a las mujeres tejiendo tanto en la paz como en la guerra. Continúa evocando imágenes procedentes de la mitología griega, en las que las ninfas, las heroínas y las reinas eran las que tejían.

También alude a Ovidio, que en su parecer bajo el velo de las fábulas enseñó las ciencias, la física, la moral, la economía y la política y también representó a Minerva tejiendo. Concluye rememorando la figura de Terencio –maestro de la vida civil– y la de Virgilio que en su Eneida mostró a la mujer tejiendo e hilando, lo cual a su modo de ver era útil a la familia y a la república.

Más adelante critica duramente la ordenanza decimoquinta, en la que impone un pecho a aquellos aprendices que cambien de maestro; la vigésimo cuarta que obliga a pagar otro "pecho" o impuesto a los oficiales foráneos que quisieran integrarse en el gremio local; la trigésimo segunda que prohíbe a los maestros enseñar a las mujeres, a no

ser que estén casadas con maestros o sean hijos de éstos; la trigésimo
sexta que impide la introducción de telas labradas a tres leguas de la
ciudad; la trigésimo séptima que impide a los oficiales extraer ninguna
obra fuera de la ciudad.

En suma, don Juan Pedro Coronado en esta misiva se revela como
un hombre que sale al amparo de los más necesitados, en defensa de
los colectivos más desprotegidos de la sociedad como los jóvenes y
las mujeres, deplorando la discriminación, apoyando los usos y modos
de vida tradicionales en fricción con el dominio centralista de la corte,
abogando por la libertad de comercio y a la postre de circulación, recogiendo la voz de los más humildes elevándola ante el mismo
monarca.

Todo ello denota que don Juan Pedro era un hombre culto, probablemente ilustrado y reformista, partidario de la implantación de un
sistema impositivo más progresista, capaz de hacerse acreedor de las
sensibilidades locales, valedor de los ruegos de villas como Oliva
donde ciento quince familias vivían del arte de tejer.

Por otra parte, el hecho de que una figura como Mayans, sabio cul-
tísimo, latinista consumado de renombre
internacional, haya juzgado oportuno
incluir en sus *"Cartas morales"* esta
prolija comunicación epistolar de don
Juan Pedro Coronado, de la que aquí se
ofrece un mero resumen, es evidencia
manifiesta no sólo del poder gubernativo
que ejercía don Juan Pedro, sino sobre
todo de su autoridad moral, digna de
reconocimiento entre las más altas personalidades valencianas que aparecieron
en aquellos tomos (Mayans y Siscar,
1773).

Gregorio Mayans y Siscar
(1699-1781), por grabador
del siglo XVIII

Aparte de este inciso, no cabe duda que la importancia y variedad de esas ocupaciones obligan a don Juan Pedro y doña Ana Dominga a llevar una vida itinerante. Se casan en Málaga en 1755. Poco después se trasladan a Huete, una población cercana a Cuenca y a Madrid. Allí viven desde 1756 hasta 1759 y es donde nacen tres de sus hijos. También se entiende que como miembro del Consejo de S.M., así como superintendente de rentas reales, debía de residir cerca de la corte a la que tenía que acudir con frecuencia. De hecho, don Juan Pedro Coronado fue uno de los hombres que participó en ese gran proyecto que fue el "Catastro del marqués de la Ensenada".

A finales de 1752 había veinticuatro equipos operando en Cuenca para realizar seguimientos de tipo fiscal, siendo liderados muchos de ellos por don Juan Pedro. Gracias a las respuestas generales que se dieron en 1761 con motivo de la revisión de ese mismo Catastro del marqués de la Ensenada, se sabe que don Juan Pedro tenía intereses en Vélez-Málaga. Así por ejemplo se evidencia que poseía una casa en la calle que llaman "de Cantos", la cual la había heredado de su primera mujer doña María de Torres y Concha. También disponía de una tierra de riego en el partido "de las Huertas Bajas", consistente en cuatro fanegas de tierra, plantada de viñas, limoneros, frutales, arrozales, hortalizas, etc.

Asimismo tenía otras siete fanegas de tierra en el partido de la Campiñuda Alta donde había plantados cientos de limoneros. Además tenía otras sesenta y seis obradas de tierra, donde crecían varios olivos, frutales y en cuya extensión se asentaba una espléndida casa de campo, que distaba media legua de la población de Vélez. En el centro de esta localidad tenía asimismo otra casa con una cochera en la plata baja, la cual estaba situada en la Placeta de la India.

Por estas mismas respuestas al catastro, se sabe que su hermano don Agustín, capitán del Regimiento de Caballería de Costa, tenía igualmente intereses en la zona. Así se le computan cuatro obradas de tierra de secano en el partido "de Lagos", ciento catorce cabras, quin-

ce reses domadas, diez y seis cabezas de ganado, seis cerdos, seis ca-
balgaduras. Por otra parte, gracias al testamento de doña Ana Do-
Dominga, se evidencia que vivía en Vélez en una casa que le había
vendido don Josef, uno de sus hijos varones (Ruíz de la Herrán, 1794).

Desde 1761 hasta 1764 el matrimonio vive en Valencia, donde nacen dos de sus hijos y donde Juan Pedro ejerce el cargo de alcalde
mayor de la ciudad. En 1765 se trasladan a Sevilla, donde ejerció el
cargo de teniente primero de dicha ciudad y donde también nació otro
de sus hijos. Posteriormente se traslada a Granada, donde la pareja
residió varios años, en la calle del Buen Suceso, junto a la parroquia
de Santa María Magdalena, donde también alumbró doña Ana Dominga en 1772 y 1775 a otros dos de sus hijos.

Allí estarían probablemente desde mucho antes, ya que se sabe que
desde 1743 ya ejercía don Juan Pedro cargos en la Real Chancillería,
siendo en los últimos años oidor de la misma. En 1770 se constata que
don Juan Pedro y su hermano don Carlos, ambos regidores perpetuos
de la ciudad de Vélez, fueron –"como sujetos de conocidas circunstancias y de la primera nobleza"– miembros de la Real Congregación
del Dulcísimo Nombre de Jesús, sita en la Iglesia parroquial de San
Juan Bautista de dicha ciudad.

En Granada, don Juan Pedro Coronado y de las Navas Tello de
Guzmán otorgó su testamento el 14 de noviembre de 1769, dejando
como tutora y curadora de sus hijos y bienes a su mujer Ana Dominga
Wittemberg e instituyendo universales herederos a sus ocho hijos.
Después, otorgó un codicilo el 10 de noviembre de 1777, informando
de la muerte de uno de sus hijos y anunciando el nacimiento de otros
dos. Finalmente, en virtud de un testimonio de doña Ana Dominga
fechado el 14 de febrero de 1778, se sabe que para esa fecha don Juan
Pedro ya había fallecido.

Así pues doña Ana enviuda con tan sólo 36 años, quedándose con
nueve hijos a su cargo. De ellos seis eran menores de edad, teniendo el
mayor 22 años y el menor tan sólo 2. Naturalmente, ante este escena-

rio es normal que doña Ana haya padecido algunas dificultades económicas, como así dejó constancia probablemente de forma exage-exagerada, para poder cobrar la pensión a la que tenía derecho como esposa de un ex oidor de la Real Chancillería, pensión que le otorgó finalmente la Real Junta del Monte Pío de viudas y pupilos del Ministerio, siendo abonada periódicamente por la Tesorería General de Rentas de Granada.

Tras su muerte será una de sus hijas, María Dolores, la que al no haberse casado, ni haber tenido hijos, cobrará dicha pensión hasta 1828.También se tiene constancia por instrumento otorgado el 4 de noviembre de 1790, que doña Ana Dominga arrendaba en Málaga una casa de su propiedad situada en los Postigos de San Juan de Boyen a don Luis Estrada, el cual se obligaba en dicho escrito a costear la limpieza del pozo, sumidero y demás obras de dicha residencia (De la Herran, 1790).

En su testamento otorgado en Málaga el 11 de diciembre de 1794, nombra apoderado a su hermano don Luis Wittemberg Mendieta, designando como albaceas a su hijo mayor don Julián y a su yerno don Juan Ansoti. Declara asimismo poseer diversas alhajas de plata, cadenas de oro, dejando en vía de legado a su hija María de los Dolores una joya aderezada de diamantes y esmeraldas. Igualmente deja 25 ducados a cada una de sus nietas.

Posteriormente, el 12 de diciembre de 1795 otorga un poder para testar, nombrando a su hermano don Luis Wittemberg como apoderado, curador y tutor de sus bienes e hijos que aún fueren menores al momento de su fallecimiento, en virtud –añade– *"de la buena conducta que éste tiene y la mucha confianza que le tiene"*, dejando otras previsiones respecto a su enterramiento y renovando sus albaceas en los nombres de su hijo mayor y yerno, al tiempo que declara como universales herederos a sus ocho hijos supérstites. Doña Ana Dominga Wittemberg Mendieta, murió una cálida tarde de primavera del 8 de mayo de 1799.

Conforme a sus indicaciones testamentarias su cuerpo fue conducido la Iglesia del Oratorio de Padres de San Felipe Neri de Granada,
siendo transportado por los ministros de la parroquia de San Justo y
Pastor de ella, de la cual la fallecida era feligresa, donde se realizaron
los oficios de vigilia y sepelio por los ministros titulares, acudiendo en
pleno al acto los oidores de la Real Chancillería, en cuyo solemne
evento se tocó música de la Santa Iglesia Catedral. Al día siguiente se
cantó misa en la Iglesia de San Felipe Neri en memoria de la desapa-
recida (Real Junta del Montepío de viudas y pupilos del Ministerio,
1799).

La conquista de la cúspide social: los Wittemberg se afianzan en la Iglesia, la Marina y el Ejército

Del matrimonio entre don Juan Pedro Coronado Navas y doña Ana Dominga Wittemberg Mendieta, nacieron nueve hijos, cuarta generación de esta rama nacidos en España y que son los siguientes: **Don Julián, doña María de las Mercedes, don Joseph, doña Antonia Vicenta, don Juan Pedro, doña Vicenta Ana, don Gabriel Tomás, doña María de los Dolores, don Francisco de Paula.**

Don Julián (Joseph, Francisco, Javier, Primo, Feliciano) **Coronado Wittemberg,** nació el 9 de junio de 1756 en Huete (Cuenca), siendo bautizado el día 12 del mismo mes y año, siendo su padrino su tío, don Francisco Javier Coronado y Navas, teniente de caballería del Regimiento de Granada. Don Julián fue presbítero, el cual sirvió en su juventud como paje del cardenal Francisco de Solís Folch de Cardona (1755-1775), el que en virtud de sus buenos servicios le premió con la concesión de un "beneficio" o pensión en la villa de Utrera. El futuro cardenal nació en Madrid el 16 de febrero de 1713.

Fue hijo de José de Solís y Gante, duque de Montellano, grande de España, caballero de la Orden de Santiago, mayordomo y caballerizo mayor del cardenal Infante y de Josefa Folch de Cardona, marquesa de Castelnovo y de Pons. En su juventud fue amante de practicar la esgrima con Carlos de Borbón, futuro Carlos III, en uno de cuyos lances quedó tuerto del ojo izquierdo, lo cual no fue obstáculo para su brillante carrera posterior. Estudió en la Universidad de Alcalá. Fue sumiller de cortina de Felipe V, canónigo y dignidad de tesorero de la catedral de Málaga y deán de la misma desde octubre de 1744.

Posteriormente fue promovido con dispensa de grado como arzobispo titular de Trajanópolis el 20 de enero de 1749, siendo consagrado en Madrid. Fue nombrado coadministrador *in spiritualibus* del arzobispado de Sevilla. Obispo de Córdoba el 25 de septiembre de

363

1752, entrando en dicha sede el 24 de diciembre. En otoño de 1753 inició la visita pastoral por la zona de la campiña, concluyéndola en 1754. Fue promocionado a la sede hispalense el 17 de noviembre de 1755.

Benedicto XIV lo designó cardenal con el título de los Doce Apóstoles el 5 de abril de 1756. En 1757 y 1767 dictó dos edictos en los cuales recomendaba a los clérigos el uso del traje apropiado y la honestidad de las costumbres. Realizó visita pastoral en varios pueblos de la archidiócesis, entre ellos, Lebrija y La Campana. Asistió a dos cónclaves, uno en 1769 del que salió elegido el cardenal Ganganelli con el nombre de Clemente XIV, y el otro en 1775, en el que ocupó la sede apostólica el cardenal Braschi con el nombre de Pío VI.

Don Francisco de Solís Folch de Cardona cosechó para la historia una fama de prelado vanidoso y derrochador. Contaba con 75 criados, entre ellos, 5 cocheros y 8 lacayos. Los salarios pagados a sus empleados ascendían a 176.020 reales anuales. La misma liberalidad empleaba en el reparto de las limosnas. Mantuvo hasta el fin de sus días un magnífico tren de vida y una bolsa siempre abierta a los necesitados. En su estancia en la corte romana fue célebre por el continuo gasto y derroche en funciones religiosas, fiestas y limosnas. Contaba siempre con un gran séquito.

Para el cónclave de 1769 gastó 89.113 escudos y alquiló un famoso palacio en la Piazza Colonna, invirtiendo grandes sumas en fiestas y recepciones, erigiendo una magnífica fachada delante de su palacio en honor a la nación española. Grandes también fueron sus gastos con motivo de la toma de posesión del título de cardenal presbítero de la Basílica de los Doce Apóstoles en Roma de la que era su titular. El cardenal de Solís murió en Roma, de una pulmonía, el 22 de marzo de 1775 a los 62 años de edad. Fue enterrado en la Basílica de los Doce Apóstoles y su corazón fue traído a Sevilla y depositado en el interior del coro del convento de las capuchinas (Ros, 1992).

Guardando las debidas proporciones entre la alta y baja nobleza, hay que decir una vez más, que el hecho de que don Julián sirviera como paje de un personaje de la talla y preeminencia del cardenal de Solís, es una manifestación evidente del poderío y las magníficas relaciones que poseía don Juan Pedro, su padre, que a la postre logró introducir a su hijo primogénito en el mayor centro de poder de la Iglesia en Sevilla. Por otra parte, no está demás recalcar que el hermano del cardenal de Solís fue don José Solis Folch de Cardona, duque de Montellano, mariscal de los Reales Ejércitos, designado en 1753 por el rey don Fernando VI como tercer virrey de Nueva Granada, el cual nació en Madrid en 1716 y murió en Santa Fe en 1762.

La siguiente hermana se llamó **María de las Mercedes** (Josefa, Francisca, Antonia, Juana, valentina) **Coronado Wittemberg,** la cual nació en Huete (Cuenca) el 16 de diciembre de 1757, siendo bautizada al día siguiente. De ella sólo ha trascendido que casó con don Gabriel Martínez Carvajal, de noble familia, caballero veinticuatro de la ciudad de Vélez, con sucesión. Don Gabriel se sabe que al menos poseía un limonar que lindaba con tierras de su cuñado, Juan Pedro Coronado Wittemberg.

El siguiente hermano fue **don Joseph** (Francisco de Paula, Antonio, Venancio) **Coronado Wittemberg,** el cual nació en la ciudad de Huete (Cuenca) el 1 de abril de 1759, siendo bautizado al día siguiente. Tanto don Joseph como su hermano Juan Pedro entraron siendo adolescentes en el Real Cuerpo de Guardiamarinas. El instrumento para el acceso a dicho cuerpo se realizó en 1776. En él intervinieron tanto el padre de los chicos, don Juan Pedro, prestigioso oidor de la Real Chancillería de Granada, como el abuelo, don Jorge Wittemberg Aguilar, gran hacendado de Málaga y diputado del Común, dando ambos todo su apoyo a su hijos y nietos.

En concreto a don Joseph, de dieciséis años se lo califica de una forma un tanto formularia como:

"un joven virtuoso y bien inclinado, de buenas costumbres, genio apacible, bien parecido y de buena estatura".

También dicen los testigos que es un:

"...noble hijodalgo, mancebo educado según su ilustre nacimiento, temeroso de Dios, que frecuenta sus Santos Sacramentos, que ha estudiado gramática y aritmética, con gran aprovechamiento de la latinidad, lo que en definitiva le hace apto para el ingreso en el Real Servicio".

En su apoyo acudieron personalidades como don Luis Molina, presbítero licenciado, capellán de la Real Santa Iglesia Metropolitana de la ciudad de Granada; don Francisco de Fuentes, individuo del Real Cuerpo de Maestranza de Granada, el marqués de Villa Alegres, alguacil mayor del Santo Oficio de la Inquisición e individuo del Real Cuerpo de Maestranza de caballería de la ciudad de Granada; don Mathías García, caballero veinticuatro de Granada; don Manuel Herrera canónico de la Santa Iglesia Metropolitana de Granada. Todos ellos testificaron acerca de la nobleza y tradiciones de la familia.

También se presentó la Real Provisión de nobleza de 31 de marzo de 1745, emitida por la Real Chancillería de Granada, en la que se aseguraba que la familia Wittemberg provenía de importantes ducados y condados en Alemania, lo que sin duda, le daría grandes oportunidades de ascensión dentro del cuerpo (Herrainz Ibáñez, 1776). Por el testimonio de su madre Ana Dominga Wittemberg, tenemos sin embargo una visión diferente de su trayectoria.

En el expediente que se formó ante la Real Junta del Monte Pío de viudas y pupilos del Ministerio, su madre –por entonces una joven viuda con nueve hijos– con la intención de obtener la pensión de viudedad a la que tenía derecho como ex esposa de un oidor de la Real Chancillería de Granada, declara que su marido dejó a Joseph y a Juan Pedro en el Real Colegio de Guardia Marinas en la Isla de León y que luego pasaron a Cartagena. Allí se mantuvo y perseveró Juan Pedro, sin embargo, Joseph contrajo algún tipo de enfermedad y tuvo que regresar con licencia a Málaga a curarse. Además –añade la madre– ante la imposibilidad de costear la cuota del Colegio a los dos chicos, Joseph no volvió al mismo (Real Junta del Montepío de viudas y pupilos del Ministerio, 1799).

Así pues, don Joseph permaneció en tierras de Andalucía, donde también logró hacer carrera. Heredó de su padre el cargo de Regidor Perpetuo de la ciudad de Vélez. Ingresó en el Ejército. En su juventud fue según su madre teniente del Regimiento Provincial de Vélez-Málaga. Según los datos procedentes del Archivo General Militar, don Joseph Coronado Wittemberg fue teniente de la octava compañía del Regimiento Provincial de Granada, siendo posteriormente ascendido a capitán de fusileros de la quinta compañía del mismo cuerpo, según título otorgado en San Lorenzo, el 16 de octubre de 1801, por S.M. "el Príncipe de la Paz" o las personas que actuaron en su nombre.

En su padrón militar efectuado en diciembre de 1807, cuando éste contaba 46 años, se le califica de noble, residente en Granada, de buena salud, el cual sirvió desde el 5 de julio de 1796 como subteniente; desde el 9 de marzo de 1798 como teniente y desde el 16 de octubre de 1801 como capitán, habiendo en total ejercido estos cargos de mando durante cerca de once años y medio. Aunque generalmente permaneció en el Regimiento Provincial de Granada, también participó en algunas acciones de Guerra.

Así se sabe que estuvo de guarnición en Sanlúcar de Barrameda durante once meses con gran peligro para su vida ya que en la zona se había extendido una grave epidemia. También hizo una salida a la Almadraba para impedir que la desembarazasen los ingleses. También estuvo destinado en Málaga durante nueve meses en otra misión. En cuanto a su vida personal, se casó don Joseph el 8 de febrero de 1811 en Granada con doña Juana Josefa Bravo, hija de don José Bravo, escribano del número de la misma ciudad, hacendado también en ella en la zona de Churriana y de doña Manuela Ruiz Henares, su mujer.

Además fue doña Juana hermana de don Josef Laureano Bravo, presbítero de la parroquia de Nuestra Señora de las Angustias de Granada. Por último, debido a sus múltiples achaques, a don Joseph Coronado Wittemberg le fue concedida, el 7 de noviembre de 1816, licencia para separarse del servicio, con uso de uniforme de capitán de infantería retirado y goce de fuero criminal, con lo que acabó ahí su carrera en el ejército (Capitanía General de Granada, 1822).

Vista de la Puerta del Mar desde el Salón de Bilbao, 1839.
Por Chaman y P. Poyatos

La siguiente hermana se llamó **doña Antonia Vicenta** (Francisca de Paula, Perfecta) **Coronado Wittemberg,** la cual nació en Huete (Cuenca) el día 18 de abril de 1760, siendo bautizada al día siguiente. De ella sólo ha trascendido por el testamento de su madre que se casó con don Manuel Cantarero.

Hermano de la anterior fue **don Juan Pedro** (Manuel, Diego, Ramón, Agustín, Francisco de Paula y Nicolás), **Coronado Wittemberg,** el cual nació el día 8 de julio de 1761 en Valencia, siendo bautizado dos días después en la Iglesia Parroquial de los Gloriosos San Pedro Mártir y San Nicolás el Obispo de dicha ciudad. Para su ventura y desdicha, don Juan Pedro tuvo una larga, gloriosa y accidentada carrera dentro de la Marina.

Para poder acceder al prestigioso cuerpo de la Armada, tanto él como su hermano Joseph, tuvieron que realizar un elaborado y minucioso expediente, donde mediante la información de testigos y la presentación de certificaciones –como la Real Provisión nobleza de la Real Chancillería de 15 de marzo de 1745– lograron los jóvenes –uno de casi quince años (Juan Pedro) y el otro de dieciséis (Joseph)– demostrar su nobleza. Por lo que se refiere a Juan Pedro se le califica de una forma un tanto programática como:

> *"Un joven de buena presencia, noble, de leales costumbres, buen estudiante de gramática y aritmética, lo que le hace muy apto para el Real Servicio".*

Los dos jóvenes se matricularon en 1776 en el Departamento de Cartagena, pasando poco después a estudiar al Real Colegio de Guardia Marinas de la Isla de León, una lengua de tierra próxima a Cádiz y separada de la península por un mero puente. Joseph contrajo una enfermedad que le obligó a regresar a Málaga y después de recuperarse entró en el ejército. Juan Pedro, el hermano menor, perseveró y se graduó como guardiamarina en 1777.

Allí en la Isla de León Juan Pedro tuvo una formación muy completa, ya que estudió materias tan diversas como matemáticas, navegación, artillería, construcción y maniobra de buques, fortificación y dibujo, esgrima, danza e idiomas. Fue especialmente habilidoso en las matemáticas, ya que vino a la Isla de León en Cádiz en la segunda clase de geometría, siendo muy aplicado en la materia. Durante diez años navegó por el Mediterráneo hasta que llegó a ser teniente de fragata, estando bajo el mando de muchos comandantes, tiempo en el que aumentaron sus estudios y en el que también estuvo en un continuo riesgo de perder la vida, según sus propias palabras.

En esta primera década de profesión, el joven Juan Pedro realizó fundamentalmente "el corso" por el Mare Nostrum, a la caza de piratas y contrabandistas. Así consta por ejemplo que el 23 de abril de 1779 embarcó en el navío San Juan Bautista, realizando el corso hasta junio del año siguiente. Posteriormente, con el jabeque Gamo en defensa del Lebrel, realizó también el corso sobre las islas y costas de Cataluña. El 14 de julio de 1780 pasó al citado navío "Lebrel", con destino también al corso, quedando incorporado el 19 de agosto a la escuadra del capitán de navío don Francisco de Vera.

Esta escuadra sostuvo un terrible combate contra tres jabeques argelinos logrando desmantelarlos tras un ataque que duró 6 horas. Además tuvieron que soportar un tremendo temporal que puso seriamente en peligro a la escuadra. En el caso del Lebrel, el mismo Juan Pedro nos cuenta que estuvo a punto zozobrar, ya que estuvo en situación crítica enfrente de las costas de Berbería. Finalmente, en un alarde de ingenio, tuvo que arrojar diez cañones al mar, sus útiles, toda la madera de la que podían desprenderse, incluso el bote, permaneciendo durante 36 horas temiendo por la muerte a cada minuto. Afortunadamente el barco consiguió llegar a Cartagena el 25 de agosto de 1780.

En la época en la que las escuadras franco-españolas estaban unidas, surcando los mares por las cuatro partes del globo, Juan Pedro se halló en la dichosa conquista de Mahón, en los quince meses del bloqueo de Gibraltar, en cuya acción estuvo al mando de la cañonera nº 14, con el objeto de batir las baterías de la codiciada plaza, así como atacando a buques enemigos; también al mando obusera nº 7, con la cual dirigió tres ataques contra el mismo punto y asimismo al mando de la cañonera nº 5, también llevando a cabo diversos embestidas contra Gibraltar.

Igualmente estuvo en las dos expediciones contra Argel. En la primera de ellas de marzo de 1783, embarcado en el jabeque "San Antonio" se dirigió a dicha plaza, donde tomó el mando de la cañonera n° 18, con la que llevó a cabo nada menos que nueve ataques contra sus defensas. En septiembre de ese mismo año embarcó en el jabeque "Catalán", con el que hizo el corso por el Mediterráneo, pasando nuevamente a Argel en la segunda expedición del año 84, donde tomó el mando de la obusera n° 21, liderando otra serie de ocho ataques contra la citada plaza (Intendencia General de la Marina, 1776-1832).

En esos años estuvo bajo las órdenes de generales tan míticos como Barceló, Valcárcel, Lleceta, así como otros comandantes en jefe como Gueras, Estapar y Lodares. Respecto a ese tiempo de continuas refriegas, don Juan Pedro Coronado Wittemberg se refería a él años más tarde como un período en el que:

> "...por mi genialidad siempre parecía que el trabajo y las balas eran mi herencia, así como proscrito para las expediciones a Nápoles, Lierna, Frieste y Constantinopla, que ni por incidencias tuve cumplido este deseo" (Departamento de Marina de Cádiz, 1811).

Dos años más estuvo navegando por aquellas costas hasta que el 21 de febrero de 1786, siendo teniente de fragata, la Armada le concede licencia para casarse con la prima de su madre, doña Josefa Wittemberg Cotrina. Disfruta de esa licencia en el mes de abril, en el que después de diez años de peligrosísimos combates regresa a Málaga para contraer matrimonio. El 22 de diciembre de ese año pide prórroga ya que debido a la muerte de su padre, tenía que atender con sus hermanos cuentas y particiones.

El 13 de febrero de 1787 pide que se le traslade al Departamento de Cádiz y que se le asignen viajes más dilatados. Al final Coronado obtiene su deseo ya que el 26 de diciembre de ese año viajó en una urca (es decir un barco de transporte) llamada Rita, al puerto de la Habana –por entonces un importante emporio comercial y arsenal– donde embarcó en la fragata Santa Catalina, permaneciendo en la isla hasta el 4 de julio de 1788, año en el que condujo caudales a la Isla de Barlovento, Puerto Rico y Santo domingo, misión que continuó ejecutando al año siguiente en la fragata Venus.

Sin duda, éstas eran rutas más ilusionantes, en el trópico, con temperaturas cálidas. El 22 de mayo de 1790 pasó a la fragata Atocha, con la que condujo una corbeta y tres bergantines desde Cartagena de Indias hasta el Puerto de la Habana. Las cosas iban bien para Coronado ya que el 12 de julio de ese año se le asciende a teniente de navío. El 12 de enero de 1791 volvió a la fragata Venus y con ella regresó a Cádiz, donde desembarcó algún tiempo.

El 25 de enero de 1793 se embarca nuevamente, ahora en el navío "Gallardo" con el que pasó a Cartagena y habiéndose incorporado a aquel puerto la escuadra de don Francisco de Borja (marqués de Camachos y luego décimo capitán general de la Real Armada), ejecutó con ésta toda la campaña en el Mediterráneo. El punto más fulgurante fue cuando la escuadra, compuesta de veinticinco navíos y nueve fragatas fue a la conquista de la Isla de San Pedro y San Antíoco, las cuales pertenecían al rey de Cerdeña, y que estando en posesión de los franceses, se apoderó de ellas para devolverlas al Rey a quien correspondían (Intendencia General de la Marina, 1776-1832)[38].

Después de esta misión regresó a Cádiz, donde desembarcó en agosto de ese mismo año, siendo destinado de ayudante del subinspector del arsenal. El 13 de marzo de 1794 obtiene una comisión importante ya que se le designa oficial de órdenes de don Pedro de Cárdenas, jefe de escuadra de la Real Armada y caballero de la Orden de San Juan, con el que salió para la América septentrional de donde volvió en abril de 1795.

Don Pedro de Cárdenas quedó muy contento con la gestión de Coronado, ya que le recomendó especialmente al mítico don Antonio Valdés y Fernández Bazán (1744 - 1816), cuarto capitán general de la Real Armada, ministro de Marina, secretario de Estado (Consejero de Carlos IV y Fernando VII), el cual ocupó el Despacho Universal de Indias, fue gentil hombre de cámara de S.M., comendador de Paradinas, gran prior de Castilla en la Orden de San Juan, condecorado con

---

[38] *Primera hoja de servicios a sus 52 años de edad.*

la Gran Cruz de San Hermenegildo y Toisón de Oro, un grande entre los grandes dentro del cuerpo de Marina.

En dicho escrito firmado en la bahía de Cádiz a bordo del navío San Carlos el 26 de mayo de ese año, recomienda a Juan Pedro Coronado y a Francisco Mendinueta, pero especialmente a Coronado por su viaje en el navío San Carlos en el que:

> "… ha desempeñado respectivos encargos con suma inteligencia, actividad y prudencia… y que había destacado en el sitio de Gibraltar y en los ataques de Argel, mandando siempre lancha de fuerza (Intendencia General de la Marina, 1776-1832)"[39].

En Aranjuez contestan a Pedro de Cárdenas el 2 de junio de 1795, en el sentido de quedar enterados del mérito de don Juan Pedro Coronado teniente de navío. Don Juan Pedro se encuentra en un buen momento de su carrera, es bien considerado entre sus mandos y su estrella es ascendente. En los siguientes años estuvo al mando del bergantín "Ligero", partiendo desde el Ferrol en febrero de 1796 para conducir tropas al puerto de Pasajes.

Tras regresar en abril a Cádiz parte nuevamente a Barcelona al mando del mismo barco, con el que conduce correspondencia a Italia. El 13 de mayo del mismo año, salió desde el Ferrol en el navío "Oriente" con el que se unió a la escuadra del Sr. don José Mazarredo, otro de los grandes de la Armada, capitán general del Departamento de Cádiz, con el que realizó varias misiones, no sólo en ese barco sino también en el "Guerrero" el que mandó después, entrando con dicha armada en Cádiz el 10 de julio.

El 16 de julio de 1799, Mazarredo le confiere el mando del navío "Descubridor", partiendo con la misma escuadra de éste y la francesa del Almirante Bruix, fondeando en Cádiz y después en el puerto de Brest en Francia. Estuvo hasta mayo de 1802 en Brest, donde aprendió perfectamente el francés y fue destinado al apostadero avanzado de

---

[39] *Carpetilla referente a este asunto fechada el 26 de mayo de 1795.*

Canaret, donde pasó ese tiempo instruyendo a guardiamarinas dentro de la espaciosa bahía.

Desde Brest salió para el Ferrol como correo marítimo. Antes de esta comisión, el 7 de septiembre de 1797, Coronado había pedido ascenso a capitán de fragata, en escrito dirigido a don Juan de Langara, señalando éste en escrito marginal, que se le tenía que tener en cuenta para promoción. El ascenso le llega 5 de octubre de 1802. Con el recién estrenado cargo de capitán de fragata parte hacía la América Septentrional, comenzando una campaña interesante, llena de dificultades, donde Coronado Wittemberg tuvo que poner a prueba su experiencia y su pericia. El mismo la definió como:

> *"Una campaña llena de accidentes y acaso la más lucida de mi carrera militar en la Marina".*

Juan Pedro salió con el segundo buque de la Real Armada hacia Cartagena de Indias, Veracruz y la Habana, ciudad que era por entonces el astillero más importante del Imperio español, ya que sus arsenales contaban con una rica provisión de maderas de alta calidad, y además estaba la situación privilegiada de su puerto, situado en la ruta americana. Tras esta misión fue el primero que regresó al fuerte de Cartagena. De allí (Cartagena de Indias estaba situada en la actual Colombia) salió nuevamente a los 15 días hacia Puerto Rico, Trinidad de Cuba (al sur de la isla de Cuba), Veracruz (hoy México) y la Habana.

Desde luego, el bergantín "Descubridor" hizo gala de su nombre, porque realmente fue eso lo que tuvo que hacer Coronado, descubrir la ruta. Juan Pedro tuvo serias dificultades para encontrar la mejor vía hacia Trinidad de Cuba. Desde Cabo Cruz partió hasta Puerto Casilda en Trinidad de Cuba (puerto situado al sur de la isla). En Cayo Bretón se encontró arrastrado por las corrientes, una zona famosa por sus fuertes tormentas, después tuvo que sortear los arrecifes de Pusa y Cayo Blanco, también se encontró con placeres o peligrosos bancos de arena blanca, por si fuera poco se le hizo de noche, con gran peligro para la embarcación.

Coronado en un primer momento se guío por la carta esférica del Depósito Hidrográfico confeccionada para la Marina en 1799. La derrota allí descrita presentaba varios errores y los puntos y cayos descritos no se encontraban donde debían estar, habiendo grandes diferencias. Coronado se encontró completamente perdido, pero su destreza de marino experimentado le hizo fijarse en la cordillera, sortear las dificultades, deslizándose entre manglares y estrechos canalizos hasta que consiguió llegar a puerto Casilda el 15 de agosto de 1802, ante el asombro de los prácticos en la materia.

Según el mismo Coronado si no hubiera sido porque el tiempo fue apacible, el barco se habría quedado enredado en los peligrosos manglares, o peor habría destrozado el casco en los arrecifes. Allí en Trinidad realizó el primer esbozo de cuál era la verdadera derrota a seguir, corrigiendo rumbos y situando las precisas latitudes, derrota que perfeccionó al llegar al Ferrol a principios de 1803. La derrota pasaba entre otros por Cabo Cruz, Cayo Quatro Reales, Cavayones, Grande, Bretón, Salve Fuera, Blanco, así como la porción de cayos por cuyos canalizos se llega a puerto Casilda (Departamento de Marina de Cádiz, 1811).

Fue tal el mérito de Coronado en la elaboración de su derrota que el 2 de marzo de 1803 fue enviada al Sr. Espinosa, por entonces jefe del Depósito Hidrográfico de Madrid, donde las informaciones de Juan Pedro quedaron archivadas, las cuales hoy se pueden contemplar en el Archivo Central de la Marina de Madrid. Las noticias de Coronado hicieron saltar la voz de alarma en la corte, dada la importancia de la cartografía, tanto para el éxito comercial, como para el dominio colonial y hasta la misma guerra. Por ello, ante la carencia de buenos mapas y rutas adecuadas se comisionó al capitán de fragata don José de los Ríos para situar la costa, incluyendo los archipiélagos, cayos, puntas, bajos, que había desde Cabo Cruz al oeste hasta el sur de la

Habana (Coronado Wittemberg, ca.1803) (Coronado Wittemberg, 1802).

Cuando Juan Pedro salió de La Habana, ciudad que él refiere que era: *"...de un clima de mucho calor, polvo y lodo"*, le tocó vivir un terrible temporal, tardando el "Descubridor" –según su propio relato– 67 días en llegar al Ferrol. Las tejas de los edificios del Arsenal de La Coruña y cercanías volaban desprendidas. El bergantín bajo el mando de su habilidoso capitán sorteó los golpes de mar a discreción durante 14 horas, que cesaron al poco de obscurecer, si no el barco se habría hundido.

En ese temporal las costas de Galicia, Francia e Inglaterra quedaron sembradas de embarcaciones perdidas. Contra viento y marea, el "Descubridor" llegó al Ferrol donde le aguardaba el jefe de ingenieros Sr. Müller, que se quedó maravillado de la proeza de Coronado, siendo éste el primero que de milagro había conseguido llegar al puerto. El capitán llegó muy fatigado, maltrecho de salud, siendo recibido por el capitán general Tejada y otros generales y jefes que lo elogiaron y colmaron de parabienes (Departamento de Marina de Cádiz, 1811).

Por todo ello no es extraño que en su hoja de servicios realizada en 1813 cuando Juan Pedro contaba 52 años, se califique a Coronado en el apartado "circunstancias" como un oficial:

> "Sobresaliente en pilotaje y demás materias hasta disciplina; tiene regida cuenta en pertrechos, sobresaliente en ordenanza, posee el francés sin estudio sublime, valor acreditado con mucho talento y celo, conducta buena, con nervio y entereza en el servicio" (Intendencia General de la Marina, 1776-1832).

Es decir, don Juan Pedro Coronado Wittemberg era en este momento para la Armada un marino ejemplar, digno de alcanzar los más altos rangos de la comandancia. Tras recobrarse de su enfermedad y descansar durante algún tiempo, se embarca el 16 de febrero de 1805 como 2° Comandante en el navío España, en cuyo famoso buque salió el 10 de abril del año siguiente, con la escuadra del Excelentísimo Sr.

don Federico Gravina, personaje de una grandeza absolutamente míti-
ca dentro de la Marina española, con el que iba a participar en una de
las batallas más memorables de la Armada Española, la Batalla del
Cabo Finisterre, adornada con ribetes de gloria en los anales de la
historia naval, a pesar de que su resultado no fue del todo satisfactorio
o proporcional al valor acreditado de los españoles.

Para Juan Pedro Coronado Wittemberg, el adherirse a la escuadra
de Gravina representaba todo un honor, acorde con el momento culminante en el que se encuentra su carrera dentro del cuerpo. Federico
Gravina fue hijo de los duques de San Miguel, residentes en Palermo
y grandes de España de primera clase. Se interesó por la astronomía,
fue escritor de unas memorias sobre su experiencia marítima, embajador de España en París y capitán general de la Armada. Su semblante
franco y su mirada clara, tal como aparecen en el retrato que se encuentra en el Museo Naval de Madrid, no traicionan su cualidad de
marino ilustre que le ha granjeado la historia.

La escuadra española de Gravina de seis barcos se unió a la francesa del almirante Villeneuve de catorce, formando una potente y
flamante escuadra franco-española de veinte navíos de línea, además
de siete fragatas bajo el mando supremo del almirante galo. La escuadra combinada partió hacia la isla Martinica en las Antillas, a la
cabeza de 400 buques mercantes. Allí lograron apresar 15 barcos mercantes ingleses, también capturó y quemó un corsario inglés de 14
cañones y 49 hombres, represó el galeón español Matilda, con un
tesoro a bordo valorado en 14 ó 15 millones de francos, así como capturó al corsario Mars, de Liverpool.

Posteriormente regresó a Europa, con el plan de que la flota británica los persiguiera, para poder tener el control del Canal de la
Mancha y dejar así la vía despejada para la invasión napoleónica de
las Islas Británicas. Tras una agotadora travesía atlántica, en la que los
hombres estaban cansados y además escaseaban los víveres, la escuadra se encontró con un terrible temporal a su llegada a Finisterre el 9

de julio, que daño levemente algunas naves. El 22 del mismo mes, con escaso viento y una niebla impenetrable la flota franco-española avistó a la británica de Robert Calder de 15 navíos de línea, cuatro de ellos poderosos tres puentes de 98 cañones.

Pronto las dos escuadras se posicionaron en hileras una frente a la otra en formación de ataque. La columna inglesa era encabezada por el "Hero" y unos puestos más atrás iba su buque insignia el "Prince of Wales", un coloso bien artillado, donde iba el vicealmirante Calder. La escuadra franco-española iba encabezada por los barcos galos, pero tras un repentino viraje los barcos españoles se situaron en vanguardia. El buque insignia era el "Argonauta", un gigante de 80 cañones, donde iba el valeroso Federico Gravina, jefe de la escuadra, seguido por los cincos barcos españoles: el "Terrible" con 74 cañones, el "España" (donde iba como 2º Comandante Juan Pedro Coronado Wittemberg) con 64, el "América" también con 64, el "San Rafael" con 80, el "Firme" con 74 y otros 14 navíos franceses.

Pronto se iba a desatar una terrible y épica batalla que sería la antesala de la definitiva de Trafalgar ocurrida unos meses más tarde. Serían las cinco de la tarde cuando los orgullosos gigantes de madera avanzaban lentamente aprovechando el escaso viento, adentrándose en una espesa niebla. Cuando el "Argonauta" se coloca al nivel del "Hero" comienzan por ambas partes fuertes descargas de artillería. Calder intenta virar para cortar la línea de los españoles, pero Gravina consigue con hábiles contramaniobras neutralizar todos los planes del enemigo.

Apenas se podía ver un centenar de metros, aparte de los brillantes fogonazos que iluminaban la escena con sus puntos de luz. El ambiente ya de por sí fantasmagórico era aún más caótico ante el ajetreo de la marinería intentando comunicarse apresuradamente en varias lenguas diferentes. Miles de voces inquietas intentaban abrirse paso entrecortadas por el ruido ensordecedor de los cañones. Aún más angustioso resultaba el humo que desprendían los cañones creando un clima de confusión general. El "España", el "América", el "San Rafael" y el "Firme" se hallaban envueltos en un durísimo ataque artillero.

El "España" dañó severamente a la fragata francesa "Sirius" que abandona la escena de batalla. El "San Rafael" y el "Firme" sufren serios daños en sus palos y velamen vagando inútiles a la deriva, siendo apresados por el enemigo. El "España" casi sufrió la misma suerte, pero finalmente logró ser salvado por las incesantes andanadas de los 74 cañones de los barcos franceses "Mont Blanc" y "Atlas". Los barcos británicos también sufrieron fuertes daños en sus estructuras, en especial el "Winsor Castle", así como también el "Agamemnon", el "Malta" y el "Ajax".

La vanguardia española fue duramente castigada por el fuego enemigo, mientras la retaguardia francesa no entraba en el ataque. Salvo algunos barcos franceses como el Plutón, o los ya referidos Mont Blanc y Atlas, los barcos galos no se implicaron esforzadamente en la batalla. Si Villeneuve hubiera ordenado virar su retaguardia, habría no sólo aliviado la vanguardia española, sino que habría envuelto la retaguardia inglesa con sus barcos destruyendo su flota en inferioridad numérica. Pero nada de esto hizo, manteniendo su convoy en su hilera, encontrándose la retaguardia de la flota combinada sin opositor a quien batir.

El resultado de la batalla arrojó un saldo de 39 oficiales y marineros muertos y 159 heridos por la parte británica. Las pérdidas aliadas fueron de 476 oficiales y marineros heridos o muertos. Más aún, Villeneuve había fracasado en sus objetivos: no había desembarcado tropas en Irlanda, y el ejército invasor de Napoleón esperaba inútilmente en Boulogne un transporte y escolta que nunca llegarían. El público y el almirantazgo inglés tampoco alcanzaron a ver el contexto generado por esta batalla.

Calder fue relevado del mando, juzgado en consejo de guerra y censurado con una severa reprimenda por rehuir el combate en los días 23 de julio y 24 de julio. Nunca más sirvió a bordo de la flota inglesa. Napoleón se vio forzado a abandonar sus planes de invadir Inglaterra. En su lugar la *Grande Armée* dejó Bouglone el 27 de agosto de 1805 para contribuir en las acciones de las campañas austriaca y rusa. Villeneuve y la flota combinada permanecieron en Cádiz hasta que finalmente se encaminaron a su destrucción en la batalla de Trafalgar el 21 de octubre de 1805.

El navío "España" bajo el mando del capitán don Juan Darrac y su 2° Comandante, don Juan Pedro Coronado Wittemberg, sufrió grandes daños en su arboladura. El barco en el momento de la batalla de Finisterre transportaba tropas de Irlanda, Córdoba y Texas, algunos de cuyos hombres murieron en la refriega. En concreto perecieron 5 personas pertenecientes a estas tropas, así como 7 resultaron heridos gravemente y otros 16 fueron heridos leves y contusos. Juan Pedro sobrevivió a la batalla, pero es posible que se encontrara entre los heridos ya que su comandante le certificó el 29 de julio de 1805 una dolencia vitalicia.

El "España", el "América" y el "Atlas" quedaron seriamente dañados por lo que tuvieron que ser enviados al puerto de Vigo para su reparación. Este motivo impidió a Coronado participar en la batalla de Trafalgar. Respecto a don Federico Gravina, Napoleón dijo de él que:

"Es todo genio y decisión en el combate. Si Villeneuve hubiera tenido esas cualidades, el combate de Finisterre hubiese sido una victoria completa" (Guimerá, Ramos, & Butrón, 2004).

Por otra parte respecto a las críticas de Villeneuve el Emperador exclamó:

¿Cómo tiene el valor de quejarse de los españoles? ¡Ellos han luchado como leones! (Pérez Gáldoz, 2008).

Robert Calder advirtió en su informe que había que tener cuidado con Gravina ya que éste era letal. El valor, la bravura y el coraje de los españoles quedaron plenamente acreditados. Es más, dentro de la Armada se tiene la creencia general de que si don Federico Gravina hu- hubiera tenido el mando de la combinada escuadra franco-española, hubiera vencido en Finisterre y en Trafalgar y con ello el destino del mundo hubiera sido muy diferente. La cadena de desaciertos de Ville- neuve irritó especialmente a Napoleón, siendo el almirante galo con toda probabilidad asesinado por los agentes del Emperador.

Gravina resultó gravemente herido en la batalla de Trafalgar, muriendo poco después el 9 de marzo de 1806. Fue enterrado en un nicho en la Iglesia del Carmen en Cádiz. Le fueron otorgadas las más altas dignidades militares, siendo sus restos trasladados en 1851 al Panteón de Hombres ilus- tres de San Fernando (Cádiz), cuyo nombre aparece en el primer lugar de la lista de ilustres segui- do por otros seis generales, siendo

Don Federico Gravina, capitán
general de la Armada hacia 1810

enterrado con uniforme de capitán general y las siguientes condecora- ciones: Venera de Santiago, Cruz de Carlos III y banda blanca y celeste. Su grandeza se ha mantenido perenne inserta en una corona inmarcesible de gloria. Partícipe de esa legendaria grandeza fue nues- tro protagonista de este pasaje, un miembro de la familia Wittemberg.

Las comisiones siguientes de Coronado denotan que en ese mo- mento su carrera iba viento en popa. Así por ejemplo, es destacable su participación en el combate y rendición de la escuadra francesa el 9 y 14 de junio de 1808. El 23 tomó el mando del navío "Neptuno". Du- rante el verano fue destinado como vice-cónsul de España ante la corte de Marruecos, bajo las órdenes del capitán de navío don José Rodríguez de Arias, cónsul general, permaneciendo en Tánger hasta enero del año siguiente. El 23 de febrero de 1809 fue ascendido a capitán de navío.

En marzo de ese año permaneció en Cádiz bajo las órdenes del mayor general de la Armada y gobernador de dicha villa. El 18 de agosto le concedieron un destino de mayor grado, quedando al mando del Tercio Naval de Málaga. Juan Pedro estaba en ese momento pletórico de alegría ya que según sus propias palabras:

> "...había sido destinado allí sin él solicitarlo, ya que allí tenía a sus parientes y era la patria de su mujer, que estaba dieciocho años ausente de ella" (Departamento de Marina de Cádiz, 1811).

Sin embargo, a pesar de esta transitoria alegría en el horizonte se vislumbraban oscuros nubarrones que pronto iban a ensombrecer la buena estrella de nuestro marino. Juan Pedro había crecido en la Marina borbónica cuando España ocupaba el tercer lugar entre las potencias navales. Esta Armada modélica que había resurgido desde sus cenizas gracias al impulso de estadistas como Ensenada o Patiño, había producido no sólo una flota capaz de competir a nivel internacional y defender los intereses españoles allende los mares, sino además unos oficiales cultos y bien formados, sin duda los más cultos de Europa, donde el espíritu profesional y la caballerosidad se imponían entre sus miembros.

Todo ese mundo de veneración hacia lo francés, se derrumba con el desastre de Trafalgar, la invasión napoleónica de España y la ascensión de nuevos ministros como Wall, el duque de Huescar..., claramente pro británicos. Por tanto, ahora el enemigo es Francia y el aliado Inglaterra, lo que producirá una lucha de poder dentro de la oficialidad española y sobre todo un nuevo contexto internacional que perjudicará la carrera de muchos oficiales, que habían crecido bajo la estela de una corte española mucho más próxima a la de sus primos franceses.

El 2 de septiembre de 1809 destinan a Coronado como comandante del Tercio Naval de Almería y con ese nuevo destino empieza una gran pesadilla en la vida del marino, que a la postre iba a malograr definitivamente su carrera posterior. Durante unos meses Juan Pedro lleva a cabo su función sin contratiempos ejerciendo la jurisdicción sobre los distritos inmediatos a la orilla del mar como Roquetas, Dalias, Arbuñol, que eran pueblos de la provincia marina de Almería. Pero ya en 1808 había comenzado en España la invasión napoleónica. Tras pasar los franceses Despeñaperros, llegan a Andalucía entrando en Almería el 15 de marzo de 1810 estando en la localidad 36 horas.

Posteriormente, regresan el 29 de abril permaneciendo en la zona hasta el 27 de abril de 1811. Los enemigos habían ocupado la capital del Reino de Granada, así como la provincia marina de Almería, Guadix, Baza y sus puntos inmediatos. Los franceses obligan a Coronado a jurar al rey intruso Joseph Bonaparte. Durante un año se ve forzado a colaborar con los invasores. Le exigen que haga una serie de extracciones de plomo para enviarlas por mar a Málaga. También en contra de su voluntad se ve conminado a requerir un impuesto sobre las pesquerías a los habitantes de la región que se dedican a estas actividades.

Asimismo, tiene que dar su parecer en cuestiones de mar y en concreto le demandan que establezca una lancha de fuerza para defender la zona ante posibles ataques de corsarios. Hace de interlocutor con el general napoleónico Liger Belair, gracias al perfecto francés que había aprendido en Brest. Dentro del marco de esa cooperación tiene que oficiar a dicho general, siendo la carta interceptada por el visitador de rentas reales el Sr. Chinchilla.

Tras la marcha de los franceses el 27 de abril, el mismo Coronado solicita al capitán general del departamento de Cartagena se le abra un consejo de guerra para depurar su actuación en Almería. El 18 de mayo de 1811 Juan Pedro Coronado es arrestado por don José Chinchilla, autorizado por su jefe el intendente general Freire, que era quien con su 3° ejército había arrojado a los franceses de Baza, Guadix y Almería. A partir de aquí comienza para Coronado un calvario de dimensiones inenarrables que iba a ensombrecer su carrera y su reputación dentro de la Marina (Departamento de Marina de Cádiz, 1811).

A finales de mayo se conduce al comandante a Valencia. Lo separan de su mando y sus enseres, se lo llevan atado, de pueblo en pueblo, 32 leguas en tránsito, tachado de traidor, hasta que llega a Lorca. Allí permanece cerca de 52 días, humillado, cuestionado en su honor, su patriotismo, que es el baluarte más importante que debe poseer un militar, hundido en un drama psicológico que va poco a poco va socavando sus fuerzas. Maltrecho de salud pide en Lorca el 12 de junio de 1811 que se le traslade a Cartagena para ser juzgado por el Consejo Permanente. Parte de Lorca el 1 de julio pasando por Murcia con dirección a Cartagena.

Llega finalmente a Cartagena en septiembre muy decaído de salud y muy próximo a perder del todo el juicio y la razón. Llega sin equipaje, se le recluye en un lóbrego calabozo del Cuartel de Batallones, donde permanece sin comunicación. Tiene baldado el brazo derecho, hasta el punto de que los oficiales de la guardia tienen que partirle el pan para que pueda comer. Coronado se encontraba casi en un estado de indigencia. En noviembre de 1811 se le permite que pase a la hacienda inmediata del capitán de fragata don Francisco Baldasano, que le acoge como uno más de su familia en espera de ser interrogado.

Don José Franco, cirujano de los reales ejércitos, agregado del Estado Mayor y titular del Hospital Real de la Caridad examinó a Juan Pedro cuando éste llegó a Cartagena en el mes de septiembre de 1811. Tras un reconocimiento exhaustivo del reo el facultativo dictaminó que se encontraba muy débil, con pulso frecuente y dolor de estómago, fenómenos producidos debido a sus muchas vigilias, cavilaciones y disgustos que sufría por motivos políticos. A pesar de los remedios que le prescribió Juan Pedro continuó con los dolores de estómago, exuptos e inapetencia por lo que luego le recomendó el ejercicio a caballo y la salida al campo, una prescripción habitual en la época.

Tuvo cierto alivio, pero luego don José Franco volvió a visitarlo el 28 de octubre en el Cuartel de Batallones, donde lo encontró con un fuerte dolor reumático en la articulación del hombro derecho que le impedía los movimientos ordinarios en esa extremidad. Así pues, en Cartagena el 1 de noviembre de 1811, el médico certificó que Coronado se hallaba en estado valetudinario. El 10 de diciembre comienza el juicio y se acusa a Juan Pedro Coronado de un delito de infidencia (paralelo a la traición o la violación de confianza y fe), así como de prestar juramento a un gobierno intruso, admitido su empleo, llevando correspondencia con los jefes de ese gobierno.

En este momento comienza la defensa de Coronado, el cual con todas sus fuerzas desplegará sus argumentos para restablecer su honor y reputación contra cualquier sospecha de impostura. Así pues, Coronado explicó que el 17 de febrero de 1810 recibió una orden terminante del Consejo de Regencia, comunicada por el jefe de escuadra don Pedro Antonio Ristori, comandante general de los Tercios Navales de Poniente, mediante la cual se le exigía que con urgencia enviara todo el plomo, betunes (que es una sustancia compuesta de nitrógeno que arde con llama) y granos al departamento de Cartagena, mercancías que eran necesarias para poder mantener la guerra.

Inmediatamente, Coronado tomó todas las medidas necesarias para el cumplimiento de la Real Orden, sin embargo, el 15 de marzo, a las 16 horas, los franceses ocuparon la costa de levante, se apoderaron por sorpresa de la ciudad de Almería y ocurrieron varios incidentes como la muerte de un artillero español por el tiro de escopeta de un soldado francés de a caballo. En esta primera ocasión las tropas francesas sólo permanecieron en la zona 36 horas, partiendo de la ciudad el día 17 de marzo al amanecer.

Por si fuera poco más tarde Coronado recibe nueva reales órdenes esta vez mucho más apremiantes. Por comunicaciones del 21 y 22 de marzo, así como de 13 de abril, le ordenan que flete todo el plomo, betunes, alquitrán, brea, comestibles, granos y los envíe sin dilación a los departamentos de Cádiz, Cartagena y Ferrol según fuera necesario. Es más se le indica que de ningún modo debía separarse de su destino que era tan necesario para el desempeño de tan delicadas comisiones.

Acto seguido, Coronado informa al capitán general del Departamento de Cartagena del peligro que corre si permanecía en ese destino esperando hasta el último momento, ya que podía ser apresado por los enemigos. Sin embargo, éste le contesta que en caso de invadir los enemigos Almería, debía mantenerse firme en su destino, aunque fuese a costa de jurar al rey intruso, porque así convenía al buen servicio de la patria, que hubiese allí una persona de conocida probidad y patriotismo que pudiera servir a los fines del Gobierno.

Juan Pedro al ver lo expuesto que estaba se apresura en tomar medidas en caso de nueva ocupación del enemigo. En un principio se había hospedado en una casa situada en la plaza de la catedral de Almería. Ante el riesgo de invasión dispuso su traslado a otra casa cerca de la Puerta del Mar, por la proximidad que ofrecía para un pronto embarco. Bajo su custodia estaban los fondos de la matrícula consistentes en unos 50.000 reales de vellón, fondos que debía salvaguardar a toda costa de la rapiña francesa.

Así pues ordena al patrón de un pequeño barco pesquero que esté alerta para que al primer aviso de entrada de los franceses en Almería, pudiera embarcarse él y el arca donde se guardaban los fondos. Para dar cumplimiento a las reales órdenes, Coronado envió a un ayudante por tierra a Cartagena para que informara de que la zona estaba libre de enemigos, y que por lo tanto ya podían venir los barcos españoles a cargar el plomo y demás mercaderías, llevando instrucciones acerca de las señales que debían hacerse para aproximarse a la costa sin ningún peligro.

A continuación, el capitán general de Cartagena por oficio de 4 de abril de 1810 ordena al capitán de fragata don Manuel Vazcano, capitán del Jabeque "Diligente", y al teniente de navío don Fernando Dominici, al mando del "Místico de Guerra nº 33", para que de inmediato pasasen a Almería y cargasen todo el plomo que fuera posible. El día 15 de abril avistaron ambas embarcaciones la costa de Almería y verificadas las señales convenidas, ambos barcos fondearon a medio día en su puerto.

Desde el primer momento en que llegaron los barcos Coronado dio las más activas providencias para llevar a buen término la comisión que le había sido encomendada. El día 16 de abril a las once de la mañana comienza la carga de 250 quintales de plomo a bordo del "Místico n° 33" y asimismo se embarcan 750 quintales del mismo material a bordo del jabeque "Diligente", todo lo cual se hizo con tanta eficacia que a las cinco de la tarde había concluido la operación.

Mientras se realizaban todas estas labores, Coronado recibe un mensaje de los informadores que tenía apostados en lugares estratégicos del territorio avisándole de que los enemigos se estaban acercando a Almería. Nada más enterarse manda llamar al capitán de navío don Manuel Vazcano y al teniente de navío don Fernando Dominici y los cita en su casa para parlamentar sobre lo que debía hacerse. Allí, les muestra las reales órdenes que tenía que le exigían que enviase plomo y otros efectos al departamento de Cádiz y Cartagena, y que si abandonaba su destino antes de tiempo, no podría dar cumplimiento a las mismas.

Por otra parte, Coronado argumentó que había muchos hombres de mar y sus familias que dependían de él, gente que aún estaban esperando sus pagas, y que no le parecía ético abandonar su destino, dejando a todos los matriculados desamparados, sin ningún jefe o persona que mirara por sus intereses. Además, les explicó que ya tenía fletado un falucho para que en cuanto se tuviese noticia de la llegada de los enemigos, pudiese partir poniendo a salvo los caudales del Rey, el archivo de la comandancia y su misma persona.

Así pues hizo embarcar su equipaje en el jabeque Diligente y se quedó en su destino hasta última hora intentando cumplir las reales órdenes que le habían sido encomendadas. Por lo tanto, el plan le pareció que estaba muy bien pensado y el mismo 16 de abril se despidió de sus compañeros –entre los que iban un contador y el delineador de la provincia– los cuales partieron a las once de noche con sus respectivas embarcaciones, llegando a Cartagena el 20 del mismo mes.

El 29 de abril llega a la ciudad la noticia de la llegada de los franceses, la cual pronto se comunica al puerto. La sola voz de "ahí están los franceses" hace nacer la mayor confusión y un tropel de gente se lanza alocadamente a los botes, pica o larga cables, intentando huir apresuradamente. Una polanca nombrada "El Carmen" mandada por el teniente de navío don Agustín de Navarrete intenta salir del puerto, levanta el ancla, pero no llega ni a elevar las velas, cuando es cañoneado desde el puerto, teniendo que desistir de su tentativa. Inmediatamente dos partidas de caballería francesa de un número de doce hombres toman la playa.

Así pues el comandante Coronado tuvo una imposibilidad física de embarcarse en aquel inesperado y crítico momento, a pesar de todas las medidas preventivas que había tomado, que finalmente se tornaron ineficaces. Unos días después todas las autoridades de la ciudad prestaron obediencia en su ramo respectivo. Todos los cuerpos, las oficinas reales y los gremios fueron obligados a jurar a José Napoleón I y entre ellos también Juan Pedro Coronado. Los franceses permanecieron en Almería hasta el 27 de abril de 1811, momento en el que evacuaron la ciudad inutilizando las baterías. En ese intervalo Coronado estuvo sometido a una gran tensión soportando toda clase de vejaciones.

Durante el juicio se preguntó a Coronado el motivo por el que había jurado al Rey intruso, que por qué no había huido de Almería, así como su grado de colaboración con el enemigo, las razones por las que había tenido que oficiar al general francés Liger Belair y todo el contexto del tiempo que había vivido en territorio ocupado. En primer lugar explicó que había jurado ante el temor de ser fusilado o deportado a Francia. Añadió que juró con un profundo malestar, que sirvió con disgusto y constante remordimiento, viviendo amenazado de sus hermanos y despreciado por los mismos franceses. Juró por necesidad, buscando los fines útiles a la patria.

A pesar de lo delicado del momento supo conservar documentos vitales y arrancar del cuaderno de borradores aquellos que de ser descubiertos por el general francés habrían conllevado su inmediata ejecución, que su contenido probaría que era un activo patriota. Por otra parte temía a su propia gente y por ello tomó cautelas para poner a buen recaudo los caudales del Rey, ya que los marinos llevaban un trimestre sin ser pagados y existía una seria posibilidad de que se rebelasen y provocasen un tumulto.

Los motivos que tuvo para no emigrar constituyeron sin duda una parte vertebral de su juicio. El comandante explicó durante el proceso que no emigró por la situación local de los distritos o pueblos de que se componía la provincia marina de Almería, ya que todos estaban de poniente de la capital. También por sus dolencias vitalicias, por sus muchos años de travesías marinas, como acreditaron tres certificaciones una de 29 de julio de 1805 por el comandante del navío España, otra de 21 de enero de 1809, dada por el comandante general del departamento de Cádiz y otra de 10 de marzo de 1810 dada por un médico de le provincia de Almería.

Estuvo cinco meses enfermo sin poder salir de su casa. A pesar de ello tomó la precaución de mudarse a la Puerta del Mar y adquirió una buena mula de la zona. Tanteó el grado de libertad que tenía, con respecto a su empleo, graduación y circunstancias y pronto comprobó que ni a su primer pueblo de mando podía ir sin expresa licencia. Estuvo constantemente rodeado de espías que vigilaban todos sus movimientos y temía a cada momento por su vida. Los franceses habían llegado a Vera, Lorca y Murcia, tomando el único camino que Coronado tenía para emigrar.

Por otra parte los barcos pesqueros que quedaban en Almería, tenían sus patrones, marineros, familias, enseres y caudal en la ciudad.

Cada falucho mantenía a unas 70 personas por lo menos, que dependían de los padres, maridos e hijos y demás gente que tripulaban los barcos. Coronado pronto comprendió que de haber puesto a algunos de esos patrones a salvo en puerto libre, sus dependientes serían ejecutados. También él mismo corría el riesgo de ser fusilado si hubiese sido descubierto fugándose. Debido a su empleo era llamado constantemente por el general o visitado a deshoras por el auditor comisario de policía y no podía contar ni cuatro horas, sin ser echado en falta.

Belair sabía que Coronado quería fugarse y eso le irritaba sobremanera, por lo que hacía que lo vigilasen de cerca, cruz que fue insoportable para Juan Pedro, que estuvo en un estado de tensión permanente, sin saber en quien podía confiar. Tuvo que soportar como los franceses sacaban mercaderías de los almacenes de la Marina, teniendo que permanecer impotente, sin poder hacer nada. El general Belair, que recibía órdenes directas de Napoleón, quería embarcar plomos hacia Málaga y el comandante tuvo que darle partes diarios para evitar represalias. Más de una vez volvió a su casa sonrojado tras hablar con el militar galo en defensa de sus intereses, teniendo que regresar a su morada humillado y sin ser oído.

Una de las preguntas más ácidas que se vertieron en el juicio fue la de que si era verdad que propuso a don José Mazarredo y al general francés, el establecimiento de dos lanchas de fuerza para que protegiera aquella costa contra los ataques de los corsarios. La referencia a Mazarredo no era en absoluto casual. Don José, conocido afrancesado era uno de aquellos hombres que no se oponía a la invasión napoleónica, es más, la consideraba imprescindible para la renovación sociocultural de España.

Este grupo eran verdaderos partidarios de la Ilustración, ya que entendían que un cambio de dinastía en la persona de José Bonaparte permitiría llevar a cabo reformas modernizadoras en el ámbito de la enseñanza, el derecho o la economía. Para Coronado la pregunta era especialmente espinosa ya que había estado durante varios meses bajo el mando del jefe de escuadra don José Mazarredo, como capitán de navío del barco "Oriente" y del bergantín "Descubridor", que navegaron en sus flotas.

A tal pregunta contestó tajantemente que a don José Mazarredo no había hecho semejante propuesta. Respecto al general francés contestó que éste le obligó entre sus opresiones a que como facultativo de mar diese su dictamen para cortar el apresamiento de buques. Por último, uno de los argumentos que Coronado esgrimió sobre su inocencia es que el 17 de abril de 1811 cuando se marcharon los franceses, el pueblo se lanzó a las calles lleno de júbilo, lanzando vivas a Fernando VII y gritando ¡mueran los traidores! y no hubo ni una persona en toda Almería que señalara a Juan Pedro como traidor.

Tras todos estos argumentos que se oyeron en el proceso, don Juan Pedro Coronado Wittemberg resultó "purificado" y libre de todo cargo, según parecer dado en Junta de Generales y expresado en Real Orden de 26 de junio de 1812, siendo indemnizado por lo mucho que padeció física y espiritualmente durante alrededor de un año desde que salió desde Almería, así como restituido en su empleo, más no al destino de matrículas, lo que pidió por representación separada y con tal de no volver a Almería.

El 6 de enero de 1813 Coronado entró en Cádiz de transporte en la fragata "Soledad" procedente de Cartagena, pero la vida del marino ya no era la misma y su prestigio dentro de la Armada había resultado mermado. Por todo ello y para despejar cualquier duda, Juan Pedro solicitó que nuevamente se abriese su expediente de purificación ante el Consejo de Generales establecido en el Puerto de Santa María, el cual pasó al de Cádiz, declarándole absuelto y purificado del tiempo que vivió en país ocupado por los enemigos, mediante Real Orden de 25 de junio de 1819, expidiéndosele el correspondiente relief.

No obstante la victoria moral de Coronado, los documentos de su vida posterior demuestran que fue marginado en todas las peticiones que hizo. Así pues, por Real Orden de 10 de diciembre de 1819, el director general de la Armada le negó el ascenso inmediato que había solicitado. Ante esta negativa, Juan Pedro, ansioso de un reconocimiento externo de su inocencia pide después el 31 de diciembre de 1820, que le concedan la Cruz y Placa de la Orden Militar de San Hermenegildo, distinción honorífica de gran prestigio en los cuerpos castrenses, la cual le es denegada por el Ministro de Marina, don Juan Jabato.

Éste en oficio reservado al director general de la Armada, le transmite el motivo de la denegación arguyendo mediante una fórmula a todas luces contradictoria que aunque Coronado había sido libre de todo cargo a juicio de generales, no había sido declarado sin nota de demérito. En octubre de 1822 solicita Juan Pedro servir interinamente en la Capitanía del Puerto de Cádiz, denegando el Ministerio de Marina esta petición el 2 de noviembre (Intendencia General de la Marina, 1776-1832).

Curiosamente, dentro de esos criterios basculantes hacia la figura del marino, el 23 de octubre de 1822 se le concede la Cruz y Placa de San Hermenegildo que tan fervientemente anhelaba. Sin embargo, se le aparta del servicio dejándole sin destino durante los años 1821, 1822 y 1823. Ese último año, el 13 de julio, Coronado tiene que actuar como fiscal en la causa que se sigue contra el teniente de navío, don Antonio Leiva y Pimentel y demás oficiales, por haber entregado la fragata Prueba y Venganza y la corbeta Carmen, al gobierno insurrecto de Guayaquil. Para Coronado la actuación en este proceso debió ser casi un castigo, al tener que revivir nuevamente su propio drama psicológico.

Juan Pedro salió en defensa de sus compañeros al no encontrar mérito en las declaraciones, las diligencias, en las citas evacuadas y demás actuaciones que arrojaba la sumaria, ni cosa que perjudicara a los individuos presentados en la península respecto a la entrega de esos buques. Es más hizo severos cargos a sus respectivos comandantes, excusándose de participar en la causa al argüir que no estaba comprendido en el círculo de lo que le estaba mandado actuar, siendo un asunto distinto de lo que mandaban las reales órdenes, debiendo ventilarse el asunto en Consejo de Guerra de Generales, según éstas prevenían (Departamento de Marina de Cádiz, 1811)[40].

Por otra parte, los años de 1820 a 1823 fueron una época muy turbulenta en España. En este periodo tuvo lugar en nuestro país lo que se ha denominado el "Trienio Liberal". Tras el pronunciamiento militar del general Riego el 1 de enero de 1820 en la localidad sevillana de Cabezas de San Juan, proclamó inmediatamente la Constitución de Cádiz de 1812. Fernando VII se vio forzado a jurar la Constitución liberal y unos meses después se establecía la monarquía parlamentaria. Como es bien conocido este nuevo estado de los acontecimientos no duró mucho y "el Deseado" como se llamaba a Fernando VII, con ayuda de la Santa Alianza pronto provocaría una reversión de los hechos, imponiendo a partir de 1823 el absolutismo más lacerante, represivo y asfixiante.

Sólo en este contexto se puede comprender la cadena de despropósitos que se vertieron sobre Coronado. Dentro de la oficialidad española se produjo una purga de los militares considerados liberales. Nuevamente la sospecha de afrancesado planeó sobre la vida de Juan Pedro. Recurrentemente las dudas sobre su postura política, cercaron toda posibilidad de ascensión en la Marina. La oficialidad española estaba dividida y esta podría ser una de las razones de por qué lo mantuvieron sin destino desde 1820 hasta 1823.

Si el dejarlo sin destino fue una crueldad para un hombre acostumbrado a la acción, más aún fue anularle la Cruz y Placa de la Orden de San Hermenegildo según Real Decreto de 1 de octubre y recién ganada el año anterior. Coronado permaneció perplejo en espera de acontecimientos. Por fin el 30 de agosto de 1824 se abre una puerta a la esperanza y Coronado es nombrado como comandante de los bu-

---

[40] *Expediente, carpetilla de 13 de julio de 1823 que trata sobre la actuación de Juan Pedro Coronado como fiscal en dicha causa.*

ques de guerra destinados en el Apostadero de Algeciras, debiendo intervenir con el comandante general de Campo de San Roque en las operaciones de mar que pudieran ocurrir en aquella zona.

Según la versión del propio Coronado, el 30 de agosto fue llamado por el general del departamento para que fuera a su casa. Allí se presentó al punto, encontrándose para su sorpresa con todas las autoridades de la Marina. El general entonces le transmitió que acababa de recibir una comunicación del teniente teneral de campo don José Odonell pidiéndole que remitiera a la brevedad posible fuerzas de fiar para que tranquilizaran la bahía de Algeciras y asegurasen el tránsito y quietud con la plaza de Ceuta.

Continuaba el General diciendo que para dicha delicada comisión había decidido designarle jefe de la división de buques y que debía partir inmediatamente para esa zona. Es más le dijo que:

> "El servicio de S.M. exige que V. vaya, pues se necesita de un gefe que sepa contextar a un general de exército viniendo la moderación con las prerrogativas de la Marina Real..." (Departamento de Marina de Cádiz, 1811)[41].

Juan Pedro estaba dichoso ya que después de tanto desdén hacia su persona, por fin se incorporaba nuevamente a la acción y además se iba reunir con José Odonell (tío del famoso Leopoldo) al que conocía desde que aquel era cadete y él guardiamarina. Según Coronado, él realizó su comisión con suma diligencia, presentándose inmediatamente en Algeciras y llevando a cabo todas las órdenes encomendadas, logrando a los quince días de su llegada el aprecio de la división y los elogios y buena consideración de todos los militares desplegados en aquella área. Sin embargo, para desgracia de nuestro biografiado los puñales corrían en aquella época con suma facilidad por los resbaladizos corredores de la Armada.

---

[41] *Carta de Juan Pedro Coronado Wittemberg al capitán general de la Armada fechada en San Fernando el 11 de mayo de 1830.*

Un grupo de oficiales se conjuraron contra Coronado para quitarle el mando. Los sucesos ocurrieron del siguiente modo. El comandante general del campo de Gibraltar recibió el 13 de septiembre de 1824 un anónimo, que si bien se ha perdido, se sabe que se tachaba a Coronado de liberal y de haber tenido alguna participación en la revolución de 1820. Alarmado el comandante general de campo, informa unos días después, el 18 de septiembre de 1824, por mediación del secretario del Despacho de Guerra al capitán general de Andalucía, don José Odonell, del intrigante comunicado recibido con inclusión del anónimo para que éste tuviera una completa inteligencia de los hechos.

En dicha comunicación el comandante general le expresa al capitán general que cree que Coronado es uno de los que se encontraba en Málaga a principios de la revolución de 1820 y si era el mismo convenía que no se fiase mucho de él, y por tanto consideraba que era perjudicial que se confiara a éste un mando tan interesante. A su vez, el 2 de octubre de 1824, don Juan de Aymernil miembro del Ministerio de Guerra, envía inmediatamente un reservado al secretario del Despacho de Marina con inclusión también del anónimo, que éste hace llegar al director general de la Armada para que informase lo que creyera conveniente (Departamento de Marina de Cádiz, 1811)[42].

El 8 de octubre de 1824 don Juan de Villavicencio de la Dirección General de la Armada, envía una tajante carta al secretario de Estado y Despacho de Marina que decía lo siguiente:

Exmo Sr:

"Siendo asunto que merece examinarse con mucha detención cuanto a V.E. dice de Real Orden un oficio de ayer respecto al capitán de navío don Juan Pedro Coronado, quien por ningún pretexto considero debe seguir mandando las fuerzas de mar que se hallan en Algeciras, no por miedo de que pueda suceder lo que teme el anónimo, por los oficiales comandantes de los buques no subscribirían a cosas contra su honor, sino porque una vez acusado debe procederse a examinar su conducta".

---

[42] *Véase las carpetillas referentes a los oficios del 2 de octubre de 1824.*

Oficio hoy mismo al comandante general del departamento de Cádiz, para que inmediatamente sea relevado Coronado, y respeto a esclarecer cuanto de él se dice, procurase tomar los informes necesarios para en su vista informar a S.M. lo que crea más conveniente a su mejor real servicio, debiendo con este motivo hacer presente a V.E. que ignorando la Junta de Dirección que Coronado se hallase en el caso que aparece, lo propuso en el expediente de matrículas para la comandancia de las de Cartagena, y a fin de que V.E. pueda informar a S.M. lo que crea más conveniente se lo participo por si creyese oportuno suspender darle destino alguno mientras no se aclara su conducta. Madrid 8 de octubre de 1824 (Departamento de Marina de Cádiz, 1811)"[43].

Como consecuencia de estos oficios reservados se comunica a Coronado el 12 de octubre, al mes y medio de haber llegado a Algeciras, que debe abandonar el mando en el oficial más antiguo y retirarse al Departamento, donde llega el 18 del mismo mes. Nuevamente se le somete a un Consejo de Guerra. Mediante oficio de la Junta de Purificaciones, se le declaró el 9 de noviembre de 1825 "impurificado" en primera instancia de su conducta durante los sucesos revolucionarios de Málaga en 1820.

Es de imaginar la pesadilla que debió padecer Juan Pedro al contemplar una vez más su honor y su patriotismo puesto en duda. Sin embargo, a pesar de los intentos de sus enemigos nada pudo demostrarse. Un año después, el 17 de septiembre de 1826, el presidente de la Junta Suprema Militar, declaró "purificado" en segunda instancia al capitán de navío don Juan Pedro Coronado Wittemberg. Una nueva victoria moral para el marino que no iba a evitar su marginación en la Marina.

---

[43] *Expediente citado, carpetilla referente a la carta enviada el 8 de octubre de 1824 por la Dirección General de la Armada, al secretario de Estado y Despacho de Marina.*

Durante el año 1825 y 1826 mientras se ventilaba el juicio estuvo en el departamento sin destino. Tras ganar el proceso reclamó Coronado el agravio de no haber sido comprendido en la promoción del 14 de julio de 1825 a la que tenía derecho. De resultas de esta reclamación, la Real Orden de 13 de abril de 1827 manda tener presente a Coronado para que oportunamente y según su mérito se le tuviera presente para destino de matrículas. Mera retórica.

El 9 de diciembre de 1828 se le destina al servicio pasivo lo que supone el final de su carrera en la Marina. Como colofón a todo el conjunto de ambigüedades que se cernieron sobre Juan Pedro, por Real Orden de 23 de noviembre de 1829, le confirman el uso de la Cruz y Placa de San Hermenegildo, después de habérsela anteriormente concedido y denegado. Una palmadita en la espalda que llegaba demasiado tarde pero que por lo menos reconocía lo que expresaba en su lema: *"El premio a la constancia militar"* (Departamento de Marina de Cádiz, 1811)[44].

Juan Pedro es un hombre derrotado que siente que su vida se desploma sin el debido reconocimiento a sus muchos años de servicios, ni la comprensión de sus superiores. En San Fernando, el 11 de mayo de 1830, Juan Pedro escribe de su puño y letra una atrevida carta al capitán general de la Armada. A estas alturas Coronado es un oficial indignado que ya no tiene nada que perder y está dispuesto a consignar sus agravios ante la mayor instancia de la Marina.

Él conoce bien los entresijos de la Armada, el amiguismo y el politiqueo y sabe bien que se enfrenta a una batalla perdida. Sin embargo, a pesar de ello está dispuesto a presentar sus razones ante la mayor autoridad, para que quede constancia ante la historia y sus contemporáneos de que él es un hombre íntegro que no fue tratado con justicia dentro del cuerpo. En una segunda parte de esta desgarradora carta en la que se respeta la grafía original, un sincero Juan Pedro escribe a corazón abierto lo siguiente:

---

[44] *Última hoja de servicios de Coronado.*

"Acostumbrado a golpes adversos de ingratitud, en un cuerpo como en el que siempre serví y tanto amaba, bolví a mi rincón del Departamento. A poco tiempo, contando 16 años de capitán de navío y el primero de la Armada, se ascendieron 24 a Brigadieres, no siendo incluso en tal gracia. Este inesperado golpe, redujo mi existencia a una continuada muerte civil, pues destruía mi concepto público, ganado entre balas y campañas continuas. Representé a S.M. y nada se me hizo saber.

Repetí segunda instancia por la vía reservada a los seis meses y la Real resolución me hizo ver que a pesar de concevida la orden, confesando por ciertos todos los alegatos, no se quería inclinar a S.M. para la gracia, sin dar causales. Han pasado cinco años y nada de lo que manda aquella, ha tenido lugar, con lo qual se ha demostrado haber jurado mi exterminio, pues no pudiendo hallar motivo para pasar a otra lista, que la primera de activos, llegó aislada una Real Orden, para que ingresase en la de pasivos, y quedase para siempre sepultado en vida, mirar mi carrera concluida con los 21 años de tres galones y a mi vista mis subalternos en tantas campañas, con bordados de oro y plata y los contemporáneos con dos bordados.

Al facineroso más atroz, se hace saber lo llevan al patíbulo, sus delitos provados. Aún más rigor se ha usado conmigo, pues la retribución ha sido aplicar al mérito el castigo. En este lastimoso punto de vista, recurre y clama a V.E. por que se le haga justicia, un oficial de los más antiguos de la Armada que ha servido durante 54 años, lleno de méritos, opinión, sin tacha alguna y mirando que sus desvelos son pagados como crímenes.

Sólo ve V.E. pido justicia y entra en ella, que si apareciese delito, tacha o calumnia, se me haga saber y se me oyga, pues nadie está exento de ésta, o de enemigo oculto. Con este sólo paso, podrá V.E. hacer, no mire mi existencia como un fardo insoportable y a los hombres como fieras insaciables de la sangre de sus semejantes".

Dios guarde a V.E. muchos años.
De V.E. su servidor y apasionado súbdito.
Juan Pedro Coronado (Departamento de Marina de Cádiz, 1811)[45].

---

[45] *Carta particular de Juan Pedro Coronado al director general de la Armada redactada en San Fernando, Cádiz, el 11 de mayo de 1830.*

Desde Madrid el 4 de junio de 1830 Alejo Gutiérrez de Rubalcava, mayor general de la Armada escribe una misiva reservada al capitán y director general de Armada. En dicha carta expresa la liberalidad con que Coronado se ha desahogado en su carta particular y que sus quejas no tienen ningún fundamento. Argumenta que Coronado es buen oficial y que tiene inteligencia en las materias de la profesión, pero que se haya muy cansado, que no ha prestado servicio de mar desde 1809. Asimismo, incide que no fue el único oficial puesto en la lista de pasivos por la Junta de Dirección, sino que junto a él había también generales de la Armada.

Además traía a colación que Coronado había jurado al rey José y que a resultas de ese hecho se le había formado un voluminoso expediente y aunque en 1818 fue declarado libre de todo cargo y repuesto a su empleo, esa causa no le había hecho ningún favor. También añade que mientras trabajó de joven tuvo sus ascensos, pero que no haciéndolo ya y sobreviniéndole los incidentes de 1811 no era de extrañar que se hubieran paralizado sus premios. Por si fuera poco Coronado era de edad septuagenaria y de muy poca utilidad para el Real Servicio. Sin embargo, el mayor creía que como pasivo podía tener destino de matrículas o capitanías de puesto y en ese caso podía aún optar por su escala a mayor graduación (Departamento de Marina de Cádiz, 1811)[46].

Juan Pedro Coronado fue un buen y patriótico oficial. Había llegado a ser no sólo capitán de navío, sino capitán de consejo, es decir un jefe que podía reemplazar a un capitán de navío por enfermedad o muerte e incluso a un mayor de escuadra. También llegó a ser comandante de dos Tercios Navales, el de Málaga y el de Almería. La carrera de Coronado era ascendente, brillante y nada presagiaba su funesto destino. Si fue liberal o afrancesado de conciencia nunca se

---

[46] *Carta reservada de don Alejo Gutierrez Rubalcava al director general de la Armada, fechada en Madrid el 4 de junio de 1830.*

plasmó en actos positivos que pudieran perjudicar a la nación española o a la Armada. Jamás pudo probarse nada de lo que se esgrimió contra él, resultando absuelto en todos sus procesos.

En 1809 siendo vicecónsul en Tánger se encontraba en la cúspide de su carrera. Su compañero en dicho destino, José Rodríguez de Arias, cónsul general, llegó en pocos años a ser capitán general de la Armada, mientras que su carrera después de los sucesos de Almería de 1811 se paralizó definitivamente. Coronado tuvo mala suerte en un tiempo plagado de incidentes turbulentos provocados por la cambiante coyuntura internacional. Fue una víctima, sin fundamento, de la persecución que en la Marina y en todos los estratos de la sociedad se hizo a los afrancesados tras el férreo absolutismo impuesto por Fernando VII. Como cláusula de cierre el redactor de su hoja de servicios escribió lo siguiente:

"En el tiempo que ha permanecido en este Departamento se le ha notado ser de buena conducta religiosa y ha dado pruebas de amor al servicio de S.M. y su Real persona".

Don Juan Pedro Coronado Wittemberg murió el 19 de mayo de 1832.

Vista del Salón de Bilbao (La Alameda), 1839. Por Chaman y P. Poyatos

Hermana de don Juan Pedro fue **doña Vicenta** (Ana, Agustina, Severina, Desideria, Ramona, Nicolasa) **Coronado Wittemberg**, la cual nació en Valencia el 11 de febrero de 1764, siendo bautizada al día siguiente. Doña Vicenta casó con don Juan Crisóstomo Eneriz Ansoti y Olavarría, capitán del Regimiento Provincial de Granada. Gracias a que el padre de Crisóstomo fue caballero de la Orden de Santiago se posee sobre la familia Ansoti abundante información (Consejo de Órdenes, 1747)[47]. La familia Ansoti procedía de la casa Eneriz, procedente del mismo lugar de Eneriz, valle de Ilzarbe, en el obispado de Pamplona, Reino de Navarra.

Allí tenían sus tradiciones, sus escudos de armas, "dos calderas" que aparecían en sus puertas, muros de piedra, enterramientos. Allí fueron todos regidores preeminentes y miembros de la "muy noble y muy ilustre Hermandad de Caballeros de la Basílica de Nuestra Señora de Unate". En Eneriz nació en 1644 el bisabuelo de Crisóstomo, llamado don Juan Eneriz Ansoti, donde fue reputado por noble, siendo "regidor preeminente", gozando de preferencia en el asiento de la Iglesia del Ofertorio, actos del Ayuntamiento, perteneciente a la citada "Hermandad de Nuestra Señora de Unate". Allí contrajo matrimonio el 2 de marzo de 1661 con doña Isabel de la Cuesta.

Tanto la familia Eneriz como la familia Cuesta fueron lo que se denomina "vecinos foranos" de Ucar. La vecindad forana era un acto

---

[47] *Don Juan Crisóstomo Eneriz Ansoti y Olavarría, fue hijo de don Juan Francisco Eneriz Ansoti, nacido en Sevilla en 1697, el cual casó con doña Marian Olavarría Muñoz de Guzmán. Nieto de padre de don Juan Francisco Eneriz Ansoti, el cual nació en Logroño, testa en Madrid el 26 de agosto de 1730, donde muere, casado con doña María Cayetana de Castro, nacida en Chiclana de la Frontera, Cádiz y fallecida en Sevilla (hija de Antonio de Castro, nacido en Cádiz y de Leonor de Molinas, nacida en Chiclana de la Frontera). Bisnieto de padre padre de don Juan Eneriz Ansoti, nacido en Eneriz, obispado de Pamplona, Reino de Navarra, siendo bautizado el 13 de agosto de 1644, el cual contrae matrimonio el 2 de marzo 1661 con Isabel de la Cuesta, nacida en el mismo lugar (hija de Mateo de la Cuesta), y testa en Logroño el 13 de diciembre de 1662, hijo de Juan Eneriz, natural de Eneriz, el cual testa el 17 de noviembre de 1675.*

de nobleza. El padre de Isabel, llamado Mateo gozó allí de las mismas preferencias, en la iglesia del Ofertorio, actos del Ayuntamiento, siendo también miembros de la mencionada Hermandad de Nuestra Señora de Unate, reputados por nobles notorios de Navarra. Posteriormente, el matrimonio se trasladó a Logroño, donde consta que don Juan Eneriz Ansoti fue designado el 1 de enero de 1665, "mayordomo de propios y rentas del estado de caballeros de hijosdalgo", título que fue revalidado el 1 de enero de 1667. Testó en Logroño el 12 de diciembre de 1682.

El abuelo de Crisóstomo, llamado don Juan Francisco Eneriz Ansoti, nació en la misma ciudad de Logroño, en la Rioja, obispado de Calahorra, provincia de Burgos, trasladándose en su juventud a estudiar Derecho a Sevilla, donde se estableció. Allí en Sevilla ejerció el cargo de contador de la Casa de la Misericordia, así como tesorero de rentas reales de la ciudad de Llerena. En Sevilla también se casó con doña María Cayetana de Castro, natural de Chiclana de la Frontera, Cádiz. El 30 de marzo de 1716 don Juan Francisco Eneriz Ansoti fue recibido como hijodalgo en el Ayuntamiento de Sevilla. Posteriormente, testó el 28 de agosto de 1730, dejando como herederos universales a sus tres hijos: don Juan Francisco, don Enrique y don Antonio Ansoti y Castro. El testador murió poco después en Madrid y su mujer lo hizo en Sevilla.

El padre de Crisóstomo, llamado don Juan Francisco Eneriz Ansoti, yerno de Vicenta Coronado Wittemberg, poseía un perfil de mucho mayor calado político, lo que se reflejó a su vez en sus matrimonios, de progresiva intensidad nobiliaria. Don Juan Francisco nace en Sevilla. Allí se educa y estudia Derecho. A continuación es designado regidor perpetuo de esta misma ciudad. Más adelante, él y su hermano Enrique son recibidos como hijosdalgo de sangre en la ciudad de Llerena, provincia de Extremadura.

Posteriormente, se traslada a Granada donde tiene un pequeño contratiempo con la Real Chancillería. Ésta por auto de 22 de junio de

1728 anula por falta de algunas justificaciones el acto del Cabildo de Sevilla de 30 de marzo de 1716 por el que se había recibido a su padre como hijodalgo de sangre. No conformes con ello, tanto don Juan Francisco como su hermano Enrique litigan en 1736 en juicio contradictorio ante la Real Chancillería, presentando instrumentos nobiliarios, por lo que ésta emite el 19 de septiembre de ese año Provisión de nobleza a favor de los dos hermanos.

Este reconocimiento propulsó la carrera de don Juan Francisco que llega a ser Oidor de la misma Real Chancillería de Granada. Pasa temporadas en Madrid, donde forma parte del Consejo de S.M. En 1747, a los cincuenta años de edad es nombrado caballero de la Orden de Santiago. A su vez, el 26 de septiembre de 1738, su hermano Enrique es designado alcalde de la Santa Hermandad de Sevilla por el estado noble. Don Juan Francisco Eneriz Ansoti ha llegado a la cúspide de su carrera profesional y política y apuesta alto en sus matrimonios.

De una primera relación contrae matrimonio en 1748 con doña Luisa Francisca Saavedra Alvarado de Vargas Neve y de Leira, natural de Sevilla, donde nació el 25 de septiembre de 1705, hija de don Antonio Saavedra y Alvarado y de Inés de Vargas Machuca, naturales de la misma ciudad. Su abuelo, don Juan de Saavedra, es caballero de la Orden de Santiago y además, marqués de Moscoso. Además la propia doña Luisa había estado casada con el marqués de Gandul, de la que enviudó. Sin embargo, ella misma también murió sin dejar descendencia, lo que propició que don Juan Francisco Eneriz contrajera un segundo matrimonio (Consejo de Órdenes, 1748).

Don Juan Francisco contrae este segundo matrimonio en 1758 con María Ana Olavarría Muñoz de Guzmán de Coca y Salcedo, natural de Santiesteban del Puerto, donde nació el 19 de mayo de 1723, siendo bautizada el 31 del mismo mes. Sus padres fueron, don Tomás de Olavarría y Baseta, natural de Madrid y vecino de Granada, caballero de la Orden de Santiago y doña Juana Muñoz Salcedo y Zúñiga, natural de Granada. Prueba de la importancia de la familia es que en el momento del bautismo de doña María Ana es su padrino, el conde de Santiesteban, caballerizo mayor del Príncipe, y no pudiendo asistir por hallarse ausente en Cambray, da poderes para que acuda don Andrés de Chávez y Vázquez, secretario de S.M. y gobernador.

Abuelo de María Ana fue don Juan Antonio de Olavarría y Baseta, patrono de la iglesia parroquial de la ciudad de Guadalajara y su abuelo materno fue don Luis Muñoz de Guzmán y Córdoba, caballero de la Orden de Santiago, castellano perpetuo de villa y castillo de Santía, y veinticuatro de dicha ciudad, corregidor de la ciudad de Guadix, superintendente general de la ciudad de Guadix, Baza y Almería. A su vez, su bisabuelo fue don Luis Muñoz de Guzmán, caballero de la Orden de Santiago, capitán de Caballos, natural de la ciudad de Alcaraz. Por la parte materna fue su bisabuelo don Antonio Salcedo, veinticuatro de la ciudad de Granada (Consejo de Órdenes, 1758) (Consejo de Órdenes, 1722)[48].

Por lo tanto, fruto del matrimonio de don Juan Francisco Eneriz Ansoti y de doña María Ana Olavarría Muñoz de Guzmán, nace don **Crisóstomo**, futuro marido de **doña Vicenta Coronado Wittemberg**. Llegado a este punto, podemos observar como las fuerzas sociales que se conjugan empiezan a ser enormes. Detrás de Crisóstomo hay toda una saga de caballeros de la Orden de Santiago, regidores, caballeros

---

[48] *La línea genealógica exacta de María Ana Olavarría Muñoz de Guzmán es la siguiente: sus padre fueron don Tomás de Olavarría Baseta, natural de Madrid y doña Juana Muñoz de Guzmán Salcedo y Zúñiga, natural de Granada; abuelos paternos fueron don Juan Antonio Olavarría y Baseta y doña María Ana de Coca Aguilar y Mendoza; abuelos maternos, don Luis Muñoz de Guzmán y Córdoba, y de doña Teresa de Salcedo y Zúñiga, ambos naturales de Granada. Bisabuelos paternos paternos fueron Don Pedro de Olavarría y Baseta y de doña Isabel Almansa y Ceballos. Bisabuelos paternos maternos fueron don Diego de Coca y María de Mendoza. Bisabuelos maternos paternos fueron Don Luis Muñoz de Guzmán, natural de Alcaraz y doña María Venegas de Córdoba, natural de Granada. Bisabuelos maternos maternos Don Antonio Salcedo y doña Lorenza Zúñiga y Abalos, naturales de la ciudad de Granada.*

veinticuatro, corregidores, superintendentes, oidores, consejeros de S.M. y detrás de los Coronado Wittemberg hay también, como ya sabemos, poderosas relaciones, cargos e intereses.

Por otra parte, resulta sorprendente que una familia extranjera como la familia Wittemberg, que llegó a España alrededor de 1650 alcanzara dos siglos más tarde el mismísimo cenit de la nobleza de la Monarquía hispánica, como muy pronto veremos. Por ello es necesario detenerse un momento y reflexionar sobre la enorme importancia de todos estos cargos y títulos, para llegar a comprender la gran trascendencia política que este linaje llegará a alcanzar.

Del matrimonio entre don Crisóstomo Ansoti Olavarría y doña Vicenta Coronado Wittemberg nacen tres hijos: don Juan, doña Ana y doña María Josefa. **Don Juan Ansoti Coronado Olavarría Wittemberg** nació en Granada y fue caballero veinticuatro de la Real Maestranza de Granada el 20 de abril de 1833. En el expediente de ingreso aprobado en el citado día se facilita detallada noticia de los ascendientes paternos y maternos que ya conocemos. También se hace alusión a que los Wittemberg son descendientes de los "príncipes soberanos" de dicho nombre de Wittemberg.

El expediente concluye exaltando el generoso arte de montar a caballo y la perfección con la que lo ejercitan los caballeros maestrantes y la necesidad que tiene don Juan de conseguir ese honor para emular a sus antepasados (Real Maestranza de Granada, 1833). **Doña Ana Ansoti Coronado** debió ser una de las nietas preferidas de Ana Dominga Wittemberg Mendieta pues le deja en su testamento 25 ducados.

Pero la que mayor protagonismo ha acaparado y probablemente más que toda la familia Wittemberg en su conjunto, es la tercera hermana llamada **María Josefa Ansoti y Coronado** la cual casa en Granada el 22 agosto de 1822 con **don Juan Bautista Sánchez de Teruel y Quevedo, VII conde de Villa Amena de Cozbijar.** Don Juan Bautista nace en Granada en 1796, hijo de pedro de Alcántara

Sánchez de Teruel Villalba, VI conde de Villa Amena de Cozbijar y de doña Manuela de Quevedo y Solís. Don Juan Bautista será miembro de la Real Maestranza de Caballería de Granada, caballero veinticuatro de su antiguo Ayuntamiento, prócer del reino, etc.

Del matrimonio de doña María Josefa y don Juan Bautista, nace en Granada el 8 de diciembre de 1825, una única hija llamada **doña María de los Dolores Sánchez de Teruel y Ansoti, VIII condesa de Villa Amena de Cozbijar** la cual casa en Granada, el 21 de Noviembre de 1847 con **Don José María Castillejo y Moñino,** bautizado en Granada el 25 de febrero de 1826, único varón de don Francisco de Paula Oviedo-Castillejo y Ahumada y de doña Mariana Moñino Pontejos Redondo y Sandoval, hija segunda Marqueses de la Casa Pontejos, condes de la Ventosa.

Don José María Castillejo y Moñino será **III conde de Floridablanca**, grande de España de primera clase, maestrante de la Real Caballería de Granada, senador del Reino vitalicio en el reinado de Isabel II, gentil-hombre de cámara con ejercicio y servidumbre de S.M. el rey don Alfonso XII (Fernández de Béthencourt, 1883). Realmente resulta sorprendente que la nieta de **doña Vicenta Coronado Wittemberg**, haya enlazado con uno de los linajes más importantes del siglo XVIII, como es el **Condado de Floridablanca**, –de recién creación pero de enorme trascendencia política– por lo que para llegar a entender su verdadera significación es necesario adentrarnos en sus orígenes.

El Condado de Floridablanca tuvo su origen en la persona de don José Moñino y Redondo, nacido en Murcia el 21 de octubre de 1728, verdadero coloso de toda una era, hombre de Estado y ministro de Carlos III, con el que compartirá todas las glorias y empresas de su reinado. El legado de su personalidad es inmenso, llegando las aureolas de su fama hasta nuestros días, continuando su memoria vigente en la actualidad. Don José Moñino y Redondo, nació en una época de grandes cambios e influencias que procedían de la Francia del siglo de las luces.

Logró maniobrar con gran habilidad en un delicado espacio, el de una Monarquía que aboga por las grandes reformas, pero que no quiere perder muchos de sus privilegios de clase. En 1808 se considera a Moñino "poco liberal y antiprogresista" pero cuarenta años más tarde se lo concibe como hombre "reformador y juicioso". Don José Moñino entiende muy pronto que libertad, igualdad y soberanía popular eran ideas que algunos juzgaban de metafísica, que podían acarrear peligros para la sociedad. Por lo tanto, ante esas amenazas y otros intereses de la corte, don José se mostrará como un hombre de mente clara, prudente, sutil, austero, honesto, bien intencionado y sobre todo, incondicional de Carlos III.

En 1748 se recibe como abogado por la Universidad de Orihuela, doctorándose posteriormente en Salamanca y donde ejerce una cátedra de Derecho Civil. Don José será hombre de gran talento político, sagacidad y elocuencia, lo que demuestra con creces cuando Carlos III lo nombra en 1766 fiscal supremo del Consejo de Castilla, cargo que ocupa junto a don Pedro Rodríguez Campomanes, los cuales actúan en consuno en el espinoso asunto de la expulsión de los jesuitas.

Don José Moñino es enviado a Roma como ministro plenipotenciario del monarca a tratar con el papa Clemente XIV, el difícil asunto de la disolución de la Compañía de Jesús a la par que debía conservar los intereses de un rey que se consideraba católico, objetivo que se consigue después de trece meses de negociaciones, suprimiendo la Compañía en todo el orbe. Tanto Moñino como Campomanes, fijan los principios del derecho civil y canónico respecto a las prerrogativas de la Corona. Carlos III es un monarca fuerte, enérgico y celoso de su autoridad, que gracias a la habilidad de sus ministros consigue restringir el poder de la Iglesia, así como frenar los atropellos de la Inquisición, quedando bien parada su autoridad frente a las pretensiones excesivas del poder eclesiástico.

Unos años más tarde, Carlos III le ofrece a su hombre de confianza un marquesado, un ducado o un archiducado, rehusando don José a todo ello, conformándose con el título de "conde de Floridablanca" otorgado por Real Cédula de 24 de Octubre de 1773, a sus 46 años de edad. Poco después, el 19 de febrero de 1776, es designado a propuesta de Grimaldi, Campomanes y otras altas personalidades, primer secretario de Estado de Carlos III (algo parecido a un presidente del Consejo de Ministros en la actualidad), que lo será también de Carlos IV durante un periodo total de dieciséis años.

Don José tendrá siempre una gran confidencia con Carlos III siendo el único en la corte al que se le permitía tutear al soberano. En su Secretaría de Estado demuestra un gran talento político, con grandes dotes para la diplomacia, siendo un eficaz promotor de las ideas reales. Poseía un estilo sobrio, eficaz y enérgico que sabía atemperar con una agradecida dulzura, suavidad y armonía. Lleva a cabo importantes negociaciones con Portugal consiguiendo un tratado de límites.

El Monarca en reconocimiento a la gran labor desempeñada le concede la Gran Cruz de Carlos III que Moñino en un primer momento rehúsa, pero luego acepta, así como el Toisón de Oro con tratamiento de Infante de España. Posteriormente, entabla provechosas relaciones con el Reino de Marruecos, mejorando la regulación del comercio y la liberalización de las importaciones y exportaciones. También establece relaciones con la India Oriental, así como con el gran Federico de Prusia, con el que se establecen relaciones diplomáticas permanentes.

A continuación consigue de la Emperatriz de Rusia que se pusiese a la cabeza de las naciones neutrales, para sostener la neutralidad armada o el llamado "pabellón neutro", fijando el derecho de navegación de todas las potencias marítimas. Asimismo, interviene en 1778 como mediador en la guerra entre Inglaterra y Francia, negándose a ceder a las presiones de Francia, que quería que España se viese arrastrada a la guerra anglo-francesa. A pesar de todo en 1779 estalla la guerra contra Inglaterra. Sacando partido de la situación, Moñino consigue un tratado con este país, logrando la devolución de Menorca, la recuperación de las dos Floridas, toda la costa de Honduras y Campeche.

En 1784 tras el fin de la guerra y la negociación correspondiente, Floridablanca solicita al Rey en presencia del Príncipe de Asturias que se le releve de sus funciones de Gobierno, lo cual es denegado sin ningún tipo de contemplaciones, más que tomarse un periodo de descanso. Además, el Conde es un gestor extraordinario que hace una buena utilización de los caudales del reino, las regalías, los bienes eclesiásticos, practicando una política ilustrada de culturización. Procura fondos e ingresos para las reformas del país.

Restringe la fundación de nuevos mayorazgos y se opone en general a lo que se ha denominado las "manos muertas", o capitales improductivos. Promovió las Sociedades Económicas o de Amigos del País. Asimismo, fue impulsor de toda una serie de proyectos y obras públicas, como la creación del canal imperial de Aragón, los pantanos de Lorca, los puentes de Valdeinfierno. Construyó una importante red de carreteras y redes de alcantarillado.

Igualmente, supo sintonizar perfectamente con la mente artística de Carlos III, cooperando en la creación del Museo de las Ciencias convertido por Sabatini en el actual Museo de Prado, la Academia de Bellas Artes de San Fernando, el Jardín Botánico y el Gabinete de Historia Natural de Madrid, con su prolongación en el Parque del Buen Retiro y la Puerta de Alcalá. Contribuyó al empedrado de avenidas, a la creación del Banco de San Carlos, mejoró la Marina, la Compañía de Filipinas, crea el Observatorio de Madrid así como el Real Colegio de Cirugía en 1787.

Redacta la Instrucción reservada para la Dirección de la Junta de Estado, una pieza maestra, en la que Floridablanca describe las reformas necesarias en la Monarquía Española, texto en el que se ven las influencias del *"Bill of Rights of Virginia"* en 1789, así como de la

"Declaration des Droits de l'home et du Citoyen" en Francia en 1791 y que Fernando VII guardaba entre sus más preciados manuscritos. Tanto lo apreciaba Carlos III que en su testamento hace especial indicación a su hijo, Carlos IV, para que siga contando con el Conde en su Gabinete.

Carlos III muere en 1788. Su secretario de Estado vive veinte años más. Tras algunas desavenencias con Godoy aún ocupa cargos de importancia. Tras las invasiones napoleónicas preside la Junta Central encargada en 1808 del gobierno supremo del Estado, con tratamiento de alteza serenísima y honores de infante de España. Ese mismo año viaja a Sevilla donde muere a los ochenta años, siendo enterrado en el Panteón Real de la catedral de Sevilla, trasladándose después sus restos a Murcia.

El conde de Floridablanca (1746-1828), probablemente por Francisco de Goya

Como puede comprobarse en esta breve síntesis, la personalidad y el legado moral del Conde fueron inmensos. Sin embargo, don José Moñino Redondo nunca se casó, ni tuvo hijos, por lo que el condado de Floridablanca pasó en un primer momento a su sobrina Vicenta, hija de su hermano don Francisco Moñino Redondo. Don Francisco Moñino también ocupó cargos de gran importancia. Entre ellos destacan el ser caballero pensionado de la Real y distinguida Orden española de Carlos III, intendente de Soria, ministro plenipotenciario de España en Florencia, embajador en Venecia y en Lisboa, así como gobernador supremo del Consejo de Indias.

Casó don Francisco con doña María Ana Pontejos y Sandoval, hija primogénita y heredera de los señores marqueses de la casa Pontejos, condes de la Ventosa. De este enlace provienen dos hijas: Vicenta y

Mariana. Vicenta como decíamos hereda en un primer momento el título de condesa de Floridablanca, la cual casó con el marqués de Miraflores. Sin embargo, Vicenta hereda el 1834 el marquesado de la Casa Pontejos, el cual era incompatible con el de Floridablanca por expreso deseo de su fundador, don José Moñino. Así pues, el condado de Floridablanca pasa a la segunda hija de su hermano Francisco, llamada doña Mariana Moñino Pontejos (Real Cancillería de los Reyes de Castilla. Registro del Sello de Corte, 1851).

A su vez, **doña Mariana**, nacida en Madrid el 28 de Diciembre de 1796, contrae matrimonio en París 15 de enero de 1823 con **don Francisco de Paula Castillejo y Ahumada**, nacido en Granada el 29 de Marzo de 1796, caballero de su Real Maestranza, veinticuatro perpetuo de su Ayuntamiento, poseedor de diversas casas y posesiones, descendiente de los primeros ganadores y pobladores de la ciudad de Granada, donde su familia poseía ricos mayorazgos y era una de las más ilustres casas de la nobleza granadina.

De este enlace procede como veíamos más arriba un hijo único llamado **don José María Castillejo y Moñino**, bautizado en Granada el 25 de febrero de 1826, **III conde de Floridablanca**, grande de España de primera clase, maestrante de la Real Caballería de Granada, senador del Reino vitalicio en el reinado de Isabel II, gentil-hombre de cámara con ejercicio y servidumbre de S.M. el rey don Alfonso XII. Don José María Castillejo contrajo matrimonio en Granada el 21 de Noviembre de 1847 con otra hija única, **Doña María Dolores Sánchez de Teruel y Ansoti**, bautizada en Granada, el 10 de Diciembre de 1825, **VIII Condesa de Villa Amena de Cozbijar** y nieta de **Vicenta Coronado Wittemberg**.

De este matrimonio proceden cinco hijos: doña Mariana, doña María de los Ángeles, doña María de los Dolores, don Juan Bautista y doña María de las Mercedes Castillejo y Sánchez Teruel. Por lo que interesa a nuestro asunto, cabe destacar que **doña María de los Ángeles Castillejo y Sánchez Teruel**, nacida en Granada el 23 de Junio de

1854, casó el 24 de Junio de 1877, con **don Antonio Rubio Góngora de Armenta, marqués de Valdeflores**, nieto de **doña María Concepción Velázquez y Wittemberg, marquesa de Valdeflores**, por lo que podemos verificar que la incursión de la familia Wittemberg en esta egregia familia no fue un hecho accidental, ya que unen su sangre a este importante linaje por dos puntos diferentes.

El primogénito varón de la familia fue **don Juan Bautista Castillejo y Sánchez Teruel**, nacido en Madrid el 31 de diciembre de 1860, **IV conde de Floridablanca,** grande de España, **conde de Villa Amena de Cozbijar**, doctor en Derecho, maestrante de Granada, y senador del Reino por derecho propio, fallecido en Madrid el 29 de enero de 1919.

Contrajo matrimonio en Madrid el 23 de julio de 1893 con **María de la Soledad Concepción y de los Dolores Teresa Josefa Luisa Gonzaga Vincenta Ferrer Wall y Diago**, nacida en Colón, provincia de Matanzas, en Cuba el 5 de abril de 1865, **condesa de Armildez de Toledo, condesa de los Arenales, marquesa de Guadalcazar**, grande de España, **marquesa de la Mejorada del Campo, marquesa de la Cañada-Tirry, marquesa Pontificia de San Martín de la Ascensión-Loinaz**, fallecida en Madrid el 21 de marzo de 1952, (hija de Isidro Wall y Alfonso de Sousa de Portugal, conde Armíldez de Toledo, conde de los Arenales, conde de Fuente del Saúco, marqués de Mejorada del Campo, intendente general de Ejército y Hacienda de la isla de Cuba y de María Luisa Diago y Tirry, natural de la Habana, Marquesa de Cañada Tirry, marquesa pontificia de San Martín, de la Ascensión).

El hijo de este matrimonio llamado **don José María Castillejo y Wall** era descendiente del **rey don Fernando I de León y Castilla**. En definitiva el condado de Floridablanca entronca con los linajes más importantes de España y el extranjero, como el condado Armíldez de Toledo, descendiente directo de la Casa Real de Portugal, así como descendiente directos de los reyes visigodos, los Wall familia irlandesa que tenía entre otros el marquesado de la Cañada y otras tantas importantísimas familias. Así pues, los descendientes de estos ocupan y han ocupado grandísimos cargos, títulos, grandezas y honores que llegan hasta la actualidad, en un relato vívido y continuado que tenemos que cortar para no desvirtuar el sentido de esta obra (Fernández de Béthencourt, 1883) (Mogrobejo, 1995).

Retomando la cuestión de la descendencia de don Juan Pedro Coronado y Ana Dominga Wittemberg, aún quedan tres hermanos de esta línea. Hermano de nuestra famosa doña Vicenta, fue **Don Gabriel Tomas** (María de los Ángeles, Pedro, Joseph, Julián, Nepomuceno) **Coronado Wittemberg**, nacido en Sevilla, (en la época en que su padre era teniente primero de su Ayuntamiento), el día 21 de diciembre de 1765, siendo bautizado el día 25. De don Gabriel sólo se sabe por el codicilo que otorgó su padre don Juan Pedro Coronado en Granada el 10 de Noviembre de 1777, que para esa fecha ya había fallecido. Por los testimonios de su madre se sabe que murió siendo religioso confeso de la Orden de San Juan de Dios.

La siguiente hermana se llamó **Doña María de los Dolores** (Ana, Josefa, Joaquina, Francisca de Paula) **Coronado Wittemberg**, la cual nació en Granada el 10 de abril de 1772, siendo bautizada al día siguiente. María de los Dolores fue la única hija que quedó sin tomar estado, por lo que solicitó del Ministerio una pensión de orfandad, a la que tenía derecho por ser hija de don Juan Pedro Coronado, oidor de la Real Chancillería de Granada.

La Real Junta del Monte Pío de viudas y pupilos del Ministerio le otorgó la pensión el 17 de septiembre de 1799, una pensión que ya había disfrutado su madre (de viudedad) desde la muerte de su marido hasta la fecha de su muerte el 9 de mayo de 1799. En 1728 aún continuaba cobrando doña María de los Dolores la pensión de la Tesorería General de Rentas de Granada. Su madre le dejó en testamento otorgado en Málaga el 11 de diciembre de 1794 un aderezo de diamantes y esmeraldas (Real Junta del Montepío de viudas y pupilos del Ministerio, 1799)[49].

El último hermano de esta familia se llamó **don Francisco de Paula** (Javier, Jorge, Joaquín, Eduardo) **Coronado Wittemberg**, el cual nació en Granada el 2 de abril de 1775, siendo bautizado el día 3 por el canónigo de la catedral de Granada, don Francisco Pérez Quiñones. Don Francisco de Paula tuvo una vida ajetreada y corta. Ingresó como cadete en 1793 contando con dieciocho años en el Regimiento de Infantería de Córdoba. El 31 de octubre de 1800 ya era segundo teniente.

En diciembre de 1803 se le separa del servicio con sólo veintiocho años por tener la salud totalmente quebrantada. En su hoja de servicios se le califica de "hijodalgo". Don Francisco de Paula participó con gran valor en las guerras que España mantuvo contra la Convención Francesa o República Francesa entre los años 1793 y 1795, preludio de las conocidas invasiones napoleónicas. Tras el ataque de las tropas francesas a través de la frontera catalana el 7 de marzo de 1793, don Francisco de Paula se une a los 3.500 hombres que lideraba el general Ricardos, capitán general de Cataluña, invadiendo los territorios catalanes del Rosellón perdidos por la Monarquía española en el siglo anterior.

El 17 de abril se consolida el contraataque con la ocupación de los pueblos de San Lorenzo de Cerdá, Arlés y Ceret. Posteriormente, avanzando por la desembocadura del río Tech en dirección a la capital del Rosellón, se unió al grueso del ejército y la artillería, cifrados en 32.000 hombres. Los franceses intentaron cortarles el paso pero el general Ricardos los venció en la batalla de Más Deu el 19 de mayo. A continuación Ricardos empleo el mes de junio en la rendición y toma de los fuertes franceses que guarnecían el valle del Tech y el Col de le Perthus.

---

[49] *Véase también el testamento de Ana Dominga Wittemberg, AHPM, leg.3467, fol 58 y 64.Año 1794.*

En esa zona don Francisco de Paula Coronado Wittemberg participó activamene en el bloqueo, sitio y rendición del castillo de
Bellegarde, lo que ocurrió el 24 de junio, tras un asedio de once días.
El 4 de agosto, se une a las tropas del general don José Crespo con el
que toma el castillo y plaza de Villafranca, situada en la desembocadura del valle de la Cerdeña francesa. El 17 del mismo mes participa
en la toma de Mosset, así como el castillo de Montalbán. Se encuentra
con los franceses en las montañas de Caladroc. Posteriormente, el
general Ricardos realiza una serie de preparativos para el sitio y asalto
de Perpignan, dando el 17 de septiembre la orden de tomar la posición
de Vernet.

Tras un éxito inicial de los españoles, a Francisco de Paula le tocó
vivir la derrota en la acción de Vernet, siendo su compañía obligada a
replegarse al campo de Peyrestortes, pero los franceses salieron en su
persecución, completando la derrota de los españoles ese mismo día.
Tras varias victorias de los franceses, don Francisco de Paula se halló
nuevamente junto al general Ricardos en la memorable jornada de la
"batalla de Trouillas" a finales de septiembre, donde los franceses
fueron derrotados, consiguiendo los españoles una brillante victoria.
En las ofensivas y contraofensivas de esa misma campaña se halló
también Francisco en la defensa del Bulo el 3 de octubre y en Colim-
bre el 27, que se encontraba sitiada por los enemigos.

Después de su última campaña estuvo destinado varios años en la
plaza de Ceuta, donde conoció a doña Antonia de Acosta, con la que
tuvo un hijo natural, llamado don Josef Antonio Francisco Coronado
de Acosta, el cual fue bautizado el 7 de diciembre de 1798. Don Francisco de Paula Coronado Wittemberg, segundo teniente del
Regimiento de Infantería de Córdoba, destinado en Ceuta, padecía en
1804 una grave afección pulmonar, que a juzgar por las múltiples
cartas que envió su compañera a las autoridades militares ese año, es
muy probable que le llevara al sepulcro poco después (Regimiento de
Infantería de Córdoba, 1793-1804). Sin embargo, otras fuentes sugie-

ren que don Francisco de Paula, superó esta enfermedad y que llegó a ser mariscal de campo, testando el 17 de octubre de 1821 (Muñoz Martin, 2006).

En las páginas precedentes hemos tratado la prolija descendencia del hacendista de Málaga y diputado del Común, don Jorge Wittemberg Aguilar. Ahora pasamos a adentrarnos en la descendencia de su hermano don Joseph Wittemberg Aguilar, como sabemos dueño de la nombrada Compañía Wittemberg. A partir de ahora los enlaces y cruzamientos entre las diversas líneas de la familia Wittemberg son constantes, hasta el punto que a veces resulta difícil saber a qué rama nos estamos refiriendo. Por otra parte, es un hecho que normalmente las mujeres no han dejado grandes huellas en la historia, por lo que sólo a través de sus maridos tenemos alguna noticia de su existencia.

Ahora bien, como en la mayoría de los casos las mujeres que pasamos a relatar se enlazaron con otros miembros de la familia Wittemberg, al final todo permanece dentro de la familia. Así pues, del matrimonio de don Joseph Wittemberg Aguilar en 1748 con doña Josefa Cotrina Osorio Pausen nacieron los siguientes hijos: **Doña Juana n.1749, doña María n.1750, doña Josefa n.1758 y don Francisco de Paula Wittemberg Cotrina n. 1760**[50].

Por lo tanto, la primera hija de este matrimonio fue **doña Juana Wittemberg Cotrina,** nacida en Málaga en 1749, perteneciente a la cuarta generación de esta rama nacidos en dicha ciudad. Casó en primeras nupcias con su primo segundo **don Francisco Velázquez de Velasco y Cruzado,** nacido en Málaga el 20 de febrero de 1736, el cual fue hijo de don Francisco Pascual Zacarías Velázquez de Angulo y Rentero, XI Señor de Valdeflores y Sierra Blanca en Asturias, I

[50] *Según los datos del Archivo Histórico Diocesano de Málaga, del matrimonio en 1748 entre don Joseph Wittemberg Aguilar y doña Josefa Cotrina Osorio Pausen nacieron otros hijos de los que no se tiene noticia y que probablemente murieron en la infancia y que son los siguientes: don José María n.1752, don José Francisco n.1755, doña Francisca n.1757, doña Josefa n. 1758 y don Juan Wittemberg Cotrina n. 1763.*

marqués de Valdeflores por Real decreto del rey Carlos III de fecha 17 de mayo de 1764 y de Margarita Ana Agustina Cruzado y Wittemberg.

Tras la muerte de su padre y de sus hermanos mayores, el mismo heredaría el marquesado de Valdeflores. Don Francisco fue capitán de navío de la Real Armada, la cual el 17 de abril de 1787, cuando contaba 49 años de edad, le concedió licencia para casarse con su prima doña Juana, matrimonio que debió producirse poco después. Tras la muerte de don Francisco en Málaga el 22 de abril de 1801, doña Juana contrajo un segundo matrimonio con don Francisco González de Ahumada (Mogrobejo, 1995).

A finales de 1753 el célebre don Luis José Velázquez, hermano de Francisco, se encontraba realizando un viaje por España por orden del rey, registrando sus antigüedades, haciendo copias de sus más importantes documentos históricos, realizando excavaciones, recogiendo monedas y medallas, transcribiendo inscripciones, visitando gabinetes de famosos anticuarios andaluces, etc… Mientras realizaba todos estos arduos cometidos en beneficio de la Corona y tras atravesar media España, llegó en Navidad a Málaga, donde tuvo oportunidad de reunirse con su familia y hacer un parón tras largas jornadas de agotadora actividad.

Por entonces, Luis José gozaba de una envidiable posición en la corte, habiendo sido impulsado por don Agustín de Montiano, director de la Real Academia de la Historia, que lo había introducido en los principales círculos culturales de la capital, y con el que acudía a numerosas academias literarias. Gracias a la acción de Montiano y a su propio talento, Luis José pudo integrarse dentro de los diversos proyectos culturales que estaban siendo promovidos por la corte. Detrás de esos proyectos estaban hombres influyentes como el padre Rávago, confesor Real, así como los ministros don José Carvajal y Lancaster y el poderoso Zenón de Somodevilla, marqués de la Ensenada, protector de Luis José y a quien éste debía la concesión de su importante viaje.

Sabiendo su padre el mucho éxito que estaba teniendo su hijo mayor, no dudó en utilizar las conexiones que éste tenía en la corte para conseguir una buena colocación para su hijo menor, Francisco. Así lo relataba el propio Luis José Velázquez, que en carta fechada en Málaga el 1 de enero de 1754 escribía a Montiano:

"Mi hermano menor está destinado por mi padre para que sirva en las Guardias Marinas. Dígame V. como he de entablar esta pretensión, y si he de escrivir en derechura al marqués solicitando la gracia, o como ha de ser esto. Como asimismo que edad los inhabilita para entrar en el empleo; porque he oído decir que solo entran de 14 hasta 18 años. Pregúntelo V. a Luzán, i dígame de esto lo más presto que pueda ser" (sic).

El día 8 don Agustín de Montiano respondía:

"Que entran con efecto desde los 14 a hasta los 18 y que suele trampearse alguno si estorba. Que escriba en derechura al Marqués (de la Ensenada)".

El 29 de enero, Luis José volvía sobre el tema en carta a Montiano:

"La otra carta para el Marqués, es acerca de la gracia de Guardia Marina para mi hermano Francisco Antonio. V. la embiará a Miguelito para que la ponga en mano de S.E.".

A lo cual responde Montiano el 5 de febrero:

"Que lleva Pisón la carta a Miguelito"

No está de más decir que Antonio Pisón había sido compañero de Luis José en la Academia que tenía Montiano en su casa y a la que acudía la élite cultural madrileña. A continuación, desde Málaga, el 26 de febrero, Luis José informaba a Montiano de la conclusión del asunto:

"Este correo escrivo al Marqués dándole las gracias por la plaza de mi hermano" (Velázquez de Velasco L., 1754)

Así es como don Francisco Velázquez de Velasco, al cual se lo califica de buen gramático, ingresa en 1754, a los diez y seis años de edad en la Real Compañía de Guardia Marinas. Para ello tiene que realizar unas exhaustivas pruebas de su nobleza presentando rigurosos expedientes de sus antepasados familiares. Entre ellos hace exhibición de la Real Provisión de Nobleza ganada por los hermanos Wittemberg ante la Real Chancillería de Granada, el 31 de marzo de 1745. En el momento en que don Francisco era guardiamarina, Jorge Juan y Santacilia (el hombre más laureado en el campo de las ciencias en el siglo XVIII) era director de la Academia donde éste cursaba estudios.

En Cádiz se había estado produciendo una verdadera revolución científica, la cual incluía enérgicos planes de reactivación de la Armada, supervisados todos ellos por Jorge Juan, bajo el impulso del marqués de la Ensenada. Con la caída del ministro en 1754, Jorge Juan pierde a un gran valedor en la corte, permaneciendo en Cádiz centrado en la enseñanza y la investigación. En enero de 1755 fundó la famosa Asamblea Amistosa Literaria, que pretendía ser la avanzadilla de la Real Academia de Ciencias que se quería crear en Madrid.

Las sesiones de la Asamblea tenían lugar todos los jueves en la propia casa de Jorge Juan y allí acudían diversos eruditos de varias ramas del saber, dónde se trataban temas científicos, matemáticos e históricos. Francisco era allí visitado regularmente por su hermano el célebre Luis José Velázquez de Velasco, II marqués de Valdeflores, donde conoció a Jorge Juan, trabando una gran amistad con él marino-científico e integrándose en su Asamblea. Don Luis José, como miembro de la Real Academia de la Historia, polígrafo, arqueólogo, numismático, historiador, etc..., era persona idónea para integrarse en este grupo, el cual presentó varios trabajos a la Asamblea que fueron leídos en pública sesión en 1758.

Don Francisco llegó a ser un prestigioso capitán de navío, el cual según su propio testimonio navegó doce años y cinco meses por Europa y cinco años y cinco meses por América. Su carrera duró alrededor de treinta años. Empezó a servir como guardiamarina el 8 de mayo de 1754, pasando por todos los mandos: alférez de fragata en 1760, alférez de navío en 1766, teniente de fragata en 1767, teniente de navío en 1772, capitán de fragata en 1776 y capitán de navío en noviembre de 1783, tras lo cual fue reformado ante los graves achaques que padecía.

Entre ellos cortedad de vista y perlesía o inmovilidad muscular, temblores y disminución del movimiento, así como lo que en su tiempo calificaban de "mal de pecho" ante los muchos años de difíciles navegaciones, lo que no le impidió quedar agregado al Estado Mayor de Málaga. En su juventud navegó sobre todo por el Mediterráneo haciendo "el corso", es decir, dedicándose a limpiar el mar de piratas y embarcaciones enemigas. Bajo el mando de distintos capitanes surcó los mares con los navíos: Europa, Vencedor, América, Poderoso, Aquiles, Triunfante, Monarca... así hasta una treintena de barcos.

Entre sus misiones se encontraba la de transporte a diversos lugares. Por ejemplo, en marzo del 1763 a bordo del navío África, al mando del capitán de fragata don Pedro Castejón fue de transporte al Ferrol; desde octubre de 1761 hasta agosto de 1763 a bordo del navío Arrogante al mando del capitán de fragata don Josef Beames transportó a la villa de Santo Domingo un batallón del Regimiento de Murcia.

En otras ocasiones transportó caudales a Nápoles, como lo hizo desde el 3 de abril de 1770 hasta el 30 de julio de 1771 en el navío Triunfante, incorporándose después a la escuadra que estaba en Cádiz al mando del marqués de Casa Tilli. También transportó caudales a Nápoles desde el 14 de diciembre de 1772 hasta el 23 de abril de 1773 en la fragata Santa Lucía e igualmente al año siguiente desde el 15 de mayo de 1773 hasta el 9 de noviembre a bordo del navío Monarca, en el que además de Nápoles, transportó caudales a Génova.

En cuanto a sus misiones bélicas, en muchas ocasiones navegó frente a las costas de Marruecos y Argel donde tuvo varios encuentros con el enemigo. Así el mismo Francisco en una relación de sus servicios a la Armada dada a bordo del navío Septentrión el 31 de diciembre de 1778, relata cómo el 24 de octubre de 1767 estando embarcado en el jabeque Vigilante batió a otro argelino de 20 cañones y 8 pedreros, el cual habiendo varado al oeste del Cabo Devi, se le pegó fuego a las 6 horas y media de batirlo.

En una nueva relación dada en 1794 relata los avatares que sufrió a bordo del jabeque Cuervo, con el que contribuyó a la toma de dos galeotas argelinas el día 20 de junio de 1769. El 12 de octubre del mismo año y a bordo del mismo jabeque batió a otra galeota argelina provista de 24 cañones. Habiendo dado la primera descarga a la una de la noche, el ataque fue continuado y se prolongó hasta las nueve del día siguiente, momento en el que su barco quedó embarrancado en "La Ensenada de Los Palomos", de donde consiguió salir sin daño considerable.

El 30 del mismo mes y a bordo del mismo barco, tuvo un nuevo encuentro con una galeota argelina de 32 cañones, desencadenándose un potente cruce de fuego artillero, que se inició con tres descargas consecutivas desde las cinco de la tarde hasta las once de la noche momento en que se rindió. No obstante la victoria, el vivo fuego del enemigo causó la muerte de una persona de su tripulación y varios resultaron heridos. Tras la refriega Francisco fue destinado en la lancha del jabeque que se dirigió a la toma y rendición de la galeota enemiga (Departamento de Marina de Cádiz, 1754-1787).

Del 21 de mayo de 1772 hasta el 14 de octubre tuvo el mando de la galeota Concepción y junto a él iban a sus órdenes las galeotas San Francisco, San José y San Juan. La flota se dedicó a realizar el corso desde Cartagena de Levante hasta el Cabo Espartel, así como los presidios menores de África. Aunque Francisco en sus relaciones de servicios no menciona nada al respecto parece que esta misión no tuvo el lucimiento que cabía esperar. Esto se sabe por una carta fechada el 8 de octubre de 1772, que desde Málaga envió Luis José Velázquez de Velasco, marqués de Valdeflores (un mes y medio antes de su muerte), a su amigo don Antonio Valcárcel Pío de Saboya, conde de Lumiares, en la que dijo lo siguiente:

> "Mi hermano Francisco el marino que ha tres días que se fue de aquí con las galeotas de su mando, me dice que de la flota se han perdido dos navíos, en una de ellas se salvó toda la tripulación y del otro unos cuatro o seis hombres" (Velázquez de Velasco L. J., 1772).

Salvado este escollo don Francisco continuó realizando el corso y socorriendo los presidios menores de África en el jabeque Lebrel desde el 4 de noviembre de 1774 hasta el 29 de mayo de 1775, algo que tuvo que ser muy significativo para él ya que su hermano Luis José (a todas luces chivo expiatorio de la caída del marqués de la Ensenada) hace muy poco que había abandonado el Peñón de Alhucemas, donde había permanecido tres años y medio cumpliendo condena. Cabe destacar que tras la muerte de Luis José en noviembre de 1772, la Academia de la Historia emprendió en torno a 1796 una serie de negociaciones con su hermano Francisco para que todas sus obras manuscritas permanecieran en la Academia, como así finalmente se hizo.

No podríamos mencionar todas las comisiones de Francisco, pero sirva como ejemplo, la campaña del 23 de febrero de 1775, en la que estando embarcado en el jabeque Lebrel batió el campo y batería que tenía puesta el ejército del emperador de Marruecos sobre el presidio del peñón de Vélez, siendo correspondidos con un incesante fuego de artillería, morteros y fusilería. También la del 8 de julio de 1775, en la que estando al mando de la galera San Francisco, sostuvo un incesante fuego la izquierda del ejército español que estaba campado al oeste del río Mariache, bahía de Argel, contribuyendo a la mayor eficacia al desembarco y reembarco de los soldados.

Otras de sus misiones más resonantes fue la acaecida los días 23 y 24 de febrero de 1777, en la que hallándose embarcado en el navío Septentrión batió los castillos llamados San José y Santa Cruz, en el puerto de la villa de Santa Catalina, en Brasil, que fueron abandonados por los enemigos en los días siguientes. Embarcado en el mismo navío contribuyó a la toma del barco inglés llamado "El Ardiente" provisto de 64 cañones, lo que ocurrió en el canal de la Mancha en el año 1779. En 9 de agosto del año siguiente, a bordo del mismo barco, formó parte de la flamante escuadra del Sr. don Luis de Condorce, la cual batió a un convoy enemigo que se dirigía a varios países de América.

Entre sus comisiones más honoríficas se encuentra la de que estando embarcado en el navío Atlante desde el 20 de marzo de 1765 hasta el 4 de septiembre, al mando del capitán el marqués de Casa Tilli, transportó a Génova a la serenísima Sra. Archiduquesa de Austria e infanta de España, doña María Luisa y de este puerto al de Cartagena a su alteza la princesa de Asturias. Debido a sus múltiples achaques se le concedió el 23 de octubre de 1783 la gracia de su reforma (hoy hablaríamos de jubilación anticipada) conservando los dos tercios de su sueldo.

Ya fuera del servicio activo y hallándose mejorado de sus dolencias, solicitó el 7 de enero de 1789 en carta dirigida al capitán general de la Armada, Excmo. Sr. don Francisco Antonio Valdés y Bazán, la dirección del por entonces nuevo Colegio Náutico de San Telmo de Málaga, cargo para el que se consideraba apto por sus muchos años de experiencia, sin embargo, se desconoce el desenlace de dicha petición o los argumentos de su denegación (Departamento de Marina de Cádiz, 1754-1787).

Como se expresa más arriba, don Francisco Velázquez de Velasco, poco después de obtener Real Licencia de la Armada en fecha 17 de abril de 1787, contrajo matrimonio con su prima segunda doña Juana Wittemberg Cotrina. A juzgar por el testamento de su suegro don Joseph Wittemberg Aguilar, don Francisco mantuvo una relación de cooperación y confianza con el padre de su mujer. Durante algún tiempo la pareja vivió en casa del padre y don Francisco costeó la boda y los alimentos.

Posteriormente, don Joseph el 30 de Noviembre de 1790 mediante escritura pública, hizo cesión, renuncia y traspaso a su hija Juana y a su yerno Francisco, a cuenta de sus legítimas, de una casa sita en la calle San Juan de Málaga, valorada en 4.798 reales de vellón, la cual lindaba con otra casa de don Joseph, y también con la sacristía de la parroquia de San Juan. Pero esta cesión no implicaba aún el dominio, sino que era una especie de arrendamiento, haciéndose cargo don Francisco de los gravámenes de la casa.

En otra parte de su testamento don Joseph estipula que su mujer-doña Josefa Cotrina, reciba tras su muerte, algunos bienes muebles y además el usufructo de otra casa que tenía en la mencionada calle San Juan de Málaga. Asimismo, dispone que tras la muerte de su mujer, sería su hija Juana la que recibiera la propiedad, posesión y usufructo de dicha casa, así como la que ya había recibido anteriormente, todo lo cual –añade– lo hace:

> "... por el mucho amor que le profeso a su hija y mi nieta doña María de la Concepción Velázquez (Wittemberg), a la cual ya no puedo extenderme a que conozca el referido afecto, dejo a su madre las citadas dos casas...".

En otra cláusula de su testamento don Joseph le deja algunos muebles a su hija Juana, pero lo más significativo es la gran confianza que deposita en su yerno don Francisco Velázquez. El que en otro momento fuera el poderoso dueño de la compañía Wittemberg, ahora era una persona de avanzada edad y probablemente con muchos achaques, razón por la cual declara que al momento de la redacción del testamento había dado un poder especial a don Francisco para que se encargara de la administración de su caudal, el cual a juicio de su yerno estaba procurando extraordinariamente su adelantamiento, cobrando rentas y demás gestiones afectas al mismo, y añadiendo que observado su fallecimiento sería él quien tendría que hacer el balance del caudal, pasando sus cuentas a favor y en contra del mismo, y que:

"...por sus herederos ni otra alguna persona se le pueda compeler a la certificación de dichas cuentas que diere, que yo desde otrora para cuando llegue el caso las apruebo consciente y ratifico, atento a la mucha satisfacción que tengo a su conducta y arreglado proceder...".

Además, en una señal de afecto le deja a su yerno un bonito mobiliario con su estandarte, como un símbolo de su agradecimiento. Sin duda, don Joseph tenía un elevado concepto de don Francisco. Finalmente, en este testamento dado en Málaga el 23 de diciembre de 1790 nombra por sus albaceas testamentarias a don Juan José Soriano, preboste de la congregación de San Felipe Neri de Málaga, a su yerno don Francisco Velázquez y a su sobrino don Luis Wittemberg Mendieta, hijo de don Jorge y gran acaudalado de Málaga, lo que demuestra la gran conexión que había entre las distintas ramas de la familia Wittemberg (San Millán y Santiesteban, 1790).

Don Francisco Velázquez de Velasco, (también se le nombra como Velázquez Cruzado) marqués de Valdeflores, capitán de navío de la Real Armada, el que asistiera a todas las campañas de su época, como el sitio de Gibraltar y la guerra contra Inglaterra en 1764, dónde se distinguió sobremanera, murió según los documentos de la Marina el 15 de mayo de 1801, lo que entra en contradicción con lo expresado en el *Diccionario heráldico y genealógico* de los hermanos García Carrafa que indican una fecha anterior, la del 22 de abril de ese año. En su matrimonio con doña Juana Wittemberg Cotrina en 1787 tuvo dos hijas: doña Beatriz Velázquez Wittemberg fallecida el 14 de septiembre de 1861 y doña María de la Concepción Velázquez Wittemberg, nacida en Málaga el 30 de agosto de 1789 y fallecida el 9 de Julio de 1834. Doña Beatriz, no tuvo descendencia y por tanto será doña María Concepción la heredera de los títulos de la casa, y la que en su matrimonio con don Antonio Rubio Benítez de Tena, dejará una nutrida descendencia, formando una de las familias más importantes de Córdoba en los tiempos de la Restauración.

Esta importantísima descendencia y sus relaciones de poder con los estamentos de la época los trataremos pormenorizadamente al final de esta exposición. Por ahora cabe destacar que a la muerte de su padre don Francisco Velázquez, su madre doña Juana realizará activas gestiones para que fuera su hija María Concepción la que heredara el título de marquesa de Valdeflores. En Madrid, el 30 de abril de 1807, habiendo ya muerto don Francisco, doña Juana promueve expediente administrativo ante la Contaduría de Valores, órgano del Consejo de Hacienda, para esclarecer algunas irregularidades respecto al título y abrir la sucesión del mismo a favor de su hija María Concepción.

El primer poseedor don Francisco Velázquez Angulo Carrillo y Vargas, XI Señor de Valdeflores y Sierra Blanca, abuelo de doña María Concepción, había obtenido el título con la denominación de marqués de Valdeflores por Real Decreto de fecha 25 de mayo de 1764, para sí y sus descendientes en virtud de sus muchos méritos y los de sus ascendientes. Sin embargo, la base del problema era que habiendo muerto don Francisco (el abuelo) al poco tiempo de su concesión, no sacó el despacho del título, ni eligió el título de vizconde, ni pagó la contribución de lanzas y media annata, ni abonó los cuarenta doblones a los capellanes de honor, trámites todos ellos preceptivos para poder gozar del título.

Después de su muerte sus hijos disfrutaron respectivamente del título, pero lo hicieron "de hecho" pero no "de derecho". Es decir, tanto Luis José, como Carlos, Joseph, Manuel y Francisco (capitán de navío) fueron conocidos sucesivamente por todos como marqueses de Valdeflores y nadie cuestionó este hecho. Ya el 27 de marzo de 1797 don Manuel, había consultado a la Secretaría de Cámara del Consejo de Castilla, respecto a estos particulares y ésta había contestado en el sentido de que para disfrutar del título a nivel oficial debía satisfacer las lanzas y demás derechos desde el año 1764 y asegurar el pago sucesivo.

Todos los hermanos murieron y nada se verificó al respecto. Más tarde en el año 1807 doña Juana, ex mujer de Francisco Velázquez (muerto en 1801) y siendo por entonces mujer de don Francisco González de Ahumada, eleva una consulta ante el Consejo de Hacienda sobre el estado de la cuestión, a la vez que abre la vía a la sucesión del título en la persona de su hija doña María Concepción Velázquez y Wittemberg. Posteriormente será don Antonio Rubio marido de María Concepción, el que en su nombre el 23 de septiembre de 1816 promueva expediente ante la Secretaría de Cámara del Consejo de Castilla.

Ésta, viendo los antecedentes del título, verificado el pago de todas las contribuciones, y además en atención a los muchos servicios de don Antonio en la pasada guerra e invasión de los enemigos, así como a su mucho caudal (lo cifran en 126.690 reales), decide conceder el 22 de marzo de 1819 a su mujer el título de **marquesa de Valdeflores y vizcondesa de Sierra Blanca**, título que usaron ella y sus sucesores. Por lo tanto, tras la muerte del primer poseedor, don Francisco Velázquez de Angulo, y no habiendo tenido descendencia ninguno de sus primeros cuatro hijos (Luis José, Carlos, Joseph, Manuel) será la hija del quinto hijo, don Francisco (Capitán de Navío), llamada **doña María Concepción Velázquez Wittemberg** la que herede todos los derechos sobre el título.

Dada la gran importancia de esta familia se tratará en epígrafe separado al final de esta exposición cuando se entre a describir las proezas y vicisitudes de la familia Velázquez (Real Cancillería de los Reyes de Castilla. Registro del Sello de Corte, 1819) (Real Cancillería de los Reyes de Castilla. Registro del Sello de Corte, 1807)[51].

---

[51] *AHN, Consejos Suprimidos, leg. 11590 n° 1259. Madrid, el 30 de abril de 1807. Expediente promovido por Doña Juana Wittemberg mujer en segundas nupcias de Don Francisco González de Ahumada, solicitando que la Cámara declare a su hija Doña María de la Concepción Velázquez de Velasco y Wit-*

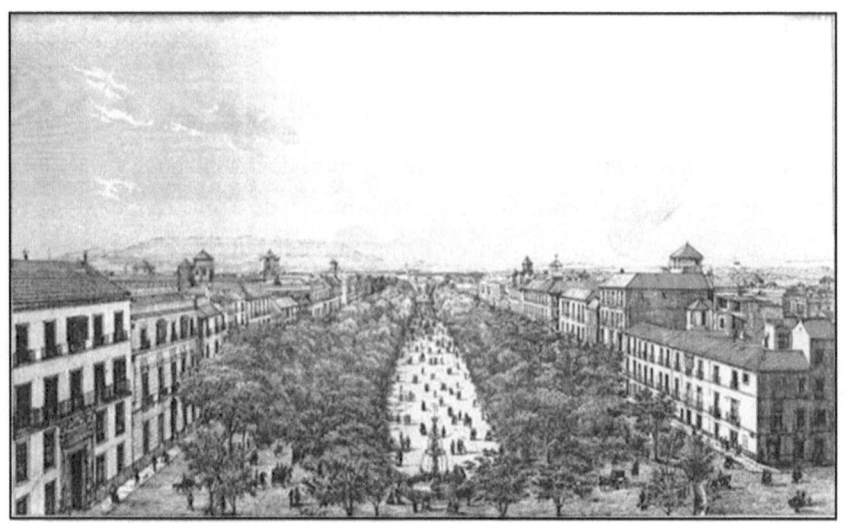

Vista del paseo de la Alameda desde el puente de Tetúan, 1852. Por Francisco Rojo

La siguiente hija de don Joseph Wittemberg Aguilar y de doña Josefa Cotrina se llamó **doña María Josefa Wittemberg Cotrina**, la cual nació en Málaga en 1750. Para estas fechas la familia Wittemberg se encuentra en cenit de su apogeo. Don Joseph regenta una de las compañías marítimas más prósperas de Málaga.

Tanto don Joseph como su hermano don Jorge son dos grandes hacendados de Málaga, que han emparentado con el exclusivo círculo de regidores. Sus grandes posesiones, cortijos, operaciones comerciales, número de criados, coches y enterramientos con su escudo heráldico les avalan como pertenecientes a las grandes familias de Málaga. Por entonces, los pudientes Wittemberg lucían ante todos una recién gana-

temberg, habida en su primer matrimonio con don Francisco Velázquez de Velasco, por no comprendida en la obligación de solicitar permiso para casarse, porque aunque se concedió al abuelo de la menor Don Francisco Fernández de Velasco, el título de Marqués de Valdeflores se halla éste sin uso porque los tres últimos poseedores de sus mayorazgos no han satisfecho los derechos de Lanzas y Media Annata. Año 1807. Véase también AHN, Consejos, Legajo 8980, Título de Castilla con la denominación de marqués de Valdeflores, Año 1819. Asimismo se puede consultar el expediente del título de marqués de Valdeflores, el cual se halla en el Ministerio de Justicia, Madrid.

da Provisión de Nobleza ante la Real Chancillería de Granada concurriendo a todos los actos a los que acudía la nobleza de la ciudad. Los Wittemberg eran aceptados por las familias de mayor abolengo de la urbe y demostrando un elevadísimo grado de integración, comenzaban a enlazarse con títulos de castilla.

En este círculo minoritario de la nobleza es donde María Wittemberg conoce a **Francisco de Paula Altamirano Manrique de Lara**, nacido en Cartama el 12 de enero de 1752, perteneciente a una de las familias de mayor nobleza de toda Málaga y Andalucía, con el que contrajo matrimonio en Málaga, el 1 de enero de 1772, oficiando el doctor don Juan Altamirano y Mendieta, canónigo de la catedral de Málaga y tío de Francisco de Paula. Antes de relatar los méritos familiares y las realizaciones de don Francisco de Paula, cabe preguntarse como María logró vincularse a una familia de tanta hidalguía como la de los Altamirano.

Por supuesto, el éxito económico de la familia Wittemberg y sus sucesivos enlaces con familias de regidores eran vigorosos factores que propiciaban esta unión. Pero aún había razones de mucho mayor peso. Abuela de don Francisco de Paula había sido Inés de Mendieta y Ordóñez hermana del capitán don Francisco de Mendieta, regidor perpetuo de Málaga. Este capitán tuvo dos hijos varones: don Lope y don Joseph Mendieta Siztos. Don Lope Mendieta y Siztos –primo hermano del padre de Francisco de Paula (el coronel don Lorenzo Altamirano)– fue brigadier, gobernador político y militar de Villafranca de Niza y posteriormente corregidor y superintendente de Rentas Reales de Almería y casó con doña Nicolasa Wittemberg Aguilar, hermana de los poderosos don Joseph y don Jorge Wittemberg Aguilar.

Además, su hermano, el capitán Joseph Mendieta Siztos, había entregado a una de sus hijas –María Mendieta Fernández Chinchilla– en matrimonio a don Jorge Wittemberg Aguilar. Los ascendientes de don Lope y don Joseph habían destacado en las letras, armas y poseían además muchas distinciones honoríficas, según ha sido relatado en otro lugar. Por lo que se refiere al momento en que tienen lugar estos enlaces, don Lope y don Joseph, pertenecen a grandes castas militares. Primo de los anteriores es don Melchor de Mendieta, mariscal de campo de los Reales Ejércitos y gobernador de Peñíscola; su tío don Lope de Mendieta y el hijo de éste fueron sargentos mayores.

Además, el único hermano de Francisco de Paula Altamirano, llamado Pedro Altamirano y Andrade casó en 1783 con doña Encarnación Piedrola Igualada. Doña Encarnación era nieta de Isabel Coronado Navas, hermana de Juan Pedro Coronado Navas, regidor perpetuo de Vélez, miembro del Consejo de S.M., oidor de la Real Chancillería de Granada, superintendente de rentas de la ciudad de Huete y lo más importante ahora a nuestro asunto, marido de Ana Dominga Wittemberg Mendieta, hermana ésta de don Luis Wittemberg Mendieta, poderoso hacendado de Málaga y patriarca de la familia Wittemberg en cuarta generación.

Otros intereses se podrían sugerir como elementos que favorecieron esta unión. Baste recordar que por aquel entonces, don Alonso Cruzado Wittemberg (nieto de María Wittemberg Arizón) era regidor perpetuo de Málaga y compañero de Francisco de Paula en las salas capitulares del Ayuntamiento de Málaga en el largo periodo que ejerció de regidor, por lo que podemos contemplar aquí una buena razón que pudo captar la atención del distinguido Francisco de Paula. Por lo tanto, había poderosas razones ya fueran éstas políticas, económicas, vinculaciones de sangre y sobre todo consideraciones nobiliarias que hicieron posible que se llevara a cabo este enlace.

Don Francisco de Paula provenía de familias como los Altamirano, Andrade, Pérez de la Concha, Méndez de Sotomayor, Ordóñez de Villaquiran y Manrique de Lara, todas ellas importantísimas en Andalucía. Su quinto abuelo fue don Bartolomé Altamirano que vino a la ciudad de Málaga desde la ciudad de Trujillo, acompañando a los Reyes Católicos a la conquista que se estableció en Cartama, donde obtuvo repartimientos. El hijo de éste, fue el capitán de caballos don Pedro Navarro Altamirano, el cual se batió con bravura en Sierra Bermejuela, donde perdió la vida defendiendo la fe y en el afán de expulsar a los moriscos de aquella región.

Más contemporáneo a don Francisco fue naturalmente su padre, don Lorenzo Altamirano y Mendieta, nacido en Cartama el 27 de abril de 1695 y vecino de Málaga. Por respectivas cédulas del rey Felipe V de 27 de noviembre de 1723 y 2 de octubre de 1728 se le nombró capitán y sargento mayor de los cuatro regimientos de milicias antiguas de Málaga. Posteriormente por Real Decreto de 1747 del rey Fernando VI obtuvo el nombramiento de coronel. Don Lorenzo testó el 26 de agosto de 1759.

Abuelo de Francisco de Paula y padre del anterior fue el capitán don Francisco Altamirano el cual casó en la villa de Cartama el 10 de octubre de 1688 con doña Inés de Mendieta y Ordoñez. Es interesante señalar que el padre de doña Inés fue el capitán de caballos don Lorenzo de Mendieta, gobernador de la gente de guerra de las villas y lugares de Jarquía, además de veedor general de la Armada y fronteras. A su vez, el padre de éste y cuarto abuelo del referido Francisco de Paula fue don Francisco de Mendieta miembro del Consejo de S.M. y alcalde del crimen de la Real Chancillería de Granada.

No menos interesantes son las líneas maternas. El padre de don Francisco de Paula, don Lorenzo Altamirano casó en Málaga el 18 de mayo de 1747 con doña Catalina de Andrade Pérez de la Concha y Manrique de Lara natural de la misma ciudad. Abuelos de doña Catalina fueron don Diego de Andrade y Sotomayor, regidor perpetuo de Málaga, (como también lo había sido su padre don Pedro de Andrade y Sotomayor) y doña Magdalena Pérez de la Concha Manrique de Lara.

El padre de doña Magdalena, don Andrés Pérez de la Concha, bautizado en Vélez el 28 de julio de 1633 fue un personaje de gran relevancia en la época, ya que ocupó cargos muy destacados como miembro del Consejo del Supremo Consejo de Castilla, presidente de la Real Chancillería de Valladolid, regidor de la Real Audiencia de Sevilla, asistente y maestro de campo general de la misma ciudad, además de ser caballero de la Orden de Calatrava.

Don Andrés, hijo de don Antonio Pérez de la Concha, alcalde del castillo de Compete y regidor perpetuo de la ciudad de Vélez, casó en Málaga el 21 de abril de 1681 con doña Ana Manrique de Lara, hija de don Antonio Manrique de Lara, caballero de la Orden de Santiago y alcaide del castillo de la Alzaba de Málaga, nieto de don Gregorio López de la Madera, también caballero de la Orden de Santiago y además miembro del Consejo Supremo de Castilla.

Asimismo, doña Ana Manrique de Lara era hermana de doña María que estuvo casada con el conde de Molina. Esta rama de los Manrique de Lara era de una gran hidalguía pues estaba emparentada con los duques de Montellano, los condes de Frigiliana, de Villalcazar, de Quintería y los ya citados de Molina (Ministerio de Justicia, 1793)[52].

---

[52] *Expediente del título de Marqués de Isla Hermosa concedido a don Francisco de Paula Altamirano en 1793 y que se custodia en el Ministerio de Justicia, Madrid. Según el citado expediente la línea exacta de don Francisco de Paula hasta los bisabuelos es la siguiente: Don Francisco de Paula Altamirano n. en Cartama el 12 de 1 de 1752, casa en Málaga con doña María Wittemberg Cotrina el 1 de julio de 1772 y m. en Málaga el 2 de junio de 1810; es hijo del Coronel don Lorenzo Altamirano Mendieta Méndez de Sotomayor, n. en Cartama el 27 de abril de 1695 el cual testa el 26 de agosto de 1759 y c. en Málaga el 18 de mayo de 1747 con doña Catalina de Andrade Pérez de la Concha Manrique de Lara, n. en Málaga el 30 de abril de 1716 y bautizada el 7 de mayo del mismo año en la parroquia del Señor Santiago. Nieto de Padre del capitán don Francisco Altamirano y Méndez de Sotomayor, n. en Arola 24 de enero de 1642 el cual testa en Vélez Málaga el 26 de marzo de 1707, c. en Cartama el 10 de octubre de 1688 con doña Inés de Mendieta y Ordóñez b. el 14 de noviembre de 1663. Bisnieto de padre madre del capitán de caballos don Lorenzo de Mendieta, natural de Granada, gobernador de la gente de guerra de las villas y lugares de la Jarquía y veedor general de la Armada, c. en Málaga el 9 de septiembre de 1652 con doña María Flora Ordóñez b. en Málaga el 26 de noviembre de 1626 la cual testa el 23 de octubre de 1689. Bisnieto de padre padre del capitán don Pe-*

Otras influencias importantes de Francisco de Paula están en los hermanos de su padre el coronel don Lorenzo Altamirano Mendieta. Así hermano de éste fue el Dr. don Juan Altamirano y Mendieta, el cual estudió gramática, filosofía y teología durante un tiempo en la Campañía de Jesús, y por defecto de curso se pasó a la Orden de San Agustín en Málaga. Vivió en Cartama, donde fue beneficiado de la iglesia parroquial de dicha ciudad, habiendo vivido anteriormente en Madrid ejerciendo el empleo de beneficiado durante doce años. Fue además abad del colegial de Uxixas. Al final de su evolución fue canónigo de la Santa Catedral de Málaga.

Hermano de éste fue don Esteban Mendieta, regidor perpetuo y alguacil mayor y alcalde de Málaga. También los tíos abuelos de Francisco de Paula formaban potentes círculos de influencias. Así se mencionan a todos los hermanos de su abuela doña Inés de Mendieta Ordóñez y que son los siguientes: don Lope de Mendieta, coronel, don Lorenzo de Mendieta, también coronel, don Juan de Mendieta, canónigo de la Iglesia Catedral de Málaga, don Francisco de Mendieta, capitán y regidor perpetuo de Málaga.

---

dro Altamirano Navarro y Mateos, n. en Arola 21 de enero de 1599, el cual testa en la misma ciudad el 7 de abril de 1679, c. en Cartama con doña Ana Villanueva Méndez Botello Sotomayor y Porras. Nieto de madre de don Diego de Andrade y Sotomayor, n. en Cartama y b. en la misma ciudad el 17 de abril de 1671, regidor perpetuo de Málaga el cual testa el 22 de diciembre de 1742, c. en Málaga el 21 de julio de 1704 con doña Magdalena Pérez de la Concha Manrique de Lara, b. en Valladolid el 26 de julio de 1684, la cual testa en Málaga el 17 de mayo de 1747. Bisnieto de madre padre de don Pedro de Andrade y Sotomayor, regidor perpetuo de Málaga, c. en Cartama el 24 de abril de 1677 con doña María de Andrade y Sotomayor, el cual testa en dicha ciudad el 27 de diciembre de 1705. Bisnieto de madre madre de don Andrés Pérez de la Concha, b. en Vélez el 28 de julio de 1633, miembro del Supremo Consejo de Castilla, presidente de la Real Chancillería de Valladolid, regidor de la Real Audiencia de Sevilla, asistente y maestro de campo general de Sevilla, y caballero de la Orden de Calatrava, c. en Málaga el 21 de abril de 1681 con doña Ana Manrique de Lara n. en Vélez-Málaga y bautizada en Málaga el 7 de agosto de 1659.

Don Francisco de Paula, marido de María Josefa Wittemberg, era además inmensamente rico. El 4 de marzo de 1792, con motivo de su futura concesión del título de marqués de Isla Hermosa, se le practica en Málaga un inventario de sus bienes. De dicha tasación resulta un líquido de 87.241 reales de vellón, una cantidad considerable para la época, de la que 32.718 reales corresponden a bienes vinculados heredados de su antepasado el licenciado don Juan Mateos Altamirano; 26.769 reales corresponden a bienes vinculados, es decir mayorazgos, heredados de su tío, don Juan Altamirano Mendieta, canónigo de la catedral de Málaga; 15.250 reales corresponden a la mejora efectuada por sus padres que comprendía la herencia de un cargo de regidor perpetuo y por último los bienes libres ascendían a 15.400 reales de vellón.

Entre los bienes vinculados heredados del licenciado don Juan Mateos se registran: cinco huertas, una de ellas llamada "De la Isla" sita en la Jurisdicción de Alora, las demás contiguas a la anterior, todas ellas arrendadas; dos casas en la villa de Alora también arrendadas, varios censos, un cortijo en la jurisdicción de Antequera; otro cortijo más a media legua del anterior, dos viñas en la jurisdicción de Alora. Del Dr. don Juan Altamirano heredó en la villa de Cartama: tres olivares, un cortijo llamado "El Nuevo", ocho casas, un censo, y un molino de aceite.

De sus padres recibió la mejora del tercio y quinto de sus bienes y que fueron los siguientes: un oficio de regidor, una casa muy principal en Cartama con dos cocheras, una cochera en Málaga, un olivar que llamaban "Armellosa", otro olivar llamado "De Plácido", otro en la Dehesa Alta, un olivar grande que denominaban "la Dehesa Baja" y otro que nombraban "De la Cruz". Por último entre los bienes libres se registraron: un molino de pan para moler y una casa principal con su cochera en Alora que es donde vivía con doña María Josefa Wittemberg Cotrina y otra casa a la salida del Puerta del Mar. Como puede comprobarse la situación de la pareja era más que holgada y –según

los redactores del documento– los numerosos bienes que poseía don
Francisco de Paula, le daban el crédito necesario para poder sostener
con dignidad un título de Castilla (Ministerio de Justicia, 1793).

Por otra parte, don Francisco de Paula fue heredero de numerosas
capellanías. Una de ellas, es la que había fundado Pedro de Lorca en
la villa de Alora el 3 de abril de 1519, de la que era capellán don Juan
Altamirano y Mendieta, canónigo de la Santa Iglesia catedral de Málaga y tío de Francisco de Paula, el cual ante el Tribunal eclesiástico
hizo renuncia el 20 de octubre de 1767 en doña Catalina de Andrade
Concha Manrique de Lara, como madre, tutora y curadora, de su sobrino que a la postre heredó la capellanía.

También Altamirano heredó la capellanía que en la misma villa de
Alora había fundado el Licenciado don Juan Matheos Altamirano, en
la cual había entrado en su sucesión don Lorenzo Altamirano y Mendieta el 22 de marzo de 1743, vía por la que llegó a ser capellán de
ella su hijo mayor Francisco de Paula. También estaba la capellanía
que había fundado en la iglesia parroquial de la villa de Cartama don
Bartolomé Méndez, a la que hizo oposición el Dr. don Juan Altamirano y Mendieta, canónigo de la santa catedral de Málaga, que tras
juicio contradictorio ante el obispado de la misma ciudad el 1 de septiembre de 1758, obtuvo la citada capellanía tras demostrar ser cuarto
nieto de Ana Méndez, hermana del fundador, de donde acabó pasando
a don Francisco de Paula Altamirano, marido de María Josefa Wittemberg Cotrina.

Francisco de Paula Altamirano, no sólo poseía linaje, riqueza, capellanías, sino que aparejado a todo ello ejercía además una gran
influencia en los resortes de poder de la urbe, procurando su adelantamiento desde muy joven. Así se constata que por acto del Cabildo de
Málaga celebrado el 18 de julio de 1776, en consonancia con real título otorgado el 7 del mismo mes y año, se nombró a don Francisco de
Paula regidor perpetuo de Málaga, en sustitución de don Félix de Andrade, marqués de Villena.

Tal fue la carrera ascendente de Altamirano, que unos pocos años más tarde, según real título otorgado en Madrid el 18 de julio de 1781, se le designó alférez mayor de Málaga, por vacante del marqués de la Estepa, hasta entonces propietario del cargo. Otra de las funciones que ejerció don Francisco Altamirano fue la de diputado de sanidad y visitador de navíos. Efectivamente, en el año 1784 se declaró una terrible peste en Smirna y otros pueblos de Levante y las autoridades temían que ésta se propagara a las poblaciones costeras de Andalucía.

Por ello don Francisco de Paula recibió superiores órdenes para que todas las embarcaciones procedentes de Smirna y otros puertos de Italia y Francia, fueran sujetas a una rigurosa cuarentena. Así se cumplió declarándose una cuarentena durante tres meses, tiempo en el que Altamirano, en su función de diputado visitador de navíos, actuó con infatigable celo y extraordinaria abnegación en el cumplimiento de las órdenes, estando al servicio del Rey día y noche para evitar los terribles estragos que podía causar ese enemigo invisible, en un tiempo en que las enfermedades contagiosas eran azote de una población que sucumbía inerme ante un mal que no hacía distingos de clase.

Prueba inequívoca del poder que don Francisco de Paula Altamirano ejercía en la ciudad es que en la sesión del Ayuntamiento de 24 de septiembre de 1787, el corregidor don Miguel de la Torre González Sardina, nombró a Altamirano como uno de los regidores que debía recibir al nuevo gobernador y brigadier de los Reales Ejércitos don Pablo de Arroyo. Sólo unas repentinas tercianas impidieron al regidor recibir al representante del poder central, defección que algunos atribuyen a la soberbia de los representantes locales, no dispuestos a sufrir imposiciones foráneas en sus jurisdicciones.

Sea como fuere don Francisco de Paula ejerció una provechosa actividad en beneficio de la urbe, de lo cual las actas municipales están plagadas de testimonios. Uno de los males que históricamente causaba gran daño a la población malagueña eran las periódicas crecidas del río Guadalmedina. Las fuertes lluvias que caían en invierno provocaban el desbordamiento del río, el destrozo de torres y murallas y la inundación de calles y casas, arrastrando un peligroso lodazal de personas, animales y enseres. Consecuencia de todos esos estragos eran la propagación de epidemias, hambrunas y toda clase de dolencias. En el año 1785 la ciudad decidió salir de su marasmo, encargando al arquitecto don Antonio Ramos la desviación del Guadalmedina y la repoblación de los montes, árboles y arbustos que frenasen la corriente de las aguas.

En todo ese proceso participó enérgicamente don Francisco Altamirano, que como diputado para conservación de puentes y caminos llevo a cabo todo tipo de iniciativas en conjunción con la Real Junta de Obras, para subsanar esa difícil problemática. Hasta que eso pudo conseguirse, consta como Altamirano subvino a las necesidades de la población con caudales y víveres para aliviar la urgente necesidad que padecía ciudadanos ante las avenidas de los ríos y desde luego contribuyó a la erección de hospitales en Málaga.

Pero no todo fueron calamidades. También hubo momentos de júbilo. Desde el año 1740 los malagueños gozaban el derecho de celebrar una feria libre que empezaba el 10 de septiembre y que duraba todo el mes. A esa fiesta magnífica que distraía a los malagueños y favorecía el comercio acudió el 1788 Cristóbal Franco, que se autodenominaba *"Autor de la compañía de Boletín y Maquinista"* el cual traía un permiso del Sr. corregidor de la villa y corte de Madrid para trabajar en Andalucía y sus diversos pueblos.

El Cabildo tras estudiar el memorial que traía Franco, le otorgó licencia a su compañía de volatines para que pudiera ejercer en Málaga su arte una vez que hubiera elegido casa conveniente donde representar su espectáculo. Ese año la ciudad acordó nombrar a don Francisco Altamirano para que como diputado se ocupara de todo lo referente a ese asunto, como era la fijación de precios en sus diversas categorías y otros pormenores. Así fue como esa compañía de titiriteros trajo la alegría a Málaga, con su representación *"En la maroma y los volanti-*

nes", cautivando a la población vestidos con sus mallas blancas y calzón corto de cuchillo arlequinado.

En Noviembre de 1788 los regidores de Málaga, entre los que se encontraba Francisco Altamirano, viendo los beneficios que en todas las ciudades de la península producían las "Sociedades Económicas de Amigos del País", fomentando la agricultura, las artes y las industrias, elevaron una petición a S.M. para que pudiera constituirse una en Málaga.

El 5 de agosto del año siguiente el Real Consejo de Madrid aceptó la propuesta de los regidores y el 29 del mismo mes se celebró un gran acto dando nacimiento a dicha Sociedad, al que acudieron toda la nobleza malagueña, el deán, dignidades y canónicos, el alcalde mayor, regidores, comendadores de Órdenes, los mariscales de campo, los cónsules de las distintas naciones, los caballeros de las Órdenes militares y las casas de comercio de mayor acreditación como los Quilty, Power o Wittemberg (Rubio-Arguelles, 1951).

El 14 de diciembre de 1788, fallecía en Madrid el gran monarca Carlos III, cuya aciaga noticia llegó a Málaga el día 22 del mismo mes. El Cabildo, tras decretar los lutos de rigor, comenzó a engalanar la ciudad para el acto de jura y entronización del nuevo monarca, con el nombre de Carlos IV. Antes de que eso ocurriera el recién estrenado monarca le concedió a Pablo Arroyo –corregidor de Málaga– el cargo militar de mariscal de Campo.

Las reglas de cortesía exigían que se nombrase una Comisión para visitar en su domicilio a don Pablo Arroyo para felicitarle por tan fausto acontecimiento. Designáronse para la ocasión los caballeros diputados don Francisco Altamirano, don Ildefonso Cruzado (regidor perpetuo e hijo del también regidor don Juan Cruzado Wittemberg y nieto del regidor don Alonso Cruzado y de su mujer doña María Wittemberg Arizón), don Joseph Zea y don Manuel Rengel García, que presididos por el maestro de ceremonias se dirigieron a pie hacia la casa del gobernador.

Es interesante la descripción que nos ofrecen las actas municipales de ese momento, que supone un vivo retrato de los regidores, entre los que como sabemos se encontraba el marido de doña María Josefa Wittemberg. Así pues, los regidores vestían: "negras casacas de tafetán, chorreras de encajes en cuellos y puños, calzas de raso negro, medias blancas, zapatos charolados con hebillas de plata, blancas pelucas de rizos anudadas atrás con lazo negro, cubiertas por galoneados tricornios con plumas. La enguantada diestra apoyándose en un alto bastón de ébano y en la siniestra un pañizuelo de nipis bordeado de encaje..." (Ayuntamiento de Málaga, 1789).

El 9 de mayo de 1789 el gobernador Pablo Arroyo publicó un bando ordenando las fiestas que habían de celebrarse para la proclamación del rey don Carlos IV, que se verificó oficialmente el 16 del mismo mes. Todos los edificios oficiales lucieron iluminaciones (alumbrado público a cargo de faroles que hace poco tiempo se habían instalado por primera vez), los distintos comercios de la ciudad adornaron sus portales, los gremios organizaron comparsas y desfiles de carrozas. La comitiva oficial salió de la Alhóndiga, dirigiéndose a la Plaza Mayor, donde con toda la pompa necesaria al evento juró el gobernador la proclamación real.

En las casas consistoriales se tremoló el pendón de la ciudad y después de esto se arrojaron al pueblo puñados de monedas acuñadas para el acto. En la catedral hubo una gran función religiosa. Empezaba un nuevo reinado. Por lo que se refiere a don Francisco de Paula Altamirano, consta que para tan importante evento gastó sumas considerables, mandando erigir en mitad de la calle Álamos de Málaga, un suntuoso salón de madera de sesenta y seis varas de largo, sostenido por preciosos arcos, cuya estructura estaba unida a las casas principales de su habitación, para darle mayor amplitud y desahogo y que era en definitiva un deleite de refinado arte y un derroche de buen gusto.

En dicho recinto, en el que gastó once mil pesos, dio un estupendo banquete, con gran lujo en el que no faltaron un buen número de acicalados criados dispuestos al efecto. El acontecimiento continuó por la noche en su propia casa, a donde acudieron los dos Cabildos, eclesiástico y secular; prelados y maestros de las familias religiosas, nobleza patricia y forastera, así como la nutrida oficialidad que estaba destinada en esa plaza. El número total de personas ascendió a 2.300. Junto a ello vistió a cuarenta y ocho pobres de ambos sexos, así como también consta que repartió 3.000 panes entre los más necesitados (Ministerio de Justicia, 1793).

Aunque la historia no siempre tiene nombres, lo que es claro es que durante el periodo en que don Francisco Altamirano fue regidor de Málaga, se acometieron transformaciones fundamentales en la ciudad. Entre ellas se menciona el año 1778 como fecha significativa en la que se habilitó el puerto para el tráfico con América; 1785 fecha en la el rey ilustrado Carlos III concedió a la ciudad licencia para el establecimiento de un Consulado marítimo y terrestre, gracias a las buenas gestiones de José de Gálvez, ministro universal de indias, y de su hermano Miguel, miembro del Consejo de Guerra y embajador plenipotenciario de Alemania y Rusia; también en 1785 se inauguró la gran Alameda de Málaga, que venía ser una imitación del gran Paseo del Prado de Madrid.

La Alameda era un gran boulevard con una doble hilera de álamos, que representaba el ideal borbónico de crear grandes espacios verdes junto a las zonas habitadas. Era un paseo romántico, adornado de fuentes, estatuas, canapés y luminarias, en el que concurrían tanto la burguesía acaudalada como el pueblo llano en sus horas de esparcimiento, buscando el alivio de la proximidad del mar. En sus aledaños proliferaron multitud de comercios y a finales del siglo se construyeron las grandes mansiones de la urbe. En 1787 se construyó el Colegio de San Telmo, escuela náutica en el que se formaban buenos técnicos para la navegación y la economía.

Vista del paseo Alameda y fuente de Génova, siglo XIX. Por J. Schopel y P. Poyatos

También avanzaron las obras de la catedral, las cuales quedaron definitivamente suspendidas en 1783, y produjeron una mezcla de estilos arquitectónicos: gótico, neoclásico y barroco. Además se creó el Montepío de Cosecheros, etc... Datos más concretos refieren que don Francisco Altamirano cedió gratuitamente a las tropas por espacio de tres años un sitio para cuerpo de guardia, en el paraje más precioso y recomendable, despreciando 400 ducados anuales que le ofrecían por su arrendamiento. También consta como cedió unas casas suyas sitas en la Puerta del Mar que sirvieron como vivaque y cárcel, que aunque quisieron satisfacerle su arrendamiento se negó a ello.

Además en cumplimiento de su empleo de teniente de alférez mayor, fue quien proclamó en Málaga la entronización de Carlos IV. En atención a sus muchos servicios a la Corona, el 21 de noviembre de 1793 el monarca concede a don Francisco Altamirano Manrique de Lara, el título de **marqués de Isla Hermosa,** exento del pago de la media annata, para él y sus sucesores (Ministerio de Justicia, 1793) (Real Cancillería de los Reyes de Castilla. Registro del Sello de Corte, 1793).

441

Ya en calidad de marqués le tocó dilucidar una cuestión entonces controvertida, como era la vestimenta que debían llevar los regidores cuando tenían que asistir a los cabildos. Las ordenanzas indicaban que los caballeros debían asistir con casacas negras o uniforme grande, pero de ningún modo con *"fraque ni piti uniforme"*. Muchos de los regidores eran por entonces maestrantes de Ronda y se quejaban de tener que cambiarse de ropa varias veces al día para asistir al Ayuntamiento.

Ante esta incomodidad, se debatió el asunto en Cabildo y en dicho acto don Gaspar de Viana Cárdenas recordó a los asistentes que en la ciudad desde su conquista se había vestido el negro de ceremonia a todos los actos públicos y secretos. El marqués de Isla Hermosa asintió, pero también recordó que en otras capitales se permitía a los maestrantes usar su propio uniforme. No habiendo llegado a ningún acuerdo, se decretó que Isla Hermosa pasase a Madrid a dirimir en la corte tan espinosa cuestión que engendraba encontradas opiniones; sin embargo, las actas no afloran más datos sobre la conclusión de esta cuestión (Ayuntamiento de Málaga, 1794).

Por otra parte, uno de los espectáculos más vistosos y animados de Málaga eran las corridas de toros, que era una jornada festiva propuesta por el propio Ayuntamiento y que se celebraba en la Plaza Mayor hasta que Málaga dispuso de su plaza propia. Se trataba de un entretenimiento que tenía como finalidad el alivio del pueblo, ya que con su recaudación se subvenía a sus necesidades, también podía tener lugar como ayuda económica de una hermandad o cofradía, para celebrar algún acontecimiento de la casa real o alguna victoria militar. Las ventanas y balcones próximos a la plaza se arrendaban al mejor postor. Finalmente la fórmula diversión, pan y limosnas daba a la función un éxito asegurado.

Entre 1791 y 1793 se concedieron tres licencias: una de seis corridas de novillos anuales, otra de doce y otra también de doce, a cambio de realizar con su recaudación diversas obras públicas. El 23

de abril de 1794 consta como don Francisco Altamirano, marqués de
Isla Hermosa, gentil hombre de cámara, honorario del Rey, elevó una
petición a la corte. Lo que pretendía Isla Hermosa era la concesión de
una licencia para llevar a cabo nada menos que 60 corridas de toros en
los principales pueblos de Andalucía.

Ello lo hacía tanto para beneficiar al pueblo como para formar con
su producto un cuerpo de 300 hombres de armas para el servicio de la
Corona, no obstante la escasez de hombres debido al sistema de levas
y quintas que entonces se practicaba. En su apoyo el marqués de Isla
Hermosa argumentaba que había enviado 20.000 pesos a la corte, que
había vestido a infinitos pobres, dejado a la ciudad libre de todo contagio de pestes, embargado varias embarcaciones y cedido a las tropas
de Su Majestad un famoso cuerpo de guardia.

Además añadía que proyectaba celebrar esas corridas en Málaga,
Antequera, Cádiz y Granada. El Consejo de Castilla puso trabas por el
ganado que se consumiría en esos espectáculos y la falta que éste podía hacer a la agricultura en los pueblos. Asimismo, argüía que el
marqués de Isla Hermosa no había especificado en qué pueblos iba a
celebrar esas corridas. Finalmente el 8 de noviembre de 1794 decreta-
ba que se pasara la petición a informe de la Real Chancillería de
Granada, interviniendo el gobernador de la provincia (Consejo de
Castilla, 1794).

No se sabe con exactitud cuál fue el resultado de esta petición si
bien todo apunta a que hubo dificultades o quizás le fue denegada. Así
consta que el duque de Alcudia en carta enviada desde San Ildefonso
en fecha de 20 de agosto de 1794, escribía a la Secretaría de Guerra
preguntando sobre el resultado de esa petición. Pedro Lorieni miembro de esa Secretaría contestaba que no constaba que el marqués de
Isla Hermosa, hubiera hecho a través de la Secretaría Guerra la propuesta de levantar en Málaga un cuerpo de 300 hombres, si se le
concedía permiso para hacer 60 corridas de toros, a fin de cubrirse con

su producto los gastos que ocasionase la creación de dicho cuerpo (Godoy, 1794).

Según los datos del Archivo Diocesano de Málaga, don Francisco de Paula Altamirano y Manrique de Lara, marqués de Isla Hermosa, tuvo con doña María Josefa Wittemberg Cotrina, dos hijos: doña María Altamirano Wittemberg nacida en 1775 y don Juan Altamirano Wittemberg nacido en 1778. Nada más consta de esta progenie por lo que todo indica que murieron en edad pupilar, que no tuvieron hijos y desde luego no sucedieron en el título. Don Francisco Altamirano falleció el 2 de junio de 1810.

Ante su falta de descendencia el título de marqués de Isla Hermosa fue traspasado a su hermano don Pedro Altamirano y Andrade, caballero de Carlos III desde el 28 de mayo de 1794 tras prolijo expediente en que se trajeron a colación los numerosos méritos de sus antepasados. No está de más añadir que en dicho expediente testificaron apoyando la identidad de don Pedro, don Julián y don Joseph Coronado Wittemberg lo que demuestra una vez más la estupenda conexión entre las diversas ramas de la familia (Secretaría de las Órdenes Civiles, 1794). El título de marqués de Isla Hermosa continúa aún vigente en la actualidad.

En cuanto a María Josefa Wittemberg Cotrina, sobrevivió a su marido en quince años. Testa por primera vez el 20 de octubre de 1817, prohibiendo que sus fincas se vendieran por debajo de su valor real y estableciendo una serie de medidas en caso de contravención (Ruíz Rando, 1817). En un segundo testamento dado el 3 de septiembre de 1824, declara poseer tres casas en la calle Ancha de la Merced n° 4 y otras dos en la calle Granada, con sus muebles, ropas y menaje de casa.

Además lega 1.100 reales a cada uno de sus parientes: al coronel Francisco de Paula Wittemberg, su hermano; a doña Josefa Wittemberg su hermana, a su sobrina María de la Concepción Velázquez y Witemberg, marquesa de Valdeflores; a su ahijada doña María de las

Dolores Rubio Velázquez (Hija de don Antonio Rubio y de doña María de la Concepción Velázquez Witemberg); y a su sobrina doña Ana Coronado y Witemberg, lo que denota cuales eran sus círculos más inmediatos de relaciones.

Asimismo, deja dinero a las monjas capuchinas de la imperial ciudad de Toledo, al Convento Religioso Dominico, al Beaterio de los Inválidos, a los niños huérfanos titulados "Del Corazón de Jesús y María" y los pobres de la Cabrez. Lega su magnífica librería al religioso Fray Isidoro Muñiz. Finalmente, tras los legados declara heredera universal de sus bienes a **doña María de la Concepción Velázquez y Witemberg, marquesa de Valdeflores,** hija de su hermana Juana y del capitán Francisco Velázquez. Obsérvese como en su testamento no menciona a hijos propios, por lo que es claro que murieron a edad temprana. Doña María Josefa Wittemberg Cotrina murió el 13 de enero de 1825 (De Ávila, 1824).

Hermana de la anterior fue **doña Josefa Wittemberg Cotrina** nacida y bautizada el 26 de octubre de 1758 y fallecida el 14 de septiembre de 1824, la cual casó el 28 de septiembre de 1785 con don Juan Pedro Coronado Wittemberg su sobrino segundo, nacido el 7 de Julio de 1761 y fallecido el 19 de mayo de 1832, capitán del Real Cuerpo de Marina (hijo de su prima doña Ana Dominga Wittemberg Mendieta) cuya vida hemos referido con todo lujo de detalles en páginas precedentes.

Doña Josefa trajo en dote a este matrimonio la cantidad de 25.000 reales de vellón así como una casa principal que estaba sita en la calle de Carretería, la cual lindaba con casas del mayorazgo que llamaban "De Corral" y que administraba don Francisco de Gálvez y Cárdenas valorada en 20.000 pesos (Intendencia General de la Marina, 1786). Don Juan Pedro Coronado Wittemberg en testamento dado en 1794 declara que tras la muerte de su padre don Juan Pedro Coronado Navas, oidor de la Real Chancillería de Granada, le adjudicaron una huerta, arbolado y limonar en el término y jurisdicción de Vélez, cerca de la huerta del Recogedero (De la Herran, 1794).

También se sabe por otros protocolos que ese limonar lindaba con fincas de varios de sus familiares: con viñas de Ana Dominga Wittemberg, su madre; por levante con el limonar de don Gabriel Martínez de Carvajal, caballero veinticuatro de la ciudad de Vélez y marido de María de las Mercedes Coronado Wittemberg, hermana de Juan Pedro; por el norte con la hacienda de Pedro Altamirano, vecino de Vélez y hermano de Francisco Altamirano, marqués de Isla Hermosa, mujer de María Wittemberg Cotrina (De la Herran, 1790).

A su vez, por el testamento de su mujer doña Josefa Wittemberg Cotrina otorgado el 11 de septiembre de 1824, tres días antes de su muerte, sabemos que ésta poseía dos casas en Málaga, una en la Calle San Juan y la otra en el Postigo de Arance. Además doña Gabriela Wittemberg le dejó un usufructo de una viña en el arroyo de las Lanas, así como una casa en el barrio del Perchel. Por el fallecimiento de Josefa, el usufructo pasó a doña María Concepción Velázquez Wittemberg, marquesa de Valdeflores, gran beneficiada en numerosos testamentos y la casa, a doña María Gabriela Wittemberg. Doña Josefa declara que en su matrimonio con don Juan pedro Coronado tuvo varios hijos, pero que sólo sobrevivió doña Ana María Coronado Wittemberg (Sánchez de Castilla J., 1824).

Doña Ana María Coronado Wittemberg, fue natural de Puerto Real, Cádiz, siendo bautizada en la parroquia Castrense el 13 de julio de 1798. Contrajo matrimonio en la parroquia del Señor Santiago de Málaga el 24 de mayo de 1820 con don Juan Aguirre Plowes, natural de Málaga y bautizado en la parroquia del Señor Santiago el 11 de mayo de 1798, el cual llegó a ser alférez de fragata de la Real Armada, hijo del también alférez de fragata, don Juan Antonio Aguirre y Marcaida, natural de Murguía y de doña Ana Joaquina Plowes y Sevilla, natural de Málaga (hija está última de don John Plowes, natural de Limerik-Irlanda, hijo de Mateo Plowes y de María Bretnal).

En su testamento de 14 de enero de 1836 doña Ana María declara que a su matrimonio con don Juan Aguirre Plowes trajo una dote de 15.700 reales de vellón y el capital de un censo de 200 ducados en la villa de Benamargoza y en arras o donación una casa situada en Málaga en el esquina de la plazoleta de San Pedro de Alcántara. Más adelante en su testamento continúa relatando que tras el fallecimiento de su madre doña Josefa Witemberg y de su tío don Julián Coronado Witemberg heredo varias casas; una de ellas en la calle de San Juan y la otra en la calle postigo de Arance; parte de otra en la ciudad de Vélez, cuya capital consistía en 30.000 reales.

Además del censo en la villa de Benamargoza, tenía otro en la villa del Borge cuyo capital ascendía a 550 reales; también una haza de tierra de pan de sembrar en la ciudad de Vélez con un molino de aceite y un olivar y viña, que al momento de testar lo estaba usufructuando su tío don José Coronado Witemberg y que tras su fallecimiento pasaría a su propiedad. Puede afirmarse sin lugar a dudas que doña Ana María llevaba una vida holgada. Su marido don Juan Aguirre Plowes, que había testado el 15 de marzo de 1827, murió el 18 de junio de 1835 y con él tuvo los siguientes hijos: doña María Jesús, don Juan Antonio, doña Josefa María, don José María y don Manuel María, don Joaquín y doña Joaquina Aguirre y Coronado.

Cabe destacar que don Juan Antonio llegó a ser capitán de Artillería y doña Josefa casó con el teniente alcalde de Málaga don José Mercado. Doña Ana María Coronado Wittemberg, falleció en Málaga el 3 de diciembre de 1864. Cabe resaltar que en su testamento nombra como albacea entre otros a don Antonio Rubio Benítez, marqués de Valdeflores (marido de doña María Concepción Velázquez y Wittemberg) lo que denota una vez más la fluida relación que existía entre los miembros de las diversas ramas de la familia Wittemberg (Sánchez de Castilla, 1836).

El último hermano de esta rama e hijo de don Joseph Wittemberg Aguilar y de doña Josefa Cotrina fue **don Francisco de Paula Wit-**

temberg Cotrina, nacido en Málaga el 31 de enero de 1760 y siendo bautizado en la parroquia del Señor Santiago al día siguiente. Don Francisco de Paula tuvo una dilatada carrera militar, sirviendo el Regimiento de América, que desde su reorganización se llamó de Almería. Sirvió en el Ejército durante más de 35 años pasando por todos los grados: cadete, subteniente, subteniente de fusileros, subteniente de granaderos, 2° teniente de fusileros, 2° teniente de granaderos, 1° teniente de fusileros con grado de capitán, 1° teniente de granaderos con grado de capitán, capitán de fusileros, capitán de granaderos, comandante, grado de coronel y al final de su evolución llegó a ser teniente coronel.

En su ficha militar de junio de 1812, se califica al teniente coronel don Francisco Wittemberg Cotrina de edad 50 años y su calidad "noble". Como muchos de sus familiares don Francisco utilizó la Provisión de Nobleza ganada por don Joseph y don Jorge Wittemberg ante la Real Chancillería de Granada el 15 de marzo de 1745, lo que sin duda impulsó sobremanera su ascenso en el cuerpo castrense. No sólo su nobleza sino sus muchos méritos fueron los que hicieron posible sus laureles. La carrera en el Ejército de don Francisco Wittemberg Cotrina comienza el 18 de marzo de 1778 y tras una breve instrucción ya se encuentra con su primera acción de guerra al año siguiente.

Por aquellos años, España había mantenido unas alianzas basculantes con Inglaterra. En 1776 estalla la Guerra de Independencia de los Estados Unidos y España se alinea con Francia, en su lucha contra Inglaterra. Desde 1779 hasta 1783 se produce un feroz bloqueo de Gibraltar, serio intento de hostigación al enemigo, con el que se pretende recuperar la plaza. Don Francisco permaneció en dicho asedio durante veintidós meses. En 1781 participa al mando del duque de Crillón en la toma de Menorca, desembarcando con el grueso del Ejército español el 19 de agosto en Cala Mezquita. Lo que pretendía ser un paseo de veinticuatro horas se prolonga hasta el año 1782.

Don Francisco participa activamente en la toma del castillo de Fornells y en el sitio y rendición del de San Felipe, consiguiéndose finalmente la recuperación de la Isla de Menorca el 5 de febrero de ese año, lo que constituyó un gran éxito de la Monarquía ilustrada, difundiada extensamente por los distintos medios propagandísticos de la época. Posteriormente, volvió nuevamente a Gibraltar, donde permaneció agregado a las compañías de granaderos, haciendo servicio en las lanchas cañoneras, una innovación del general Barceló que demostró ser de gran efectividad en el ataque de las fortificaciones de Gibraltar, hasta entonces invulnerables a los ataques de los buques de madera y vela. En esa comisión fue ascendido a subteniente, siendo durante un año maestro de cadetes.

En el año 1791 estuvo agregado a la Compañía de Cazadores desplegada en el Reino de Galicia, donde participó con gran resolución en la persecución de contrabandistas y malhechores. También combatió en la guerra contra la República Francesa de los años subsiguientes, hallándose en el ejército de Navarra y Guipúzcoa, desde el principio de la guerra hasta su conclusión, participando en las principales acciones militares que tuvieron lugar desde mayo hasta agosto de 1793. A la altura de Santa Bárbara estuvo al mando del marqués de la Romana, participando en todas las escaramuzas que se dieron al enemigo en las poblaciones colindantes.

Años más tarde partió en la expedición que desde la plaza del Ferrol se dirigió a Canarias en 1799, permaneciendo cuarenta meses en la Isla de Tenerife. Estando destinado en Málaga en los años 1803 y 1804 le tocó vivir las terribles epidemias que azotaron la plaza durante ese periodo. Logró sobrevivir a la terrible Batalla de Tudela, acaecida el 23 de noviembre de 1808, en la que alrededor de 33.000 soldados españoles y milicianos comandados por el general Castaños, fueron severamente derrotados por 30.000 soldados franceses bajo el mando del Mariscal Lannes.

449

En esta victoria de las tropas napoleónicas, Francisco Wittemberg se halló por expresa orden del general Castaños en el centro de la acción, desde el principio hasta su conclusión, al mando de su compañía de granaderos, practicando una continua guerrilla a los enemigos. En la batalla, que hoy se rememora grabada en el Arco del Triunfo parisino, las bajas españolas se cifraron en alrededor de 4.000 y 3.000 prisioneros, frente a 600 de la parte francesa entre muertos y heridos.

En el mismo contexto de la Guerra de Independencia española, se halló el 19 y 23 de mayo de 1809 en la toma y defensa de Alcañiz. El precedente de esta acción tuvo lugar el 26 de enero de ese mismo año, cuando el general francés Watier, al frente de 4.000 infantes y 1.200 de a caballo, apoyados por cuatro cañones y dos obuses, consiguió tomar la ciudad no obstante la heroica resistencia de sus habitantes, que con una milicia ciudadana de 1500 hombres, armados con lanzas, unos pocos fusiles y escopetas de caza, plantearon sería resistencia al invasor.

Desde el momento de la toma de la plaza, Alcañiz se había convertido en el centro neurálgico del ejército francés, que mandaba desde allí divisiones por todo Aragón expoliando los bienes de sus habitantes. El 19 de mayo llegan las tropas españolas y el ejército francés abandona la ciudad para plantear batalla al español. La batalla decisiva tuvo lugar el 23 de mayo, en la que el general Blake al mando de las fuerzas españolas, compuestas por una cantidad cercana a los 9.000 infantes y 550 de a caballo (entre caballería, artilleros, zapadores y guerrilleros), se enfrentó al mariscal francés Suchet al frente de un ejército de 10.500 soldados, entre caballería y cazadores.

Tras avances y retrocesos, la victoria definitiva española tuvo lugar cuando llegó el 2° Regimiento de Valencia que logró deshacer al ejército francés. Los historiadores calculan que en la encarnizada refriega murieron alrededor de 2.000 franceses frente a 300 españoles. En esta acción Francisco Wittemberg estuvo en la vanguardia de la batalla, bajo las órdenes del teniente coronel don Pedro Tejada, comandando

la 2ª compañía de granaderos, resultando herido tras hallarse en medio
de un infernal fuego artillero y fusilero, del que consiguió salir con
vida por muy poco.

Por su actuación en las guerras napoleónicas, además de su herida
de guerra el Ejército le concedió una pensión de 3000 reales anuales
sobre encomiendas, que nunca llegó a cobrar según hacía constar en
su testamento y en su hoja de servicios. A continuación en el mismo
escenario bélico, estuvo destinado como comandante de armas durante
nueve meses en Aragón, en la plaza de Mequinenza, desde donde hizo
dos salidas sobre Peñalba, siguiendo las órdenes del general Cantón,
sorprendiendo al enemigo, consiguiendo desalojarlo de ese punto,
habiendo cogido ocho prisioneros y diecisiete caballos.

En otra de sus arriesgadas acciones Francisco Wittemberg al frente
de su columna, se apostó sobre Fraga con el fin de llamar la atención
del enemigo que allí se encontraba en número de 1500 infantes y 80
caballos que trataban de socorrer a Monzón, siendo arrollados por las
tropas de don Francisco hasta el puente de Fraga, que se hallaba forti-
ficado con artillería.

Posteriormente el 30 de marzo y el 3 de abril de 1810, se halló en
Villafranca y Esparraguera, en la última con su Regimiento en la 4ª
división, a las órdenes del brigadier don Ramón Pérez, siendo comisionado por éste para atacar a los enemigos que en número de 1200
habían salido de Barcelona y se hallaban desplegados en Esparraguera, los que resultaron atacados por don Francisco y derrotados
completamente en valiente acción. Nuevamente, se halló el 23 de abril
en parecido escenario, esta vez en Margalet, donde maniobrando con
habilidad y prudencia al mando del Regimiento de la 4ª división, consiguió retirarse con el mayor orden rechazando a la caballería
enemiga, que intentó cortar la columna de Wittemberg.

En el curso de la misma campaña, estuvo el 15 y 17 de julio del
mismo año en Tibisa, estando al cargo de la retirada del ejército con
tres compañías del primer batallón, hallándose también en el sitio de

Tarragona y defensa que se hizo de esta plaza hasta el 15 de junio de 1811 en que cayó enfermo y pasó a Mataró para recuperarse. De los últimos documentos procedentes del Ejército que se tiene constancia se sabe que en octubre de 1812 el coronel don Francisco de Paula Wittemberg Cotrina servía en el Batallón de Infantería de Almería y posteriormente en mayo de 1813 como comandante militar de Ronda. El 20 de julio de 1812 tras una extensa exposición de sus muchos méritos pedía ser destinado a las Islas Canarias, ya fuera a Gran Canaria, La Palma o Lanzarote.

Sin embargo, su posterior comisión en Ronda en 1813, descarta que haya sido atendida su petición. El 23 de Abril de 1803 don Francisco Wittemberg de 43 años y por entonces capitán de la Tercera Compañía del primer Batallón del Regimiento de Infantería de América, hizo una petición al Ejército para poder casarse con su sobrina segunda, **doña Micaela de los dolores Wittemberg**, hija de don Luis Wittemberg y de María Mendieta, por entonces de 28 años, nacida y bautizada en Málaga el 16 de octubre de 1774. A finales de abril de 1803 el Consejo de Guerra tras examinar la hidalguía de ambos pretendientes concedió a Wittemberg licencia para casarse, lo que a todas luces ocurrió poco después (Comandancia Militar de Almería, 1778-1812).

Don Francisco en su matrimonio con doña Micaela no tuvo hijos. Tras la muerte de ésta (antes de 1820) se sabe por el testamento de su padre que le dejó a éste dos casas en el Hoyo de Esparteros de Málaga (López Bueno, 1820). El 13 de junio de 1825 don Francisco Wittemberg Cotrina siendo coronel efectivo agregado al Estado Mayor de la plaza de Málaga, testó dejando gran parte de sus bienes (alhajas, muebles y efectos) a don Juan Zorrilla, coronel de los Reales Ejércitos, agregado también al Estado Mayor de dicha plaza. Don Francisco Wittemberg murió el 11 de noviembre de 1825 (De Ávila, 1825).

Por último, faltan las líneas femeninas, que si bien no han portado el apellido Wittemberg, son sus descendientes primos de los anteriores y desde luego pertenecientes a esta familia y quizás los más interesantes y destacados. Hay que reiterarlo, siempre son las mujeres las que elevan el linaje, las que consiguen emparejarse con personas pudientes y nobles que alcanzan títulos de Castilla. Como veíamos en líneas precedentes, María Wittemberg Arizón había sido ampliamente reforzada por las estrategias familiares de la familia, lo que le permitió enlazarse con don Alonso Cruzado Zatico, regidor perpetuo de Málaga, no sin antes entregar una onerosa dote de 12.000 reales de vellón. Este matrimonio produjo cuatro hijos: don Juan, doña Margarita, doña Josefa y doña Beatriz, todos ellos referidos con anterioridad.

De las tres hermanas, **doña Margarita (Ana Agustina) Cruzado Wittemberg**, bautizada en Málaga el 16 de diciembre de 1705, fue también una de las más apoyadas dentro de las estrategias del clan. Por ello no es de extrañar que lograra casarse el 19 de noviembre de 1721 con su primo segundo **don Francisco Pascual Zacarías Velázquez de Angulo y Rentero**, bautizado en Málaga el 12 de noviembre de 1703. La familia de su marido era de la más extrema nobleza en toda Andalucía.

Téngase en cuenta que cuando Felipe IV otorgó el 20 de agosto de 1662 el Real Privilegio de Estatuto y Sobre Carta de Nobleza de Sangre para acceder a una regiduría malagueña, un estatuto que imponía a los futuros candidatos a regidores la condición de ser nobles de sangre y no de privilegio, naturales del Reino y no naturalizados; es precisamente el hermano del abuelo de Francisco, don Luis Velázquez de Angulo y Robles, regidor Málaga y su alférez Mayor, el que aparece encabezando la lista en el primer ayuntamiento de capitulares que se celebró tras la severa Real Carta. Su abuelo, don Francisco Velázquez de Angulo y Robles, fue capitán de milicias de Málaga.

Su padre don Luis Francisco Velázquez de Angulo y Cruzado de Figueroa, fue también capitán de milicias de Málaga y más tarde regidor y alférez mayor de Málaga. Además por Real Cédula de 8 de febrero de 1704, el rey Felipe V le hizo merced del hábito de caballero de Calatrava. Don Francisco, marido de Margarita Cruzado Wittemberg, también fue capitán de milicias de Málaga, así como su regidor perpetuo. Asimismo fue **XI Señor de Valdeflores y Sierra Blanca en Asturias**, estando vinculado a las familias más importantes de toda Andalucía. El rey don Carlos III, por Real decreto de 17 de mayo de 1764 le concedió el título de **Marqués de Valdeflores** (Mogrobejo, 1995). De este enlace proceden los siguientes hijos:

Don Luis José Velázquez de Angulo y Cruzado, **II marqués de Valdeflores**, nació el 5 de noviembre de 1722 en Málaga, siendo bautizado el 12 de noviembre. Gran erudito y anticuario español que desde su juventud se dedicó a los estudios históricos y literarios. Fue un aprovechado alumno que aprendió la lengua latina con don Juan Barea en el tiempo de veinte meses. En el año 1735 fue admitido en el Colegio Imperial de San Miguel de la ciudad de Granada, donde estudió lógica en las Escuelas Jesuíticas, siendo su maestro el padre Jerónimo Jodas.

En los tres años siguientes continuó en dicho Colegio con los estudios de jurisprudencia y retirado a Málaga en 1739, estudió en el Colegio de los Clérigos Menores toda la filosofía aristotélica y la teología escolástica, hasta que cansado de tantas cavilaciones y sofisterías dejó estos estudios y se dedicó a los estudios históricos que era aquello por lo que sentía predilección. El conde de Torrepalma, destacado poeta lo introdujo en 1743 en la Academia poética del Trípode en Granada, donde fue admitido con el nombre de Caballero Doncel del mar. En 1745 se le despachó en Roma el grado de doctor teólogo por el excelentísimo Francisco Sforcia, príncipe del Sacro Romano Imperio, por privilegio que para ello tenía su casa, por concesión del papa Paulo III (Sempere y Guarinos, 1997)

Después de acabar sus estudios, entra en contacto con multitud de eruditos andaluces, interesándose por la epigrafía, la numismática, el coleccionismo, visitando numerosos gabinetes de reconocidos anticuarios. En esta época nace su interés por la arqueología. Visita en dos ocasiones el yacimiento del teatro y ruinas de Acinipo, la primera el 21 de diciembre de 1747 y la segunda el 11 de enero de 1750, realizando un prolijo estudio de este asentamiento romano, escribiendo una completa memoria, muy apreciada por la Real Academia de la Historia.

En mayo de 1750 lleva a cabo excavaciones en Cartama, donde se interesa por sus monumentos, antigüedades e inscripciones. Durante estos años fue miembro de la Academia de las Buenas Letras de Sevilla por mediación de Agustín Montiano y Luyando. El conde de Torrepalma se lo llevó a la corte de Madrid y allí tuvo grandes participaciones académicas, concurriendo a cenáculos filosóficos, literarios y científicos. También fue miembro de la Academia de Inscripciones y Bellas Letras de París, en la que ingresó tras la gran acogida que tuvo su *Ensayo sobre los alphabetos de las letras desconocidas.*

En noviembre de 1750 fue admitido en la Academia Poética del Buen Gusto, en cuya casa se reunían un selecto grupo de eruditos y poetas como Ignacio de Luzán, el conde de Torrepalma, la duquesa viuda de Arcos, el duque de Béjar, el conde de Saldaña y otros. Tras la disolución de ésta siguió acudiendo a la tertulia literaria que se congregaba en la casa de don Agustín Montiano y Luyando. En 1751 fue admitido en la Real Academia de la Historia, siendo introducido por su protector don Agustín Montiano, director de la institución, un paso importante en su carrera que lo acercó al marqués de la Ensenada y a su red política.

Por influjos de éste, adquirió Velázquez a principios de 1752 el prestigioso hábito de caballero de la Orden de Santiago. Ese año por orden del rey Fernando VI comenzó un viaje científico por España para recoger sus antigüedades, ya fueran éstas epigráficas, arqueológicas, pictóricas, numismáticas, entre otras, que dieron origen a más de treinta volúmenes que en la actualidad se encuentran en la Real Academia de la Historia. Desde 1755 a 1758 participó en Cádiz en la Academia Amistosa Literaria, academia científica fundada por Jorge

Juan, que pretendía ser una avanzadilla de la Real Academia de Ciencias de Madrid.

Tras la caída del marqués de la Ensenada, fueron arrastrados en su desgracia los principales colaboradores de su clientela política. En 1766 fue arrestado en la casa de marquesa de la Vega de Santa María, acusándole de ser el redactor de varios panfletos sediciosos contra el gobierno, que derivaron en el virulento "Motín de Esquilache". Fue procesado, hallado culpable y conducido preso al castillo de Alicante, cumpliendo condena después en el peñón de Alhucemas. Fue liberado en enero de 1772, muriendo ese mismo año el 7 de noviembre de un ataque de apoplejía en la quinta de su madre a una legua de Málaga.

Escribió obras notables, entre las que se encuentran : *Ensayo sobre los alfabetos de las letras desconocidas que se encuentran en las más antiguas medallas y monumentos de España; Orígenes de la poesía castellana; Anales de la nación española, desde el tiempo más remoto, hasta la entrada de los romanos, sacados únicamente de los escritores originales y monumentos contemporáneos; Conjeturas sobre las medallas de los reyes godos y suevos de España; Colección de los documentos contemporáneos de la historia de España, desde el tiempo más remoto, hasta el año 1516; Colección de diferentes escritos relativos al cortejo.*

No sólo escribió obras para la imprenta, sino que muchas quedaron en estado manuscrito y en la actualidad se encuentran tanto en la Biblioteca Nacional, como sobre todo en la Real Academia de la Historia. Luis Velázquez fue un hombre notable, ilustrado de mente abierta, que vivió en la época más modernizadora que ha tenido España en la corte de Fernando VI y su secretario de Estado, Ensenada. En sus escritos dejó testimonio de su interés por la literatura, la historia, la epigrafía, la astronomía, la cartografía, la numismática, la geografía, la arqueología, las inscripciones y otras muchas artes y ciencias.

Dentro de esa revolución social y cultural, se interesó al igual que Jorge Juan por la introducción del newtonismo en España de lo que ha quedado brillante muestra en su destacada obra manuscrita *Ensayo de la Naturaleza* que también se encuentra en la Real Academia de la Historia. Luis Velázquez fue un hijo ilustre de Málaga, de cuya ciudad fue regidor perpetuo y en cuyo Ayuntamiento se encuentra su retrato en su Sala de Gobierno. Los principales historiadores que han analizado su figura coinciden en que Velázquez fue inocente de todos los cargos que se le imputaron. La vida y la obra de esta personalidad clave de la Ilustración Española, están siendo continuamente revitalizadas y no hace más que crecer en el tiempo.

Don Luis José Velázquez de Velasco, marqués de
Valdeflores (1722-1772), por Enrique Jaraba Jiménez, 1920

Luis José Velázquez tuvo una vinculación mucho más que genealógica con la familia Wittemberg. No sólo su madre fue una Wittemberg, sino que su hermano menor Francisco contrajo matrimonio con otra Wittemberg. Por otra parte, existen evidencias que

457

sugieren que Luis José sintió en su juventud una gran adhesión hacia su tío Juan Joseph Wittemberg Aguilar, racionero (según otras fuentes dean) de la catedral de Málaga. En su *Historia de Málaga*, Luis José guardaba algunos papeles de su tío, pero además mantuvo con él una comunicación epistolar durante años.

Así se desprende de las llamadas *Cartas eruditas* que mantuvo con su tío en sus tiempos de estudiante, donde intercambió numerosas cuestiones filosóficas y de historia natural y también en sus *Paradoxas,* donde hay pruebas de que debatió con su tío ideas científicas como la cuestión de la refracción de los rayos de luz (Velázquez de Velasco L. J., siglo XVIII). Además, a su llegada a Madrid se sabe que Luis José escribió a su otro tío, hermano del anterior, don Joseph Wittemberg Aguilar, por entonces propietario de unas de las más prosperas compañías marítimas de Málaga. Esto se sabe por la carta de respuesta que con gran afecto escribió don Joseph a Luis José. Es la siguiente:

> Querido sobrino y señor mío:
>
> Selebro el feliz arribo a essa Corte, y que vuestra merced (esté) bueno. Estimo el ofrecimiento y sy yo en ésta puedo puedo en algo ser de algún provecho, mande vuestra merced seguro de mi verdadero afecto, con el que pido a Dios guarde a vuestra merced muchos años.
>
> Málaga y enero 7 de 1749.
>
> Besa las manos de vuestra merced, señor Joseph Wittemberg A don Luis Joseph Velázquez (Velázquez de Velasco L., ca 1749)

Resulta paradójico pensar, que desconociendo su origen, la figura de Luis Joseph Velázquez provocó una estimable seducción entre los círculos intelectuales alemanes. Tras la publicación en 1755 de sus *Orígenes de la poesía castellana,* la obra tuvo una inmediata repercusión internacional. Desde luego se sabe cómo Velázquez era leído en Leipzig. Su obra aún cobró mucho más interés tras la traducción que hizo el profesor Johan Andreas Dieze en Gottingen en 1769 con el título de *Geschichte der Spanischen Dichtung*.

Un siglo después de la muerte de Velázquez, Emil Hübner, miembro de la Academia Imperial de Berlín, utilizó las colecciones epigráficas del erudito andaluz para conformar el volumen II de su *Corpus Inscriptionum Latinarum* dedicado a *Hispania*. Todo esto indica que si en estos foros intelectuales alemanes hubieran tenido conocimiento del pasado alemán de Velázquez, el interés por su obra hubiera sido, si cabe, aún mucho mayor.

Hermanos del anterior fueron **don José Velázquez de Angulo y Cruzado**, natural de Málaga, sacerdote, ingresado más tarde en la Compañía de Jesús, el cual tras la expulsión de los jesuitas ordenada por el rey Carlos III, tuvo que emigrar a Génova, donde murió en Arenzano, Rivera de Génova, el 19 de septiembre de 1812. Poseyó a la muerte de su hermano Carlos los mayorazgos de su familia en virtud de la Real Cédula de 1788, en que se habilitaban a los que habían pertenecido a la Compañía de Jesús a suceder en los vínculos y mayorazgos que poseyeran sus mayores.

Don Carlos Velázquez de Angulo y Cruzado, matemático, que sirvió en las Guardias Españolas, heredó los vínculos y el título de marqués de Valdeflores a la muerte de su hermano mayor y murió soltero, sin testar, en Málaga, el 29 de septiembre de 1791, siendo enterrado al igual que éste en su capilla del convento de San Pedro de Alcántara.

Don Manuel Velázquez de Angulo y Cruzado, canónigo de menores órdenes, el cual falleció sin testar, en Málaga el 7 de marzo de 1806.

Don Francisco Velázquez de Angulo y Cruzado, nació en Málaga en 1738, fue capitán de navío de la Real Armada, quien probó su nobleza para ingresar en la Real Compañía de Guardias Marinas en 1754. Asistió a todas las campañas de su época, al sitio de Gibraltar y la guerra contra Inglaterra, donde se distinguió sobremanera. A finales de siglo, ante la insistencia y requerimiento de los miembros de la corte y de la Real Academia de la Historia, fue el representante de la casa que hizo de negociador para que el patrimonio documental de su hermano don Luis reposara en la institución.

Su vida ya ha sido narrada con todo lujo de detalles en otro pasaje de esta obra por lo que sólo se apunta aquí que se casó con su prima **doña Juana Wittemberg Cotrina**, hija de don Joseph Wittemberg Aguilar, propietario de la importante compañía marítima de Málaga Wittemberg y Cía, y de doña Josefa Cotrina Osorio Pausen. De este matrimonio que llevaba –por vía femenina– el apellido Wittemberg por dos ramas, nació una única hija, **doña María de la Concepción Velázquez Wittemberg**, **VI marquesa de Valdeflores**, fundadora de una importantísima familia en la Córdoba de la Restauración.

Nótese que excepto Manuel (clérigo) todos los hermanos portaron el título de marqués de Valdeflores pero sin sacar Real Despacho: don Luis, II marqués; don Carlos, III marqués; don José María, IV marqués; don Francisco, V marqués. Será precisamente doña María de la Concepción la que legalice la situación y se convierta en heredera legal del marquesado de Valdeflores. Don Francisco murió el 22 de abril de 1801. Otras hermanas de este clan que citan las fuentes son **Doña Beatriz**, natural de Málaga, soltera, fallece el 22 de abril de 1812, tras testar el 29 de marzo **y doña Manuela Velázquez de Angulo y Cruzado**, natural de Málaga, soltera, fallece el 26 de agosto de 1802, sin que haya trascendido nada relevante de sus vidas (Mogrobejo, 1995).

Por tanto, hija de don Francisco Velázquez y de doña Juana Wittemberg Cotrina fue **doña María de la Concepción (Luisa Margarita Josefa) Velázquez de Velasco y Wittemberg, marquesa de Valdeflores y vizcondesa de Sierra Blanca,** la cual nació en Málaga el 30 de agosto de 1789, siendo bautizada al día siguiente en la parroquia del Señor Santiago de esa ciudad. Doña María de la Concepción comenzó su andadura en la vida con muy buen pie, no sólo por las estrategias familiares que hicieron posible su encumbramiento, sino también porque fue acreedora de un inmenso patrimonio.

Un golpe de fortuna le concedió un título de Castilla. Los hermanos de su padre habían portado el título de marqués de Valdeflores, pero su muerte sin hijos, hizo que el título así como todos sus bienes vinculados, así como libres, pasaran al hermano más pequeño, don Francisco. Don Francisco, único del clan que consiguió tener descendencia con doña Juana y según testamento de 13 de febrero de 1798, instituye única y universal heredera a su hija Concepción Velázquez Wittemberg. Al morir don Francisco en 1801, la ya VI marquesa de Valdeflores poseía una riqueza considerable.

En cuanto a los bienes vinculados o mayorazgos, se sabe cuáles eran éstos por la confiscación de bienes que se le hizo a su tío Luis José Velázquez tras su proceso. Don Francisco Velásquez Angulo y Vargas, regidor perpetuo de Málaga, señor de Valdeflores y Sierra Blanca, en testamento dado el 12 de junio de 1758 en Asturias, dispuso o declaró que la hacienda vinculada que poseía eran los estados de Valdeflores y Sierra blanca, el mayorazgo que fundó su abuelo el maestre de campo don Luis Velásquez de Angulo, gobernador que fue de la ciudad de Melilla, agregación que a él le hizo don Juan Cruzado de Figueroa tío carnal de su abuelo materno de dicho su padre, junto al patronato de León que asimismo fundó el referido y los dos mayorazgos que instituyó don Juan Francisco Magno Rentero, tío carnal de su abuelo materno, en todo nombró por su inmediato sucesor a **don Luis Joseph Velásquez,** su hijo y a su descendencia. Así pues, tras la muerte de éste y sus hermanos sin sucesión, doña Concepción heredó todo este inmenso patrimonio (Consejo de Castilla, 1769).

Otros golpes de azar iban a incrementar aún más su patrimonio. Doña María Teresa Wittemberg Cotrina, hermana de su madre doña Juana, y viuda del marqués de Isla Hermosa, no consigue tener sucesión con éste. En testamento dado el 3 de septiembre de 1824, otorga varios legados a sus familiares, uno de ellos a doña Concepción de

1.100 reales, y acto seguido declara a su sobrina, la marquesa de Valdeflores, heredera universal de todos sus bienes. Entre estos declara tres casas en la calle Ancha de la Merced, así como otras dos en la calle Granada, con sus muebles, ropas y menaje de casa (De Ávila, 1824).

Por si fuera poco, doña Josefa Wittemberg Cotrina, también hermana de doña Juana, en su testamento otorgado en Málaga el 11 de septiembre de 1824, tres días antes de su muerte declara que Gabriela Wittemberg le había dejado en usufructo una parte de una viña en el "arroyo de las Lanas" y que por el fallecimiento de ésta, dicho usufructo pasaría a manos de su sobrina doña Concepción Velázquez Wittemberg, marquesa de Valdeflores (Sánchez de Castilla J. , 1824).

También hay que mencionar el caso de Ana Wittemberg Mendieta, hija del poderoso hacendista don Luis Wittemberg Mendieta, que en su testamento de 1834, declara que es poseedora del mayorazgo que fundó doña Gabriela Wittemberg Aguilar, instituyendo sucesora de aquel a doña Concepción Velázquez Wittemberg, marquesa de Valdeflores (De Sierra, J., 1834).

Todo ello confirma una vez más la gran conexión que existió entre las diversas ramas de la familia Wittemberg, incluso entre las colaterales. Asimismo, hay que recalcar que doña Concepción fue hija de doña Juana Wittemberg Cotrina y ésta a su vez de don Joseph Wittemberg Aguilar, como sabemos propietario de la prestigiosa compañía marítima "Wittemberg y Cía", por lo que es muy probable que por esta vía haya recibido doña Concepción cuantiosos bienes.

Tras la muerte de don Francisco Velázquez, su esposa doña Juana despliega una gran actividad para asegurar el futuro de su hija doña Concepción. En primer lugar, elimina los obstáculos burocráticos y abona los derechos necesarios, para que su hija herede el título de marquesa de Valdeflores. En segundo lugar busca un buen partido matrimonial para su hija y lo encuentra en don Antonio Rubio Benítez de Tena, nacido en Málaga el 6 de septiembre de 1773, bautizado en la parroquia de San Juan el día 9, hijo de don Manuel Rubio Leal, natural de Madrid y de doña María Teresa Benítez, natural de Málaga.

Su abuelo fue don Manuel Benítez de Tena Torres Villaquirán, natural de Málaga. Bautizado en la parroquia de San Juan el 11 de septiembre de 1702. Administrador del Patronato fundado por Simón Cabrera de Tordecillas, el cual contrae matrimonio con doña Francisca Gómez Gasca y Morales. Don Antonio Rubio era un excelente partido, perteneciente a las familias más linajudas de la zona, como los Benítez de Tena, los Torre de Villaquirán, los Cabrera y que además traía en herencia multitud de vínculos y bienes libres. Don Antonio había estado casado en primeras nupcias con su tía doña Sebastiana Benítez, a su vez viuda de Juan Benítez Zamora, pero ésta murió el 18 de agosto de 1804, lo que le abría la posibilidad a un nuevo matrimonio.

En 1807 se entablan las conversaciones para concertar el matrimonio entre doña Concepción Velázquez y don Antonio Rubio, a la sazón teniente retirado de milicias de Málaga. Sin embargo, a pesar de la equiparación de calidades y patrimonios, tan usual e incluso de imposición legal en la época, el matrimonio no fue tan sencillo. Doña Juana, tras enviudar de don Francisco Velázquez en 1801, había contraído un segundo matrimonio con don Francisco González de Ahumada. Por las razones que fueren, (quizás por repugnancia ante esta cadena de enviudamientos), don Francisco González se opone frontalmente a este matrimonio.

A su vez, doña Juana lejos de amilanarse ante las dificultades, lucha por su hija, celebra las capitulaciones matrimoniales y presenta el caso ante el Tribunal Eclesiástico. Sin desalentarse, expresa allí que don Antonio Rubio, posee cualidades apreciables, hidalguía notoria y abundante caudal para sostener el matrimonio, por lo que la oposición de su marido era totalmente infundada. Seguidamente, don Francisco González presenta recurso ante el mismo Tribunal, alegando que no existiendo padres, ni abuelos, la madre no estaba autorizada para prestar esa conformidad. Finalmente, decide la cuestión el provisor del Tribunal de la diócesis, dictando providencia en la que declara que:

"...en oposición de afectos entre los cónyuges, era preferente como personalísima la cualidad de madre en la relacionante para asentir y prestar licencia a doña María de la Concepción Velázquez y Wittemberg" (Regimiento Provincial de Málaga, 1781-1807).

Por otra parte, antes de casarse, el marido de la marquesa de Valdeflores, don Antonio Rubio, había servido en el Ejército durante doce años y medio como subteniente y luego como teniente. De su hoja de servicios se desprende que habiendo entrado en el cuerpo el 31 de agosto de 1781, permaneció varios años a la Compañía y Regimiento de Málaga. Posteriormente, el 17 de marzo de 1793 se embarcó para Barcelona adhiriéndose a la guarnición de dicha plaza, de donde salió con una partida para conducir a prisioneros franceses desde Figueras a la citada plaza.

El 9 de agosto del mismo año salió con su regimiento para unirse al ejército del Rosellón, en el marco de las guerras contra la República Francesa. Estuvo presente en las operaciones del campo de Boulow, así como en el Castillo de Baños, cayendo gravemente enfermo poco después, retirándose nuevamente a la plaza de Figueras para su curación. El 3 de enero de 1794, ya recuperado parte con su regimiento para la plaza de Gerona y posteriormente al puerto de Villalonga, donde vuelve a caer gravemente enfermo y se le traslada de vuelta a la plaza de Gerona para recuperarse. Habiendo quedado su salud quebrantada obtuvo Real Cédula de preeminencias para retirarse del servicio, lo que se verificó poco después causando baja en el regimiento el 1 de mayo de 1794 (Regimiento Provincial de Málaga, 1781-1807).

Don Antonio Rubio tenía la salud algo quebrantada y era además dieciséis años mayor que su esposa. Sin embargo, los azares del destino, se iban a conjurar esta vez de un modo muy diferente. En el verano de 1834 se expande por Málaga una terrible epidemia de cóle-

ra. Fue tan virulento el desarrollo de la enfermedad que doña María
Concepción Velázquez y Wittemberg muere súbitamente el 9 de julio
de dicho año. Apenas tiene tiempo para testar mediante cédula y ante
testigos, en la que declara a sus ocho hijos herederos universales, mejorando en el quinto y tercio a su hija pequeña, doña María de la
Asunción.

Con motivo de su desaparición tiene lugar la disolución de la sociedad conyugal y por tanto la partición de los bienes. Este inventario
que recoge sólo los bienes libres, fijó el patrimonio global de ambos
cónyuges en la cantidad exorbitante de 1.118.112 reales de vellón y
por supuesto, es muy revelador del estilo de vida que llevaban los
marqueses. Así por ejemplo y sin entrar en gran detalle, poseían una
hacienda de campo llamada "De Cruzado" situada en el en partido de
Totalán, entre orillas de cañadas y cordilleras, estaba compuesta de
98.260 cepas y estaba valorada en 168.464 reales de vellón.

Era una magnífica hacienda, que además de más de 100 obradas de
cepas, tenía 12 obradas de tierra calma, 44 almendros, 34 olivos, 110
cipreses, 6 álamos, 45 encinas, 44 higueras, 2 algarrobos, 12 acebuches, varios sauces en la cañada, huertas y albercas que contenían,
varios naranjos, morales, almecinos, nogales, frutales, chambas, etc.
Además poseía naturalmente todas las herramientas necesarias para su
producción: vigas y arreos del lagar de pisar, tinajas, pilones de pique-
ra, caldera de azogue, etc (Sánchez de Castilla F., ca 1834).

Sin entrar en grandes valoraciones económicas, que no es el objeto
central de esta exposición, los marqueses poseían además: una casa
situada en la calle de la Grama, otra en la calle de San Juan, otra en la
calle del Cura, otra en la calle de Pozas Dulces, otra en la calle de la
Jineta, otra en la calle Mejías, dos en la calle Ollerías, una de ellas
disponía de tres almacenes y dos bodegas, así como un censo a favor
de una capellanía que fundó don Juan Benítez de Tena y de la que
eran poseedores y beneficiarios dos de sus hijos varones, don Manuel
y don Francisco Rubio Velázquez; dos casas situadas en la calle de la

Carretería, una de ellas era una casa principal que tenía una viña añadida y era residencia habitual de los marqueses y fue valorada en
162.263 reales; otra casa y almacenes en la placeta de Monsilva, dos
casas situada en la calle de los Gigantes, otra en la calle de Mosque-
ras, todas ellas en Málaga.

Otra de las casas estaba situada en la calle Real de Totalán, la cual
tenía un censo a favor del vínculo que fundó don Juan Cruzado de
Figueroa y del que era su actual poseedor, don Antonio Rubio Velázquez. También disponían de una huerta llamada "De los Arcos"
situada en la villa de Manilva, otras tierras compradas por el marqués
de Valdeflores en Castellón. Asimismo disponía la opulenta pareja,
doce obradas de viña en la cañada de Aguilera, el lagar "De las Vargas", otro lagar nombrado "La Justa ", otra viña llamada "La
Santiago", otro lagar más en el partido del Cerro del Mano llamada
"La Marina"; 12 obradas de viña en el Cerro del Moro, en la Cañada
de Aguilera.

Además había otra casa situada en la plazoleta de Uncibay de Málaga y junto a ella un almacén en el que se guardaban 1225 arrobas de
vino trasañejo, 712 arrobas de vino blanco de dos hojas, 114 arrobas
de vinos de dos hojas de color, 171 arrobas de vino de la hoja, 99
arrobas de vino moscatel. Junto a ello se justipreciaron diversos enseres de almacén, muebles y efectos de madera que comprendían toda
clase de exquisitos muebles de caoba y otras maderas nobles, relojes
de diosa, cristalería, mantelerías finas, etc.

La distribución final de todos estos bienes fue efectuada de la
siguiente manera:

Don Antonio Rubio y Velázquez	43.606
Don Manuel	102.272
Don Francisco	31.606
Doña María de los Dolores	29.422
Doña María de la Concepción	35.322

Doña María de la Encarnación	26.272
Doña María Teresa	6.572
Doña María de la Asunción (mejorada)	210.697
Marqués viudo de Valdeflores	602.338
Total	1.118.112 reales de vellón (Sánchez de Castilla F., ca 1834)

El marqués viudo de Valdeflores, don Antonio Rubio, sólo sobrevivió a su mujer durante siete años, testando el 3 de noviembre de 1840 y falleciendo el 25 de septiembre de 1841, por lo que pronto el capital relicto iba a engrosar el patrimonio de sus hijos. Por otra parte, también es significativo que en la intencionalidad de la madre estuvo proteger a su hija María Asunción, entonces una niña, sin perspectiva inmediata de matrimonio, por lo que la mejoró en el quinto y tercio de sus bienes. En cuanto al escaso capital que se lleva don Antonio Rubio, el primogénito, tiene la explicación en que sería éste el que a la postre heredaría todas las vinculaciones de la casa, además del título de marqués de Valdeflores, que le abría la puerta a un estupendo partido matrimonial.

Como veíamos más arriba, del matrimonio entre doña Concepción y don Antonio nacieron los siguientes hijos:

Doña María de los Dolores Rubio Velázquez, natural de Málaga. Nacida el 25 de octubre de 1808. Contrae un primer matrimonio con Joaquín Obrien. Posteriormente casa el 11 de julio de 1825 con Jaime Oliver Pérez Gálvez, hijo Manuel Oliver y de Josefa Pérez Gálvez; **Don Antonio, VI marqués de Valdeflores**, nacido en Málaga el 30 de abril de 1811 y fallecido el 23 de marzo de 1879, casado el 20 abril de 1840, con doña Concepción Góngora de Armenta; **Doña María de la Concepción**, natural de Málaga. Contrajo matrimonio con el doctor don Vicente Gómez Sancho, abogado

467

del ilustre colegio de Málaga y fiscal de la Real Hacienda; **Doña Encarnación,** natural de Málaga; **Doña María Teresa**, natural de Málaga. Contrae matrimonio con Nicolás de Porras Escobar; **Don Manuel,** Académico. Fue uno de los suscriptores de la *Historia de España* de Modesto la Fuente, entre 1850 y 1867; **Don Francisco de Asís, marqués de Velázquez de Velasco**, nacido en Málaga 17 de octubre de 1827, bautizado al día siguiente en la parroquia de los Santos Mártires Ciriaco y Paula, coronel de Infantería.

Casó con doña Nicolasa Plazaola Limonta, nacida en Santiago de Cuba, el 9 de julio de 1835, bautizada el 13 del mismo mes y año, hija del coronel de ingenieros don Francisco de Plazaola y doña María de Ana de Limonta.; **Doña María de la Asunción**, natural de Málaga. Contrae matrimonio con Pedro Alcántara de la Trevilla y Rivas de Roca. De los varones de esta familia destaca **don Francisco de Asís Rubio Velázquez**, el cual hizo carrera en el cuerpo castrense, logrando multitud de ascensos y condecoraciones, viéndose muy beneficiado por su condición nobiliaria.

Comenzó su carrera en el Ejército el 5 de abril de 1841, fecha en la que ingresa con sólo quince años como cadete de artillería en el famoso Colegio de Artillería de Segovia, lugar en el que permaneció cursando sus estudios hasta diciembre de 1845, momento en el que fue ascendido a subteniente. En el año 1846 pasó a las escuelas de aplicación, donde continuó aumentando sus conocimientos, siendo ascendido el 22 de abril de 1848 a teniente de regimiento, permaneciendo de guarnición en Madrid.

El 7 de mayo de 1848 se produce un pequeño conato de revolución en la capital, con luchas callejeras. Don Francisco participa en aquellos sucesos siempre en defensa de los intereses de la Monarquía y por su buen comportamiento es ascendido nuevamente a capitán de infantería. El 19 de abril de 1849 pasó a las brigadas montadas del Cuarto Departamento, habiéndose hallado mandando la batería de salvas el 20 de diciembre de 1851, fecha en la que tuvo lugar el natalicio de S.A.R.

la princesa de Asturias, por cuya razón obtuvo el empleo de capitán de infantería.

En 1852 y por Real Orden de 7 de junio, obtuvo la medalla honorífica de las Reales Efigies de S.M. por concesión especial a sus antepasados. El 30 de junio de 1854 estando de guarnición en Madrid se encuentra con su batería en la acción de Vicálvaro, más conocida como "Vicalvarada" bajo las órdenes del ministro de la guerra, don Anselmo Blaser, el cual con anterioridad había sido capitán general de Navarra y había hecho brillante carrera militar contra los carlistas, distinguiéndose en la acción de Ciga y en gratitud la Reina le había concedido el marquesado que llevaba el nombre de dicho lugar.

"La Vicalvarada" venía ser un pronunciamiento militar dado por Leopoldo Odonell en Vicálvaro, que pretendía la destitución del Gobierno presidido por Luis José Sartorius y que enfrentó a las tropas del general con las del ministro de la guerra y también general Anselmo Blaser. Sin haber un claro vencedor, Francisco de Asís participó en aquellos sucesos al lado de Blaser y por su buen comportamiento y mérito obtuvo por Real Orden de 26 de abril de 1857 la Cruz de Caballero de la Real y Militar Orden de San Fernando de 1ª clase.

El 5 de julio de ese mismo año de 1854 partió de Madrid en la división expedicionaria a las órdenes de don Anselmo Blaser hasta la disolución de la misma el 15 de agosto del mismo año, volviendo a la capital. Por sus servicios en dicha división fue ascendido a comandante de caballería. En febrero de 1855 pasó a la 3ª Brigada Montada. Desde 1856 permaneció de guarnición en Madrid, pasando a fines de febrero a la Comandancia del 5° Departamento, quedando agregado a la Dirección General de Armas donde continuó hasta finales de 1858.

Por Real Orden de 11 de octubre de 1859 es propuesto por don Francisco Serrano, comandante general de la Isla de Cuba, (luego durante algún tiempo regente del reino), para que pase a infantería, concediéndole el empleo de teniente coronel, embarcándose el 31 de octubre en el puerto de Cádiz en el vapor San Francisco de Borja, con dirección de la Habana, llegando el 23 de diciembre. Allí en Cuba desempeña cargos importantes como el de ayudante de campo del general de la isla de Cuba don Francisco Serrano y también fue comandante político y militar de la jurisdicción de Cienfuegos.

En torno a 1860 conoció a su futura esposa, doña Nicolasa Plazaola Limonta, hija del coronel de ingenieros don Francisco de Plazaola y doña María de Ana de Limonta, con la cual se casó alrededor de 1863 a juzgar por la licencia que solicitó al Ejército ese año para poder casarse. El 31 de enero de 1860 estando en Cuba fue designado por el ya aludido capitán general de la isla de Cuba, para realizar una comisión especial.

Para su cumplimiento salió de la Habana el 12 de febrero llegando a Cádiz el 28 del mismo mes, pasando inmediatamente a Madrid y de allí a África a encontrarse con el presidente del Consejo de Ministros y general en jefe don Leopoldo Odonell, bajo cuyas inmediatas órdenes se halló el 23 de marzo en la batalla del valle de Vad-Ras y por el gran mérito y valor que demostró en la jornada fue ascendido por el mismo Odonell el 4 de agosto de 1861, en documento rubricado por la Reina, a teniente coronel de Infantería.

Unos meses antes, el 4 de abril le fue concedida por S.M. la medalla conmemorativa al Ejército de África. Posteriormente el 4 de junio fue declarado "benemérito de la patria" por acuerdo conjunto del Congreso y Senado. Desde 1860 a 1863 reside en Madrid en situación de reemplazo. El 30 de enero de 1863 es nombrado nuevamente ayudante de campo del general del Ejército don Francisco Serrano Domínguez, pasando posteriormente a los regimientos de infantería de Zamora y luego al de Iberia. El 13 de mayo de este mismo año de 1863 es nombrado gentil hombre de cámara de S.M., con ejercicio.

En los primeros meses del año 1864 permanece de guarnición en Madrid. Por cédula de 28 de enero se le concede la Cruz de la Real y Militar Orden de San Hermenegildo. El 1 de abril pasa con su regimiento a Zaragoza hasta finales de mes. Posteriormente pasó a la sección de apuntes del Cuerpo de Ingenieros y después fue designado primer jefe del Regimiento Provincial de Madrid. En 1866 se produce una gran crisis económica en España que provoca el descontento de las clases populares, medias y burguesía adinerada. Como consecuencia los cuerpos militares urden un plan para secuestrar a la Reina y derrocar la Monarquía.

El primer eslabón de esa insurrección militar a gran escala tiene lugar en el Cuartel de Artillería de San Gil, que se subleva el 22 de junio, dirigiéndose sus unidades de infantería hacia el Palacio Real con el objeto de prender a la Reina. Sin embargo, las tropas leales a la Reina como las de Serrano y Odonell hacen frente a los insurgentes. Se combate en la Puerta del Sol, en el Palacio Real, en el Cuartel de San Gil y en varias calles de Madrid. Nuevamente, Francisco de Asís participa con gran valentía en la jornada, en defensa de los intereses de la Monarquía.

Una vez sofocada la rebelión recibe Francisco el 4 de julio la Cruz al Valor Militar para las acciones de guerra, siendo ascendido poco después, a finales de julio a coronel con destino en la Octava Media Brigada. Posteriormente, durante el resto del año estuvo en el Regimiento Provincial de Tarragona, como coronel subinspector de la Octava Media Brigada hasta septiembre, que solicitó el retiro para Santiago de Cuba con residencias ilimitadas en Madrid. Desde 1866 hasta 1875 estuvo retirado del servicio. En 1875 volvió al Ejército quedando en situación de reemplazo hasta 1879. Por lo que se desprende de las muchas licencias que pidió a partir de 1857, pasó largas temporadas en el extranjero, fundamentalmente en Francia (Capitanía General de Castilla la Nueva, 1880).

Como colofón a toda su carrera, don Francisco de Asís Rubio Velázquez, coronel de infantería del ejército español, gentil hombre de cámara, con ejercicio de S.M. Alfonso XII, condecorado con varias cruces de guerra, recibe del papa León XIII, mediante breve dado en Roma el 14 de noviembre de 1879 rubricado con su sello, el título de

marqués de Velázquez de Velasco, para sí y su descendencia, sólo en la línea primogénita masculina.

Así pues, una vez recibido y aceptado el título por el Ministerio de Gracia y Justicia y pagados los derechos correspondientes, don Francisco Velázquez pudo usar este título papal en España, el cual tenía la misma validez que cualquier otro título (La Santa Sede, 1879). Por lo tanto, como ha podido comprobarse en su hoja de servicios, don Francisco Rubio fue un militar brillante, condecorado muchas veces, próximo a los generales más relevantes de la época e hijo de una Wittemberg, la marquesa de Valdeflores.

Vista de la Alameda y juegos de aguas, 1862. Por A. Ramírez y Francisco Mitjana

No obstante los méritos de don Francisco, será otro varón de la casa, don Antonio Rubio Velázquez, el que acaparará el mayor protagonismo. Don Antonio, nacido en Málaga el 30 de abril de 1811, fue el primogénito, heredero del título de marqués de Valdeflores tras las muerte de su madre en 1834 y de las vinculaciones de sus padres. Cuando su padre fallece en 1841, ya está plenamente consolidado en

España el proceso conducente a la desvinculación de los mayorazgos lo que se regulará definitivamente en la Ley de 19 de agosto de 1841.

Con el advenimiento de la era liberal, los legisladores pretenden la abolición de los mayorazgos, lo que traía consigo la erradicación de las grandes concentraciones de tierras o capitales en pocas manos. Sin embargo, este proceso que perjudicaba al primogénito, se introdujo de forma gradual, con el objeto de evitar un despojo brusco de los destinados a heredar bienes procedentes de mayorazgos. Se trataba de salvaguardar las bases económicas de la nobleza, lo que se conseguirá con una serie de subterfugios legales que posibilitarán durante un tiempo mantener la concentración de capitales, en unas familias que ancestralmente habían basado su éxito en la cohesión agraria regional y en las alianzas de familias y linajes.

La disposición de 1841 reservaba al primogénito nada menos que la mitad de los bienes considerados como vinculados: es lo que pasó a llamarse *media reservable*. Por otra parte, los testadores harán uso de los sistemas de mejoras y libre disposición de bienes (conocidas como mejoras del tercio y del quinto) para aumentar la legítima del inmediato sucesor. Otro medio de vadear la ley, eran las donaciones ínter vivos que también permitían engrosar el patrimonio del hijo mayor. Es así como a pesar de las restricciones legales don Antonio Rubio, VI marqués de Valdeflores, se convirtió en uno de los mayores propietarios de Córdoba y otras partes de Andalucía (Almansa Pérez, 2005).

En mayo de 1840 don Antonio, ya convertido en el nuevo marqués de Valdeflores, busca un buen partido matrimonial entre las élites de Córdoba, acorde con su posición socioeconómica, que le permita afianzarse en la región y mantener su predominio hacendístico. Finalmente encuentra lo que busca en doña María de la Concepción Góngora Armenta, hija de don Rafael Góngora Armenta, caballero de la Orden Militar de Alcántara, coronel de caballería y de su mujer doña Josefa María de los Dolores Góngora Armenta, por entonces ambos difuntos.

Para poder contraer matrimonio escribe una carta a la reina Isabel II. Para lograr la Real Licencia le expresa en la misiva fechada el 10 de mayo de ese año, que:

"...doña María de la Concepción Góngora Armenta, es vecina de la ciudad de Córdoba, perteneciente a las primeras familias de dicha ciudad, emparentada con las principales casas tituladas de ella y que además posee suficientes bienes vinculados y libres para poder sostener con decoro la representación que ha de ostentar" (Ministerio de Justicia, 1840)[53].

Tras la licencia real el matrimonio entre don Antonio, de veintinueve años, y doña Concepción, de veinticuatro, se celebró en Córdoba el 20 de mayo de 1840. La cuantía de la dote y arras entregadas en cumplimiento de las capitulaciones matrimoniales muestran de forma inequívoca el elevado nivel social de los contrayentes. A 469.578'30 reales ascendía la dote y el caudal libre de la novia, mientras que el novio otorgaba por vía de arras y como adelanto de capital 110.000 reales (Barroso Díaz, 1840). A estas aportaciones iniciales se unieron después las vinculaciones que aportaron ambos contrayentes.

Los Armenta eran una de las familias más acaudaladas e ilustres de Córdoba. Un linaje antiguo, con un carácter local o comarcal y un origen distinto al de la alta nobleza, pero que sin embargo se había fortalecido con la crisis del Antiguo Régimen y los procesos desamortizadores. Los Armenta provenían del norte de la península y habían venido en los tiempos de los Reyes Católicos a la conquista de los moros de Andalucía. Estaban enlazados con los principales apellidos de la región como los: Bañuelos, Mesa, Carrillo, Hero, Pedroza, Aranda, Estepa, Aguayo, Sousa, Córdoba y sobre todo con los Góngora con el que siempre iba unido.

---

[53] *Carta de don Antonio Rubio, VI marqués de Valdeflores, a la reina Isabel II contenida en el expediente de concesión del título de marqués de Valdeflores. Instrumento nº 10.*

Por su parte, el marqués de Valdeflores, también poseía un linaje antiguo y nobleza, (no podemos olvidar que el señorío de Valdeflores se remontaba a quince generaciones) pero su título era de reciente creación (mediante Real Decreto de Carlos III de 17 de mayo de 1764) y entre sus orígenes familiares también abundaban elementos de extracción burguesa o comercial y en definitiva se trataba de una "nueva nobleza" con un origen exógeno al del propio estamento (Almansa Pérez, 2005, págs. 42-48). También es verdad que la familia del marqués había practicado durante centurias políticas matrimoniales de ennoblecimiento y esa puja ancestral por el elemento superior va quedar bien patente en lo que se va a exponer a continuación.

Desde 1857 hasta 1866 don Antonio Rubio Velázquez, marqués de Valdeflores, dirigirá una serie de cartas a la Reina solicitándole que ésta tuviera a bien concederle la gracia de "grande de España". Para justificar su petición, de la que se considera perfectamente acreedor, acompañará varios documentos como: un certificado de méritos militares de sus antepasados, otro de pertenencia a órdenes militares, un certificado de rentas, otros de servicios prestados en la ciudad de Córdoba y su provincia. Todo ello es muy interesante porque nos permite saber cuál era el nivel de vida de los marqueses y por otra parte esta osadía de dirigir una comunicación a la Reina en semejantes términos denota que el poder alcanzado por la familia en Córdoba era sin duda abrumador. En todas sus cartas utiliza una fórmula de presentación muy similar:

"Don Antonio Rubio Velázquez de Velasco, Benítez de Tena, Blázquez de Salamanca, Santa-ella y Reales Torres de Villaquirán y Valderrama, **Wittemberg** y Cruzado, marqués de Valdeflores, Vizconde de la Puebla de Sierra-Blanca, gentil hombre de cámara de V.M. con ejercicio, senador del Reino, condecorado con la Gran Cruz de Isabel la Católica, así como la Medalla de Oro de las Reales Efigies, con el lema de honor, méritos y lealtad, con fuero entero de guerra, caballero maestrante de la Real de Sevilla y diputado provincial por esta ciudad de Córdoba, y vecino de ella con el debido respeto a los R.P.de V.M. expone..." (Ministerio de Justicia, 1840)[54].

Respecto a los méritos militares, se sabe que don Antonio fue en su juventud cadete de artillería, pero no prosperó mucho tiempo dentro del Ejército. Lo que sí hizo, fue acudir a S.M. mediante carta fechada el 25 de marzo de 1848 solicitando le fueren confirmadas las mercedes concedidas a sus antepasados respecto al uso de la Medalla de Oro de las Reales Efigies, así como el fuero militar. A todo ello tenía derecho por ser descendiente de don Gaspar Zamora y Rejón el cual había recibido ambos privilegios mediante sendas reales cédulas, una dada en San Ildefonso el 27 de abril de 1700 y la otra en el Pardo el 9 de agosto de 1725.

Tras examinar el caso el Ministerio de Guerra mediante Real Orden de 11 de abril de 1848 confirmó ambas mercedes en la persona de Antonio Rubio Velázquez, marqués de Valdeflores, como descendiente legítimo de don Gaspar Zamora (Regimiento Provincial de Málaga, 1781-1807). Años más tarde, desde Córdoba, el marqués vuelve a escribir a la Reina el 14 de marzo de 1857 en solicitud de la grandeza de España, enviándole un memorial de varias páginas donde hace expresión de los méritos de sus antepasados. Entre los más destacados menciona a: Don Gaspar de Zamora Rejón, capitán del Mar Océano y del Reino de Nápoles; Don Antonio Rejón, gran maestre de Calatrava; Don Álvaro de Mena Téllez, maestre de campo general y Sebastián Rejón y Silva, teniente general de artillería (Ministerio de Justicia, 1840)[55].

En cuanto al certificado de Órdenes, don Antonio Rubio presentó dos certificaciones emitidas en Madrid, el 29 de octubre de 1860, por don Félix Anduaga Martínez, por entonces secretario honorario y escribano de cámara en el Tribunal Especial de las Órdenes Militares.

---

[54] *Expediente de concesión del título de marqués de Valdeflores. Instrumento nº 22.*
[55] *Ver instrumento nº 26.*

La primera certificación daba fe que el rey Fernando VI por Real Cédula signada en San Lorenzo el 15 de octubre de 1751 había concedi-
concedido el hábito de la Orden de Santiago al doctor don Luis José
Velázquez. A su vez, en otra certificación daba testimonio de la concesión del hábito de la Orden de Calatrava al capitán don Luis
Velázquez de Angulo, abuelo del anterior, mediante Real Cédula fechada en Madrid el 7 de enero de 1704.

En definitiva, don Antonio Rubio como sobrino nieto de don Luis
José Velázquez, daba prueba de su antigua nobleza (Ministerio de
Justicia, 1840)[56]. Aún más asombroso que lo anterior es la relación de
bienes tanto vinculados como libres que envía el marqués a la corte el
28 de mayo de 1861. En primer lugar hace referencia al caudal que
poseía en Córdoba y su provincia. Así pues en la ciudad de Córdoba
declara tener nada menos que veinte predios urbanos, cinco huertas,
catorce hazas de tierra calma y cinco haciendas de olivar, una dehesa
de pastos y otros aprovechamientos en la sierra y además siete cortijos
y parte de otros tres en la campiña.

En la villa de Almodóvar de la misma provincia enumera dos cortijos; en la de Adamuz, una hacienda de olivar; en la de Posadas, una
dehesa de pastos; en la de Hormachuelos, un cortijo; en la ciudad de
Bujalance, treinta y tres suertes de olivar, dos hazas de tierra calma; en
la ciudad de Montoso, la mitad de un cortijo; en la de Montilla, un
solar de casa, cincuenta y ocho hazas de tierra calma y cuatro tajones;
en la villa de Puente Genil, cuatro suertes de olivar; en la ciudad de
Cabra, olivares con molino de aceite, viñas con viga de lagar, tres
huertas, tierra calma, una casa general; en la villa de Pedro Abad, un
cortijo y tres hazas de tierra calma; en la de Villafranca, una casa; en
la ciudad de Lucena, una casa y una haza de tierra.

En la provincia de Sevilla señala el siguiente caudal: en la ciudad
de Ecija, una casa general, un cortijo, una hacienda de olivar con molino aceitero, una haza de olivar y cuatro huertas de regadío; en la villa

---

[56] *Ver instrumentos nº 27 y 28.*

de Peñaflor, una casa y tierra calma. En Málaga y su provincia (concretamente en Málaga, Churriana, Casares y Manilva) declara tener varios predios urbanos y rústicos; en la ciudad de Antequera, varios censos; en la ciudad de Granada, una huerta llamada "La Verónica", una casa posada; en Guadalajara, el estado de Valbueno, donde declara tener varios bienes.

En Higuera de Calatrava, un cortijo nombrado " De los Morenos", dos hazas de tierra calma llamadas "La Matilla y Cañada del Moro", tres hazas de tierra calma nombradas " De los Carchales"; multitud de censos en Córdoba, en la villa de Posadas, en la ciudad de Bujalance, en Montilla, en Puente Genil, en Cabra y en Madrid. En resumen todos estos bienes producían una renta líquida anual de 450.673 reales, ciertamente una cantidad exorbitante. Se puede afirmar sin lugar a dudas que don Antonio Rubio Velázquez, marqués de Valdeflores, poseía una gran riqueza, especialmente en bienes rústicos (Ministerio de Justicia, 1840)[57].

Asimismo envía el marqués a la Reina el 8 de noviembre de 1861 una relación de los servicios que ha prestado en la ciudad de Córdoba y su provincia. En primer lugar, participa que por una circular del Ministerio de Comercio, Instrucción y Obras Públicas de fecha 20 de septiembre de 1849, S.M. la Reina, lo designó vocal de la Junta General de Agricultura del Reino, dado los grandes conocimientos agronómicos que poseía el marqués.

Posteriormente la Junta del mismo ramo de Agricultura, mediante comunicación de 27 de julio de 1855 lo designó nuevamente vocal. A continuación el 12 de febrero de 1860 los mayores contribuyentes de propiedad rural y pecuaria lo eligieron por unanimidad, vocal de la Junta de Agricultura, Industria y Comercio de la Provincia de Córdoba. Mediante oficio de 17 de febrero de 1854 el obispo de la diócesis de Córdoba lo designó vocal del Consejo Diocesano. El 20 de julio de

---

[57] *Ver instrumento nº 29.*

1856 el gobernador militar de la provincia lo nombró regidor del Ayuntamiento de Córdoba.

El 29 de Agosto de 1856, el Excmo. capitán general de Andalucía, lo nombró diputado provincial de Córdoba. El 4 de septiembre del mismo año la Diputación Provincial lo nombró vocal de la Junta de Beneficencia, así como vocal de la Comisión de Gobernación. El 23 de octubre del mismo año, el gobernador militar de la provincia lo nombró vocal súper numerario del Consejo Provincial. El 20 de diciembre del mismo año, el gobernador civil de la provincia lo designó vocal de la Junta de Venta.

El 27 de marzo de 1857 la misma autoridad lo nombró vocal de la Junta Provincial del Censo de Población. El 13 de junio del mismo año, el vice-presidente del Consejo Provincial, lo designó vocal de la Comisión Permanente de Estadística. El 5 de septiembre del mismo año el gobernador civil de la provincia le nombró vocal de la Comisión Superior de Instrucción Primaria. En 1857 ante la escasez de cosechas subió el precio del grano a un nivel inalcanzable, razón por la cual el pueblo estaba pasando una gran necesidad.

Para paliar estas calamidades las autoridades civiles nombraron a los mayores contribuyentes para que formaran una Junta Directiva de seis individuos con el fin de suscribir un empréstito de carácter voluntario, para poder comprar el trigo necesario con el fin de sostener a la población mientras durase el estado de miseria y carestía. Así pues, se constata que el marqués no sólo perteneció a la citada junta, sino que además fue uno de los que entregó la mayor cantidad para socorro de los necesitados. En el mes de 1858 es designado diputado provincial.

Por Real Orden de 20 de diciembre del mismo año, S.M. la Reina le nombró vocal de la Junta Provincial de Beneficencia para el trienio de 1859-1861. La misma Junta de Beneficencia por oficio de 14 de enero de 1859 le designó visitador del hospital de crónicos y el 19 de julio fue llamado para componer la Sección de Administración de los Establecimientos de Beneficencia. Además el 6 de abril de 1861 el gobernador civil, por su carácter de diputado provincial, lo designó, individuo de la Junta Auxiliar de Beneficencia (Ministerio de Justicia, 1840)[58].

En adición a todo lo anterior fue también nombrado senador vitalicio por R.D. de 24 de septiembre de 1859, si bien únicamente se halla en la Cámara Alta durante las legislaturas de 1860 a 1862 y nuevamente de 1865 a 1866. Como se puede apreciar el marqués era un hombre marcadamente político. Durante años el marqués estuvo enviando a la corte una serie de documentos con el fin de obtener la grandeza de España.

Sin embargo, a pesar de la persistencia de don Antonio en su objetivo, el presidente de la Sección de Estado, Gracia y Justicia, tras examinar el expediente y lo solicitado por el marqués, determinó mediante oficio firmado en Madrid el 2 de octubre de 1862, que sin bien había que reconocer los servicios prestados por el interesado, sus cuantiosas rentas y su alcurnia ilustre, también entendía que la solicitud carecía de fundamentos suficientes para que pudiera ser tomada en consideración por S.M., en consecuencia derivaba la cuestión al ministro de Gracia y Justicia para que resolviera lo que creyese oportuno.

La falta de respuesta de éste o al menos la falta de constatación de esa respuesta muestra que la petición fue denegada o al menos silenciada. Pero la fijación del marqués era muy grande y a pesar de esa negativa no dudó en escribir nuevamente a la Reina el 16 de junio de 1866 pidiendo otra vez la grandeza de España. No hubo respuesta (Ministerio de Justicia, 1840)[59].

Don Antonio Rubio, marqués de Valdeflores, fue un gran propietario agrario, figurando durante años entre los mayores contribuyentes de Córdoba. En el amillaramiento de 1870-71 el marqués figura en el noveno lugar entre el conjunto de propietarios de cortijos ordenados por su total general imponible. En el de 1885-1886 su hijo, don Anto-

---

[58] *Ver instrumento nº 23.*
[59] *Ver instrumentos nº 40 y 41.*

nio Rubio y Góngora de Armenta, también marqués de Valdeflores aparece en el segundo lugar según el total general imponible y tras la muerte del conde Torres Cabrera, (otro gran hacendista de Córdoba) llegará a ocupar el primer lugar.

Sin duda, el padre pujaba fuerte dentro de las élites de Córdoba y además poseía grandes conexiones en la corte. Don Antonio Rubio Velázquez tenía una vieja obsesión por alcanzar la "grandeza de España" porque era el último escollo que le faltaba para elevar a su familia al primer plano de la escena nacional. También es muy posible que detrás de este anhelo por la "grandeza" estuviera la ambición de encontrar un gran partido matrimonial para su hijo Antonio, que lo catapultara al mismísimo pináculo de la sociedad.

Don Antonio Rubio Velázquez tuvo con Concepción Góngora Armenta seis hijos: Antonio Rubio Góngora, Antonio Rubio Velázquez de Velasco, Rafael Rubio Góngora, Concepción, Dolores y Josefa Rubio Góngora. El 27 de junio de 1877 dos años antes de la muerte del marqués padre, ve éste realizado su sueño de ver casado a su hijo primogénito, Antonio, con doña María de los Ángeles Castillejo y Sánchez de Teruel, condesa de Villaamena de Cozvijar, la cual había nacido en Granada el 24 de junio de 1854.

Doña María de los Ángeles era hija de don José María de Oviedo-Castillejo y Moñino, III conde de Floridablanca, grande de España, senador, caballero de la Real Maestranza de la Caballería de Granada, gentil hombre de Cámara de S.M. Alfonso XII y de doña María de los Dolores Sánchez Teruel y Ansoti, VIII condesa de Villaamena de Cozvijar. Si don Antonio no había conseguido la "grandeza" en su persona, había visto el anhelo cumplido de conseguir que su hijo se casara con la hija de un "grande de España".

Los historiadores han especulado acerca del porqué de este matrimonio. Las razones más evidentes apuntan a la propia antigüedad del linaje de los Armenta y por supuesto la formidable situación económica de los Valdeflores, ya que don Antonio estaba a punto de heredar

481

un cuantioso patrimonio. Por otra parte, una gran parte de los bienes rústicos de la familia Valdeflores se situaban en la provincia de Córdoba, donde también radicaban buena parte de los intereses de doña María de los Ángeles (Almansa Pérez, 2005).

Este gran matrimonio concertado por don Antonio Rubio, VII marqués de Valdeflores y don José María Castillejo y Moñino, III conde de Floridablanca, es muy posible que atendiera a otras motivaciones mucho más personales. Si se analiza atentamente la figura de don Antonio y don José María se comprobará que había muchos paralelismos en sus vidas. Don José María era hijo de don Francisco de Paula Oviedo y Castillejo y esta misma sangre de la familia Castillejo fluía en la familia Armenta, ya que doña Concepción (mujer de don Antonio) era nieta de María Dolores Fajardo Páez de Castillejo.

Además don José María era nieto de doña Vicenta Coronado Wittemberg y don Antonio era hijo de doña María de la Concepción Velázquez Wittemberg. Asimismo, ambos personajes poseían títulos de reciente creación, por lo tanto su nobleza era equiparable. La única desigualdad estaba en la "grandeza de España", una desigualdad que quedaba más que compensada con el inmenso patrimonio del primogénito de los Valdeflores. Por otra parte, tanto don Antonio como don José María fueron senadores, gentiles hombres de cámara y maestrantes, donde es muy posible que hayan trabado amistad y dialogado acerca del futuro matrimonio de sus hijos.

Para la familia Wittemberg este matrimonio –aún sin ser testigos de él–, representa un enorme éxito en las estrategias del clan. Más de doscientos años habían pasado desde que el primer Wittemberg pusiera un pie en Málaga. En ese tiempo la familia había realizado un esfuerzo extraordinario por adaptarse al nuevo país. A base de buenos matrimonios habían conseguido con gran destreza integrarse en las élites de Andalucía. Los nietos de un extranjero habían ganado una Provisión de Nobleza ante la Real Chancillería de Granada. Se habían insertado dentro de la Iglesia, del Ejército y habían logrado vincularse con la nobleza titulada.

Los Wittemberg después de dos centurias de pugnas por el poder de la tierra y tras vigorosos pactos de familia, habían llegado a conformar la élite misma. Ese viejo anhelo de demostrar ante todos su nobleza quedaba ahora plenamente consumado en su descendiente don Antonio Rubio Góngora Armenta, el cual se vinculaba con la "grandeza de España" a través de su consorte. En este matrimonio confluían las familias inmediatas de los Coronado Wittemberg, los Velázquez Wittemberg, los Cruzado Wittemberg y los Wittemberg Cotrina. Las dos ramas masculina y femenina volvían a encontrarse una vez más. Eficacia germana y gracia española, un magnífico ejemplo de hibridismo cultural.

A la muerte de los marqueses de Valdeflores en 1879 (doña Concepción en febrero y don Antonio en marzo) sus hijos heredaron un enorme patrimonio. En el resumen general de los bienes inventariados a doña María Concepción Góngora de Armenta, VI marquesa de Valdeflores en 1877, su patrimonio ascendió a la cantidad astronómica de 3.389.976 pesetas. El grueso de esa cifra estaba constituido por los bienes vinculados que ascendían al 88´18 % del total y que comprendían nada menos que 17 mayorazgos. Esa cantidad fue repartida entre sus seis hijos.

Al primogénito, (por entonces un chico de nueve años con hermanas mayores) don Antonio Rubio y Góngora le correspondió la parte más suculenta 1.772.229 pesetas, el 54´87% del total; a don Antonio Rubio Velázquez de Velasco 507.430 pesetas, el 10´77% del total y al resto de las hermanos, don Rafael, doña Concepción, doña Dolores y doña Josefa 277.579 pesetas cada uno, el 8´59 % del total. Ese inmenso patrimonio de la marquesa de más de tres millones de pesetas, estaba formado fundamentalmente por bienes rústicos, casi el 79 % del total, aunque también abundaban los bienes urbanos, el 13 % del total. En cuanto a su distribución, se expandía por las provincias de

Córdoba, Jaén, Sevilla y Guadalajara, radicando la mayor extensión de los bienes en la provincia de Córdoba con un 75′71 % del total (Barranco López, 1877).

Como se ha comprobado por las cifras anteriores, las tres cuartas partes de los bienes de la marquesa radicaban en la provincia de Córdoba y dentro de esta cantidad, la mitad estaban situados en la misma capital. En cuanto a su extensión había "dehesas" de grandes extensiones, que se destinaban a pastos, obtención de maderas, cultivos de olivar de monte y acebuches, así como usos cinegéticos. También había numerosas fincas, repartidas por numerosos pueblos andaluces.

El patrimonio de Guadalajara se componía de un importante cuerpo de bienes, pero dada la lejanía y la tendencia de los marqueses y sus hijos a la concentración agraria, lo que comportaba un mejor control y administración de los mismos, se acabó vendiendo con el paso del tiempo. El núcleo central del patrimonio andaluz estaba constituido por los cortijos. Se trataba de unas tres mil hectáreas de tierra acortijada en Córdoba, Sevilla y Jaén. Algunos estaban ubicados en zonas de sierra y gran parte eran tierras de excelente calidad situadas en tierras de campiña o de vega.

Como se ha apuntado el primogénito, don Antonio Rubio y Góngora, VII marqués de Valdeflores, heredaba un patrimonio territorial de enormes proporciones, en concreto 5.206 hazas de tierra, más de 4.600 de ellas en Andalucía. El valor de ese patrimonio veíamos ascendía a 1.772.229 pesetas, cuyo núcleo central estaba compuesto por bienes rústicos en más del 80% del total. Pero además del Marqués engrosó aún más su patrimonio con las importantes aportaciones que recibió su esposa, doña María Ángeles Castillejo y Teruel, condesa de Villaamena de Cozvijar.

A comienzo de los noventa, fallece en Granada María de los Dolores Sánchez Teruel y Ansoti, condesa del mismo título y madre de la anterior. En su testamento otorgado en 1881 instituía a sus cinco hijos como únicos y universales herederos de sus bienes a partes iguales.

Así pues, una vez protocolizada la testamentaría de la condesa en 1894 arrojaría bienes a favor de su hija, la marquesa consorte de Valdeflores por valor de más de medio millón de pesetas.

Ese patrimonio estaba constituido en un 70% de bienes rústicos, repartido en las provincias de Córdoba, Murcia y Granada. Además destacaban sesenta mil pesetas en valores cotizables, doce mil en dinero en metálico, así como siete mil en derechos de aguas. A la muerte de don José María Castillejo y Moñino, conde de Floridablanca, su hija María Ángeles, consorte de Valdeflores, también heredo cuantiosos bienes, aunque menores que los anteriores. La testamentaría del conde aprobada en 1898 arrojó una valoración total de 1.514.983 pesetas, a repartir entre sus cinco hijos a partes iguales, por lo que María Ángeles, condesa de Villaamena de Cozvijar recibió una cantidad de 302.996 pesetas.

De estos bienes hay que destacar que una gran mayoría eran rústicos y radicaban en Córdoba, aunque tampoco eran desdeñables los urbanos en Granada. En definitiva, los nuevos marqueses de Valdeflores (Don Antonio y María Ángeles), habían logrado acumular entre 1877, que es cuando se celebra su matrimonio y 1898, cuando reciben el último legado hereditario de importancia, un patrimonio valorado en su conjunto en aproximadamente 2.700.000 pesetas. Una inmensa fortuna que situaría a sus titulares en el segundo puesto entre los grandes contribuyentes provinciales y en un lugar destacado a nivel nacional (Almansa Pérez, 2005).

Al contrario que su padre el VI marqués de Valdeflores que residía largas temporadas en Madrid, seguramente debido a su calidad senatorial, don Antonio Rubio Góngora, VII marqués de Valdeflores residió y permaneció en Córdoba. Asimismo, a diferencia de su progenitor tuvo mucho menor protagonismo político. Así, apenas ha trascendido que en 1900 formó parte de la Comisión de Evaluación que se constituyó en Córdoba bajo la dirección y liderazgo del conde Torres Cabrera para la impugnación de los trabajos catastrales que habían sido llevados a cabo en le provincia por la Comisión Central de Evaluación Catastro.

Además ostentó la dignidad honorífica de caballero de la Real Maestranza de Sevilla. No es conocido que haya desempeñado ningún cargo militar, pero algún tipo de vínculo debió tener con el cuerpo castrense ya que escribió el prólogo de la obra *"Influencia en el arma de infantería de su patrona la Purísima Concepción"*, memoria que fue premiada en el certamen mariano de Zaragoza de 1904.

Don Antonio Rubio Góngora y María de los Ángeles Castillejo tuvieron tres hijos, nacidos todos ellos en Granada. Los dos primeros,– María de la Concepción y José María– murieron sin sucesión. El último varón, Ángel María Rubio y Castillejo, hereda el título y da continuidad al linaje. Contrae matrimonio con Elisa Rodríguez con la que tiene cuatro hijos. Sobrevive Elisa Rubio y Rodríguez que casa con un grande de España. El nuevo marqués de Valdeflores se une en segundas nupcias a María del Carmen Courtoy y Carbonell, nieta del famoso Antonio Carbonell y Llacer, fundador de la firma de aceites que lleva su apellido, vinculándose a unas de las familias más prósperas de la región.

Por otra parte, los hermanos del VII marqués de Valdeflores, don Antonio Rubio, se emparentaron con importantes familias de la zona, representantes de la burguesía agraria provincial. La excepción la constituye don Rafael Rubio y Góngora de Armenta, que falleció soltero. Doña Concepción Rubio Góngora, nacida el 4 de septiembre de 1843, casó en 1872 con otro gran propietario agrario, don Ramón de Porras Aillón. Para esa fecha, don Ramón estaba al frente de un conjunto territorial de 1.345 hectáreas, localizadas fundamentalmente en los términos de Pedro Abad y Montoro.

Además, don Ramón ocupaba una posición social muy destacada en la región. Fue abogado, alcalde de su pueblo natal de Pedro Abad. Fue diputado provincial por la circunscripción de Montoro entre enero de 1883 y mayo de 1884 y nuevamente entre noviembre de 1886 y el

mismo mes de 1887. El 4 de noviembre de 1886 fue elegido presidente de la Diputación de Córdoba. En la misma fecha fue uno de los
componentes de la Comisión Provincial. El 5 de noviembre fue elegido presidente de la Comisión de Presupuestos y demás asuntos del
ramo de Hacienda de la Diputación cordobesa.

Tras su renuncia quedaría como vocal nato como ex presidente.
Tuvo afinidad con el Partido Liberal Dinástico. Asimismo formo parte
de la Comisión de Evaluación para la elaboración de un catastro que
permitiera cuantificar de una forma más objetiva la riqueza agraria.
También fue presidente de la Cámara Agrícola de Córdoba, en la sección de Fundaciones de Montepíos, Cajas de Ahorro y Seguros.

Don ramón era un hombre de gustos refinados que vivió en un ambiente acomodado. Es conocido como en su casa había una nutrida
servidumbre y que su familia vivía en una espléndida casa señorial en
Córdoba y también en Madrid, así como la casa veraniega en Cádiz.
Entre los bienes muebles había cuadros y objetos de arte, algunos de
gran valor. Además poseía una carretela francesa para el paseo. Fue
un hombre culto, que escribió una vez retirado de la política activa,
unos comentarios a la obra dramática *El Diablo Predicador*, del autor
sevillano de finales del XVI y principios del XVII, Luis Belmonte
Bermúdez.

Doña Concepción Rubio tuvo con don Ramón Porras tres hijos:
doña Rafaela, don Antonio y don Alfonso Porras Rubio. La primogénita, casó con don Manuel Vargas y Chacón, López-Dolz y Pérez del
Pulgar, caballero de la Real Maestranza de Caballería de Granada,
descendiente de los marqueses del Salar, de los condes de Luque y de
los marqueses de Algarinejo, Cerdeñosa y Valenzuela. Doña Concepción Rubio murió el 19 de diciembre de 1876 lo que permitió a don
Ramón Porras contraer un segundo matrimonio el 6 de junio de 1879,
con su hermana doña Josefa Rubio y Góngora de Armenta, nacida el 4
de enero de 1846.

Con este doble matrimonio, don Ramón vino a administrar las legítimas de ambas mujeres, de doña Concepción y su hermana Josefa, a lo que vino a añadirse la adjudicación de los bienes relictos del marqués de Valdeflores en 1879. A la muerte de Josefa Rubio en 1888, don Ramón Porras queda como legítimo administrador de los bienes de su único hijo don Francisco Porras Rubio hasta que este alcanzara la mayoría de edad o se casase. Entre esos bienes, se encontraban más de 2.300 hectáreas de tierras de excelente calidad, radicadas en su mayor parte en la provincia de Córdoba y otros varios términos jiennenses.

Para finalizar, la última de las hermanas doña Dolores Rubio y Góngora de Armenta, nacida el 16 de agosto de 1849, casó el 13 de junio de 1875, con don Francisco de Asís Pacheco y Núñez de Prado, marqués de Gandul, licenciado en Derecho por entonces de veintiséis años, propietario de Sevilla (Almansa Pérez, 2005).

En conclusión, a lo largo de todas estas páginas hemos contemplado el caso excepcional de una familia extranjera, original y emprendedora, que llega a España alrededor de 1670 y gracias a su pujanza y su tesón, logra a lo largo de doscientos años, emparentarse con lo más nutrido de la aristocracia española, llegando a vincularse con títulos de castilla y hasta con la misma grandeza de España. Como hemos podido ver, ha sido una historia de linajes, de posesión de la tierra y de encumbramiento. Todo ello ha sido muy interesante, pues nos ha permitido conocer en detalle el poderío de una familia única y extraordinaria. Sin embargo, a pesar de los muchos méritos de esta familia, dentro de ella hay un caso muy especial y bien distinto.

Se trata de un personaje, don Luis José Velázquez de Velasco, marqués de Valdeflores, hijo de Margarita Cruzado Wittemberg. Don Luis José, el primogénito de la familia, a pesar de tener todo lo que en la vida se puede desear según los cánones de la época, –un marquesado, señoríos, mayorazgos– renuncia al clásico ideal de la perpetuación del linaje, para dedicarse a su gran pasión por la historia, la literatura y otras ciencias afines. Siguiendo a Jorge Manrique, nuestras vidas son como ríos que van a parar al mar. Y en ese mar acaban señoríos, ostentaciones, riquezas, papas y emperadores. En Luis José se sintetizan todas esas fuerzas que lograron su encumbramiento, pero también la mejor esencia de su espíritu, que consigue sobrevivir al inexorable paso del tiempo.

DOCUMENTOS ANEXOS

Genealogía de la Familia Wittemberg en España

I-Patricio Wittemberg n.alrededor de 1410 de la casa de los duques de Sajonia c.con María Dorfel (Según otros documentos de la Marina la familia Wittemberg procede de Alemania la baja, procedente de la casa de los duques de Wittemberg, Metzin, condes de Mömpelgard, Aurach y Tux).

Hijos: a) Carloto Wittemberg de cónyuge desconocido.

Hijos: a) Jorge Miguel Wittemberg. b) Amadeo Wittemberg.

II-Jorge Miguel Wittembeg c.Amelina Lísperguer vecinos de Coestfeld.

 Hijos: a) Pedro Lísperguer Wittemberg Consul de Worms en 1540 c.Catalina Lísperguer

Hijos: a) Pedro Lísperguer c.Agueda Flores con sucesión en Chile.

III-Amadeo Wittemberg c.Carlota Lísperguer residentes en Hamburgo.

Hijos: a) Gil Carloto Wittemberg Lísperguer natural de Coestfeld.

Hijos: a) Patricio Wittemberg natural de Coestfeld c.María Dorfel.

Hijos: a) Alberto Wittemberg, muerto en Hamburgo o sus vecindades en 1662 c. con Catalina Dreyers, residentes en Hamburgo. En torno al año 1630 con toda su familia emigró desde Coesfeld ducado de Münster hacia Hamburgo.

Hijos: a) Juan Wittemberg Dreyers m.1715, de nación hanseática, natural de Hamburgo, protegido del emperador de Alemania Leopoldo I. Vino de Hamburgo a Málaga en 1668 siendo un adolescente bajo el cuidado de don Rodrigo Elers, cónsul en Málaga por S.M. de las ciudades Hanseáticas y provincias obedientes de Flandes. Fundó y lideró una próspera compañía marítima en Málaga, la cual tenía entre sus principales destinos las rutas bálticas, las ciudades hanseáticas y los Países Bajos. Obtuvo una información *"ad perpetuam"* realizada en Hamburgo en 13/02/1699 refrendada y sellada de los procónsules y senadores de dicha ciudad. Casó en Málaga con María Arizón Aragón y Cardona 12 de enero de 1670, hija de D. Jorge Arizón y Juana Cardona. Testa doña María el 17 de enero de 1680.

Hijos: a) Jorge n. noviembre 1671, presbítero. Pasó a Panamá en 1689 como capellán mayordomo de don Diego Ladrón de Guevara obispo de Panamá, Guamanga, Quito y virrey del Perú. b) María n. mayo 1674, testa 3 de marzo de 1748 muriendo poco después; que c.1707 con Alonso Cruzado Zatico, regidor perpetuo de Málaga, testa 11 de mayo de 1738, m.1740. María fue sepultada en la iglesia parroquial del Señor Santiago en Málaga. Con sucesión. c) Juan n. 21-01-1676 m. 1731, casó en 1703 con Ana Agustina Aguilar, Cuesta y Calizano y Medrano, con sucesión. d) Josefa n. marzo de 1677, soltera. e) José n. 1678 m. septiembre de 1725 que casó con doña Francisca del Pozo Colmenares Thello, hermana del Teniente coronel don Luis del Pozo caballero de la Orden de Santiago y de D. Pedro del Pozo regidor perpetuo de Málaga. Sin sucesión.

Por lo tanto, tras el nacimiento de la primera generación de esta importante familia alemana, habrán dos líneas con sucesión en Málaga, una masculina y otra femenina, con entroncamientos sucesivos entre ellas: la de Juan y la de María Wittemberg Arizón.

LÍNEA MASCULINA:

IV. c) Juan Wittemberg Arizón Aragón y Cardona n. Málaga 21 de enero de 1676 m. el 17 de agosto de 1731; hombre de negocios de procedencia hanseática, heredero de la compañía marítima de su padre, casó en 1703, con doña Ana Agustina Aguilar, Cuesta y Calizano y Medrano, hija de don Juan Aguilar Urbano y de doña Agustina Aguilar Cuesta y Calizano. Doña Ana fue pariente del eminente cardenal don Luis de Belluga, residentes en la villa de Alhaurín el Grande. Hijos:

a) Don Juan José Wittemberg Aguilar prebendado de la catedral de Málaga; n. 12.04.1705, bautizado el día 21, m.1756, natural de la villa de Alhaurín del Grande, en la provincia de Málaga. Hermano de la Caridad el 28 de agosto de 1748.Estudio en el colegio de San Miguel de granada donde cursó Leyes y luego se graduó en Cánones por la Universidad de Granada. Posteriormente realizó una oposición a la canonjía doctoral de la catedral de Málaga, tramitada el 17 de julio de 1730. Ese mismo año viajó a Hamburgo, donde entro en contacto con la comunidad jesuítica que le emitió el 16 de abril, una certificación "moribus et vita" o testimonio de catolicidad, refrendada por don Antonio Casado y Velasco, marqués de Monteleón y embajador de S.M. Católica en Hamburgo. Fue prebendado de la catedral de Málaga, así como abogado de la Real Chancillería de Granada. Primer heredero del mayorazgo fundado por su padre, del cual tomó posesión el 19 de septiembre de 1731. Asimismo fue individuo secretario de la "Muy Venerable y Santa Escuela del Corazón de Jesús, Oratorio de Nuestro Padre San Felipe Neri de Málaga.

b) Don Jorge Wittemberg Aguilar, n. 27 de enero de 1708 en Málaga, siendo bautizado el 4 de febrero del mismo año. Casó el 24 de enero de 1732 con doña María Mendieta Fernández Chinchilla m.1747, hija del capitán de caballos don Joseph Mendieta y Siztos y de doña Dominga Fernández. Tras la muerte de su hermano mayor en 1756, se convierte en el segundo poseedor del mayorazgo fundado por su padre. Gran terrateniente de Málaga. Don Jorge W.A. fue recibido como diputado del común el 31 de diciembre de 1773.Obtuvo una Real Provisión de Nobleza por la Real Chancillería de Granada el 31 de marzo 1745. Murió en 1785. Con sucesión.

c) Don Joseph Wittemberg Aguilar, nacido en 1710, gran terrateniente de Málaga, heredero de la compañía marítima de su padre, casó en 1748 con su prima segunda doña Josefa Cotrina hija de don Juan Cotrina Osorio, regidor perpetuo de Málaga e Isabel Arizón, prima hermana de María Wittemberg Arizón, testa en Málaga el 23 de diciembre de 1790, muriendo alrededor de 1791. Con sucesión.

d) Doña Ana Nicolasa Wittemberg Aguilar casó en 1734 con el brigadier don López de Mendieta Siztos, gobernador político y militar de
Villafranca de Niza y posteriormente corregidor y superintendente de
rentas reales de Almería, tío carnal de María Mendieta mujer de Jorge
Wittemberg. Don Lope fue hijo del capitán don Francisco de Mendieta, regidor perpetuo de Málaga y de doña Clara Siztos y Valderrama.
Doña Ana Nicolasa será la heredera del vínculo creado por su madre
doña Ana Agustina de Aguilar por codicilo firmado en Málaga el 19
de marzo de 1756. Con sucesión.

f) Doña Gabriela Wittemberg Aguilar casó el 31 de julio de 1736, con
don Fernando Tello de Eraso Auncibay y Fajardo, n. 23 de enero de
1720, bautizado el 20 de enero de 1722, hijo de don Agustín Tello de
Eraso y de Josepha Milla y Saura, casados en 1718, descendiente de
los primeros conquistadores de Málaga y heredero de varios mayorazgos creados por sus antepasados. Sin Sucesión.

g) Doña Juana Wittemberg Aguilar, se ordenó con el nombre de "Sor
Juana de San Bautista" y fue religiosa del convento de Cister de Málaga.

Hijos de:

b) Don Jorge Wittemberg Aguilar (1708-1785); c. 24 de enero de
1732 con doña María Mendieta Fernández Chinchilla m.1747. Hijos:
b.1) Luis n.1738 , gran hacendista de Málaga, diputado del Común al
igual que su padre, heredero de varios mayorazgos, que c. en 1764 con
Antonia Mendieta Wittemberg, su prima, natural de Santiago, Reino
de Galicia, h.de D. López de Mendieta brigadier de los Reales Ejércitos y de doña Ana Nicolasa Wittemberg y Aguilar. Don Luis testa en
Málaga el 24 de septiembre de 1802. Con sucesión. b.2) Don Joseph
jesuita, n.1741. b.3) Doña Ana Dominga n. el 12 de diciembre de
1732, siendo bautizada el 14 del mismo mes y año, casa el 17 de junio
de 1755 con D. Juan Pedro Coronado Tello de Guzmán y Navas, n. en
Vélez el 21 de junio de 1698, siendo bautizado el 30 del mismo mes y
año, hijo de don Julián Coronado Tello de Guzmán y de doña María

de las Navas; del Consejo de S.M., oidor de la Real Chancillería de
Granada , regidor perpetuo de la ciudad de Vélez, corregidor y justicia
mayor, capitán de guerra y superintendente general de rentas reales de
la ciudad de Huete. Testa el 14 de noviembre de 1769. Muere a principios de 1778. Doña Ana Dominga testa el 11 de diciembre de 1794 y
muere el 8 de mayo de 1799.Con sucesión. b.4 María de la purificación, profesa de los monjes agustinos. (Posiblemente hermanos de los
anteriores y que murieron en la infancia fueron: b.5 Antonia Wittemberg Mendieta n.1735.b.6 Juan J. Wittemberg Mendieta n.1736.b.7
Antonio Wittemberg Mendieta n.1744.b.7 Francisco Wittemberg
Mendieta, n.1745)

c) Don Joseph Wittemberg Aguilar (1710-1791) c.1748 Josefa Cotrina Osorio Pausen : c.1) Doña Juana n.1749 c. en 1787 con don
Francisco Velázquez de Velasco y Cruzado, su primo segundo, capitán de navío de la Real Armada, n. en Málaga el 20 de febrero de
1736, hijo de don Francisco Pascual Zacarías Velázquez de Angulo y
Rentero, XI Señor de Valdeflores y Sierra Blanca en Asturias, I marqués de Valdeflores por Real Decreto del rey Carlos III de fecha 17 de
mayo de 1764 y de Margarita Ana Agustina Cruzado y Wittemberg.
Su padre fue I marqués de Valdeflores. Don Francisco muere en Málaga el 22 de abril de 1801 y doña Juana contrae un segundo
matrimonio con don Francisco González Ahumada. Con sucesión c.2)
Doña María n. en Málaga en 1750, testa por última vez el 3 de septiembre de 1824, m.13.01.1825, casada el 1 de enero 1772 con don
Francisco de Paula Altamirano y Manrique de Lara n. el 12 de enero
de 1752 m. 2 de junio de 1810. Hijo de don Lorenzo Altamirano y
Mendieta, n. en Cartama el 27 de abril de 1695, coronel de los cuatro
Regimientos de las milicias antiguas de Málaga y de doña Catalina de
Andrade Pérez de la Concha y Manrique de Lara, natural de Málaga,
casados en dicha ciudad el 18 de mayo de 1747. Don Francisco fue
regidor perpetuo de Málaga y Teniente Alférez Mayor de Málaga.
Marqués de Isla Hermosa el 21 de noviembre de 1793. Muere el 2 de

junio de 1810. Hijos c.2.1 María Altamirano Wittemberg n.1775.c.2.2 Juan Altamirano Wittemberg n.1778. Lamentablemente estos hijos no prosperaron y murieron en edad temprana. Al morir don Francisco sin sucesión será su hermano don Pedro de Altamirano y Andrade que ya era Caballero de Carlos III el 28 de mayo de 1794, el que heredará el título de marqués de Isla Hermosa. c.3) Doña Josefa nacida y bautizada el 26 de octubre de 1758, m. 14 de septiembre de 1824, que casa el 28 de septiembre de 1785 con D. Juan Coronado Wittemberg, su sobrino segundo, n. 7 de julio de 1761, testa en 1794, m. 19 de mayo de 1832, hijo de D. Juan Pedro Coronado Tello de Guzmán y Navas, y de doña Ana Dominga Wittemberg Mendieta; capitán del Real Cuerpo de Marina. Con sucesión (ver Coronado Wittemberg). c4) Francisco de Paula n.31 enero 1760, bautizado al día siguiente, teniente coronel del Regimiento de Infantería de América, c.con Doña Micaela María de los Dolores Wittemberg en abril 1803, n. y bautizada en Málaga el 16 de octubre de 1774, hija de don Luis Wittemberg y de María Mendieta. Doña Micaela muere alrededor de 1820. Don Francisco testa el 13 de junio de 1825 y muere ese mismo año el 11 de noviembre. Sin sucesión. (El Arzobispado de Málaga también menciona además a: c.5) José María Wittemberg Cotrina n.1752. c.6) José Francisco Wittemberg Cotrina n.1755. c.7) Francisca Wittemberg Cotrina n.1757. c8) Josefa Wittemberg Cotrina n.1758. c.9) Juan Wittemberg Cotrina n.1763, posiblemente hermanos de los anteriores y que murieron en la primera infancia). (También se menciona a Francisco Wittemberg Cotrina n.1803 y a Manuela Wittemberg Cotrina n.1803 de los cuales se desconoce su filiación).

d) Doña Ana Nicolasa Wittemberg Aguilar c.1734 con don López de Mendieta: Hijos: d.1) Doña María Francisca Mendieta Wittemberg n.1736, soltera. d.2) Ana Gabriela Mendieta Wittemberg n.1748, soltera. d.3) doña María Antonia Wittemberg Mendieta. Casó doña María Antonia, natural de Galicia, con don Luis Wittemberg Mendieta, su primo, n.1738, gran hacendista de Málaga, diputado del Común, heredero de varios mayorazgos, hijo de don Jorge Wittemberg Aguilar y de doña María Fernández Chinchilla. Con sucesión (ver sucesión de Luis Wittemberg Mendieta).

b.1 Hijos de D.Luis Wittemberg Mendieta, diputado del Común, y de María Antonia Mendieta Witemberg, c. en 1764: b.1.1) D. Jorge, hacendista de Málaga, n.1770 en Málaga, m.1854; c en primeras nupcias con doña Josefa Cruzado. Hijos: Francisco de Paula, doña Concepción, doña Agustina, doña María Manuela Wittemberg Cruzado y en segundas con Josefa Hidalgo. Hijos: b.1.1.1) Luisa Wittemberg Hidalgo n.1810. b.1.1.2) Ana Wittemberg Hidalgo n.1811. b.1.1.3) Jorge Wittemberg Hidalgo n.1818 m.1899 abogado graduado por la Universidad de Granada c.Antonia García González; hijos; a) María Wittemberg García n.1845. b) Ángeles Wittemberg García n.1847 m.1917. c) Emilio Wittemberg García n.1849 m.1883, abogado graduado por la Universidad de Granada. d) Jorge Wittemberg García n.1852. e) María de la Concepción Wittemberg García n.1858. f) Gerónima Wittemberg García n.1859. g) Joaquín Wittemberg García n.1861. h) Georgina Wittemberg García n.1860 m.1875. b.1.1.4) José Wittemberg Hidalgo n.1820. b.1.1.5) Joaquín Wittemberg Hidalgo n.1814 m.1891 soltero ss. b.1.2) Don Antonio Vicente n.1776 c.1807 doña Josefa de Leyba y Lopez n.de Sevilla y tuvo por hijo b.1.2.1) Don Luis Wittemberg y Leyba n.1809; c. con María Molina n.1814. Hijos: Carlos Wittemberg Molina n.1834, Matilde Wittemberg Molina n.1835 m.1840, María dolores Wittemberg Molina n.1836, Matilde Wittemberg Molina n.1837 m.1839, Luisa Wittemberg Molina n.1838. b.1.2.2) D.Rafael Wittemberg n.1813, escribano de la ciudad de Málaga, c.María de la Concepción Solano Salcedo; Hijos: a) Enrique Wittemberg Solano n.1834 c.1861 Josefa Santiago Leiva n.1838. Hijos: 1) Rafaela Wittemberg Santiago n.1862. 2) Enrique Wittemberg Santiago n.1863. 3) Asunción Wittemberg Santiago n.1865. 4) María Wittemberg Santiago n.1866. 5) Josefa Wittemberg Santiago n.1871. 6) Rafael Wittemberg Santiago n.1872 b) Rafael Wittemberg Solano n.1838 m.1900 c.1865 Isabel de Mesa. c) Matilde Wittemberg Solano n.1840 m.1850; d) Gumerrino Wittemberg Solano n.1844; e) Concepción Wittemberg Solano n.1841m.1848 f) José Luis Wittemberg Solano n.1845; g) Carolina Wittemberg Solano n.1848; h) Jesus Wittemberg Solano n.1847 m.1847(a los seis meses de vida). b.1.2.3) Doña María Josefa Wittemberg y Leyba n.1815 c.1838 D.Fernando de Rozas Echegaray, hijo de don José de Rozas, natural de Zacatecas, México, donde era administrador general de tabacos; Hijos: Don José n.1835 y don Rafael.cb.1.2.4) Don Antonio. n.1812 m.1869 c.1860 Carlota Calvo Martinez. b.1.2.5) Jose Wittemberg Leiva n.1816. b.1.2.6) Guillermo Wittemberg Leiva n.1820 m.1851 c.1834 Josefa Cearrote Terán. Hijos: Manuela Wittemberg Cearrote n.1838 m.1885, c.1861 con José Robles Scotton. 1811(Hijos: José Robles Wittemberg n.1862 m.1863; Manuela Robles Wittemberg n.1866; Francisco de Asís Robles Wittemberg n.1863). Micaela Wittemberg Cearrote n.1848 m.1873 soltera, María Dolores Wittemberg Cearrote n.1849 m.1868 b.1.2.7) Josefa Wittemberg Leiva n.1821 c.1839 Tomás Cearrote n.1811. Hijos: Tomás Cearrote Wittemberg n.1840 c.1867 con Salvadora Ballista Urbaneja; José Cearrote Wittemberg n.1843 m.1867 soltero; Matilde Cearrote Wittemberg n.1846; Martín Antonio Cearrote Wittemberg n.1853 (perteneciente a alguna de estas líneas se menciona a Alejandro Bonet casado con María Wittemberg siendo fruto de ambos María Bonet Wittemberg n.1843). b.1.3) Doña María Gabriela (soltera) n.1766 b.1.4) Doña Ana María (soltera) n.1771, poseedora del mayorazgo que fundo su tía, doña Gabriela Wittemberg Aguilar, así como del vínculo que creo doña Ana Agustina Aguilar (mujer de Juan Wittemberg Arizón). b.1.5) Doña Luisa Antonia (soltera) n.1772, sus últimos testamentos y codicilos son respectivamente de 1820 y 1828, m. el 1 de enero de 1834. b.1.6) Doña Micaela Wittemberg y Mendieta, n. y es bautizada el 16 de julio de 1774, m. alrededor de 1820, c. abril de 1803 con Francisco Wittemberg Cotrina, primo de su padre, n. el 31 de enero 1760, capitán del Regimiento de

Infantería de América, hijo de don Joseph Wittemberg Aguilar y de doña Josefa Cotrina Osorio. Don Francisco testa el 13 de junio de 1825 y muere el 11 de noviembre del mismo año. Sin sucesión. (Otras fuentes mencionan, aunque quizás murieran en edad temprana a: b.1.7) Jorge Wittemberg Mendieta n.1766. b.1.8) Josef Wittemberg Mendieta n.1768. b.1.9) Juan Wittemberg Mendieta n.1769. b.1.10) Gertrudis Wittemberg Mendieta n.1773. b.1.11) Francisco Wittemberg Mendieta n.1777. b.1.12) Gertrudis Wittemberg Mendieta n.1778).

b.3) Hijos de doña Ana Dominga Wittemberg, n. en Málaga el 12 de diciembre de 1732 m.09 de mayo de1799 c.17 de julio 1755, oficiando su tío don Juan Joseph Wittemberg Aguilar, prebendado de la catedral de Málaga, con don Juan Pedro Coronado y Navas, del Consejo de S.M., oidor de la Real Chancillería de Granada, regidor perpetuo de la ciudad de Vélez, corregidor, justicia mayor, capitán de guerra y superintendente general de rentas de la ciudad de Huete, viudo de doña María de Torres y la Concha, m.10/11/1777: b.3.1) Julián presbítero n.9/6/1756, en Huete, Cuenca, bautizado el 12 del mismo mes y año. Paje del cardenal de Solís en la villa de Utrera. El cardenal Francisco de Solís Folch de Cardona (1755-1775) n.16 de febrero de 1713. Hijo de José Solís y Gante, duque de Montellano, grande de España, caballero de la Orden de Santiago, mayordomo y caballerizo mayor del cardenal infante y de Josefa Folch de Cardona marquesa de Caltelnovo y Pons. El hermano del cardenal Solís fue don José Solís Folch de Cardona tercer virrey de Nueva Granada n.Madrid en 1716 murió en Bogotá en 1770). b.3.2) María de las Mercedes n.16/12/1757, en Huete, Cuenca, bautizada al día siguiente, c.Don Gabriel Martínez Carvajal, caballero veinticuatro de la ciudad de Vélez. Con sucesión b.3.3) Josef, n.31/03/1759 en Huete, Cuenca. Guardia marina desde 1776. Regidor perpetuo de la ciudad de Vélez, teniente del Regimiento Provincial de la ciudad de Vélez Málaga, así como de Granada. b.3.4) Antonia n.18/04/1760, en Huete, b.al día siguiente. c. don Manuel Costanero. b.3.5) Don Juan Pedro n.08 de julio de 1761 en Valencia, siendo bautizado dos días después en la iglesia parroquial de los Gloriosos San Pedro Mártir y San Nicolás el Obispo de dicha ciudad. Guardiamarina desde 1776.Teniente de fragata de la Real Marina, luego capitán de navío, casa el 28 de septiembre de 1785 con doña Josefa Wittemberg y Cotrina, su tía segunda, nacida y bautizada el 26 de julio de 1758, m. el 14 de septiembre de 1824, hija de don José Witemberg Aguilar y doña Josefa Cotrina Osorio. Don Juan Pedro testa en 1794 y muere el 19 de mayo de 1832. Hijos: Juan Coronado Wittemberg n.1787 y Ana María Coronado Wittemberg n. en Puerto Real, Cádiz, bautizada en la parroquia Castrense el 13 de julio de 1798, testa el 14 de enero de 1836, m. el 3 de diciembre de 1864. Casa en la parroquia del Señor Santiago de Málaga el 24 de mayo de 1820 con don Juan Aguirre Plowes, natural de Málaga, bautizado 11 de mayo de 1798, el cual testa el 15 de marzo de 1827 y m. el 18 de junio de 1835, alférez de fragata de la Real Armada. A su vez, de este matrimonio nacen los siguientes hijos: Doña María, don Jesús, don Juan Antonio, doña Josefa María, don Manuel y don Joaquín Aguirre y Coronado (en el momento en que se recogen las fuentes está en cinta de un hijo que será póstumo). b.3.6) Doña Vicenta, n. en Valencia el 11 de febrero de 1764, siendo bautizada al día siguiente. Casa con don Juan Crisóstomo Ansoti y Olavarría, capitán del Regimiento Provincial de Granada, hijo de don Juan Francisco Eneriz Ansoti, n. Sevilla, abogado, oidor de la Real Chancillería de Granada, miembro del Consejo de S.M., caballero de la Orden de Santiago. Casado en primeras nupcias con doña Luisa Francisca Saavedra Alvarado de Vargas Neve y de Leira, n. de Sevilla, nieta de don Juan de Saavedra, caballero de la Orden de Santiago, muere sin sucesión. Don Francisco casa en segundas nupcias con doña María Ana Olavarría Muñoz de Guzmán de Coca y Salcedo, n.19 de mayo de 1723 en Santiesteban del Puerto, hija de don Tomás de Olavarría y Baseta, natural de Madrid, caballero de la Orden de Santiago y de doña Juana Muñoz Salcedo y Zúñiga. Hijos de doña Vicenta y don Crisóstomo: Juan,

Ana, María Josefa. Juan de Ansoti Coronado Olavarría y Wittemberg
fue el 20/04/1833 caballero veinticuatro de la Real Maestranza de
Granada (n°784). María Josefa Ansoti Coronado, casó con Juan Bautista Sánchez de Teruel y Quevedo, VII conde de Villa Amena de
Cozbijar. Hija de estos últimos fue doña María de los Dolores Sánchez
de Teruel y Ansoti, VIII condesa de Villa Amena de Cozbijar, casada
con José María Castillejo y Moñino, III conde de Floridablanca, hijo
de don Francisco Moñino Redondo II conde de Floridablanca y de
doña Ana María Moñino y Pontejos, marquesa de la casa de Pontejos.
Con sucesión. b.3.7) Don Gabriel, n. en Sevilla 21/12/1765, siendo
bautizado el día 25 del mismo mes y año. Presbítero de la orden de S.
Juan de Dios. b.3.8) Doña María de los Dolores, n. en Granada
10/04/1772, siendo bautizada al día siguiente. Soltera. b.3.9) Don
Francisco de Paula n. en Granada 02/04/1775, siendo bautizado al día
siguiente. Subteniente del Regimiento de Infantería de Córdoba. Estando destinado en Ceuta conoció a doña Antonia de Acosta, con la
que tuvo un hijo natural, llamado don Josef Antonio Francisco Coronado de Acosta, bautizado el 7 de diciembre de 1798.

Hijos de don Francisco Velázquez de Velasco y Cruzado (1736-1801),
capitán de navío de la Real Armada, (hijo de don Francisco Pascual
Zacarías Velázquez de Angulo y Rentero, XI Señor de Valdeflores y
Sierra Blanca en Asturias, I marqués de Valdeflores por Real Decreto
del rey Carlos III de fecha 17 de mayo de 1764 y de Margarita Ana
Agustina Cruzado y Wittemberg) y de doña Juana Wittemberg Cotrina (1749-): Doña Beatriz Velázquez Wittemberg fallecida el 14 de
Septiembre de 1861, soltera, ss y doña María de la Concepción Velázquez Wittemberg (1789-1834). Con sucesión.

c.3.1) Doña María de la Concepción Velázquez Wittemberg n. en
Málaga el 30 de agosto de 1789, siendo bautizada al día siguiente en
la parroquia del Señor Santiago de esa ciudad, m. el 9 de julio de
1834. Heredera de cuantiosos bienes y mayorazgos, forma una importante familia en la Córdoba de la Restauración mediante el matrimonio

que contrae con D. Antonio Rubio Benítez de Tena, teniente de las milicias de Málaga, n. en Málaga el 6 de septiembre de 1773, bautizado en la parroquia de San Juan el día 9 del mismo mes y año, hijo de don Manuel Rubio Leal, natural de Madrid y de doña María Teresa Benítez, natural de Málaga; heredera del título de su abuelo Francisco Velázquez de Velasco de marqués de Valdeflores y Vizconde de Sierra Blanca que uso su marido. Hijos: c.3.1.1) María de los Dolores, n. el 25 de octubre de 1808 en Málaga, c. 1º con don Joaquín O'Brien y posteriormente, 2º con don Jaime Oliver Pérez Gálvez, hijo Manuel Oliver y de Josefa Pérez Gálvez. c.3.1.2) Don Antonio, que heredó el título de VI marqués de Valdeflores, n. en Málaga el 30 de abril de 1811 y m. 23 de marzo de 1879. Que sigue. c.3.1.3) Doña María de la Concepción, n. de Málaga, c. con el Dr. don Vicente Gómez Sancho, abogado del Ilustre Colegio de Málaga y fiscal de la Real Hacienda. c.3.1.4) Doña María de la Encarnación, n. de Málaga .c.3.1.5) Doña María Teresa, n. de Málaga, c. don Nicolás Porras Escobar c.3.1.6) Don Manuel, académico, fue uno de los suscriptores de la Historia de España de Modesto la Fuente, entre 1850 y 1867. c.3.1.7) Don Francisco de Asís, n. en Málaga el 17 de octubre de 1827, bautizado al día siguiente en la parroquia de los Santos Mártires Ciriaco y Paula, coronel de infantería, gentil hombre de Cámara de S.M y fue agraciado por Su Santidad el Papa León XIII con el título de marqués de Velázquez de Velasco; c. con doña Nicolasa Plazaola Limonta, n. en Santiago de Cuba, el 9 de julio de 1835, b. el 13 del mismo mes y año, hija del coronel de ingenieros don Francisco de Plazaola y doña María de Ana de Limonta. c.3.1.8) Doña María de la Asunción, n. en Málaga, c. con don Pedro Alcántara de la Trevilla y Rivas de Roca.

Primogénito de los anteriores fue don Antonio Rubio Velázquez de Velasco, Benítez de Tena, Blázquez de Salamanca, Santaella y Reales Torres de Villaquirán y Valderrama, Wittemberg y Cruzado, marqués de Valdeflores, vizconde de la Puebla de Sierra-Blanca, gentil hombre de Cámara de S.M. con ejercicio, senador del Reino, condecorado con la Gran Cruz de Isabel la Católica, así como la Medalla de Oro de las Reales Efigies, con el lema de honor, méritos y lealtad, con fuero entero de guerra, caballero maestrante de la Real de Sevilla, diputado provincial por la ciudad de Córdoba. Don Antonio Rubio Velázquez, n. en Málaga el 30 de abril de 1811, m. el 23 de marzo de 1879; fue uno de los mayores propietarios de Córdoba en el siglo XIX, con propiedades en muchas otras partes de Andalucía. Sucede a su madre con el título de VI marqués de Valdeflores tras la muerte de ésta en 1834. Casó don Antonio, en Córdoba el 20 de mayo de 1840 –tras elevar consulta y obtener el beneplácito de Isabel II– con doña María de la Concepción Góngora y Armenta, n. en Córdoba el 30 de noviembre de 1815, m. el 23 de febrero de 1879, de las primeras familias de Córdoba, hija de don Rafael Góngora Armenta, caballero de la Orden Militar de Alcántara, coronel de caballería y de doña Josefa María de los Dolores Góngora Armenta. Hijos de éstos fueron: don Antonio Rubio Góngora, Antonio Rubio Velázquez de Velasco, Rafael Rubio Góngora, Concepción, Dolores y Josefa Rubio Góngora.

Primogénito de los anteriores fue don Antonio Rubio Góngora, VII marqués de Valdeflores, n. el 17 de diciembre de 1847, m. 31 de agosto de 1928, casa el 27 de junio de 1877 con doña María de los Ángeles Castillejo y Sánchez Teruel, condesa de Villaamena de Cozvijar, n. en Granada el 24 de junio de 1854, hija de don José María de Oviedo-Castillejo y Moñino, III conde de Floridablanca, grande de España, senador del Reino, caballero de la Real Maestranza de la Caballería de Granada, gentil hombre de Cámara de S.M. Alfonso XII y de doña María de los dolores Sanchez de Teruel y Ansoti, condesa de Villa Amena de Cozbijar y nieta de doña Vicenta Coronado Wittemberg. Con sucesión.

LÍNEA FEMENINA:

V.e) María Wittemberg Arizón n. Málaga el 8/6/1674, testa el 14 de marzo de 1748, c. el 3 de julio de 1701 con don Alonso Cruzado Zatico, regidor perpetuo de Málaga n.14/01/1677, testa el 11 de mayo de 1738, m. en 1740.

Hijos de don Alonso y María:

e.1)D. Juan Cruzado Wittemberg, regidor perpetuo de Málaga, según cédula otorgada por Felipe V el día 6 de diciembre de 1740; nieto de don Juan Cruzado de Figueroa y Haro, señor de Valverde, caballero de la Orden de Santiago, regidor perpetuo de Málaga en virtud de título otorgado por Felipe V, el 19 de septiembre de 1724. Casó el hijo de don Alonso en 1728 con doña Margarita de Sevilla y Arizón, nacida en Motril y vecina de Málaga, hija del Capitán D. Luis de Sevilla y de Isabel de Arizón, tía de María Wittemberg Arizón, su madre. Hijos: don Alonso, don Antonio, don Juan José, don Nicolás, don Joaquín, don José y doña María. La mayoría de los hijos residieron en Málaga excepto don Nicolás, capitán de caballos en México y don José, que fue vecino de Puebla de los Ángeles, también en México. El primogénito Alonso Cruzado Witemberg, también llamado don Ildefonso Cruzado Sevilla, sucedió a su padre en el cargo de regidor perpetuo de Málaga, en virtud de cédula otorgada por el rey don Fernando VI, el 27 de marzo de 1753. Casó con doña Micaela Molina Cruzado, natural y vecina de Málaga, hija legítima de don Claudio de Molina y Cruzado y de doña Mariana de Molina. De este matrimonio nacieron dos hijos: don Juan, de la orden de los Mercedarios Descalzos y don Claudio Cruzado Molina, que profesó en el Convento de San Juan de Dios de Málaga.

e.2) Doña Margarita Cruzado Wittemberg, bautizada en Málaga el 16 de diciembre de 1705, c. el 19 de noviembre de 1721 con don Francisco Pascual Zacarías Velázquez de Angulo y Rentero, bautizado también en Málaga el 12 de noviembre de 1703, testa en Málaga el 12 de junio de 1758, capitán de milicias y regidor perpetuo de Málaga, cofrade de la Esclavitud del Santísimo Sacramento en la que fue recibido el 18 de diciembre de 1710, ejerciendo el cargo de consiliario en 1722, patrono del Convento Iglesia de San Pedro de Alcántara, XI señor de Valdeflores y Sierra Blanca en Asturias, I marqués de Valdeflores en virtud de Real Decreto otorgado por el rey Carlos III en fecha 17 de mayo de 1764, título que recayó en sus hijos pero que éstos desusaron al no sacar la licencia correspondiente aunque se les tuvo comúnmente por marqueses de Valdeflores; hijo de don Francisco Velázquez Cruzado, n. en Málaga el 23 de diciembre de 1671, capitán de milicias, regidor perpetuo y alférez mayor de Málaga, así como caballero de la Orden de Calatrava, por Real Cédula del rey Felipe V, de fecha 8 de febrero de 1704 y de doña Elvira Rentero y Guerrero (hija de don Alonso Rentero de la Fuente, regidor perpetuo de Málaga y de Josefa Agustina Guerrero y Corbalán). e.3) Doña Josefa Cruzado Wittemberg, soltera. Tras su muerte se llevó a cabo la partición de sus bienes el 31 de agosto de 1781. e.4) Beatriz Cruzado Wittemberg, soltera, ya había fallecido en 1728.

Hijos de don Francisco Velázquez de Velasco y Angulo y de doña Margarita Cruzado Wittemberg:

e.2.1) D.Luis José Velázquez Cruzado, erudito, historiador y anticuario, personaje clave de la primera Ilustración Española, n. 5 de noviembre 1722, siendo bautizado el día 12 del mismo mes y año en la parroquia del Señor Santiago de Málaga. II marqués de Valdeflores, caballero de la Orden de Santiago, regidor perpetuo de Málaga, miembro de la Real Academia de la Historia de Madrid y de las Buenas Letras de Sevilla y de las Inscripciones y Bellas Letras de París. En 1752 obtuvo una pensión de Fernando VI para realizar un viaje científico por España con el objeto de recoger sus antigüedades, documentos epigráficos, diplomas, medallas así como registrar sus restos arqueológicos, formando la Colección Velázquez que se custodia en la Real Academia de la Historia. Fue acusado de participar en el Motín

de Esquilache, siendo condenado a cinco años de reclusión en el castillo de Alicante y posteriormente en el Peñón de Alhucemas. Al poco
tiempo de ser liberado murió sin testar en las cercanías de Málaga, el 7
de noviembre de 1772 de un ataque de apoplejía, siendo enterrado en
la capilla de San Pedro de Alcántara. Al igual que su padre y muchos
de sus ascendientes, fue "hermano noble" de la cofradía de la Esclavitud del Santísimo Sacramento de Málaga. e.2.2) José, natural de
Málaga, sacerdote, ingresado más tarde en la Compañía de Jesús, el
cual tras la expulsión de los jesuitas ordenada por el rey Carlos III,
tuvo que emigrar a Génova, donde murió en Arenzano, Rivera de Génova, el 19 de septiembre de 1812. Poseyó a la muerte de su hermano
Carlos los mayorazgos de su familia en virtud de la Real Cédula de
1788, en que se habilitaban a los que habían pertenecido a la Compañía de Jesús a suceder en los vínculos y mayorazgos que poseyeran
sus mayores. e.2.3) D. Carlos José, matemático, que sirvió en las
Guardias Españolas, heredó los vínculos y el título de marqués de
Valdeflores a la muerte de su hermano mayor y murió soltero, sin
testar, en Málaga el 29 de septiembre de 1791, siendo enterrado al
igual que éste en su capilla del convento de San Pedro de Alcántara.
e.2.4) D. Manuel Pascual, canónigo de menores órdenes, el cual falleció sin testar, en Málaga el 7 de marzo de 1806. e.2.5) D. Francisco
Antonio, n. en Málaga en 1736, capitán de navío de la Real Armada,
quien probó su nobleza para ingresar en la Real Compañía de Guardias Marinas en 1754. Asistió a todas las campañas de su época, al
sitio de Gibraltar y la guerra contra Inglaterra, donde se distinguió
sobremanera. Casó en 1787 con su prima segunda, doña Juana Wittemberg Cotrina, n. en 1749, hija de don Joseph Wittemberg Aguilar,
propietario de la importante compañía marítima de Málaga Wittemberg y Cía, y de doña Josefa Cotrina Osorio Pausen. Don Francisco
muere en Málaga el 22 de abril de 1801. Su hija María de la Concepción hereda de su abuelo el título de marquesa de Valdeflores y
vizcondesa de Sierra Blanca, que no habían usado ninguno de los

hermanos. Ver sucesión Rubio Velázquez e.2.6) Doña Beatriz, natural de Málaga, soltera, fallece el 22 de abril de 1812, tras testar el 29 de marzo. e.2.7) Doña Manuela, natural de Málaga, soltera, fallece el 26 de agosto de 1802.

Bibliografía: Todas las fuentes documentales, protocolos notariales, testamentos y otras certificaciones nobiliarias, mencionadas en este propio libro.

Goces de hidalguía de la familia Wittemberg

Extracto de una Real Provisión de Nobleza dictada por la Real Chancillería de Granada, el 31 de marzo de 1745. Litigantes don Jorge y don José Wittemberg. Disputan con el Concejo de Benamocarra.

Yo el infrascrito escribano del Rey nuestro señor público en el número perpetuo de esta ciudad, certifico y doy fe que hoy día de la fecha por don Jorge Wittemberg, vecino de esta ciudad, se expidió ante mí una Real Provisión de estado y posesión de hijodalgo expedida por S.M. y señores presidentes y oidores de la Real Chancillería de la ciudad de Granada en el día treinta y uno de marzo del año pasado de mil setecientos cuarenta y cinco, refrendada de don Josef de Entrala y Rueda secretario mayor de los hijosdalgo de dicha Real Audiencia y Chancillería al Consejo de Justicia y Regimiento de la villa de Benamocarra por la cual se hace expresión de que a dicha superioridad fue remitida por dicho Consejo una copia de autos signada y firmada al parecer de Melchor Polo, Laso de la Vega, escribano público y del número de la ciudad de Vélez y del dicho cabildo, su fecha en ella a diez de marzo del año pasado de mil setecientos cuarenta y cuatro con inserción de un testimonio al parecer dado por dicho escribano en el día quince de febrero de dicho año en el cual se hallaba inserto el cabildo y recibimiento de hijodalgo que por dicho Consejo al parecer se hizo en el mencionado día a don Jorge y don Josef Wittemberg hermanos vecinos de esta ciudad y hacendados en dicha villa y asimismo con inserción de otros diferentes papeles e instrumentos al parecer presentados por parte de los susodichos para prueba de su filiación de hidalguía, cuyo testimonio se inserta en dicha provisión y por ella igualmente se hace expresión que habiéndose puesto dicha copia de autos en poder del fiscal de lo civil don Tomás Maldonado que es y el entonces lo era de dicha Real Chancillería y Audiencia por el susodi-

511

cho en su vista se había puesto cierta respuesta a continuación de ellos, en vista la cual y de lo expuesto por petición dada por dichos don Jorge y don Josef Wittemberg se provee auto del tenor siguiente:

Auto.- Estas partes justifiquen en la forma conveniente con citación del procurador síndico de Benamocarra el partido y posesión de hijos-dalgo en que estuvieron sus ascendientes en la ciudad de Coesfeld, ducado de Münster o en los lugares de sus vecindades, antes de que se hubiesen venido a vivir a la República de Hamburgo o justifiquen con dicha citación en debida forma, ser descendientes por línea recta de varón de la casa de Wittemberg en Alemania la baja, presentada dicha justificación en esta corte se llevó todo al fiscal de S.M. y para que se ejecute lo referido se les dé el despacho necesario: proveído por los señores alcaldes de los hijosdalgo de la Audiencia de S.M. que lo ru-bricaron en Granada en veinte del día del mes de Julio de mil setecientos y cuarenta y cuatro años. Yo Don Francisco de Aran y (...) Fui presente.

Y que después por parte de los dichos don Jorge y don Joseph Wit-temberg se había presentado otra petición por la que expusieron varias razones e hicieron demostración de cierta certificación original dada por el coronista y el rey de armas de la Real Persona, suplicando que en su vista, y demás autos y en caso necesario declarando haber cum-plido con lo mandado, en dicho preinserto auto, se despachase la Real Provisión que tenían pedida en su pedimento de veinte y seis de junio pasado de dicho año y en su vista por dicho regio Tribunal se mandó se llevase todo a dicho Sr. fiscal y con lo que dijese se llevase a la sala y habiéndose así ejecutado con otros instrumentos que nuevamente presentaron los dichos don Jorge, don Josef Wittemberg y expuesto por dicho Sr. fiscal lo que tuvo por conveniente en su vista se proveyó el auto del tenor siguiente :

Auto.- No ha lugar a lo pedido por parte de don Jorge y don Joseph Wittemberg en sus pedimentos de veinte y seis de Agosto y nueve de octubre de este año cúmplase lo proveído por auto de la sala del día veinte de julio de este año proveído por los señores alcaldes de los hijosdalgo de la Audiencia de Su Majestad, que lo rubricaron en Granada a doce días del mes de octubre de mil setecientos cuarenta y cuatro años. Yo Don Andrés de Céspedes. Fui presente.

De cuya providencia se interpuso apelación por parte de los dichos don Jorge y don Joseph Wittemberg para ante S.M. y señores presidentes y oidores de la Real Chancillería pidiendo se declarase por nulo dicho auto o a lo menos revocase: Proveyéndose y determinándose como tenían pedido alegando para ello varias razones. De que se dio traslado a dicho señor fiscal; por este se expuso cuanto tuvo por conveniente y concluso dicho pleito se llevó a la Sala y visto en ella por S.M. y señores presidente y oidores proveyó el auto del tenor siguiente:

Auto.- En la ciudad de Granada en cuatro días del mes de febrero de mil setecientos y cuarenta y cinco años, los señores oidores de la Audiencia de S.M. habiendo visto los autos de recibimiento de hijosdalgo hecho por el Consejo de la Villa de Benamocarra a don Joseph y don Jorge de Wittemberg vecinos de la ciudad de Málaga y hacendado en dicha villa y los autos en dicho negocio proveídos por los alcaldes de hijosdalgo de esta corte y la apelación interpuesta por parte de los dichos don Joseph y don Jorge del día doce de octubre del año próximo pasado de setecientos cuarenta y cuatro y lo por sus partes pedido, y visto asimismo lo contra ello dicho y alegado por el fiscal de S.M. que de todo fue hecha relación a dichos señores, dijeron que revocaban y revocaron el referido auto del citado día doce de octubre de dicho año de setecientos cuarenta y cuatro y mandaron que los autos del referido recibimiento se pongan en el oficio del escribano mayor de los hijosdalgo a quien tocan para que se enlegajen y a los dichos don Joseph y don Jorge Wittemberg se les despache provisión de S.M. para que el Concejo, Justicia y Regimiento de la villa de Benamocarra, en conformidad del referido recibimiento de hijosdalgo que les tiene hecho a los susodichos, les guarde y haga guardar todas las exenciones, preeminencias y franquezas que fuere estilo, uso y costumbre en dicha villa y en estos reinos guardar, a los demás hijosdalgo de sangre exceptuándoles de cargar con serviles de pechos y repartimientos de pecheros, anotándoles en ellos con la nota de hijosdalgo y para que siempre conste, haga dicho Concejo poner y que se ponga traslado de dicha Real Provisión en el libro capitular y les vuelva la original a los dichos don Joseph y don Jorge con testimonio de su cumplimiento para guarda de su derecho y quedaron que este auto se despache sin embargo de suplicación y así lo proveyeron y rubricaron. Fui presente Villavicencio.

El cual dicho auto parece fue notificado y hecho saber a dicho señor fiscal por quien se presentó petición solicitando se le entregasen los autos y habiéndose llevado por nueva petición dijo que era de reformar, suplir y enmendar el referido auto, proveyéndose y determinando a favor del Real Patrimonio como tenía pedido, confirmando para ello el proveído por los dichos señores alcaldes de hijosdalgo el día veinte de julio del citado año exponiendo varias razones. De que se dio traslado a los dichos don Jorge y don Joseph Wittemberg por quienes negando y contradiciendo lo perjudicial concluyeron, y habiéndose llevado los autos a la Sala en su vista se proveyó lo siguiente;

Auto.- Confirmase el auto proveído por la Sala en el día cuatro de febrero de este año proveído por los señores oidores de la Audiencia de S.M. que lo rubricaron en Granada y marzo quince de mil setecientos cuarenta y cinco. Fui presente D. Nicolás de Alfaro y Ramos.

Conforme a lo cual y para que se llevase a debido efecto lo contenido en los dichos autos por S.M. y señores presidentes y oidores de dicha Real Chancillería, fue acordado dar dicha Real Provisión por la cual mandaron al Consejo, Justicia y Regimiento de la expresada villa de Benamocarra, que viendo con ella requerido por parte de los dichos don Jorge y don Joseph Wittemberg, hermanos, o de cualquiera de ellos viesen los referidos autos insertos y los guardasen cumpliesen y ejecutasen en todo y por todo y en su cumplimiento y ejecución que en conformidad del referido recibimiento de hijosdalgo que les tenían hecho a los susodichos y de hallarse aprobado por S.M. y dichos señores les guardasen e hiciesen guardar todas las exenciones, preeminencias y franquicias que era estilo uso y costumbre en dicha villa y en estos reinos guardar a los demás hijosdalgo de sangre, exceptuándoles de cargar consegiles de pechos y repartimientos de pecheros, anotándole en ellos con la nota de hijodalgo y que por el escribano de dicho ayuntamiento se sacase y pusiese en el libro capitular copia de dicha Real Provisión devolviéndole la original con testimonio de su cumplimiento para guarda de su derecho y habiéndose requerido con ella a Alonso Vázquez y Joseph de Zuero, alcalde y regidor de dicha villa, la obedecieron y para su cumplimiento se asesoraron con el licenciado don Cristóbal Joseph de Castilla abogado de los Reales Consejos quien lo aceptó y juro y en seguida se halla la diligencia del tenor siguiente :

Cumplimiento.- Estando en el oficio de escribano público de la villa de Benamocarra, jurisdicción de la ciudad de Vélez, en donde se acostumbran celebrar los cabildos y ayuntamientos que se ofrecen en esta dicha villa a cinco días del mes de mayo de mil setecientos cuarenta y cinco años , los señores Antonio Vásquez de Torres y Nicolás de Arroyo, alcaldes y Joseph de Zuero, regidor de ella con asistencia del señor licenciado don Cristóbal Joseph de Castilla, abogado de los Reales Concejos, vecino de dicha ciudad, yo el escribano público del número de ella, hice notoria la Real Provisión de S.M. y señores presidentes y oidores de la Real Chancillería de la ciudad de Granada y vista, oída y entendida por dicha Justicia y Regimiento dijeron, la obedecían y obedecieron con el respeto y veneración debida y que en su observancia, se guarde cumpla y ejecute lo que por S.M. y dichos señores se manda y que a los dichos don Jorge y don Joseph Wittemberg se les observen y guarden todas las exenciones, preeminencias y

515

franquicia que como tales hijosdalgos de sangre deben gozar y de que gozan según derecho y leyes del reino, exceptuándoles de cargar concejiles pechos y repartimientos de pecheros y que en los repartimientos se les anote como tales hijosdalgo para que siempre conste. Y que asimismo el presente escribano saque testimonio a la letra de dicha Real Provisión y se ponga en el libro capitular y hecho se le entregue dicha Real provisión original a los referidos para guarda de su derecho y efectos que haya lugar y lo proveyeron y firmo el que supo con acuerdo de dicho señor asesor. Alonso Vázquez. Licenciado don Cristóbal Joseph de Castilla. Melchor Polo Laso de la Vega.

Como lo referido y otras cosas más pormenor consta y parece de la citada Real Provisión y lo inserto, que a la letra concuerda con su original a que me remito, la cual devolví al referido don Jorge Wittemberg y firma aquí su recibo y para que conste donde convenga de pedimento del referido, doy el presente en la ciudad de Málaga en cuatro días del mes de enero de mil setecientos setenta y seis años. Don Jorge de Wittemberg y Aguilar. Esta signado. Joaquín Fernández de la Herrán (Real Chancillería de Granada, 1745).

Genealogía de los Lísperguer Wittemberg en Hispanoamérica

I- Peter Birling, n. alrededor de 1500, m. el 24 de julio 1567, en Worms, Alemania, consejero municipal de Worms en 1533, miembro del Consejo de los Trece el 12 de mayo de 1541, luego Stattmeister y de Catalina Lissperg, casados antes de 1530. Nieto de Padre de Peter Birling, consejero municipal de Worms en 1503 y 1513. Posibles bisabuelos por la parte paterna serían Hans Birling, consejero en 1468 o Jacob Birling, consejero en 1475. Nieto de madre de Hans Lisperg, n. alrededor de 1475, educado en la Universidad de Heidelberg en 1493, consejero municipal de Worms en 1504. Bisnieto de madre de Rudolph Liesperg, n. alrededor de 1446, matriculado en la Universidad de Heidelberg en 1464, consejero municipal de Worms en 1511.

Hijos varones de Peter Birling son Pedro Lísperguer Birling, que continúa y Hans Birling, n. en 1540, m. 29 de diciembre de 1597, miembro del Consejo Municipal de Worms en 1570 y del Consejo de los Trece el 18 de abril de 1588. Su primo sería Stephan Birling, procedente de Germersheim, el cual ingresa en el Consejo Municipal de Worms en 1588 y luego en el de los Trece el 2 de febrero de 1598, el cual muere en 1618. Otros miembros de esta familia serían Peter Bayer nombrado como Lissperg, burgomaestre en 1473, Johann Lissperg, ciudadano de Worms en 1483; Hamman Rebstock nombrado como Lissperg, consejero municipal en 1474, burgomaestre de Worms, diputado de Worms para asuntos políticos, dirigente de la ciudad libre en periodos importantes de su historia, representante varias veces cerca de la corte Imperial por los años 1483 a 1509. Johannes Rebstock alias Lissperg, burgomaestre de la ciudad de Worms en 1425, 1426, 1439. Este junto a su mujer Elizabeth fueron nombrados como bienhechores del monasterio de Kirschgarten de Worms en 1415.

II- Pedro Lísperguer, n. en Worms hacia 1530, conquistador de Chile, en 1545 viaja durante seis meses en el séquito del emperador Carlos V por los Países Bajos hasta Utrecht; paje hasta 1552 del IV conde de Feria, don Pedro Fernández de Córdova, grande de España, heredero del marquesado de Priego que no pudo disfrutar por fallecer antes de su madre; siendo posteriormente hasta 1555 caballerizo de su hermano don Gómez Suárez de Figueroa, V conde de Feria, embajador de Felipe II en Inglaterra, con el que viajará a Londres en 1554 para asistir a la boda de Felipe II con María Tudor.

Parte hacia Perú y Chile mediante cédula del Emperador otorgada en Bruselas el 14 de enero de 1554, siendo secundada por el príncipe Felipe en Londres el 4 de noviembre de 1554, integrándose en la comitiva del futuro virrey don Andrés de Mendoza, la cual salió de Sanlúcar de Barrameda Cádiz el 15 de octubre de 1555; maestresala del virrey del Perú don Andrés Hurtado de Mendoza en 1556, de donde pasó a Chile en compañía de su hijo García de Mendoza en 1557, encontrándose en el socorro de Cañete, desbarate del fuerte de Quiapu, reconstrucción del castillo de Arauco, destrucción del de Lebocatal y las principales acciones militares de su tiempo hasta el gobierno de Ruiz de Gamboa.

Regidor de Santiago 1566, 74, 85; alcalde 1572; procurador del Cabildo ante el virrey del Perú, 1589; mayordomo mayor del mismo virrey en 1590; casado matrimonialmente en Santiago en 1570 con Águeda Flores, n. allí, muere en Santiago el 16-junio-1632, hija de Bartolomé Flores, n. en Nüremberg, Alemania, 1506, asistente a las guerras civiles del Perú, a las expediciones a los Chunchos y a la conquistadora de Chile, con Valdivia, 1540, vecino fundador de Santiago, 1541, procurador, 1541, 1545, 1547, mayordomo de la ciudad, 1548, encomendero de Talagante y Maule, 1548, dueño de un molino al costado de cerro de Santa Lucía y de solar en la calle de la catedral, muerto en Santiago el 11 de noviembre de 1585 y de Elvira, cacica de Talagante; nieto de padre de Juan Blumen y de Agueda Jubert; nieto de madre de Bartolomé , Cacique de Talagante e Ilabe. Falleció probablemente en Panamá alrededor de 1604/05.

Hijos:

1) Juan Rodulfo Lísperguer[60], n. en Santiago en 1569, a quien llama el Padre Rosales, en su historia de Chile, *"soldado antiguo de mucho valor y experiencia"*; casó en Lima, el 28 de marzo de 1595, con Beatriz de la Vega, hija de Andrés de la Vega y de Agustina de Olivares y Pisa de la casa de los Olivares de Madrid. Sirvió durante veinte años en la guerra araucana. El presidente Sotomayor lo ascendió a capitán. Desde Lima fue a la sublevación de Quito como capitán de infantería y García de Loyola le nombró sargento mayor.

Asistió a la guerra de Arauco y se distinguió especialmente en la defensa de la provincia de Algol, donde venció a los indios en más de veintidós encuentros. Estuvo en el Cuzco cumpliendo una misión del gobernador Alonso de Ribera. Estando sitiado en la Imperial, murió heroicamente en el sitio de Boroa el 29 de septiembre de 1606. Sin sucesión legítima. 2) Pedro que sigue. 3) Bartolomé, el cual pasó a Lima, donde estudió en el Real Colegio de San Felipe y San Marcos, becado en 1592 por el virrey don García Hurtado de Mendoza.

Murió tres años más tarde en la expedición que en apoyo de don García organizó Álvaro de Mendaña en busca de las islas de Salomón. ss. 4) Fadrique o Federico, b. en Santiago, en la iglesia catedral, el 20 de

---

[60] *Según Jorge Zevallos Quiñoes, en su obra* "Los Lisperguer en el Perú" *(pag.101), don Juan Rodulfo habría tenido amores no legítimos con la limeña doña Beatriz de Munguía, de la que nació una hija natural, llamada doña Águeda Flores, muerta en 1666. Por otra parte Jaime Eyzaguirre, en su edición crítica de* "Los Lisperguer y la Quintrala" *de Benjamín Vicuña Mackenna de 1944, (nota IX, pag.39), no sólo confirma esta tesis, sino que añade otro hijo natural, el capitán don Juan Flores Lisperguer, nacido de doña Sabina de Miranda y Rueda, el cual tuvo brillante actuación en las guerras de Arauco, declarado por la Real Audiencia, benemérito del Reino, corregidor de Melipilla en 1626. A su vez, éste tuvo otro hijo natural con doña Ángela de Sierra Ronquillo (con la que se cree se casó después), de quien nació don Pedro Flores, que ingresó en 1638 en la Orden de los Agustinos.*

noviembre de 1581, muerto en la infancia. ss. 5) Mauricio, muerto en Quillota en 1602 de una estocada que le dio Juan de Molina Parráquez, hijo del corregidor de Santiago. ss. 6) María Flores, n. en Santiago, la cual ha pasado a la historia con fama de "bruja y encantadora", c. en Lima el 5 de diciembre de 1595, con el Maestre de Campo don Juan de Cárdenas de Añazco, n. en Sevilla, m. en Arequipa, Perú, el 21 de diciembre de 1609, hijo de Gutiérrez de Cárdenas y de Isabel de Añasco y Roelas.

Según se cree, desapareció de Chile después de cometer un asesinato e intentar asesinar al gobernador Ribera. Avecindada en el Perú, gozó en los últimos años de su vida de una renta sobre la encomienda y repartimiento de los indios Carumas, en la jurisdicción de Arequipa. Murió poco antes de 1643. ss. 7) Catalina, n. en Santiago, fue acusada junto a su hermana María de haber intentado asesinar al Gobernador Ribera. Casó en Santiago con Gonzalo de los Ríos, n. Santiago en 1561, general del Real Ejército; maestre de Campo; encomendero de Santiago; corregidor de Santiago 1611, 1614 y 1619; benemérito del Reino 1609; caballero de la Orden de Santiago.

Desarrolló el cultivo de la caña de azúcar en el valle de La Ligua, para lo cual fundó el ingenio azucarero, nombre que posteriormente adoptó la hacienda del *Ingenio*; compró a Luis de Cartagena la otra mitad del valle y desarrolló grandes plantaciones de naranjos, cáñamo y tres de las mejores viñas del país; para desarrollar estas propiedades compró esclavos negros. Murió en 1622 según se cree envenenado por su hija Catalina. Hijo de don Gonzalo de los Ríos, uno de los primeros conquistadores de Santiago y de doña María de Encío. c.s.

8) Magdalena Flores, n. en Santiago, c. el 8 de abril de 1642 con Pedro Ordóñez Delgadillo, n. allí, 1581, hijo de Pedro Ordóñez Delgadillo, n. en Zamora, venido a Chile, 1557, encomendero de Valdivia en 1565, y después de Santiago, de cuyo Cabildo fue regidor, 1576, 1578, regidor perpetuo en 1580, y alcalde en 1581, fallecido en 1597 y de María Gómez Pardo, n. en Santiago, fallecida en Santiago

el 8 de octubre de 1630; nieto de madre de don Pero Gómez Pardo, n.
en Don Benito, Extremadura, conquistador de México, Guatemala y
Perú.

Descubridor de Chile con Almagro, 1536, maestre de campo de la
expedición de Valdivia en 1540, vecino fundador y encomendero de
Santiago, 1541, regidor 1542, 46, 47, 49, 53, 60 y 67; alcalde en 1550,
51, 53, alférez real, 1560, teniente corregidor en 1567 y de Isabel Pardo Parráguez, fallecida en Santiago el 15 de agosto de 1597; bisnieta
de madre madre de Bartolomé Pardo Parráguez y de María de Torres
Zapata. Murió en Santiago el 28 de abril de 1642 y fue sepultada en la
Iglesia de San Agustín s.s.

Hijos de don Gonzalo de los Ríos y de doña Catalina Lísperguer Flores:

1) Águeda de los Ríos Lísperguer, n. en Santiago, casa el 16 de octubre de 1616 en la catedral de Santiago con don Blas Altamirano de
Torres, n. Lima, fiscal de la Real Audiencia de san Francisco de Quito; fiscal y alcalde del Crimen de la de Lima; servidor de los reyes
Felipe III y IV durante más de 40 años; fundador de un mayorazgo
ante Diego Sánchez Vadillo Escribano de Lima, 14 de julio de 1635;
hijo de don Diego González de Altamirano, oidor de la Real Audiencia de Lima, alcalde del crimen de dicha Audiencia en 1568 y de
Leonor de Torres. Hijos de los anteriores fueron:
a) Melchor Altamirano de los Ríos, n. Lima, avecindado en España,
1634; ministro del supremo de Hacienda; miembro de la comitiva que
acompañó al rey D. Felipe IV en su viaje a Irún, 1642; libre administrador de sus bienes por R. C., 15 de abril de 1640, señor del
mayorazgo de Altamirano fundado en Lima por su padre, 1642; c.m.
Madrid, parroquia San Salvador, 25 de febrero de 1645, previas capitulaciones matrimoniales, que pasaron ante Diego Ledesma, 1 de
enero de 1645, con Ángela Melchora de Acuña, n. Palencia, fallecida

antes de 1677 y sepultada en la capilla del Santo Cristo Crucificado de la Iglesia de San Salvador.

Hija natural de Diego Melchor de Acuña y Guzmán, n. de Valladolid, 1602, II marqués de Valle de Cerrato, señor de la villa de Alcantarilla, notario mayor del Reino de León, menino de la reina Margarita de Austria, caballero de Santiago, 1612 y comendador en ella de Usagre, muerto de un pistoletazo en la calle Mayor de Madrid, 24 de julio 1631, sep. en el convento de San Felipe de la Orden de San Agustín, y de María Martínez de Angulo, n. Palencia. Falleció, bajo disposición testamentaria ante Bartolomé Fernández Sotelo, Madrid, 21 de abril de 1677 y fue sep. al pié del altar mayor de Santa María la Real de la Almudena, dejando descendencia que heredó el título de marqués de Valle de Cerrato.

b) Diego, n. Lima, 1626, corregidor de Guayaquil, 1662; caballero de la Orden de Santiago en 1666.

c) Jerónimo Agustín, n. Lima, avecindado en Santiago de Chile, 1652, en casa de su prima Catalina de los Ríos y Lísperguer, llamada "La Quintrala". Falleció allí, bajo de testamento ante Pedro Vélez, Santiago de Chile, 3 de abril de 1662.

2) Catalina de los Ríos y Lísperguer, n. en Santiago en 1604, fallecida el 15 de enero de 1665, apodada "La Quintrala", figura siniestra y altamente mitificada, por los crímenes y desmanes que cometió en la época colonial, casada allí el 9 de enero de 1631 con don Alonso Campofrío de Carvajal, bautizado en la parroquia del Sagrario de Santiago el 8 de febrero de 1584, siendo apadrinado por su tío el conquistador don Alonso de Riberos y su bisabuela doña Catalina Ortiz de Gaete; Tuvo un primer matrimonio con doña Inés Coronal, con sucesión en el Maule, alcalde de Santiago en 1643, fallecido hacia 1650. Sin sucesión.

3) Hija natural, de los Ríos, vivía con su padre cuando éste contrajo matrimonio. Según se cree fue asesinada por su madrastra.

III- Pedro Lísperguer Flores, n. en agosto de 1580, bautizado en Santiago, en la iglesia catedral, el 22 de noviembre de 1581, capitán de caballos por título otorgado el 1 de octubre de 1606; general de las costas del Reino, 1607; capitán de un refuerzo de soldados para las guerras de Arauco, que fue a pedir a Lima, por decreto del virrey de Montesclaros, de 11 de marzo de 1609 y que trajo ese año en el navío de San Francisco; alcalde de Santiago, 1620 y 1625; benemérito del Reino en 1621; en el mismo año fue nombrado por el gobernador Cerda "director de las obras del Tajamar".

Corregidor de Santiago; teniente general del Reino por título de 10 de enero de 1622; cabo y gobernador de las fuerzas militares de Santiago. Testó en Santiago ante Diego Rural el 9 de octubre de 1619. Falleció en Santiago, el 18 de febrero de 1626. Según Jaime Eyzaguirre, en su edición crítica de *"Los Lísperguer y la Quintrala"*, de B.V. Mackenna, 1944, don Pedro siendo muy joven había concertado matrimonio con una hija del capitán Francisco de la Peña, natural de Valdepeñas, Ciudad Real, (1518-1586), que había venido a la conquista de Chile en 1551, que la dotó con una renta de quinientos pesos por él recibida del marqués de Cañete, virrey del Perú.

Después desistió Lísperguer del matrimonio y el burlado padre hubo de seguirle pleito ante la Real Audiencia de Lima para anular la cesión de la Renta. Según Roa y Ursúa, en su obra *"El Reyno de Chile"* tal matrimonio tuvo lugar en el año 1602, del cual nacieron tres hijos. Don Pedro casó en segundas nupcias en 1614 con doña Florencia de Solórzano, n. en Lima, fallecida el 13 de junio de 1657 y sepultada en la tumba de su marido en la Iglesia de San Agustín de Santiago.

Hija de don Pedro Álvarez de Solórzano, n. en Valladolid de la familia del docto jurista don Juan Solórzano Pereira, venido a Chile como oidor de la Real Audiencia, cargo que ocupó de 1613 hasta 1619 y de Antonia Ortiz de Velasco, n. en Lima; nieta de padre de don Francisco Álvarez de Solórzano, n. en Aguilar de Campo, señor de la casa de Solórzano en las Montañas; nieta de madre de don Francisco Ortiz de

Velasco y de Isabel de Linares. Don Pedro falleció en Santiago, el 9 de octubre de 1618, y fue sepultado en la Iglesia de San Agustín en su sepultura del presbiterio, junto al Evangelio. Con sucesión.

Hijos de don Pedro Lísperguer Flores y la hija del conquistador don Francisco de la Peña:

1) Juan Flores Lísperguer[61], n. en Lima, capitán de caballos corazas, el cual tuvo una brillante actuación en las guerras de Arauco, benemérito del Reino y corregidor de Melipilla en 1626; hacia 1637 estaba en Ica por asuntos de comercio. El 16 de agosto de 1642 desposó en la parroquia del Sagrario de Lima a doña Juana de Cárdenas y Añazco, bautizada en Ica, hija legítima del capitán don Alonso López de Añazco y de doña María de Santillán. Fue don Juan el sobrino, albacea y heredero de doña María Flores Lísperguer. En julio de 1655 figura como maestre de campo de una compañía que estaba próxima para partir al Reino de Chile.

Vuelto al Perú, obtuvo por merced del virrey conde de Santiesteban, la renta de la encomienda de indios del asiento de Latacunga, en la jurisdicción de Quito. En agosto del año siguiente de 1663 el correo mayor D. Diego de Vargas Carvajal lo nombraba desde Lima como teniente en aquella jurisdicción. De esta unión nacieron don hijos legítimos: don Agustín Lísperguer, licenciado presbítero, natural y vecino de Lima, ordenado en 1660 y Juan Rodulfo, que sigue. Además tuvo un

---

[61] *Según Roa y Ursúa, en* El Reyno de Chile, *don Juan Flores Lisperguer habría sido hijo de Pedro Lisperguer Flores y una hija del conquistador don Francisco de la Peña. En total discrepancia con esta suposición, el Sr. Zevallos Quiñones, en su trabajo* Los Lisperguer en el Perú *(1954), cree que Juan Flores Lisperguer habría sido hijo del capitán don Juan Rodulfo Lisperguer y su legítima mujer doña Ana de la Paz, que vivieron en Lima antes de 1620. Contradiciendo todo lo anterior y parece que con más fundamento, Jaime Eyzaguirre, en sus notas críticas (nº IX) a la obra de Vicuña Mackena* Los Lisperguer y la Quintrala *(1944) afirma que el capitán don Juan Flores Lisperguer fue hijo natural de don Juan Rodulfo Lisperguer n. en 1569, nacido de la relación con doña Sabina de Miranda y Rueda. En varios protocolos notariales se menciona a Juan Flores como sobrino de doña María Flores Lisperguer, hermana de Juan Rodolfo Lisperguer.*

hijo natural con doña Ángela de Sierra, de cuya unión nació un hijo, don Pedro Flores, que ingresó en 1638 en las Orden de los Agustinos.

Don Juan Rodulfo Lísperguer y Añazco, hijo de don Juan Flores y de doña Juana Cárdenas Añazco, n. en Lima, fue maestre de Campo, corregidor y justicia mayor de Chachapoyas, cuyo beneficio no ejerció, vendiéndolo por crecida cantidad de pesos a D. Pantaleón de Rivera; fue protector de naturales, alcalde de aguas y juez de censos de la ciudad de Trujillo del Perú en 1663; estuvo un tiempo en España. Testa en Lima el 13 de febrero de 1699, ante el escribano Mateo de Rivera. Muere 11 días más tarde, siendo enterrado en la iglesia de la Merced, donde era hermano profeso a tiempo de fallecer. Casó matrimonialmente en la parroquia del Sagrario de Lima en 1662, con Cata-Catalina Vergado, natural de Huamanga e hija legítima del tesorero don Jerónimo Vergado de Navarra y de doña Juliana Villalba. Sin sucesión legítima[62].

1) Nicolás Lísperguer de Wittemberg[63], maestre de campo, natural de Santiago de Chile, residió durante unos treinta años en Lima, corregidor de Chilques y Masques, en la jurisdicción del Cuzco en 1661; tuvo varias propiedades en el sur del Perú; casado en primeras nupcias con la limeña doña Magdalena de Andrade y Benavides de la que no tuvo hijos. Se dan un poder para testar recíproco el 15 de abril de 1651 ante

---

[62] *Según Zevallos en su obra* Los Lisperguer en el Perú *(1954) don Juan Rodulfo tuvo una hija natural con doña Antonio Moscoso, llamada doña Ana Flores de Lisperguer, que se casó con el alférez Martín de Osarazu y tuvo por hijos a Martín, bautizado en la parroquia de San Sebastián el 30 de septiembre de 1672, luego fraile dominico y a doña Juana de Osarazu Lisperguer. Por otra parte, Roa y Ursúa, en* El Reino de Chile, *afirma que éste don Juan Rodulfo Cárdenas Añazco tuvo como hijo natural a Pedro, bautizado en la parroquia de Santa Ana de Lima, el 9 de agosto de 1636, apadrinado por Nicolás, su tío. Sin embargo, por la fecha de nacimiento, todo hace pensar que este Pedro fue en realidad el hijo natural de Juan Flores, su padre, hijo natural que tuvo antes de su matrimonio con Juana Cárdenas.*

[63] *Nicolás Lisperguer de Wittemberg, es mencionado por Jaime Eyzaguirre en su edición crítica de* Los Lisperguer y la Quintrala *de Vicuña Mackenna (1944), pag. 186, como hermano natural de don Juan Rodulfo.*

Antonio Fernández de la Cruz, indicando como lugar de enterramiento la Iglesia de San Francisco.

Doña Magdalena fallece en 1656 y don Nicolás contrae un segundo matrimonio el 1 de febrero de 1657, en la parroquia del Sagrario de Lima, con doña María de Sandoval y Solís, oriunda de Guatemala, hija legítima de don Matías de Solís, alcalde de corte de la Audiencia Limeña y de doña Magdalena de Villegas. Falleció en Lima, el 24 de agosto de 1678. De este último matrimonio nacieron: a) José María, b. en San Sebastián, Lima en 1638 b) Nicolás Matías, b. en la parroquia de Huérfanos de Lima en 1661

c) Matías Domingo, b. en la parr. Huérfanos el 5 de agosto de 1662 de Lima, sacerdote agustino. Maestro en Artes y doctor Teólogo de la Universidad de San Marcos de Lima, catedrático de Prima Sagrada Teología en la Universidad Pontificia de san Ildefonso, regente de estudios en la provincia agustina de Chile y regente general de su Orden en el Perú. Además fue calificador del Santo Oficio de la Inquisición. Escribió varias obras que pueden estudiarse en la *La Imprenta de Lima* de José Toribio Medina.

d) Nicolasa Antonia, b. en la parr. Huérfanos, 24 de julio de 1666; casó en Santa Ana de Lima, el 22 de julio de 1689 con don Francisco Quesada Sotomayor, relator de la Real Audiencia, hijo legítimo del tesorero don Juan de Sotomayor y de Sebastiana de Vera. Según Jorge Zevallos Quiñones, en su obra *Los Lísperguer en el Perú* también habrían pertenecido a esta línea. e) doña Magdalena de Lísperguer y Solís, natural del pueblo de Acha, en la provincia de Chilques y Masques, mujer legítima del maestre de campo Don Agustín de Castilla y Alarcón, oriundo de la ciudad de Acha, hijo legítimo del capitán don Gaspar de Castilla y Alarcón y de doña Mariana Hurtado de Mendoza. Don Agustín fue en 1690 corregidor y justicia mayor de Chilques y Masques. Doña Magdalena dio su poder para testar el 21 de enero de 1700 ante Gregorio de Urtazo. Fue enterrada el 4 de febrero en la Iglesia de San Agustín. De este enlace nacieron: e1) Don José María

Martín de Castilla Lísperguer, b. en el Cuzco el 13 de enero de 1693; el 5 de abril de 1703 fue recibido por Colegial del Colegio Real de San Martín de la Ciudad de los Reyes, donde estudió en la facultad de Cánones y Leyes por espacio de nueve años.

Fue recibido por abogado el 1 de julio de 1709 en la Audiencia de Lima; ejerció como asesor de la justicia ordinaria en Guamanga y Concepción; el 18 de junio de 1714 fue propuesto para ocupar una plaza de oidor en Santa Fe, cargo que le fue revalidado en 1715; el 3 de abril de 1716 fue nombrado protector fiscal de Indios del distrito de Santa Fe, ascendiendo a la Fiscalía de la Audiencia del Nuevo Reino de Granada el 12 de enero de 1719; fue miembro del Consejo de S.M.

e2) doña Mariana, c. con don Juan de Games y Mesa, vecinos de Lima en 1721 e3) doña Catalina e4) doña Josefa e5) doña Juana Castilla Lísperguer. f) Fray Miguel Lísperguer y Solís, limeño, religioso de la orden mercedaria, padre predicador y diácono en 1692 g) don Pedro Lísperguer y Solís, n. en Lima, corregidor de la provincia de Zacatecas, según cédula real otorgada el 18 de mayo de 1708, casado con la peruana doña Nicolasa María de Arenas y Fabiria, murió el 30 de diciembre de 1714. Durante su mandato, era superior del convento de San Francisco Fray Joseph Hernández.

Hijos de Pedro Lísperguer Flores y de doña Florencia de Solórzano:

1) Juan Rodulfo Lísperguer, que sigue a continuación. Con sucesión.
2) María Flores, nacida en Santiago, monja clarisa; renunció a sus bienes ante Antonio Bocanegra, Santiago, 25 de noviembre de 1632.
3) Águeda, nacida en Santiago, hacia 1622, bajo la tutela de su abuela paterna en 1632; monja clarisa. 4) Josefa Flores, bautizada en Santiago, en la iglesia catedral, el 10 de enero de 1616; renunció a sus bienes para profesar como monja clarisa, ante Juan Astorga, Santiago, 3 de noviembre de 1631. 5) Catalina, n. en Santiago, monja del mismo monasterio.

1) Petronila, n. en Santiago, fallecida en 1710, dio poder para testar 09 enero 1710 con 13 herederos y su apoderado otorgó el testamento en

Santiago 12 abril 1710, siendo ella ya difunta, siendo sepultada en la iglesia de la Merced. Casó en Santiago el 7 de diciembre de 1638, con Juan Alfonso Velázquez de Covarrubias, n. Santiago junio 1619, b. Santiago 26 septiembre 1619, hijo de Alonso Velázquez de Covarrubias y Catalina Josefa Álvarez de León. Figura como soldado desde 1633; capitán de infantería del número de Santiago durante cuatro años, desde 10 octubre 1636; tesorero y juez oficial de la Real Hacienda de Santiago; gobernador real de Valdivia 1650-1652; benemérito del Reino 1652.

Asistió en Valdivia al gran alzamiento de los araucanos de 1655; desde Santiago condujo a Concepción un socorro de víveres, volviendo a Santiago en marzo 1656 como embajador ante la Real Audiencia y el Cabildo del nuevo gobernador del Reino Pedro Porter Casanate; corregidor de La Serena durante tres años desde el 01 abril 1659; luego asistió a las guerras de Arauco; alcalde de Santiago 1663 y 1668; agraciado con las encomiendas de Guanacache y Terlumba en Cuyo por merced en Concepción 05 noviembre 1669 y confirmada por el Rey en Madrid 22 noviembre 1674; su última actuación pública fue en el Cabildo abierto de Santiago del 01 marzo 1691; testó ante el escribano Pedro Vélez en Santiago 04 julio 1646. Con sucesión.

Hijos de doña Petronila Lísperguer Solórzano y de don Juan Alfonso Velázquez de Covarrubias, n. Santiago:

1) María Magdalena de Covarrubias y Lísperguer, n. en Santiago el 7 de enero de 1643, fallecida en la misma ciudad el 9 de mayo de 1696, viuda desde el 28 de junio de 1671, testó en Santiago el 16 de marzo de 1666, c.1° con Luis Varas y Ponce de León, b. en Santiago en 1629 muerto en 1671, corregidor de Quillota; maestre de Campo; dueño de la hacienda de Choapa y la chacra de Quilicura; testó Santiago 21 junio1671; hijo de Francisco Varas Pacheco y de doña Isabel Ponce de León y Cortes León Rueda. Con sucesión. C. 2° en Santiago en enero de 1673 con Salvador Pérez de Ortega y Zambrana, n. en Gran Canaria 1680, viudo de Juana de Toro Mazote y Cifuentes. Sin suce-

sión. C.3° Simón de Morato y Larrea Zurbano, n. Nuevo Reino de Granada; testó Santiago 02 marzo 1685. Sin sucesión.

1) Catalina Josefa de Covarrubias y Lísperguer; n. Santiago 09 agosto 1644, b. Santiago, testo en 1679, muriendo dicho año; c.1° con don Antonio Félix Jofré de Loayza y Santibáñez, b. en Santiago el 10 de febrero de 1644, fallecido en 1716; c.2° Francisco de Prado y Lorca. Sin sucesión.

2) Alonso Antonio Velásquez de Covarrubias y Lísperguer; n. Santiago 1646, b. Santiago 09 febrero 1648, muerto en 1707; Alférez 15 septiembre 1663; capitán de Caballería 1664; alcalde de Santiago 1668, 1682 y 1705; procurador general del Cabildo de Santiago 1683; corregidor de Chillán 1686 y 1687; maestre de campo; gobernador de las armas del Rey; compró las estancias de Pomaire, Pico y Melipilla; testó Santiago 20 mayo 1706; c. con doña Ginebra María Montero y Jofré del Águila, n. en Santiago, hija de don Diego González Montero y Justiniano y Ana de la Vega y Jufré del Águila.

De este matrimonio procede don Juan José Velásquez de Covarrubias, que pasó a Francia al servicio de Luis XIV, quien lo hizo su lugar teniente general de sus ejércitos, caballero de la orden de San Luis y marqués de Peñablanca. Murió en diciembre de 1739 en Versalles, donde está enterrado.

IV- Juan Rodulfo Lísperguer de Wittemberg y Solórzano , n. en Santiago, el 29 de octubre de 1615; encomendero de Santiago, maestre de campo general del Ejército, por título de 30 de junio de 1632, 5 de noviembre de 1634 y 9 de septiembre de 1642, benemérito del Reino en 1632; alcalde de Santiago en 1642; teniente general del Reino en 1647; corregidor de Santiago en 1648; enviado a Lima en busca de socorro de soldados con motivo del alzamiento de 1655, el que trajo en el navío que condujo a Chile al gobernador Porter Casanate, reemplazante del depuesto Acuña y Cabrera, 1655.

Procurador general de Santiago en 1670; vecino feudatario de Santiago; dueño de las estancias de Peñaflor y Talagante en San Antonio,

Chépica y Tinguiririca en Colchagua; testó Santiago ante José de Morales 18 junio 1694; sepultado en la iglesia de San Agustín ; casado ante Diego Rural, escribano, Santiago el 10 de agosto de 1632 con María Torres, hija de Pedro de Torres y de Isabel Machado de Chaves, hermana del oidor de la Real Audiencia de Santiago, Pedro Machado de Chaves; c. 2°, en 1644, con Catalina Lorenza de Yrarrázaval, b. allí en la Catedral el 10 de marzo de 1627, fallecida en Santiago el 23 de abril de 1664, pariente de los marqueses de la Pica.

Hija de Fernando de Yrarrázaval, n. Santiago 1586, b. Santiago 12 marzo 1586, muerto en Arequipa 19 marzo 1632; participó en las campañas de Arauco con el gobernador Oñez de Loyola; estuvo cuatro meses en la defensa de Veragua (Panamá) contra los piratas 1599; alguacil mayor de Panamá 06 noviembre 1601; alguacil mayor de la Real Audiencia de Santiago; corregidor de Carabayo y San Gaban 22 noviembre 1602; tesorero y alcalde de Minas 03 diciembre 1603; caballero de la Orden de Alcántara 27 diciembre 1611, armado en el Cuzco 30 noviembre 1614; corregidor de Huanuco de los Caballeros, Perú 22 junio 1617.

Corregidor y justicia mayor de Santiago 24 diciembre 1620; corregidor de Arequipa 1632; en 1623 compró la estancia Almahue en Colchagua de 7000 cuadras; testó Arqueipa 10 marzo 1632; c. Santiago 24 diciembre 1620 c. Antonia Olmos de Aguilera y Estrada, n. Santiago; encomendera de Mulahalo; rica heredera de cuantiosas haciendas; hija única de Pedro Olmos de Aguilera y Zurita (n. Córdoba, Andalucía; venido a la conquista de Chile 1557) y Catalina Niño de Estrada y Navia ; c.m. 3° La Serena, el 10 de febrero de 1671 con Inés de Aguirre, n. en La Serena, hija de Fernando de Aguirre, n. allí, 1596. Capitán de guerra en la Serena el 24 de febrero de 1676, maestre de campo de sus milicias, alférez real perpetuo de la Serena, alcalde en 1628, corregidor de Copiapó y Huasco, sucesor de su padre en las encomiendas de Copiapó, Morro Moreno y Marquesa la Alta, por título de 1° de agosto de 1637, merced ampliada a una tercera vida a favor de su hijo el 22 de diciembre de 1659 y a una cuarta, para su nieto, por Real Cédula, Madrid 6 de febrero de 1666, fallecida en la Serena el 24 de febrero de 1676.

Sepultada en la tumba de su bisabuelo el gobernador Francisco de Aguirre y de Catalina Cortés Monroy, La Serena 1619, bajo la curatela de su abuelo materno, 1628, sucederá en segunda vida de la encomienda de su padre y heredera de la estancia de Rivadavia; nieta de padre de Francisco Riberos Figueroa y de Inés de Aguirre Matienzo; nieta de madre de Francisco Cortés Monroy y de Isabel de Priego. Falleció después de testar ante José Morales, Santiago 18 de junio de 1694 y fue sepultada en su tumba de la Iglesia de San Agustín.

Hijos de don Juan Rodulfo Lísperguer Solórzano y de doña María Torres:

1) Pedro Lísperguer de Wittemberg, que sigue a continuación. 2) Fernando, sacerdote, llamado al goce de la capellanía fundada en el 1648 por su tía Magdalena Lísperguer Flores, viuda del capitán Pedro Ordoñez Delgadillo.

3) Agueda Flores, monja agustina. 4) María clara de Velasco, monja del mismo Monaterio, fallecidos después de la madre.

Hijos de don Juan Rodulfo Lísperguer Solórzano y de doña Catalina Lorenza de Yrarrázaval:

1) Nicolás Lísperguer, b. en Santiago, en la iglesia catedral el 2 de enero de 1644, m. en la infancia. 2) Juan Rodulfo, b. en Santiago, el 12 de marzo de 1646, presbítero, cura de Quillota de 1677-82. 3) José Fadrique, que sigue en V.a. 4) Catalina Lorenza, n. en Santiago el 12 de diciembre de 1647, encomendera en tercera vida de Purutun, por título de 12 de abril de 1691, c.m. en Santiago el 31 de diciembre de 1674 en la parroquia del Sagrario, celebrándose las capitulaciones matrimoniales ante jerónimo Ugas, Santiago el 15 de enero de 1675, con Pedro Amasa Yturgoyen, n. Santiago 1638, m. Santiago 10 septiembre 1690, sepultado en la Iglesia de Santo Domingo.

Sucesor de la encomienda de su padre, de las casas de la calle de la Merced y de la estancia Purutún, que aumentó por compra de las tierras del Melón; soldado de las guerras de Arauco, durante el gran alzamiento 1655; corregidor de Quillota 1659; corregidor de Concepción; corregidor de Santiago 1670; alcalde Santiago 1674; jefe de las fuerzas navales que se organizaron para combatir al pirata Bartolomé Sharp 1681; gobernador de Valparaíso 1685-1688; hijo de don Bernardo de Amasa Yturgoyen n. Alegría de Oria 1590, m. Santiago 21 octubre 1660, sepultado Iglesia de Santo Domingo, Santiago.

Pasó a Indias, radicándose en Chile 1622 como Capitán de Infantería; licenciado; abogado de la Real Audiencia de Santiago y de Lucía Pastene. Falleció tras testar ante Bartolomé Montaca, Santiago el 4 de abril de 1727 y fue sepultada en el altar mayor de la iglesia de Santo Domingo. Con sucesión. 5) Nicolasa, b. en Santiago, 9 de diciembre de 1648, monja agustina; renunció a sus bienes ante Juan Agurto, Santiago, 29 de noviembre de 1672, abadesa del monasterio en 1719. 6) Juana Inés, n. en Santiago, el 2 de abril de 1650; c.m. allí con Diego Fernández Gallardo y Escobar de los Ríos.

Nacido en Santiago, fue encomendero de Cauquenes y Putagán 02 octubre 1679; sargento mayor 1664; regidor de Santiago; capitán de caballos ligeros lanzas; maestre de campo; general; en su calidad de benemérito del Reino se opuso a la gran encomienda de Cauquenes que habían gozado sus antepasados; hijo de Juan Fernández Gallardo y de Jacinta de Escobar. Falleció en Santiago el 8 de junio de 1719, bendecida después de testar ante Juan Morales, Santiago 14 de junio de 1719. Con sucesión.

7) María, b. en Santiago el 19 de octubre de 1651. 8) Antonio Catalina, b. en Santiago, monja clarisa; renunció a sus bienes ante Juan Agurto, Santiago 19 de diciembre de 1678. 9) Mariana n. en Santiago, monja agustina; renunció a sus bienes ante Juan Agurto, Santiago 10 de noviembre de 1672. 10) Juana, b. en Santiago el 2 de abril de 1650,

monja agustina, renunció a sus bienes ante Juan Agurto, Santiago, el 29 de noviembre de 1672.

11) Ana, n. en Santiago en 1661, c.m. allí, en la iglesia catedral, el 23 de enero de 1683, con el general don Antonio Garcés de Marcilla, oriundo de Molina de Aragón, notable soldado en la guerra contra los indios de Arauco, regidor perpetuo del Cabildo de Santiago, alcalde ordinario y vecino encomendero de su jurisdicción, el cual testó el 4 de agosto de 1714; hijo de Juan Garcés de Marcilla y de Isabel de Tabita. Falleció bendecida después de testar ante Domingo Oteiza, Santiago el 3 de agosto de 1710. Con sucesión.

12) Micaela, n. Santiago 10 mayo 1661, b. por el provincial de San Agustín P. Fray Pedro Flores; c.m. allí, iglesia catedral, el 11 de mayo de 1683, con el general Francisco de Aguirre, viudo de Catalina Gómez de Silva, n. La Serena, m. allí el 3 de noviembre de 1695; dueño allí de casas principales y de las estancias de Samo Bajo, Totoral y Rivadavia, de gran actuación en la defensa de dicha ciudad cuando atacó el pirata Davies, corregidor de La Serena en 1685, regidor del Cabildo de La Serena 1689 y 1693; hermano de Inés de Aguirre, tercera mujer de su suegro. Falleció, en la Serena, el 15 de marzo de 1694 y fue sepultada en la iglesia de la Merced. Con sucesión. 13) Ángela María, b. En Santiago, 29 de diciembre de 1657, fallecida en la infancia. 14) Agustina, n. en Santiago, en 1664, de cuyo parta murió su madre; fallecida de dos meses de edad.

Hijos de don Juan Rodulfo Lísperguer Solórzano y de doña Inés de Aguirre:

1) Fernando Rodulfo Lísperguer de Wittemberg y Aguirre, n. en Santiago; vecino de Salta, capitán del Real Ejército de Chile al Tucumán; después general, tuvo una destacada intervención en la campaña del Chacho Gualamba; en 1710 acompañó al gobernador D. Esteban de Urízar y Arespacochaga, dueño de la hacienda de San Carlos del Valle de Calchaquí, descendiente por parte de madre del fundador de San-

tiago del Estero D. Francisco de Aguirre; c.c. María Díaz de Loria y Hervás de Andrade, natural de Tucumán; h. Pedro Díaz de Loria, maestre de campo (h. Pedro Díaz de Beruto, capitán; primeros conquistadores del Tucumán, y Ana María de Loria y Cañete) y Polonia Hervás de Andrade y Mesa. Don Fernando testa en la estancia de San Carlos el 26 de mayo de 1719. Murió joven. Con sucesión.

2) Juan Francisco, n. en Santiago el 18 de julio de 1678, de pupilar edad cuando murió su abuelo materno, en 1694. 3) Pedro, n. en Santiago, igualmente de pupilar edad en esa fecha; fraile agustino; renunció a sus bienes ante Manuel Cabezón, Santiago 26 de junio de 1696. 4) María, n. en Santiago; c.m. José Morales, escribano, en Santiago, el 5 de julio de 1689, con Gregorio de Baños Escudero, fallecido en Córdoba, Tucumán, el 3 de diciembre de 1699, bendecida después de testar, Tomás de Salas, escribano; c.m. 2º en Santiago, con Millán López Martínez, n. Cabreras del Pinar (Soria), maestre de campo y comisario general, m. bendecido después de testar José Henestrosa, en Santiago el 30 de enero de 1748; hijo de Francisco López Martínez y de María Cintero. Falleció bendecida después de testar, José Henestrosa, Santiago 17 de diciembre de 1732. Con sucesión.

5) Isabel, b. en Santiago, el 8 de julio de 1674; c.m. allí 1º, iglesia catedral, celebrándose las velaciones en Quillota, el 29 de noviembre de 1692, con José Pastene, hijo de Juan Pastene Negrón, n. en Santiago; capitán, fallecido en Santiago el 11 de diciembre de 1655; dueño de la estancia de Colmo, en Quillota casado con Beatriz de Avedaño, n. en Concepción, fallecida bendecida después de testar, Manuel Cabezón, Santiago el 19 de enero de 1700, hija de Francisco de Avedaño Valdivia y de Félix Francisca Cid Maldonado.; c.m. 2º en Quillota, el 20 de julio de 1714, con Antonio Marín de Poveda, caballero de la Orden Militar de Santiago en 1687, e hijo de Tomás López Marín y de María González de Poveda.

Fueron sus hermanos don Tomás Marín de Poveda (1650-1703), el cual llegó a Chile en 1670, caballero de la Orden de Santiago en 1687,

teniente general de caballería en 1683, gobernador de Chile (1692-
1700), marqués de la Cañada Hermosa en 1702; don Bartolomé Marín
de Poveda, capellán del Santo Oficio y capellán de honor de S.M. el
Rey; don Andrés Marín de Poveda, caballero de la Orden de Santiago
en 1687. Falleció doña Isabel, bendecida después de testar, Bartolomé
Mondaca, Santiago, 13 de febrero de 1741. Sin sucesión. 6) Josefa
Petronila, b. en Santiago, el 2 de junio de 1677, fallecida en la infancia. 7) Agustina, monja. 8) Fadrique Lísperguer y Aguirre, marido de
doña Catalina de Soto. Sin Sucesión. (Éste último no es incluido por
Juan Luis del Espejo en su *Nobiliario de la Capitanía General de
Chile* y si lo hace Arturo García Carrafa en su *Enciclopedia heráldica
y genealógica*)[64].

Hijos del General don Fernando Rodolfo Lísperguer Wittemberg y
Aguire y doña María Díaz de Loria y Hervaz de Andrade:
1) Pedro, que falleció antes de 1719.
2) María Bernarda de Lísperguer y Aguirre Díaz de Loria, que casará
en Salta en 1720 con el coronel D. Marcos de Aramburú, natural de
Irán, España, luego maestre de campo y alcalde ordinario de Salta,
con nutrida descendencia. Entre ellos destacan, a) don Nicolás Ignacio
de Aramburú y Lísperguer, n. en San Carlos alrededor de 1727, fallecido el 27 de diciembre de 1801, c. en primeras nupcias con doña
Rosa Fernández Cabezas y en segundas, el 30 de mayo de 1768, con
doña Josefa Antonia de Frías y Escobar Castellanos. Fue feudatario de

---

[64] *Según Jorge Zevallos Quiñones, en su obra* Los Lísperguer en el Perú
*(1954, pág. 108), afirma que don Lorenzo Flores de Lísperguer, bautizado en
Concepción, dejó constancia en su partida matrimonial, ser hijo de don
Francisco Rodulfo Lisperguer y de doña Inés de Aguirre, ahí vecinos. Don
Lorenzo pasó a Lima, y allí casó en la parroquia de San Lázaro el 31 de
agosto de 1698 con doña Francisca de Borja Saenz de Vidaurre. Sin sucesión. Lo curioso es que, el 8 de diciembre de 1724 dio un poder para testar a
su mujer, ante Diego Márquez de Guzmán, donde declara ser hijo legítimo
de don Juan de Lísperguer y de doña Juana Inés de Uresandigui, ya difuntos
en Chile. Este Lorenzo, no es mencionado por ningún otro historiador.*

Cafayate y de San Carlos en el Valle de Calchaquí, alcalde ordinario de Salta en 1768.

b) Doña María Crisóstomo de Aramburú y Lísperguer, c. con el capitán don Juan Antonio de Peñalva y Carvajal. Testó el 24 de octubre de 1804. Falleció en San Carlos al día siguiente c) Doña Juana de Aramburu y Lísperguer c. con don José Manuel de Saso y Arias Velázquez d) Doña María Bernarda de Aramburu y Lísperguer, c. con Don Manuel Prudencio Mariano de Frías n. 1779, hijo de don Manuel de Frías y Quejana n. 1742.

Hijos de doña Catalina Lorenza Lísperguer Yrarrázaval y de don Pedro de Amasa Yturgoyen:

1) Doña María Amasa Yturgoyen Lísperguer, c. parroquia del Sagrario, Santiago, 1692 c. Tomás Ruiz de Azúa y Sáenz de Arzamendi [n. Ulibarri Gamboa, Alava, España, 1699, b. Ulibar Gambia, Álava, 23 diciembre 1699, muerto en Santiago 23 diciembre 1731; llegó a Chile hacia 1696; regidor de Santiago 1698; gobernador del puerto de Valparaíso 1706; alcanza grado de maestre de campo, general del Reino de Chile, 1708; h. Domingo Ruiz de Azúa Díaz de Colodro (n. Luco, Euskadi, 1626, b. Luco 08 julio 1626, m. Marieta, España, 18 abril 1695) c. Ulibar Gamboa, Álava, España, 01 diciembre 1652 c. Ana Sáenz de Arzamendi Azúa (n. España c. 1623, b. Ulibar Gamboa, Alava, España, 20 marzo 1623)].

Tuvo ocho hijos. Entre ellos destacan: Ana María Ruiz de Azúa y Amasa, casada en segundas nupcias con José Valentín López Marín de Poveda, II marqués de Cañada Hermosa; Tomás Ruiz de Azúa y Amasa, n. Santiago 1700, m. en Santiago 1769, sepultado en convento de La Merced; estudió en el colegio Real de San Martín, Lima; Universidad de San Marcos, donde obtuvo doctorado en Cánones y Leyes; abogado de la Real Audiencia de Santiago 1727; fundador y primer rector de la Universidad de San Felipe 11 marzo 1747-1757.

1) Catalina de Yturgoyen Lísperguer, tenida por santa, cuya virtuosa vida fue descrita por el canónigo Bermúdez; b. iglesia catedral de

Santiago 06 mayo 1685; c. Purutún, Puchuncaví, en Quillota, 05 octubre 1702 c. Matías José Vázquez de Acuña y Zorrilla de la Gándara
[b. iglesia catedral de Lima 25 febrero 1675; II conde de la Vega del
Ren; señor del mayorazgo Menacho; capitán de infantería; venido a
Chile en donde tuvo título de capitán de leva el 2 noviembre 1700;
gobernador del castillo de Valparaíso por título del 20 abril 1701;
corregidor de Castro-virreyna, Perú, 1718-1723; almirante de la Mar
del Sur; hijo de Juan José Vázquez de Acuña y Sosa y Josefa Zorrilla
de la Gandara y León.

De este matrimonio nacen cuatro hijos. El primogénito es José Jerónimo Vázquez de Acuña e Iturgoyen, b. Valparaíso 14 octubre 1704,
m. en Chayanta 1738; III conde la Vega del Ren; señor del mayorazgo de su familia; comisario general de la caballería del Perú; coronel
del Batallón de Infantería de Lima; corregidor de Chayanta. De este
linaje proceden los marqueses de San Miguel de Hijar, condes de Sie-
rrabella y de Villanueva del Soto; marqueses de Casa Madrid. De su
hermana doña Catalina Vázquez de Acuña e Iturgoyen proceden los
títulos de marqueses de Casa Concha, condes de Velayos, marqueses
de Torre-Tagle. De su hermana menor doña Rosa María Vázquez de
Acuña e Iturgoyen proceden los marqueses de Bellavista y otras muchas importantes familias.

3) Lucía de Amasa Lísperguer c. con Bartolomé de Rojas Córdoba,
hijo de Bartolomé de Rojas Puebla Chacón y de María Fernández de
Córdoba y Salas. De esta unión nacen dos hijos: a) María Josefa de
Rojas Amasa y b) María Antonia de Rojas Amasa Lísperguer, c. con
Antonio López Lísperguer, hijo de Millán López Martínez y de María
Lísperguer y Aguirre. De este último matrimonio proceden: b1) Josefa
López Lísperguer y Rojas, monja. b2) Mercedes b3) Magdalena c. en
1769 con José Antonio de Vivar y Ruiz de Azúa. b4) María Lucía c.
con José Bruno Garro.

Hijos de doña Juana Inés Lísperguer e Yrarrázaval y don Diego Fernández Gallardo:

1) Juan Fernández Gallardo y Lísperguer, continuó con la encomienda de Cauquenes y Putagán; dueño de San Antonio de la Mar, departamento de San Antonio; alcalde de Santiago; encomendero; c.c. Juana Hidalgo de la Barrera, h. Francisco Hidalgo Escobar c. Parroquia del Sagrario, Santiago, 1688 c. Juana de la Barrera Elguea. Con sucesión.

2) Pedro Fernández Gallardo y Lísperguer

3) Diego Fernández Gallardo y Lísperguer, fraile.

4) Francisco Fernández Gallardo y Lísperguer.

5) Miguel Fernández Gallardo y Lísperguer.

6) María Fernández Gallardo y Lísperguer.

7) Jacinta Fernández Gallardo y Lísperguer.

8) Catalina Fernández Gallardo y Lísperguer, c. con Fernando de Mier y Arce de la Barra, b. Concepción; maestre de Campo; dueño de estancia *Quillai*, instituida en capellanía a sus sobrinos Figueroa; hijo de Pedro Mier Arce y Fernández Gallardo, b. en Concepción; maestre de campo; corregidor del Maule 1648-1650; y de María de la Barra Benavides.

9) Josefina Fernández Gallardo y Lísperguer, c. 1711 con Agustín de Briseño Benavides y Cárcamo, hijo de Francisco Arévalo Briseño y Benavides y de María de Cárcamo y Azocar. Con sucesión.

10) Nicolasa Fernández Gallardo y Lísperguer.

11) Inés Fernández Gallardo y Lísperguer.

12) María Teresa Fernández Gallardo y Lísperguer.

13) Agustín Fernández Gallardo y Lísperguer.

14) Rosa Fernández Gallardo y Lísperguer, c. en Melipilla el 8 de enero de 1731, con Francisco Ovalle Esparza; comisario general, n. en Santiago, hijo de Francisco Ovalle Briseño Benavides y de Ana de Esparza Jofré Varas. Con sucesión.

Hijos de doña Ana Lísperguer Yrarrázaval y de don Antonio Garcés de Marcilla:

1) Doña Ana Garcés y Lísperguer, n. en Santiago de Chile, b. en su catedral el 5 de octubre de 1694, testa en la misma ciudad ante Santiago Pardo el 8 de agosto de 1731; c. en la catedral de Santiago el 28 de febrero de 1721 con el maestre de campo don Antonio de Boza y Solís, n. en la Laguna (Tenerife), b. allí el 2 de diciembre de 1686, corregidor de Santiago de Chile. Con sucesión. El primogénito fue don Antonio de Boza Garcés de Marcilla, el cual cursó Leyes en Lima, donde fue alcalde ordinario en 1786 y 1787, oidor de la Real Audiencia y rector de la Universidad de San Marcos. Fue además caballero supernumerario de la Orden de Carlos III. Su mujer y prima, fue doña Catalina de Boza Guerra de la Daga, limeña, hija de los marqueses de Casa Boza, con distinguida sucesión.

2) Doña Isabel Rosa Garcés de Marcilla y Lísperguer, nacida en Santiago de Chile, fallecida en Los Reyes, c. en la iglesia catedral de Lima con don Agustín Carrillo de Córdoba y Agüero, n. allí, regente mayor del Tribunal de Cuentas de Chile, y corregidor y justicia mayor de Santiago en 1704. Tuvo destacada sucesión. Entre ellos el primogénito fue don Luis Carrillo de Córdova y Garcés de Marcilla, marqués consorte de Santa Lucía de Conchán, sin sucesión. El siguiente hermano fue don Francisco Carrillo de Córdova Garcés de Marcilla, marqués consorte de Santa María de Pacoyán, con sucesión. Otra hermana doña María Ignacia Carillo de Córdova y Garcés de Marcilla b. en Lima en 1726 casó con el rico naviero vasco don Juan Bautista de Baquijano Beascoa, posteriormente conde de Vistaflorida.

Hijos de doña Micaela Lísperguer Yrarrázaval y don Francisco Aguirre y Cortés:

1) Francisco de Aguirre y Lísperguer, capitán, c. con Francisca Gallardo y Riberos de Castilla, hija de Fernando Díez Gallardo y Colmeneros de, n. Chiloé, b. Castro; encomendero de Quegni, Nercón y Rauco; maestre del navío San Francisco Javier; y de Francisca de Riberos y Fernández Castilla. Con sucesión.

2) Juan Fernando de Aguirre y Lísperguer, clérigo presbítero, licenciado.

3) Isabel de Aguirre y Lísperguer, testó La Serena 06 febrero 1735 ante Francisco Javier de Campusano; c. con don Antonio Marín Cisternas, maestre de campo, hijo de Clemente Marín de Riberos y de Josefa Cisternas Fuica. Con sucesión.

4) José Ignacio de Aguirre y Lísperguer, n. Santiago 27 febrero 1688; b. 29 febrero del mismo año, m. el 10 diciembre 1765; regidor y alcalde de La Serena 1730 y 1731; c. 1719 con doña Rosa Gallardo Riberos, n. en la Serena, hija de don Fernando Díez Gallardo y Colmeneros de Andrade y Francisca de Riberos Fernández Castilla. Tuvo sucesión natural con doña Bernardina Guerra y Cortés de Monroy.

Hijos de doña María Lísperguer Aguirre y de don Gregorio Baños Escudero:

1) Agustina Baños y Lísperguer, monja.

2) Francisco Baños y Lísperguer. Sin sucesión.

3) María Teresa Baños y Lísperguer, c. con don Félix López Martínez y Cintero (n. Cabrejas del Rey, Castilla la Vieja; hermano de Millán (también emparentado con la familia Lísperguer); testa 1757; h. Francisco López y María Cintero. Hijos: a) Domingo López y Baños Lísperguer. Con sucesión. b) Gregorio, fraile dominico c) Francisco d) José e) Agustín f) Tadeo g) Antonio h) María de Gracia, c. 04 julio 1756 c. Lucas Fernández de Leiva y Díaz (español; h. Juan Fernández de Leiva y Gertrudis Díaz). Con sucesión

Hijos de doña María Lísperguer Aguirre y don Millán López Martínez:

1) Don José López Lísperguer, n. en Santiago de Chile, b. en su catedral el 4 de febrero de 1706. Estudió en la Facultad de Artes y Sagrada Teología en el Colegio de San Francisco Xavier de la ciudad de Santiago, graduándose con el grado de maestro de Filosofía y los de licenciado y doctor en Sagrada Teología, por la Universidad Pontificia del Colegio Máximo de San Miguel, el 15 de febrero de 1726. Pasó

después a la ciudad de Lima y entró en el Colegial del Real de San Martín, donde habiéndose matriculado en la Real Universidad de San Marcos, profesó en la Facultad de Sagrados Cánones y Leyes.

Merced a su mucho celo y aplicación se le confirieron los títulos de bachiller, licenciado y doctor de dicha Facultad de Sagrados Cánones, en 10 de julio de 1728 y 29 de enero de 1729. Dedicado a los negocios forenses fue recibido como abogado por la Real Audiencia de Lima el 14 de febrero del mismo año. A continuación marchó a Santiago donde nuevamente fue recibido como abogado por la Real Audiencia de dicha ciudad.

El Concejo, Justicia y Regimiento de Santiago lo nombraron defensor general de bienes de difuntos. Seguidamente se desplazó a Buenos Aires donde el teniente general don Bruno Mauricio de Zabala, gobernador y capitán general de aquella provincia, lo nombró su asesor general para la pacificación de la provincia por entonces sublevada. Después el cargo de asesor fue revalidado por don Miguel de Salcedo, caballero de la Orden de Santiago, gobernador y capitán general de Buenos Aires, según título otorgado el 23 de abril de 1736. Oidor de la Audiencia de Quito según Real Cédula de 22 de julio de 1771. Testó en la Plata el 29 de diciembre de 1784 ante José Calixto de Valda, siendo consejero de S.M. y oidor de la Audiencia de la Plata. Casó con doña María Nieto y Quintana, n. en Buenos Aires, b. en su catedral el 20 de enero de 1721.

De este rama destacan los siguientes hijos que portan el apellido López Lísperguer Nieto: a) Francisco, n. de la ciudad de la Plata, en el Reino del Perú, c. el 4 de marzo de 1777 con doña Antonia Muñoz de Arjona, n. de la villa del Chocó, obispado de Popayán, hija de don Pedro y doña Francisca Lecuona. Don Francisco López Lísperguer siguió la carrera del foro como su padre y fue abogado de los Reales Concejos de España, donde dio a las prensas el año 1776 una relación de sus méritos y ejercicios literarios.

Consta por *Índice del Diario de Sesiones de las Cortes Generales y Extraordinarias* que dieron principio el día 24 de septiembre de 1810 y finalizaron el 20 de septiembre de 1813, como don Francisco tuvo una activa participación en dichas sesiones. Entre otras cuestiones, don Francisco, diputado suplente por Buenos Aires juró y fue admitido; obtuvo permiso para informar de ciertos asuntos; fue nombrado ministro del Tribunal Supremo de Justicia. Realizó ciertos trabajos en comisiones y dio numerosos discursos, como: la organización de las provincias; las reformas de ultramar; exención de tributos, queja de los diputados americanos, proyectos de Constitución, libertad de imprenta, etc. Consta asimismo su participación en la legislatura ordinaria de 1813, así como la de 1821, haciendo llegar al foro español multitud de peticiones, en defensa de los intereses de los ciudadanos americanos.

B) Doña Martina Teresa López Lísperguer, n. en Buenos Aires, c. con don Juan José de Lizarazu, n. en el pueblo de Tambo (Cuzco), I conde de la Casa Real de Moneda de Potosí, tesorero propietario de las Reales Cajas de Potosí y gobernador de las armas del Batallón de este asiento, cabo de armería con voto en cortes en el brazo de caballeros y señor del palacio de Jaurrieta en el valle de Salazar, testó en La Plata el 1 de octubre de 1783. Hijo de esta unión fue don Felipe Lizarazu y López Lísperguer, capitán de granaderos de infantería en los Reales Ejércitos, II conde de la Casa Real de Moneda de Potosí, Caballero supernumerario de la Orden de Carlos III.

2) Don Agustín López Lísperguer, avecindado en Lima en 1735, apoderado de su hermano don José en el largo pleito por las capellanías de su familia materna se ventilaba ante el arzobispo de los Reyes. Tuvo un hijo natural de doña María Chaire, llamado don Miguel López Lísperguer, limeño, avecindado en Ica en 1772, el cual casó con doña Josefa Jiménez.

3) Antonio López Lísperguer, c. con Ana María Rojas y Amasa Lísperguer, hija de don Bartolomé de Rojas Córdoba y de doña Lucía de

Amasa Lísperguer. Hijas: a) Josefa López Lísperguer y Rojas, monja
b) Mercedes López Lísperguer y Rojas c) Magdalena López Lísperguer y Rojas, c. en 1769 con José Antonio de Vivar y Ruiz de Azúa,
teniente coronel, hijo de José Melchor de Vivar y de la Rocha y doña
Juana Ruiz de Azúa y Amasa Yturgoyen.

De esta unión nacieron c1) don José Jerónimo de Vivar López- Lísperguer, abogado en los estrados de Lima, secretario del Real y Mayor
Colegio de San Carlos en 1793, catedrático de decreto en la Universidad de San Marcos, procurador sindico general en 1813. Testó ante
don Cayetano de Vidaurre el 17 de septiembre de 1818, falleciendo el
1 de octubre de dicho año; c2) Don Pedro Felipe de Vivar López-
Lísperguer, doctor, clérigo presbítero, que residió en el Perú y fue cura
y vicario de la doctrina de Huaripampa en el corregimiento de Jauja;
d) María Lucía López Lísperguer y Rojas c. con José Bruno Garro,
oriundo de Guipúzcoa.

V- Pedro Lísperguer de Wittemberg y de la Torre, n. en Santiago ;
c.m. en Lima, d. 1659 con Ignacia de Prado, n. allí, fallecida bendecida después de testar ante José Henestrosa, en Santiago, el 24 de mayo
de 1714, hija de Pedro Muñoz de Prado y de Ana Malo de Molina.
Falleció, bendecido después de testar, José Morales, Santiago, el 4 de
junio de 1689, antes que su padre, motivo por el cual no alcanzó a
gozar de la encomienda de su familia. Residió en Lima en 1661, luego
vivió en el Cuzco. En febrero de 1666 volvió a Lima. Entre 1684-1687
residió en la ciudad de Ica, ejerciendo el cargo de protector de naturales y juez de aguas en el Cabildo.

Hijos: a) Pedro Felipe, que sigue a continuación b)Nicolás Francisco,
n. 1667, fdo en la infancia c) Pedro Nicolás bautizado en Lima, parroquia de los Huérfanos, el 25 de abril de 1671. Además según Jorge
Zevallos Quiñones, podría haber sido el padre de dos hijas naturales:
doña Juana Lísperguer, habida en doña María Benites, la cual no casó
y testó el 30 de julio de 1713 y doña Nicolasa de Lísperguer, nacida
de Cipriano de Herrera, que contrajo matrimonio en la parroquia del

Sagrario, el 20 de noviembre de 1687, con don Félix de Torres Bohor-
quez, falleciendo en Huancavelica poco antes de 1702.

VI- Pedro Felipe Lísperguer de Wittemberg y Prado, b. en Lima, parroquia San Sebastián, el 28 de mayo de 1666, sucesor en Chile de la
encomienda de su abuelo paterno, alcalde de Santiago en 1707, c. m.
en Santiago con Bernabela Casares Aguirre, n. allí, fallecida bendecida después de testar, Domingo Oteiza, escribano, Santiago, el 15 de
junio de 1712, hija de Juan Casares y de Francisca de Ahumada. Falleció en 1730, después de haberse ordenado sacerdote en 1721.
Hijos: a) Nicolás Lísperguer de Wittemberg y Casares, b. en Santiago,
en la parroquia de Santa Ana, el 11 de marzo de 1704; sucesor de la
encomienda de su padre, en 1721; c. en Lima, en la parroquia de Santa
Ana, el 6 de septiembre de 1739, con Bartolina Ruiz Calderón y León
Santaelices, n. en Lima, hija de Bartolomé Ruiz-Calderón y de Luisa
León Santaelices. De esta unión nació doña Catalina Lísperguer, c. m.
1° con D. Juan Narciso de Jáuregui, natural de Trujillo, Perú (padres
de doña Narcisa de Jáuregui Lísperguer, monja en el Prado) y c.m. 2°,
parroquia del Sagrario, 17 de abril de 1756, con don Manuel Silvestre
de Palomera Vallejo y Sequeiro-Almeida, originario de Santiago de
Chile, hijo legítimo de D. Alejandro de Palomera y de doña Antonia
Badiola.
Don Manuel Silvestre fue en Lima, años más tarde, contador general
de temporalidades de jesuitas expatriados. De este enlace nació doña
Isabel de Palomera Lísperguer, hija única que casó con don Agustín
Martín de la Fuente Larrea, natural de Navas del Marqués, en Castilla
la vieja, mayordomo y tesorero de rentas decimales de la iglesia Metropolitana de Lima. Con sucesión. Doña Catalina Lísperguer Ruiz-
Calderon, testó el 17 de octubre de 1787, ante Francisco Lezama,
nombrándose como Lísperguer Wittemberg Calderón de la Barca y
mandando ser enterrada en la Iglesia de La Merced. Lo que se cum-

plió el 18 de diciembre fecha de su muerte. b) Pedro Lísperguer de
Wittemberg y Casares, religioso dominico

c) Juan Agustín, n. en Santiago, presbítero; cura de Isla de Maule,
1740, de Santa Ana, 1741 y de Talca 1746-58. Falleció bendecido
después de testar, Cipriano Astorga, escribano, el 24 de enero de 1758
y fue sepultado en la capilla de la Caridad d) Micaela Lísperguer de
Wittemberg y Casares, n. en Santiago, fallecida, bendecida después de
testar, Miguel Silva, Santiago, el 4 de agosto de 1748. Sin sucesión e)
José Agustín Lísperguer de Wittemberg y Casares f) Juana María Lísperguer de Wittemberg y Casares, n. en Santiago; c.m. allí con Pedro
José López Ortiz, hijo de don Bernardo López de Molina y de Rosa
Ortiz. Falleció bendecida después de testar, Miguel Silva, Santiago, el
5 de marzo de 1751. Hijos: a) Pedro López Lísperguer, salió de chile
con la expulsión de la Orden b) Ana Josefa López Lísperguer c) Bartolina López Lísperguer d) José María López Lísperguer, presbítero e)
Gertrudis López Lísperguer.

V-a. José Fabrique Lísperguer Yrarrázaval, b. en Santiago, el 30 de
octubre de 1647, c.m. allí, en la iglesia catedral, el 2 de mayo de 1677,
con Catalina de Soto, n. allí, dueña de la estancia de San Miguel del
Monte, fallecida, bendecida después de testar, José Henestrosa, Santiago, el 28 de marzo de 1724 y sepultada en la iglesia catedral, junto a
la puerta de la Sacristía mayor, hija de Alonso de Soto y Córdoba, n.
en Santiago, dueño de la estancia del Carmen, Rancagua y de Isabel
de Aguirre, n. en La Serena, fallecida bendecida después de testar,
Jerónimo Ugas, Santiago, el 24 de mayo de 1670; n.p. de Gaspar de
Soto y de María de Córdoba; n.m. de Fernando de Aguirre y de Catalina Cortés y Monroy. Hijos:

a) Francisco Lísperguer, b. en Santiago, iglesia catedral, el 26 de octubre de 1680, fallecido, bendecido por Rodrigo Henríquez, escribano,
Santiago, el 30 de abril de 1721, por poder a su padre y sepultado en
la iglesia catedral. Sin sucesión b) Juan c) José d) Alonso e) Josefa, n.

en Santiago, 1678, y b. en la iglesia catedral, el 26 de octubre de 1680, todos fallecidos en la infancia.

Procedente también de la ciudad de Worms, en Alemania, pasó a España:

I- Don Jorge Lísperguer, esposo de doña Elena Filinguer, y ambos padres de;

II- Don Ventura Lísperguer y Filinguer, nacido en Worms, cadete de infantería al servicio de España en la plaza de Orán en 1672, gentilhombre de armas en 1674, alférez en 1677 y capitán de Infantería en 1679. Casó con doña Juana García de Herrera, hija de Carlos García de Herrera, natural de España, coronel de infantería, soldado de las guerras del Rosellón 1640, alferez 1642, capitán 1643, teniente coronel 1650 y coronel de infantería 1653, y de Jerónima de Montenegro; n.p de Rodrigo García, soldado de las guerras de Portugal; b. p.p. de Alonso García, b. España, conquistador del Perú. Procrearon a:

III- Juan Lísperguer y García de Herrera, que nació en Burgos y fue bautizado en la parroquia de Santa Olalla, el 12 de junio de 1690 y fallecido en Santiago, el 23 noviembre de 1751 b.d.t. ante Bartolomé Mundaca. Pasó a Chile y contrajo matrimonio con doña Juana de Varas, natural de Santiago, fallecida b.d.t. ante Bartolomé Mundaca, Santiago, 15 de enero de 1744, hija de Juan de Varas de Covarrubias y de doña Rosa Corbalán. Fue su hijo;

IV- don José de Lísperguer y Varas, casado con doña Antonia Zenteno, hija de don Juan Antonio Zenteno y de doña Antonia de Bahamondes y Tapia. De este enlace nacieron: a) Ventura Lísperguer y Zenteno, que no casó b) Juana Lísperguer y Zenteno, casada en 1775, con el licenciado Antonio de Gormaz y Covarrubias[65].

---

[65] Bibliografía: Espejo Juan Luis. *Nobiliario de la Capitanía General de Chile*. Santiago de Chile. Editorial Andrés Bello 1967. Págs. 526-531, apellido Lísperguer. Luis de Roa y Ursúa. *El Reyno de Chile 1535-1810: estudio histórico, genealógico y biográfico*. Valladolid 1945.Págs. 316-318. *Enciclopedia heráldica y genealógica hispano-Americana*, Alberto y Arturo García

Carraffa, Nueva Imprenta Radio, 1957, vol.50, pag.223-227. Jorge Zevallos
Quiñones, "Los Lísperguer en el Perú", Revista n°7 del Instituto Peruano de
Investigaciones Genealógicas, año 1954, pag. 98. Medina, José Toribio, *Diccionario Biográfico Colonial de Chile*, Santiago de Chile, 1906, Imprenta
Elzeviriana. Benjamín Vicuña Mackenna, *Los Lísperguer y la Quintrala*.
Edición crítica de Jaime Eyzaguirre. Santiago de Chile, Zig-Zag, 1944. Guillermo Lohmann Villena, *Los americanos en las Órdenes Nobiliarias*,
Madrid, Consejo Superior de Investigaciones Científicas, Instituto González
Fernández de Oviedo, 2 volúmenes, 1947, véase vol. I pág. 285 y vol. II pág.
369. Archivo General de Indias, Indiferente, 140, n.2, *Relación de los títulos,
grados, y méritos, del bachiller don Joseph de Castilla y Lísperguer, Abogado de la Real Audiencia de la Ciudad de los Reyes*. Archivo General de
Indias, Indiferente, 150, n. 36, *Relación de los méritos, grados y literatura
del Doctor don Joseph López Lísperguer*. Respecto a la participación de
Francisco López Lísperguer en las Cortes de Cádiz, puede consultarse; *Índice
del Diario de sesiones de las Cortes Generales y Extraordinarias (24-9-1810/ 20-09-1813)*; *Índice de las Actas de las sesiones de Cortes de la Legislatura Ordinaria de 1813 (1-10-1813/19-02-1814)*; *Índice del Diario de las
sesiones de Cortes, Legislatura de 1821 (20-02-1821/30-06-1821)*. Los documentos originales de éstos índices se pueden consultar en la Sala Jorge
Juan de la Biblioteca Nacional de España. Véase respectivamente la signatura
Z-125 y Raros sig. Z/71.

Pases y licencias de Pedro Lísperguer para Perú y Chile

Cédula del Rey Príncipe:

El Rey Príncipe: Marqués primo, del Consejo de Estado de S.M., su presidente del Consejo de Indias. El conde de Feria me ha informado que Pedro Lísperguer, alemán, natural de Bormes (Worms), se ha criado en su casa y es hijo de personas honradas y de buena parte y que siempre se ha conocido de él, ser bien inclinado, suplicándome que por que desea pasar a las provincias del Perú y Chile, darle licencia para que libremente lo pudiese hacer y porque por hacer merced al dicho Conde y la buena relación que me ha hecho de la persona y costumbres del dicho Pedro Lísperguer holgaría de ello os ruego y encargo ordenéis como se le dé la cédula necesaria para que pueda pasar libremente a las dichas provincias, no embargante que sea alemán, que en ello seré servido. De Londres a cuatro de noviembre de mil quinientos cincuenta y cuatro años. El Rey Príncipe. Por mandato de Su Majestad. Pedro de Hoyo.

Real cédula de licencia:

Por el Rey Príncipe al marqués de Mondéjar su primo del Consejo de Estado de Su Majestad y su presidente del Consejo de Indias. El Rey. Nuestros oficiales que residís en la ciudad de Sevilla en la Casa de Contratación de las Indias yo os mando que dejéis y consintáis pasar a las provincias del Perú y Chile a Pedro Lísperguer alemán, no embargante que es alemán y cualquier provisión que haya en contrario, por cuanto, sin embargo de ello le damos licencia para que pase y le dejéis y consintáis llevar consigo para su servicio dos criados españoles llevando ante vosotros información hecha en su tierra, ante la justicia de ella y con aprobación de la dicha justicia, de cómo los dichos criados no son casados ni de los prohibidos a pasar a aquellas partes y de las señas de sus personas, lo cual así haced y cumplid sin que en ello les pongáis impedimento alguno. Fecha en la villa de Valladolid a catorce días del mes de enero de mil y quinientos cincuenta y cinco años. Por mandato de Su Majestad, Su Alteza en su nombre. Francisco de Ledesma. Cumplido en todo, cumplida por él y por un criado y también en el otro.

A los oficiales de Sevilla que dejen pasar al Perú y Chile a Pedro Lísperguer, alemán y llevar consigo dos criados españoles no siendo casados ni de los prohibidos, en forma.

Pase de la Casa de la Contratación de las Indias:

Bernardo de Andino, maestre, recibid en vuestra nao por pasajero a Pedro Lísperguer, natural de Bormes (Worms) que es en Alemania, dásele licencia por virtud de la cédula de Su Majestad de esto otra parte contenida, no embargante que es alemán porque así lo manda Su Majestad y dio información que es el contenido en la dicha cédula, el cual es de edad de veinticinco años poco más o menos y es de buen cuerpo y los ojos sarcos, el rostro blanco y la barba rubia , esta licencia lleva el susodicho para que por virtud de ella el gobernador y oficiales de Tierra Firme, que por Su Majestad reciben en el Nombre de Dios le dejen pasar a las provincias del Perú y Chile, libremente sin ponerle impedimento alguno. Hecho en Sevilla dentro de la Casa de la Contratación a primero de agosto de mil y quinientos cincuenta y cinco. Pedro Lísperguer. Francisco Tello. Diego de Zarate. Francisco Duarte.

Pase del gobernador del Reino de Tierra Firme:

Yo Álvaro de Sosa, gobernador y capitán general y justicia mayor en este Reino de Tierra Firme por Su Majestad. Por la presente doy licencia y facultad a vos, Pedro Lísperguer para que libremente paséis a las provincias del Perú, la cual dicha licencia os doy por virtud de esta cédula de Su Majestad y certificación de los oficiales de la Contratación de la ciudad de Sevilla, que comprobadas las señas, sois el mismo en ella contenido y mando a cualquier maestre de navío de esta mar del Sur que os reciba y pase llevando certificación. Hecho en Panamá a cuatro de marzo de mil quinientos y cincuenta y seis años. Álvaro de Sosa. Por mandato del dicho señor Gobernador. Francisco de Mena, escribano público.

Probanza pedimento en la ciudad de Mérida:

En la ciudad de Mérida , lunes cuatro días del mes de febrero año del nacimiento de Nuestro Salvador Jesucristo de mil quinientos y cincuenta y cinco años ante el magnífico señor licenciado Juan de Molina, alcalde mayor de la dicha ciudad de Mérida, y su partido, por el muy ilustre señor don Gastón de Peralta, marqués de Falces, conde de Santiesteban, , gobernador y justicia mayor en la provincia de León con la dicha ciudad de Mérida y su partido y en presencia de mí el escribano infrascrito pareció presente Pedro Lísperguer, natural de la ciudad de Bormes (Worms) en el Reino de Alemania y dijo que años que él ha estado hasta ahora en servicio del conde de Feria, capitán de la guardia de Su Majestad que de presente está en el Reino de Inglaterra en servicio del Rey Príncipe nuestro señor y ahora ha sido su voluntad de pasar en Indias para lo cual Su Alteza le dio su cédula firmada de su real nombre la cual tiene en su poder de certificación de la calidad de su persona y porque aunque la dicha certificación que Su Alteza da, basta para que por ella se dé crédito de su persona donde quiera que parecido, pero que para que en todo tiempo parezca más claramente de cómo es caballero hijodalgo de limpia sangre y generación, sin tener parte en raza de villano, ni confeso, tiene necesidad de hacer información en este Reino de España donde al presente se halla de las personas que lo han conocido y conocen y se han hallado en la dicha ciudad de Bormes donde han sabido y conocido quien es él el dicho Pedro de Lísperguer y su padre y deudos porque por no se hallar de presente en el dicho Reino de Alemania no puede hacer la dicha probanza e información en la dicha ciudad de Worms y porque en esta ciudad esta y vive un caballero hijodalgo que se dice Juan de Vera de Mendoza y Monroy del dicho del cual para el dicho efecto tiene necesidad pide a su merced reciba del juramento en forma de derecho so cargo del cual declare por el tenor de este pedimento lo que de ello sabe y alcanza que lo que dijere y depusiere se lo manda dar sacado en limpio signada y de manera que haga fe interponiendo en ello su autoridad y decreto judicial para que valga y haga fe donde quiera que pareciere , así en Indias como en España y pidió justicia, de lo cual fueron testigos Juan de Silva y Benito Rodríguez, vecinos de la dicha ciudad de Mérida.

Auto.- El señor alcalde mayor dijo, que oye el dicho pedimento y que traiga y presente el testigo que dice, de cuyo dicho se entiende aprovechar, y que está presta de recibir de él juramento, que declare lo que sabe y en todo hacer justicia. Testigos los dichos. Luego el dicho Pedro Lísperguer dijo que porque el dicho Juan de Vera es caballero y persona principal, pide a su merced cometa a mí el escribano el juramento y declaración del dicho Juan de Vera. Testigos los dichos. El señor alcalde mayor asentó que el dicho Juan de Vera es caballero (...) y cometió a mí el escribano su juramento y declaración para que ante mí fuese y declarase y firmado de su nombre. Testigos los dichos. El licenciado Molina.

Testigo Juan de Vera de Mendoza y Monrroy: En la dicha ciudad de Mérida este dicho día mes y año, dicho ante mí el dicho escribano, el dicho Pedro Lísperguer presentó por testigo a Juan de Vera de Mendoza y Monrroy, vecino de la ciudad de Mérida, del cual se recibió juramento en forma de derecho so cargo de lo cual prometió de decir verdad y siendo preguntado por el tenor del pedimento dijo que lo que de ello sabe, es que hacía diez años poco más o menos que el conde de Feria don Pedro Hernández de Córdoba y Figueroa (Pedro Fernández de Córdoba), que sea en gloria, pasó de España en el reino de Alemania en servicio del Emperador nuestro señor y este testigo fue con él con otros caballeros que con el dicho Conde vivían y estando en el dicho Reino de Alemania el dicho conde de Feria vino en la dicha ciudad de Bormes y estando en ella al dicho Pedro de Lísperguer, le dio voluntad de pasar en España con el dicho conde de Feria y así el dicho Conde lo recibió en su casa y servicio y después comunicándose el dicho Pedro de Lísperguer con este testigo y con otros de la casa del dicho conde de Feria, les dijo, señores quiero que pues he de pasar en reino extraño, sepáis quien soy y de que parte es mi generación y que vais a casa de mi padre y sepáis su casa y que es caballero hijodalgo y así este testigo y Garcí Méndez vecino de Córdoba y Gonzalo de Santiesteban vecino de Antequera que andaban en la casa del dicho Conde fueron con el dicho Pedro de Lísperguer a casa de su padre y anduvieron mirándola y holgándose allí en que conoció y vio este testigo que la casa de su padre del dicho Pedro Lísperguer era casa principal de caballero hijodalgo y así en ella tenía sus escudos y armas y así de otras personas de la dicha ciudad de Bormes supieron como el dicho Pedro de Lísperguer y sus padres y deudos eran de gente limpia, noble, caballero hijodalgo, tenidos y reputados por tales, y nunca supieron, vieron, ni oyeron otra cosa y que al fuero y orden de aquella tierra ninguno que no fuere noble de sangre, caballero hijodalgo de limpia generación no puede traer armas, ni escudo, sino son aquellos que son caballeros hijodalgo de limpia y noble sangre y generación y que así por lo que este testigo vio, supo y entendió en la dicha ciudad de Bormes ha tenido y tiene al dicho Pedro de Lísperguer y a sus padres y deudos por caballeros hijodalgo de limpia sangre y generación sin que tengan ninguna raza de villano, ni confeso, porque si la tuviera luego se dijera y manifestara o se hubiera sabido y manifestado de los dichos diez años de esta parte y que así después que el dicho conde de Feria, se vino de Alemania, trajo consigo al dicho Pedro de Lísperguer y lo tuvo en su casa hasta que murió, que habrá cuatro años poco más o menos y el dicho Pedro Lísperguer se quedó en su casa y ha estado hasta ahora con el conde de Feria, que sucedía en lugar del dicho su hermano, que es capitán de la guardia del Rey Príncipe nuestro señor y así el dicho Pedro de Lísperguer ha estado hasta ahora en servicio del dicho conde de Feria capitán de la guardia de Su Majestad y que en todo este tiempo que este testigo ha conocido al dicho Pedro Lísperguer tratando y comunicando con él, ha conocido de él que es persona noble, caballero hijodalgo y por tal lo ha tenido y tiene este testigo y nunca ha conocido, sabido ni entendido ni oído otra cosa de él y que esto es la verdad para el juramento que hizo y fírmalo de su nombre. Juan de Vera.

Y así tomado el dicho testigo el dicho Pedro Lísperguer pidió al señor alcalde mayor le mande dar lo dicho y de precisión sacado en limpio signado y de manera que haga fe como lo tiene pedido y así lo pidió y justicia de lo cual fueron testigos Juan de Silva y Gonzalo de Aresilla vecinos de esta ciudad.

Auto.- El Sr. alcalde mayor se lo mando dar de la forma que lo pide en lo cual para su validación y firmeza dijo que interponía e interpuso su autoridad y decreto judicial para que valga y haga fe en juicio y fuera de él y donde quiera que pareciere y firmolo de su nombre. Testigos los dichos. El licenciado Molina.

Yo Cristóbal de Silva escribano de Su Majestad y su notario público en la su corte, reinos y señoríos fui presente a lo que dicho es, junto con los dichos testigos y de ello doy fe. Y en testimonio de verdad hice aquí un signo acostumbrado. Cristóbal de Silva escribano de Su Majestad.

Comprobación : Yo Juan de Silva , vecino de la ciudad de Mérida, escribano de Sus Majestades y su notario público en la su corte y en todos los de sus reinos y señoríos, doy fe y verdadero testimonio que Cristóbal de Silva escribano de quien esta probanía e información va escrita y signada ha sido y es escribano de Su Majestad y como tal ha usado y usa el dicho oficio y a sus escrituras se ha dado y se da entera fe y crédito y es escribano fiel y legal y tenido por tal y para comprobación de ello di este testimonio en la dicha ciudad de Mérida a cuatro días del mes de Febrero año del nacimiento de Nuestro Señor Jesucristo de mil y quinientos y cincuenta y cinco años y en testimonio de verdad hice aquí un signo acostumbrado. Juan de Silva, escribano de Su Majestad.

Otra.- Yo Juan Ortiz escribano de Su Majestad, vecino de esta ciudad de Mérida doy fe y testimonio que Cristóbal de Silva y Juan de Silva de quien este recaudo y certificación de esta otra parte contenido está signados y firmados, son escribanos reales de Su Majestad que he visto los títulos de su oficio y como tales escribanos reales se da y ha dado entera fe y crédito a sus escrituras y en fe de ello, di la presente fecha en Mérida a cuatro de febrero de mil y quinientos y cincuenta y cinco años y por ende, en testimonio de verdad hice aquí este mi signo acostumbrado. Juan Astur escribano.

Pedimento en la villa de Montilla:

En la villa de Montilla que es en el de Andalucía en el obispado de la ciudad de Córdoba diez y nueve días del mes de abril año del nacimiento de Nuestro Salvador Jesucristo de mil y quinientos y cincuenta y cinco años ante el muy magnífico señor el bachiller Gonzalo Cabrera, juez de la marquesa de Priego mi señora y de mi Rodrigo Páez escribano de Sus Majestades y público en esta dicha villa de Montilla pareció presente Pedro de Lísperguer, natural que dijo ser de la ciudad de Bormes en el Reino de Alemania y dijo que él ha estado hasta ahora en servicio del muy ilustre señor conde de Feria, capitán de la guardia de Su Majestad que de por presente está en el Reino de Inglaterra en servicio del Rey Príncipe nuestro señor y ahora ha sido su voluntad de pasar en Indias para lo cual Su Alteza le da cédula firmada de su real nombre, la cual tiene en su poder y para certificación de la salida de su persona, porque aunque la dicha certificación que Su Alteza da, basta para que por ella se de crédito de su persona donde quiera que pareciere y porque para en todo tiempo parezca más claramente de cómo él es caballero hijodalgo y de limpia sangre y generación sin tener ni raza de villano ni confeso, tiene necesidad de hacer información en este Reino de España donde al presente se halla de las personas que lo han conocido y conocen y se han hallado en la dicha ciudad de Bormes, donde han sabido y conocido quien es el dicho Pedro de Lísperguer y su padre y deudos porque por no se hallar de presente en el dicho Reino de Alemania no puede hacer la dicha probanza e información en la dicha ciudad de Bormes y porque en esta villa vive Garci Méndez de Sotomayor que es caballero hijodalgo y para el dicho efecto tiene necesidad que el dicho Garci Méndez diga su dicho y disposición mediante juramento por tanto que pide al dicho señor juez de su señoría reciba del juramento en forma de decreto so cargo del cual declare por el tenor de este pedimento y lo que él y otra cualquier persona que presentare dijeren y dispusiesen se la mande dar por testimonio en pública forma interponiendo en ello su autoridad y decreto judicial para que valga y haga fe donde quiera que pareciere así en Indias como en España y pidió justicia.

Auto.-El señor juez dijo de testigos de lo que dice en su pedimento que los examinará por el tenor de él y sus dichos, mandará y mando dar por testimonio.

Testigo Garci Méndez de Sotomayor.- En este dicho día mes y año dicho ante el dicho señor juez el dicho Pedro de Lísperguer presentó por testigo a Garci Méndez de Sotomayor que recibe en esta villa de Montilla del cual el señor Juez recibió juramento solemnemente por Dios y por Santa María sobre la señal de la cruz , so cargo del cual siendo preguntado por el tenor del dicho pedimento dijo: que habrá más de diez años que este testigo pasó en el Reino de Alemania con el señor conde de Feria que sea en gloria, y estuvo en la ciudad de Bormes, que es en el dicho reino donde vivía su padre del dicho Pedro de Lísperguer, el cual dicho Pedro de Lísperguer tuvo voluntad de pasar en este reino y venirse con el dicho señor Conde y estando en esta voluntad de venirse a este Reino de España el dicho Pedro Lísperguer rogó a este testigo y a Gonzalo Santiesteban y a Juan de Vera criados de su señoría del señor Conde que viesen y entrasen en la casa de su padre para que viesen su apariencia y servicio para que viesen que no le compelía salir de su casa y reino, necesidad ni otra causa , sino deseo de venir a España y saber la lengua de ella y este testigo y los susodichos que tiene nombrados fueron a casa del dicho Pedro Lísperguer y entraron dentro y vieron al dicho su padre el cual y su servicio y apariencia de su casa demostraba ser caballero y persona noble por que oyó decir, que tenía sus armas y escudos pintados en su casa que es cosa que en aquel reino no las pueden tener sino las personas calificadas caballeros hijodalgo y así supo este testigo que lo era el padre del dicho Pedro de Lísperguer sin oír ni saber cosa en contrario estando en la dicha ciudad ni después acá y cree que si otra cosa fuera que este testigo la supiera y oyera y no pasara menos por que el dicho Pedro Lísperguer se vino a este Reino de España con el señor Conde y estuvo en su casa hasta que su señoría murió y siempre lo trató como a caballero hijodalgo como a los otros caballeros hijodalgo de su casa, por lo cual si otra cosa fuera este testigo lo hubiera oído y sabido y por los buenos propios y respetos del dicho Pedro Lísperguer da a entender ser caballero y tal persona como tiene dicho y esto sabe y pasa y es verdad y fírmolo de su nombre. Garcí Méndez de Sotomayor.

Auto.-El dicho Pedro de Lísperguer pidió a su merced del dicho juez le mande dar por testimonio lo susodicho para que lo presente y se vea donde le convenga así en Indias como en otras partes y su merced se lo mando dar autorizado en el cual traslado dijo que ponía e interponía e interpuso su autoridad y decreto judicial, tanto cuanto puede y con derecho debe para que valga y haga fe y firmolo de su nombre. El

Bachiller Cabrera. Rodrigo Páez, escribano de Su Majestad y su notario público en todos los sus reinos con el señor Juez fui presente y doy fe de ello e hice está mi señal. Rodrigo Páez escribano público.

Comprobación.-Yo Antonio Gutiérrez, escribano público en esta villa de Montilla por la ilustrísima señora mi señora la marquesa de Priego, condesa de Feria, señora de la casa de Aguilar, etcétera, doy fe a los señores que la presente vieren como Rodrigo Páez escribano de sus Majestades es escribano público en esta villa de Montilla fiel y legal y a sus escrituras se da entera fe y crédito como a tal escribano público de lo cual da la presente , que es hecho en la dicha villa de Montilla a veintidós días del mes de abril de mil quinientos y cincuenta y cinco años. Yo Antonio Gutiérrez escribano público de la villa de Montilla doy fe de lo susodicho y fue aquí mi signo. En testimonio de Verdad Antonio Gutiérrez escribano público.

Otra.- Yo Juan Rodríguez escribano de Sus Majestades y público en Montilla por la marquesa de Priego mi señora doy fe como Rodrigo Páez escribano de Sus Majestades es escribano público en esta villa fiel y legal a sus escribanos y a lo que ante el pasa, se da toda fe y crédito como escrituras y autos, hechas ante tal escribano real y público. Hecha en Montilla en veintidós de abril de mil y quinientos y cincuenta y cinco años. Yo el dicho Juan Rodríguez escribano susodicho, doy fe de lo susodicho e hice aquí este mi signo. En testimonio de verdad. Juan Rodríguez escribano público.

Pedimento en la ciudad de Antequera:

En la muy noble ciudad de Antequera treinta días del mes de marzo del año del nacimiento de Nuestro Salvador Jesucristo de mil quinientos y cincuenta y cinco años ante el magnífico señor doctor Cristóbal Pizarro, alcalde mayor en esta dicha ciudad por el muy magnífico señor Jerónimo Briceño de Mendoza, corregidor en ella por Sus Majestades y en presencia de mi Francisco de Priego, escribano públi-

co del número de esta dicha ciudad por Su Majestad pareció presente
Pedro Lísperguer natural que dijo ser de la ciudad de Bormes en el
Reino de Alemania y dijo que él ha estado hasta ahora en servicio del
conde de Feria, capitán de la guardia de Su Majestad, que de presente
está en el Reino de Inglaterra en servicio del Rey Príncipe nuestro
señor y ahora ha sido su voluntad de pasar en Indias para lo cual Su
Alteza le dio cédula firmada de su real nombre, la cual tiene en su
poder y para certificación de la calidad de su persona, porque aunque
la dicha certificación que Su Alteza da basta para que por ella se dé
crédito de su persona donde quiera que pareciera y para que en todo
tiempo parezca más claramente de cómo él es caballero hijodalgo, de
limpia sangre y generación, sin tener parte ni raza de villano ni confeso, tiene necesidad de hacer información en este Reino de España
donde al presente se halla de las personas que lo han conocido y conocen y se han hallado en la dicha ciudad de Bormes, donde han sabido
y conocido quien es el dicho Pedro de Lísperguer y su padre y deudos
porque por no se hallar de presente en el dicho Reino de Alemania, no
puede hacer la dicha probanza e información en la dicha ciudad de
Bormes y porque en esta ciudad vive Gonzalo de Santiesteban, que es
caballero hijodalgo y para el dicho efecto tiene necesidad que el dicho
Gonzalo de Santiesteban diga su dicho y deposición mediante juramento por tanto que pide al dicho señor alcalde mayor reciba del
juramento en forma de derecho so cargo del cual declare por el tenor
de este su pedimento y lo que él y otra cualquier persona que presentare dijeren y depusieren, se lo mande dar por testimonio en pública
forma interponiendo en ello su autoridad y decreto judicial que valga
y haga fe donde quiera que pareciere así en Indias como en España y
pidió justicia.

Auto.-El dicho señor alcalde mayor dijo que lo oye y que presente los
testigos de que se entiende aprovechar o que está presto de los recibir
y hacer lo que fuere justicia.

Testigo Gonzalo de Santiesteban.-Luego el dicho Pedro de Lísperguer presentó por testigo al dicho Gonzalo de Santiesteban, vecino de esta ciudad del cual fue recibido juramento en forma de derecho sobe la señal de la cruz y habiendo jurado y siendo preguntado por el tenor del dicho pedimento dijo que lo que de ello sabe es que había diez años poco más o menos que el conde Feria don Pedro Hernández de Córdoba y Figueroa, que sea en gloria, paso de España en el Reino de Alemania en servicio del Emperador nuestro señor y este testigo fue con él con otros caballeros que con el dicho Conde vivían y estando en el dicho Reino de Alemania el dicho conde de Feria vino en la dicha ciudad de Bormes y estando en ella el dicho Pedro de Lispergue, le dio voluntad de pasar en España con el dicho conde de Feria y así el dicho Conde lo recibió en su casa por paje, como a hijo de caballero y después el dicho Pedro de Lísperguer comunicándose con este testigo y otros de la casa del dicho conde de Feria les dijo: señores quiero que pues he de pasar en reino extraño sepan quién soy y de que parte es mi generación y que vais a casa de mi padre y sepáis su casa y como es caballero y así este testigo y García Méndez vecino de la ciudad de Córdoba y Juan de Vera criado del dicho conde de Feria fueron a casa de su padre del dicho Pedro de Lísperguer y anduvieron mirándola y holgándose allí en que conoció y vio este testigo que la casa de su padre del dicho Pedro de Lísperguer era casa principal de caballero y así parecía por el trato que en casa del dicho su padre había que se trataba como caballero principal, alemán a uso de Alemania y tenía sus escudos, armas y criados conforme a la costumbre de caballero de Alemania y de las personas principales de la ciudad de Bormes y este testigo supo de personas, vecinos de la dicha ciudad de Bormes como su padre del dicho Pedro de Lispergue era caballero principal y uno de los trece que gobiernan la dicha ciudad de Bormes y asimismo supo que los deudos del dicho Pedro de Lispergue eran asimismo caballeros y personas principales y tenidos y reputados por tales y nunca este testigo supo ni oyó otra cosa en contrario y que según el fuero y orden de aquella tierra ninguno que no fuere de noble sangre caballero y de limpia generación no puede traer armas, ni escudo, sino son aquellos que son caballeros y de limpia y noble sangre y generación y que así por lo que este testigo vio, supo y entendió en la dicha ciudad de Bormes ha tenido y tiene el dicho Pedro de Lispergue por caballero y a su padre y deudos y este testigo supo y se informó certificadamente que el dicho Pedro de Lispergue era y es **deudo del duque de Sajonia** y que no tiene raza de villano ni confeso, porque si otra cosa fuera de lo que tiene dicho este testigo, cree que lo supiera y no pudiera ser menos porque estuvo muchas veces en la dicha ciudad de Bormes y siempre procuró de saber y entender la calidad y generación de los padres del dicho Pedro de Lispergue y supo que (...) tales como dicho tiene y asimismo sabe este testigo que después que el dicho conde de Feria se vino de Alemania, trajo consigo al dicho Pedro de Lispergue y que lo tuvo en su casa en lugar de caballero y como a tal le trataba como a otros caballeros que en su casa tenía y que después de muerto el dicho conde de Feria el dicho Pedro de Lispergue se quedó en casa de don Gómez de Figueroa, conde de Feria, que al presente es que sucedió en el dicho estado que capitán de la guardia del real Príncipe nuestro señor y así el dicho Pedro de Lispergue ha estado hasta ahora en servicio del dicho conde de Feria en lugar de caballero y como tal caballero ha tenido oficios que en su casa suelen tener los caballeros y que en todo este tiempo que este testigo tiene dicho que ha conocido al dicho Pedro Lispergue y tratado y comunicado con él ha conocido del que es persona noble, caballero y por tal lo ha tenido y tiene este testigo y nunca ha conocido ni sabido ni oído ni entendido otra cosa de él y que esto sabe de este caso y es la verdad por el juramento que hizo y firmado de su nombre. Gonzalo de Santiesteban. Francisco de Priego. Escribano público.

Auto.-Así examinado el dicho Gonzalo de Santiesteban, el dicho Pedro Lispergue pidió al dicho señor alcalde mayor le mande dar susodicho por testimonio en pública forma, en manera que haga fe como lo tiene pedido y pidió justicia, y el dicho señor alcalde mayor se lo mandó dar según que lo pide, a lo cual dijo, que interponía e interpuso su autoridad y decreto judicial en cuanto puede y de derecho debe para que valga, le haga fe en juicio y fuerza del doquier que pareciere y lo firmo de su nombre, siendo presentes por testigos Juan de Carvajal, escribano público y Francisco de Braga, vecinos de esta dicha ciudad. El doctor Pizarro. Francisco de Priego, escribano público. El doctor Pizarro. Yo Francisco de Priego, escribano público, uno de los del número de la muy noble ciudad de Antequera por Su Majestad presente, fui a los que dicho es y lo hice escribir y por ende hice aquí este mío signo a tal. En testimonio de verdad. Francisco de Priego. Escribano público.

Comprobación.-Yo Alonso Nieto escribano público del número de esta muy noble ciudad de Antequera por Sus Majestades doy fe que Francisco de Priego de quien va firmada y signada esta probanza de suso contenida, es escribano del número de esta ciudad, fiel y legal y que a sus escrituras y probanzas y autos firmados y signados de su firma y signo a tal como el susodicho se les da entera fe y crédito en juicio y fuera de él y en fe y testimonio de ello hice aquí este mío signó. En testimonio de Verdad. Alonso Nieto escribano público.

Otra.-Yo Alonso de Jaén, escribano público del número de esta ciudad de Antequera por sus Majestades, doy fe que Francisco de Priego del quien va firmada y signada esta probanza de suso contenida, es escribano público del número de esta ciudad, fiel y legal y que a sus escrituras y autos y probanzas firmadas y signadas de su firma y sino a tal como el susodicho se les da entera fe y crédito en juicio y fuera de él, en fe de lo cual la escribí y fue este mi signó. En testimonio de Verdad. Alonso de Jaén, escribano público (De Hoyo, 1555).

Procedencia de las ilustraciones

1. Juan Luis Espejo. El Mercurio Santiago. Talleres de El Mercurio, 1900, v., (20 feb. 1977), p. 8

2. Catedral de Worms pintada por Ludwig Lange en 1832. Escaneada por Immanuel Giel 11:24, 9 March 2006 (UTC). (Erschienen im Verlag Gustav Georg Lange, Darmstadt) [Public domain], via Wikimedia Commons. PD-old.

3. Vista de la ciudad de Worms, Alemania. Stadtarchiv Worms. Abt. 217 Kasten 3 Nr. 17, um 1690 (Reproduktion M07341).

4. Carlos V por Juan Pantoja de la Cruz, inspirado por Tiziano Vecellio (english Wiki) [Public domain], undefined. PD-old-70. Museo del Prado, Madrid. 1605. El emperador visitó varias veces la ciudad. En su séquito partió Pedro Lisperguer en agosto de 1545 en dirección a los Países Bajos.

5. Mestizaje en América. *Español, yndia serrana o cafeada. produce mestiso.* De la serie Los cuadros del mestizaje del Virrey Amat. Hacia 1770. Museo Nacional de Antropología (España). Anónimo (Fotografiado en la Casa de América Latina) [Public domain], undefined.PD-Art (PD-old-100).

6. Jaime Eyzaguirre dibujo al carbon de Jorge Delano Fréderick (public domain) undefined. Wikimedia Commons. La Logia Lautarina y Otros Estudios Sobre la Independencia (de Chile), Editorial Francisco de Aguirre SA, Buenos Aires, 1 de julio de 1973. PD-AR-Photo.

7. Württemberg por Ziegelbrenner [GFDL] (http://www.gnu.org/copyleft/fdl.html), CC-BY-SA-3.0 (http://creativecommons.org/licenses/by-sa/3.0/) or CC BY-SA 2.5-2.0-1.0. Wikimedia Commons.

8. Cuernos de ciervo imagen que forma parte del escudo heráldico de la casa Württemberg. Por Kooij (Own work) [GFDL (http://www.gnu.org/copyleft/fdl.html) or CC BY-SA 3.0

(http://creativecommons.org/licenses/by-sa/3.0)], via Wikimedia Commons.

9. En fondo negro bandas de oro y negro, imagen perteneciente al escudo heráldico de la casa Württemberg. Por Ipankonin (Own work) [GFDL (http://www.gnu.org/copyleft/fdl.html), CC-BY-SA-3.0 (http://creativecommons.org/licenses/by-sa/3.0/) or CC BY-SA 2.5-2.0-1.0 (via Wikimedia Commons).

10. Cuerno con un penacho de plumas [Public domain], via Wikimedia Commons.

11. Casco o corona con un cuerno con plumas [GFDL (http://www.gnu.org/copyleft/fdl.html) or CC-BY-SA-3.0 (http://creativecommons.org/licenses/by-sa/3.0/)], via Wikimedia Commons.

12. Portaestandarte de Ludwigsburg. Vectorizado por el usuario: David Liuzzo. Urheberschaft am Wappen: Stadt Ludwigsburg (File:Ludwigsburg Wappen.JPG) [Public domain], undefined. Wikimedia Commons.

13. Peces curvos mirando hacia afuera. I, Darkbob [GFDL (http://www.gnu.org/copyleft/fdl.html),CC-BY-SA-3.0 (http://creativecommons.org/licenses/by-sa/3.0/) or CC BY 2.5 via Wikimedia Commons.

14. Enslin. GFDL Montbeliard - Mömpelgard circa 1600. Wikimedia Commons.

15. Armerías del ducado de Württemberg. GNU Free Documentation License, Version 1.2. Wikimedia Commons.

16. Diversas atributos que coronan el escudo heráldico de la casa Württemberg (1). Siebmachers Wappenbuch [Public domain], via Wikimedia Commons. PD-Art_ (PD-old-100).

17. Diversos atributos de coronan el escudo heráldico de la casa Württemberg (2). By Otto Titan von Hefner (Siebmachersches Wappenbuch, volume 1) [Public domain], via Wikimedia Commons. PD-Old-70.

18. Armas de Württemberg. RobNS (talk | contribs). Public domain. Wikimedia Commons. PD-old-95.

19. Gustave Doré. El Puerto de Málaga con la catedral al fondo. [CC BY 2.0 (http://creativecommons.org/licenses/by/2.0)], via Wikimedia Commons.

20. Quinta de don Juan Giró en Málaga, s. XIX. Por Noguera (Archivo Díaz de Escovar)[Public domain. undefined CC BY 3.0 PD-Art_ (PD-old-70-1923).

21. Calle Granada y Torre de Santiago, s. XIX. Por M. de Mesa (Archivo Díaz de Escovar) [Public domain undefined CC BY 3.0] PD-Art (PD-old-70-1923).

22. Vista del Perchel desde el Guadalmedina, s. XIX (Anónimo). (Archivo Díaz de Escovar) [Public domain undefined CC BY 3.0] PD-Art (PD-old-70-1923).

23. Casa Consistoriales, s. XIX. Por M. De Mesa y F. Pérez (Archivo Díaz de Escovar) [Public domain or CC BY 3.0. Wikimedia Commons. PD-Art_ (PD-old-70-1923).

24. Vista de los costados de la Catedral, s XVIII. Por Fco. Montaner (Archivo Díaz de Escovar) [Public domain, undefined CC BY 3.0 PD-Art_ (PD-old-70-1923)].

25. Vista del convento de los Ángeles y de la Huerta, s XIX. Por F. Pérez (Archivo Díaz de Escovar) [Public domain, undefined CC BY 3.0. PD-Art_ (PD-old-70-1923)].

26. Vista del castillo desde la Plaza de la Victoria. Por M. de Mesa y F. Pérez (Archivo Díaz de Escovar) [Public domain undefined CC BY 3.0. PD-Art_ (PD-old-70-1923).

27. Vista del patio del convento de Santa Clara, s. XIX. Por Anónimo (Archivo Díaz de Escovar) [Public domain, undefined CC BY 3.0. PD-Art_ (PD-old-70-1923).

28. Vista de la Hacienda de Bellavista, s. XIX. Por F. Pérez (Archivo Díaz de Escovar) [Public domain, undefined CC BY 3.0. PD-Art_ (PD-old-70-1923)].

29. El charran de Málaga. Gustave Doré [CC BY 2.0, undefined. Wikimedia Commons].

30. Arco de la plaza de Buenaventura de Málaga. S. XIX. Por F. Pérez (Archivo Díaz de Escovar) [Public domain undefined CC BY 3.0. PD-Art_ (PD-old-70-1923)].

31. Gregorio Mayans y Siscar (1699-1781), erudito español de renombre internacional. Por grabador del siglo XVIII [Public domain], via Wikimedia Commons. PD-US.

32. Vista de la Puerta del Mar desde el salón de Bilbao, 1839. Por Chaman & P. Poyatos (Archivo Díaz de Escovar) [Public domain undefined CC BY 3.0. PD-Art_ (PD-old-70-1923)].

33. Don Federico Gravina hacia 1810. [CC BY-SA 3.0. Public domain], via Wikimedia Commons. PD-Art_ (PD-old-100). Museo Naval de Madrid.

34. Vista del salón de Bilbao (la alameda), 1839. Por Chaman & P. Poyatos (Archivo Díaz de Escovar) [Public domain undefined CC BY 3.0. PD-Art_ (PD-old-70-1923)].

35. El Conde de Floridablanca. Probablemente por Francisco de Goya (1746-1828) [Public domain], via Wikimedia Commons. PD-Art_ (PD-old-100).

36. Vista del paseo Alameda desde el puente de Tetuán, 1852. Por Fco.Rojo (Archivo Díaz de Escovar) [Public domain undefined CC BY 3.0. PD-Art_ (PD-old-70-1923).

37. Vista del paseo Alameda y fuente de Génova, s XIX. Por J. Schopel. P. Poyatos (Archivo Díaz de Escovar) [Public domain undefined CC BY 3.0. PD-Art_ (PD-old-70-1923)].

38. Don Luis José Velázquez de Velasco, marqués de Valdeflores (1722-1772). Enrique Jaraba Jiménez. Año 1920. Cuadro propiedad del Ayuntamiento de Málaga. Luneto adosado al techo del Salón de Recepciones.

39. Vista de la Alameda y juegos de aguas, 1862. Por A. Ramirez. & Fco. Mitjana (Archivo Díaz de Escovar) [Public domain undefined CC BY 3.0. PD-Art_ (PD-old-70-1923)].

Cronología del destacado conquistador alemán

Primero decir, que ante la polémica cuestión del nacimiento, no só-lo en cuanto a la fecha sino también a la ascendencia de Pedro Lísperguer, nos limitaremos aquí a exponer lo que se ha establecido al respecto por diversos historiadores y genealogistas.

1517. Según Juan Luis del Espejo en su obra *Nobiliario de la Capitanía General de Chile* Pedro Lísperguer nace en Worms, Alemania en 1517 hijo de Pedro Bislemberg y Catalina Lísperguer, de los nobles de Alemania, vecinos de Worms, basándose según él dice, en sus propias declaraciones y pasaporte a indias (1967).

1529. Claudio Gay dice que fue natural de Worms, Alemania, dónde nació en 1529 descendiente del duque de Sajonia e hijo de Pedro Weislemberg, preboste de la ciudad de Worms y de Catalina Lísperguer, por lo que se advierte que antepuso el apellido materno al paterno (García Carraffa, 1953).

1530. Tomás Thayer Ojeda afirma en su obra *Formación de la sociedad chilena*, que Pedro Lísperguer es caballero notorio de los nobles de Alemania, según su propio testimonio, hijo de Pedro Bizlenguer y de Isabel Lísperguer, nacido en Worms en 1517. Añade el Sr. Thayer Ojeda que en marzo de 1603 declaró ser de sesenta y dos años poco más o menos, pero en otras declaraciones dijo ser de sesenta años en 1590 y de setenta y seis en 1593, las que retrotraen su nacimiento a los años de 1530 y 1517 respectivamente. Dice optar por ésta ya que no es probable que don García confiara la custodia de los gobernadores de Villagra y Aguirre a un mozo de 17 años. Nótese que aquí hay un error de cálculo que el Sr. Thayer traslado a su publicación, ya que eso ocurrió en 1557 lo que significa que si Lísperguer hubiera nacido en 1530, lo que en mi opinión es lo más probable, habría tenido en dicho suceso unos 27 años de edad lo cual es perfectamente creíble (1939-1943).

Benjamín Vicuña Mackenna, relata en su célebre trabajo *Los Lísper-guer y la Quintrala*, que Pedro Lísperguer sería un joven de unos quince años cuando se adhirió al cortejo del Emperador en 1545, lue-go ello nos daría una fecha aproximada de su nacimiento en 1530 (1944).

Die Neu Deutsche Biographie revela que Pedro Lísperguer nació en Worms en 1530 hijo de Peter Birling muerto en 1587 (Andreas & Von Scholtz, W., 1943).

1535. Luis de Roa y Ursúa constata en su trabajo *El Reyno de Chile* que Pedro Lísperguer nace en Worms, Alemania, en 1535, hijo de Peter Birling nacido en Worms en 1503 y de Catalina Lissperg que casó con éste en 1532 (1945). Es interesante notar como en una carta que dirigió el 8 de mayo de 1540 al Archivo Municipal de Worms revela que Peter Liesperg y Birlinger nació entre 1535 y 1538, hijo de Peter Birlinger nacido en 1503 y Catherina Liesberg nacida entre 1510-1512 y casado con éste en 1532. Aquí en realidad sólo hay dife-rencias en cuanto a las desinencias de algunas vocales y terminaciones de los apellidos (Illert & Städtische Kulturinstitute, ca 1950).

En los asientos de la Casa de Contratación de Indias, se establece que Pedro Lísperguer es alemán, vecino y natural de Worms, hijo de Pedro Birlinguer y de Catalina Lísperguer, sin constatar ninguna fecha de nacimiento (Casa de Contratación, 1555).

Cuadra Gormaz, en su obra *Familias Chilenas*, reitera esta misma idea sin mención de fechas (1982).

Según un expediente encontrado por el investigador Juan Mújica de la Fuente en la Biblioteca Nacional de España, Pedro Lísperguer sería hijo de Pedro Lísperguer Wittemberg, cónsul de Worms en 1540 y de Catalina Lísperguer. Aunque no menciona fechas esta relación es muy interesante ya que asegura que Pedro Lísperguer es descendiente de los duque s de Sajonia (Guerra y Sandoval, ca.1740).

En mi opinión, lo que se puede deducir de la diversa e importante documentación que Pedro Lísperguer traía a su arribo al Perú, entre las que se encuentran las cédulas de Carlos V y Felipe II permitiendo su pase a Indias, así como el pase de la Casa de Contratación de Indias y otros documentos, todos ellos custodiados en la Biblioteca Nacional del Perú, en éste último mencionado se relata como Pedro Lísperguer sería de unos veinticinco años el 1 de agosto de 1555 lo que nos da una fecha de nacimiento aproximada de 1530 que creo que es lo que más se ajusta a la realidad de todas las informaciones periféricas, como por ejemplo el hecho de ser paje de Carlos V a los quince años de edad, o haber sido compañero de Ercilla en la corte Inglesa y en las guerras de Chile, compartiendo un rango y unas experiencias similares dadas las edades parecidas que ambos tenían (De Hoyo, 1555).

Nuevos documentos procedentes de Worms permiten establecer lo siguiente:

Pedro Lísperguer n. en Worms, Alemania, alrededor de 1530, m. según se cree en Panamá hacia 1604 ó 1605, conquistador de Chile, maestresala del virrey del Perú, Andrés Hurtado de Mendoza en 1556, c. con Águeda Flores en 1583, con sucesión en Chile. Hijo de Peter Birling, n. alrededor de 1500, m. el 24 de julio 1567, consejero municipal de Worms en 1533, miembro del Consejo de los Trece el 12 de mayo de 1541, luego stattmeister y de Catalina Lissperg, casados antes de 1530. Nieto de Padre de Peter Birling, consejero municipal de Worms en 1503 y 1513. Posibles bisabuelos por la parte paterna serían Hans Birling, consejero en 1468, o Jacob Birling, consejero en 1475. Nieto de madre de Hans Lisperg, n. alrededor de 1475, estudiante de la Universidad de Heidelberg en 1493, consejero municipal de Worms en 1504. Bisnieto de madre de Rudolph Liesperg, n. alrededor de 1446, matriculado en la Universidad de Heidelberg en 1464, consejero municipal de Worms en 1511.

Hermano de Pedro Lísperguer es Hans Birling, n. en 1540, m. 29 de diciembre de 1597, miembro del Consejo Municipal de Worms en 1570 y del Consejo de los Trece el 18 de abril de 1588. Su primo sería Stephan Birling, procedente de Germersheim, el cual ingresa en el Consejo Municipal de Worms en 1588 y luego en el de los Trece el 2 de febrero de 1598, el cual muere en 1618. Otros miembros de esta familia serían Peter Bayer nombrado como Lissperg, burgomaestre en 1473, Johann Lissperg, ciudadano de Worms en 1483; Hamman Rebstock nombrado como Lissperg, consejero municipal en 1474, burgomaestre de Worms, diputado de Worms para asuntos políticos, dirigente de la ciudad libre en periodos importantes de su historia, representante varias veces cerca de la corte imperial por los años 1483 a 1509. Johannes Rebstock alias Lissperg, burgomaestre de la ciudad de Worms en 1425, 1426, 1439. Este junto a su mujer Elizabeth fueron nombrados como bienhechores del monasterio de Kirschgarten de Worms en 1415 (Schwarz, 1999) (Kraus, 1926-33).

1545. Tras haber convivido con el Emperador en Worms desde el 16 de mayo hasta el 7 de agosto del mismo año abandona su ciudad natal siguiendo el cortejo del César, junto al conde de Feria, con el que recorre algunas ciudades del sur de Alemania y especialmente los Países Bajos hasta llegar a Utrecht, ciudad en la que S.M. celebró un capítulo del Toisón de Oro, concediendo al Conde dicha condecoración junto a otros príncipes y señores. Acabadas dichas reuniones y actos, aproximadamente en los últimos días del mes de enero de 1546 o los primeros de febrero, el conde de Feria, don Pedro Fernández de Córdova, pidió permiso al Emperador para regresar a España para consumar su matrimonio, permiso que le fue concedido. Por lo tanto en torno a dicha fecha el Conde abandonó Utrecht con su paje Pedro Lísperguer. Existe la posibilidad de que se hayan dirigido a España en barco desde algún puerto holandés, pero en mi opinión dadas las fechas en que llegaron a las tierras del condado de Feria, lo más probable es que hayan atravesado la península a través de Francia (De Hoyo, 1555) (Foronda, 1914).

1546. Se sabe que el Conde llegando a España se veló con la Condesa su mujer en Osuna y que a los pocos días el 12 de marzo de 1546, se trasladaron con su cortejo en el que viajaba Pedro Lísperguer a Montilla en tierras de la marquesa de Priego su madre (Roa M. , 1604).

1547. El grupo se traslada a Zafra donde enfermó el Conde, siendo posteriormente trasladado a Priego, donde permaneció Pedro Lísperguer según sus propias declaraciones hasta la muerte del mismo acaecida el 27 de agosto de 1552 (Roa M. , 1604) (De Hoyo, 1555).

1552. Tras la muerte del Conde en 1552, le sucedió en el condado don Gómez Suárez de Figueroa y Córdova, quinto conde de Feria, señor de las Villas de Zafra, Villalba y Parra, pariente mayor de la casa de Figueroa, después en 1567 primer duque de Feria, grande de Castilla, comendador de Segura de la Sierra y Trece de la Orden de Santiago, de los Consejos de Estado y Guerra de Felipe II, capitán de su Guardia Española y su embajador en Inglaterra. Pues bien, según las propias declaraciones de Pedro Lísperguer ampliamente constatadas y respaldadas, tras la muerte de IV conde de Feria don Pedro Fernández de Córdova, Pedro Lísperguer continuó en la casa Córdova-Figueroa al servicio de su hermano don Gómez Suárez de Figueroa y Córdova, ascendiendo de Paje a Caballerizo y viajando posteriormente con éste a Inglaterra con motivo del casamiento de Felipe II con María Tudor (De Hoyo, 1555).

1554. Felipe II se embarcó en el puerto de La Coruña el 13 de julio de 1554 llegando al puerto de Southampton en Inglaterra el 19 de julio. Se componía su flota de 125 naves en las que viajaban junto al monarca, el conde de Feria, Pedro Lísperguer y lo más florido de la corte. Asistió a la boda de Felipe II con María Tudor el 25 de julio de 1554, residiendo en Londres por espacio de siete meses (Muñoz, 1877).

En el año 1554 Jerónimo de Alderete viaja a Inglaterra para pedir la gobernación de Chile tras la muerte de Pedro de Valdivia, dónde hace amistad con los jóvenes Francisco Yrarrázaval, Alonso de Ercilla y Pedro Lísperguer que quedan deslumbrados por las historias y hazañas de la conquista de las Indias. Pedro Lísperguer obtiene cédula para pasar a Indias del Rey Príncipe, futuro Felipe II (por mandato del Emperador), en Londres a cuatro de noviembre de 1554 (Medina J. , 1917) (De Hoyo, 1555).

1555. En algún momento a finales de enero de 1555 Lísperguer vuelve a España junto a Jerónimo de Alderete, Alonso de Ercilla, don García Hurtado de Mendoza y el resto de cortesanos (De Hoyo, 1555). Pedro Lísperguer obtiene real cédula de licencia para pasar a las Indias en la villa de Valladolid el 14 de enero de 1555.Esta cédula fue emitida directamente desde Flandes por el Emperador y ratificada en Valladolid (Corte de Valladolid, 1555).

El cuatro de febrero de 1555 Pedro Lísperguer se encuentra en Mérida donde realiza una probanza de limpieza de sangre (De Hoyo, 1555).

El 30 de marzo de 1555 Pedro Lísperguer se halla en Antequera dónde realiza un nuevo expediente de nobleza (De Hoyo, 1555).

El 19 de abril de 1555 Pedro Lísperguer está en Montilla, Córdoba, en tierras de la marquesa de Priego, madre del conde de Feria, donde efectúa un nuevo protocolo notarial o probanza de nobleza (De Hoyo, 1555).

El 1 de agosto de 1555 se encuentra en Sevilla, dónde la Casa de Contratación de las Indias le expide el pase a Indias (Casa de Contratación, 1555).

El 15 de octubre de 1555 sale de Sanlúcar de Barrameda, Cádiz, un convoy de varios barcos con destino al Perú. En uno de ellos va Jerónimo de Alderete y su familia. En otro va don Andrés Hurtado de Mendoza, tercer marqués de Cañete, caballero de alta posición que venía a América con el rango de virrey del Perú. Junto a él venían Alonso de Ercilla y Zúñiga, Francisco Yrarrázaval y Pedro Lísperguer Wittemberg (Archivo General de Indias, 1930-1987).

1556. El 4 de marzo de 1556 Pedro Lísperguer se encuentra en Panamá pues allí obtiene el pase del gobernador, capitán general y justicia mayor de Tierra Firme don Álvaro de Sosa (De Hoyo, 1555).

En abril de 1556 frente a la isla de Taboga muere Jerónimo de Alderete de unas altas fiebres llegando el virrey Andrés Hurtado de Mendoza con su comitiva, en la que se encontraba Pedro Lísperguer, a Lima el 29 de junio de 1556. Allí ocupa el cargo de maestresala del virrey o jefe del servicio de pajes (Lavalle, 1909).

1557. El 22 de febrero de 1557, en pleno invierno austral, Pedro Lísperguer sigue a don García Hurtado de Mendoza, hijo del Virrey y nuevo Gobernador de Chile. Desde la Serena por encargo de don García, se dirige a Valparaíso con parte de la expedición y una de las naves de éste con la comisión de prender al ex gobernador Villagra, cosa que hizo regresando a la Serena. Una vez en la Serena don García le confió el traslado del mariscal Villagra junto a su rival el capitán Aguirre al Perú, dándole mil pesos oro de las Arcas Fiscales para este viaje, lo que hizo, regresando enseguida a Chile. Por este tiempo ya se le considera un personaje político de nota pues es uno de los cuatro consejeros que el virrey del Perú don Andrés Hurtado de Mendoza confiara a su hijo don García (Vicuña Mackenna, 1944).

1558. Desde La Imperial vino con don García Hurtado de Mendoza al socorro de la ciudad de Cañete en enero de 1558 (Vicuña Mackenna, 1944).

1559. A principios de 1559 participó con don García en el ataque al fuerte de Quiapo donde se habían reunido gran cantidad de araucanos. Posteriormente en el mismo año fue Pedro Lísperguer con don García a reconstruir el fuerte de Arauco donde permaneció por espacio de diez meses. Pasó el invierno de 1559 junto a don García en La Concepción regresando luego a Santiago dónde se incorporó con los vecinos encomenderos.

1563. Después del desastre de Catiray, Francisco Villagrán que se encontraba en La Concepción envía a Juan Jofré a pedir socorro a la ciudad de Santiago viniendo en 1563 a la guerra del sur dos vecinos encomenderos, siendo uno de ellos Pedro Lísperguer, acudiendo con pertrechos de guerra, armas, caballos y criados. En el invierno de 1563 regresa a Santiago.

1564. Nuevamente se solicita ayuda a la capital Santiago por Pedro Villagrán desde La Concepción, acudiendo a la guerra del sur en febrero de 1564 Pedro Lísperguer con una compañía, caballos y pertre-pertrechos de guerra, donde peleó valerosamente en la defensa del fuerte. Participó en el desbarate y destrucción del fuerte indio de Lebocatal. El 20 de febrero de 1564 Pedro Villagrán le nombra capitán de Caballos Ligeros.

Más adelante hallándose Pedro Villagrán en la Concepción, ciudad situada en la bahía de Talcahuana fue sitiado por veinte mil indios. Recogido en un fuerte de madera y construidas empalizadas y puestas sólidas estacas donde colocar la artillería, Lísperguer fue el encargado de uno de los frentes del fuerte, luchando con valentía en esa difícil semana hasta que se levantó el sitio el 1 de abril de 1564.Vuelve Lísperguer a Santiago.

1565. En julio de 1565, con ocasión de las tropas que enviaba el presidente y gobernador del Perú, Licenciado García de Castro, sustentó Lísperguer a Rodrigo Quiroga gobernador de Chile, hospedando a una decena de hombres de dicho socorro, partiendo en noviembre hacia el sur para proceder a la reconstrucción de Cañete, llevando una gran cantidad de mantenimientos, vacas, carneros y otros víveres.

1566. El 28 de enero de 1566 se halló en la batalla que tuvo lugar en las montañas de Talcamávida peleando con mucho valor en el desbarate y derrota de los indios. Rodrigo Quiroga le dejó a principios de febrero de 1566 en el recién reedificado fuerte de Cañete, en la desembocadura del río Lebú. Lísperguer con sus criados junto a Alonso de Córdova, construyeron una de las torres del fuerte, sirviendo en las corredurías y velas que se hicieron en dicha jornada, sustentando y acogiendo en su mesa a varios soldados hasta la llegada del invierno, en que regreso nuevamente a Santiago. De vuelta nuevamente en Santiago es designado regidor de la ciudad en 1566 no pudiendo ejercer el cargo por hallarse pendiente de juicio eclesiástico, siendo confirmado en el cargo a finales de año (Vicuña Mackenna, 1944).

Pedro Lísperguer es encausado por el Provisor del Obispado de Santiago por haber proferido las siguientes palabras: *"Nuestra Señora* (la Virgen) *no había parido por el vaso natural sino por el ombligo"*. Lísperguer no negó el hecho pero sí la contextualidad de la afirmación, siendo en octubre de 1566 penitenciado en abjuración *de vehementi* a que oyese una misa en forma de penitente y que pagase dos arrobas de aceite lo cual fue fielmente cumplido por el reo (Medina J. T., 1890).

1568. En septiembre de 1568 apeló la sentencia ante el Arzobispo de los Reyes. Hallándose en Lima conociendo su caso, llegó el Santo Oficio de la Inquisición el cual pasó su causa al conocimiento del Tribunal la que, después de sustanciada, se votó que se revocase la sentencia del provisor y la abjuración de vehementi, y que fuese restituido en su honra y fama, siendo leída esta nueva sentencia y los méritos de ella en la Iglesia de Santiago de Chile (Medina J. T., 1890).

A finales de 1568 parte nuevamente Pedro Lísperguer a la guerra del sur, con el recién designado, gobernador de Chile, el Dr. Bravo de Saravia, llevando tiendas, armas, esclavos y criados, caballos, diversos bastimentos, vacas, carneros y otros ganados (Vicuña Mackenna, 1944).

1569. Tras el completo descalabro de los conquistadores el 7 de enero de 1569 en la funesta jornada de Catiray, el gobernador Bravo de Saravia envío el 10 de enero de 1569 a socorrer la ciudad de Cañete, entonces en grave peligro, al mariscal Martín Ruiz de Gamboa al frente de ciento diez hombres entre los que se encontraba Pedro Lísperguer, teniendo que pasar por territorio sublevado y hostil, llegando justo a tiempo a dicho socorro, con grave peligro para su vida.

A mediados de enero de 1569 partió de Cañete el mariscal Martín Ruiz de Gamboa con los ciento diez hombres entre los que se encontraba Lísperguer, a socorrer la plaza de Arauco, siendo atajados en el dificultoso paso de Quiapo por los indios de guerra, sosteniendo un encarnizado combate en el que murieron muchos hombres, peleando

Pedro Lísperguer con gran valor, sin que el grupo pudiese lograr su objetivo de socorrer Arauco, teniendo que regresar a Cañete.

Hallándose el mariscal Martín Ruiz de Gamboa protegiendo Cañete, decidió el 1 de febrero de 1569 salir a campo enemigo a un valle llamado Parillataru, con setenta hombres entre los que se encontraba Pedro Lísperguer, con el objeto de realizar algunas talas y recoger varias mieses del campo. Saliendo gran número de indios al encuentro de los españoles se desató un rudo combate en el que murieron siete hombres entre los que se encontraban los capitanes Juan de Alvarado y Sebastián Gárnica, soldados de mucho prestigio, luchando en dicha batalla el capitán Pedro Lísperguer con grandísimo valor. Siéndoles desfavorable dicho combate hubieron de regresar apresuradamente a Cañete.

Estando recluidos en Cañete, en medio de una tierra hostil y sublevada, los generales Martín Ruiz de Gamboa y su primo Miguel de Velasco y habiendo surgido graves diferencias entre ellos, Gamboa envió en marzo de 1569 a Pedro Lísperguer a La Concepción para informar al gobernador Bravo de Saravia y a la Real Audiencia del estado de la guerra. Por hallarse toda la tierra tomada por el enemigo tuvo que ir Lísperguer a la ciudad de La Concepción por mar, en un pequeño barco pesquero, llegando con graves dificultades ya entrando el invierno. Allí determinó Bravo de Saravia la evacuación de Cañete. En el camino de vuelta de Lísperguer hacia Cañete se hundió la barca, ahogándose el marinero y salvando el alemán su vida con graves peligros. Llegando una fragata a evacuar los soldados, mujeres y niños que se encontraban amenazados en Cañete lograron llegar a la Concepción el 24 de marzo de 1569 con Lísperguer a bordo (Vicuña Mackenna, 1944).

1570. Según Benjamín Vicuña Mackenna, en su obra *Los Lísperguer y la Quintrala* Pedro Lísperguer se casa con Águeda Flores antes de 1570 (1944). Según Domingo Amunátegui Solar en su libro *Las Encomiendas en Chile* se casa aproximadamente cuando tuvo lugar el juicio eclesiástico. Águeda Flores era hija de Bartolomé Blumen o Blumenthal según escriben algunos, alemán nacido en Nüremberg, latinizando su apellido por Flores, célebre conquistador que acompañó a Pedro de Valdivia y Elvira, princesa india, cacica de Talagante (1909).

1572. Vuelto a Santiago por orden de Rodrigo de Quiroga, es designado alcalde ordinario de la ciudad en 1572.

1574. En 1574 Lísperguer es designado regidor de la ciudad de Santiago.

1576. El 23 de enero de 1576 Lísperguer es designado por el gobernador Rodrigo de Quiroga Juez de hechicerías, llegando en su comisión hasta más allá del Maule. Consistía ésta en recorrer el territorio en persecución de ladrones y brujas y saetearlos con flechas. Este honorífico cargo lo había tenido desde 1575 el célebre cronista Alonso Góngora Marmolejo. Por lo tanto Lísperguer detuvo, interrogó y castigó a hechiceros y ladrones y apartó –según el entendimiento de la época– el alma del indígena de su completa destrucción. A principios de 1576 había sido designado Procurador, representante o plenipotenciario de la ciudad de Santiago ante la Corte de Lima, viaje que no realizó debido a la designación hecha por Quiroga como Juez de hechicerías.

A mediados de 1576, llegados soldados desde España a Chile con el capitán Juan de Losada, hospedó el capitán Lísperguer en su casa diez soldados, enviando por ellos al mar dónde se desembarcaron, proveyéndolos de caballos y mantenimientos para el camino y sustentándolos en su casa durante siete meses.

1577. Habiendo salido Rodrigo Quiroga el 8 de enero de 1577 de la ciudad de Santiago con 300 soldados de gala, nombró a Pedro Lísperguer como capitán de 100 de ellos, que llevó en buena disciplina hasta la ribera del río Maule. Aquí fue un activo intérprete del ejército dirigiendo la distribución de alimentos entre la tropa y los indios amigos.

Habiendo Quiroga liberado el territorio del Maule, marchó él a una rápida batalla en Hualquí, en la orilla norte del Bío-Bío, atacándolos el 8 de marzo de 1577. En dicha batalla se encontró Lísperguer que con el oficio de capitán de caballos, avanzó hasta el antiguo fuerte de Arauco donde procedió a su reconstrucción, permaneciendo allí todo el lluvioso invierno, sustentando bajo sus tiendas y rancho a diez soldados que hospedó en la ciudad de Santiago, para lo cual llevó gran cantidad de vacas, carneros y otros ganados. Saliendo Lísperguer de Arauco participó en la expedición de Rodrigo Quiroga por Tucapel el 14 de octubre de 1577.

1578. Regresando a Arauco parece que soportó allí los seis meses de aislamiento del invierno lluvioso de 1578.

1580. En 1580 es nombrado procurador y mayordomo de la ciudad de Santiago. Habiéndose extendido la guerra a Valdivia y Villarrica y hallándose Gamboa en el verano de 1580 y el fuerte invierno lluvioso de 1581 en Valdivia y Osorno, allí se encontró junto a él Lísperguer, siendo el primer alemán en llegar a estos territorios de la frontera.

1581. En 1581 es designado regidor de Santiago.

1583. Antes de la llegada del nuevo gobernador Sotomayor, habiendo sido detenido en Mendoza debido a la mala estación, eligió éste el 26 de junio de 1583 para el Gobierno y Consejo de su compañero Saravia hasta su arribo a: *"cinco personas apropiadas, oficiales reales, los cuales hasta mi llegada el gobierno de la colonia y la administración de la justicia deben surtir"*. En palabras del cronista: *"la flor y nata de la colonia, las más experimentadas, notables y consideradas personas principales en la guerra"*. Estas cinco personas eran: Pedro Lísperguer Wittemberg, Lorenzo Bernal del Mercado, Gaspar de la Barrera, Diego García de Cáceres y el capitán Ordóñez Delgadillo. Gobierno que ejercieron desde el 18 de julio hasta el 19 de septiembre de 1583.

En 1583 es nombrado regidor de Santiago y fiel ejecutor por el Cabildo. Representante del Cabildo de Santiago en Lima. Por lo tanto por orden de Sotomayor realizó un viaje a Lima como su plenipotenciario, llevando poderes del Cabildo de Santiago, para requerir allí tropas, material de guerra y dinero. Teniendo lugar allí un gran Concilio sudamericano, bajo la presidencia del arzobispo del sagrado Toribio, acudió Lísperguer como consejero y representante de la ciudad de Santiago ante el Concilio, en una disputa legal con el Obispo con motivo del diezmo.

1585. En 1585 volviendo de vuelta a Santiago procedente de Lima, uno de los barcos con tropas y municiones que traía voló por los aires frente a Valparaíso, con su completa carga, debido a una explosión de pólvora. A pesar del incidente trajo en esta comisión doscientos hombres de guerra y treinta mil pesos en pertrechos. Este mismo año es nombrado regidor de Santiago y fiel ejecutor por el Cabildo.

1588. En 1588 es designado regidor de Santiago.

1589. En 1589 viajando a Lima, es procurador del Cabildo ante el virrey del Perú, encontrándose Lísperguer con García Hurtado de Mendoza en el Callao el 2 de diciembre de 1589.

1590. Llegado en 1590 don García Hurtado de Mendoza a Lima como nuevo virrey del Perú y calificado como el más alto funcionario real en Sudamérica de la época, nombró a Lísperguer como mayordomo mayor de palacio. El Consejo le dio a él su permanente representación, manteniendo una elevada posición social en Lima, actuando como la cabeza visible de los encomenderos y de la ciudad militar de Santiago.

1595. En 1595 su mujer Águeda Flores parte en su busca a Lima, donde Pedro Lísperguer continúa con su espléndida vida, no pensando al parecer en regresar a Santiago.

1603. De vuelta en Santiago, su familia que había tenido magníficas relaciones con el gobernador Alonso de Ribera, rompió con él en 1603 siendo hostilizada y perseguida con encarnizamiento. Su mujer y algunos de sus hijos fueron llevados a la cárcel pública, su primogénito, quien felizmente logró huir, fue sentenciado a muerte. Dos de sus hijas se vieron obligadas a refugiarse en conventos para escapar a la ira del Gobernador.

1604. Don Luis de Velasco virrey del Perú le hizo merced del título de gentil hombre de la Compañía de Lanzas de su Guardia, fechada en la ciudad de los Reyes el 22 de marzo de 1604.

En 1604 Pedro Lísperguer, el patriarca de la tribu, con más de setenta años, intentando verse libre de la autoridad del Gobernador, buscó un medio seguro que no le pudiera obligar ir a la guerra, que como vecino encomendero se veía obligado. Así urdió una farsa presentándose el 30 de marzo de 1604 ante el Cabildo de Santiago con hábito de fraile agustino y entregó un título de tonsura y nombramiento de acólito, extendido por el obispo Pérez de Espinosa. Inmediatamente dejó el hábito, por lo que tal título no podía conmover a la corporación edilicia, que se negó de plano a reconocer los documentos exhibidos.

1605. En torno a 1604/1605 el espíritu inquieto de Pedro Lísperguer Wittemberg le lleva a realizar un nuevo viaje, quizás huyendo de los escándalos de su familia, algunos especulan que a España o lo que parece más probable intentando regresar a Worms, muriendo según se cree en Panamá en fecha exacta desconocida. Los descendientes de Lísperguer han tenido brillante y acrecentada actuación tanto en Chile como en Perú (Vicuña Mackenna, 1944)[66].

---

[66] *Para construir esta cronología aparte de las fuentes mencionadas se ha consultado en la Biblioteca Nacional de España el ABEPI (Archivo Biográfico Español, Portugués e Iberoamericano).*

Bibliografía

"Los Lisperguer y la Quintrala". (21 de mayo de 1945). *El Mercurio*, pág. p.3.

"Los Lisperguer y la Quintrala; adición a una crítica". (7 de junio de 1945). *El Mercurio*, pág. p.3.

Academia Chilena de la Historia [AChH]. (1947). Documentos genealógicos de la familia Lisperguer Wittenberg. *Boletín de la Academia Chilena de la Historia*, pp.145-150.

Alegre, J. M. (1978). *Las relaciones hispano-danesas en la primera mitad del siglo XVIII.* Copenhage: Institut des Etudes Romanes. Université D.L.

Almansa Pérez, R. (2005). *Familia, tierra y poder en la Córdoba de la Restauración: bases económicas, poder político y actuación social de algunos miembros de su élite.* Córdoba: Servicio de Publicaciones de la Universidad de Cordoba.

Álvarez de Baena, J. A. (1790). *Hijos de Madrid, ilustres en santidad, dignidades, armas, ciencias y artes* (Vol. III). Madrid: Benito Cano.

Amunátegui Solar, D. (1909). *Las encomiendas indígenas en Chile* (Vol. 2). Santiago de Chile: Imprenta Cervantes.

Amunátegui Solar, D. (1909). *Las encomiendas indígenas en Chile* (Vol. 1). Santiago de Chile: Imprenta Cervantes.

Andreas, W., & Von Scholtz, W. (1943). *Die Grossen Deutschen. Neue deutsche Biographie.* Berlín: Propyläen: ["Deutschen Verlag"].

Anónimo. (1738). Libros originales y manuscritos que tiene en este año de 1738 el archivo, y librería de D. Juan Alfonso Guerra y Sandoval. *Mss. 11726*, h.1-51. (B. N. España, Recopilador)

Archivo General de Indias [AGI]. (1972). *Catálogo de consultas al Consejo de Indias* (Vols. 11 (1657-1661)). Madrid: Dirección General de Archivos y Bibliotecas.

Archivo General de Indias. (1930-1987). *Catálogo de pasajeros a Indias durante los siglos XVI, XVII, XVIII* (Vols. III (1539-1559)). Madrid: España Calpe.

Armsknecht, K. H. (1951-1958). Wormser Familienwappen, 3. Ratherren. *Der Wormsgau, Zeitchrift der Kulturinstitute der Stadt Worms und des alterumsvereins Worms, Dritter Band, 7 Hefte*, p.151.

Ayuntamiento de Málaga. (1775). Erección del consulado de Málaga 1774/1785. *Indiferente General, Leg. 2395*. (A. G. Indias, Recopilador) Málaga, España.

Ayuntamiento de Málaga. (1789). Actas municipales de Málaga. fol.85. (A. M. Málaga, Recopilador) Málaga, España.

Ayuntamiento de Málaga. (1794). Actas municipales de Málaga. fol.25 vuelto. (A. M. Málaga, Recopilador) Málaga, España.

Azcárraga, P. (1579). Recopilación General de Linajes de España. *(Mss. 11766)*, p. 366 vuelta. (B. N. España, Recopilador) Madrid, España.

Ballesteros, P. (9 de abril de 1676). Poder de los hombres de negocios extranjeros de la ciudad de Málaga: ingleses, holandeses, hanseáticos y genoveses. *Leg.1561*. (A. H. Provincial [Málaga], Recopilador) Málaga, España.

Ballesteros, P. (1677). Juan de Leno contra Juan Wittemberg. *Leg. 1562*. (A. H. Provincial [Málaga], Recopilador) Málaga, España.

Ballesteros, P. (5 de mayo de 1677). Testamento de Juan Witemberg Dreyers. *Leg.1562*, sin foliar. (A. H. Provincial [Málaga], Recopilador) Málaga, España.

Ballesteros, P. (17 de enero de 1680). Testamento de María Arizón y Cardona. *Leg.1564*, fol.25. (A. H. Provincial [Málaga], Recopilador) Málaga, España.

Ballesteros, P. (6 de marzo de 1681). Los hombres de negocios extranjeros de la ciudad de Málaga le dan poder a Juan Enrique Flebus, residente en Hamburgo para que comparezca ante los magistrados y justicias de la ciudad de Brujas, Hamburgo y Amberes.... *Leg.1565*, fol.256. (A. H. Provincial [Málaga], Recopilador) Málaga, España.

Barranco López, M. (15 de septiembre de 1877). Inventario de doña María Concepción Góngora de Armenta, VI marquesa de Valdeflores. *(doc. 100)*. (A. H. Provincial [Córdoba], Recopilador) Córdoba, España.

Barros Arana, D. (.-1. (2000). *Historia general de Chile* (2 ed., Vols. III, Cap.20). Santiago: Editorial Universitaria.Centro de Investigaciones Diego Barros Arana.

Barroso Díaz, M. (9 de mayo de 1840). Escritura de capitulaciones matrimoniales y otorgamiento de dote y arras de don Antonio Rubio y Josefa María Góngora Armenta. fol.9 y 759. (A. H. Provincial [Córdoba], Recopilador) Córdoba, España.

Battenberg, F. (1981). *Dalberger Urkunden, Regenten zu den Urkunden der Kämmerer von Worms gen.von Dalberg und der Freiherren von Dalberg (1165-1843)*. Darmstadt: Hess. Historischen Kommission Darmstadt.

Bermúdez, J. M. (1821). *Breve noticia de la vida y virtudes de Doña Catalina Iturgoyen Amasa y Lisperguer, condesa de la Vega Ren*. Lima, Perú: Imprenta del Río.

Böhm, G. (1948). Los judíos en Chile durante la colonia. *Boletín de la Academia Chilena de la Historia* (38), p.22.

Boos, H. (1890). *Urkunden Buch der Stadt Worms*. Berlín, Alemania: Weidmann.

Boss, H. (1899). *Quellen zur Geschichte der Stadt Worms* (Vol. III). Berlín: Weidmann.

Buek, G. (1840). *Genealogische und Briographische Notizen über die zeit der Reformation verstorbenen hamburgischen Bürgermeister*. (J. A. Meissner, Ed.) Hamburg, Alemania: Des Vereins für hamburgische Geschichte.

Cabrera Pablos, F. (2002). *Málaga, ciudad y mar: "historia" de los siglos XVII y XVIII*. Málaga: Francisco Cabrera.

Cabrera Pablos, F. R. (1950). *El puerto de Málaga a comienzos del siglo XVIII.* Málaga, España: Universidad de Málaga.

Capitanía General de Castilla la Nueva. (1880). Hoja de servicios del Coronel don Francisco de Asís Rubio Velázquez. *Sección 1ª, leg. B-3242.* (A. G. Militar [Segovia], Recopilador) Madrid, España.

Capitanía General de Granada. (1822). Expediente matrimonial de don José Coronado Wittemberg. *Exp. 318/44.* (A. G. Militar [Segovia], Recopilador) Granada, España.

Casa de Contratación. (1555). Asiento de pajajero de Pedro Lisperguer, alemán, vecino y natural de Bormes, hijo de Pedro Birlinguer y de Catalina Lisperguer, se despachó al Perú y Chile por cédula de Su Majestad en la nao del maestre Bernaldo de Andino. *5537, L.1*, f.90v. (A. G. Indias [Sevilla], Recopilador) Sevilla, España.

Casa de Contratación. (1555). Asiento de pajajero de Pedro Lísperguer, alemán, vecino y natural de Bormes, hijo de Pedro Birlinguer y de Catalina Lísperguer, se despachó al Perú y Chile por cédula de Su Majestad en la nao del maestre Bernaldo de Andino. *5537, L.1*, f.90v. (A. G. Indias [Sevilla], Recopilador) Sevilla, España.

Ceballos, P. (15 de junio de 1806). Respuesta de Pedro Ceballos a Gómez de Terán comunicándole haber pasado dicho memorial al Secretario de Despacho de Hacienda. *Diversos. Legación de España en Génova y Turín. Cajón 17, Leg. 21(19).* (ACA, Recopilador) Aranjuez, España.

Christoff, G. (1657). *Teutsche Wappenbuch* (Vol. II). Nuremberg: Christoff Gerhard.

Cobo, B. (.-1. (1943). *Historia del Nuevo Mundo.* Madrid, España: Atlas.

Comandancia Militar de Almería. (1778-1812). Expediente militar de don Francisco de Paula Wittemberg Cotrina. Licencia matrimonial dada el 03 de junio de 1803. *Leg.4-43.* (A. G. Militar [Segovia], Recopilador) Almería, España.

Consejo de Castilla. (14 de marzo de 1769). Proceso contra don Luis José Velázquez, marqués de Valdeflores. *Mss.9/7230, parte 2ª*. (R. A. Historia [Madrid], Recopilador) Madrid, España.

Consejo de Castilla. (23 de abril de 1794). Proyecto del marqués de Isla Hermosa. *AHN, Consejos, leg. 2724(nº 10)*. (A. H. Nacional [Madrid], Recopilador) Madrid, España.

Consejo de Estado. (1607). Tratados hanseáticos de 28 de septiembre y 17 de noviembre de 1607. *Leg. 2798(exps. nº 15 y 16)*. (A. H. Nacional [Madrid], Recopilador)

Consejo de Estado. (11 de septiembre de 1647). Tratado original ajustado en Münster, el 11 de septiembre de 1647, entre el rey Felipe IV y las ciudades hanseáticas, y ratificado por S.M. el 26 de febrero de 1648. *Estado, Leg. 2880(exp. 32 nº3)*. (A. H. Nacional [Madrid], Recopilador) Madrid, España.

Consejo de Estado. (ca 1752). Velázquez Luis José, marqués de Valdeflores. Documentos de Estado. *Estado, Leg. 3001(apdos. 15 a24)*. (A. H. Nacional [Madrid], Recopilador) Madrid, España.

Consejo de Órdenes. (1722). Expediente de pruebas de Juana María Muñoz de Guzmán Salcedo Venegas y de Zúñiga, natural de Granada, para contraer matrimonio con Tomás de Olavarria Baseta, caballero de la Orden de Santiago. Año 1722. *OM, Casamiento, Santiago, exp.10297*. (A. H. Nacional [Madrid], Recopilador) Madrid, España.

Consejo de Órdenes. (1723). Pruebas para la concesión del Título de Caballero de la Orden de Santiago de Luis del Pozo y Colmenares, natural de Alhaurín de Grande, Capitán de Granaderos. *OM, Santiago, exp.6674*. (A. H. Nacional [Madrid], Recopilador) Madrid, España.

Consejo de Órdenes. (1747). Pruebas para la concesión del Título de Caballero de la Orden de Santiago de Juan Francisco Eneriz Ansoti y de Castro, natural de Sevilla, del Consejo de Su Majestad y Oidor de la Chancillería de Granada. *OM, Caballeros Santiago, exp. 2624*. (A. H. Nacional [Madrid], Recopilador) Madrid, España.

Consejo de Órdenes. (1748). Expediente de pruebas de Luisa Francisca Saavedra Alvarado de Vargas Neve y de Leira, natural de Sevilla, para contraer matrimonio con Juan Francisco Ansoti, caballero de la Orden de Santiago. Año 1748. *OM, Casamiento, Santiago, exp. 10400*. (A. H. Nacional [Madrid], Recopilador) Madrid, España.

Consejo de Órdenes. (1752). Pruebas para la concesión del Título de Caballero de la Orden de Santiago de Luis José de Velázquez y Cruzado, natural de Málaga. *OM, Caballeros, Santiago, leg. 8724*. (A. H. Nacional [Madrid], Recopilador)

Consejo de Órdenes. (1758). Expediente de pruebas de María Ana Olavarría Muñoz Guzmán de Coca y Salcedo, natural de Santisteban del Puerto, para contraer matrimonio con Juan Francisco de Ansoti, caballero de la Orden de Santiago. Año 1758. *OM, Casamiento, Santiago, exp.10320*. (A. H. Nacional [Madrid], Recopilador) Madrid, España.

Consejo de Órdenes. (1770). Expediente de Caballero de Santiago de don Fernando Goyeneche y Villanueva. *OM, Santiago, Leg. 3601*. (A. H. Nacional [Madrid], Recopilador) Madrid, España.

Consejo de Órdenes. (1773). Recibimiento de Caballero de Santiago a Don Martín María Cabello Bravo. *OM, Santiago, Exp. 1338(nº 1780)*. (A. H. Nacional [Madrid], Recopilador) Madrid, España.

Consejo de Órdenes. (1783). Pruebas para la concesión del Título de Caballero de la Orden de Santiago de Salvador de Milla y Tello, natural de Málaga, Teniente de Navío de la Real Armada. *OM, Caballeros, Santiago, leg.5311 (exp.1931)*. (A. H. Nacional [Madrid], Recopilador) Madrid, España.

Consulado y Comercio de Málaga. (1794-1792). Ordenes, correspondencia y expedientes del Consulado y Comercio de Málaga. *Indiferente General, leg. 2393*. (A. G. Indias [Sevilla], Recopilador) Málaga, España.

Coronado Wittemberg, J. P. (15 de agosto de 1802). Noticias hidrográficas de América septentrional. Diarios de viajes, informes de observaciones. *AMN, Ms.321.* (A. M. Naval, Recopilador) Madrid, España.

Coronado Wittemberg, J. P. (ca.1803). Derrota de Puerto Rico a Puerto Casilda. *AMN. Ms.1402.* (A. M. Naval [Madrid], Recopilador) Madrid, España.

Corte de Valladolid. (14 de enero de 1555). Licencia de pasajero a Pedro Lísperguer. *Indiferente, 1965, L.12*, f. 297 r. (A. G. Indias [Sevilla], Recopilador) Valladolid, España.

Cuadra Gormaz, G. (1982). *Familias chilenas* (3 ed., Vol. 1). Santiago de Chile: Zamorano y Caperán.

Cuadra, I. (1999). *La Quintrala en la Literatura Chilena.* Madrid: Pliegos.

De Andrés, G. (1990). La biblioteca nobiliaria del cronista Juan Alfonso Guerra, rey de armas de Felipe V. *Boletín de la Real Academia de la Historia, III* (CLXXXVII), p.378.

De Ávila, M. (3 de septiembre de 1824). Testamento de doña María Josefa Wittemberg Cotrina, viuda del marqués de Isla Hermosa. *Leg.3742*, fol.1265. (A. H. Provincial [Málaga], Recopilador) Málaga, España.

De Ávila, M. (3 de septiembre de 1824). Testamento María Teresa Witemberg Cotrina, viuda del Marqués de Isla Hermosa. *Leg. 3742*, fol.1265. (A. H. Provincial [Málaga], Recopilador) Málaga, España.

De Ávila, M. (1825). Testamento de don Francisco Wittemberg Cotrina. *Leg.3743*, fol.1007. (A. H. Provincial [Málaga], Recopilador) Málaga, España.

De Ceballos Escalera y Gila, A. (1993). *Heraldos y Reyes de Armas en las Cortes de España.* Madrid: Prensa y Ediciones Iberoamericanas, D.L.

De Espinosa, J. (16 de febrero de 1701). Juan de Bitemberg y Harizón emancipación y entrega de bienes contra Juan Bitemberg su padre. *Legajo 2188*, folio 427. (A. H. Provincial [Málaga], Recopilador)

De Hoyo, P. (4 de noviembre de 1555). Lisperguer Pedro, testimonio de la licencia y otros trámites realizados por Pedro Lisperguer, natural de Alemania, para pasar a América. *Cod. z285*, pp. 577-583. (Biblioteca Nacional del Perú [Lima, Rep. Perú], Recopilador) Londres, Inglaterra.

De Hoyo, P. (4 de noviembre de 1555). Lísperguer Pedro, testimonio de la licencia y otros trámites realizados por Pedro Lísperguer, natural de Alemania, para pasar a América. *Cod. z285*, pp. 577-583. (Biblioteca Nacional del Perú [Lima, Rep. Perú], Recopilador) Londres, Inglaterra.

De la Herran, J. (4 de noviembre de 1790). Doña Ana Dominga Wittemberg contra Luis Estrada. *Leg. 3452*, p.765. (A. H. Provincial [Málaga], Recopilador) Málaga, España.

De la Herran, J. (18 de enero de 1790). Venta real. Don Juan de Sevilla presbítero contra don Juan Pedro Coronado Wittemberg. *Leg. 3452*, fol.58. (A. H. Provincial [Málaga], Recopilador) Málaga, España.

De la Herran, J. (1794). Apoderamiento de Juan Pedro Coronado Wittemberg a su tío Luis Witemberg Mendieta como marido y tía de doña Josefa María Witemberg para que acepte bienes en caso de la muerte de su padres y su tío Joseph Witemberg. *Leg. 3452*, fol.51. (A. H. Provincial [Málaga], Recopilador) Málaga, España.

De León Castillo, F. (17 de diciembre de 1737). Cesión de don Fernando Tello contra Agustín Tello su padre. *Leg.2381*, fol.3123. (A. H. Provincial [Málaga], Recopilador) Málaga, España.

De Messa, B. (31 de agosto de 1780). Partición de bienes de doña Josefa Cruzado Zatico Wittemberg y Cárdenas. *Leg.3233*, fol.725. (A. H. Provincial [Málaga], Recopilador) Málaga, España.

De Sierra, J. (1834). Testamento de doña Ana Wittemberg Mendieta. *Leg.3961*, fol.199. (A. H. Provincial [Málaga], Recopilador) Málaga, España.

Departamento de Marina de Cádiz. (1754-1787). Expediente del Capitán de Navío don Francisco Velázquez de Velasco. *Leg.620/1261.* (AGMAB, Recopilador) Isla de León, Cádiz, España.

Departamento de Marina de Cádiz. (1811). Expediente del consejo de guerra a don Juan Pedro Coronado Wittemberg. *Leg.3626/22.* (AGMAB, Recopilador) San Fernando, Cádiz, España.

Díez de Medina, J. (1734). Información de la legitimidad, ascendencia, hidalguía y notoriedad de don Francisco Antonio Velázquez de Angulo y Cruzado natural de Málaga. *Exp. E. 699.* (A. M. Naval [Madrid], Recopilador) Málaga, España.

Díez de Medina, J. (19 de marzo de 1756). Codicilo de doña Ana Agustina de Aguilar. *Leg.2749.* (A. H. Provincial [Málaga], Recopilador) Málaga, España.

Domínguez, C. (28 de julio de 1669). Pago de Gabriel López de Medina a Bartolomé Van Ordelen y Cía. Poder de Bartolomé van Órdelen y Paul Paulsen a Juan Wittemberg. *Legajo n° 2006,* sin foliar. (A. H. Provincial [Málaga], Recopilador) Málaga, España.

Espejo, J. (1967). *Nobiliario de la Antigua Capitanía General de Chile.* Santiago de Chile: Andrés Bello.

Eyzaguirre, J. (1945). La Quintrala en su lucha con la Iglesia. *Boletín de la Academia Chilena de la Historia, 32,* p.8.

Eyzaguirre, J. (1969). Elogio de don Juan Luis Espejo. *Boletín de la Academia Chilena de la Historia, XXXVI* (81), 7-22.

Falkenheiner, W. (1904). *Personen und ortsregister zu der Matrikel an der Annalen der Universität Marburg, 1527-1562.* Marburg, Alemania: Elwert.

Fernández de Béthencourt, F. (1883). *Anales de la nobleza de España* (Vol. IV). Madrid: Librería de los Sres. Simón y Compañía.

Figueroa, P. P. (1974). *Diccionario Biográfico de Chile* (4 ed.). Santiago, Chile: Nendeln, Lichtenstein, Kraus Reprint.

Foronda, M. (1914). *Estancias y viajes del Emperador Carlos V.* Madrid: Suc. de Rivadeneira.

Füchs, R. (1991). *Die Inschriften der Stadt Worms*. Wiesbaden, Alemania: Reichert.

Fürstentum Nassau-Oranien: Akten (Altes Dillenburger Archiv). (1589). Forderung des Christoph Sebastian Hügelius zu Wetzlar als Nachfahr des Hans Conrad von Rehe aus einer Verschreibung von 1589 sowie des Balthasar Weber zu Worms als Besitznachfolger des Hans Birling zu Worms aus einer Verschreibung von 1593 an Nassau-Diez. *(171):C117*. (H. H. Wiesbaden, Recopilador) Nassau-Diez, Alemania.

Gámez Amián, M. (1983). *La economía de Málaga en el siglo XVIII*. Málaga: [S.l.: M.A. Gámez Amián], (T. Gráf. ARTE).

García Calderón, D. (1734). Inventario de bienes tras la muerte de D.Juan Witemberg Arizón. *Leg.2282*, p.14. (A. H. Provincial [Málaga], Recopilador) Málaga, España.

García Carraffa, A. (1953). *Diccionario heráldico y genealógico de apellidos españoles y americanos* (Vol. 48). Madrid: Imp. Antonio Marzo.

Garibay, E. (1571). *Los XL libros del compendio historial de las chrónicas y universal historia de todos los reynos de España*. (C. Plantino, Ed.) Amberes: Garibay, E.

Germersheim Rathaus. (03 de 05 de 1564). Bürgermeister und Rat der Stadt Germersheim machen bekannt, daß Hans Birling, seine Söhne und sein Tochtermann zu Germersheim zugunsten des Johann Burriss, Konventsbruder zu Kloster Eberbach, auf dieErbschaft ihres beiderseitigen Vetters Hans Sitze... *U 2060*. (H. S. Wiesbaden, Recopilador) Germersheim, Alemania.

Geyer, M. (19 de agosto de 2009). Carta del Dr. Geyer Martin, Director del Archivo Municipal de Worms, a Daniel Piedrabuena Ruíz-Tagle. *4.11 –GY-202/ 09*. (S. Worms [Alemania], Recopilador) Worms, Alemania.

Godoy, M. (20 de agosto de 1794). Oficio del duque de La Alcudia al conde de Campo Alange solicitando información sobre la propuesta del marqués de Isla Hermosa de levantar en Málaga un cuerpo de 300 hombres a cambio del permiso de hacer 60 corridas de toros. *SGU, LEG. 7320(nº49)*, fol.193-194. (A. G. Simancas, Recopilador) San Ildefonso, Segovia, España.

Gómez de Terán, L. (21 de mayo de 1806). Minuta del escrito de Leonardo Gómez de Teran a Ceballos remitiendo un memorial de Wittemberg. *Diversos. Legación de España en Génova y Turín. Cajón 17, Legajo 22(19)*. (ACA, Recopilador) Génova, Italia.

Gómez Marín, R. (1994). *La Iglesia en Málaga en la Guerra de Sucesión.* Almería: Gráfikas.

Guerra y Sandoval, J. A. (ca.1740). Minutas de linajes de España. *8*, Mss.11801, cuaderno 48, p. 1532. (B. N. España, Recopilador) Madrid, España.

Guerra y Villegas, J. A. (ca. 1682-1720). Minutas de linajes de España. *Relación de los servicios del Capitán de Cavallos don Nicolás Elers y Torres, 9(Mss. 11782)*, p.630. (B. N. España, Recopilador) Madrid, España.

Guimerá, A., Ramos, A., & Butrón, G. (2004). *Trafalgar y mundo atlántico.* Madrid, España: Marcial Pons Historia.

Henríquez de Medrano, A. (26 de abril de 1700). Juan Wittemberg y Augusto Paulsen, Compañía de hombres de negocios de este comercio dan poder a Abraham Beck y Enrique van Wesel, Compañía de hombres de negocios de Ámsterdam para que cobren a Juan Spyquet, hombre de negocios de la ciudad de Dunquerque... *leg. 2071*, fol. 133. (A. H. Provincial [Málaga], Recopilador) Málaga, España.

Hermandad de Viñeros. (Octubre de 1702). Memorial de la Hermandad de Viñeros dirigida a los diputados locales de Málaga. *Actas capitulares, libro 109*, fol.233v y sigs. (A. Municipal [Málaga], Recopilador) Málaga, España.

Herrainz Ibáñez, E. J. (1776). Información de limpieza de sangre practicada a pedimento del señor don Pedro Coronado y Navas, del Consejo de S.M., su Oidor, como padre y legítimo administrador de la persona y bienes de don Juan Pedro y don Josef Francisco Coronado y Wittemberg. *Expediente nº 1515*, P.27 vuelta. (A. M. Naval [Madrid], Recopilador) Madrid, España.

Hilger Hoheneck, H. (23 de abril de 1576). Bartholomäus v. Helmstatt und seine Frau Margareta geb. v. Ossa bekunden, dass sie an Bernhard Schlatter, Bürger und Mitglied des beständigen Rats zu Worms, und seine Frau Veronika Birling 45 Gulden Jahrgült für 900 Gulden verkauft haben. *B23 (246)*. (H. S. Darmstadt, Recopilador) Gräfenstein, Alemania.

Hozier, J. F. (1817-1818). *Recueil de tous les membres composant l'ordre royal et militaire de Saint-Louis, depuse l'année 1693, époque de sa fondation; precede des édits de creación et autres relatifs audit ordre* (Vol. II). París: Bureau Général du Bon Français et chez J. Smith.

Illert, F. M. (1934-43). Die Reichsbedeutung der Stadt Worms. Hinweis auf die geographische Lage der Stadt und ihre Auswirkungen. *Der Wormsgau 2*, 206.

Illert, F., & Städtische Kulturinstitute. (ca 1950). Materialsammlung und Recherchen Stadtarchiv bzw. Dr. Illert zu Pedro/ Peter Lisperger/Lisberger (getauft). *Abteilung 20 Nr. 645*. (Stadtarchiv [Worms], Recopilador) Worms, Alemania.

Intendencia General de la Marina. (1776-1832). Expediente de Juan Pedro Coronado Wittemberg. *Leg. nº 620/286*. (AGMAB, Recopilador) Cádiz, España.

Intendencia General de la Marina. (13 de febrero de 1786). Expediente matrimonial del Teniente de Fragata don Juan Pedro Coronado Wittemberg. *Sección 1ª, Leg. C-3397*. (A. G. Militar [Segovia], Recopilador) Cartagena, España.

Iriarte, J. (12 de noviembre de 1753). Testamentaría de don Juan Alfonso Guerra. Librería. S. XVIII. *Mss. 18809(nº 21/2)*. (B. N. España, Recopilador) Madrid, España.

Israel, J. I. (1989). *Dutch Primacy in World Trade 1585-1740*. Oxford, Inglaterra: Clarendon Press.

Junta de Clases Pasivas del Ministerio de Hacienda. (25 de septiembre de 1867). María Josefa Wittemberg, viuda de Fernando de Rozas. *Mº Hacienda, leg.5191, exp/56*. (A. H. Nacional [Madrid], Recopilador) Madrid, España.

Junta de Dependencia y Negocios de Extranjeros. (3 de febrero de 1738). Consulta sobre petición de Real Cédula de aprobación del nombramiento de Vicente Harms como Cónsul de Dinamarca en Málaga. *Estado, 606(nº18)*. (A. H. Nacional [Madrid], Recopilador) Madrid, España.

Junta de Dependencia y Negocios de Extranjeros. (16 de enero de 1751). Consulta sobre petición de Real Cédula de aprobación del nombramiento de Juan Esteban Lamair como Cónsul de Holanda en Málaga, Almería, Adra, Marbella y Salobreña. *Estado, 616(exp.2)*. (A. H. Nacional [Madrid], Recopilador) Madrid, España.

Junta de Dependencia y Negocios de Extranjeros. (22 de agosto de 1764). Expediente relativo a la formación de matrículas anuales de los extranjeros residentes y transeúntes en España, según lo establecido por Real Cédula de 28 de Junio de 1764. *Estado, 629(exp.2)*. (A. H. Nacional [Madrid], Recopilador) Madrid, España.

Junta de Dependencia y Negocios de Extranjeros. (24 de abril de 1766). Consulta sobre petición de Real Cédula de aprobación del nombramiento de Juan Guillermo Nagel como Cónsul de Holanda en Cádiz, el Puerto de Santa María, Puerto Real y Jerez de la Frontera. *Estado, 614(exp.6)*. (A. H. Nacional [Madrid], Recopilador) Madrid, España.

Junta de Dependencia y Negocios de Extranjeros. (12 de mayo de 1784). Consulta sobre petición de Real Cédula de aprobación del nombramiento de Nicolás Luis Koops como Cónsul adjunto de Holanda en Málaga. *Estado, 633(exp.30)*. (A. H. Nacional [Madrid], Recopilador) Madrid, España.

Keller, W. (2004). *Historia del pueblo judío desde la destrucción del templo hasta el nuevo estado de Israel.* (E. Giffre, Trad.) Barcelona, España: Editorial Omega.

Kneschke, R. H. (1973). *Neues Allgemeines Deutsches Lexicon* (Vol. 5). Leipzig, Alemania: G. Olms.

Knod, G. V. (1902). *Die Alten Matrikeln der Universität Strassburg, 1621 bis 1793* (Vols. 3, Personen und Ortsregister). Strasburg: Karl J. Trübner.

Körner, H. (1971). *Frankfurter Patrizier. Historisch-Genealogisches Handbuch der Adeligen Ganerbschaft des Hauses Alten-Limpurg zu Frankfurt am Main.* Munich: Ernst Vögel.

Krauel, B. (1988). *Viajeros británicos en Málaga (1760-1855).* Málaga, España: Servicio de Publicaciones Diputación Provincial de Málaga.

Kraus, J. (1926-33). Neue Quellen zur Wormser Ratsgeschichte I-Liste der Mitglieder des Dreizehner Rates in den Jahren 1557-1609. *Der Wormsgau 1*, pp. 89-92.

Kraus, J. (1926a). Neue Quellen zur Wormser Ratsgeschichte I-Liste der Mitglieder des Dreizehner Rates in den Jahren 1557-1609. *Der Wormsgau 1*, pp. 89-92.

Kraus, J. (1926b). Neue Quellen zur Wormser Ratgeschichte, II- Liste der Mitglieder des Gemeinen Rats von 1440-1609. *Der Wormsgau 1*, pp.122-130.

La Santa Sede. (14 de noviembre de 1879). Expediente de concesión del título de marqués de Velázquez de Velasco otorgado por el Papa León III a don Francisco de Asís Rubio Velázquez. (M. Justicia [Madrid], Recopilador) Roma, Italia.

Lavalle, J. (1909). *Galería de retratos de los gobernadores y virreyes del Perú (1532-1824).* Barcelona: Domingo Vivero.

León y Castillo, F. (1719). Fundación de la asociación "El Comercio de Málaga". *Leg.2375.* (A. H. Málaga, Recopilador)

Lipschütz, A. (1967). *El problema racial en la conquista de América y el mestizaje* (2 ed.). Santiago, Chile: Editorial Andrés Bello.

Lira Montt, L. (1995). Beneméritos del Reino de Chile. Repertorio del siglo XVII. *Boletín de la Academia Chilena de la Historia* (105), pp.51-74.

Llordén, A. (2006). Prebendados malagueños en la Catedral de Málaga. *Memoria Ecclesiae* (29), pp.615-694.

Lohman Villena, G. (1947). *Los americanos en las Órdenes Nobiliarias* (Vol. I y II). Madrid, España: Consejo Superior de Investigaciones Científicas, Instituto González Fernández de Oviedo.

López Bueno, F. (1820). Testamento de don Luis Wittemberg Mendieta. *Leg.3982*, fol.378. (A. H. Provincial [Málaga], Recopilador) Málaga, España.

López Bueno, F. (1820). Testamento de doña Luisa Antonia Wittemberg Mendieta. *Leg.3983*, fol.142. (A. H. Provincial [Málaga], Recopilador) Málaga, España.

López Bueno, F. (1826). Codicillo de doña Luisa Antonia Wittemberg Mendieta. *Leg.3989*, fol.113. (A. H. Provincial [Málaga], Recopilador) Málaga, España.

López, N. (1734). Partición de los bienes de Juan Wittemberg Arizón. *Leg.2660*. (A. H. Provincial [Málaga], Recopilador) Málaga, España.

Ludwig, J. (30 de marzo de 1998). Carta del Dr. Jörg Ludwig, miembro del Sächsisches Hauptstaatarchiv Dresden, a Daniel Piedrabuena Ruiz-Tagle. *7512.2-2/510.98*. (S. H. Dresden, Recopilador) Dresde, Alemania.

Mairal Jiménez, M. C. (1990). *Cargos y oficios públicos en la Málaga de Carlos III.* Málaga: Diputación Provincial de Málaga.

Manuel de Mena, F. (12 de noviembre de 1753). Índice de los libros manuscritos de la librería de don Juan Alfonso Guerra, en 12 de noviembre de 1753. *Mss. 18809(nº 21/1)*. (B. N. España, Recopilador) Madrid, España.

Márquez de la Plata, V. M., & Valero de Bernabé, L. (1995). *Nobiliaria española: origen, evolución, instituciones y probanzas* (2 ed.). Madrid: Prensa y Ediciones Iberoamericanas.

Mayans y Siscar, G. (1773). *Cartas Morales , Militares, Civiles, y literarias de varios autores españoles, recogidas y publicadas por don Gregorio Mayans y Siscar, del consejo del rei nuestro Señor, i Alcalde Honorario de su Real Casa y Corte* (Vol. V). Valencia, España: Salvador Fouli.

Medina, A., & Téllez, E. (1988). *Francisco Martínez de Vergara y la cacica de Chacabuco. Un capítulo del mestizaje "aristocrático" en el Chile colonial.* Santiago, Chile: Universidad de Chile.

Medina, J. (1917). *Vida de Ercilla.* Santiago, Chile: Imprenta Elzeviriana.

Medina, J. (1956-1963). *Colección de documentos inéditos para la historia de Chile* (Vols. 6-Informaciones de méritos y servicios). Santiago de Chile, Chile: Fondo histórico bibliográfico J.T. Medina.

Medina, J. T. (1890). *Historia del Santo Oficio del Tribunal de la Inquisición en Chile* (Vol. 1). Santiago, Chile: Imprenta Ercilla .

Medina, J. T. (1906). *Diccionario Biográfico Colonial de Chile.* Santiago de Chile: Imprenta Elzeviriana.

Meissner, J. A. (1851). Listen der in Hamburg residirenden, wie der dasselbe vertretenden Diplomaten und Consuln. Hamburgische oder hanseatische Diplomaten, Agenten und Consuln im Auslande. *Zeitschrift des Vereins für Hamburgische Geschichte, Dritter Band*, p. 529.

Mendiburu, M. (1878). *Diccionario histórico-biográfico del Perú* (Vol. III). Lima, Perú: Imprenta de J. Francisco Solis.

Mestas, A. (septiembre-octubre de 1960). Descendencia regia de un pintor de reyes. *Hidalguía, VIII* (42), pp.661-668.

Ministerio de Justicia. (1793). Expediente de concesión del título de marqués de Isla Hermosa a don Francisco de Paula Altamirano. (M. d. Justicia, Recopilador) Madrid, España.

Ministerio de Justicia. (10 de mayo de 1840). Expediente de concesión del título de marqués de Valdeflores. *(nº10-22)*. (A. C. Ministerio de Justicia, Recopilador) Madrid, España.

Ministerio de Justicia. (1843). Expediente personal del Fiscal Jorge Wittemberg Hidalgo. *FC-Mº, Justicia, Mag, Jueces, leg.4607, exp. 5288*. (A. H. Nacional [Madrid], Recopilador) Madrid, España.

Mogrobejo, E. (1995). *Diccionario hispanoamericano de heráldica, onomástica y genealogía: adición al "Diccionario heráldico y genealógico de apellidos españoles y americanos", por Alberto y Arturo García Carraffa*. Bilbao, España: Mogrobejo-Zabala.

Montes, H. (1985). *Evocación de Jaime Eyzaguirre*. Santiago, Chile: Editorial universitaria.

Mújica, J. (1947). Actividades académicas de D. Luis Roa. *Boletín de la Academia Chilena de la Historia* (36), 155.

Müller, W. (1937). Die Verfassung der freien Reichstadt Worms am Ende des 18 Jahrhunderts. *Der Wormsgau*, pp. 28-31.

Muñoz Martin, M. (2006). *Familias malagueñas del siglo XIX para recordar* (Vol. II). Málaga, España: M.Muñoz.

Muñoz, A. (1877). *Viaje de Felipe Segundo a Inglaterra*. Madrid: Sociedad de Bibliófilos Españoles.

Obispado de Málaga. (17 de julio de 1730). Pruebas de la genealogía y limpieza de sangre del Doctor Don José Wittemberg y Aguilar natural de la villa de Alhaurín el Grande, presentado por S.M. a una media ración de esta Santa Iglesia en el año pasado de 1730. *Leg. nº 48(pieza nº 41)*. (A. H. Catedralicio [Málaga], Recopilador) Málaga, España.

Pérez de Colosía Rodríguez, M. I. (1984). *Auto inquisitorial de 1672: El criptojudaismo en Málaga*. Málaga: Servicio de Publicaciones Diputación Provincial de Málaga.

Pérez Gáldoz, B. (2008). *Trafalgar; La corte de Felipe IV* (Vol. 1). Madrid: España Calpe para Grupo Unidad Editorial.

Piedrabuena Ruiz-Tagle, D. (2015). Los Lisperguer Wittemberg: Luces y sombras de una singular familia alemana presente en la historia de España y Chile. *Atenea* (512), 171-187.

Ponce Ramos, J. M. (1998). *El cabildo malagueño durante el reinado de Fernando VI*. Málaga: Servicio de Publicaciones e Intercambios Científicos de la Universidad de Málaga.

Ponce Ramos, J. M. (1998). *El Cabildo malagueño durante el reinado de Fernando VI*. Málaga: Servicio de Publicaciones e Intercambios Científicos de la Universidad de Málaga.

Quilty, T., & Riecke, F. (5 de agosto de 1776). Matrícula de extranjeros. *Leg. 185*. (A. Municipal [Málaga], Recopilador) Málaga, España.

Real Audiencia. (ca 1627). Inventario de bienes de don Pedro Lisperguer y Flores. *421*, fojas: 6 v., 12, 12 v., 15, 61 v., 75, 75 v., 79 v., 167 y 231. (A. N. Histórico [Chile], Recopilador) Santiago, Chile.

Real Cancillería de los Reyes de Castilla. Registro del Sello de Corte. (21 de noviembre de 1793). Real despacho concediendo el título de marqués de Isla hermosa a favor de don Francisco Altamirano Manrique de Lara. *AHN, Consejos, leg. 8978, exp. 7*. (A. H. Nacional, Recopilador) Madrid, España.

Real Cancillería de los Reyes de Castilla. Registro del Sello de Corte. (30 de abril de 1807). Expediente promovido por doña Juana Wittemberg mujer en segundas nupcias de don Francisco González de Ahumada, solicitando que la Cámara declare a su hija doña María de la Concepción Velázquez de Velasco y Wittemberg... *AHN, Consejos Suprimidos, leg. 11590(nº 1259)*. (A. H. Nacional [Madrid], Recopilador) Madrid, España.

Real Cancillería de los Reyes de Castilla. Registro del Sello de Corte. (22 de marzo de 1819). Real despacho de vizconde de Sierra Blanca y de marqués de Valdeflores a favor de don Antonio Rubio, en representación de su mujer doña María de la Concepción de Velázquez y Witemberg... *AHN, Consejos, leg.8980, exp. 1355*. (A. H. Nacional [Madrid], Recopilador) Madrid, España.

Real Cancillería de los Reyes de Castilla. Registro del Sello de Corte. (31 de julio de 1851). Real carta de sucesión en el título de Conde de Floridablanca, con grandeza de España de primera clase, a favor de don José María Castillejo y Moñino. *Consejos, 8984, A.1851, Exp.27.* (A. H. Nacional [Madrid], Recopilador) Madrid, España.

Real Chancillería de Granada. (31 de marzo de 1745). Concesión de la Real Provisión Ordinaria a Don Jorge y Don José Witemberg, vecinos de Málaga, litigantes que disputan con el Concejo de Benamocarra. *Caja 14426(pieza 42).* (A. R. Chancillería [Granada], Recopilador) Granada, España.

Real Junta de Única Contribución. (1753). Propiedades de don Jorge Carlos Wittemberg, vecino de Málaga.Catastro del marqués de la Ensenada. *101,* fols.6494 a 6512. (A. Municipal [Málaga], Recopilador) Madrid.

Real Junta de Única Contribución. (1753). Relación de propiedades de don Joseph Wittemberg Aguilar. Catastro del marqués de la Ensenada. *9,* fols. 5772-5782. (A. Municipal [Málaga], Recopilador) Madrid.

Real Junta del Montepío de viudas y pupilos del Ministerio. (17 de septiembre de 1799). Expediente de viudedad y orfandad de María de los Dolores Coronado Wittemberg. *Hacienda, Serie General, Leg. 533(exp. 31).* (A. H. Nacional [Madrid], Recopilador) Madrid, España.

Real Maestranza de Granada. (20 de abril de 1833). Expediente de don Juan Eneriz Ansoti Coronado Wittemberg, Caballero de la Real Maestranza de Granada. *(n° 784).* (R. M. Granada, Recopilador) Granada, España.

Reder Gadow, M. (1987). Presencia de navíos bálticos en el Puerto de Málaga. *El barco como metáfora visual y vehículo de transmisión de formas: actas del Simposio Nacional de Historia del Arte* (págs. pp.205-214). Sevilla: Dirección General de Bellas Artes de la Junta de Andalucía.

Reder Gadow, M. (2000). *Relations between the kindom of Granada and Sweden during the Baroque era. Spain and Sweden in the Baroque era (1600-1660) International Congress Records, Enrique Martí-Martínez Ruiz y Magdalena de Pazzis Pi Corrales.* Madrid, España: Fundación Berndt Wisted.

Regimiento de Infantería de Córdoba. (1793-1804). Expediente de don Francisco de Paula Coronado Wittemberg. *Sección 1ª, leg. C-3395.* (A. G. Militar [Segovia], Recopilador) Córdoba, España.

Regimiento Provincial de Málaga. (1781-1807). Expediente del Teniente don Antonio Rubio Velázquez. *Sección 1ª, Leg. R-3213.* (A. G. Militar [Segovia], Recopilador) Málaga, España.

Reichskammergericht. (1587). Barbara Birling, Witwe des verstorbenen Michael Weber, Worms, Johann Caspar Weber gegen Ludwig Emich Graf zu Leiningen-Westerburg, Oberbronn. 2047. (H. H. Wiesbaden, Recopilador) Alemania.

Reuss, H. (1936). Don Pedro Lísperguer aus Worms. *Volk und Scholle*, pp. 145-148.

Reuter, F. (1992-1995). Dr. Friedrich María Illert (1892-1966) zu seinem 100 Geburstag. *Der Wormsgau, Wissenschftliche Zeitchrift der Stadt Worms und des altertumvereins Worms, 16 Band*, pp.20-27.

Riello Velasco, J. (2004). Lázaro Díaz del Valle y de la Puerta. Datos documentales para su biografía. *De Arte, 3*, pp.105-132.

Roa, L., & Instituto de Historia Jerónimo Zurita. (1945). *El Reyno de Chile 1535-1810: estudio histórico, genealógico y biográfico.* Valladolid: Talls.Tip. Cuesta.

Roa, M. (1604). *Vida de doña Ana Ponce de León, condesa de Feria y después monja en el Monasterio de Santa Clara de Montilla.* Córdoba: Andrés de Barrera.

Rodríguez, J. (19 de octubre de 1689). Expediente de información y licencia de pasajero de Indias de Diedo Ladrón de Guevara, doctor, obispo electo de Panamá, con sus criados, Jorge Bitemberg, natural de

Málaga, y Luis Pérez, natural de Terque, a Panamá. *Contratación, 5451(n° 18)*. (A. G. Indias, Recopilador) Sevilla, España.

Romero Fernández, F. (14 de noviembre de 1843). Testamento de don Jorge Wittemberg Mendieta. *Leg.4148*, fol.627. (A. H. Provincial [Málaga], Recopilador) Málaga, España.

Ros, C. (1992). *Historia de la Iglesia de Sevilla.* Sevilla, España: Castillejo.

Rosales, D., & Vicuña Mackenna, B. (1877-78). *Historia general de el reyno de Chile Flandes indiano; publicada, anotada i precedida de la vida del autor i de una extensa noticia de sus obras por Benjamín Vicuña Mackenna* (Vol. II). Valparaiso: Imp. de El Mercurio.

Rubio-Arguelles, A. (1951). *Pequeña historia de Málaga del siglo XVIII, por Ángeles Rubio-Arguelles, de la Real Academia de Bellas Artes de San Telmo.* Madrid, España: Imprenta Dardo.

Ruíz de la Herrán, J. (1 de enero de 1790). Pago a don Diego Josef Maroto contra la casa Wittemberg y Lamair y Cía. *Leg.3435*, fol.159. (A. H. Provincial [Málaga], Recopilador) Málaga, España.

Ruíz de la Herrán, J. (2 de abril de 1791). La Casa Wittemberg Lamar y Cía contra Ole Pederssen Ugland, dinamarqués. *Leg.3435*, fol.161. (A. H. Provincial [Málaga], Recopilador) Málaga, España.

Ruíz de la Herrán, J. (1794). Testamento de Ana Dominga Wittemberg Mendieta. *Leg.3467*, fol.58. (A. H. Provincial [Málaga], Recopilador) Málaga, España.

Ruíz de la Herrán, J. (16 de agosto de 1796). Testamento de doña Francisca Mendieta Wittemberg. *Leg.3459*, fol.501. (A. H. Provincial [Málaga], Recopilador) Málaga, España.

Ruíz de la Herranz, J. (24 de septiembre de 1802). Testamento de don Luis Wittemberg Mendieta. *Leg.3886*, fol.229. (A. H. Provincial [Málaga], Recopilador) Málaga, España.

Ruíz de la Herranz, J. (1820). Testamento de don Luis Wittemberg Mendieta. *Leg.3982*, fol.378. (A. H. Provincial [Málaga], Recopilador) Málaga, España.

Ruíz Rando, J. (20 de octubre de 1817). Testamento de doña María Josefa Wittemberg Cotrina. *Leg. 3777*, fol.464. (A. H. Provincial [Málaga], Recopilador) Málaga, España.

Ruíz, H. (15 de diciembre de 1772). Testamento de don Federico Riecke. *Leg.2633*, fol.1023. (A. H. Provincial [Málaga], Recopilador) Málaga, España.

Ruíz, H. (12 de agosto de 1777). Testamento de don Juan Esteban Lamair. *Leg.2638*, fol.466. (A. H. Provincial [Málaga], Recopilador) Málaga, España.

San Millán y Santiesteban, R. (23 de diciembre de 1790). Testamento de don Joseph Wittemberg Aguilar. *Leg. 3521*. (A. H. Provincial [Málaga], Recopilador) Málaga, España.

Sánchez Belén, J. (1996). El comercio de exportación holandés en el Mediterráneo español durante la regencia de doña Mariana de Austria. *Espacio, Tiempo y Forma, 9, Serie IV*, pp.267-321.

Sánchez Belén, J. A. (1996). *La Política Fiscal en Castilla durante el reinado de Carlos II* (1 ed.). Madrid: Siglo XXI de España.

Sánchez de Castilla, F. (14 de enero de 1836). Testamento de doña Ana María Coronado Wittemberg. *Leg. 4186*, fol.46. (A. H. Provincial [Málaga], Recopilador) Málaga, España.

Sánchez de Castilla, F. (ca 1834). Partición de bienes de doña María Concepción Velázquez de Velasco, Marquesa de Valdeflores. *Leg.4192*, fol.1086. (A. H. Provincial [Málaga], Recopilador)

Sánchez de Castilla, J. (17 de agosto de 1804). Testamento de doña Ana Gabriela Mendieta Wittemberg. *Leg. 3689*, fol.1064. (A. H. Provincial [Málaga], Recopilador) Málaga, España.

Sánchez de Castilla, J. (11 de septiembre de 1824). Testamento de doña Josefa Wittemberg Cotrina. *Leg. 3707*, fol.343. (A. H. Provincial [Málaga], Recopilador) Málaga, España.

Santos Arrebola, M. S. (1991). *La Málaga ilustrada y los filipenses*. Málaga: Universidad de Málaga.

Sarriá Múñoz, A. (2004). *Breve historia de Málaga*. Málaga: Sarriá.

Schmaussens, J. (1774). *Corpvs vris Pvblici S.R. Imperii Academicvm.* Leipzig: Gleditschens Buchhandlungs.

Schrecker, T. (2007). Familiennamen auf Grabsteine in Museum der Stadt Worms im Andreasstift. *Pfälzisch-rheinisch Familienkunde*, 77.

Schröder, H. (1873). *Lexicon der hamburgischen Schrifsteller* (Vol. 6). Hamburg: Verein für Hamburgische Geschichte.

Schwann, E. (1895). *Wormser Urkunden, Regenten zu den Urkunden geistlicher und weltlicher Personen und Institutionen der ehemaligen Freien Stadt Worms in den Beständen des Hessischen Staatarchivs Darmstadt 1401-1525).* Darmstadt: Hess. Historischen Kommission Darmstadt.

Schwarz, A. (1999). Die Wormser Familie Birling. *Pfälzisch-Rheinische Familiekunde, Band 14, Heft 4*, pp.153-157.

Secretaría de las Órdenes Civiles. (28 de mayo de 1794). Expediente de pruebas del caballero de la orden de Carlos III, Pedro Altamirano y Andrade Mendieta y de la Concha, natural de Málaga; caballero supernumerario. *AHN, Estado III, exp. 769.* (A. H. Nacional [Madrid], Recopilador) Madrid, España.

Secretaría General de la Literaria Universidad de Granada. (1835-1838). Expediente académico de don Jorge Wittemberg Hidalgo. *L-1351-57.* (U. d. Granada, Recopilador) Granada, España.

Secretaría General de la Universidad Literaria de Granada. (1868-1873). Expediente académico de don Emilio Wittemberg García. *L-229-27, L-507-43.* (U. d. Granada, Recopilador) Granada, España.

Sempere y Guarinos, J. (1997). *Ensayo de una biblioteca española de los mejores escritores del reynado de Carlos III* (Vol. II). Valladolid, España: Consejería de Educación y Cultura.

Skolnic, F. (2007). *Encyclopaedia Judaica* (Vol. 21). (M. Berenbaum, Ed.) Detroit, Estados Unidos: Thompson Gale.

Soldan, H. (1896). *Beitrage zur Geschichte der Stadt Worms.* Worms, Alemania: Kranzbühler.

Stegemann, S., & Konrad, H. (1995). *Findbuch der Reichskammergerichtsakten im Staatsarchiv Hambur, Veröffentlichungen aus dem Staatsarchiv der Freien und Hansestadt Hamburg.* Hamburg: Staatarchiv Hamburg: Verein für Hamburgische Geschichte.

Suárez de Figueroa, C. (1613). *Hechos de don García Hurtado de Mendoza, quarto marqués de Cañete.* Madrid: Imprenta Real.

Taboada Roca, M. C. (1991). *Las probanzas de hidalguía antes y después de 1836.* Madrid: Hidalguía.

Thayer Ojeda, T. (1939-1943). *Formación de la sociedad chilena* (Vol. III). Santiago de Chile: Prensas de la Universidad de Chile.

Thayer Ojeda, T. (1939-1943). *Formación de la sociedad chilena* (Vol. III). Santiago de Chile: Prensas de la Universidad de Chile.

Toepke, G. (1884). *Die Matrikel der Universität Heidelberg, I, 1386 bis 1553.* Heidelberg, Alemania: Nendeln/Liechtenstein: Kraus.

Toepke, G. (1889). *Die Matrikel der Universität Heidelberg, II, 1554-1662.* Heidelberg, Alemania: Nendeln/Liechtenstein: Kraus.

Trelles Villademoros, J. (1980). *Asturias Ilustrada* (Vols. III, parte 2ª). Salinas, Asturias, España: Ayalga.

Trincado, M. (1772). *Compendio Histórico Geográfico y Genealógico de los Soberanos de la Europa hasta el año 1766* (6 ed.). Madrid: Pantaleón Aznar.

Vázquez de Acuña, I. (2013). Una carrera hacia la cúspide: Los Lísperguer Wittemberg, una familia alemana en el corazón de la Monarquía Española. (I. C. Genealógicas, Ed.) *Revista de Estudios Históricos, Órgano Oficial del Instituto Chileno de Investigaciones Genealógicas y de la Sección de Genealogía y Heráldica de la Sociedad Chilena de Historia y Geografía*(55), pp.411-415.

Velázquez de Velasco, L. (1 de enero de 1754). Epistolario del marqués de Valdeflores a Agustín Montiano y Luyando, durante el viaje científico que realizó por España. *Ms. 17546*, p.137. (B. N. España, Recopilador)

Velázquez de Velasco, L. (1754). Memorias históricas de la ciudad de Málaga. *Mss. 9-4151*. (R. A. Historia, Recopilador)

Velázquez de Velasco, L. (ca 1749). Teoría de las Medallas de España. *Mss. 9-4134-11*. (R. A. Historia, Recopilador) España.

Velázquez de Velasco, L. J. (8 de octubre de 1772). Cartas de don Luis José Velázquez, marqués de Valdeflores al Conde de Lumiares. *Manuscritos españoles E-26*, p.51. (B. N. Francia, Recopilador) Málaga, España.

Velázquez de Velasco, L. J. (siglo XVIII). Teatro crítico. Cartas eruditas (manuscrito). Pp.145-155. (B. N. España, Recopilador)

Vicuña Mackenna, B. (1944). *Los Lisperguer y la Quintrala*. (J. E. Eyzaguirre, Ed.) Santiago de Chile: Zig-Zag.

Vicuña Mackenna, B. (1944). *Los Lísperguer y la Quintrala*. (J. E. Eyzaguirre, Ed.) Santiago de Chile: Zig-Zag.

Vicuña Mackenna, B. (1950). *Los Lisperguer y la Quintrala* (2 ed.). Santiago, Chile: Zig-Zag.

Villar García, M. (1982). *Los extranjeros en Málaga en el siglo XVIII.* Córdoba: Monte de Piedad y Caja de Ahorros de Córdoba.

Villar García, M. B. (1978). La matrícula de extranjeros en Málaga de 1765. *Baética: Estudios de arte, geografía e historia, 1*, pp.360-361.

Villar García, M. B. (1982). *Los extranjeros en Málaga en el siglo XVIII.* Córdoba: Monte de Piedad y Caja de Ahorros de Córdoba.

Villar García, M. B. (1982). Los extranjeros en Málaga en el siglo XVIII (Resumen de una investigación). *Baetica: Estudios de arte, geografía e historia*(n°5), p.208.

Villar García, M. B. (1986). Málaga y comercio, una aproximación. (357-366, Ed.) *Baética: Estudios de arte, geografía e historia* (19).

Villar García, M. B. (1988). Ciudad y comercio: Reflexiones sobre Málaga en la segunda mitad del siglo XVIII. *Baética: Estudios de arte, geografía e historia, 11*, pp.477-486.

Villar García, M. B. (1996). La burguesía de origen extranjero en la España del siglo XVIII. *Baética: Estudios de arte, geografía e historia* (18), pp.437-457.

Villar García, M. B. (1997). Las mujeres de la burguesía mercantil malagueña del siglo XVIII. Estrategias familiares y vida cotidiana. En M. B. Villar García, *Vidas y recursos de mujeres durante el Antiguo Régimen* (págs. pp.131-165). Málaga, España: Servicios de publicaciones de la Universidad de Málaga.

Villar García, M. B. (1997). Los comerciantes extranjeros de Málaga en 1776. *Baética: Estudios de arte, geografía e historia* (n° 19, 2), pp.191-208.

Villas Tinoco, S. L. (1996). *Estudios sobre el Cabildo municipal malagueño en la Edad Moderna.* Málaga: Diputación Provincial de Málaga.

Wunder, G. (1934). *Die Familie Lísperguer in Chile.* Santiago de Chile: Deutschen Wissenschtlichen Vereins zu Santiago.

Wunder, G. (1991). *Peter Lisperger ein deutscher Konquistador* (2 ed.). Thorbecke: Kuno Ulshöf.

Zedler, J. H. (1732-1754). *Grosses vollständiges Universallexicon alles Wissenschafften und Künste* (Vol. 17). Leipzig, Alemania: Johann Heinrich Zedler.

Zevallos, J. (1954). Los Lisperguer en el Perú. *Revista del Instituto Peruano de Investigaciones Genealógicas* (7).

Zevallos, J. (1954). Los Lísperguer en el Perú. *Revista del Instituto Peruano de Investigaciones Genealógicas* (7).

Zorn, F. (1857). *Wormser Chronik.* Stuttgart: Litterarischen Vereins.

Acerca del autor

Daniel Piedrabuena Ruiz-Tagle (1964). Nació y vivió sus primeros nueve años de vida en Santiago de Chile. Lleva residiendo cuarenta y uno en España, fundamentalmente en Madrid. Licenciado en Derecho (Uned), Diplomado en Empresas y Actividades Turísticas (Uned), Técnico Publicitario (Centro Español de Nuevas Profesiones). Ha sido durante diecisiete años (1994-2012) investigador de la Biblioteca Nacional de España, Real Academia de la Historia, Archivo Histórico Nacional, Archivo del Ejército, de la Marina, de la Biblioteca Hispánica, Fundación Tavera, Fundación alemana Göerres y otros muchos archivos y bibliotecas.

Asimismo ha investigado en diversos archivos regionales, realizando un total de seis viajes por España: tres a Málaga, donde he investigado en el Archivo Histórico Provincial, en el Archivo Municipal y en el Archivo Catedralicio; dos a Sevilla, donde ha investigado en el Archivo General de Indias y en la Casa de Pilatos; uno a Granada, donde ha investigado en la Real Chancillería. Fruto de esta ingente labor investigadora ha escrito la serie titulada *Los protegidos del Cé-*

sar, la cual se subdivide en dos tomos; el primero, *El conquistador alemán Pedro Lísperguer Wittemberg;* y el segundo, *Los Lísperguer Wittemberg: una familia alemana en el corazón de la cultura chilena.*

Gran admirador de la obra de su abuela, también el autor ha escrito otra obra titulada *Impresiones de Lucía Richard,* en la que no sólo se consagra como investigador, sino que relata con maestría los principales movimientos literarios y feministas de la década de los 40 y 50.

La vocación intelectual del autor y su amor a la tierra americana que le vio nacer, le ha llevado a seguir estudiando y en la actualidad está cursando un máster de la Facultad de Filología titulado "Máster Universitario en Formación e Investigación Literaria y Teatral en el Contexto Europeo", dependiente del Departamento de Literatura Española y Teoría (Uned), que contiene muchos presupuestos americanistas y que pronto le abrirá las puertas a un doctorado en literatura.

Autor del libro: El conquistador alemán Pedro Lísperguer Wittemberg
Autor del Libro: Impresiones de Lucía Richard
Autor del artículo: Los Lísperguer Wittemberg: luces y sombras de una singular familia alemana presente en la historia de España y Chile
Administrador del Blog: El conquistador Pedro Lísperguer y la Quintrala www. lisperguerwittemberg.blogspot.com.es
Visita su página en Facebook: El conquistador alemán Pedro Lísperguer y la Quintrala https://www.facebook.com/LisperguerWittemberg/
Visita su página en Twitter: https://twitter.com/danielpiedrab10
Visita su página en Wordpress: https://booksideals.wordpress.com/
Si quieres comentar cualquier aspecto de esta investigación lo puedes hacer a través del siguiente enlace: booksideals@gmail.com

Si esta investigación te ha cautivado, interesado, si consideras que ha avanzado esta importante temática, o si simplemente te ha sido útil, puedes también comentarlo en la plataforma donde hayas adquirido el libro.